한국사

41

열강의 이권 침탈과 독립협회

국사편찬위원회

자문위원

신 용 하　　유 영 익　　정 창 렬

편찬위원

권 태 억　　유 영 렬　　최 창 희

집필(열강의 이권침탈과 독립협회)

강 창 일　　김 신 재　　신 승 권
신 용 하　　유 영 렬　　이 민 원
이 배 용　　한 흥 수

기획 · 편집

이 해 준　　강 영 철　　이 근 택
고 성 훈　　고 숙 화　　윤 병 희
이 상 일

복간 간행 : 김 용 곤 · 장 득 진

한국사 간행취지

우리 겨레가 앞으로 어떻게 살아갈 것인가 하는 문제는 우리들은 물론 우리와 더불어 살아가는 세계인들의 관심사일 것이다. 이에 대한 해답은 과거에 어떻게 살아왔는가 하는 우리 역사에 대한 인식을 통해 찾을 수 있을 것이라고 생각된다.

본 위원회에서는 이미 1970년대에 『한국사』 25권을 간행하여 해방 이후 한국사의 연구성과를 집대성함으로써 한국사에 대한 인식을 새롭게 한 바 있다. 그 이후 한국사회는 놀라운 성장과 발전을 이루었고 역사학계도 상당한 연구성과를 축적하였다. 이러한 변화에 발맞추어 한국사학계는 새로운 『한국사』 편찬의 필요를 느끼게 되었다.

이에 본 위원회는 일차적으로 한국사 연구지원비를 마련하여 역사학계로 하여금 1980년대 중반까지 연구성과가 미진하다고 생각되는 분야를 연구할 수 있도록 하였다. 이어서 1989년부터 1990년까지의 준비를 거쳐 1991년에는 '신편 한국사 편찬위원회'를 따로 구성하고 총 60권에 달하는 새로운 『한국사』를 편찬하기로 하였다. 그리고 다음과 같은 『한국사』 편찬의 목표를 세웠다.

① 한국의 역사와 문화에 대한 객관적 인식의 토대를 제공할 수 있는 한국사를 편찬한다.

② 민족의 창조적 문화활동과 민족사의 내재적 발전을 드러내는 한국사를 편찬한다.

③ 최근까지의 연구성과를 체계화하고 새로운 영역을 개척함으로써 한국사 연구의 지평을 넓힌다.

④ 한국사 연구와 관련하여 고고학·인류학·사회학·경제학 등 인접학문의 연구성과를 수용하여 한국사 인식의 폭을 넓히는 데 기여한다.

새로운 『한국사』를 펴내면서 우리 모두가 바라는 바는, 민족의 통일에 대비해야 하고 급격히 변화하는 시대상황 속에서, 한국사 연구자의 깊이 있는 연구를 도와주고 독자들의 역사인식을 드높일 수 있는 길잡이 구실을 할 수 있었으면 하는 것이다.

국사편찬위원회 위원장

목　차

I. 러 · 일간의 각축

Ⅱ. 열강의 이권침탈 개시

Ⅲ. 독립협회의 조직과 사상

개 요

I

청·일전쟁(1894~1895)이 일본의 승리로 종결되어 1895년 4월 17일 시모노세키(下關)조약이 체결되고, 일본은 전리품으로서 막대한 배상금뿐만 아니라 臺灣과 遼東半島를 할양받게 되었다.

그러나 러시아는 不凍港을 획득하려고 계속 남하정책을 추진하다가 일본의 요동반도 획득에 접하자, 독일·프랑스와 함께 일본의 요동반도 점유가 아시아 평화를 위협한다는 이유를 들어, 4월 23일 요동반도의 청국에의 반환을 요구하는 외교각서를 일본에 보내었다. 이것이 이른바 삼국간섭이다.

일본은 이 굴욕적 요구를 거절하기에는 아직 국력이 부족하여 러시아와 일전을 할 상태가 아니었으므로, 할 수 없이 1895년 5월 10일 요동반도를 중국에 반환하기로 결정하였다.

청·일전쟁에서 승리한 막강한 일본을 총 한방 쏘지 않고 외교각서의 종이 한 장으로 굴복시켜 요동반도를 중국에 환부시키는 러시아의 막강한 힘을 보고, 조선조정 내부에는 러시아의 힘을 빌려 일본의 간섭에서 벗어나려는 움직임이 대두하였다. 이 움직임의 핵심에 있던 인물이 閔妃(明成皇后)였다. 민비는 일본군의 불법 상륙과 내정간섭 이후 지위가 극도로 약화되자 이 기회에 러시아의 힘을 빌려 일본의 간섭에서 벗어나고자 추종자들을 모아 비밀리에 러시아측과 교섭하였다. 러시아공사 웨베르(Karl I. Waeber, 韋貝)도 조선에 세력을 부식시키기 위해 적극적으로 반응하였다. 이에 민비는 정부 내 친일적 경향을 가진 朴泳孝 일파를 추방하고, 李範晉·李完用 일파의 친러적 인물들을 기용하는 데 성공하였다.

일본은 이에 대처하기 위한 비상수단으로 육군준장 출신 미우라 코로(三浦梧樓)를 주한 일본공사로 교체했으며 일본군과 낭인배들을 동원해서 경복궁을 야습하여 1895년 음력 8월 20일(양력 10월 8일) 민비를 시해하는 천인공노할 만행을 자행하였다. 외국 공사관 병력과 그 일당이 밤에 주재국 궁궐을 습격하여 왕비를 죽이는 만행은 세계사상 없던 일본의 만행이었으며 국제범죄였다.

일본의 민비시해 사건과 갑오경장 개화파정부의 단발령에 분개한 국민들은 유림들을 선봉으로 하여 전국 각지에서 의병운동을 일으키기 시작하였다.

김홍집내각은 의병운동을 진압하기 위하여 궁궐 호위의 중앙군을 전국 각 지방에 내려보내지 않을 수 없었고, 이 때문에 왕실 호위는 약화될 수밖에 없었다.

이 틈을 이용하여 친러파 이범진 일파는 웨베르 등과 공모하여 국왕 고종을 러시아공사관으로 옮기는 아관파천을 1896년 2월 11일 감행하였다.

갑오개혁·을미개혁을 추진한 김홍집의 개화파내각은 붕괴되고, 러시아공사관 안에서 새 정부가 수립되었다. 이 새 정부 각부대신들은 대부분이 수구파였고, 개화적 성향의 인물은 극소수여서, 본질적으로는 친러수구파 정부의 성격을 가지고 있었다.

Ⅱ

아관파천이 일어나서 새로운 친러정부가 수립되고 고종이 1년간 러시아공사관에 체류하자, 조선 국왕이 러시아공사관 안에 연금된 모양이 되어, 그동안 서양 열강 세력이 요구해오던 양질의 금광 이권 등의 할양을 막지 못하고, 그 둑이 일시에 모두 무너지게 되었다.

아관파천에 협조한 러시아와 미국 등을 비롯하여 모든 서양 열강은 치열한 '이권획득의 경쟁외교'을 전개하면서 고종의 신변보장을 약속하고 각종 이권들을 요구하였다. 한 나라 공사가 이권을 획득하면 다른 나라 공사·영사가 경쟁적으로 고종을 알현하여 最惠國 조관을 내세우며 이권을 요구하였다. 고종은 을미사변으로 일본공사관과 낭인배들에게 민비가 시해당하는 참상을 체험한 이후 공포에 질려 확고한 신변보장을 약속받으면 국왕의 專制權을 발휘하여 열강의 요구에 응해서 각종 이권들을 열강에 할양해 주었다.

고종은 1년 후 1897년 경운궁으로 환궁하고, 1897년 10월에는 대군주에서 皇帝로 승격함과 동시에 국호도 '大韓帝國'으로 바꾸면서 대외적으로 자주독립을 재선언했지만 열강의 이권침탈은 그치지 않았다. 그리하여 아관파천 기간과 그 직후에 한국의 중요한 이권들이 열강에 의해 집중적으로 침탈당하게 되었다.

물론 열강의 이권침탈은 1876년 조·일수호조규 때 일본이 개항장에 專管租界를 설치할 때부터 시작되었지만, 집중적으로 이권들이 침탈되어 나간 것은 아관파천 기간과 그 이후였다. 열강의 이권침탈 상황을 일람표를 만들어 보면 다음과 같다.

열강의 한국에서의 이권침탈 일람표(1876~1905)

연 도	이 권	침탈 국가
1876	일본전관조계 설치권(개항장) 일본화폐 통용권 무관세 무역권	일 본 일 본 일 본
1882	청국전관조계 설치권(개항장) 상해·인천 輪船運航權 漢城開棧(상점개점)권 평안·황해도 어채권	청 국 청 국 청 국 청 국
1883	부산·下關 해저전선 부설권 전라·경상·강원·함경 연안 어채권 조선연해 화물운송권 상해·인천 윤선정기운항권	일 본 일 본 일 본 청 국
1886	부산절영도 貯炭所 설치권	일 본
1887	제주도 연안 어채권	일 본
1888	경기도 연안 제한 어채권 두만강 운항권	일 본 러시아
1891	창원금광(경남) 채굴권 인천월미도 저탄소 설치권 경상도 연안 포경권 원산항 저탄소 설치권	일 본 일 본 일 본 러시아

연 도	이 권	침탈 국가
1892	인천·서울·한강 운항권	청 국
1894	경부철도 부설권(1898년 재추인)	일 본
1895	인천·대동강, 인천·부산·함경도 윤선정기운항권 운산금강(평북) 채굴권	일 본 미 국
1896	경인철도 부설권 경원·함경탄광(함북) 채굴권 인천 월미도 저탄소 설치권 두만강·압록강유역, 울릉도 삼림벌채권 동해안 포경권 경의철도 부설권	미 국 러시아 러시아 러시아 러시아 프랑스
1897	당현금광(강원) 채굴권(1898년 재추인) 부산 절영도 저탄소 설치권 한·러은행 설치권 서울 전기·수도 시설권 서울 전차 부설권	독 일 러시아 러시아 미 국 미 국
1898	은산금광(황해) 채굴권(1900년 재추인) 평양 석탄광 석탄전매권	영 국 일 본
1899	울산·성진·진보 포경근거지 설치권	러시아
1900	마산 율구미 조차권 경상·강원·함경 연안 포경권 경기도 연안 어채권 직산금광(충남) 채굴권	러시아 일 본 일 본 일 본
1901	창성금광(평북) 채굴권	프랑스
1902	마산 일본전관조계 설치권 일본제일은행권 통용권	일 본 일 본
1903	官蔘 위탁판매권	일 본
1904	동해안 포경근거지 설치권 경의철도 강제 착공 충청·황해·평안도 연안 어채권	일 본 일 본 일 본
1905	후창금광(평북) 채굴권 일본제일은행 한국국고관리 및 화폐 주조권 통신기관 관리권 沿岸 및 內河 자유항행권 관세사무 관리권 수안금광(황해) 채굴권	이태리 및 각국 일 본 일 본 일 본 일 본 영 국

이러한 열강의 침투·침입과 이권침탈에 적극 저항하여 대한제국의 자주독립과 권익을 수호하려고 출현한 것이 독립협회였다.

Ⅲ

한국인들은 1896년 2월 아관파천 후에 일본의 침략을 일단 견제하는 데는 성공했으나, 이제는 새로이 강화된 러시아의 침략 시도를 다시 방어해야 할 과제에 직면하게 되었다. 뿐만 아니라 고종이 러시아공사관에 머무는 동안 러시아·미국·일본·독일·프랑스·영국 등 열강들이 광산·철도·전선·삼림·어장 등 각종의 이권을 빼앗아갔으며, 또 국왕 고종의 전제권에 의하여 다수의 이권이 양여되었으므로, 한국인들은 열강의 고삐 풀린 이권침탈을 긴급히 저지하고 자주독립을 강화해야 할 절실한 과제에 당면하게 되었다.

이에 조선왕조의 개혁파들은 아관파천 직후에 이 과제에 응하기 위하여 徐載弼과 온건개화파가 합작해서 1896년 4월 7일 《독립신문》을 창간하고, 뒤이어 1896년 7월 2일 독립협회를 창립하였다. 독립협회를 창립한 주체세력은, 갑오개혁이 일본의 간섭으로 말미암아 타율적으로 되는 것에 반대하여 참가하지 않은 재야개화파들로서, 그 핵심인물은 서재필·李商在· 安駉壽·尹致昊·南宮檍·鄭 喬·李健鎬·羅壽淵 등과 같은 인물들이었다.

독립협회에 정식으로 등록된 회원수는 1898년에 4,173명이었다. 이밖에 정식으로 등록하지 않고 독립협회 활동에 적극적으로 참가한 인사들이 많았으므로 독립협회의 큰 행사에는 대체로 약 1만 명이 참석하였다.

독립협회가 맨 먼저 수행한 사업은 독립문·독립공원·독립관 건립이었다. 이 사업은 독립협회의 창립과 함께 순조롭게 진전되었다. 자주독립에 대한 민중의 열망이 이미 팽배되고 있었기 때문에 각계 각층의 백성들이 독립협회의 목적을 지지하고 독립문 건립을 위한 보조금을 헌납하였다. 그리하여 1896년 11월 21일 성대한 독립문 定礎式이 거행되었으며, 완공된 것은 정초한 지 만 1년 후인 1897년 11월이었다.

독립공원은 당시 독립문과 이전의 慕華館 일대가 공지였으므로 이 지역에 식수를 하여 공원으로 꾸몄다. 독립관은 독립문 부근의 모화관을 개수한 것이었다. 모화관은 중국사신을 위한 영빈관으로서 갑오개혁 이후 사용하지 않아 방치되어 있던 공용 건물이었다. 독립협회는 이 모화관을 개수하여 독립관이라 이름하고 독립협회의 집회 장소로 사용하기로 하였다. 또한 독립협회는 독립관을 독립협회 사무소로 사용하였다. 독립관 개수가 완공되자 1897년 5월 23일 황태자가 국문으로 친서한 독립관의 현판식을 거행하고, 8월 8일의 통상회에서는 독립관을 집회장소로 하여 매 일요일 오후 3시에 회원들이 독립관에 모여서 강연회와 토론회를 갖기로 하였다.

토론회의 주제는 모두 당시의 정치·경제·사회·문화의 각 부문에 걸친 긴급한 주요 문제였다. 이 기간에 많은 회원들이 토론회를 통하여 자기 사회가 당면한 문제가 무엇인가를 알았으며, 자주민권과 자강개혁이 절실히 요청됨을 알았고, 주제로 설정된 당면문제에 대한 인식을 깊게 하고 체계화하였으며, 많은 회원들이 군중 앞에서의 연설을 훈련받았고, 회원뿐만 아니라 다수의 시민들을 계몽하게 되었다.

독립협회가 토론회를 통하여 계몽운동을 전개하는 동안에도 열강은 이권을 침탈하기 위하여 대한제국에 온갖 압력을 가하였다. 특히 러시아는 ①경원·경성광산 채굴권, ②두만강 연안 삼림벌채권, ③울릉도 삼림벌채권, ④시위대 훈련을 위한 군사교관의 파견, ⑤재정고문과 기기창 고문의 파견, ⑥한러은행(The Russo-Korean Bank)의 설립과 대한제국 재정자금의 관리 등의 권리를 이미 침탈한 데 이어서, ⑦부산 絶影島(영도)의 석탄고기지 租借를 요구해 왔다. 친러수구파 정부는 이를 승인하는 절차를 시작하였다.

독립협회는 러시아의 침략정책에 강력히 반대하였다. 독립협회는 1898년 2월 21일 구국적인 상소를 올린 것을 전환점으로 하여 본격적인 구국정치운동을 전개했으며, 3월 10일과 12일에는 독립협회 회원과 애국적 서울 시민들 수만 명이 종로에서 두 차례의 '만민공동회'를 개최하였다. 이 만민공동회에서는 러시아의 '절영도 조차 요구'를 격렬하게 규탄했을 뿐 아니라, 러시아의 군사교관·재정고문·한러은행의 철수를 요구하는 결의안을 통과시켰으며, 일본의 석탄고기지의 회수를 결의하였다.

1898년 3월의 만민공동회는 한국인들이 최초로 개최한 근대적 시민대회였다. 이 대회에서는 애국적 시민들이 자발적으로 등단하여 외국 침략세력을 규탄했으며, 대회 결의를 채택하였다. 여기에는 1만 명 이상의 성년남자들이 참가했는데, 당시의 서울 인구가 약 17만 명이었으므로 소년과 여성을 제외하면 당시로서는 매우 큰 규모의 민중대회였다. 정부 관료들과 외국공사 및 외국인들이 만민공동회를 구경하고 그 동안의 한국인들의 근대적 성장에 탄복하였다.

만민공동회의 규모가 크고 매우 강경하여 정부와 외교계에 큰 충격을 주자 정부도 절영도 조차를 거부하였으며, 마침내 러시아는 우여곡절 끝에 삼국간섭의 결과로 중국으로부터 조차해 낸 또 하나의 다른 해군기지 후보인 요동반도로 1898년 3월 하순 철수하였다.

독립협회가 개최한 만민공동회 운동은 결국 국제 열강의 세력균형을 획득하는 결과를 낳은 것이었다. 한반도가 완전한 열강의 힘의 진공상태가 되자, 러시아와 일본은 상호견제를 위하여 1898년 4월 로젠-니시협정(Rosen-西 Convention)을 맺어, 양국이 대한제국의 주권과 완전한 독립을 확인하고 내정에 간섭하지 않기로 함과 동시에, 대한제국이 군사교관이나 재정고문의 초빙을 요청하는 경우에도 양국의 사전동의 없이는 응낙할 수 없도록 협약하였다. 이 협정에 의하여 한반도를 둘러싼 완전한 세력균형이 형성되어 국제적으로 확인되었고, 이 세력균형이 러일전쟁이 일어난 1904년 1월까지 만 6년간 지속되었다.

독립협회는 만민공동회를 개최한 1898년 3월부터 9월까지 사이에, ①러시아의 부산 절영도 석탄고기지 요구 저지운동, ②일본의 석탄고기지 회수운동, ③한러은행 철거운동, ④러시아의 재정고문 및 군사교관 철수운동, ⑤서재필 재류운동, ⑥국민의 생명·재산의 자유권 수호운동, ⑦러시아의 목포·진남포 조계 매도 저지운동, ⑧프랑스의 광산 이권요구 반대운동, ⑨독일의 금광 이권요구 반대운동, ⑩각국이 침탈한 이권의 조사와 이권 양여 반대운동, ⑪의학교 설립운동, ⑫황실호위 외인부대 창설 저지운동, ⑬노륙법 및 연좌법 부활 저지운동, ⑭개혁파정부 수립운동, ⑮관민공동회 개최, ⑯의회설립운동 등을 전개하여 매우 큰 성과를 내었다.

이 시기에 친러수구파는 집권은 하였으나 독립협회의 개혁운동에 밀려 수세로 몰렸다. 독립협회는 이 중에서도 특히 열강의 이권침탈에 대해 맹렬한 반대운동을 전개하였다. 독립협회가 반대한 이권침탈을 분류해 보면 다음과 같다.

① 국토조차의 반대
러시아의 부산 절영도 석탄고기지 조차 요구의 반대
러시아가 요구한 목포와 진남포의 租界 조차 반대
일본의 인천 월미도 석탄고기지 조차의 회수
일본의 부산 절영도 석탄고기지 조차의 회수
② 광산채굴권 침탈의 반대
러시아의 경원·경성광산 채굴권 침탈과 양여의 비판
미국의 운산금광 채굴권 침탈과 양여의 비판
영국의 은산금광 채굴권 요구의 반대
독일의 금성 당현금광 채굴권 침탈과 양여의 비판
프랑스의 금광채굴권 요구의 반대
③ 철도·전선부설권 침탈의 반대
일본의 전선부설권 침탈의 비판
미국의 경인선 부설권 침탈과 양여의 비판
프랑스의 경의선 부설권 침탈과 양여의 비판
일본의 경부선 부설권 침탈과 양여의 비판
④ 삼림벌채권 침탈의 반대
러시아의 두만강 상류와 茂山지역 삼림벌채권 침탈과 양여의 반대
러시아의 울릉도 삼림벌채권 침탈과 양여의 반대
러시아의 압록강 조선변지 삼림벌채권 침탈과 양여의 반대
⑤ 연해어장 침탈의 반대
일본의 경상도·전라도·충청도 연안 어획권 침탈과 양여의 반대
일본의 경상도 연안 捕鯨權 침탈과 양여의 반대
⑥ 외국상인의 상권침탈의 규제 요구
외국상인의 상행위권을 외국인 거류지내로의 규제 요구
한러은행의 철환의 요구
일본화폐(일본제일은행권) 통용의 반대
외국상인의 고리대부 행위의 규제 요구
⑦ 재정권 간섭의 반대
러시아의 재정고문 알렉시에프(K. Alexieff) 철환의 요구
러시아의 영국인 재정고문 브라운(John McLeavy Brown)의 부당 해고 반대
⑧ 군사권 간섭의 반대
러시아의 군사고문 및 교관 철환의 요구
황실 호위 외인부대 창설의 반대
⑨ 외국차관의 반대
러시아와 일본의 정치차관 제공 밀약의 반대

일본의 정치차관 제공의 반대

⑩ 불평등조약의 폐지요구

각국과의 불평등조약 가운데 치외법권 폐지의 요구

외국상인 면세특혜 폐지의 요구

해관 세무사의 대한인 임명 요구

관세자주권 확립의 요구

이 무렵 고종과 법부고문 그레이트하우스(Clarence R. Greathouse, 具禮)는 황실 호위 특수부대로서 외인 용병부대를 설치하려고 하였다. 독립협회는 이를 알고 크게 격분하여 이에 대한 강력한 반대운동을 전개하였다. 독립협회는 9월 18일부터 연속 이틀간 外部 문 앞에서 대규모 민중대회를 개최하고, 외인부대의 창설은 자주국권을 위협하고 열강과의 국제분쟁을 야기시킨다는 점과 5개국 국적을 가진 외인부대를 한국정부가 통제하지 못한다는 점 등을 들어 외인부대의 즉각 철환을 강경하게 요구하였다. 외국인 용병을 고용하여 황실 호위 외인부대를 창설함으로써 전제권을 가진 황실을 외국인의 수중에 두려는 위험한 정책은 독립협회의 완강한 투쟁에 의하여 마침내 저지되었다.

독립협회는 개혁파정부를 수립하고 의회를 개설하여 국민의 참정을 실현시켜서 전제적 군주국가를 민주적 국민국가로 개혁하고자 하였다. 민족적 위기가 급박할 때에 개혁파정부와 독립협회가 주도하는 의회와 애국적 국민이 일치 단결하여 열강의 침략을 물리칠 수 있다고 보아 개혁파정부 수립을 추진한 것이었다. 이에 독립협회는 1898년 10월 1일부터 12일까지 인화문 앞에서 한 걸음도 물러서지 않고 궁궐을 에워싼 채 수구파 7대신 파면과 개혁파정부 수립을 요구하는 강경한 철야상소 시위투쟁을 전개하였다.

고종은 독립협회와 시민의 요구에 굴복하여 10월 12일 마침내 수구파 7대신을 차례로 해임하고, 개각을 단행하여 朴定陽을 의정서리, 閔泳煥을 군부대신, 趙秉鎬를 탁지부대신, 徐正淳을 법부대신, 尹用求를 궁내부대신으로 임명하였다. 이것은 수구파정부의 해체와 개혁파정부의 수립을 의미하는 것이었다. 외국 공사들까지도 한국에서 민중운동에 의하여 전면 개각이 이루어지고 개혁파가 집권하게 된 사실에 경탄을 표시하고, '하나의 평화적 혁명(a Peaceful Revolution)'이 이루어지고 있다고 본국에 보고하였다.

독립협회는 개혁파정부의 수립에 성공하자 1898년 10월 28일부터 11월 2일까지 6일간 종로에서 시민과 정부관료를 합석시켜 국정의 전반적 개혁, 열강의 이권침탈 방지, 의회 설립을 다짐하는 官民共同會를 개최하였다. 이 대회에는 관리와 시민 약 5천 명이 참가하여 6개조의 獻議를 결의하였다.

① 외국인에게 依附하지 아니하고 관민이 同心合力하여 專制皇權을 견고케 할 것
② 광산 · 철도 · 석탄 · 삼림 및 차관 · 차병과, 모든 정부와 외국과의 조약의 일은 각부 대신과 中樞院議長이 합동으로 서명하여 날인하지 않으면 시행하지 않을 것
③ 전국 재정은 어떠한 조세를 막론하고 모두 탁지부로 하여금 관장하게 하되, 다른 府 · 部와 私會社는 간섭할 수 없게 하고, 예산과 결산을 인민에게 공포할 것
④ 이제부터 모든 중대 죄범은 공개재판을 시행하되, 피고가 끝까지 설명하여 마침내 자복한 후에 시행할 것
⑤ 勅任官은 대황제 폐하께서 정부에 諮詢하여 그 과반수에 따라 임명할 것
⑥ 章程을 실천할 것

이 중에서 제2조는 광산 · 철도 · 삼림 등 이권 양여와 차관 · 차병 및 외국과의 조약은 내각회의와 중추원의 의결을 거쳐 통과되지 않고는 시행하지 못하게 함으로써 황제의 전제권이나 정부 단독으로 이권을 양여함을 금지하여 사실상 이권침탈을 종결시킨 것이었다. 당시 독립협회는 中樞院을 의회로 개편할 것을 전제하고 있었으므로 중추원 의장에 의하여 대표되는 의회의 동의를 얻지 않고서는 이권 양여와 대외조약 체결을 불가능하게 함으로써 국민의 힘으로 국권을 지키도록 한 것이었다.

한편, 독립협회가 의회설립운동을 본격적으로 시작한 것은 1898년 봄부터였다. 그들은 이 해 7월에 두 차례의 상소운동을 통하여 고종에게 의회설립을 간곡하게 제의했었다. 이때 독립협회는 갑오개혁 때 내각의 부속 자문기관으로 만들어졌다가 다시 고급관료의 대기소처럼 방치되어 있던 중추원을 의회로 개편하고자 하였다. 물론 고종과 수구파는 독립협회의 제안에 응하지 않았다. 그러다가 개혁파정부가 1898년 10월 12일 수립되자 즉각 중추원을 개편하는 방법에 의한 의회설립을 교섭했으며, 10월 24일에는 독립협회의

〈議會設立案(중추원의 의회로의 개편안)〉을 개혁정부에 제출하였다. 개혁파정부는 관민공동회가 성공리에 종료되자, 그 동안 독립협회와 협의하며 준비한 11월 2일자로 된 〈中樞院新官制(상원 설립법)〉를 11월 3일 황제의 재가를 얻어 11월 4일 공포하였다.

신중추원은 대표의 원리에서 보면 하원이 아니라 상원이었으며, 심의의 원리에서 보면 완벽한 의회(상원)였다. 즉 신중추원은 ① 입법권, ② 조약비준권, ③ 행정부의 정책에 대한 심사권, ④ 심사권을 통한 사실상의 감사권, ⑤ 건의권, ⑥ 행정부의 문의에 대한 諮詢權 등을 갖고 있었다.

이것은 전형적인 민주주의 국가에서의 의회만이 가졌던 권리들이며, 19세기말의 영국・프랑스・미국・독일 등 모든 의회주의 국가들의 의회의 권리도 그 이상의 것은 아니었다. 심의의 기능 면에서는 신중추원은 19세기말의 모든 민주주의 국가들의 의회와 완전히 동일한 입법부의 권리를 갖춘 의회(상원)로 전혀 손색이 없는 것이었다.

이제 행정부에는 개혁파정부가 수립되고 독립협회가 주도하는 의회가 한국역사상 최초로 설립되어 국민의 참정을 실현하면서 대대적 개혁을 단행할 것이 명백하게 되었으므로 나라의 앞날에는 서광이 비치는 듯하였다.

그러나 개혁파정부는 의회설립 하루 전인 11월 4일 밤에 붕괴되고, 독립협회의 의회설립운동도 좌절되었다. 의회가 설립되어 개혁파정부와 의회와 독립협회가 단결해서 대대적 개혁정책을 실시하면 친러수구파들은 자기들이 영원히 정권에서 배제되는 것이라고 판단하고 匿名書를 시내 요소에 붙여 일부러 발각되게 하였다. 그 내용은 독립협회 등이 의회를 설립하여 전제군주제를 입헌대의군주제로 개혁하려는 것이 아니라, 박정양을 대통령, 윤치호를 부통령, 이상재를 내무대신, 기타 독립협회 간부들을 각부대신으로 한 공화정으로 국체를 바꾸려는 것이라는 모략이었다.

자기가 퇴위된다는 모략 보고에 놀란 고종은 11월 4일 밤부터 5일 새벽 사이에 시위대와 경무청을 동원하여 독립협회 간부들을 체포하고 독립협회 해산령을 내림과 동시에 개혁파정부를 22일만에 붕괴시키고, 다시 조병식을 중심으로 한 수구파정부를 조직하였다. 물론 고종과 친러수구파정부는 독립협회와 개혁파정부의 의회설립법을 취소하였다. 한국 역사상 최초의 의회설립은 바로 성공의 문턱에서 유산되어 버리고 말았다.

독립협회가 해산되고 그 간부가 체포되었다는 소식을 들은 서울시민들은 궐기하여 자발적으로 만민공동회를 조직하고 전후 42일간에 걸쳐 한국근대사상 최장기의 철야시위를 하면서 ① 독립협회 17명 지도자의 석방 요구, ② 독립협회 복설, ③ 수구파 5대신 규탄과 개혁파정부 수립 요구, ④ 헌의 6조 실행 요구, ⑤ 황국협회의 공격 규탄, ⑥ 의회의 재설립 요구, ⑦ 대신 후보인물의 천거 등의 맹렬한 운동을 전개하였다.

Ⅳ

1898년 12월 25일 고종과 친러수구파는 러시아·일본·미국의 양해를 얻어 독립협회의 해산을 반대하는 시위대를 무력으로 기습 공격하여 이들을 해산시키고, 독립협회도 영구히 해산시켰다. 또한 독립협회·만민공동회 간부들을 4백 3십여 명이나 일시 검거하여 개혁파의 구국을 위한 정치개혁운동을 철저히 금지시키고 탄압하였다. 이에 독립협회·만민공동회의 민족운동은 실패로 돌아가고 말았다.

독립협회와 만민공동회 운동의 실패의 원인은 친러수구파의 무력탄압과 그에 대응하는 시민층의 미성숙에 그 근본원인이 있었다. 그러나 이 밖에도 독립협회 운동의 내부에 특히 농민층 속으로 파고 들어가는 노력이 부족하였고, 운동을 도시 중심으로 전개한 한계가 컸으며, 독립협회 고위지도자들의 지도력이 부족하였다.

독립협회의 민족운동은 실패했지만 그것은 이후의 한국근대사의 발전에 큰 영향을 끼치었다.

첫째, 독립협회는 19세기말 열강이 이권침탈과 식민지화 정책을 본격화한 매우 위험한 해인 1898년초에 만민공동회 운동을 통하여 이를 역전시켜 러시아·일본 등 외세를 후퇴시키고 마침내 한반도를 둘러싼 국제적 세력균형을 획득하는 데 성공하였다. 결국 이 세력균형이 러일전쟁 발발 때까지 만 6

년간 지속되어 국민 성장의 시간을 번 것이었다.

둘째, 독립협회의 운동에 의하여 개화독립사상과 국민대중이 결합하는 데 성공하였다. 이때의 민중은 도시 시민층과 지식인층과 청소년층이 중심이 되지만, 독립협회에 의하여 개화독립사상과 민중이 결합하였기 때문에 장기 동태적으로 볼 때에 이 이후에는 민중에 의하여 자주적 근대화운동이 전개되고 민족운동의 주체와 방향과 추진력이 문제를 해결할 수 있도록 사회의 역사적 발전의 대세에 합치되어 전개된 것이었다.

셋째, 독립협회 운동은 자주독립사상을 전국민에게 널리 확산 보급했으며, 열강의 이권침탈을 협회 존속기간에는 강력히 저지하고, 독립을 강화하는 데 크게 기여하였다.

넷째, 독립협회의 운동은 당시와 그 이후의 개혁정책에 부분적으로 반영되어 한말의 일부의 사회개혁에 상당한 영향을 끼쳤다. 단기적이었지만 그것은 열강의 이권침탈을 저지하고 독립을 강화했으며, 장기적으로는 특히 교육과 실업부문에서 독립협회의 개혁안이 일부 반영되고 채택되었다.

다섯째, 독립협회 운동에 의하여 한국사에서 처음으로 민주주의와 공화주의 사상이 한국인의 사회사상으로 확립·발전하게 되었다. 한국에 있어서의 근대 민주주의사상의 성립은 독립협회에서 본격적으로 비롯된 것이었다. 한국의 민족주의는 독립협회에 이르러 민주주의사상과 결합함으로써 근대적 특성을 강화하여 대폭적인 발전을 이룩하게 되었다.

여섯째, 독립협회 운동은 청년층을 중심으로 하여 수많은 애국자들을 양성하였다. 그 후의 애국운동의 주체세력을 실증적으로 보면 그들이 거의 모두 독립협회·만민공동회에 참가하여 큰 영향을 받고 이 운동이 길러낸 인물들임을 바로 알 수 있게 된다.

일곱째, 독립협회의 운동은 그 후의 애국계몽운동, 일부의 의병운동, 여성해방운동, 민족문화운동, 항일독립운동의 원류를 이룬 것이었다. 특히 한말의 애국계몽운동은 독립협회 운동을 직접 계승한 운동이었다.

다수의 외국학자들은 개항 후 한국인의 사회사상과 민족운동에는 강렬한 저항민족주의(예컨대 동학농민혁명운동)는 있었으나 그 뒤에 새로운 국민국가와 시민사회를 건설한 근대 시민적 민족주의와 자주근대화·자유민권사상과 운동이 없었기 때문에 서구 제국주의 열강의 식민지가 되기 전에 일본제국주의가 선점한 것에 불과하다는 역사해석을 자주 해왔다.

독립협회의 사상과 운동은 이미 19세기말에 한국인들이 스스로 국민국가와 시민사회를 수립·발전시킬 근대 시민적 민족주의와 구체적 방안을 만들었을 뿐만 아니라 이를 위한 강력한 변혁운동을 전개했으며, 러시아·일본·미국 등이 야합하여 고종과 수구파를 지원해서 이 구국개혁운동을 탄압하고 침략하지 않았더라면 한국 민족은 이미 19세기말에 자기의 힘으로 자유롭고 독립된 자주부강한 국민국가와 시민사회를 수립할 수 있었음을 반증해 주는 것이다.

〈愼鏞廈〉

Ⅰ. 러·일간의 각축

1. 삼국간섭과 을미사변
2. 아관파천
3. 러·일의 한반도 분할 획책

Ⅰ. 러·일간의 각축

1. 삼국간섭과 을미사변

1) 삼국간섭과 일본의 대조선 정책

청일전쟁이 시작되자, 얼마 지나지 않아 영국·미국 등 구미 열강의 중재아래 그 해 10월부터 강화의 논의가 본격적으로 시작되었다. 일본의 승리가 불을 보듯이 명백한 가운데 제기되는 강화의 조건은 일본에게 유리한 것임은 두말할 여지조차 없다. 일본과 청국은 오랜 동안의 협상 끝에 드디어 1895년 4월 17일 강화조약에 조인함으로써 국제법상의 청일전쟁은 종결되었다.

시모노세키(下關)에서 청국의 전권공사 李鴻章과 일본의 전권공사인 총리대신 이토 히로부미(伊藤博文)·외무대신 무츠 무네미츠(陸奧宗光)사이에 맺어진 강화조약의 중요한 내용은 대략 다음과 같다. 첫째, 청국은 조선의 완전무결한 독립을 인정한다. 둘째, 청국은 요동반도와 臺灣·膨湖 諸島를 일본에 할양하는 것을 승인한다. 셋째, 청국은 배상금 2억 냥(일본 화폐 3억 엔)을 지불하는 것에 동의한다. 넷째, 종래부터 구미 각국이 갖고 있던 통상 특권을 일본에게도 부여한다.

이로써 일본은 조선 침략의 발판을 구축하였고, 요동반도를 획득하여 대륙침략의 근거지를 확보하였으며, 대만을 점유하여 非白人 국가로서는 유일하게 식민지를 영유하는 제국주의 국가로 발돋움하게 되었다.

그런데, 정식으로 비준서가 교환되기도 전에 난관에 봉착하였다. 하나는 요동반도의 할양을 반대하는 러시아·프랑스·독일 삼국에 의한 간섭이고, 다른 하나는 대만의 할양을 반대하는 청국정부내의 조약파기론이다.[1)]

---

1) 檜山幸夫, 《日淸戰爭—秘藏寫眞が明かす眞實》(東京 : 講談社, 1997), 229쪽.

청일 양국간 강화조약의 내용은 구미 열강 특히 러시아가 좌시할 수 있는 사항이 아니었다. 조인 직후인 4월 23일 러시아의 주도아래 프랑스·독일 3국의 주일공사는 외무성을 방문하여 하야시 타다시(林董) 외무차관에게, "요동반도를 일본이 소유하는 것은 청의 수도를 위협할 뿐만 아니라 동시에 조선국의 독립을 유명무실하게 하는 것"이기 때문에,[2] 요동반도를 환부할 것을 권고하는 각서를 교부했다. 이른바 삼국간섭이다.[3]

일본정부 당국이 그 대응에 골몰하여 시간을 끄는 동안, 삼국 공사는 28일 이래 거듭 외무성을 방문하여 회답을 촉구하였다. 일본정부는 부득이 굴복하지 않을 수 없어 5월 5일 요동반도 환부의 회답서를 삼국의 공사에게 전달하여 삼국간섭은 종결되었다.[4] 이 때 여론은 '와신상담'을 주창하고 국민의 애국심과 러시아에 대한 적개심을 비등시켜, 조선을 위시로 한 대륙침략을 위해서는 러시아와 전쟁을 하지 않으면 안 된다는 對露 主戰論이 대세였다. 이후 일본은 대륙침략과 대러전쟁을 위한 군비확장을 대대적으로 추진하게 된다.

삼국간섭으로 주도권을 빼앗긴 일본은 조약파기론을 제기한 청국정부와의 외교 교섭에서도 삼국 정부의 집요한 간섭을 감수하지 않을 수 없었다. 그러나 대만 할양을 거부하려고 하는 청국의 노력은 요동반도 문제에 심혈을 기울이는 열강의 이해 때문에 그 지지나 지원을 얻지 못하고 5월 8일 요동문제를 제외한 나머지 사항은 본래의 조인대로 양국 정부간에 비준서를 교환함으로써 청일 강화조약은 성립하고 전쟁은 종결되었다.[5] 요동반도 환부문제는 11월 8일 환부조약과 의정서 체결로 결착되었다.[6]

삼국간섭의 주도국인 러시아는 1891년 시베리아철도 건설에 착수하여 동

---

2) 日本外務省 編,《日本外交文書》28-2(東京 : 日本國際連合協會, 1936), 事項 12 〈三國干涉一件〉.
3) 삼국간섭에 대해서는, 李光麟,《韓國史講座》Ⅴ(近代篇)(一潮閣, 1981), 359~360쪽 ; 崔文衡,〈閔妃弑害 以後의 列强과 韓國—引俄拒日과 그 後의 情況 變化를 중심으로〉(崔文衡 외,《明成皇后 弑害事件》, 民音社, 1992) ; 金相洙 〈閔妃弑害의 國際的 背景—日本政府의 介入과 관련하여〉(같은 책) 참조.
4) 檜山幸夫, 앞의 책, 234쪽.
5) 檜山幸夫, 위의 책, 230~231쪽.
6) 檜山幸夫, 위의 책, 234쪽.

진 남하정책을 본격적으로 추진하고 있었다. 청일전쟁에 대해서는 조선을 둘러싼 양국간의 패권다툼으로 받아들여 방관 혹은 소극적 정책을 취하였다.7) 그런데 전쟁의 뒤처리가 조선에 국한되지 않고 요동반도 할양으로까지 발전하게 되자, 적극정책으로 전환하여 개입하였고 독일과 프랑스를 설득하여 삼국간섭을 단행하게 된다. 프랑스는 러·불 동맹을 맺고 있었기 때문에 러시아를 지지하고, 독일은 러시아의 관심을 유럽에서 극동지역으로 돌리기 위하여 이에 동참하였다.8)

삼국간섭으로 일본의 권위가 추락하자 조선의 조야도 동요하기 시작하였다. 1894년 7월 일본군의 조선 왕궁 점령이후 친일정권이 수립되고 나서 친청 반일적인 왕실 및 민씨 척족세력은 '궁중과 부중의 분리'라는 명분하에 취해진 내정개혁에 의하여 권력으로부터 축출 당하고 있었다. 이 세력을 중심으로 러시아를 끌어 들여 일본세를 몰아내려는 움직임이 나타났다. 민비가 러시아공사 웨베르(Karl I. Waeber, 韋貝)를 인견하여 국정을 상담하는가 하면, 朴定陽·安駉壽·徐光範·李完用·李範晋 등을 축으로 하는 반일 친러적인 貞洞派라는 정치집단이 생기기도 하였다.

이노우에 카오루(井上馨)공사의 힘이 약화되면서 친일정권 내부에서도 알력과 갈등이 노정되었다. 급진개화파인 내부대신 朴泳孝가 그 틈새를 이용하여 '자주 독립'의 노선을 천명하면서 이노우에공사와 대립하고 온건개화파인 총리대신 金弘集과 내홍하는가 하면, 보수적인 궁중세력으로부터도 배척을 당하는 상황이 벌어졌다.9)

5월말 친일파인 趙義淵 군부대신의 해임문제로 김홍집과 박영효가 심각하게 대립하더니 결국은 김홍집 총리대신이 사퇴하고 박영효가 임시 총리대신을 맡다가 6월 2일 정동파인 박정양이 총리대신에 취임하였다. 이것은 박영효의 주도 혹은 묵인하에 친일파가 권력으로부터 밀려나고 새롭게 친러파가

---

7) Vladimir S. Miasnikov, 〈第3次極東戰爭(1894~1895)とロシアの極東地域における政策の展開〉(東アジア近代史學會 編, 《日清戰爭と東アジア世界の變容》上, 東京：ゆまに書房, 1997).
8) 宮地正人, 《國際政治下の近代日本》(東京：山川出版社, 1987), 85~86쪽.
9) 柳永益, 〈甲午更張을 圍繞한 日本의 對韓 政策－甲午更張 他律論에 對한 修正的 批判－〉(《歷史學報》65, 1975).

정권의 전면에 등장하기 시작했다는 것을 의미한다.10) 박영효는 점차 일본으로부터도, 왕실세력으로부터도 견제 · 배척당하게 된다.

박영효는 6월 25일, 미국인을 교관으로 하는 시위대가 맡고 있던 궁성 호위를 자기들의 영향하에 있는 훈련대로 교체하려고 상소하였다. 그러나 국왕의 거절로 좌절되었다. 이를 빌미로 김홍집 · 김윤식 · 어윤중 등의 反박영효 세력이 7월 7일 '반역음모사건'을 조작하여 박영효 일파를 축출하였고, 그는 다시 일본으로 망명하는 사태가 벌어졌다.11)

이후 친러파의 정권 장악은 확연히 나타났다. 8월 10일 인사개편에서는 군부대신에 안경수가, 경무사에 李允用이, 내각 총서기에 李聖烈이 취임하고, 8월 24일 단행된 제3차 김홍집내각에서는 김홍집은 원로로서 명색만 유지하고 있을 뿐 실제는 친러파와 민씨세력 일색으로 이루어졌다. 그 면면은 다음과 같다.12)

총리대신	김홍집	외무대신	金允植	군부대신	안경수
내무대신	박정양	농상공부대신	金嘉鎭	법부대신	서광범
탁지부대신	沈相薰	학부대신	이완용	중추원의장	魚允中
중추원부의장	申箕善	궁내부대신서리	이범진		

일본세력 쇠퇴의 직접적 계기는 삼국간섭이었으나, 또 다른 문제가 걸려 있었는데 다름아니라 일본이 약속한 차관 제공의 문제이다. 전쟁 도발 후 조선의 정치적 보호국화를 꾸준히 추진하여 온 이노우에공사는 조선 재정의 파탄을 빌미로 차관을 대여하여 경제적 보호국화를 획책하려 하였다. 이노우에는 우선 그 조치로 500만 엔의 차관을 약속하여 1895년 2월말부터 3월에 걸쳐 본국 정부와 협의하였다. 그런데 실제로 그 약속은 지켜지지 않았다. 본국의 총리대신인 이토, 외무대신인 무츠와의 협의 결과 300만 엔으로 줄어들었고, 그것조차도 민간 차원의 차관이 아니라 임시 군사비에서 충당되는 것이고 조건도 조선에서 받아들이기 힘든 가혹한 것이었다.13) 우여곡절 끝에 4

10) 柳永益, 위의 글.
11) 李光麟, 앞의 책, 365~367쪽.
12) 李光麟, 위의 책, 365쪽.
13) 鄭在貞, 〈井上馨－明治政府에서의 役割과 朝鮮侵略의 實踐－〉(《國史館論叢》 1, 國史編纂委員會, 1989).

월 10일까지 300만 엔이 대여되었으나, 조선 왕실과 정부내의 불만은 매우 컸고 이러한 분위기는 일본세력의 쇠퇴와 러시아세력의 부상을 부추기기에 충분하였다.

청일전쟁 이후 줄곧 제기되어 온 내정개혁과 차관대여라는 명목을 가지고 정치적으로 경제적으로 조선을 손아귀에 넣으려고 하였던 이토와 이노우에로 대표되는 '文治派'에 의한 조선 침략의 책략은[14] 삼국간섭으로 좌초에 부딪쳤다. 일본으로서는, 계속 그 정책을 추진할 때는 러시아의 간섭을 야기하게 될 것이 분명한 사실이었기 때문에 어쩌지도 못하는 난국이었다. 이노우에의 표현대로 그대로 방관할 수밖에 없는 형편이었다.

> 삼국간섭을 계기로 해서, 이후 조선에서 公(이노우에)은 비상한 난국에 서지 않으면 안 되었다. 만일 적극적으로 나가면 露國으로 하여금 간섭의 구실을 주고, 물러서서 소극적으로 나가면 지금까지 고심하여 건설하여 온 개혁 사업은 갑자기 내부적으로 붕괴하여 위기를 낳을 것이 분명하기 때문에, 나아갈까 그만둘까 모두 公의 행동은 제약받았던 것이다. 무릇 우리 정부(일본)의 對韓 방침이 확정될 때까지는 옳고 그름을 따지지 말고 방관적 태도로 나아가, 타국에서 조선의 일에 끼여들 기회를 만들지 않도록 오로지 주의하는 길밖에 없다(井上侯傳記編纂會 編,《世外井上公傳》4, 東京 : 內外書籍, 1934, 475~476쪽).

이노우에공사는 이러한 사태의 진전에 대해 러시아의 개입이 두려워 어떠한 대응책도 강구하지 못한 채, 5월 22일 본국의 무츠외상에게 打電하여, 당국에서 시급히 '장래의 對韓方策'을 강구할 것을 촉구하였다.[15] 이에 대해 일본에서는 6월 4일 내각회의를 열어 '장래의 대한방침은 가능한 한 간섭을 그만두는' 불간섭 정책으로 결정하고, 이에 따라 조선 내정의 문제는 물론 철도부설・전신가설의 건에 대하여서도 무리하게 강행하지 않도록 하는 응급

---

14) 姜昌一, 〈근대일본의 사상흐름과 조선침략론〉(《오늘에 본 친일문제와 일본의 조선침략론》, 역사학연구소, 1993). 이 논문에서 필자는 일본의 조선 침략을 야마가타 아리토모(山縣有朋)・가츠라 타로(桂太郞) 등 육군 군벌세력의 武人에 의한 무단파와 이토 히로부미(伊藤博文)・이노우에 카오루(井上馨) 등 문민정치가에 의한 문치파로 나누어 살펴보고 있다.

15) 井上侯傳記編纂會 編,《世外井上公傳》4(東京 : 內外書籍, 1934), 479~480쪽. 春畝公追頌會 編,《伊藤博文傳》下(東京 : 統正社, 1940), 247쪽.

조치를 이노우에공사에 하달했다.[16]

그러나 이는 어디까지나 임시방편의 응급 처방일 뿐, 이것으로써 조선문제에서 손을 뗀 것은 아니었다. 이노우에는 장래의 대한방책을 논의하고 결정하기 위해 6월 7일 서울을 출발하여 20일 요코하마(橫濱)에 도착했다. 그는 도착 즉시 천황을 비롯한 정계 지도자에게 현지의 사정을 보고하는 한편, 7월 2일의 각의에서 자기 나름의 대한방책을 제시했다.[17] 요컨대 그것은 차관이라는 미끼를 가지고 왕실을 매수하여, 민비를 위시한 왕실의 러시아 접근을 차단한다는 것이었다. 이 방안은 문치적인 방식, 즉 회유와 공작으로 왕실과 내각을 친일화하여 조선에서 계속 영향력을 행사한다고 하는, 이노우에의 입장에서는 최선·최후의 책략이었다. 이 책략의 채택 여부는 그의 진퇴와도 직결되는 문제였다.

> 이상의 제 조건(장래의 對韓方策)을 가능한 한 빨리 결정한 후, 本官(이노우에)의 귀임을 요한다면 언제라도 귀임할 것이고, 또한 신임공사 파견의 경우라도 본관의 희망은, 공사 그 사람은 細軍(민비)의 交際 등에 능란한 인물을 특히 뽑아 주시기 바랍니다. 또한 적임자를 내정한 후에는 발표 전에 본관이 일단 귀임해서 종전의 사정과 장래의 조치 등에 대해 대군주(고종) 및 왕비(민비)에게 잘 奏聞하고, 또한 각 대신과 신임공사와의 사이에 대해서도 유감없도록 하고 싶기 때문에 이 뜻도 一考하여 주시기 바랍니다(井上侯傳記編纂會 編, 《世外井上公傳》 4, 491쪽).

위의 진언은 자기의 제안이 받아들여졌을 때는 다시 귀임할 것이고 그렇지 못할 때는 사임하겠다는[18] 것으로, 7월 2일 단계에서는 사임할 확고한 의사를 갖고 있지 않음을 뜻한다. 그런데 그가 일본 체류시에 경질이 결정되어 후임에는 미우라 코로(三浦梧樓)가 내정되었다.[19]

---

16) 春畝公追頌會 編, 위의 책, 248쪽.
《日本外交文書》 28-1, 문서번호 198 對韓政策ニ關スル閣議案.

17) 井上侯傳記編纂會 編, 앞의 책, 483~491쪽.
杉村濬, 《在韓苦心錄》(日本外務省, 1932), 155~159쪽.

18) 〈岡本柳之助訊問調書〉(伊藤博文公 編, 《朝鮮交涉資料》 中, 東京 : 秘書類纂刊行會, 1936)에 의하면, 이노우에는 일본으로 떠나기 직전 오카모도에게도 사임의 가능성을 비추고 있다.

삼국간섭 이후 조선에서 일본의 위세는 점차 통하지 않게 되고, 친일파 세력은 정권으로부터 밀려나기 시작했다. 7월초 이노우에공사의 일본체류 중에 일본의 비호 아래 실권을 장악하고 있던 박영효 내무대신이 실각하여 일본에 재망명하는 사건은 하나의 예에 불과하였다.

내정개혁이라는 미명 아래 일본의 강압으로 이루어진 '궁중과 부중의 분리책'은 주지하다시피 왕권을 완전히 무력화시켜 조선을 지배한다고 하는 이노우에의 책략이었다. 그런데 삼국간섭이라는 국제적 압력속에서 일본의 무력을 배경으로 한 강압정책이 통하지 않게 되면서 민비를 중심으로 하는 왕권파는 서서히 권력을 회복하기 시작했다. 이러한 상황의 전개는 일본으로서도 어찌할 수 없는 불가항력적인 것이었다.

이노우에는 7월 21일 급거 귀임하고부터는, 종래의 태도를 돌변하여 국왕 및 왕비의 환심을 사기에 급급하였다. 종래 법과 제도의 개혁을 통하여 보호국화하려고 하는 '法典政略'을 포기하고 왕실을 회유하고 매수하려는 '宮中政略'으로 대전환한 것이다.[20] 지금까지 적대적 입장을 취해 왔던 왕실에 대해서도 '조선의 독립과 왕실의 보호'를 奏上할 정도였다.[21] 뿐만 아니라 이전 차입금 300만 엔의 返濟기한을 5년에서 15년 내지 20년으로 연기시키고, 본국으로부터 확답을 받지 못한 상태에서 차관 300만 엔을 제공한다고 미리 미끼를 던져 왕실을 매수하려고 획책하였다.[22] 그리고 종래 스스로의 '내정개혁안'을 번복하여 버리는 17개조의 의견을 제출하여, 왕비를 비롯하여 민씨 척족세력이 정치에 관여할 수 있도록 하기도 하였다.[23]

8월 24일 제3차 김홍집내각이 구성됨에 이르러서는 친일·친러의 연립내각을 모색하여 국왕·왕비를 위시하여 조선정부의 일본에 대한 신뢰를 회복하려고 진력하기도 하였다.[24] 이미 '引俄拒日(러시아를 끌어당겨 일본을 몰아 냄)'

19) 미우라의 공사임명 과정에 대해서는 姜昌一, 〈三浦梧樓公使와 閔妃弑害事件〉(崔文衡 외, 《明成皇后 弑害事件》, 民音社, 1992) 참조.

20) 安達謙藏, 《安達謙藏自敍傳》(東京 : 新修社, 1960), 53~54쪽.

21) 井上侯傳記編纂會 編, 앞의 책, 495~520쪽.
《日本外交文書》 28-1, 문서번호 248 謁見顚末並ニ寄贈金ニ關シ內申ノ件.

22) 井上侯傳記編纂會 編, 위의 책, 500~502쪽 및 517쪽.

23) 井上侯傳記編纂會 編, 위의 책, 503~511쪽.

24) 井上侯傳記編纂會 編, 위의 책, 512쪽.

의 방침은 확고한 것이었고 일본세의 쇠퇴·러시아의 부상은 불가항력적인 대세였다.

삼국간섭 이후 이노우에의 대조선정책에 대해서는 당국뿐만 아니라 당시의 여론도 비판적이었다. 외상 무츠는 "이노우에는 닭을 잡는 데에 소잡는 칼을 사용하는 격이어서 점점 평판이 좋지 않아 君(무츠)은 부득불 이토에게 도모하여 그를 불러들였기 때문에 이노우에는 매우 불평하고 있었다"[25]고 평하고 있다. 다음의 구절로도 당시의 분위기를 어느 정도 살필 수 있다.

> 경성에 재류하고 있던 우리 민간 지사(일본인 낭인)가 이 모양(일본의 후퇴와 러시아의 진출)을 보고 切齒扼腕한 것은 무리도 아니다. 일본의 內地에 있어서도, 有志 사이에서는 조선의 정세를 걱정하고, 정부로 하여금 이노우에공사를 귀환시켜, 더욱 剛毅果敢한 인물을 공사로서 파견시킬 필요가 있다고 주장하고, 뒤에서 정부쪽에 향해 헌책하는 자도 있었다. 정부에서는 결국 그 필요를 인정해서 이노우에 대신에 육군중장 미우라를 임명하기로 결정했다(葛生能久, 《東亞先覺志士記傳》 上, 516~517쪽).

이노우에의 후임자로 내정된 자는 예상외로 외교에는 전혀 경험이 없고 조선의 사정에 대해서도 문외한이었던 미우라였다. 그것도 노련한 정략가인 이노우에의 추천에 의한 것이었는데, 이에 대해 주무 대신인 무츠외상은 반대하였다.

> 이노우에의 후임에 대해서는 여러 議論이 있어서, 혹은 다나카 후지마루(田中不二磨)를 시키려는 자도 있었지만 이루어지지 않고 드디어 이노우에의 추천에 의해 무단적 禪將인 미우라를 그 후임으로서 부임시키기로 했다. 君(무츠)은 오오이소(大磯)에서 그의 不可함을 주장했지만 長閥君(長州 出身의 정치세력 즉, 이토·야마가타·이노우에 등)의 세력에 눌리어 그 뜻을 관철시킬 수가 없었다. 이는 君이 유감으로 생각하는 것으로 과연 그 해 10월 8일 흉변을 격발하기에 이르러 불행히도 君은 시비없이 선견지명을 얻었다(阪崎斌, 《陸奥宗光》, 東京 : 博文館, 1898, 287쪽).

---

25) 《日本外交文書》 28-1, 문서번호 281 對韓政策ナルモノニ對スル意見伊藤總理ヘ陳述方ノ件.
阪崎斌, 《陸奥宗光》(東京 : 博文館, 1898), 287쪽.

당시 일본의 정치권력은 이토·야마가타 아리토모(山縣有朋)·이노우에를 거두로 하는 長州閥에 장악되어 있었다. 미우라는 장주벌이면서도 이들과는 사이가 안 좋을 뿐만 아니라, 藩閥 전제정치라고 비판하는 반정부적 입장을 견지하고 있었다. 또한 이노우에의 대조선방책에 대해서도 후임자로 내정되기 이전부터 비판하고 있었다.[26] 그럼에도 불구하고, 이토·야마가타·이노우에 등에 의해 그가 후임자로 결정된 것이다. 여기에는 급격한 상황변화가 작용하였기 때문이다.

앞에서 보았듯이 이노우에는 7월 2일 단계에서도 진퇴를 확실히 결정하지 않고 있었다. 더욱이 그는, 만일 후임자를 정하게 될 때는 '細君(민비)과의 交際'에 능란한 사람을 임명할 것을 진언하고 있다. 그럼에도 그는 며칠 안 되어 그 후임자로 그러한 요건을 전혀 갖추고 있지 않은 미우라를 추천한 것이다. 다름아니라 7월 7일 박영효가 실각하여 일본에 망명하는 사건이 발생하였기 때문이었다.

이러한 상황의 전개는 일본에게는 최악의 사태였고 종래의 문치적 방법으로서는 '조선문제'의 해결은 전혀 무망하다는 것을 그들에게 확신시켜 준 셈이 되었다. 그래서 이노우에·이토 등 문치파들은, 그들과는 전혀 정치적 성향이 다른 우익적이고 무단적인 미우라를 내세워 조선문제를 해결하려고 하였던 것이다. 이노우에는 후임자로 미우라를 추천하고 나서 조선에 귀임하였다.

이노우에로부터 조선공사의 제의를 받은 미우라는 스스로 외교에 대해 문외한이고 서툴기 때문에 재삼 거절했으나, 끈질긴 부탁에 일단 응낙했다고 한다.[27] 7월 10일경이다. 미우라는 승낙하는 대신 정부당국에 세 가지 대조선책을 제안하면서, 그 중에서 명확한 방침을 선택하도록 촉구했다.[28]

---

26) 安達謙藏, 〈閔妃事件と當時の政局〉(《義人李周會氏法要及事蹟》, 黑龍會, 1928).
27) 小谷保太郎 編修, 《觀樹將軍回顧錄》(東京 : 政教社, 1925), 319쪽.
28) 《日本外交文書》 28-1, 문서번호 350 對韓政策ニ關スル三浦新公使 意見書 : 對韓政策ノ訓令ヲ待ツ. 날짜가 8월 17일자로 되어 있으나, 註에서 '三浦梧樓 조선공사 발령의 日附로 한다'라고 附記하고 있고, 그 외 다른 자료를 검토하여 보면, 제의를 받았던 7월 10일경 직후에 제출한 것임을 알 수 있다(阪崎斌, 앞의 책, 286쪽 ; 小谷保太郎 編修, 위의 책, 319쪽 ; 井上侯傳記編纂會 編, 앞의 책, 475쪽 참조).

> …미리 3조를 진열해서 장래의 훈령을 청하는 바이다. 원하건대 다시 심의하여 不拔의 대한방침을 국시로 정할 것을. 제1조, 지난해 征淸의 주의에 則하여 조선을 동맹의 독립 왕국으로 인정하고 장래 우리(일본)의 혼자 힘으로 전국(조선)의 방어 및 개혁을 담당하는 책임의 방침을 취할 것인가. 제2조, 우리의 혼자 힘으로 조선 독립 개량의 책무를 꾀하고 또한 보호 및 점령의 웅심을 억제하여 구미 열국 중 공평한 나라와 함께 도모하여 공동 보호의 독립국으로 하는 방침을 취할 것인가. 제3조, 조만간 반드시 한 둘의 강국과 紛擾가 생기는 것은 가장 예측하기 쉬운 추세이기 때문에 大難事가 일어나지 않은 금일 오히려 무단 결의하여 한 열강(러시아)과 고려 반도를 분할 점령하는 방침을 취할 것인가. 위 3조 중 제1조는 가장 공명 정대한 방책이기는 하지만 어려운 일 가운데에서도 어려운 일로서 장래 내외로부터 困難 蝟集하고 많은 인력과 금력을 소비하고 恩威 또한 행하기에는 오랜 시간을 요하고, 특히 한 두 강국과 조만간 전쟁을 치를 결심을 하지 않으면 안 될 것이다(그렇지만 우리가 堪忍 시종 일관하여 전력을 다해서 수년이 지나면 조선은 우리의 보호하에 속하는 결과가 되니, 또한 천하에 대해 좋은 일이 될 것이 아닌가). …梧樓(미우라 본인) 이미 난국을 돌아보지 않고 목숨을 그 땅(조선)에 바치려고 결심했기 때문에 정부의 방침이 어떻게 정해져도 이에 구애받지 않는다. 단, 앞의 3조의 결정 여하에 따라 은혜적·협박적 혹은 묵종적 정책의 필요가 생기고 寬猛 緩急 모두 이에 준거하여 정하는 수밖에 없다고 확신한다(《日本外交文書》 28-1, 문서번호 350 對韓政策ニ關スル三浦新公使 意見書 : 對韓政策ノ訓令ヲ待ツ).

미우라가 제시한 3안은 요컨대 ①일본의 獨力支配, ②공동보호국화, ③러·일의 분할 점령안으로서, 그 스스로는 이 3안 중 위험부담을 감수하면서라도 제1안을 채택할 것을 은근히 촉구하고 있다. 더욱이 그는 난국임을 잘 알고 있었기 때문에 목숨을 걸고 전력투구할 '비장한 결의'까지 표명하고 있기도 하다.

미우라의 대한방침의 질의에 대해 정부당국에서 아무런 회신조차 없자, 그는 7월 17일, 공사 교섭을 맡았던 노무라 야스시(野村靖) 내무대신을 찾아가서 취임 승낙을 번복하여 버렸다.[29] 이때 미우라를 추천한 이노우에는 7월 14일 일본을 출발하여 19일 인천에 도착하였고, 이 문제는 결국 18일 야마가타와 다나카 미츠아키(田中光顯)의 간곡한 설득으로 미우라가 다시 받아들여 수습

29) 〈7월 18일자, 野村靖(內務大臣)가 井上 全權公使에게 보낸 書翰〉(東京 : 國際韓國硏究院 소장).

되었다.[30] 번복과 재수락의 상황 전개는 여러 측면에서 중요한 의미를 갖고 있다. 우선 미우라 자신의 표현대로 깊이 숙고한 끝에 번복하였는데, 그 이유는 "정부가 그 방침(대조선방침)을 보여주지 않는 이상 나침반 없이 항해를 강행할 수 없기"[31]때문이라고 하고 있다. 한편 이를 통고받은 노무라 내무대신은 미우라가 처음에 승낙한 후에 여러 사람으로부터 "韓地(조선)의 사정을 듣고 그 곤란한 것에 당혹했기"[32]때문이라고 파악하고 있다. 이는 곧 번복한 것이 즉흥적으로 이루어진 것이 아니라 자기 나름대로 정보를 수집하고 숙고한 끝에 이루어진 치밀한 계산하의 행동이었음을 말해 준다.

재수락의 설득은 이토와 쌍벽을 이루면서 군벌 정치세력을 이끌던 무단파의 수령 야마가타가 담당하였다. 이때 구체적으로 어떠한 타협이 이루어졌는지 확실하지 않지만, 최소한 조선의 일에 대하여 공사가 전권을 가지고 마음대로 처리할 수 있는 재량권을 부여한 것은 확실하다.

> 미우라가 제출한 3대 정책은 일이 중대하여 숙고를 요하기 때문에 어떤 결정을 내리기 위해서라도 하루 빨리 渡韓하여 달라는 것이었다. 거기에서 미우라는 정부의 방침이 없는 채로 도한하는 이상은 임기응변적으로 스스로 할 수 밖에 없다고 결심한 것이다(〈7월 19일자, 野村靖(內務大臣)가 井上 全權公使에게 보낸 書翰〉, 東京 : 國際韓國硏究院 소장).

그 어느 누구보다도 미우라의 성격과 일 처리 방식을 잘 알고 있는 야마가타가 미우라에게 자유 의사에 따라 일을 처리하여도 좋다고 한 것은 그에게 전권을 부여한 것을 의미한다. 그런데 더욱 주목해야 할 부분은 '어떤 결정' 운운한 구절이다. 즉 이 시점에서는 아직 대조선 정책이 결정되지 않았으나, 빠른 시일내에 결정할 것을 시사하고 있다는 점이다. 그러면 그 후 과연 일본정부는 3안 중 어떠한 방침을 결정하였을까.

이에 대해 몇 가지 추정하여 볼 수 있는 근거가 있다. 민비를 시해한 직

30) 〈7월 19일자, 野村靖(內務大臣)이 井上 全權公使에게 보낸 書翰〉(東京 : 國際韓國硏究院 소장).

31) 小谷保太郎 編修, 앞의 책, 320쪽,

32) 〈7월 19일자, 野村靖(內務大臣)이 井上 全權公使에게 보낸 書翰〉(東京 : 國際韓國硏究院 소장).

후인 10월 14일, 미우라가 이토 총리대신에게 보낸 보고문에 다음과 같은 구절이 있다.

> … 우리 세력을 유지하고 당초의 목적(獨力支配)을 달성하기 위해 부득불 이것(왕비 시해)에 나오게 된 것이기 때문에, … 이번의 일은 그 방법이 좀 졸렬하여 襤褸를 숨길 수 없었다는 비방을 면할 수 없다 하더라도 그 목적을 잘 달성한 것이기 때문에 그 득과 과실을 끝까지 잃지 않도록 하여 주시기 바랍니다. 고로 외교상의 입장에서 본관를 위시하여 관원(공사관 직원)을 교체시키는 일이 있어도 이와 동시에 현 정부(조선정부)에 대한 방침까지도 바꾸는 것은 매우 不得策이라고 생각하고 있기 때문에 이 점에 대해서는 많이 주의하여 주실 것을 깊게 희망하는 바입니다(《日本外交文書》 28-1, 문서번호 378 事變起因ノ竝其ノ對策ニツキ稟申ノ件).

또한 범죄자들이 히로시마 형무소에 투옥되고 나서 검사의 취조에 대해 사실 진술을 거부하면서, "이(시해사건)에 대해 내각원에게 논술한다면 사실을 말하겠지만, 법정에서는 진술할 필요가 없기 때문에 하지 않겠다"고 진술을 거부하고 있다.[33] 뿐만 아니라, 증거불충분으로 석방되고 나서 동경에 상경했을 때, 이토가 환대하지 않고 오히려 시골에 빨리 내려가도록 재촉한 데 대해 배신감을 토로하면서 불만을 토로하고 있기도 하다.[34] 이러한 정황을 놓고 판단하여 볼 때 이토·야마가타 등 일본정부의 수뇌들은 미우라가 부임하고 나서 사건이 일어나기 전에 이미 최소한 미우라가 제시한 3안 중 제1안인 '독력지배책'으로 그 목적을 결정하고 있었다는 것을 알 수가 있고, 더 나아가 '민비제거'의 계획도 사전에 예측하고 있었고 이를 방조·묵인하고 있었음을 시사하여 준다.

7월 22일 전권공사로 내정된 미우라는 8월 17일 임명을 받고 임지인 조선으로 출발할 때까지 아타미(熱海)의 별장에 머물면서, 많은 조선문제 전문가와 회합하면서 나름대로 치밀히 준비하였다. 여기에는 열렬한 대륙침략론자로서 玄洋社·態本國權黨 같이 근대 일본의 전형적인 우익이 있었는가 하면,

---

33) 《舊陸海軍文書》(日本國會圖書館 憲政資料室 所藏, 마이크로필름), 第5回 報告(10月 27日附) 憲兵司令官 春田景義ヨリ兒玉陸軍次官へ.

34) 小谷保太郎 編修, 앞의 책, 347쪽.

타니 칸조우(谷干城)·시바 시로(柴四郎) 같은 대외강경파의 정치가도 있었다.

미우라는 당시 유명한 정치소설가이자 중의원도 지냈으며 우익 낭인들과 친교가 깊었던 시바를 참모로서 활동시켰다. 시바는 天佑俠의 다케다 한시(武田範之)와 玄洋社의 츠키나리 히카루(月成光, 후에 梶川光으로 개명)와 상의하였다. 시바는 이전부터 이들과 친교가 매우 깊었는데, 다케다는 전형적인 조선 낭인으로서, 1893년 전라남도의 금오도에서 李周會와 교류를 맺고 있었고,[35] 갑오농민전쟁이 발발하였을 때는 민씨정권을 타도하기 위해 천우협을 결성하여 농민군과 접촉을 획책하였던 자였다. 츠키나리는 전형적인 대륙 침략단체인 현양사의 핵심멤버로서 오오쿠마 시게노부(大隈重信) 외상에의 폭탄투척사건에 가담하여 구속된 적이 있는 테러리스트였다.[36]

미우라는 이들 3인을 막료로서 동행하여 9월 1일 조선에 부임하였다. 이러한 성향의 사람들을 참모로 동행시켰다는 점에서, 장차 전개될 일본의 대조선정책을 예견하는 것은 그리 어려운 일이 아니다. 그것은 다름아니라 조선의 독력지배를 위해 수단과 방법을 가리지 않는다는 것이고, 여기에는 친러파의 정점인 '민비 제거'의 방법을 포함한다는 것은 두말할 필요조차 없다.

2) 민비시해[37]

미우라는 임지인 조선에 9월 1일 도착하였는데, 이때 이미 왕권의 강화와 친러파의 정권 장악, 친일파의 몰락은 대세가 되어 있었다. 더욱이 차관을 통한 왕실 매수라고 하는 이노우에 최후의 책략조차도 일본정부에서 확실한 회답을 주지 않았기 때문에 일종의 사기극에 지나지 않게 되어 버렸다.[38]

이노우에공사는 8월 6일 본국 정부에 그 동안 왕실과의 접촉 과정을 보고하면서, 재삼 '寄贈金의 件'을 임시국회에 제출하여 줄 것을 부탁하였다. 이에 대해 본국에서는 "임시국회를 소집하지 않기로 결정하였기 때문에 확답

35) 武田範之, 〈記 李豊榮事〉(《洪疇遺蹟》 1, 東京大學 圖書館 所藏).
36) 葛生能久, 《東亞先覺志士記傳》 下(黑龍會, 1933~1936), 249쪽.
37) 민비시해의 구체적 과정에 대해서는 姜昌一, 앞의 글(1992), 참조.
38) 葛生能久, 앞의 책(上), 517~518쪽.

하기 어렵고, 이는 총리대신 이토와 협의한" 것이라고 답신하였다.[39] 이노우에는 9월 4일 본국 정부에 대하여, 이미 국왕 및 정부에 약속한 것이기 때문에 이것이 성사되지 않으면, "후임자 미우라는 설자리조차 없어질 뿐만 아니라, 더욱 국왕 및 정부에 대해 위신도 완전히 없어지고 또한 조선을 포기하는 결과가 되기 때문에 숙의하여 줄 것"을 재차 요청하였다.[40] 그러나 미우라는 부임하기 이전부터 이미 '기증금의 건'은 성사될 수 없음을 알고 있었고, 부임하고서 이를 이노우에에게도 알려 주었다.[41]

미우라가 부임한 이후 친러파의 득세와 친일파의 몰락은 더욱 촉진되었다. 미우라로서도 어찌할 수 없는 상황의 전개였다. 그는 두문불출하여 '염불공사'라는 별명을 얻을 정도로 불경을 외우면서 세상일을 잊은 것처럼 위장하였다.[42] 정황을 예의 주시하면서 그 특유의 과감한 수단을 강구하여 국면을 역전시킬 준비를 하고 있었던 것이다.[43]

당시 서울에는 우익 낭인들이 많이 모여 있었다. 그와 동행한 시바·츠키나리·다케다 외에, 한성신보사를 경영하고 있던 態本國權黨의 아다치 겐조(安達謙藏)·구니토모 시게아키(國友重章), 玄洋社의 후지카츠 아키라(藤勝顯)·사세 쿠마테츠(佐瀨態鐵), 天佑俠의 오오자키 마사요시(大崎正吉), 조선의 宮內府 고문관 직함을 갖고 있던 오카모도 류노스케(岡本柳之助) 등이다. 열렬한 대륙 침략주의자인 낭인들은 국면 타개의 방책은 민비 제거뿐이라고 생각하고 있었던 자들이었다.[44]

> 露國의 세력이 도도히 조선 반도에 침입하는 근원은, 실로 이 궁정의 한 여성, 민비 그 사람의 一頻一笑의 사이에 생겼다. 무서운 東亞의 禍源이 그곳에

---

39) 《日本外交文書》28-1, 문서번호 250 井上公使ニ至急歸朝方通達ノ件.

40) 《日本外交文書》28-1, 문서번호 251·252 寄贈金ニ關シ請訓ノ件 및 문서번호 254 寄贈金ニ關シ熟議要請ノ件.

41) 杉村濬, 앞의 책, 160쪽. 이노우에는 이미 寄贈金이 가망 없음을 알면서도, "조선정부는 일본의 충고에 따라 개혁 성공의 전망이 있는 경우에 한하여 이를 기증한다"라고 조건을 붙여 그 책임을 모면하려고 하고 있다.

42) 葛生能久, 앞의 책(上), 517쪽.

43) 葛生能久, 위의 책(上), 518~519쪽.

44) 〈岡本柳之助訊問調書〉(伊藤博文公 編, 앞의 책).

> 배양되고 있는 것도 모르고, 그녀는 일본의 세력을 제거하려고 하는 一心에 치달아 장래의 화에는 마음 쓰지 않는 것이었다. 동아를 구하고 조선을 구할 수 있는 眼前의 유일하고 가까운 방법은 민비를 죽이는 데 있다. 민비를 죽여라! 민비를 죽여라! 이러한 것이 당시 경성에 在留하고 있는 志士의 절규였다(葛生能久, 《東亞先覺志士記傳》 上, 522쪽).

이들 우익 낭인들은 대외 강경운동이래 미우라와 직접 친교를 맺고 있거나, 아니면 막료로서 동행한 시바·다케다·츠키나리와 깊게 연결되는 자들이었다. 미우라는 우익 낭인들과는 인간관계뿐만 아니라 대외론을 포함한 사상과 행동양식에 있어서도 궤를 같이하고 있는 자였다. 단지 그는 육군중장의 고급 군인출신이었기 때문에, 권력의 일각에 자리잡아 정계의 흑막으로서 또는 우익의 거두로서 정치적 행동을 할 수 있었던 것이다.

일본정부로부터 전권을 위임받은 미우라공사가 당시 독력지배라는 대조선책을 수행함에 있어서 취할 수 있는 방도란 그 개인의 성향과 행동양식에 규정되기도 하지만, 당시의 정황속에서 극히 제한된 것이었다. 하나는 러시아와의 전쟁 혹은 협상을 통하여 그 세력을 조선에서 몰아내는 것이고, 다른 하나는 러시아와의 연결고리인 조선내의 친러세력을 제거하는 방법이었다.

러시아와의 직접 대결 내지 협상의 방안은 공사의 권한 밖의 사항이었다. 뿐만 아니라 오랫동안 군무에 종사하여 양국의 군사력을 어느 누구보다도 잘 알고 있던 미우라에게 전쟁 등의 직접 대결의 방식은 생각할 수조차 없는 것이었다. 당시 공사의 직분으로서 할 수 있는 길이란 오로지 후자의 친러세력 제거였을 뿐이었다.

"민비를 죽여라"고 외치고 있던 낭인들뿐 아니라 미우라 자신도 조선의 실권은 민비가 장악하고 있으며 러시아는 민비를 통해 세력을 부식하고 있다고 확신하고 있었다.[45] 민비를 제거하여 친러세력을 제거한다는 방침은 미우라가 공사로 임명되는 순간부터 확고하였다. 곧 미우라의 과감한 수단이란 것은 다름이 아니라 민비 제거 즉 시해를 가리키는 것이었다.

미우라는 이노우에 前공사(당시 조선 체재 중)와 상의하면서 매우 신중하고

45) 葛生能久, 앞의 책(上), 519쪽.
小谷保太郎 編修, 앞의 책, 524쪽.

치밀하게 이 계획을 추진하여 나갔다. 공사관에 틀어박혀 있으면서 낭인 및 공사관 직원들을 통해 대원군·李周會 등 반민비세력의 동향은 물론 일본인의 성향까지도 상세히 파악하여 갔다.

9월 20일경에 민비시해의 계획은 구체적으로 실행에 옮겨졌다. 9월 21일경 아다치가 미우라의 對韓決意를 묻기 위해 방문했을 때, 극비이기 때문에 누구에게도 발설하지 말 것을 당부하면서 "아무리 해도 한 번은 여우사냥(민비살해)을 하지 않으면 안 된다. 너의 밑에 젊은 놈이 몇 명 정도 있는가"라고 묻고 낭인 동원을 명령하였다.[46] 아다치는 한성신보사의 낭인 동원에 국한된 행동책에 불과했음에도, 그 임무가 이때 이미 하달될 정도였다. 사실상 9월 초순부터 미우라와 함께 내한한 시바와 다케다가 조선측 가담자인 이주회와 빈번히 회동한 것,[47] 하순이래 호리구치 구마이치(堀口九萬一, 領事館補)와 오카모도가 대원군을 여러 차례 찾아 간 것 등도 모두 짜여진 각본에 의한 작업이었음에 지나지 않는다.

오카모도는 이노우에가 퇴임하여 귀국할 때 본국에서 국회의원에 출마하기 위해 같이 귀국하려고 하였다. 그러나 이노우에와 미우라가 간곡히 만류하여 체류하게 되었다.[48] 오카모도란 자는 대원군과 가장 가까운 일본인이기 때문에 차후에 대원군을 이용할 때 그 역할을 담당시키기 위한 것이었다.

이노우에 前공사가 9월 21일 조선을 떠나자마자 미우라는 본격적으로 민비시해 계획을 실천에 옮기기 시작했다. 시해 계획의 개요는 반민비세력의 거두인 대원군과 해산 위기에 직면한 훈련대를 이용하여 이들에 의한 쿠데타로 위장하고, 그리고 이들이 입성할 때 일본인 낭인들을 동원하여 민비를 시해한다는 것이었다. 일본인 낭인을 참가시키는 것은, 아무리 반민비세력이라 할지라도 민비를 살해하지는 않을 것이라는 조선인에 대한 의구심[49]과

---

46) 安達謙藏, 앞의 책, 55~59쪽.

47) 大崎正吉, 〈李周會氏に就て〉(《義人李周會氏法要及事蹟》, 黑龍會, 1928).

48) 〈岡本柳之助訊問調書〉(伊藤博文公 編, 앞의 책).

49) 《日本外交文書》 28-1, 문서번호 424 十月 八日 王城事變ノ詳細報告ノ件. 이를 작성한 우치다 사다즈치(內田定槌) 일등영사는, 사건에서 완전히 배제되어 있는 인물로서, 이 보고서는 사건의 전모를 밝힘에 있어서, 가장 객관성을 띠고 있고, 사료적 가치가 있는 것이라 할 수가 있다. 미우라는 우치다에게 사건 당일 본래는 조선인만 이용할 계획이었으나 도저히 그 목적을 달성할 수 없

만일의 경우 발각되었을 때 일본정부의 책임을 피할 수 있었기 때문이었다. 그리고 10월 10일을 거사일로 잡았다.50)

미우라는 사건의 성패를 쥐고 있는 것은 대원군 문제로 생각하였다. 그래서 그는 9월 하순이래 연일 使者를 대원군 거소에 보내어 동정을 정탐하고 의중을 타진하였다. 9월 하순 호리구치를 파견하는가 하면, 9월 30일에는 낭인 스즈키 쥰켄(鈴木順見)을, 10월 1일에는 와타나베 다카지로(渡邊鷹次郞, 領事館 巡查)를, 10월 2일에는 재차 호리구치를, 그리고 10월 3일과 5일에는 오카모도를 보내어 만반의 준비를 갖추고 있었다.51)

당시 대원군은, 이노우에공사의 재임 중에는 궁중·부중 분리정책에 의해 권력으로부터 소외당하여 있었고, 민비가 재등장하기 시작하고서는 민씨세력에 의해 거의 유폐와 다름없는 처지에 놓여 있었다. 때문에 신임공사 미우라의 '호의'52)에 관심을 갖게 되는 것도 있을 수 있는 일이다. 단, 대원군이 사전에 살해의 계획을 알고 있었던 흔적은 전혀 찾아 볼 수가 없다.

10월 10일을 결행일로 잡고 10월 2일을 전후하여서는 각 책임자에게 행동지침이 시달되고 역할이 분담되었다. 즉 시바·이다치는 낭인 동원을, 오카모도는 대원군을, 스기무라 후카시(杉村濬, 공사관 일등서기관)는 일본인 및 조선인과의 연락관계를, 구스노세 유키히코(楠瀨幸彦, 公使館附武官 겸 軍部顧問, 中佐)와 마야하라 츠토모토(馬屋原務本, 守備隊隊長, 少佐)는 일본군 수비대 및 일본의 영향아래 있었던 조선의 훈련대 동원을 책임 맡았다. 그리고 이들은 계획·입안의 과정에서부터 참여하고 자문하였으며, 살해할 것을 공동 모의

을 것 같아서, 일본인을 투입하게 되었다고 말하고 있다.

50) 위의 글. 이외에도 杉村濬, 앞의 책, 176쪽 등 여러 자료에서 산견된다.

51) 菊池謙譲, 《朝鮮近代史》下(鷄鳴社, 1939), 398~401쪽.

52) 미우라는 대원군을 이용하기 위하여 10월 5일 오카모도로 하여금, 그를 복권시키는 것을 전제로 4개조의 밀약을 맺게 하고 있다. 그 내용은 대략 다음과 같다. ① 대원군은 왕을 輔翼하여 궁중을 감독하고, 정무에는 관여하지 말 것 ② 金弘集·魚允中·金允植의 3인을 政府 要路에 앉히고, 정국의 개혁을 단행할 것 ③ 李載冕을 宮內大臣으로 할 것 ④ 李埈鎔은 3년간 일본에 유학시켜 才器를 양성할 것(《日本外交文書》 28-1, 문서번호 424 十月 八日 王城事變ノ詳細報告ノ件).
菊池謙譲, 위의 책, 400쪽.
葛生能久, 앞의 책(上), 523~524쪽.

한 자들이기도 하였다.

대원군을 이용하는 작업까지 끝내고서, 계획이 발각되지 않도록 하기 위해 10월 6일과 7일에 걸쳐 오카모도와 구스노세를 일본에 귀국하는 것처럼 위장하여 인천으로 보내어 대기시켰다.[53] 이들은 사건의 핵심인물이었고 또한 뚜렷한 관직을 갖고 있는 자들이었기 때문에 사후 사실 은폐를 위해서도 그럴 필요가 있었던 것이다.

그런데 사태는 절박하게 전개되었다. 본래 계획은 이전부터 예상하고 있었고 풍문으로 나돌고 있던 훈련대 해산을 절호의 기회로 삼아, 대원군과 훈련대의 쿠데타로 위장하려고 하였다. 그래서 그 기회를 만들기 위하여 6일 저녁 훈련대가 경무청을 먼저 습격하여 충돌시키는 사건을 저질렀다.[54] 물론 일본군 수비대는 마야하라의 지시에 의해 비상대기하고 있었다.[55]

그런데 조선정부는 한시도 지체하지 않고 7일 새벽 2시 훈련대 해산의 하교를 내리고, 7일 오전 9시 군부대신 안경수가 공사관에 와서 미우라에게 정식 통고하였다.[56] 조선인으로서 이 사건에 깊숙이 간여하면서 훈련대 동원책임을 맡은 禹範善(훈련대 제2대대장)도 마야하라소좌와 함께 안경수에 이어 보고하였다.

한편 스기무라는 10일의 거사를 위한 대비책으로 6일 김홍집 총리대신에게 쿠데타가 있을 것을 미리 알리면서 협조를 당부하였고, 7일 아침에는 김윤식을 만나러 갔다가 훈련대 해산의 內命이 내렸다는 것을 알게 되었다.

훈련대의 동원은 거사의 대전제였다. 그런데 이미 해산되어 시일이 경과되고 나서는 동원 자체도 용이하지 않고 기밀이 누설될 우려가 있었기 때문에 급히 본래의 거사일을 2일 앞당겨 8일 새벽 결행하게 되었다.[57]

미우라는 훈련대 해산을 보고하러 온 마야하라와 우범선에게 그 자리에서

---

53) 《舊陸海軍文書》, 第4回 報告(10月 26日附).

54) 杉村濬, 앞의 책, 176~179쪽.
《舊陸海軍文書》, 訓練隊起鬧安軍務大臣報告에 저변의 사정과 상황이 잘 설명되어 있다.

55) 《舊陸海軍文書》, 第9回 報告(11月 3日附).

56) 《舊陸海軍文書》, 訓練隊起鬧安軍務大臣報告.

57) 杉村濬, 위의 책, 176~179쪽 참조.

즉각 수비대와 훈련대를 동원할 것을 지시하고, 인천에 대기하고 있던 오카모도와 구스노세에게 즉시 귀경하도록 전문을 보냈다. 호리구치 영사관보를 호출하여, 대원군 입궐에 관한 〈方略書〉를 주면서 오카모도와 용산에서 합류하여 대원군을 끌어내고 낭인배를 지휘하도록 지시하였다. 그리고 순사인 오기하라 히데지로(荻原秀次郎, 公使館 警部)에게는 사복으로 변장시켜 낭인들과 합류하여 대원군과 함께 입성하도록 지시했고, 낭인담당인 아다치와 구니토모에게는 낭인을 집합시켜 입성하여 민비를 살해하도록 명령을 내렸다.[58]

미우라는 시해의 시간을 8일 새벽 4시 반경으로 잡고,[59] 각각의 행동책임자에게 직접 행동지침을 하달하여 만반의 준비를 갖춘 후, 7일 저녁 7시부터 9시 반까지는 우치다 사다즈치(內田定槌, 영사관 일등영사)가 베푼 만찬에 태연히 참석하였다.[60] 7일 저녁, 낭인들은 시바가 묵고 있던 巴城館이라는 곳을 본부로 하여 연락을 취하면서 대책을 강구하였다. 그 一隊는 한성신보사에 집합하여 오카모도·호리구치와 합류한 후 대원군을 호위하여 왕성에 들어가기로 하였다. 파성관에 남아 있던 낭인들은 기생까지 불러 주연을 끝내고 나서 직접 왕성으로 갔다.[61]

한편, 인천에서 急電을 받은 오카모도는 7일 밤 12시경 용산에 도착하여, 무장한 낭인배 및 사복차림의 순사 30여 명과 대원군이 사는 孔德里로 갔다. 그들은 대원군 댁의 문이 잠겨 있자 담을 뛰어넘어 문을 열고 들어가 경위병 10여 명을 포박하고 나서, 오카모도가 통역 스즈키를 대동하고 대원군의 방에 쳐들어갔다. 이때 일본인 순사들은 포박한 경위병의 제복과 모자를 빼앗아 입어 조선인처럼 변장하였다.[62]

대원군 방에 들어간 오카모도는 2시간 반 이후인 3시 반경이 되어서야 겨우 대원군을 강제로 동행시킬 수 있었다. 이렇게 시간이 지체된 것은 대원군이 왕궁 동행을 완강히 거절하였기 때문이었다.[63] 그는 밖에 나와 문앞에서

58) 葛生能久, 앞의 책(上), 525~528쪽.

59) 《舊陸海軍文書》, 第4回 報告. 여기에서 구스노세중좌는 대원군 입궐 예정시간을 새벽 4시 30분이라고 진술하고 있다.

60) 《日本外交文書》 28-1, 문서번호 424 十月 八日 王城事變ノ詳細報告ノ件.

61) 菊池謙讓, 앞의 책, 406~407쪽.

62) 《日本外交文書》 28-1, 문서번호 424 十月 八日 王城事變ノ詳細報告ノ件.

낭인배들에게 민비를 반드시 살해하도록 호령하고서,[64] 대원군을 가마에 태우고 서대문으로 나아갔다. 도중에 훈련대와 합류하여 4시 반경에 서대문에 이르렀다. 그런데 그곳에서 일본군 수비대와도 합류할 예정이었으나 수비대가 이를 잘못 알고 남대문으로 향하고 있었기 때문에 1시간 이상 지체한 후 합류하여 광화문에 도착하게 되었다.[65] 이때는 이미 5시 반경으로 날이 밝아 사람들도 나다니고 있을 때였다. 본래의 계획이 1시간 이상 차질을 빚게 된 것이었다.

그들은 광화문에서 洪啓薰(훈련대 연대장)이 거느린 훈련대와 조우하여 총격전을 벌이고 홍계훈을 살해하였다. 5시 50분경에 왕궁에 침입하였고,[66] 6시 10분경에는 대원군을 勤政殿 옆 康寧殿에 내려놓고서,[67] 민비의 奧宮인 乾淸宮의 坤寧閣에 난입하였다. 그리고서 그곳에 있던 여자들을 끌어내어 그 중에서 민비라고 생각되는 3인의 여성을 살해하고, 민비를 보호하기 위해 찾아다니던 궁내부대신 李耕稙을 건청궁에서 살해하였다.[68] 이러한 광경은 러시아인 사바틴(M. Sabatin, 薩巴丁)과 미국인 다이(William Mc. Dye, 茶伊, 시위대 교관)에게도 생생하게 목격되었다.[69]

민비 및 궁녀의 살해에 대해서는 여러 설이 있다. 이는 민비의 침실에 난입한 자가 나카무라 타테오(中村楯雄)·후지카츠·테라자키 타이키치(寺崎泰吉, 일명 高橋源次)·구니모토 등의 낭인과 미야모토 타케타로(宮本竹太郞, 少尉)·마키 쿠마토라(牧態虎, 特務曹長) 등의 군인들이 있었고, 또한 민비의 용모를 모르고 있었기 때문에 어느 누구라고 특정할 수 없는 데서 온 결과이다.

그런데 현재로서는 10월 8일 당일 테라자키가 스즈키 시게모토(鈴木重元)에게 보낸 편지에서, "한 친구의 말에 의하면(자기가 죽인 자가) 왕비이다"[70]

---

63) 朴宗根, 〈三浦梧樓公使の赴任と明成皇后(閔妃) 殺害事件〉(《日淸戰爭と朝鮮》, 東京: 靑木書店, 1982).

64) 葛生能久, 앞의 책(上), 528쪽.

65) 《日本外交文書》 28-1, 문서번호 424 十月 八日 王城事變ノ詳細報告ノ件.

66) 왕궁침입 시간에 대해서는 여러 설이 있으나, 당일 8시 50분발 구스노세중좌의 電文이 가장 신빙성이 있고 정확하다고 하겠다(《舊陸海軍文書》, 第4回 報告).

67) 《舊陸海軍文書》, 大院君入闕始末. 여기에서 어느 정도 정확한 시간을 알 수 있다.

68) 《日本外交文書》 28-1, 문서번호 424 十月 八日 王城事變ノ詳細報告ノ件.

69) 李玟源, 〈閔妃弑害의 背景과 構圖〉(崔文衡 외, 앞의 책).

라고 하는 구절에서, 일단은 테라자키가 살해했다고 할 수가 있다. 그리고 죽이는 현장에서 미야모토와 마키 두 사람의 일본 군인이 지켜보고 있었던 것도 확인된다.71)

한편 미우라는 7일 저녁 우치다 사다즈치(內田定槌) 주최의 연회에서 귀가한 후 잠시 눈을 붙였다가, 새벽에 일어나 스기무라 및 고쿠분 쇼타로(國分象太郎, 通譯官)와 함께 포도주를 마시면서 광화문에서의 총성을 듣고 있었다.72) 시바도 미우라에게 상황을 보고하기 위하여 공사관에 들어왔는데,73) 미우라는 이들로부터 왕궁 침입을 확인한 후, 6시 5분 공사관을 출발하여 왕궁에 들어갔다.74) 그리고서 7시에 고종 및 대원군을 알현하여 친일내각을 강제적으로 수립하고, 8시에는 김홍집 이하 각 대신을 불러들여 제반의 조치를 강구하였다.75)

미우라는 7시 고종을 알현할 때까지, 40~50분간의 시간적 여유를 갖고 있었는데, 이때 사건현장에서 민비의 시신을 확인하고 그 처리를 지시하는 등 사건의 뒤처리를 도모하였다. 낭인배들도 궁녀와 왕태자 李拓을 통해 민비의 얼굴을 확인하고 있었는데, 미우라도 직접 민비의 시체를 확인한 후 오기하라에게 증거를 인멸하기 위해 급히 화장하라고 명하였다.76) 오기하라의 지시에 의해 낭인들은 玉壺樓의 동쪽에 있는 松林에서 불태웠고, 그 유해는 우범선의 지시에 의해 尹錫禹가 正殿에서 좀 떨어진 곳에 가지고 가서 묻었다.77)

---

70) 《日本外交文書》 28-1, 문서번호 424 十月 八日 王城事變ノ詳細報告ノ件.
市川正明 編, 《明成皇后殺害事件史料集成》 日韓外交史料 5(東京 : 原書房, 1979), 別紙 第4號 高橋源次(寺崎泰吉의 別名)가 鈴本重元에게 보낸 서한(10월 8일자). 이 편지는 《日本外交文書》에는 누락되어 있다.
이외에도 陸軍側의 法官 井上 理事가 兒玉 陸軍次官에게 보낸 보고서에서도 확인된다(山邊健太郎, 《日本の韓國併合》, 東京 : 太平出版社, 1966년, 224쪽에서 재인용).

71) 《舊陸海軍文書》, 電文(11月 12日).

72) 小谷保太郎 編修, 앞의 책, 334~335쪽.

73) 《日本外交文書》 28-1, 문서번호 424 十月 八日 王城事變ノ詳細報告ノ件.

74) 《舊陸海軍文書》, 楠瀨中佐電文.

75) 《舊陸海軍文書》, 大院君入闕始末.

76) 朴宗根, 앞의 책, 247쪽.

77) 葛生能久, 앞의 책(上), 534~535쪽.
《日本外交文書》 28-1, 문서번호 424 十月 八日 王城事變ノ詳細報告ノ件.

3) 사후 수습과 정황

미우라는 대원군과 훈련대를 내세워 왕궁에 침입함과 동시에, 기괴망측한 복장을 한 일본인 낭인과 조선인 경위대의 복장을 한 일본인 순사들을 궁중에 난입시켜 민비를 살해하도록 하였다. 이것은 그 나름의 완전범죄를 위한 조처였다. 즉 이 사건에서 일본인의 개입을 숨기기 위한 위장전술이었고, 만에 하나 일본인 가담사실이 드러난다 하더라도 그것은 어디까지나 대원군측의 요청에 의해 개인적 차원에서 가담한 것으로 조작하기 위한 예방조치였다.

이 살해계획은 극비밀리에 진행되었다. 곧 미우라·오카모도·아다치·구스노세·시바 등의 극히 제한된 소수만이 민비살해라는 계획을 알고 있었고, 대부분의 관련자들은 당일 동원되고 나서, 혹은 사후에야 알 정도였다. 심지어는 참여하지 않는 공사관 직원에게는 사실을 끝까지 숨기기 위해 연막전술을 펴기도 했다.[78] 사후의 은폐공작은 더욱 철저했다. 모든 관련자들에게 어떠한 경우에도 발설하지 못하도록 명령을 내리는 등 사후의 은폐공작도 철저히 하였다.

일본 당국에 시해사건이 처음 전달된 것은 8일 오전 6시 32분발 공사관附 海軍少佐 니이노 도키스케(新納時亮)가 이토 미요지(伊東巳代治) 중장에게 보낸 전보였다.[79] 그리고 다시 오전 9시 20분에는 "국왕 무사, 왕비 살해되었다"고 보고하고 있다.[80] 니이노는 사건에 관여하지 않았던 자임에도 미우라에게 보고하러 온 시바 및 사사키 타다시(佐佐木正)를 통하여 이미 사실을 확인하고 있었다.[81]

해군측의 보고를 듣고, 육군 참모부에서는 전보로 공사관附 육군중좌 구스

그리고 이들 낭인들은 민비의 시신을 凌辱하는 蠻行을 저질렀다고 한다(山邊健太郎, 〈石塚英藏이 末松 法制局長에게 보낸 보고서〉, 앞의 책, 226쪽에서 재인용).

78) 《日本外交文書》 28-1, 문서번호 424 十月 八日 王城事變ノ詳細報告ノ件.

79) 《舊陸海軍文書》, 電文.

80) 위와 같음.

81) 《日本外交文書》 28-1, 문서번호 424 十月 八日 王城事變ノ詳細報告ノ件.

노세에게 사실 확인을 명령하였다. 그는 사건 가담자로서 이미 알고 있었음에도 불구하고, 동일 오전 8시 50분발 전문에서는 대원군의 입궐과 훈련대장 홍계훈의 죽음만을 보고하고 있다.[82] 심지어는 오후 3시 25분발 전보에서도 "한인의 死者, 부인 둘에 병졸 둘은 확실하다. 왕·세자는 安穩, 왕비의 소재는 알지 못하지만 달리 도망간 증거는 없다"[83]라고 하여 본국의 상부에까지 사실을 끝까지 숨기고 있다.

일본 외무성에서도, 동일 오후 1시발 전문에서 왕비 살해 實否를 확인하고 있음에도 당사자인 미우라는 "왕비의 소재 아직 잘 모르겠다"라고 시치미를 떼고, 대원군에 의한 쿠데타라고 보고하고 있다.[84] 이러한 사실 은폐는, 스기무라가 직속상관이었던 이노우에에게 행한 보고에도 일관되고 있다.[85]

미우라도 사이온지 킨모치(西園寺公望) 외무대신에게 끝까지 허위보고를 하면서, 일본인의 가담여부에 대해서는 일부 긍정하고 있었으나, 그것을 '사적 차원(민간인임을 주장)'으로 돌리고 있다.[86] 단, 이토 총리대신에게는 비교적 상세히 사실을 보고하고 있는데[87], 이는 이토와 사전에 어느 정도 교감이 이루어졌음을 방증하는 것이기도 하다.

미우라는 외국인 목격자인 다이와 사바틴에 의해 사건의 전모가 명백하게 드러났음에도 불구하고, 막료인 츠키나리를 불러 일본인 낭인 중에서 중형을 각오하고서 끝까지 책임질 자들을 물색하였다. 그것은 대원군이 일본인 壯士를 고용하였고 낭인들이 이에 부화뇌동하여 민비를 살해했다고 위장하기 위해서였다. 츠키나리는 후지카츠와 히로다 토메요시(廣田止善, 熊本國權黨員) 두 사람 중에서 한 사람을 물색하여 대처하려고 하였다. 그런데 갑자기 일본 정부당국에서, 사실이 밝혀질 것을 두려워하여 10월 14일 가담한 몇몇 낭인들에 대해 退韓 조치를 내렸기 때문에 이 위장계획은 수포로 돌아갔다.[88]

82) 《舊陸海軍文書》, 電文.
83) 위와 같음.
84) 《日本外交文書》 28-1, 문서번호 354 訓練隊ト侍衛隊ノ衝突狀況等報告ノ件.
85) 《日本外交文書》 28-1, 문서번호 357 問合セニ關シ回答ノ件.
86) 한 예를 들면, 《日本外交文書》28-1, 문서번호 368 露米兵入京竝內各一部更迭ヲ報告ノ件.
87) 《日本外交文書》 28-1, 문서번호 378 事變起因竝基ノ對策ニシキ稟申ノ件.
88) 葛生能久, 앞의 책(上), 537쪽.

민비를 살해하고 나서 즉시 미우라는 대원군과 상의하여 정부 개조의 인사발령을 단행하였다. 친미·친러파로 지목되던 학부대신 이완용, 농상공부대신 이범진, 군부대신 안경수, 경무사 이윤용 등을 해임시키고 조희연을 군부대신에, 鄭秉夏 농상공부 협판을 대신서리에, 법부대신 서광범을 학부대신 서리 겸임으로, 權瀅鎭을 경무사로, 兪吉濬을 내부대신으로, 李載冕을 궁내부대신으로, 金宗漢을 동 협판으로 임명하고, 총리대신 김홍집, 외부대신 김윤식, 내부대신 박정양을 유임시켰다.[89] 그리고 10월 10일 민비에 대한 폐위조칙을 발표하였다.

일본정부에서는 외무성에서 진상규명이라는 명목으로 고무라 쥬타로(小村壽太郎) 정무국장을 10월 10일 조선에 파견하였다. 그 훈령안에서 "범죄자의 罪蹟은 가능한 한 그것을 밝혀야 하지만 그 區域은 가능한 한 축소할 것을 필요로 한다"라고[90] 하여, 사전에 이미 사건의 전모를 알고 있으면서 은닉과 축소를 획책하고 있다.

완벽한 각본과 주도면밀한 진행으로 완전 범죄를 노린 민비시해 사건의 계획은 당초 10월 10일로 예정되어 있었으나, 10월 7일 훈련대 해산 통고라고 하는 예기치 않은 사태의 진전으로 10월 8일 새벽으로 앞당겨 진행되었다. 그 와중에서 새벽 4시 반경 왕궁에 침입하여 민비를 살해한다고 하는 본래의 스케줄이 지연되어 날이 밝은 새벽 6시경에야 수행하게 되었다. 여기에서 많은 조선인 및 다이·사바틴 등의 외국인에게 현장이 목격되었고, 즉시 널리 알려지게 되었다. 일본의 만행은 숨길 수 없는 사실이 되어 버린 것이었다.

사건이 일본공사의 주도아래 일본인에 의하여 실행되었다는 사실이 알려지기 시작하자, 일본 정부당국은 부득이 미우라를 위시한 사건 관련자들을 소환하지 않을 수 없었다. 이는 사실 은폐를 위해서도 필요한 조치였다. 10월 17일에는 미우라를 공사직에서 해임하고 대신에 고무라 정무국장을 공사로 임명하였다. 18일에는 관련자 오카모도를 위시한 낭인들에게 퇴한 명령을 내리고 22일에는 스기무라 등 공사관 관리들에게 퇴한 명령을 내려, 이들 48

89) 李光麟, 앞의 책, 370~371쪽.

90) 《日本外交文書》 28-1, 문서번호 367 事變調査ノ爲メ小村政務局長渡韓ニ際シテノ內訓案.

명을 임기응변책으로 히로시마 감옥에 수용하였다. 그후 재판이라는 형식을 통하여 진상규명의 흉내를 내다가 다음해 1월 20일에는 '증거불충분'이라는 명목으로 무죄판결을 내리고 석방하여 버렸다. 이들 살인자들은 스스로 지사인 양 행동하며 공명다툼을 하는가 하면, 송환될 때는 일본인들로부터 개선장군과도 같은 대우를 받았다.[91] 그리고 일본의 주권자인 明治天皇은 미우라가 석방되어 동경에 도착했을 때, 侍從을 보내 그 노고를 치하하고 위로할 정도였다.[92]

이 사건은 조선주재 외교관을 통해서 세계 각국에 알려졌고, 미국·영국·러시아 등 열강은 야만적 살인행위로 비난하면서, 사태의 전개와 추이를 예의 주시하고 있었다.[93] 10월 25일에는 러시아·미국·영국·독일·프랑스·이탈리아·오스트리아가 일본군의 철수와 조선에 대한 불간섭을 촉구하는 성명을 발표하기도 하였다.

일본내에서도 '역사상 고금 미증유의 흉악함' '세계를 진동시킨 일대참극'의 표현으로 비난하는 자가 있는가 하면[94] 당시 일본의 대표적 지성인 후쿠자와 유키치(福澤諭吉)는 사건의 진상을 철저히 규명하고 연루자를 엄벌에 처할 것을 정부당국에 촉구하기도 하였다.[95]

이 사건은 당초 그들의 계획과 기대, 즉 반일적이며 引俄拒日 정책을 취하는 민비를 제거하여 일본세를 다시 회복하려고 하는 것과는 달리, 국제적 비난과 압력은 물론 조선의 朝野에 반일운동을 유발시켰고, 청일전쟁 이후 일본의 조선지배의 정략이 도리어 수포로 돌아가는 결과를 초래했다.

일본의 만행이 만천하에 드러나고, 열강의 견제로 일본세는 더 이상 조선에서 발을 붙일 수 없게 되었다. 10월 30일에는 일본이 장악하고 있던 훈련대가 해산되고 새로 친위대(왕궁)와 진위대(지방)가 설치되었다. 11월 26일에

91) 葛生能久, 앞의 책(上), 537쪽.
小谷保太郎 編修, 앞의 책, 344쪽.
92) 小谷保太郎 編修, 위의 책, 345~346쪽.
93) 阪崎斌, 앞의 책, 290쪽.
94) 阪崎斌, 위의 책, 286쪽.
《日本外交文書》 28-1, 문서번호 424 十月 八日 王城事變ノ詳細報告ノ件.
95) 《時事新報》, 1895년 10월 15일, 社說.

는 왕비를 복위하고, 시해사건에 관계한 군부대신 조희연과 경무사 권형진을 파면하였다. 대원군도 스스로 은퇴하고, 李埈鎔은 일본에 유학의 명목으로 망명하였다. 그리고 12월 1일에는 왕후시해 사실과 국상을 공표하여 시해 사건의 뒷수습은 일단락 되었다.

그렇다고 해서 일본의 세력이 완전히 몰락한 것은 아니었다. 김홍집을 위시로 한 친일내각은 여전히 존속하여 진상규명에 들어갔다. 김홍집내각은 李周會를 사건의 총책임자로 하고 훈련대 副位 尹錫禹를 사건의 장본인으로, 무명의 朴銑을 직접 시해자로 날조하여, 이들 3인을 12월 30일 사형에 처해 마무리지었다. 그 외 조선측 가담자인 군부대신 조희연·경무사 권형진·훈련대 대대장 우범선과 李斗璜 등은 일본으로 망명하였다.

을미사변의 소식이 알려지고 왕비의 폐위 조칙이 발표되자, 특히 위정척사계열의 유생을 중심으로 일본 침략세력을 토벌하여 국모의 원수를 갚자는 상소운동(討逆疏)이 일어나고 의병운동의 움직임이 일기 시작하였다.[96] 거기에다 김홍집내각에 의해 12월 30일 단발령이 조칙으로 공포되자 전국 각처에서 의병이 봉기하였다. 이른바 을미의병으로 한말 최초의 의병봉기이다. 의병은 친일 관리뿐만이 아니라 관군과 일본군을 공격하기도 하였다. 반일분위기가 일반 민중의 차원으로까지 확산되었던 것이다.

재야에서의 이러한 반일 투쟁과는 달리 권력층 내부에서도 반일 움직임이 있었다. 11월 28일 무장한 친위대가 궁성에 쳐들어가 국왕을 친일파로부터 구하려고 했던 이른바 '春生門사건'이다. 이 사건은 친일파가 계속 정권을 장악하고 있는 동안 시종원경 李載純, 중추원의관 안경수 등이 친러적인 정동파의 이범진·이윤용·이완용·尹雄烈·윤치호·李夏榮·閔商鎬 등과 밀모하고 언더우드(H. G. Underwood, 元杜尤)·다이·헐버트(Homer B. Hulbert) 등의 미국인의 협조도 얻어 친일정권을 타도하려 한 쿠데타 기도였다.[97]

이 계획은 실행에 옮겨져 11월 28일 南萬里(친위 제1대대 소속 중대장)·李奎泓(친위 제2대대 소속 중대장)이 800명의 군인을 인솔하여 거사하였으나 사

96) 黃 玹,《梅泉野錄》(國史編纂委員會, 1955), 186~188쪽.
李光麟, 앞의 책, 378쪽.
97) 李光麟, 위의 책, 374쪽.

전에 누설되어 실패하였다. 이 사건의 실패로 무장군인들은 체포되거나 도주하였고, 주모자들도 피신하거나 체포되어 처벌을 받았다.[98] 일본은 이 사건을 국왕 탈취사건으로 규정하고서 대대적인 일본세 만회와 왕비시해 사건의 무마용으로 활용하였다. 시해사건 관련자에 대한 무죄방면도 이 사건을 빌미로 정당화하고 있고[99] 친일 김홍집내각을 연명시키는 역할도 하였다.

결국 조야의 반일운동이 일본세력을 축출하지 못한 채 소강상태가 지속되다가 1896년 2월 9일 120명의 러시아 해병대가 입성하고 2월 12일 고종이 러시아공사관으로 피신하는 아관파천이 있고 나서 비로소 친일세력은 소탕되고 일본은 조선에서 물러나게 되었다.

〈姜昌一〉

2. 아관파천

1) 을미사변 직후 일본의 압제와 단발령

왕비시해 이후 일본에게 쏠렸던 국외의 비난 여론은 잠시 뿐, 조선 내정은 더욱 위기의 상황으로 치달았다. 이토 히로부미(伊藤博文)・이노우에 카오루(井上馨)・무츠 무네미츠(陸奥宗光) 등 일본의 고위 인물과 외무성 관계자들은 민비와 대원군의 '중세적' 정권다툼이 조선내 모든 악의 근원이라고 선전하였다. 일본의 언론도 이에 발맞추어 일본정부를 측면에서 옹호하였다. 왕비시해는 조선의 정쟁에서 비롯된 것으로 일본정부와는 하등 무관하다는 논지였다. 게다가 영・미・불・독 등 열국 정부도 일본과의 관계를 고려하여 침묵을 지켰고, 서울의 자국 외교관들에게 배일행동을 자제하라는 훈령까지 내렸다.[1]

98) 李光麟, 위의 책, 374~375쪽.
99) 菊地謙讓, 앞의 책, 447쪽.

1) 李玟源, 〈閔妃弑害의 背景과 構圖〉(崔文衡 외, 《明成皇后弑害事件》, 民音社, 1992), 122~124쪽.

이 같은 현상이 지속되는 가운데 일본에 더욱 유리한 사태가 야기되었으니 춘생문사건이 그것이다. 이 사건은 경복궁에 감금되어 신변이 위태롭던 고종을 춘생문을 통해 궁성밖으로 탈출시키려던 근왕적 기도로서, 고종의 측근 인사들 외에 구미인들까지 호응하고 있었다. 그러나 이들 중 누구도 사건의 전모를 정확히 파악하여 기록하고 있지는 못하다. 반면 현지의 일본공사관은 일찍이 '모종의 움직임'을 감지하고 사태의 추이를 관망하고 있었다. 당초부터 실패할 것이 분명했던 이 사건은 어느 면에서는 일본이 유도 내지는 조작한 흔적도 없지는 않았다.[2] 결과도 일본에 철저히 이용되었다.

엉성한 시도에 그친 춘생문사건을 놓고 절호의 기회라 판단한 일본은 즉각 '국왕 탈취사건'이라고 선전하였다. 일본의 언론은 열국 외교관이 현장에 출현한 점을 포착하여 "일본의 외교관이나 다른 나라의 외교관이나 조선에서 하는 짓은 마찬가지"라는 식의 논조를 폈다. 일본의 내각인사들과 각국 주재 일본외교관도 이 기회에 조선내 열국 외교관의 일본에 대한 비판적 언동을 저지코자 부심하였다. 요컨대 일본은 이 일을 기화로 왕비시해로 인한 국제여론의 비난을 모면하는 것은 물론, 조선내 구미 외교관들의 반일행동에 쐐기를 박자는 것이었다. 그러한 시도는 실제로도 상당한 성과가 있었다.[3]

상황이 반전되자 일본은 다시 조선 내각을 핍박하면서 서둘러 각종의 조치를 취하여 갔다. 태양력 채용·군제 개편·단발의 시행 등이 그것이다. 물론 이상은 근대화의 과정에서 언젠가는 취해져야 할 조치였다. 당시의 친일내각 인사뿐만 아니라 서울 사람 중에서도 개혁의 필요성을 인정하는 이들은 적지 않았다. 그러나 왕비시해의 만행이 자행된 뒤의 혼란속에서 비정상적 절차를 거쳐 이루어진 것은 작은 문제가 아니었다.

이들 조치 중에서도 특히 지방 유생층의 강력한 저항을 유발하여 한동안 한반도 전역을 혼란의 도가니로 몰아 넣게 한 것이 다름아닌 斷髮令이었다.[4]

---

2) 日本外務省 編,《日本外交文書》28(東京: 日本國際連合協會, 1936), 문서번호 417 韓國王露國公使館ニ行幸ノ風說報告ノ件 및 문서번호 420 韓國王露國公使館行幸ノ風說ニ關シ報告ノ件.

3) 中山泰昌 編,《新聞集成明治編年史》9(財政經濟學會, 1936), 327~328쪽.
尹致昊,《尹致昊日記》4(國史編纂委員會, 1975), 1895년 12월 9일.

4)《舊韓國官報》214호, 건양 원년 1월 4일, 告示.

단발의 명분은 "위생에 이롭고 일하기에 편리하다는 것"이었다. 정부의 고시 내용도 "朕이 髮을 斷하여 臣民에게 先하노니 爾有衆은 朕의 意을 克體하여 萬國으로 竝立하는 大業을 成케 하라"였다. 고종이 솔선하여 단발을 하고, 일반 백성에게 권하는 형식을 취하고 있었던 것이다. 그러나 실제의 상황은 달랐다. 이때의 형편을 黃 玹은 다음과 같이 기록하고 있다.

> 11월 15일(양력 1895년 12월 30일)…10월중 倭使가 上을 협박하여 머리를 자르라고 하자 상은 因山 이후로 미루었다. 이때에 이르러 吉濬·羲淵 등이 왜를 이끌어 궁성을 포위하고 대포를 설치하여 머리를 자르지 않는 자는 죽인다고 하자, 상이 길게 탄식하면서 秉夏를 돌아보며 네가 내머리를 자르라고 하였다. 병하가 가위를 들고 손으로 상의 머리를 자르고, 길준이 태자의 머리를 잘랐다. 令이 내려져 곡성이 하늘을 진동하고 사람마다 분노하여 죽음을 무릅쓰고자 하니, 장차 큰 변이 날 형세였다. 왜인이 군대를 배치하여 엄히 지키고, 警務使 許璡은 순검을 인솔하여 칼을 차고 길을 막아 만나는 사람마다 곧 머리를 잘랐다. 또 인가에도 들어가 수색하여 찾아내니 깊이 숨지 않은 자는 면할 수가 없었다. 서울에 온 손들도 나가자마자 상투를 잘려 모두 이를 주머니에 넣고 통곡하며 城을 나섰다. 머리를 깍인 자들은 정연히 잘리지 않아 상투만 잘리고 머리칼은 늘어져 長髮僧 같았다(黃 玹,《梅泉野錄》, 國史編纂委員會, 1955, 191쪽).

위에서 보듯이 고종 자신도 일본군이 대궐을 포위한 살벌한 분위기속에서 내각 인사를 앞세운 일본의 핍박하에 단발이 강제되고 있었다. 李道宰·金炳始 등 관직을 버리거나 낙향하는 전·현직 관리들이 속출하였고, 단발령을 통박하는 상소가 쇄도하였다. 이도재는 "진실로 나라에 이롭다면 어찌 머리카락을 아끼겠는가마는 그 같은 단발령은 억조창생을 격분시켜 이로움은 없고 해로움만 보이는 조치"라고 하였다.[5] 과연 단발령은 전통적인 유가의 관념속에서 두발을 매우 중시해 온 국민 일반, 특히 지방민과 유생들에게는 천지개벽과 다름없었다. 倭의 칼날 아래 국모가 비극을 맞은 것이 "綱常이 끊기는 極變"이었다면, 단발령은 그야말로 "千年文物이 끊겼다"할 사건이었던 것이다.[6] 진정으로 국민을 위해 정부가 단발을 시행하려 했다면, 서울에서 지방으로 점

---

5) 黃 玹,《梅泉野錄》(國史編纂委員會, 1955), 192쪽.
6) 朴成壽 註解,《渚上日月》上 (서울신문사, 1993), 232~246쪽.

진적으로 확대하여 가는 것이 마땅했고, 어느 면에서는 자율에 맡겨도 좋을 일이었다.

당시의 프랑스 외교관에 따르면, 서울 사람들 중 3분의 2가량이 단발령 시행 1주일만에 단발을 행하였으며 나머지 사람들도 수일내에 이를 따를 것으로 보였다고 한다. 그러나 어쩐 일인지 지방에서는 사정이 전혀 달랐다. 지방으로 갈수록 일제 단발령으로 오해될 만큼 시행 자체는 강제적이었기 때문이다. 단발의 필요성을 인정하고 있던 서울의 개화된 사람들에게조차 정부의 처사가 의아하게 비쳐지고 있었으니, 지방민들에게 벼락같은 단발령이 어떻게 비쳐졌을지는 말할 나위도 없다.[7]

이러한 여러 현상의 이면을 들여다보면, 당시 조선 내정을 장악하고 있던 일본의 의도가 무엇이었는지 감지된다. 일본은 우선 조선의 사태를 파국으로 몰고 가자는 것이었다. 한편으로는 조선 조정을 확고히 장악하고, 다른 한편으로는 지방의 소요사태를 진압한다는 명분하에 일본군을 파병할 구실을 모색하자는 것이었다. 그것은 멀리는 명치유신 이래의 목표였고, 가까이는 청일전쟁이래 구체화되었던 '조선보호국화'를 지속하는 것과 궤를 같이 한 것이었다. 아울러 거기에는 일본의 상업적 이해까지 부수되고 있었다.[8]

일례로 그해 봄 인천주재 영국부영사 윌킨슨(W. H. Wilkinson)은 다음과 같은 내용을 북경주재 영국공사 오코너(O'coner)에게 보고한 바 있다. 즉 "일본의 제안으로 조선의 의례복이나 평상복을 검은 색깔로 할 예정인 바 흰색의 영국산 면제품 판매에 막대한 영향을 미칠 것이다. 영국 상품을 판매하는 인천의 청국상인들은 상해에 상품 선적을 중지하도록 요청하고 있다"는 것이다. 이에 대해 오코너는 "작은 문제로 보이지만 이것은 일본의 대한정책 방향을 말해준다. 조선시장에서 영국제품을 몰아내고자 한다면, 일본은 영국의 호의를 얻기 어려울 것이고, 조선내에서 일본의 활동은 영국의 반대에 직면하게 될 것임을 이노우에 당시 주한일본공사에게 비공식적으로 통보하라"고 힐리어(Walter C. Hillier)에게 지시하였다. 복제 개정에 이 같은 의도가 있었

7) 《尹致昊日記》 4, 1896년 1월 1일.
8) 李玟源, 〈조선말의 단발령과 일본의 대한정략〉(《朝鮮時代의 社會와 思想》, 朝鮮社會硏究會, 1998), 279~294쪽.

듯이 단발령 역시 이러한 범주에서 크게 벗어난 것이 아니었다.[9)]

이 같은 일련의 조치는 물론 조선 내각의 이름으로 행해졌고, 내각인사들 중 이의 필요성을 인식하고 호응한 사람들도 있었던 것도 사실이다. 그러나 이들이 주도권을 행사하였다기 보다는 일본공사 및 일본인 고문관의 의도와 계획하에 취해진 이들 조치가 파행적이었다는 점이 문제였다. 환언하면 일본은 내정개혁의 미명하에 조선 조정을 장악하고, 정부와 일반의 관계를 이간하여 조선의 혼란을 가중시키고, 나아가서는 조선정부의 요청을 명분으로 파병을 하여 한반도의 군사적 장악까지 달성하자는 것이었다.[10)]

이상에서 보듯이 단발령 등을 강행한 직접적 배후는 일본공사관측이었고, 그의 시행 자체는 을미사변 등으로 야기된 조선내의 사태 호도를 위해, 궁극적으로는 일본정부의 조선 침략정책의 일환으로서 취해진 것이었다. 표면적으로는 개혁을 지향하던 趙羲淵・兪吉濬・權瀅鎭 등 친일내각 인사들이 전면에 부각되고 있었지만, 그들은 실권을 행사할 위치에 있지 않았다. 유길준・권형진 등의 기록에서도 나타나듯 소위 친일파로 불리운 이들에 대한 일본의 간섭은 매우 심하였다.[11)] 단발령을 포함한 정부 조칙의 배후가 조선정부 각부에 배치된 일본인 고문들이었음은 열국 외교관들이 익히 간파하고 있던 바다.[12)]

결국 단발령 등 일련의 조치는 그 당시 조선 정황이 어떠했으며, 일본의 의도가 어떠한 것이었는지를 분명히 해준다. 왕비시해로 인한 열국 여론의 비난에도 불구하고 조선에서 일본의 입지는 여전했고 일본의 압제하에 오히려 위기에 몰리게 된 것은 고종과 조선 조정이었다.

다시 말해 왕비시해와 춘생문사건, 단발령 공포 등 일련의 사태에 이르러 조선 정황은 삼국간섭 이전에 보였던 것과 마찬가지로 일본에 의한 '보호국

---

9) 李玟源, 《俄館播遷 前後의 韓露關係 1895~1898》(韓國精神文化硏究院 韓國學大學院 博士學位論文, 1994), 56~57쪽.

10) 李玟源, 위의 책, 281~285쪽.

11) 李光麟, 《開化派와 開化思想》(一潮閣, 1989), 232~240쪽.
柳永益, 《甲午更張硏究》(一潮閣, 1990), 250~254쪽.

12) Allen to Olney, No. 157, Seoul, Oct. 10, 1895, "Tai Won Khun Revolution", *Despatches from U. S. Ministers to Korea 1883~1905*, National Archives M. F. Record Group No. 134(이하 *DUSMK*로 줄여 씀).
《尹致昊日記》 4, 1895년 10월 중순에서 1896년 2월초의 기록.

화' 기도하의 상황으로 복귀하고 있었던 것이다. 그야말로 단발령 선포 직후의 조선은 일본의 정략에 의해 점점 절망의 늪으로 깊이 빠져들고 있었던 것이다.

2) 아관파천

(1) 항일의병의 봉기

을미사변 이후 조선에서 보인 일본의 행태는 자주독립을 갈망하던 조선과 조선의 영토 보전을 기본방침으로 했던 러시아의 입장과는 정면으로 배치되는 것이었다. 그러므로 이후 조선과 러시아로부터 그에 대한 대응이 모색되어 간 것은 자연스런 귀결이었다. 그 중에서 조선 조야의 대응은 그해 연말로부터 다음 해까지 지속적으로 펼쳐진 의병의 봉기와 고종의 러시아에 대한 접근으로 나타났다. 이 중 보수유생층이 주도한 의병봉기의 중요한 동기는 국모시해사건과 단발령의 강제 시행이었다. 그런데 당시 조선에서 일본의 압제에 직접 대항할 수 있었던 집단은 지방의 유생층밖에 없었다 해도 과언이 아니다. 청일전쟁 이후 을미사변 직후까지 조선의 농민층이나 군대는 모두 일본군에 의해 이미 초토화되거나 철저히 장악되어 있었기 때문이다.

이 시기의 의병봉기는 19세기말~20세기초 항일의병 봉기를 본격화시킨 계기가 되었다. 이들 의병은 華夷 관념에 입각한 尊王攘夷의 사상을 바탕으로, 한편으로는 일본의 국모시해에 대한 보복의 차원에서, 다른 한편으로 단발령의 선포 등 '전통문화의 파괴'에 대한 저항의 입장에서 항일운동을 전개하였다. 따라서 이 시기의 의병운동은 반일적·반개화적 성격을 띠고 있고, 공격의 주요 대상은 일본군과 그의 구속하에 움직이고 있던 관군이었다. 이들의 활동은 전반적으로는 일본의 위압하에 있던 고종과 측근 인물들의 희망을 대변해 주고 있었다.

의병은 주로 중남부 지역에서 시작하여 점차 이북 지역으로 확산되어 갔다. 즉 춘천의 李昭應, 강릉의 閔龍鎬, 제천의 柳麟錫·李春永·安承禹, 홍주의 金福漢·李 偰, 남한산성·안성의 金河洛, 문경의 李康秊, 안동의 權世淵·金道和, 영양의 金道鉉, 진주의 盧應奎, 금산의 李殷瓚·許 蔿, 장성의 奇宇萬 등이 그들이다. 이들의 목표는 서울·부산·원산 등 주로 일본인들이 많이 거주하던 지역이었다. 이 중 대표적이었던 것은 유인석 휘하의 충청도 의병진의 활약이다. 이들은 충주를 점령하여 남부와 중부를 연결하면서 전국을 지휘하는 세력으로 성장하였다.13)

그런데 의병 중 일부는 고종과 은밀한 연계하에 봉기하였던 것으로 드러난다. 의병이란 일반적으로 정부의 명령을 기다리지 않고 스스로 봉기하는 집단을 의미한다. 그러나 일본이 국모를 시해한 극단적 상황을 맞이한 데다가 그야말로 조정은 일본의 압제에 의해 풍전등화의 위기를 맞고 있었기 때문에 정부와 의병의 입장은 반일의 입장에서 상통하는 바가 있었다. 무엇보다도 고종은 외국의 공사관으로 피신하여 위기를 벗어나고자 하였고, 이를 위해 한편으로는 일본의 조선지배를 경계하던 러시아의 지원을, 다른 한편으로는 반일적이면서도 집단성이 강했던 지방 유생과 보부상 등의 지원을 필요로 할 수밖에 없는 상황이었다.14)

의병의 주요 공격 대상은 전국을 돌아다니던 일본 상인이나 일본군, 친일내각의 이름으로 파견된 지방관리 등이었다. 그 외에 일본군의 통신망을 차단하는 등의 교란작전도 병행하였다.15) 이렇게 왕비시해와 단발령 등을 계기로 전국 도처에서 의병이 봉기하게 되자 자연히 서울지역은 군사적으로 공동화하게 되었다. 즉 일본군의 구속하에 있던 중앙의 주력부대(친위대) 중 상당수의 병력이 의병을 진압하기 위해 각 지방으로 분산되어야 했기 때문이다.16) 이러한 현상은 당시 일본의 압제하에 활로를 추구하던 조선은 물론, 일본의 조선지배 기도로부터 '조선의 독립보전'을 지향하던 러시아가 공동의 대응책을 강구하기에 유리한 상황을 제공하게 되었다.

---

13) 尹炳奭, 〈抗日義兵〉(《한국사》 19, 국사편찬위원회, 1976), 356~390쪽.
14) 《日本外交文書》 29, 문서번호 360 親露派李範晋等ノ隱謀ニフニ報告ノ件.
李鉉淙, 〈俄館播遷〉(《한국사》 18, 국사편찬위원회, 1981).
Пак Чон Хё, *Россия И КОРЕЯ 1895~1898*, (Москва : Московский Государственнь Iй унпверситет, 1993), pp.7~39.
吳瑛燮, 〈乙未義兵運動의 政治·社會的 背景〉(《國史館論叢》 65, 國史編纂委員會, 1995).
15) 金祥起, 〈甲午更張과 甲午·乙未義兵〉(《國史館論叢》 36, 國史編纂委員會, 1992).
16) 黃 玹, 《梅泉野錄》, 190~200쪽.
李瑄根, 《韓國史 : 現代篇》(震檀學會, 1963), 726~729쪽.

(2) 스페이에르의 내한과 고종의 아관파천

당시의 열강 중에서 일본의 왕비살해와 이후의 조선 장악 기도에 대해 가장 민감한 반응을 보일 수밖에 없었던 나라는 러시아였다. 주지하듯이 러시아는 동서의 연결을 목표로 1891년이래 유럽에서 동아시아의 블라디보스톡에 이르는 장장 5,500마일의 시베리아 횡단철도를 건설중이었다.[17] 거기에는 경제와 군사적 이해가 두루 결부되어 러시아로서는 가히 사활을 건 사업이었다. 따라서 상기 철도의 순조로운 완공을 위해 러시아는 동북아의 안정을 원하였고, 만주와 한반도의 현상유지는 그래서 필수적이었다. '조선의 영토보전'과 '조선의 현상유지'를 기하자는 것이 핵심이었던 1880년대 후반의 李鴻章-라디겐스키(Ladygensky)협정과 코르프(Korf)-지노비에프(Zinoviev)회담, 나아가 일본에 조선의 '자주독립' 유지를 촉구했던 삼국간섭 당시의 대일각서도 그러한 방침과 맥락을 함께 하는 것이었다.

그러면 을미사변과 단발령 이후의 사태에 대해 러시아는 조선 현지에서 어떻게 대응하여 갔는가. 러시아의 조선에서의 입지는 여러 변수에 의해 삼국간섭 당시와 같을 수 없었다. 삼국간섭에 참여했던 독일이 청국에 대한 차관의 제공문제에서 소외되어 러시아와 거리를 두고 있었고, 요동반도 반환문제도 러시아의 중재하에 이미 타결을 보았다.[18] 이 상황에서 조선에 대한 이해관계가 적은 프랑스나 독일 등의 협조를 끌어내 대일견제를 한다는 것은 불가능하였다. 따라서 이 문제에 대한 대책은 러시아 스스로 확립할 수밖에 없는 일이었다.

1896년 1월 8일 신임 주한 러시아공사 스페이에르(Alexis de Speyer, 士貝耶)가 서울에 도착하였다. 스페이에르는 헌병 장교출신이었던 부친답게 과감한 성격의 인물로, 1885~90년 사이에 주일공사를 역임한 일본통이었고, 비록 무산되기는 했지만, 이미 1885년 조선정부와 러시아 군사교관 고빙문제를 적극

17) "The Great Siberian Railway" in Charlemagne to Tower, No. 227, St. Petersburg, May 26, 1900, *Despatches from U. S. Ministers to Russia*.
18) 朴英宰, 〈淸日戰爭과 日本外交〉(《歷史學報》 53·54, 1972).
金元洙, 〈淸日戰爭 및 三國干涉과 러시아의 對韓政策〉(《韓露關係 100年史》, 韓國史硏究協議會, 1984).

추진했던 인물이다. 한편 멕시코주재 공사로 발령받은 웨베르(Karl I. Waeber, 韋貝)는 그해 12월 러시아정부로부터 후임자가 도착할 때까지 대기하라는 지시를 받았다. 따라서 스페이에르의 도착과 함께 서울에는 자연히 러시아의 두 외교관이 함께 머물게 된 셈이었다. 이렇게 된 원인은 분명치 않으나 고종이 웨베르의 유임을 거듭 러시아황제에게 요청했던 점, 또한 러시아도 을미사변 이후의 조선 사태에 대해 대응책을 강구할 수밖에 없는 사정에서 모종의 의도를 가지고 취해진 조치였다고 볼 수 있다.

현재까지 알려진 러·일·영·미의 자료에도 불구하고 스페이에르가 서울에 부임하면서 러시아 당국으로부터 어떠한 지시를 받았는지는 구체적으로 알 수 없다. 그러나 조선에 부임한 이후는 물론, 부임과정에서 보인 그의 활동은 일정한 목표로 향하고 있었음이 분명하다. 스페이에르는 부임도중 동경에 들려 주일 러시아공사 히트로보(Mikhail A. Khitrovo)와 일본의 당로자들을 만나 조선에 관한 의견을 청취한 바 있다. 그가 동경에서 만난 이토총리나 사이온지 킨모치(西園寺公望)외상 등은 대원군이 조선의 정권을 장악하고 있다 하였고, 일본은 조선의 내정에 간여할 생각이 없으며 조선의 독립을 존중한다고 하였다. 또한 이들은 조선문제에 대해 러시아와의 화의교섭을 통해 평화적 안정유지를 위한 양국의 협정체결을 희망한다고 하였다.[19]

그러나 스페이에르가 도착한 직후의 조선은 사정이 전연 딴판이었다. 우선 지방민의 일본에 대한 적개심이 고조되고 있었다. 왕비시해와 단발령의 강행으로 인해 조선 전역에 걸쳐 의병의 항일활동이 전개되고 있었던 사실이 이를 잘 입증해 주고 있었다. 이들은 만나는 일본인마다 살해하고자 할 만큼 일본의 만행에 대해 분노하고 있었다. 뿐만 아니라 일본이 가설한 전신선을 절단하고 통신을 차단함으로써 일본군의 작전을 교란시키고자 하였다. 1896년 2월 5일부터 11일까지 약 일주일 사이에만도 조선내에서 피살된 일본인은 36인으로 집계되고 있었다(여주－16인, 원산－10인, 가흥－9인, 서울－1인).[20]

---

19) George Alexander Lensen, *Balance of Intrigue : International Rivarly in Korea and Manchuria, 1884~1899*(Tallahassee : University Presses of Florida, 1982), pp.575~580.

20) Hillier to Beauclerk, Inclosure 1, 3 in No.33, Seoul, Feb. 9, 12, 1896, Inclosure 1 in No. 58, Seoul, Apr. 15, 1896, *F.O. 405-70, VIII, Further*

서울 현지의 사정도 스페이에르가 일본에서 접한 일본정부 요인과 외교관들의 언급과는 판이하였다. 대원군이 조정의 권력을 장악하고 있지도 않았거니와 국왕은 국왕대로 허수아비나 다름없었고, 대신들은 일본인 고문관들의 지시하에 움직이고 있었다. 이때 스페이에르는 "일본이 주장해 온 조선의 독립은 하나의 사기극"이라고 주한 일본공사 고무라 쥬타로(小村壽太郎)에게 비난을 퍼부었다. 그러나 일본에서는 히로시마(廣島)재판소 판결을 통해 미우라 코로(三浦梧樓) 이하 50명에 달하는 왕비시해 관련자 전원을 '증거불충분'이라는 명목하에 무죄방면하고 있었다.[21]

즉 "관련된 일본군인들은 상관(일본 장교)의 명령에 따랐을 뿐이니 무죄이고, 일본군 장교는 미우라의 명령에 따랐으니 역시 무죄이며, 미우라는 대원군의 요청에 응하여 이들을 현장에 동원하였으나 이미 사태가 일단락된 뒤였으니 모두 무죄"라는 식이었다. 이것은 물론 그 동안에 비판적이었던 열국의 대일 비난 여론에 대한 정면 도발행위였다.[22] 그러나 여론은 여론일 뿐 삼국간섭 이후 조선문제를 청국문제와 관련지어 바라보던 각국 정부의 입장은 달랐다. 일본이 이렇게 당돌해진 이유도 바로 거기에 있었다.

이와 같은 국외적 분위기의 변화와 때를 같이하여 조선의 내각도 다시 10월 8일 을미사변 당일에 등장한 친일내각의 형국으로 복귀하고 있었다. 2월 초에는 일본공사와 접촉을 유지해 오던 조희연이 군부대신에 복귀되는 형편이었다. 조선측 인물 중 왕비시해에 가장 깊은 관련이 있던 그의 복귀에 일본공사 고무라의 입김이 작용하고 있었던 것이다.[23]

이러한 상황에서 스페이에르와 웨베르는 러시아의 희망과 배치되는 조선의 국면을 전환시키고자 긴급히 대책을 숙의하였다. 러시아 정책의 주목표는 조선정부에서 친일관료를 제거하는 것임이 틀림없는 바 고종에게 관료의 임

Correspondence Relating to Corea, China and Japan.(이하 *F.O. 405－Ⅷ*로 줄여 씀).

朴宗根, 《日清戰争と朝鮮》(東京：青本書店, 1982), 255~300쪽.

21) *The Japan Daily Mail*(Yokohama), January 20, 1896, Aquittal of the Offices arrested in Connecction with the Korean Trouble of October 8th.

22) *The North China Herald*(Shanghai), April 17, 1896, The Murder of the Queen of Korea.

23) 尹致昊, 《尹致昊日記》 4, 1895년 11월 6일~1896년 1월 31일.

명권을 회복시켜 준다면 친러성향의 정부 성립이 가능하다는 판단이었다. 그러나 종래의 경험에 비추어 볼 때 친일관리의 제거란 일본과의 타협을 통해서는 해결할 수 없는 문제였다. 결국 이들이 택한 것은 조정내외에 팽배한 반일의 분위기로 보아 러시아가 직접 나서는 대신 반일파를 지원하여 일을 꾀하자는 것이었다. [24]

물론 이러한 그들의 계획 자체는 조선으로부터 호응이 있어야 함은 물론 러시아 당국으로부터 어느 정도 사전 내락이 있어야 했다. 그런데 이런 두 가지 조건이 스페이에르가 서울에 도착한 1월초에 이미 갖추어지고 있었다. 우선 고종이 李範晋을 통해 자신의 불안한 처지와 러시아의 지원을 호소하는 메모를 비밀리에 전해왔음은 물론, 1월 중순에는 전임·현임 두 러시아공사가 알현을 마치고 돌아가는 순간, 고종 자신이 직접 스페이에르의 주머니에 쪽지를 넣어주기까지 하였다. 그 내용은 앞서와 마찬가지로 러시아의 개입을 요청하는 것이었으므로 고종의 진정한 의사가 무엇인지는 분명해진 셈이었다. 도착 직후도 그랬지만, 스페이에르는 고종이 러시아의 지원과 개입을 강력히 호소하고 있음을 거듭 본국에 타전하였다. 이에 대해 러시아 당국에서는 "조선의 현정부를 전복하는 것이 갖는 의미와 이 목적의 수행을 위한 수단이 무엇인가를 유념하라"는 내용의 훈령을 내려 이들을 독려하였다.[25]

이러한 내용의 교신은 일본을 경유하여 이뤄졌기 때문에 주일 러시아공사 히트로보의 견해도 자연히 개입되었다. 그는 스페이에르의 주장에 경악하여 이러한 목적을 위해 러시아가 행동하려면 이후 해빙될 때까지 3~4개월 정도 기다려야 한다는 의견이었다. 그러나 스페이에르는, 첫째 조선의 상하 모두가 일본을 증오한다는 것과 일본이 곧 조선을 삼킬 상황이라는 것, 둘째 조선현지의 사정으로 보아 일본과의 협상은 불가능하고, 조선의 독립을 보장하는 유일한 수단은 서울 주둔의 일본군 병력만큼 러시아가 군사를 파견하여 해결하는 것이라는 주장이었다. 러시아 당국의 적극적 조치가 필요함을

24) Lensen, *op.cit.*, pp.575~601.
崔文衡, 〈閔妃弑害 以後의 列强과 朝鮮〉(《明成皇后弑害事件》, 民音社, 1992), 205~207쪽.

25) Lensen, *op.cit.*, p.581.

강력히 피력하였다.[26]

그러나 러시아 당국의 입장은 달랐다. 외부대신 로바노프(Aleksei Borisovich Lobanov-Rostovskii)는 "러시아 당국은 스페이에르의 案에 원칙적으로 동의하지만, 군사파견은 거절한다"는 훈령을 보내었다. 이때 동경과 서울의 상황을 거듭 종합한 스페이에르의 판단은 일본이 조선 독립을 존중한다고 운운한 것이 사기라는 것이었다. 실상 주러 일본공사 니시 도쿠지로(西德二郎)는 "일본은 조선에 개입할 생각이 추호도 없다"고 하였고, 러시아 外部의 아시아국장은 그의 말을 액면대로 해석하여 "대원군이 조선의 실권을 장악하고 있다"고 믿고 있었다. 또한 히트로보는 조선에 대한 일본의 평화적 자세를 주입시키고자 한 사이온지 일본외상 등의 공작에 말려든 듯 하였다.[27]

당시 일본정부는 왕비시해사건 관련자 전원을 사건 3개월만에 무죄방면한 직후였다. 이에 대한 일본언론들의 보도는 대체로 히로시마재판소의 판결 논리를 그대로 반영한 것이었다.[28] 조선에서는 이들이 다시 돌아올 것이라는 소문이 돌았고, 전국을 떠돌아다니는 일본인 부랑배들의 행태는 지방민들에게 기고만장한 모습 그대로 비쳐졌다. 앞서 언급하였듯이 조정에서는 조희연이 일본공사의 힘을 엎고 다시 군부대신직에 복귀하고 있었다. 이 상황에서 조만간 일본인들이 고종을 살해하고 李埈鎔을 일본에 유학시키고자 한다는 소문까지 나돌았다. 이준용의 일본유학 운운은 사실상 인질을 의미하는 것으로 대원군 자체가 극력 반대하는 일이었다. 거기에다 폭도의 서울 진공설도 돌았다.[29] 이러한 것 모두가 고종의 불안감을 더욱 가중시키고 있었다.

알려진 러시아 자료에 의하면, 바로 이때 러시아공사관으로 피신하겠다는 발상이 고종측근으로부터 나왔다고 한다. 이에 대해 스페이에르는 "그 계획이 너무 위험하지 않을까"생각하였고, 이범진은 상황이 몹시 다급하다고 하

---

26) *Ibid.*, p.580.

27) *Ibid.*

28) 《時事新報》, 1896年 1月 23日, 〈閔妃謀殺事件の豫審終結す：三浦以下四十八名無罪放免〉.
The Japan Daily Mail(Yokohama), Jan. 20, 1896, Aquittal of the Officers Arreested in Connection with the Korean Trouble of October 8th.

29) Satow to Salisbury, No. 3, Tokio, Feb. 20, 1896, Hillier to Beauclerk, Inclosure 1, 3 in No. 33, Seoul, Feb. 9, 12, 1896, *F. O. 405-Ⅷ*.

였다는 것이다. 마침내 스페이에르와 웨베르는 이러한 조치가 러시아에 유리하게 작용할 것으로 판단하였고, 이에 그 계획에 대한 러시아 당국의 승인을 즉각 요청하였으며, 러시아 당국에서는 이를 승인하면서 러시아 황제도 즉각 자국 군함의 인천 입항을 명하였다는 것이다.30)

러시아의 의향을 확인한 고종은 스페이에르에게 감사하다는 뜻을 전하였고, 이로부터 俄館播遷을 위한 예비작업이 은밀히 진행된 것으로 보인다. 마침내 2월 7일 스페이에르는 고종에게 모든 준비가 완료되었음을 알렸고, 고종은 러시아공사관에 경비병이 배치되었는지의 여부를 물었다. 스페이에르는 다시 이러한 고종의 뜻을 빌려 인천에 정박하고 있던 러시아군함의 제독에게 서울에 수병을 파견하도록 조치하였고, 러시아장교 4명과 수병 100명이 의병의 서울 진공에 대비한 공사관 보호를 명목으로 야포 한대를 이끌고 서울에 들어왔다. 준비가 완료되자 왕과 왕태자는 다음날 이른 아침 궁녀의 가마를 타고 위장하여 가까스로 궁궐을 탈출하는 데 성공하였다. 러시아공사관에 도착한 것은 1896년 2월 10일 7시경이었다.31)

이 같은 아관파천의 진행과정에는 이범진·이완용 등 친러·친미파 인물들이나 嚴尙宮 및 상궁 김씨 등이 긴밀한 협조를 하였고, 알렌(H. N. Allen, 安連) 등 구미 외교관의 협조도 있었다. 아울러 왕비시해와 단발령 등을 계기로 전국 도처에서 봉기한 의병의 활동은 웨베르가 공사관 보호를 구실로 러시아 수병을 입경시키기에 유리한 조건을 제공하였다. 서울에 있던 병력의 상당수가 이들의 진압을 위해 지방에 파견되었기 때문이다. 특히 을미의병 중 규모가 가장 컸던 것으로 알려진 춘천의병장 李昭應은 이범진과 연관이 있던 인물이었고, 이범진 등은 만일의 경우를 대비하여 충청·황해·경기도의 褓負商과 工兵隊(舊式兵) 등을 궁문앞으로 동원한 것으로 드러난다.32)

---

30) Lensen, *op.cit.*, pp.582~583.
Hillier to Beauclerk, Inclosure 3 in No. 2, Seoul, Feb. 12, 1896, *F. O. 405-Ⅷ*.

31) 영국 관찰에 따르면 러시아 장교 4명과 수병 100명이 야포 1문을 이끌고 입경했다(Hillier to Beauclerk, Inclosure 3 in No. 2, Seoul, Feb. 12, 1896, *F. O. 405-Ⅷ*).

32) 《日本外交文書》 29, 문서번호 360 親露派李範晋等ノ隱謀ニ付キ報告ノ件 및 문서번호 361 去十一日事變顚末其後ノ模樣報告ノ件.

이렇게 볼 때 아관파천은 ① 위기에 처한 고종이 이범진을 통한 구원요청, ② 조선의 상황에 대한 스페이에르와 웨베르의 판단, ③ 그리고 이들의 보고에 대한 러시아 당국의 일정한 지시와 후원, ④ 의병의 일부와 보부상 등 조선내 여러 집단의 직·간접적인 협조가 따르는 가운데 진행된 것이었다. 다만 러시아 당국의 아관파천에 대한 사전 인지의 여부나 주한공사의 역할, 그리고 고종의 의향이 어느 정도까지 주동적이고 피동적이었는지를 정확히 구분하기는 쉽지 않다. 스페이에르와 웨베르가 러시아 당국의 훈령을 앞지르는 행동을 했으면서도 그에 대한 본국 정부의 책임추궁을 회피하고자 스스로 역할을 축소하여 보고했다는 주장도 있고, 그와 달리 고종은 러시아공사측보다도 필사적이었으며, 실제로 고종 스스로가 생명을 부지하기 위해 피신한 것이라는 주장도 있다.[33]

이에 관해 스페이에르가 주한 프랑스공사 르페브르(G. Lefevre)에게 언급한 다음의 내용은 우리에게 많은 것을 시사해 준다.

> 서울에 도착한 후 나는 조선의 사태를 보고 정말 놀랐다. 한편으로 고종은 대신들의 부당한 요구를 저지할 힘이 없었고, 다른 한편 대신들은 일본공사관의 지시를 받고 있었다. 나는 그러한 상황이 더 이상 용납될 수 없다고 보고, 이를 시정할 방법을 모색하였다. 나는 대신들을 권력으로부터 몰아낼 가장 간단한 방법은 고종이 비밀히 궁궐을 떠나 우리 공사관으로 오는 것이라고 생각했다. 그러면 고종은 모든 압제로부터 벗어나 대신들을 해임하고 자신의 의향에 따라 새 내각을 구성할 수 있을 것이다.
>
> 나는 이 계획을 직접 고종에게 털어놓았지만, 이 일을 감행하는 데 그는 주저하는 바가 있었다. 그는 이 일이 실패하여 자신의 처지가 더욱 궁지에 몰리지 않을까 두려워하였다. 그가 결심을 굳히기까지 나는 수차에 걸쳐 고종이 가장 암담한 처지에 있으며 더 이상 궁궐에 머물러 있으면 그가 매일 암살의 위협에 처하게 될 것이라고 설득하였다. 당신도 아시다시피 고종은 죽음을 크게 두려워한다. 그래서 그는 나의 주장에 응하여 이 계획을 따르기로 결정을 보았던 것이다(George Alexander Lensen, *Balance of Intrigue : International Rivarly in Korea and Manchuria, 1884~1899,* Tallahassee : University Presses of Florida, 1982, p.587).

33) Synn Seung-Kwon, 〈The Russo-Japanese Rivalry over Korea, 1896~1898〉(《中蘇研究》 5-2(10), 漢陽大 中蘇問題研究所, 1981), 228~229쪽.

한 마디로 요약하면, 고종이 러시아공사관으로 피신한 것은 스페이에르 자신의 구상에 의한 것이라는 뜻이었다. 이것을 액면대로 받아들일 수 있는지는 차치하더라도, 적어도 아관파천의 진행과정에서 러시아 당국의 일정한 훈령과 지원 등이 있었고, 최종적인 순간 스페이에르와 웨베르의 조선 현지 상황에 대한 판단과 합의에 의해 고종의 아관파천이 가능했음은 물론이다. 아무리 고종이 러시아에 지원을 호소하였다 해도, 러시아 당국 및 조선 현지 공사들의 의향과 적극적 지원이 없다면 아관파천은 당초부터 실현될 수 없는 일이었다.

특히 러시아정부가 ① 두 공사를 함께 서울에 머물게 한 조치, ② 러시아 군함의 인천 입항 지시, ③ 아관파천 전날 100여 명의 수병을 입경시켜 공사관을 경비하게 한 조치, ④ 스페이에르와 웨베르가 수시로 보고하면서 러시아 당국의 훈령을 구한 사실 등은 아관파천에 대한 러시아정부의 역할을 이해하는 데 중요한 시사를 준다. 나아가 아관파천이 실현된 뒤 러시아 당국이 "현상을 인정한다"는 입장을 보인 것 등은 최소한 아관파천과 같은 형식의 사태수습 자체를 러시아가 희망하였음을 잘 입증한다.[34]

3) 친러 · 친미내각의 성립

(1) 러 · 일의 반응

아관파천의 성취로 삼국간섭 이래 한반도를 무대로 지속된 러 · 일의 대립은 일단 러시아의 승리로 귀착되었다. 이후 러시아의 조선지배는 사실상 시간문제나 다름없이 보였다. 그러나 당시의 러시아로서는 시베리아횡단철도가 완공된 이후라면 몰라도 당장에 조선을 병합한다거나 보호국화 하자는 입장이 아니었고, 그럴 능력도 없었다. 이미 영국이 간파하고 있었듯이 러시아는 조선의 병합에 의도가 있는 것이 아니라 조선에 대한 제3국 즉 일본의 독점적 영향의 배제에 있었다. 그것은 러시아가 과거 영국의 巨文島占領事件

34) 李玟源, 〈露 · 日의 對立과 高宗의 俄館播遷—을미사변 이후의 조선상황을 중심으로—〉(《정치외교사논총》 14, 韓國政治外交史學會, 1996), 113~131쪽.

(1885~1887)을 수습하는 과정에서도 이미 확인된 바였고, 시베리아횡단철도의 착공 이후는 더욱 그러하였다.

사토우(Ernest Mason Satow) 주일 영국공사가 무츠 무네미츠(陸奧宗光) 일본외상 및 이준용과 나눈 대화에서도 그 점이 잘 드러나고 있다. 즉 이준용이 아관파천으로 인해 러시아가 조선을 병탄하게 되지 않을까 우려한다면서 영국의 지원 가능성을 묻자, 사토우는 "조선 병탄은 1886년 영국함대의 거문도 철수 당시의 조건, 즉 조선의 영토보전과 상반되는 것으로 러시아의 목적은 조선의 독립 파괴가 아니라 일본의 독점적 영향력 배제에 있는 것으로 안다"고 하였다.

아울러 사토우는 "러시아가 조선을 병합할 의도가 없는 것으로 무츠는 파악하고 있다. 러시아는 조선인같이 다루기 어려운 인종을 지배하지 않고도 그 목적을 달성할 수 있을 것"이라고 본국에 보고하고 있다. 즉 영국은 아관파천으로 "조선이 러시아에 대항하려는 어떤 강국의 무기가 되어서는 안 된다"는 희망이 성취된 이상, 러시아는 조선에서 특수 권익을 확보하여 영국과 일본의 반발을 사기보다는 일본과의 관계 조정을 우선시 하고 있음을 꿰뚫어 보고 있었던 것이다.[35)]

아관파천에 대한 러시아의 입장과 향후의 조선에 대한 방침은 어떠한 것이었을까. 러시아는 아관파천에 대해 결코 사전에 인지하지 못하였다는 것이 공식적 입장이었다. 그러나 이러한 사태를 환영하였을 뿐만 아니라 이후로도 아관파천의 현상을 유지하자는 것이 희망 사항이었다. 이후 러시아 당국의 대조선 방침의 맥락은 ① 일본의 독점적인 조선지배를 저지하여 조선을 일본의 구속으로부터 벗어나게 하고, ② 적어도 시베리아횡단철도의 완성까지는 명목상이나마 조선의 독립을 유지하게 하여 타국이 이용하지 못하게 하는 선에서 유지되어 갔다. 이 점은 상황이 불리해진 일본도 마찬가지였다.

이러한 배경하에 러·일은 조선문제에 관하여 종래와 같은 '실력행사', 예컨대 왕비시해와 아관파천과 같은 무력을 앞세운 대응을 보류하고 외교적

---

35) George Alexander Lensen, *Korea and Manchuria between Russia and Japan 1895~1904 : the Observations of Sir Ernest Satow*(Tallahassee, Florida : the Diplomatic Press, 1966), p.62.

타협을 모색하였다. 러시아 당국이 이렇게 조선문제를 놓고 일본과 타협하자는 방침을 굳히는 과정에서 조선과 일본주재 러시아 외교관 및 군사전문가들의 견해가 반드시 일치했던 것은 물론 아니다. 앞서부터 이들은 조선문제의 처리를 놓고 각기 본국 정부에 상이한 의견을 제시하고 있었다. 첫째 이 기회를 적극 활용하여 조선을 보호국화 하는 것, 둘째 조선을 아예 병합하는 것, 셋째 일본과 타협하여 일정한 이권을 허용하는 대신 조선에 대한 러시아의 주도적 영향력을 유지하면서 조선의 현상을 유지시키는 것 등이 그것이었다.

서울의 스페이에르와 웨베르는 고종의 러시아공사관 체류로 인해 야기될지 모르는 조선 내외의 비판적 여론을 우려하여 표면적으로는 조선 내각의 구성에도 관여하기를 꺼렸다. 당시 각국은 러시아가 조선 내정에 개입하는가에 대해 예의 주시하고 있었다. 3월초에 이르기까지 단발을 강제하지 않겠다는 조치 외에는 종래 일본에 의한 개혁 중 취소된 것이 없었고, 러시아공사도 내정 개입을 피하고 있었다. 이후 러시아공사는 왕비시해사건의 수사에 미국인 고문 그레이트하우스(Clarence R. Greathouse, 具禮)를 참여시키고, 영국인 재정고문 브라운(John McLeavy Brown, 柏卓安)에게 조선의 재정 운영에 관한 폭넓은 권한을 부여하는 등, 영·미 모두를 만족시키고자 하였던 것이다.[36]

그들은 그러나 이 같은 표면적 행동과 달리 아관파천의 호기를 적극 이용하자는 입장이었다. 일례로 아관파천 직후 스페이에르는 러시아의 지원을 갈망하는 고종의 요청을 내세워 본국 정부의 신속한 조치를 거듭 촉구하고 있었다. 즉 조선 내각에 배치할 러시아 고문의 파견과 재정의 원조, 조선군의 조직을 위한 지원 요청 등이 그것이다. 물론 러시아의 재정고문 파견 및 재정 지원, 조선군 조직 등에 관해 고종의 요청이 있었음은 물론이다.

그러나 고종은 일본에 대한 극도의 공포로 인해 러시아의 의도에 대해서는 미처 경각심을 갖지 못하였고, 그럴만한 여유도 없었다.[37] 스페이에르나

---

36) Hillier to Beauclerk, Inclosure 1 in No. 19, Seoul, Mar. 2, 1896, *F. O. 405－IX* ; Sill to the Secretary of State, No. 226, Seoul, July 17, 1896, *DUSMK* 등을 참조.

37) Allen to the Secretary of State, No. 10, Oct. 2, 1897, *DUSMK* ; Lensen, *op.cit.*, pp.592～593.

웨베르의 이러한 구상은 이노우에가 서울에 부임한(1894년 10월 27일) 이래 취했던 방식, 요컨대 조선정부내 일본인 고문관 배치와 차관의 투여, 조선군의 일본군 예속화 등을 통해 조선 내정을 정치·경제·군사적으로 속박해 가던 방식을 연상시킨다.

한걸음 나아가 스페이에르는 조선의 보호국화까지 주장하고 있었다. 그는 "동아에서의 분규를 피하기 위해 러시아가 조선의 보호자 역할을 회피한다면 바람직한 결과를 가져오지 못할 것이다. 만일 방관하고 있다가 어쩔 수 없는 사태가 조선에서 야기된다면, 그때 가서 개입해 보아야 아무런 소용이 없다. 따라서 조선이 이렇게 러시아에 달려오는 이상, 이 기회를 이용하면 러시아가 태평양연안에서 강력한 입지를 확보할 것이다. 대신 일본에게 조선의 무역 이익과 재정 분야의 주도권을 허용한다면 양국이 합의에 도달하기란 그다지 어려운 일이 아니다"는 의견이었다.[38]

그 외에 일부 군부의 인물들도 아관파천의 호기를 적극적으로 이용하자는 입장이었다. 참모장 알프탄(Al'ftan)이나 아무르관구 사령관 그로데고프(N. I. Grodegov) 등의 주장이 그것이다. 전자는 부동항을 구하기에는 만주보다 한반도가 적합하므로 조선을 보호국화하자는 것이었고, 후자는 일본이 조선을 차지하여 동해를 內海로 삼아 그 입구를 장악하지 못하도록 하기 위해 조선을 확보하자는 것이었다.[39] 이들은 군사전문가답게 주로 부동항 확보의 문제와 군사전략상의 관점에서 그러한 주장을 펴고 있었던 것이다.

그러나 일본주재 러시아공사 히트로보와 보각(Colonel Vogack)대령은 일본과 타협을 주장하는 쪽이었다. 이들은 일본이 러시아와 타협을 원하고 있고, 조선도 현재로서는 러시아로부터 벗어나려 하지 않을 것이므로 서두를 필요가 없다는 견해였다. 즉 일본의 적의를 불러일으키지 않고도 모든 것을 성취할 수 있는 마당에 구태여 일본을 자극하거나 도발적 행동을 유발할 필요가 없다는 것이었다.[40]

---

38) Lensen, *op.cit.*, pp.592~593.
39) *Ibid.*, pp.592~593.
40) 이때 러시아는 조선에 3,000정의 총을 선물하였고, 로바노프는 이것으로 인해 일본과의 화의적 협의가 방해받지 않도록 유의하라는 지시를 웨베르에게 내리고 있었다(*Ibid.*, pp.591~596).

여기서 본국의 로바노프(A. B. Lobanov-Rostorskii) 외무대신은 "조선 국왕에게 조언을 해 줄 의향은 있지만, 복잡한 조선 내외의 정세에 비추어 조선정부의 고문이나 군사교관 문제를 제기하는 것은 시기상조"라 하여 앞서 있은 스페이에르의 제안을 기각하였다.[41] 이어 스페이에르공사는 휴가를 받아 귀국하는 히트로보를 대신하여 일본공사로 발령을 받았고, 다음날 그는 서울을 떠나 일본으로 향하였다. 그리고 이미 멕시코주재 공사로 발령을 받았으나 본국의 훈령에 따라 서울에 대기하고 있던 웨베르는 다시 조선주재 공사로 유임됨과 동시에 특명 전권공사로 승임되었다.[42]

한편 아관파천으로 인해 조선에서 입지가 강화된 러시아와 달리 일본은 "천자를 빼앗겨 이제 만사가 끝장났다"고 할 정도로 입지가 실추되고 있었다. 일본정부는 러시아의 의도도 정확히 파악하지 못한 상태에서 초조할 수밖에 없었다. 이때 사토우는 일본정부는 아관파천에 관한 러시아의 희망과 의도가 무엇인지 파악하지 못하고 있으며, 현재까지 일본정부가 알고 있는 것은 "아관파천이 러시아정부의 사전인지 없이 모의되었지만, 러시아정부는 이미 이뤄진 일을 승인하려는 것으로 보인다"고 보고하고 있다.[43]

설상가상으로 왕비시해와 단발령으로 조선의 상하 인심이 일본으로부터 철저히 이반되어 있어 일본은 조선에서 최악의 국면에 처한 형세였다. 이에 일본은 궁궐을 버리고 달아난 국왕의 폐위 운운하면서 환궁을 촉구하는 한편, 러시아와의 일전에 대비한 군비강화에 박차를 가하면서 조선문제를 놓고 러시아와 타협을 모색하여 갔다.[44]

먼저 일본은 시베리아횡단철도의 완성 이전에 러일전쟁을 치르고자 하였고, 그에 대비하여 10개년 계획의 군비확장에 박차를 가하였다. 상비군 15만 명과 전시병력 60만 명, 22만 톤의 해군력 달성 목표가 바로 그것이다. 여기에 드는 비용을 일본은 청국에서 약취한 2억 냥의 배상금과 정부예산의 40% 이상

41) *Ibid.*, p.595.

42) 高麗大 亞細亞問題硏究所 編, 《舊韓國外交文書》(高麗大 出版部, 1969), 《俄案》 1, 문서번호 737, 1896년 2월 28일, 士貝耶公使의 駐日本公使署理 및 韋貝公使의 接任事.

43) Satow to Salisbury, No. 23, Tokio, Mar. 12, 1896, *F. O. 405~Ⅷ*

44) 위와 같음.

을 매년 투입함으로써 충당하였다. 일본이 청일전쟁 기간 중(1894~95) 투자한 군비에 비해 1896~97년간의 투자예산은 거의 3~5배에 달하였다.[45]

다음으로 일본의 러시아에 대한 협상의 추진은 이 시기에 와서야 시도된 것만은 물론 아니었다. 이미 1895년 12월과 1896년 1월 및 2월초의 아관파천 직전까지도 이토총리나 사이온지외상 등이 꾸준히 러시아에 협상을 제의한 바 있었다.[46] 이것은 일본의 압제하에 형성된 국왕과 조선정부의 비정상적인 관계를 인정하자는 것으로서 일본의 '사기적' 성격이 농후한 것이었다. 조선 내각에서는 일본인 고문관들이 실권을 장악하고 있었고, 고종과 대신들은 일본공사의 꼭두각시와 다름없었기 때문이다. 따라서 조선의 현상을 인정하고 자립하게 하자는 것은 '조선보호국화' 작업을 지속하겠다는 의미에 불과하였다.

그러나 러시아정부가 스페이에르를 파견하여 아관파천을 성취시킴에 따라 이제는 조선의 보호국화 기도를 위해서가 아니라 러시아가 조선을 보호국화하지 않도록 하기 위해, 나아가 더 이상 조선에서 밀려나지 않기 위해서라도 일본은 대러협상을 적극 추구하지 않을 수 없었다. 이후 일본은 우선 아관파천에 대한 러시아 당국의 사전인지 여부와 의도의 파악에 주력함과 동시에 협상을 모색하였다. 곧 이어 니시 주러 일본공사와 히트로보 등이 각기 러시아정부의 "사전인지가 없었다"고 알려오자, 일본정부는 일단 러시아의 의도가 조선보호국화에 있지 않다고 판단하였다.[47]

바로 이상과 같은 배경하에 양국간에 교섭이 진행되었고, 그 결과가 96년 4월 15일 서울에서 체결된 웨베르-고무라覺書(Waeber-小村 Memorandum)였고, 같은 해 6월 9일 모스코바에서 체결된 로바노프-야마가타議定書(Lobanov-山縣 Protocol)였다. 이들 협약의 내용은 대체로 아관파천의 현상을 인정한 가운데 양국간에 조선 군주의 신변문제와 군사·재정 등에 관해 일정한 한계를 지은 것으로서 그 문맥상 사기성이 그대로 노출되어 보이는 일시적이고도 잠정적인 타협이었다.

---

45) 信夫淸三郎·中山治一 編,《日露戰爭史の硏究》(東京：河出書房新社, 1959), pp.68~72쪽.

46) Lensen, *op.cit.*, pp.602~603.

47) Satow to Salisbury, No. 23, Tokio, Mar. 12, 1896, *F. O. 405-Ⅷ*.

⑵ 조선의 신내각

다른 한편 같은 시기의 조선 조정은 어떻게 움직이고 있었는가. 아관파천에 성공한 직후 고종이 취한 조치는 ① 친일내각의 교체, ② 단발 시행의 강제성 배제, ③ 의병 해산의 권유, ④ 적체된 貢稅의 탕감, ⑤ 경복궁앞 三軍府에 주재한 일본군 수비대의 철수, ⑥ 춘생문사건 관련자의 석방 등이었다.

먼저 아관파천 당일 공표된 내각의 구성은 김병시(총리)·이재순(궁내부대신)·박정양(총리대신서리 겸 내부대신)·조병직(법부대신)·이완용(외부대신겸학부·농상공부대신서리)·이윤용(군부대신)·안경수(경무사대신)·윤용구(탁지대신) 등이었고, 같은 달 12일에 윤치호(학부대신서리 겸 학부협판), 22일에 이범진(법부대신)·조병직(농상공대신) 등이 등장하였다.[48] 대체로 초기에는 정동파 인사, 그 중에서도 친미파 인물들이 전면에 부각되었음을 알 수 있다. 반면 친러파 인물로 볼 수 있는 자는 이윤용 한 사람 뿐이었고 친러파의 핵심인물인 이범진은 10여 일 뒤에야 기용되고 있다.[49]

따라서 아관파천 직후의 내각은 친러파 인사가 중심을 이룬 친러내각이라기 보다는 친미파가 중심을 이룬 '친미반일적' 내각이었음을 알 수 있다. 이렇게 친미파 인물들이 전면에 부각된 배경에는 이들이 아관파천에 협조적이었던 점에도 있지만, 러시아의 의도도 있었다. 즉 친일파가 아닌 한 가급적 다양한 인물을 기용토록 하여 러시아가 조선 내정에 깊이 개입한다는 인상을 지움과 동시에 아관파천으로 인해 야기될지도 모를 열국의 비난을 미연에 방지코자 한 것이었다. 과거에 일본이 조선 내정에 독점적 개입을 시도하다 오히려 열국의 견제로 낭패를 보았던 일을 웨베르 등은 너무나 잘 알고 있었기 때문이다.[50] 이러한 러시아 당국의 방침하에 한동안 현지의 공사 웨

---

48) 《舊韓國官報》, 건양 원년(1896) 2월 11일~3월말까지의 敍任及辭令.

49) 貞洞派 및 親美派의 구분에 대해서는 柳永益, 앞의 책, 49·179·184쪽 및 韓哲昊, 〈甲午更張中(1894~1896) 貞洞派의 改革活動과 그 意義〉(《國史館論叢》 36, 國史編纂委員會, 1992)를 참조.

50) Sill to Olney, No. 195, Seoul, Feb. 16, 1896, *DUSMK* ; Harrington Fred Harvey, *God Mammon and the Japanese : Dr. Horace N. Allen and Korean-American Relations, 1884~1905*(Madison, Wisconsin : University of Wisconsin Press, 1944), pp.307~308.

베르를 통해 투영된 일부의 현상들을 보면 다음과 같다.

첫째, 조선이 희망하는 내정개혁의 추진이나 자주독립을 고창하는 것을 성원하는 일이었다. 적어도 아관파천기에 독립협회의 창립을 성원하거나 독립신문의 발간, 독립문 건립운동 등에 러시아공사가 기부금을 내는 등 조선정부에 협조적 자세를 취하였던 것은 바로 이 같은 배경에서 이해될 수 있다. 나아가 독립협회의 인물이나 주한외교관들의 보고, 비숍(Isabella Bird Bishop) 등의 저술에서 그 시기에 조선의 재정 · 재판 · 교육제도 등 각 분야에서 많은 발전이 이루어져 "서광이 보였다"고 한 것은 바로 위와 같은 러시아의 대한방침에 의해 잠시나마 갖게 된 외압의 상대적 공백으로 인한 현상이다.[51)]

둘째, 지나치게 반일적이거나 과격한 인물은 일본의 입장에서 보나 열국을 의식하지 않을 수 없는 러시아의 입장에서 보나 거세가 될 수밖에 없었다. 아관파천의 수행과정에서 조선의 핵심인물이자 친러파였던 이범진이 이로부터 한 달도 안되어 불리한 입장에 몰리고, 마침내 주미공사로 발령받아 서광범과 교체된 것은 일본의 공작 등 여러 요인이 있었지만, 거기에는 과거 일본의 경험을 직시한 웨베르의 판단도 적지 않게 작용하였다.[52)]

셋째, 일본이 아닌 한 다른 나라의 인물들을 조선 각부의 고문으로 고빙하는 것을 권장하는 일이다. 영국인 재정고문 브라운이 고종의 지시로 조선의 재정을 조사하고 보다 적극적으로 관리할 수 있었던 것, 미국인 고문 그레이트하우스가 법부고문으로서 왕비시해사건의 수사와 재판과정에서 주요한 역할을 맡고, 또한 재판제도를 개선할 수 있었던 것 등도 웨베르의 이 같은 방침에 의해 어느 정도 보장된 것이었다. 그러나 이후 일본을 제외한 각국에 철도 · 광산 · 삼림 · 어채 등 각종 이권이 허용된 것은 웨베르의 위와 같은 방침과 무관하지 않았다. 아관파천의 부작용이었다.[53)]

---

51) Isabella Bird Bishop, *Korea and Her Neighbors*(Shanghai : Kelly and Walsh Ltd, 1897 ; Reprint, Seoul : Yonsei University Press, 1970), pp.397～398, 435～444.

52) Sill to Olney, No. 224 · 226, Seoul, June 23, July 17, 1896, *DUSMK*. 특히 李範晋이 駐美公使로 밀려난 배경에 대해서는 方善柱, 〈徐光範과 李範晋〉(崔永禧先生華甲記念《韓國史學論叢》, 探求堂, 1987), 444～447쪽 참조.

53) 《尹致昊日記》 4, 1896년 3월 3일.
Sill to Olney, No. 195 · 224 · 226, Seoul, Feb. 16, June 23, July 17 1896,

다음으로 정부에서는 종1품 申箕善과 종2품 李道宰를 각기 南路宣諭使와 東路宣諭使로 파견하여 의병의 해산을 권유하는 조칙을 내렸다. 그 내용은 의병의 봉기가 국모시해에 대한 설분을 위해, 그리고 군부의 위협과 단발 강행에 대한 격분으로 일어난 명분있는 봉기였음을 인정하면서 각기 해산하여 생업에 종사하라는 것과 의병의 봉기로 인해 지방에 파견된 군대의 즉시 귀환을 명한 것이었다. 아울러 그 동안 의병봉기의 중요한 단서이기도 했던 단발문제는 각자의 편의에 따르도록 한다는 내부대신의 훈시를 내렸다.[54]

그 다음으로 정부에서는 그 동안 광화문 앞의 삼군부에 주둔해 있던 일본군 수비대의 이전을 거듭 재촉하였다. 러시아공사 스페이에르도 주한 일본공사 고무라 쥬타로(小村壽太郞)에게 이 문제를 언급하여 조선정부를 거들었다. 이에 고무라는 "이전할 적당한 장소가 없다"거나 "자국 공사관과 거류민 보호를 위해 급히 철수할 수 없다"고 구실을 대었다. 내심으로는 '서울에서 제일 좋은 장소'를 내어 줄 경우 러시아 병사가 이곳을 차지하지 않을까 우려한 것이다. 그러나 조선이 수차 재촉함에 따라 일본은 마침내 그들 수비대 병력을 일본인 거류지 부근의 糧餉聽과 일본인 소유 가옥 2개소로 이전시키게 하였다. 조선으로서는 장차 일본군의 철병을 요구할 근거로 삼고자 하는 측면도 없지 않았을 것이다.[55] 어떻든 그 동안 자국거류민의 보호라는 미명하에 일본군이 조선의 正宮으로 이어지는 길목을 장악하고 있었으니 저간의 사정이 어떠했을지는 상상을 불허한다.

기타 춘생문사건 관계자들을 중심으로 한 수감자들의 석방과 그 동안 적체된 미수·미납의 공세 등을 탕감한 것 등은 일본의 압제에 의해 어지러워진 민심 수습책의 일환이었다. 동시에 그것은 일본에 대한 간접적 항의였다.

이 시기 조선 조야의 러시아에 대한 인식은 어떠했을까. 일본에 대해 적대적이었던 것과는 정반대였다. 고종의 아관파천 직전 조선 전역의 상황을 둘러보고 서울에 도착한 러시아장교 카르네프대령과 그 일행의 보고가 이점

DUSMK; Hillier to Beauclerk, No. 46, Inclosure 1 in No. 58, Mar. 24, Apr. 15, 1896, *F. O. 405-VIII*; Bishop, *op.cit.*, pp.397~398, pp.435~444.

54) 《駐韓日本公使館記錄》 9 (國史編纂委員會, 1993), 164쪽.

55) 《駐韓日本公使館記錄》 9, 157~159쪽 및 168쪽.

을 잘 보여준다. 의병이 점령하고 있던 한 두개의 지역을 이들이 방문했을 때 의병들은 그의 국적을 확인한 후 정중히 대우하면서 다음과 같이 주장했다고 한다. 첫째 국왕에게 충성을 맹세한다는 것, 둘째 만나는 일인은 모두 처형하고자 한다는 것, 셋째 단발령에 불복하며 이를 시행하고자 하는 관리를 처형하고자 한다는 것이었다.[56]

반면 그 당시 전국 각 지역(원산 제외)에서 피살된 일인 수는 약 40명으로 집계되고 있었다. 아관파천 자체는 환영할 일이 못되지만, 러시아에 대해서는 일본의 압제로부터 국왕을 보호해 주고 있다하여 조선의 조야는 한동안 호의적이었던 것이다.[57] 을미사변에 대응하여 반일 의병봉기가 발생한 반면, 아관파천에 대하여 반러 의병봉기가 발생하지 않은 것은 바로 그러한 인식의 차이에 기인한 것이었다.

그러나 고종의 아관파천 자체에 대한 일반의 반응은 물론 부정적이었다. 고종이 일본의 간섭을 벗어난 것은 환영할만한 일이었지만, 그렇다고 러시아 공사관에 피신한 사실 자체는 국체를 손상하는 일이었고, 또 다시 외세의 간섭을 유발할 소지가 컸기 때문이다.

이후 조선정부의 군사·재정에 관한 지원요청에 대해 러시아가 소극적 반응을 보이고, 게다가 웨베르 측근 인물들의 득세와 전횡으로 인해 조정 내외에 비판여론이 일게 되면서 호의적이었던 러시아에 대한 감정은 점차 부정적으로 변해 갔다. 그에 따라 고종의 환궁문제도 점차 절실한 현안으로 등장하게 되었다. 일본 또한 이러한 변화를 틈타 그 동안 조선에서 실추된 입지를 만회하기 위해 외교와 언론, 기타 다양한 경로를 통해 조선내에 러시아에 대한 비판의 목소리가 높아지기를 기도하면서 환궁공작을 펴나갔다.

---

56) 1895~1896년 사이 한국을 여행한 러시아 장교는 ① V. P. 카르네프 육군대령과 그의 보좌관 미하일로프, ② V. A. 알프탄 육군중령 등으로 밝혀지고 있다. 이 중 카르네프의 기록에는 '동학의병' 및 지방민과의 遭遇에 관한 것이 다수 실려 있다. 영국측의 기록에 보이는 러시아장교란 바로 카르네프·미하일로프·알프탄 등을 가리키는 것으로 보인다(Hillier to Beauclerk, Inclosure 1 in No. 58, Seoul, Apr. 15, 1896, *F. O. 405-Ⅷ*; 카르네프 외 4인 지음, A. 이르계바예브·김정화 옮김, 《러시아첩보장교 대한제국에 오다》, (주)가야미디어, 1994).

57) Hillier to Beauclerk, Inclosure 1 in No. 58, Seoul, Apr. 15, 1896, *F. O. 405-Ⅷ*.

4) 고종의 환궁

(1) 러시아 군사교관의 초빙

아관파천 이후 조선이 시급히 해결해야 할 당면문제의 하나는 고종의 환궁이었다. 비록 만부득이한 사정에 의해 빚어진 것이기는 하더라도, 일국의 군주가 남의 나라 공사관으로 피신해 간 것은 결코 정상적이며 온당한 일이라 볼 수가 없었기 때문이다. 이미 아관파천 직후로부터 고종의 환궁을 요청하는 상소도 상하로부터 쇄도하고 있었다. 이들이 당시에 느꼈던 심정은 前主事 尹孝定 등의 다음과 같은 상소에 잘 드러난다.

> 아아! 지난 8월 20일의 일을 어찌 차마 말로 다할 수 있겠읍니까. 안으로의 화란과 외부의 기세가 서로 뒤얽혀 만고에 없었던 큰 변괴를 만들어 낸 것입니다. 온 나라의 하늘에 머리를 두고 땅을 밟고 사는 사람이라면 뉘라서 피눈물을 뿌리고 울음을 삼키며 우리 國母의 원수를 갚고 싶지 않겠습니까?… 그러나 그날 폐하께서 外館으로 나가신 것은 한때의 임기응변이며 만부득이한 지경으로 빚어진 것이었으나, 절대로 정상적이며 온당한 일이라고는 할 수 없습니다. 이로써 民情이 황망하고 國體가 위태롭게 된 것을 어찌 한두 마디로 말할 수 있겠습니까?… 현재의 安危의 대관건은 폐하께서 돌아오시는 날짜의 지속에 달렸습니다.… 삼가 폐하에게 바라노니 안으로는 어리석은 백성들의 동요를 깊이 걱정하시지 말고 밖으로는 틈을 엿보는 강대국을 너무 염려하지 말아서, 여론을 살피시고 곧장 환어하시어 종사를 편안케 하고 민심을 안정시키소서(《駐韓日本公使館記錄》 9, 162~163쪽).

그러나 고종이 환궁해야 한다는 당위적인 주장과 어느 시기에 어떻게 환궁을 할 수 있느냐 하는 현실적 여건 사이에는 괴리가 컸다. 바로 2년전의 청일전쟁 당시 그리고 얼마전 을미사변 당시의 처참했던 조선 조정의 경험은 고종이 환궁하지 못하는 이유를 구구히 나열할 필요조차 없게 한다. 아무런 군사적 대비책도 없이 고종에게 환궁을 하라는 것은 조선에서 날뛰는 일본인패들에게 최후의 날을 맞아 왕비의 전철을 밟으라는 것이나 다름없었다. 비록 고종은 가까운 시일내에 환궁하겠다는 형식으로 비답을 내리고는 있었지만, 정부 당로자들의 입장에서는 환궁 이후 국왕의 안전을 책임질 현실적

대책의 수립이 무엇보다 시급한 사안일 수밖에 없었다.

그러므로 고종의 환궁 이전에 조선정부로서 구비해야 할 일이란 분명하였다. 아관파천에 의해 조선이 가까스로 일본에 의한 보호국화의 위기를 모면했다고는 하지만, 조선으로서는 무엇보다 군사·재정문제의 대책이 시급하였다. 1894년 일본군의 경복궁 습격과 1895년 재차의 경복궁 습격 및 왕비시해 당시의 상황을 통해 드러나듯 조선군의 전투력은 서울 주둔의 일본군을 상대하기에 역부족이었다. 고종이 러시아공사관에 피신했던 당시 조선군의 숫자는 서류상 약 7,500명, 실제로는 약 4,000명 정도의 병력 중 일부가 서울의 치안과 궁성의 수비를 담당하는 정도였던 것으로 나타난다. 게다가 무기까지 보잘 것이 없었으니 당시 조선의 군대는 있으나 마나한 존재였다.[58]

아울러 1895년 소위 내정개혁의 명분하에 일본이 제공한 차관 300만 엔의 이자·상환·담보 등의 가혹한 조건은 가뜩이나 재정난에 처한 조선정부의 심장을 압박하는 것이었다. 아관파천 직후 고종의 내밀한 명을 받은 브라운이 정부 재정을 조사한 결과 파산직전이었다고 한 것이 이를 입증한다. 영국공사도 지적했듯이 이노우에가 조선에 들여놓았던 대일차관 300만 엔은 1년도 채 안되어 정부 재정의 악화와 파탄을 초래한 주요인의 하나였다. 이처럼 고종의 환궁과 재정·군사의 문제는 아관파천 직후의 상황에서 보다 근본적이고도 시급히 해결을 요하는 조선의 과제였다.

다시 말해 이미 각계 인사들의 상소에서 드러나듯 아관파천은 국가의 위신에 관련된 것이었고, 현실적으로는 러시아의 내정간섭이라는 새로운 문제를 배태하고 있었다. 그러나 고종이 환궁을 하기 위해서는 최소한 궁궐을 경비할 수 있을 정도의 신뢰할 만한 병력이 필요하였고, 이를 위해서는 재정도 필요하였다. 과거에 훈련대 소속 조선군이 일본교관에 의해 훈련받아 민비시해사건에 어떻게든 이용되었던 사실은 신뢰할 만한 병력의 구비를 절실히 요하였다. 그 밖에도 자국 공사관 및 거류민 보호 등을 구실로 서울에 주둔

58) Captain Mercer, R. M. L. I., to Jordan, Inclosure 2 in No. 97 Seoul, June 11, 1897, *F. O. 405-X*.
러시아大藏省 編, 崔 璇·金炳璘 譯, 《韓國誌－本文篇》(韓國精神文化硏究院 資料調査室, 1984), 678～681쪽 및 707쪽.

하고 있던 약 500명의 일본군 병력은 현실적으로 상존하는 위협이었다.

바로 이러한 때에 적절한 기회가 조선에 주어졌다. 러시아에서는 1896년 5월 26일에 거행되는 니콜라이 2세(Nikolai II)의 대관식에 세계 20여 개 국의 사절을 초청하였다. 이때 청국에서는 李鴻章을, 일본에서는 조슈(長州) 출신의 원로인 야마가타 아리토모(山縣有朋)를 특사로 파견하였다. 전자는 러시아가 동청철도의 부설권 획득을 위해 비밀 교섭의 상대자로 내정한 자였고, 후자는 조선문제에 관한 일본과의 회담 상대자였다. 한편 러시아에서는 조선의 사절 파견도 요청했던 바 조선에서도 閔泳煥을 특사로 파견하였다. 이후 조선과 청국, 일본은 각기 비밀리에 러시아와 교섭을 진행하였다. 이때 민영환은 다음과 같은 5개항을 러시아에 요청하였다.[59)]

1. 만족할 만한 수준의 조선 군대가 창설될 때까지 국왕의 호위를 러시아 군대가 맡아줄 것.
2. 군사와 경찰의 훈련을 위해 다수의 교관을 파견해 줄 것.
3. 내각과 산업 및 철도 분야를 지도할 고문을 보내줄 것.
4. 3백만 엔의 차관을 허용해 줄 것.
5. 조선과 러시아를 연결하는 전신선 설치에 동의해 줄 것.

(《尹致昊日記》 4, 1896년 6월 6일).

이상에서 보듯이 민영환특사의 요청에는 고종의 신변보호, 친위대 양성문제, 군사교관 및 재정고문 파견, 차관제공, 전신선 가설건 등이 포함되어 있었다. 이 중에서도 민영환특사가 가장 집요하게 추구했던 것은 군사교관과 차관의 제공문제였다. 전자는 환궁에 대비하여 고종의 신변보호를 위한 친위대의 양성과 연관된 것이었고, 후자는 대일차관의 상환과 관련된 것이었다. 그러나 러시아는 민영환의 요청에 대해 이를 수용하기를 꺼렸다. 이미 러·일간에는 조선의 군사와 재정 등에 관해 상호 견제하는 내용을 골자로 비밀협정을 체결한 상태였다. 따라서 러시아로서는 구태여 이를 위배하면서까지 조선에서 독점적 지배를 기도할 처지도 아니었고, 그러한 의향도 당시로서는 없었다. 조선에 대해 적극적 지원을 해준다는 것은 더욱 기대하기 어려운 일이었다.

---

59) Lensen, *op.cit.*, pp.649~650.

요컨대 조선의 다급한 입장과는 달리 러시아는 이 문제를 영국・청국・일본 등과의 관계를 우선한 동아시아정책의 차원에서 고려하였고, 조선과의 관계는 그 다음 차원에서 고려하였다. 자연히 러시아의 태도는 소극적이었다. 그 중에서도 차관제공에 대해서는 가장 소극적이었고, 일부나마 실효를 거두었다고 볼 수 있는 것은 군사교관의 파견문제였다. 당초 민영환은 200명의 군사교관의 제공을 희망하였지만, 영국・일본을 의식할 수밖에 없는 러시아의 난색으로 그 수는 대폭 삭감되었다. 러시아로서는 영국・일본의 의혹을 피하면서 장래의 사태 변화에도 대비할 수 있는 가장 무리가 없는 방안으로서 택한 조치였다.

이후 전과정은 대체로 고종의 환궁을 위한 작업으로 점철되어 갔다. 최초의 군사교관 파견에 관한 니콜라이 2세의 재가가 내려진 것은 1896년 8월초였다. 그러나 군사교관을 파견하기 이전에 러시아는 조선의 군사・재정상황을 파악하기 위해 고위의 군사전문가로서 스트렐비츠키(Strelbitzky)대령을, 재정전문가로서는 전 북경공사관의 통역이자 상해의 露淸銀行長인 포코틸로프(Pokotilov)를 파견하였다.[60] 앞서 러시아 외부대신 로바노프가 탁지부대신 위테(S. Iu. Witte)에게 탁지부관리를 조선에 파견하여 차관문제를 조사할 것을 의뢰한 바 있고, 군부대신 반노프스키(P. S. Vannovskii)에게는 궁궐 수비대의 조직과 군사고문 등에 관한 문제를 다룰 인물의 파견을 요청한 바 있었으니 이것은 바로 그의 귀결이었다.[61]

이후 군사교관단의 파견 임무를 부여받은 군사전문가는 뿌챠타(Putiata)대령이었다. 그는 북경주재 러시아공사관의 무관을 지냈고 야마가타의 모스코바 방문시 러시아의 수행참모역을 한 바 있다. 뿌챠타는 현지에서 러시아 군사교관에 의한 조선군의 훈련과 조직 등에 관하여 형식상으로는 전권을 위임받은 셈이었다. 이들 교관단의 장교・하사관 모두가 조선정부로부터 공식적으로 고용되었지만, 뿌챠타만은 조선정부에 고용된 것이 아니었다.[62]

---

60) Romanov, B. A. *Russiya y Manchzhurii 1892~1906*(Leningrad : Enukidge Oriental Institute, 1928) ; Susan Wilvour Jones tr., *Russia in Manchuria 1892~1906*(Ann Arbor, Michigan : J. W. Edwards, 1952), p.109.

61) Lensen, *op.cit.*, p.652.

62) Jordan to MacDoNald, No. 25, Seoul, March 10, 1897, *F. O. 405－X* ; 그의

뿌챠타는 출발전 고종의 신변경비와 조선군의 훈련을 위해 필요한 러시아 군의 파견을 정부에 요청하였다. 그가 파견을 요청한 군사의 수는 로바노프-야마가타 의정서에서 규정하고 있던 조선내 주둔 일본군과 같은 수인 800명이었다. 그러나 그의 요청은 로바노프에게 받아들여지지 않고 보류되고 있었다. 로바노프는 군부대신 반노프스키나 뿌챠타의 거듭된 주장에도 불구하고 서울의 상황이 좀더 명료해진 뒤에야 군사교관의 파견이 가능하다는 입장하에 이를 보류하고 있었다. 그러나 군부의 주장을 견제하던 로바노프가 갑자기 사망하자 군부의 입김이 작용할 여지가 확대되었다.

로바노프가 사망한 것은 민영환특사가 귀환중이던 8월 31일, 사행이 로바노프를 작별한지 약 2주만이었다. 민영환과 동행했던 뿌챠타는 하바로프스크에 이르러 급한 일로 뒤에 남았다가, 뒤에 블라디보스톡에서 민영환 일행과 다시 합류하였다. 러시아가 13명의 군사교관을 출발시키기로 한 것은 민영환특사가 블라디보스톡에 도착한 바로 그 직후였다. 즉 민영환과 합류한 뿌챠타는 거기서 러시아 당국에 군사교관을 출발시킬 것을 요청하였고, 이후 그들은 군사교관들과 동행하게 되었던 것이다.[63]

한편 군사교관의 출발에 앞서 러시아 외무차관 람스도르프(V. N. Lamsdorf)는 주일공사 스페이에르에게 러시아의 이러한 결정에 관해 일본외상에게 통보하도록 지시하였다.[64] 그러니까 로바노프가 사망한지 5일 뒤로서 러시아 군사교관의 파견에 관한 일종의 통보였다. 그 내용은 교관단의 역할이 환궁 이후 궁궐을 경비할 군사의 양성에 국한한다는 내용이었다. 이상을 놓고 볼 때 열국의 의혹을 우려한 러시아는 조선의 거듭된 요청 및 러시아 군부의 주장, 그리고 일본과의 웨베르-고무라 각서, 로바노프-야마가타 의정서의 내용을 세심하게 고려한 뒤 공식적으로 교관단을 파견한 셈이었다.

결국 민영환특사가 러시아로부터 확보한 가시적 결과란 이처럼 뿌챠타 일

부임에 필요한 경비는 민영환이 지불했다(《尹致昊日記》 4, 1896년 8월 4일~7일).

63) 《尹致昊日記》 4, 1896년 9월 4일.
Lensen, *op.cit.*, p.652.
閔泳煥, 〈海天秋帆〉(國史編纂委員會 編, 《閔忠正公遺稿》, 探求堂, 1958), 121·129·132쪽.

64) Lensen, *op.cit.*, p.652.

행 13명의 군사교관 초빙이었다. 그러나 이것은 조선·러시아·일본·영국 모두에게 중대한 사안이었다. 왜냐하면 이들의 조선군 훈련은 고종의 신변 보호와 직결됨은 물론 조선군의 조직문제와도 연결될 가능성이 농후하였기 때문이다. 고종의 신변 보호라면, 곧 군주의 신변 장악을 통해 조선의 정치력을 장악하는 것이고, 조선군의 조직이라면 그것은 장래 조선 전지역의 러시아 요새화를 의미하는 것이었기 때문이다. 결국 소수나마 군사교관의 파견은 조선의 정치·군사적 주도권을 장악할 손쉽고도 유용한 방법이었던 것이다.

자연히 이에 대해 가장 민감한 반응을 보인 것은 일본이다. 뿌챠타 일행의 파견이 앞서 체결된 러·일간의 협정(로바노프-야마가타 의정서)과 모순되는가 여부는 논란의 여지가 충분하였다. 여기서 문제가 되는 부분은 상기 의정서의 제2조, 즉 "일본·러시아 양국 정부는 조선의 재정 및 경제 상황이 허용하는 한 외원에 의하지 않고 내국의 질서를 유지하기에 족할 정도로 내국인으로 조직되는 군대 및 경찰을 창설하고 이를 유지하는 일을 조선에 일임하는 것으로 함"을 말한다.[65] 그러나 앞서 람스도르프에 의한 러시아의 공식적 통보와 일본의 소극적인 반응을 놓고 볼 때, 뿌챠타 일행의 파견에 대해 일본이 별달리 쟁점화하지는 않았음을 알 수 있다. 그것은 고종의 환궁을 위해 필요한 조치라는 러시아의 해명과 일본 역시 환궁에 필요한 궁궐 경비병의 양성이라면 문제삼지 않겠다는 자세를 보인 데서 잘 드러난다.[66]

⑵ 궁궐 경비병의 확보와 고종의 환궁

귀국중이던 민영환 일행은 블라디보스톡에서 러시아 군사교관단과 합류하여 1896년 10월 21일 서울에 도착하였다. 이들 교관단은 뿌챠타대령 외 13명으로, 위관 2명, 하사관 10명, 군의관 1명이었다. 뿌챠타는 조선 현지에서 러

---

65) 外務省外交史料館 編, 《日本外交史辭典》(大藏省印刷局, 1979)의 〈附錄〉, 24쪽 ; 《日本外交文書》 29, 문서번호 478 山縣大使露國トノ議定書成立シタル旨報告ノ件, 817~818쪽을 참조. 그러나 이 부분에 대한 日·英·佛·露· 韓文 모두 약간씩 다르다. 日本의 자료 공개과정에서 약간씩 달라진 흔적이 분명히 감지되고 있다. 이에 관해서는 李玟源, 앞의 책, 78~87쪽을 참조.

66) Jordan to MacDonald, No. 87, Seoul, Oct. 27, 1896, Inclosure in No. 71, Seoul, Mar. 19, 1897, *F. O. 405-X* 등을 참조.

시아 군사교관단에 의한 조선군의 훈련과 조직 등에 관하여 형식상으로는 전권을 위임받은 셈이었다. 뿌챠타는 조선에 도착한 이래 줄곧 조선의 군부와 조선군 조직문제를 놓고 협의를 진행하였다. 조선 군부에서는 군사교관단의 도착 즉시 이들이 조선군 2,200명의 훈련에 들어가기를 희망하였지만, 러시아 당국의 유보 지시에 따라 이들은 잠시 조선군의 현황 파악과 훈련계획안 마련에 주력하였다.[67]

이 과정에서 주한 러시아공사 웨베르와 뿌챠타의 갈등이 있었다. 특히 웨베르는 다혈질인 주일 러시아공사 스페이에르의 성향과 대비되어 러시아 당국의 신임까지 상실하여 가고 있었다. 또한 군사교관들이 민영환을 군부대신직에 기용하기를 희망한 반면, 이를 반대한 웨베르는 조선내에서 민영환 등의 지지도 점차 잃어 사면초가의 신세가 되었다.[68] 그러나 이러한 현상은 근본적으로는 러시아 당국의 외부·군부간의 이견을 반영한다.

즉 뿌챠타는 러시아 당국, 특히 군부의 입장에 가까웠고, 조선에서 궁궐 경비병의 양성 정도가 아니라 정규의 조선군 조직을 크게 확대하고자 구상하였음이 분명하다. 반면 러시아 외부의 지시를 받던 웨베르는 조선 정계 내외의 사정과 조선에서의 영국·일본·미국 외교관들의 관계를 익히 숙지하고 있던 입장에서 영국·일본 등의 간섭을 우려 환궁 이전까지는 가급적 조심스런 행동을 취하였다. 이 때문에 그는 러시아 언론으로부터는 너무 親韓的이라 하여, 조선 현지의 군사교관단으로부터는 비협조적이라 하여, 조선정부로부터는 러시아에 대한 기대감을 부풀리고 실망시켰다 하여 비난받았다.[69]

이후 러시아 당국이 조선군 훈련에 대한 유보 지시를 철회하여, 마침내 이를 착수해도 좋다는 승인을 한 것은 10월 27일이었다. 약 2천여 명의 훈련을 희망하는 조선의 요구를 수용하는 대신 이들 교관은 조선군 중 1개대대의 병력 800명을 선발, 정예화를 꾀하였다.[70] 아관파천 이전까지 조선군 훈련대

67) Jordan to MacDonald, Inclosure 1 in No. 3, Seoul, Nov. 11, 1896, *F. O. 405-X.*
68) Jordan to MacDonald, No. 89, Seoul, Nov. 14, 1896, *F. O. 405-X.*
69) 《尹致昊日記》 4, 1896년 7월 17일.
O'Conor to Salisbury, No. 39, St. Petersburgh, Sep.24, 1896, *F. O. 405-IX.*
Jordan to MacDonald, No. 89, Seoul, Nov. 14, 1896, *F. O. 405-X.*
70) Lensen, *op.cit.*, p.653.

가 일본식의 군사교육을 받고 일본교관의 지휘를 받았던 것과 달리 이제 궁궐을 경비하게 될 조선군은 모두 러시아식을 따르게 되었다.

앞서 언급하였듯이 러시아의 교관단이 도착했을 당시 조선군의 현황은 서류상 중앙군과 지방군을 합쳐 모두 7,500명 정도였다. 이 중 지방군 2,500명 정도는 유명무실한 것이었고, 중앙군 4,000명도 소요로 인해 지방에 내려가 있어 실질적으로는 겨우 반수에 해당하는 군사만이 중앙에 있었다. 그나마도 중앙군의 훈련상태나 무장·피복·부식 등은 매우 빈약하여, 당시 외국인 군사전문가의 파악에 의하면, 경찰로서의 구실도 못할 형편이었다.[71] 그러나 뿌챠타대령 외 13명의 러시아 교관단이 조선에 온 뒤 성과가 나타났다. 뿌챠타는 기존의 군대에서 장교(25명), 하사관(67명), 병사(800명)를 선발하여 연대를 조직한 뒤 곧바로 훈련에 들어갔다. 연대의 편성은 다음과 같다.[72]

러시아 교관하의 조선군 연대편성 상황

연대참모(Staff Regimental)	인원수	연대소속 장병(Regimental Duty)	인원수
정령(Colonel)	1명	정위(Captain)	5명
부관(Adjutant)	1명	부·참위(Lieutenants)	20명
향관(Paymaster)	1명	하사관(Non-commissioned officers)	67명
		병(Rank and file)	800명

위의 大隊(800명)는 5개 중대로 나누어 각 중대(160명)에 두 명의 러시아교관을 배치하고 만주에서 온 통역들을 배치하였다. 조선군은 장교일지라도 러시아 하사관의 하위에 있었다. 러시아 장교·하사관은 대대의 대열에 편성됨이 없이 엄격하게 교관으로서 감독하는 역할만을 유지하였다. 러시아장교들은 교련을 관장하고, 그 외 대대의 경리부분을 관리하였다. 러시아 장교들은

71) Jordan to MacDonald, Inclosure 1 in No. 3, Seoul, Nov. 14, 1896, *F.O. 405－X* ; Captain Mercer, R. M. L. I., to Jordan, Inclosure 2 in No. 7 Seoul, June 11, 1897, *F.O. 405-X*.
러시아大藏省 編, 《韓國誌-本文篇》, 678~681쪽 및 707쪽.

72) Captain Mercer, R. M. L. I., to Jordan, Inclosure 2 in No. 97 Seoul, June 11, 1897, *F. O. 405－X*.

교관단장에게만 예속되었으며 조선의 군부대신과 직접 업무에 관한 의견을 교환할 수 있었던 것으로 알려진다.[73)]

그러니까 각 러시아교관마다 80명의 훈련병이 딸린 셈이었다. 이들의 무기는 물론 러시아로부터 공급되었다. 아관파천 직후에 이미 조선정부에서는 러시아정부에서 제공한 소총 3,000정과 60만 발의 실탄을 블라디보스톡에 가서 인수한 것으로 알려진다. 이제 종래의 구식 레밍턴(Remington) 및 기타 다른 소총 대신, 러시아에서 들여온 약 300정의 베르당(Berdan) 소총이 왕궁경비병에게 우선 지급되었고, 나머지는 다른 병사에게 지급되었다.[74)]

첫 3개월은 매일 8시간씩 훈련받았으며, 근무시간은 오전 4시에서 오후4시 사이였다. 한편 3개월 뒤로부터 이들의 근무시간은 매일 6시간이었다가 5시간으로 줄어들었다. 경비병들의 첫 임무는 초소와 궁궐 경비였다. 1개 중대가 매일 궁궐을 경비하였고, 비번인 병사들은 훈련을 받았다. 이들은 보초 임무와 체력 훈련 및 분대·중대·대대 단위의 훈련과 소총 사격술을 배웠다. 10월에서 12월말까지 약 3개월에 걸친 훈련을 통해 이들의 수준은 전보다 크게 향상되었다. 그러나 완벽하게 기획된 것은 아니었다. 다른 연대의 훈련은 시도하지도 못하였고, 이들을 교대로 채우는 방식이었다. 히멜레프(Lieutenant Hmeleff)에게 훈련받은 조선군 장교를 활용하여 모든 명령어는 러시아말로 했지만 이들은 모두 잘 알아들었다. 이들은 주로 서울이나 근교에서 농사를 짓거나 노동하던 사람들로부터 모집한 병사였다.[75)]

이들 연대의 막사는 궁궐로부터 약 400미터 떨어진 곳에 위치하였고, 러시아교관들의 숙소는 궁궐내에 있었다. 궁궐 주위에는 46개의 초소가 있었다. 이렇게 종래와 달리 엄격한 훈련을 받은 조선군이 그나마 궁궐 경비임무를 수행할 정도가 된 것은 그해 12월 말경이었다.[76)]

이렇게 조선군을 양성한 러시아의 의도는 무엇이었을까. 뿌쨔타는 이 시기에 조선군대의 조직을 위한 계획을 별도로 세우고 있었다. 따라서 이들 군사

---

73) 러시아大藏省 編, 《韓國誌－本文篇》, 679쪽.

74) Captain Mercer, R. M. L. I., to Jordan, Inclosure 2 in No. 97 Seoul, June 11, 1897, *F. O. 405－X*.

75) *Ibid.*

76) *Ibid.*

교관의 파견도 장기적으로는 조선군대의 러시아화를 통한 보호령화의 우회로를 추구한 것이라는 차원에서 해석될 수 있다. 그러나 13명 교관의 규모와 역할, 그리고 양성한 병력의 숫자로 보건데 당시로서는 궁궐 경비를 위한 조선군의 양성에 치중하고 있었다고 봄이 타당할 것이다. 즉 고종의 환궁이전까지는 주로 국왕의 근위병 양성, 요컨대 정치적 성격의 군병력 양성에 목표를 둔 것이었고, 그것은 환궁이후로도 러시아가 조선에서 타국(주로 일본)에 비해 유리한 입지를 확보해 두고자 한 것이었다고 하겠다.

사실상 조선의 국방 목적을 위한 정규의 군대 조직문제는 또 다른 차원의 문제였고, 그것은 영국·일본의 반발과 차후의 상황을 고려하여 처리하지 않으면 안될 성질이었다. 이에 관해서는 민영환특사가 러시아에 체류 중 外部의 아시아국장 카프니스트(Kapnist)가 했던 언질이 시사하는 바 크다. 그는 국왕 보호와 군대의 조직은 별개의 문제이고, 러시아 당국은 이 문제를 국지적 차원이 아닌 세계정책 내지는 동아정책의 차원에서 고려할 수밖에 없다는 점을 강조했었다.[77] 이것은 곧 국왕 보호를 위한 지원은 국지적 차원이니 별다른 문제없이 수행이 가능하지만, 국방을 목적으로 한 조선군대의 조직은 성격을 달리하므로 러시아측이 신중을 요한다는 의미였다.

나아가 러시아는 조선 조야의 환궁 여론과 일본의 이면공작, 기타 열국이 주시하던 사정을 감안해 볼 때 환궁이 불가피한 것임을 알고 있었다. 그러므로 기왕 환궁이 불가피할 바엔 조선에서 최소한 정치적 우위권 만큼은 유지하자는 것이었고, 그것은 러시아 군사교관의 파견을 통해 가능하다고 보았다. 즉 고종을 러시아공사관에 묶어 두는 것이 조선내 특정 당파에게는 유리하지만, 고종이 환궁해도 러시아교관이 지휘하는 군사로 고종의 신변을 보호한다면 환궁이전의 상태나 다름없다는 것이다. 적어도 이런 상황이 지속된다면 러시아가 기대했던 당초의 의도, 요컨대 조선의 완충지로서의 기능이라는 소기의 목적도 충분히 달성되는 셈이었다.

그러므로 러시아측이 소수의 군사교관을 파견하여 내키지 않으면서도 고종의 환궁에 협조한 이유는 바로 여기에 있었다고 하겠다. 러시아측은 환궁

---

77) 《尹致昊日記》 4, 1896년 6월 16일.

이 가급적 지연되기를 희망한 것이 사실이지만, 조선의 군사력을 장악하고 있는 한 고종이 환궁한다 하여도 문제는 없다고 판단한 것이었다. 이들 러시아교관이 양성한 조선군 모두가 고종의 환궁 이후 궁궐 경비병으로 투입된 것이나, 그 해 연말까지도 고종이 러시아교관이 지휘하는 경비병에 의해 외부와의 접촉이 원활하지 못했던 사실이 이점을 입증한다.

그러면 이상과 같은 러시아 군사교관의 활동에 대해 조선의 조야는 어떠한 반응을 보였는가. 뿌챠타 일행이 조선에 와서 800명의 궁궐 경비병을 양성하는 동안 조선의 조야는 일단 긍정적인 자세였다. 앞서 보았듯이 민영환 특사는 당초 러시아측에 200명의 군사교관과 재정차관 등을 요청한 바 있다. 이것은 러시아의 군사·재정지원을 통해 일본의 압제를 벗어나려 한 소박한 의도이기도 하였다.[78] 그러나 재정지원은 없었고, 군사교관도 200명 대신 13명의 소규모 인원을 파견하였다. 그럼에도 이들 소수의 교관은 일단 궁궐 경비병을 양성하여 환궁에 필요한 전제조건을 구비하였고, 조선측의 초빙 목적도 일부나마 성취된 셈이었다. 그 점에서 여론은 대체로 긍정적이었다.

당시의 《독립신문》에서는 러시아교관에 의한 조선군의 훈련이 국왕의 신변보호와 국내 변란의 방지를 위해 필요하다는 요지의 다음과 같은 주장이 보인다.

> 조선이 되려면 첫째 나라가 조용하여야 할 터인데 국중에 소란한 일이 없게 하려면 튼튼한 군사가 있어야 할지라 … 조선이 큰 군사는 두지못할지언정 적어도 강하고 규모있는 군사를 두어 대군주폐하의 성체를 염려없이 보호할만 하고 국중에 비도들이 없게는 하여야 할지라. 아라사 육군과 해군은 세계에 매우 엄한 법률을 군중에서 쓰는 고로 이런 학교에서 교육한 사관들이 조선 군사를 조련하거든 조선 군사도 규모가 그렇게 속히 되기를 바라노라 … 아모쪼록 힘을 백배나 더 써서 조선을 아라사와 같이 되도록 만들기를 바라노라(《독립신문》, 1896년 10월 24일, 논설).

즉 군사교관의 궁궐 경비병 양성은 일차적으로 고종의 신변보호에 목적이

78) 李玟源, 〈俄館播遷期의 朝露交涉－閔泳煥特使의 활동을 중심으로－〉(尹炳奭敎授華甲記念 《韓國近代史論叢》, 知識產業社, 1990).

있으며, 나아가서는 내란을 진압하는 데도 유용하다 하여 긍정적 평가를 하고 있음을 알 수 있다. 이러한 주장은《독립신문》의 1897년 2월 13일자 논설에서도 보인다. 즉 "대군주폐하를 환어하신 후에 보호할 꾀가 있는지 우리는 알 수 없더라. 환어하시는 것이 옳다는 것은 우리도 옳다고 하거니와 환어하신 후에 무슨 좋은 획책이 있어 위태함이 없는 것을 우리는 모르는 고로 지금 환어하시는 것을 간하는 것이 능한 일로 생각지 아니 하노라"라고 한 것이 그것이다. 이러한 인식의 배경에는 일본의 내정간섭과 왕후시해로 격앙된 일반의 반일감정, 그리고 러시아에 대한 기대감이 크게 작용하였다고 볼 수 있다.

다음으로 러시아 군사교관의 조선군 훈련에 대해 일본은 어떠한 입장이었는가. 러시아교관의 派韓은 조선에 대한 정치적 영향력의 지속은 물론 장래 전조선의 군사력 장악을 통해 조선을 러시아의 요새로 삼으려는 수순이나 다름없었다. 따라서 일본의 대조선 침략 기도가 좌절됨은 물론 이를 통해 대륙침략을 꿈꾸던 일본에게 결정적인 장애가 될 문제였다. 그러므로 군사교관의 파견 자체는 물론이거니와 이들의 조선군 훈련은 일본의 촉각을 곤두서게 하는 문제가 아닐 수 없었다.

그럼에도 일본은 이들의 역할이 궁궐수비대의 양성을 통한 고종의 환궁 목적에 국한한다면 별달리 문제삼지 않겠다는 입장을 보였다. 그 이유는 고종의 환궁 자체는 조선에서 상실한 세력을 만회할 때를 기다리던 일본측으로서는 환영할 일이었기 때문이다.[79] 다만 환궁의 범주를 넘어서서 군사교관이 조선 군대의 조직에 관여한다면 문제는 심각할 수밖에 없었다. 이에 일본공사는 러·일협정의 위반이 아닌가 하고 넌지시 따지면서 다짐을 받아 두고자 하였다. 그러자 웨베르도 조선군 훈련은 궁궐 경비병 양성을 위한 것이며 궁궐의 경비 태세가 갖춰지면 고종은 곧 환궁하게 될 것이라고만 답하였다.[80] 러시아측은 군사교관의 조선군 훈련이 궁궐 경비병의 양성에만 목적이 있었던 것은 물론 아니지만, 웨베르는 더 이상의 언급을 피하였다.

---

79)《독립신문》, 건양 2년 2월 13일, 논설 참조.

80) Jordan to MacDonald, Inclosure in No. 71, Seoul, Mar. 19, 1897, *F. O. 405 – X* ; Satow to Salisbury, No. 40, Tokio, Mar. 26, 1898(*British Document on the Origin of the War 1898–1914,* Vol. 1, p.25).

이에 일본은 러시아 군사교관의 조선군 양성과 조직을 방관할 생각은 추호도 없었지만, 우선은 환궁이 최대 관건이므로 궁궐 경비병의 양성에 대해서 만큼은 크게 반대하지 않는다는 입장을 보였다. 일본의 이러한 소극적 반응에는 이유가 있었다. 당시 일본은 조선인들의 반일감정을 유화하는 일만도 쉽지 않았다. 청일전쟁 중 자행한 경복궁 유린과 삼국간섭에 대한 왕비시해의 만행 등으로 일본은 조선의 조야로부터 성토를 당하고 있었다. 독립신문 등의 논조도 그렇거니와 당시 전국적으로 만연했던 조선 각지에서의 일본인 살해는 조선인들의 격앙된 반일감정을 잘 드러내 보여주고 있었다.

이런 분위기에서 러시아교관의 조선군 훈련을 처음부터 일본이 문제삼을 수는 더욱 없었다. 환궁을 열망하는 조선 조야의 반일감정을 증폭시킴은 물론, 러시아의 경계심을 자극하는 결과밖에 될 수 없었기 때문이다. 나아가 그것은 환궁을 고대하는 일본측에도 결코 유리할 것이 없었다. 결국 환궁에 대비하여 궁궐을 수비할 조선군의 양성에 목적이 국한된다면 문제삼지 않겠다는 것이 일본의 기본 입장이었다. 일본은 모든 문제에 대한 쟁점화를 환궁 이후로 미루고 있었던 것이다.

이렇게 러시아와 일본의 이해가 교차되는 가운데 조선군이 소기의 훈련을 마친 것은 그 해 연말이었다. 이에 뿌챠타는 고종이 환궁할 경우 궁궐의 경비를 맡을 병력이 갖추어졌다고 보고하였고, 명례궁(경운궁, 현 덕수궁)의 방어시설을 구비해 놓은 조선정부에서는 마침내 2월 20일 고종의 환궁(보다 정확히는 移御)을 단행하였다. 고종이 러시아공사관으로 피신한지 1년만이었다. 그런데 고종이 조선왕조의 정궁인 경복궁으로 환궁하지 않고 명례궁으로 이어한 데에는 나름의 이유가 있었다. 첫째 경복궁이 거듭 일본군에 의해 유린될 만큼 방어에 취약한 점이 있었고, 둘째 명례궁은 영국·러시아·미국 등의 외교대표부가 에워싸고 있어 유사시 러시아공사관 등으로 피신하기에 용이하다는 점, 셋째 왕비시해의 참극이 빚어진 경복궁을 고종 스스로 벗어나고 싶은 심리적 상태 등이 그것이다.[81]

81) 명례궁의 修理役事는 1896년 9월 하순경 이미 준공되어 있었다. 그동안 보수의 중점은 두터운 외벽의 설치 등 경비시설의 확충에 있었다. 왕태자가 명례궁에 설치된 왕비의 빈소를 수시로 출입하며 守喪한 것도 그의 일환이었다

이상을 통해 볼 때 고종의 환궁을 가능하게 한 현실적 조건은 궁궐 경비병의 확보를 통한 고종의 신변 안전장치의 구비였다. 아관파천 직후 환궁을 요청하는 조선의 관료나 유생의 상소는 많았지만, 실제로 환궁이 실현된 것은 그로부터 일년이나 지난 뒤였다. 또한 러시아의 재정지원 회피로 조선측이 실망했던 것은 분명하지만, 환궁 이전에 조선측의 러시아에 대한 자세가 결코 적대적이었다고만 할 수는 없다. 다시 말해 관민의 환궁 상소나 러시아의 소극적 지원에 대한 조선측의 실망 등이 환궁의 분위기를 조성한 것은 사실이지만, 그것 자체가 환궁을 실현 가능하게 한 충분조건이 되지는 못했던 것이다.

이렇게 볼 때 조선정부가 민영환특사를 모스코바에 파견하여 대러교섭을 진행한 것은 환궁의 실현을 위한 모색의 첫단계였다 하겠다. 아울러 러시아 군사교관의 초빙은 민영환특사가 대러교섭을 통해 얻은 소기의 성과라고 할 수 있다. 비록 러시아측의 목표도 결부되기는 하였지만, 그것은 고종의 환궁을 가장 시급한 일로 여기던 일반의 여론을 반영한 것이었음과 동시에 고종의 신변안전을 우선시 할 수밖에 없는 조선측 당로자들이 취한 적극적 자구 노력의 일환이었다.[82)]

그러나 고종의 환궁은 조선에서 정치적으로 대일우위를 지속시키고자 하던 러시아의 의도가 작용하여 실현되었다. 러시아정부가 내키지 않으면서도 환궁에 소극적이나마 협조를 하게 된 것은 환궁이 조만간 불가피할 것임을 익히 알고 있었던 데다가 고종의 신변 장악을 통해 위로부터 세력을 행사할 수단을 확보할 수 있다고 판단했기 때문이다. 요컨대 러시아 군사교관의 파견과 초빙에서 러시아는 환궁 이후로도 조선에서 기존의 정치적 영향력을 지속시켜야 한다는 점에, 조선측은 궁궐 경비병의 양성과 고종의 환궁을 통해 자주권을 확립하자는 데에 주목표를 두었던 것이다.[83)]

이상의 배경하에 취해진 고종의 환궁은 이후 한러관계의 변화에 중요한

(Hillier to MacDonald, Inclosure 2 in No. 42, Seoul, Aug. 22, 1896, *F. O. 405-72, Part IX*).

82) 이에 대해서는 高柄翊, 〈露皇戴冠式에의 使行과 韓露交涉〉(《歷史學報》 28, 1965) 및 李玟源, 앞의 글(1990)을 참조.

83) 李玟源, 〈고종의 환궁에 관한 연구-러시아의 軍事敎官 派韓意圖와 관련하여-〉(《한국근현대사연구》 1, 1994).

전기로 작용하게 되었다. 첫째는 환궁 직후 조선에서 노골화된 영국과 일본측의 반러 선동과 공작, 둘째는 칭제 건원과 대한제국 선포 등에서 보듯이 조선측이 모든 외세의 간섭을 벗어나 자주독립을 추구해 간 것, 셋째는 만주와 한반도의 상황과 맞물려 변모해 간 러시아의 대한방침 등이 그의 주요한 원인이었다. 부언하면, 고종의 환궁은 아관파천에서 최고조에 달했던 한러관계의 접근이 소원해지고, 삼국간섭 이래 한반도에서 러시아가 차지했던 대일정치적 우위가 쇠퇴해 가는 점환점이기도 하였다. 독립협회의 반러운동이 고조되고, 만한을 둘러싸고 영국 · 일본 · 러시아 사이에 팽팽한 긴장이 감돌았던 1897년말~1898년초의 상황이 이 점을 잘 보여준다.[84)]

〈李玟源〉

3. 러 · 일의 한반도 분할 획책

淸日戰爭은 구미 열강에게 청국 분할의 길을 열어주고 신흥 일본을 이 지역의 패자로 등장시킨 동양사상 획기적인 전쟁이었다. 청일전쟁의 결과로 한국은 청국의 종주권에서 벗어났지만 청국 대신 러시아가 등장함으로써 러 · 일간의 각축장으로 변하였다.

1) 청일전쟁과 한반도 분할안

東學亂의 발발을 이용하여 청국과 일본은 1894년 6월 한반도에 출병하였다. 청국이 3,000명의 병력을 牙山灣으로 파견하자, 일본은 이를 계기로 전쟁도발을 위해 13,800명이라는 압도적인 병력을 仁川으로 급파하였다.

1894년 4월부터 일본 군부는 동학란을 계기로 청과 전쟁을 할 준비를 하고 6월초 한국으로 파병하였으나, 40여 일의 공백을 두고 열강의 태도를 주

84) 愼鏞廈, 《獨立協會硏究》(一潮閣, 1976), 277~302쪽.
崔文衡, 《列强의 東아시아 政策》(一潮閣, 1979), 42~98쪽.
李玟源, 위의 글(1994).

의 깊게 타진하고 있었다. 시베리아철도가 완공되기 전에 청과의 전쟁을 서둘러야만 하였던 일본은 러시아의 정책을 예의주시하지 않을 수 없었다.[1)]

청군이 아산만에 도착하고 일본군이 인천에 상륙하였을 때는 동학도가 한국군에 의해 진압되었기 때문에 한국에 도착한 청·일 양군의 어느 쪽도 필요치 않았다. 청과 한국은 일본군의 철병을 요구했던 반면에 일본정부는 일본군의 철군을 위한 전제조건으로서 한국에 대한 공동개혁을 제안했다. 이 제안은 한국에 자기들의 군대를 주둔시키기 위한 구실에 불과했다. 일본이 전쟁을 하려는 의지를 과소 평가한 청국정부는 개혁에 우선하여 한국으로부터의 공동 철병을 촉구하였다.

북경주재 러시아공사 카시니(A. P. Kassini)가 귀국 길에 天津에 들렀을 때 李鴻章은 러시아가 청·일 분쟁을 조정해 줄 것을 부탁한다. 카시니와 웨베르(K. I. Waeber, 韋貝)는 본국에 보고하고, 집요하게 러시아의 조정을 주장하였다. 그들은 러시아가 별로 희생 없이 극동에서 러시아의 이익을 증진시키고, 청·일간의 충돌을 예방할 수 있다고 보았다. 그러나 황제 알렉산더 3세(Alexander Ⅲ)와 外相 기르스(N. K. Giers)는 극동에서 러시아 군사력의 취약성을 고려하여 조심성있는 정책을 취했다.[2)]

6월 25일 동경주재 러시아공사 히트로보(M. A. Khitrovo)는 기르스외상의 훈령에 따라 무츠 무네미츠(陸奥宗光)외상과 회담하였다. 히트로보는 동학란은 이미 진압이 되었다고 지적하고 청군이 한국에서 철병한다면 일본군도 철병할 의사가 있는가를 문의하였다. 무츠외상은 한국에 대한 청·일 공동개혁안을 거부한 청을 비난하고, 다음 2가지 선행조건을 청이 수락하여야 일본군이 철병할 것이라고 하였다. 즉 일본이 제시한 개혁안에 청이 동의하던가 아니면 일본이 한국 독립을 유지키 위해 단독 내정개혁을 실천하는 데 있어 청정부는 직접 또는 간접이든 일절 간섭하지 않겠음을 보증하라는 것이었다.[3)]

---

1) Boris. A. Romanov, *Rossiia V Manchzhurii*, 1892~1906(Leningrad : 1928), pp.72~74.
2) "Epokhi Iapono-Kitaiskii Voini, 1894~1895", *Krasnii Arkhiv* Vol. 50~51, pp.25~26.
3) *Ibid.*, pp.19~20.
田保橋潔, 《近代日鮮關係の硏究》下 (朝鮮總督府中樞院, 1940), 463~465쪽.

히트로보공사로부터 일본의 對淸 요구조건을 보고 받은 기르스외상은 난감했다. 왜냐하면 일본정부는 무조건 철병을 거절하고 청국이 받아들일 수 없는 가혹한 조건을 내세우고 있기 때문이었다. 이러한 난관에 처해 있을 무렵 주한 임시대리공사 케르베르그(P. Kehrberg, 克培)가 한국정부가 열강대표들에게 동학란은 이미 진정이 되었으므로 공동 철병을 요청하였다는 것을 본국 정부에 보고하였다.[4] 동시에 주러 일본공사 니시 도쿠지로(西德二郎)는 외무성 아시아국장 카프니스트(D. A. Kapnist)와 회견하고 일본의 對韓政策을 설명하였다. 니시공사는 일본의 정책은 한국정부를 개혁하여 한국의 독립을 확고히 하기 위한 것이기 때문에 청국이 공동개혁안을 찬성하지 않는 한 일본군은 한반도에서 철수할 수 없다고 설명하였다. 카프니스트국장은 만약 청국이 일본의 제안에 반대한다면 일본은 어떠한 행동을 취할 것인가를 반문하였다. 니시공사는 정확한 대답을 못하였다.[5]

히트로보공사는 6월 30일 무츠외상을 다시 방문하고 "한국정부는 주한 각국 공사에게 이미 내란이 진정되었다는 것을 통보하고 청·일 양국의 동시 철병에 대해 각국 공사의 원조를 요청했다. 러시아정부는 일본정부에 한국의 요구를 수락할 것을 권고한다. 만약 일본정부가 청국과의 동시 철병을 거부할 경우 일본정부는 마땅히 중대한 책임을 지지 않으면 안 된다는 것을 충고한다"는 공문을 전달했다.[6]

7월 2일 무츠외상은 히트로보공사에게 아직 동학란의 근원이 제거되지 않았고 내란이 완전히 평정되면 일본군을 철병시키겠다고 보증하였다. 이것은 간접적인 표현으로 일본이 러시아의 충고를 거절한 것이다.[7]

7월 13일 히트로보공사는 무츠외상에 다음과 같은 공문을 직접 전해 주었다. 즉 "일본정부의 선언 중에 한국에 대한 침략 의사가 없으며 또한 亂이 재발하지 않게끔 조처를 취한 후에는 군대를 즉각 철수하겠다고 보장한 점

---

4) 田保橋潔, 위의 책, 466~467쪽.
5) 日本外務省 編,《日本外交文書》27-2(東京 : 日本國際連合協會, 1936), 문서번호 629 露國政府我カ撤兵ヲ忠告シタル旨報告ノ件.
6) 陸奥宗光,《蹇蹇錄》(東京 : 岩波書店, 1941), 64쪽.
《日本外交文書》27-2, 문서번호 633 朝鮮ヨリノ撤兵勸告ノ件.
7)《日本外交文書》27-2, 문서번호 639 露國ノ申入ニ對シ回答ノ件.

에 대하여 러시아정부는 크게 만족한다. 그러나 러시아정부로서는 이웃 나라인 한국의 事變을 방관할 수 없다. 그러나 금일의 경우 오직 청·일 양국의 분쟁을 예방하고자하는 희망에서 나온 것임을 양해해 달라"는 것이었다.[8]

이러한 미온적인 러시아의 극동정책은 여러 가지로 설명할 수 있다. 1894년 여름 러시아정부는 일본의 군사력을 너무 과소평가했다. 러시아는 청나라의 완전 파멸을 예상하지 못하였다. 그 당시 극동에 있어서 러시아의 육군은 보잘 것 없었다.[9] 한반도문제에 러시아가 쉽게 개입할 수 없는 것은 청·일뿐만 아니라 영국과도 충돌이 생길 수 있었기 때문이었다. 7월 중순 카시니공사의 보고를 통해서 러시아정부는 이미 영국은 일본이 청국을 공격하는 것을 방해하지 않을 것으로 보았다. 그러한 상황에서 러시아가 협박적으로 일본에게 경고하다가 일본이 그 경고를 무시하게 되면 러시아는 청국과 협동하여 일본과 전쟁을 해야만 했다. 그 당시 러시아는 군사적인 준비가 전혀 되어 있지 않았다. 청이 일본을 격파하는 것도 러시아는 원치 않았다.[10]

청국의 조정 요구를 너무 단호하게 거절하면 청이 영국의 중재에만 의지할까봐 러시아정부는 청에게 회답을 지연시켰다. 영국이 한국문제를 해결하기 위하여 5개국 안을 제안하였다. 그때서야 러시아정부는 영국이 단독으로 청·일 분쟁에 개입하지 않을 것을 알고 7월 9일 이홍장에게 러시아는 단독으로 청·일 분쟁에 개입하는 것을 반대한다고 통보하였다.[11]

기르스외상은 일본의 청·일 공동개혁안은 일본이 청국과 전쟁을 발발하려는 구실이라는 것도 잘 알고 있었다. 그는 이홍장이 러시아를 개입시켜 일본과 영국과 싸우게 하려는 以夷制夷 정책도 알고 있었다.[12]

극동에서의 영·러 대립이 일본으로 하여금 쉽게 전쟁을 발발할 수 있는

---

8) 《日本外交文書》 27-2, 문서번호 659 露國政府日本政府ノ淸國政府トノ平和的解決希望ナル旨通告ノ件.

9) A. L. Narochnitskii, *Kolonialnaia Politika Kapitalisticheskukh Depzhav Na Dalnem Vostoke*, 1860～1895(Moscow : Izdatelstvo Akademii Nauk SSSR, 1956), p.605.

10) *Krasnii Arkhiv*, Vol. 50～51, *op.cit.*, pp.25～26.
A. L. Narochnitskii, *op.cit.*, p.607.

11) *Krasnii Arkhiv*, Vol. 50～51, p.30.

12) Girs to Kassini, 1894년 8월 8일, *Ibid.*, p.59.

상황을 만들었다. 영국의 정책은 한국과 극동에서 러시아의 영향력을 배제하고 영국 지배하에 영・청・일의 블럭(bloc)을 형성하는 것이었다. 영국의 목적은 일본과 청국을 동시에 영국의 '앞잡이'로 이용하는 것이었다.13) 7월초 북경주재 영국공사 오코너(O'coner)는 일본군의 한국 점령을 허용하고 한국의 개혁을 실시하여 청은 형식적인 종주권을 유지하라고 청국정부에 충고하였다.14) 청국주재 고무라 쥬타로(小村壽太郞) 임시대리공사는 일본군이 한반도를 점령해야 된다는 것을 쉽게 오코너공사에게 설득할 수 있었다.15)

영국은 1880년대에 청국이 러시아의 남진에 대한 완충국의 역할을 해왔다고 생각하고 친청정책을 취해왔다. 한반도가 청의 종주권하에 있는 것이 러시아의 남하정책을 막는 데 도움이 된다고 생각해왔다.16) 그러나 1893년말부터 영국은 청국 대신 일본을 러시아에 대한 대항세력으로 고려하게 되었다. 따라서 로즈베리(Rosebury)수상, 킴벌리(Kimberly)외상은 군사적으로 러시아와 결합하여 일본과 전쟁을 하는 것을 반대했다. 영국의 그러한 정책은 對러시아 방파제인 일본을 약화시키고 소외시키기 때문이다.17)

7월 2일 일본정부는 러시아정부에게 일본은 한국을 종속시킬 의도를 가지고 있지 않다고 통보하였다. 이에 만족하여 7월 10일경 러시아는 일본이 극동에서의 러시아의 이해를 침해하지 않는 한 청・일간의 분쟁에 간섭하지 않기로 결정하였다.18) 히트로보공사는 7월 21일 다시 무츠외상을 방문하여 "일본이 현재 한국에 요구하는 讓與는 어떤 것인가. 그 양여의 여하를 막론하고 적어도 독립국으로서의 한국이 각국과 체결한 조약에 배치되는 경우

---

13) A. L. Narochnitskii, *op.cit.*, p.594.
崔文衡, 〈淸日戰爭前後 英國의 東아시아 政策과 韓國〉(《韓英修交 100年史》, 韓國史硏究協議會, 1984), 111쪽.

14) A. L. Narochnitskii, *op.cit.*, p.600.

15) 《日本外交文書》 27-2, 문서번호 643 朝鮮問題ニ關スル列國ノ動向ニ付意見具申ノ件.

16) John Berryman, "The Assassination of Queen Min and British Policy Towards Korea,"(《明成皇后弑害事件과 國際關係》, 韓國政治外交史學會, 第5回 國際學術大會, 1995년 12월), 52쪽.

17) John Berryman, 위의 글, 56쪽.

18) Khitrovo to Girs, July 2 and July 13, 1894 ; A. L. Narochnitskii, *op.cit.*, p.608.

러시아정부는 이를 유효하다고 인정할 수 없다. 장래 쓸데없는 분쟁을 회피하기 위해 友誼上 일본에 다시 그 주의를 촉구하는 것"이라는 공문을 수교했다.[19]

히트로보공사와의 대화에서 무츠외상은 일본이 한국을 정식으로 종속국으로 만들지 않는 한 러시아는 무력으로 개입하지 않을 것으로 판단하였다. 일본 군부는 이 당시 극동에서 러시아 군사력이 얼마나 미약했는가를 잘 알고 있었다.[20] 러시아가 군사적으로 개입하지 않을 것으로 판단한 일본은 곧 청국과 전쟁을 시작하였다.

(1) 영국의 남북한 분할 제안

일본정부의 반대로 청·일 양군의 공동 철병에 실패한 영국은 청국과 일본에 한반도를 공동 점령할 것을 제안했다. 킴벌리외상은 7월 18일 런던주재 청국공사 龔照瑗을 통해 청국정부의 승낙을 확인한 후 런던주재 일본공사 아오키 슈조(青木周藏)에게 공동점령안을 제시했다. 이 제안에 의하면 일본군은 서울과 인천에서 남한으로 철수하고, 청군은 아산에서 북한으로 철병하게 되어 있었다.[21] 영국의 압력에 의하여 이홍장은 영국의 분할 점령정책에 찬성하였다. 그러나 그는 일본군이 서울에서 부산으로 철수하고, 청군은 아산에서 평양으로 철수할 것을 제안했다.[22]

킴벌리외상은 서울~부산거리가 서울~평양거리보다 멀다고 이홍장의 제안이 불공평하다고 지적하였다. 그의 생각으로는 청·일 양국간에 간격을 두고 양군이 철수하여 충돌을 피하여야 된다고 주장했다. 일본의 한반도 침략에 도움이 되는 킴벌리의 분할 제안에 대하여 러시아와 독일은 불만을 표시했다. 독일은 영국의 분할점령안은 일본군의 서울 점령을 합리화하는 것으로 보았다. 러시아도 킴벌리의 조건에 반대했다. 러시아정부는 만약 일본이 남

19) 金景昌, 《東洋外交史》(集文堂, 1987), 398쪽.
Khitrovo to Girs, July 2 and July 13, 1894 ; A. L. Narochnitskii, *op.cit.*, pp.609~610.

20) A. L. Narochnitskii, *op.cit.*, p.66.

21) A. L. Narochnitskii, *op.cit.*, p.602.

22) *Krasnii Arkhiv*, Vol. 50~51, p.21.

한을 점령하게 되면 만주에 관해서도 간섭할 것으로 보았다. 청국도 영국의 도움으로 한반도를 지배하려고 하였다. 7월말 이홍장은 일본군이 서울과 인천에서 남한으로 철수한다는 조건으로 영국의 제안을 받아들였으나, 일본은 이미 청일전쟁을 발발하였다.[23)]

만약 청국과 일본이 영국의 제안을 받아들였다면 한반도는 1894년 7월에 분할되었을 것이다. 일본의 반대로 영국의 공동점령안은 실패로 끝났다. 일본이 반대한 이유는 일본은 남한 점령에 만족하지 않고 한반도 전체를 점령할 계획을 가지고 있었기 때문이다.

(2) 청일전쟁 중 러 · 일의 한반도정책

러시아정부가 아무런 적극적인 간섭을 취하지 못한 상황에서 8월 1일 청일전쟁이 시작되었다. 8월 21일에 러시아정부는 宮庭 특별회의를 소집하였다. 기르스외상은 다음과 같이 언급했다.

> 한국은 그 자체로서는 중요하지 않다. 그러나 한국이 약함으로서 한국이 교전국 중의 어느 하나의 지배하에 들어가 우리 나라에 대항하는 하나의 도구가 될지도 모른다. 특히 일본이 한반도의 남부를 지배하게 되면 일본은 한 · 일 국경의, 또한 우리 나라의 동시베리아 항구들의 대양 진출을 위한 유일한 출구인 대한해협을 지배할 것이다. 우리는 日本海에서의 항해의 자유를 보장받을 필요가 있으므로 이것은 우리 나라에 참기 어려운 일인 것이다.[24)]

반노프스키(P. S. Vannovskii)국방상도 한국에서의 현상유지의 보존은 러시아의 극동정책의 가장 중요한 목표이라고 생각했다. 그는 특히 일본의 한국 점령을 가장 두려워했다. 위테(S. Iu. Witte)재무상도 기르스외상의 의견에 동의하였다.[25)]

회의 결과 영국을 비롯한 열강과 공동보조를 취하기로 하고, 한국문제에 관해서는 청일전쟁전의 현상유지 정책을 추구하기로 결정하였다. 그 당시 러시아는 일본 군대에 의해 한국의 궁궐이 점거된 것을 알고 있었으나 극동에

---

23) A. L. Narochnitskii, *op.cit.*, p.60.
24) *Krasnii Arkhiv*, Vol. 50~51, pp.64~65.
25) 위와 같음.

서의 군사력의 취약성 때문에 아무 행동도 취하지 못하였다.[26)]

9월에 일본군이 평양전투와 압록강전투에서 대승을 하자 영국은 10월 6일에 영·러·독·불·미 5국에 의한 공동 간섭을 제안했다. 이 제안은 한국의 독립에 대한 공동 보장과 일본에의 배상을 조건으로 하였다. 영국의 제안이 성공하면 한국에서의 영국과 일본의 영향력이 증대될 것을 염려하여 러시아는 이 제안이 러시아에게 불리하다고 판단하였다. 독일과 러시아의 반대로 영국의 제안은 실패로 끝났다.[27)]

1894년 겨울 러시아정부는 질병과 혼란에 시달리고 있었다. 그 해 11월초 알렉산더 3세는 사망하고 기르스외상은 거의 사경에 있었다. 外相代理 쉬쉬킨(Shishkin)은 영향력이 없었고, 외무성 아시아국장 카프니스트는 휴가차 유럽으로 떠났다.[28)]

그 후 청국의 북양함대는 완파되었고, 12월 하순 旅順이 함락되자 청국은 강화사절단을 일본에 파견하였다. 전쟁에서의 계속적인 일본의 승리는 러시아의 예상을 초월했다. 2월 1일 청일전쟁에 대해 러시아가 독자적으로 활동할 것인지 또는 다른 열강들과 행동을 같이 할 것인지에 대한 특별회의가 개최되었다.

2차 특별회의는 알렉산더 3세와 기르스외상이 사망하고 위테재무상의 영향력이 증가하고 있을 때에 소집되었다. 회의 결과 다음 사항을 결정하였다.

> 청일전쟁 결과 일본이 러시아의 이익에 침해되는 요구를 하게 된다면 일본에 대항하여 공동행동을 취하는 데 대한 협조를 얻기 위하여 영국과 다른 열강들과 협력한다. 태평양지역의 러시아해군 전력을 일본해군 이상으로 증가한다.

2월 4일 쉬쉬킨외상서리와의 담화에서 니시공사는 청국에서의 러시아의 이해관계는 한반도에서의 이해관계보다 중요하지 않고, 일본이 한국의 독립을 침해하지 않는 한 전쟁에 간섭하지 않을 것으로 무츠외상에게 보고하였다.[29)] 동시에 히트로보공사는 무츠외상과 인터뷰를 가졌다. 일본외상은 러시

---

26) 위와 같음.
27) Kassini to Girs, Oct. 29, 1894 ; A. L. Narochnitskii, *op.cit.*, p.646.
28) Kassini to Girs, Oct. 29, 1894 ; A. L. Narochnitskii, *op.cit.*, p.668.

아의 신용을 얻어 영국의 간섭을 방지하기 위하여, 극비사항으로서 청 본토의 영토 할양을 요구할 것이라고 히트로보공사에게 말하였다. 러시아공사는 그러한 할양은 현명하지 않은 것이고, 러시아는 일본이 한국의 독립을 침해하지 않는 한 전쟁에 간섭하지 않을 것이라고 하였다.[30]

2월 21일 니시공사는 러시아외무성을 방문하여 쉬쉬킨과 면담하였다. 쉬쉬킨은 러시아의 간섭 여부는 일본이 청의 어느 영토를 요구하는가에 달려있다고 말했다. 니시공사는 그의 사적인 견해로서 일본은 威海衛보다 해군기지로서 여순을 선호한다고 말했다. 쉬쉬킨은 니시공사의 사견을 일본정부의 견해라고 인식하였다. 쉬쉬킨은 숙고하지 않고는 대답하기 곤란하다고 하였다.[31] 쉬쉬킨과의 담화를 나눈 후 니시공사는 무츠외상에게 러시아·영국 및 불란서가 어떤 이의를 제의할 것이지만 그 이의의 정도는 확실치 않다고 보고하였다. 러시아정부가 아직 여순 점령에 대한 정책을 결정하지 못하였기 때문에 니시공사에게 정확한 것을 말할 수 없었다.[32] 이 무렵 북경주재 카시니공사는 일본이 大連과 여순을 포함한 全요동반도를 요구한다고 쉬쉬킨에게 전보했다.[33]

2월 27일 무츠외상은 일본정부는 명실공히 한국의 독립을 인정한다고 러시아정부에 통보하였다.[34] 그러나 실제의 한국 상황은 전연 달랐다. 당시 한국은 일본공사 이노우에 카오루(井上馨)에 의해 일본의 보호국화가 되고 있었다. 이노우에는 한국의 모든 재정문제를 장악하려고 했을 뿐만 아니라 워싱톤의 한국공사관의 업무를 중지시키고 대신에 워싱턴주재 일본공사로 하여금 한국문제에 관여하도록 한국정부측에 요구했다.[35] 일본의 한반도 침략

---

29) *Krasnii Arkhiv*, Vol. 50~51, pp.67~73.
《日本外交文書》 28-1, 문서번호 555 日清戰爭ニ關スル露國政府ノ意向報告ノ件, 690~691쪽.

30) 《日本外交文書》 28-1, 문서번호 561 露國政府ノ態度打診ノ件, 698~699쪽.

31) 《日本外交文書》 28-1, 문서번호 563 土地割讓ニ關シ露國外相代理ト談話ノ模樣報告ノ件, 701~702쪽.

32) A. L. Narochnitskii, *op.cit.*, p.676.

33) 위와 같음.

34) 《日本外交文書》 28-1, 문서번호 568 媾和ノ基礎タルベキ條件ニ關スル露國ノ提案ニ對シ宣言ノ件, 705~706쪽.

35) Sill to Gresham, No. 78, January 16, 1895, Diplomatic Despatches, Korea.

이 한국 독립에 가장 큰 위협이 되고 있었는데 러시아정부 관료들은 이 사실을 잘 모르고 있었다.[36]

러시아정부가 일본의 요동반도 점령에 대한 간섭정책을 결정하지 못하고 있는 상황에서 독일 황제는 三國干涉 방향으로 움직이고 있었다. 2월말까지 독일정부는 공동 간섭에 반대해왔다. 독일 황제의 정책은 청일전쟁 중 영・러대립을 악화시키는 것이었다. 영국의 간섭정책에 대한 독일의 반대로 일본은 만주 방향으로 계속 전선을 확대할 수 있었다.[37]

3월 8일 동경주재 독일공사 구드쉬미트(Gutschimdt)는 하야시 타다시(林董) 외무차관을 만나 그 때까지 열강의 간섭이 실패한 것은 독일이 반대했기 때문이었고, 일본의 강화조건을 완화하라고 충고하였다. 그는 부언하기를 독일정부가 가지고 있는 정보에 의하면 일본의 청국 본토 영토할양은 열강 간섭을 초래할 것이라고 경고하였다.[38] 그러나 일본정부에게는 열강 간섭은 새로운 뉴스가 아니었다. 아오키 슈조(青木周藏)공사는 3월 중순 독일정부에게 일본 군부가 여순항과 대만을 원한다고 통보하였다. 그러나 일본정부는 구라파국가들의 이해 대립을 고려하여 독일의 경고를 무시하였다.[39]

3월 23일 요동반도의 할양을 일본이 주장하는 것을 알자마자 독일은 러시아와 공동으로 간섭하기로 결정한다. 곤경에 빠진 아오키공사는 헛되게 독일의 삼국간섭 참여를 예방하려고 노력하였다. 4월 3일에 독일정부는 삼국간섭에 참여할 것을 러시아정부에 정식으로 통보한다.[40]

4월초 로바노프(A. B. Lobanov-Rostorskii)외상은 일본의 요동반도 점령은 북경에 대한 영구적인 협박이 될 것이며, 심지어 한국의 독립에도 심각한 위협이라고 생각했으며, 동시에 이 점령은 러시아 국익에 있어서도 바람직하지 않다고 인식하고 있었다. 만일 러시아가 무력적인 방법을 사용한다면 일본과 군사적인 갈등을 가져 올 것은 틀림없었다.[41]

---

36) *Krasnii Arkhiv*, Vol. 50~51, p.71.

37) A. L. Narochnitskii, *op.cit.*, p.66.

38) 《日本外交文書》 28-1, 문서번호 571 露國政府ヨリ媾和條件ノ適當ナルベキ事勸告ノ件, 709~710쪽.

39) Khitrovo to Lobanov, May 10, 1895, A. L. Narochnitskii, *op.cit.*, p.713.

40) Khitrovo to Lobanov, May 10, 1895, A. L. Narochnitskii, *op.cit.*, p.715.

1895년 4월에도 러시아는 단독으로 일본과 전쟁을 할 준비가 전혀 안되어 있었다. 4월 6일 니콜라이 2세(Nikolai Ⅱ)황제는 로바노프외상에게 다음과 같은 내용의 편지를 보냈다. "러시아는 부동항이 절대적으로 필요하다. 이 항구는 한국의 동남부지방에 위치하여야 하며 우리 영토와 연결되어야 한다."[42] 이와 같이 부동항에 대한 짜르의 열망은 블라디보스토크에서 원산지역까지 포함하고 있었다. 만일 1895년 봄, 러시아정부가 보상정책을 채택하였다면 러시아의 對韓政策은 상당히 바뀌었을 것이다. 그러나 그 때 상황은 급격히 변화되었다. 독일정부는 러시아에게 여순에서 일본을 몰아내는 일에 적극 협력할 것이라고 통보하였다. 이러한 변화로 인하여 4월 11일 또 다른 특별회의가 소집되었다.[43] 위테재무상은 다음과 같이 간섭정책을 주장하였다.

"일본에 의한 이 전쟁은 우리가 착수한 시베리아철도 건설 결과다. 일본의 남만주에서의 적대행위는 주로 우리에게 위협이 될 것이고 그 결과 한국은 일본에 병합될 것이다.… 곤경에 빠지면 대만·膨湖島, 심지어는 여순항 그리고 한반도 남부까지도 양보하려 하지만 만주만은 결코 아니 된다."[44] 위테는 러시아에게 두 가지 선택이 있다고 생각했다. 러시아는 요동반도의 일본점령을 용인하든지 아니면 그 점령을 결단코 반대하는 입장을 취할 수 있었다. 물론 위테는 후자의 정책을 지지했다.

부동항 획득을 바라던 러시아황제는 4월 16일에 궁정에서 다시 회의를 소집시켰다. 위테는 니콜라이 2세를 설득하는 데 성공하였고, 러시아정부는 독일 및 불란서와 협력하여 삼국간섭을 주도하게 되었다. 시모노세키(下關)조약이 체결된 지 불과 6일 뒤인 4월 23일 러·독·불 3국 공사는 외무차관 하야시를 방문하고 일본군은 요동반도로부터 철수하라는 요구를 하였다.[45] 곤경에 처한 일본은 영국에 접근하여 삼국간섭을 견제하려 하였지만 영국의 태도는 냉담했다. 영국의 정책은 러시아의 남진정책을 억제하기 위하여 일본

---

41) A. L. Narochnitskii, *op.cit.*, p.695.
42) *Krasnii Arkhiv*, Vol. 50~51, p.76.
43) 위와 같음.
44) *Krasnii Arkhiv*, Vol. 50~51, pp.80~81.
45) 《日本外交文書》 28-2, 문서번호 671 獨·露·佛三國公使遼東半島還附勸告シタル旨報告ノ件, 14~17쪽.

의 요동반도 점령을 찬성하는 편이었다. 일본 군부는 일본이 삼국의 군사력과 대항할 수 없음을 인정하였고 결국 일본정부는 5월 5일에 그들의 요동반도 영토 요구를 포기하였다.[46]

러시아가 주도한 삼국간섭은 영국의 외교정책을 완전히 망쳐버렸다. 독일이 갑자기 삼국간섭에 가담하는 것을 영국정부는 예측하지 못하였다. 삼국간섭의 결과로 영국은 극동에서 결정적인 영향력을 행세할 수 없었다. 독일황제의 전략은 영국이 열강 간섭에 불참함으로써 일본의 전략이 만주방향으로 지향하게 될 것이고, 영국은 일본과 동맹을 맺어 러시아와 대결하게 될 것으로 보았다.[47]

(3) 민비시해와 러시아의 대한정책

영국은 삼국간섭 중 일본을 군사적으로 돕는 데 냉담했다. 영국은 러·독·불 3국이 일본과 전쟁을 할 경우 일본이 패배할 것이라고 보았다. 따라서 영국은 일본에게 절제할 것을 충고하였다. 로바노프외상도 니시공사에게 일본이 한국 국내문제에 너무 관여한다고 경고하였다.[48] 이러한 궁지에 몰린 일본정부는 열강이 한국의 독립과 영토를 보장하는 문제로 영국정부에 접근하였으나 영국은 관심이 없었다.[49]

삼국간섭 이전에 이미 한국 정치는 복잡해져 있었다. 이노우에공사가 수립한 2차 金弘集內閣은 여러 정파로 나누어 있었다. 일본을 대표하는 내무대신 朴泳孝는 김홍집을 위시한 보수파를 싫어하였다. 국방대신 趙羲淵 등 기존의 친일파세력은 박영효의 권력을 두려워하고 있었다. 고종과 왕비는 김홍집과 魚允中을 제거하기 위하여 박영효를 이용하기 시작하였다. 박영효가 한국정부의 독재자가 되기 위하여 왕비를 지지하고 이노우에공사를 반대하게 되자 서울의 정치상황은 대단히 혼란스럽게 되었다. 박영효의 행동은 김홍집파뿐만 아니라 반일투쟁을 벌이고 있는 한국 국민을 격분시켰다. 박영효의 배후에는

---

46) 《日本外交文書》 28-2, 문서번호 788 三國政府ノ勸告ニ應スル覺書提出スヘキ旨訓令ノ件, 82~83쪽.

47) A. L. Narochnitskii, *op.cit.*, p.716.

48) 《日本外交文書》 28-1, 문서번호 271 內政改革ニ對スル露國ノ危惧ニ關シ露國外務大臣ト談話ノ件, 413~414쪽.

49) 《日本外交文書》 28-2, 문서번호 864 極東問題ニ關スル英國外相ノ談話報告ノ件.

왕비가 있는 것을 알게 된 이노우에공사는 그를 견제하기 시작하였다.[50]

삼국간섭 직후 민비는 '引俄拒日政策'을 시작하였다. 민비는 여러 나라의 공사들이 드나드는 貞洞클럽에 侍臣을 보내 외국공사들과 친교를 맺게 하였다. 그 때 일본을 견제하는 데 부심하고 있던 웨베르공사는 여러 나라의 공사들과의 연결고리로 민비를 이용하고자 하였다. 즉 민비로 하여금 일본의 독주에 불만을 품은 여러 나라의 외교관에게 이권을 주도록 조언하였고, 민비 또한 왕권의 회복을 위해 이권을 허용하였던 것이다.[51]

삼국간섭 이후 국왕이나 왕비는 더 이상 박영효를 이용할 필요가 없었다. 6월초 김홍집내각이 붕괴되고 새 내각이 수립될 때에 왕비나 이노우에공사는 박영효가 총리대신이 되는 것을 반대하였다. 그 결과 힘없는 朴定陽내각이 수립되었다.

이 무렵 일본의 침략적인 내정간섭에 대해 전국적으로 반일운동이 일어났다. 일본 침략세력에 의하여 수립된 김홍집내각은 사표를 제출할 수밖에 없었다. 이로서 이노우에공사는 對韓 강압정책에 실패하고 귀국을 서두르게 되었다. 귀국 하루 전 이노우에공사는 오카모도 류노스케(岡本柳之助)와 박영효에게 일본 군대와 훈련대를 사용하여 쿠데타를 실행하라고 지시하였다.[52] 일본인 顧問官 호시 도루(星亨), 사이토 슈이치로(齊藤修一郞), 무라사키 시로(紫四郞), 사사 마사유키(左左正之) 등은 박영효를 총리로 만들고 왕비를 살해하기로 결정하였다. 그들은 또한 쿠데타를 실행하기 위하여 왕궁 호위병을 훈련대로 변화시키기로 결심하였다.[53]

6월 25일 친일파의 거두인 박영효는 러시아에의 접근을 방지하기 위해 왕실을 호위하던 종래의 호위병을 일본군이 훈련한 800명의 훈련대와 교체하

---

50) Sill to Gresham, No, 123, Znly 9, 1895, *Diplomatic Despatches, Korea.*
柳永益, 《淸日戰爭中 日本의 對韓侵略政策－淸日戰爭을 前後한 韓國과 列强》(韓國精神文化硏究院, 1984), 168~170쪽.

51) 李玟源, 《俄館播遷前後의 韓露關係－1895~1898》(韓國精神文化硏究院 韓國學大學院, 博士學位論文, 1994), 21쪽.

52) 伊藤博文, 《朝鮮外交交涉資料》 中(秘書類纂刊行會, 1936), 462~464쪽.

53) 伊藤博文, 위의 책, 464쪽.
杉村濬, 《在韓苦心錄》(日本外務省, 1932), 138쪽.
葛生能久, 《東亞先覺志士記傳》 下(黑龍會, 1933~1936), 515쪽.

고, 이 훈련대를 이용하여 러시아에 접근하려는 왕비를 살해할 음모를 일본인 오카모도·무라사키·아사야마 켄조(淺山顯藏) 등과 밀모하다가 발각되었다.[54] 박영효 등은 叛逆陰謀罪로 체포령이 내리자 일본공사관의 도움을 받아 일본으로 망명하였다.[55]

서울에서 쿠데타에 실패한 박영효·아사야마·다나카·무라사키 등은 일본 요로를 찾아다니며, 웨베르공사와 한국왕실이 결탁되었다고 중상하였다. 이 사실이 일본 신문지상에 게재되자, 박영효의 허위선전에 대해 러시아공사와 왕실은 이노우에공사에게 항의하여 외교문제로 발전되었다.[56] 이때 이노우에공사의 '軟弱정책'에 대하여 일본내의 대외강경파와 현지 한국의 일본관계자로부터 불만이 고조되고 이노우에공사를 대신할 군인 출신의 공사를 요구하는 목소리가 일고 있었다. 이러한 불만을 외교관출신의 공사로는 억제하는 것이 불가능하다고 본 이노우에공사는 7월 10일경 國權主義者의 거물이고 군출신이기도 한 육군 중장 미우라 코로(三浦梧樓)를 추천하였다. 미우라는 일본의 대외강경파에 속해있었고 10년 이상 박영효를 원조하고 있었다.[57]

일본정부가 미우라공사를 임명하여 민비를 살해할 수 있었던 배후에는 삼국간섭 이후 對淸 차관문제로 삼국간의 협력이 무너졌기 때문이다. 러시아와 독일의 관계는 대청 차관문제로 삼국간섭동안 양국간에 존재했던 협력은 완전히 붕괴되었다.[58] 영국의 정책은 러시아를 억제하기 위하여 일본의 한반도 점령을 찬성하고 있었다. 독일 황제는 일본의 한반도 점령뿐 아니라 요동반도에서도 일본군이 몇 년 더 점령하는 것을 원했다. 그의 목적은 러·영이 극동에서 대결하는 것을 원했던 것이다.[59]

일본의 한반도 침략을 견제할 수 있는 나라는 러시아뿐이었다. 1895년 여름에 한국의 내각이 거의 친러적으로 되었으나 러시아정부는 한국에 대한

---

54) Sill to Cresham, No. 123. July 9, 1895, *Diplomatic Despatches, Korea*.
55) 《日本外交文書》 28-1, 문서번호 316 朴泳孝謀反ニ關シ報告ノ件, 456~457쪽.
56) 申國柱, 〈明成皇后殺害事件에 對한 再評價〉(《明成皇后弑害事件과 國際關係》, 第5回 國際學術會議, 韓國政治外交史學會, 1995), 8쪽.
57) Hirao Michio, 《子爵谷干城傳》(東京, 1935), 711쪽.
58) 《日本外交文書》 28-2, 문서번호 870 英國外相トノ談話報告ノ件, 154~156쪽.
59) A. L. Narochnitskii, *op.cit.*, p.778.

적극정책을 취할 준비가 전혀 되어 있지 않았다. 웨베르공사만이 한국정부를 적극 지지하였다. 무력함을 느낀 한국정부는 군대양성을 위하여 러시아정부의 도움을 요청했다. 고종은 군사교관 외에도 의사·엔지니어 및 러시아어 선생을 초대하였으나, 러시아정부는 일본과의 마찰을 피하고자 하였기 때문에 이러한 요청을 다 거절하였다.60)

7월 고종은 密使 權東壽를 블라디보스토크로 파견하여 한국을 일본의 점령으로부터 해방시켜 줄 것을 러시아정부에 요청하였으나 9월까지 아무 회답을 받지 못하고 귀국하였다.61) 오로지 웨베르공사만이 일본의 영향력을 저지시킬 것을 러시아정부에 건의하였으나, 로바노프외상은 그의 건의를 묵살하고 그를 멕시코로 전보하기로 결정하였다.62)

러시아가 한국에 대하여 미온적인 정책을 취하고 있는 동안 일본은 쿠데타를 준비하고 있었다. 7월 중순경 한국주재 공사로 임명된 미우라는 일본의 對韓政策에 대한 의견서를 제출하였다. 일본이 청일전쟁에서 승리하게 되자 열강 특히 러시아가 한국문제에 간섭하게 되었고, 만약 일본이 실수를 하게 되면 취소할 수 없는 어려움에 봉착할 것이라고 전제한 다음 미우라는 3가지 정책을 제시했다.

① 일본은 한국의 독립을 인정하고, 단독으로 한국의 개혁을 실시한다.
② 열강과 한국의 공동보호.
③ 조만간에 반드시 일본은 강대국과의 분쟁이 불가피함으로, 아직 一大難事가 야기하지 않은 오늘날에 차라리 단호한 결의로 一强國과 더불어 한반도를 분할 점령하는 방침(《日本外交文書》 28-1, 문서번호 350 對韓政策ニ關スル三浦新公使 意見書 : 對韓政策ノ訓令ヲ待ツ).

60) V. p. Nikhamin, "Diplomatiia russokogo Tsarizma V Korea Posle Iapono-Kitaiskoi Voiny(1895~1896)", *Istoriia Mezhdunarodnyx Otnoshenii Istoriia Zarubezhnykh Stran*(Moscow, 1957), p.140.
61) 《日本外交文書》 28-1, 문서번호 479 朝鮮國密使浦潮ヘ來リタルニ付報告ノ件, 622쪽.
V. p. Nikhamin, *op.cit.*, pp.140~141.
62) V. p. Nikhamin, *op.cit.*, pp.140~141.

①안을 채택할 경우 1~2개의 강대국과 전쟁을 할 결심이 필요하다고 미우라는 보았다. ③안의 방침을 결심한다면, "잠시 한국에 대해 관망하다가 협의할 수 있는 여건이 되면 신속히 방책을 취해야 한다. 다른 나라를 병합한다는 것은 약탈의 다른 말이니 점령 후에 형세를 협박하거나 혹은 惠恤하면 그만이다." 현재로는 러시아에게 북방의 부동항이나 함경도 정도를 양여한다면 만족할 것이라고 보았다.

미우라공사는 9월 1일 서울에 도착한 이후 쿠데타를 준비하기 시작하였다. 미우라 뿐만 아니라 러시아주재 일본공사 니시도 한반도를 러시아와 분할하자는 방안을 정부에 제시했다.[63] 그 당시 이토 히로부미(伊藤博文)수상도 9월 말경 동경주재 영국공사 사토우(E. Satow)에게 한국은 일본이 점령하여야 된다고 주장하였다.[64]

이와 같이 일본정부는 미우라공사가 서울에 부임하기 전에 한국에서 쿠데타를 실천할 계획을 수립하고 있었다. 9월 1일 서울에 도착한 이후 미우라공사는 왕실의 중심이요 대표적인 인물인 閔妃를 제거하여 러시아로 하여금 그 접촉할 당사자를 상실케 하는 왕비 살해 흉모에 착수하였다. 미우라는 일본 정규군·領事 警察·劍客 浪人 등을 총동원하여 10월 8일 새벽 민비를 시해하였다.[65]

1995년말까지도 일본학계에서는 민비 살해는 일본정부가 직접 관여된 것이 아니고 미우라공사가 현지에서 단독으로 저지른 사건으로 보고 있다.[66] 위에서 지적한대로 민비 시해사건은 이노우에공사가 주모자이고 미우라공사는 하수인이라는 것이 입증되었다.[67] 일본은 100년전이나 지금이나 역사적 사실을 왜곡하고 있다. 민비가 러시아에 의뢰코자 하고, 러시아는 한국을 점

---

63) 《日本外交文書》 28-1, 문서번호 351 朝鮮問題ニ關スル露國ノ態度報告ノ件, 484~489쪽.

64) George A. Lensen, *Korea and Japan, 1895~1904*(Tallahassee, Florida : The Diplomatic Press, 1966), pp.44~45.

65) 김려호, 〈明成皇后弑害事件과 朝鮮에 對한 러시아의 政策〉(《明星皇后事件과 國際關係》, 第5回 國際學術會議, 韓國政治外交史學會, 1995), 31쪽.

66) 朴鍾根, 〈明成皇后弑害事件과 日本의 政策〉, 위의 책, 27쪽.

67) "The Situation in Corea", *North China Herald*, Nov. 22, 1895.
李玟源, 앞의 책, 34~42쪽.

령하려고 하여 일본은 한국의 왕비를 살해했다고 주장한다. 왕실과 웨베르공사와 밀약이 체결되었다고 선전하였다. 그러나 역사적 사실은 정반대다.68)

청일전쟁이후 영·러·독·불 및 미국은 청국에서 자국의 영향력을 팽창하기 위하여 혈안이 되어 있었다. 러시아의 중요 관심이 만주에 집중되었기 때문에 한국문제는 점점 덜 중요시하게 되었다.69)

2) 아관파천과 일본의 한반도 분할 제안

민비시해 이후 고종은 자기 궁안에서 포로가 되어 있었다. 景福宮은 일본인이 훈련시킨 훈련대에 의하여 호위되어 있었다. 궁밖에는 1,000명의 일본군이 막사를 치고 있었다. 일본공사 고무라 쥬타로(小村壽太郎)는 한국을 일본의 보호국화하고 있었다. 이와 같은 상황하에서 러시아정부는 고종에게 부득이하게 피난처를 제공하였다.70)

민비가 시해되고 고종이 궁안에서 포로 상태에 있게 되자 전국적으로 반일운동이 시작되었다. 미국과 러시아공사관에 피신하여 있던 李完用·李允用·李範晋·尹雄烈·尹致昊 등이 주동이 되어 고종을 궐외로 모시고 김홍집내각을 타도하려고 하였으나 실패하였다. 이 春生門事件을 일본은 정치적으로 이용하였다. 춘생문사건 이후 반일 한국지도자들은 러시아공사관으로 집중하기 시작하였다.

국모시해에 대한 복수와 단발령의 결사 반대를 외치면서 전국 각지에서 의병운동이 전개되었다. 강원도 春川에서는 李昭應(親露派 李範晋系)이 대대적인 반일운동을 전개하여 春川府 관찰사 曺寅承이 의병들에게 살해되었다. 강원도뿐 아니라 전국 각지에서 단발령을 강요하던 지방 관리들이 응징되자 김홍집내각은 서울의 친위대를 각 지방에 파견하기 시작하였다. 의병의 목적

---

69) 小早川秀雄, 《閔后暗殺》(東京 : 筑摩書房, 1962).
李瑄根, 《韓國史－現代篇－》(乙酉文化社, 1963), 587쪽.

69) John Berryman, 앞의 글, p.62.
A. L. Narochnitskii, *op.cit.*, p.800.

70) Seung Kwon Synn, *The Russo-Japanese Rivalry Over Korea*(Seoul : Yuk Phub Sa, 1981), p.201.

은 친일파 김홍집내각을 타도하고 고종을 일본의 압박으로부터 해방시키는 것이었다.[71] 친위대가 의병의 진압을 위해 각 지방으로 분산되자 러시아와 미국공사관에 숨어 지내던 貞洞派들이 웨베르와 알렌(H. N. Allen, 安連)대리공사를 접촉하여 俄館播遷을 실시하였다.

고종은 일본의 침략을 막기 위하여 러시아에 의지할 수밖에 없었다. 1895년 11월 28일 춘생문사건이 있은 이후 고종은 웨베르공사를 통하여 다음과 같이 러시아군 경비대의 보호를 요청하였다. "왕비를 시해한 한국반역자들에 포위되어 나는 내 생명에 대하여 위험을 느끼고 있다. 새로운 쿠데타가 일어나지 않는다고 하루도 보장할 수 없다. 웨베르공사에게 권한을 부여하여 나에게 러시아군 경비대를 보내 줄 것을 간청한다."[72]

그러나 러시아정부는 고종의 요청에 대해서 아무 대답을 하지 않았다. 시베리아철도를 만주로 통과하기로 결심한 러시아는 만주에 중요 관심이 있었고 한국은 2차적인 문제였다.[73]

스페이에르공사는 부임한지 얼마 안되어 고종은 전혀 권력이 없고 일본의 괴뢰들만이 단속없이 명령을 하고 왕세자를 일본으로 보내려고 한다고 본국에 보고하였다. 왕은 러시아의 간섭을 간청하였다.[74]

새해가 되면서 고종의 불안과 공포심은 더 증가되었다. 민비시해 책임자로 해임되었던 趙羲淵이 군부대신에 재임명이 되었다. 동시에 일본정부는 민비사건 관련자 전원을 무죄 방면하였다. 이 상황에서 조만간 일본인들이 고종을 살해하고 李埈鎔을 왕으로 앉힌다는 소문이 나돌았다.[75] 이때 반일운동은 전국적으로 확산되고 있었다. 그러나 무기가 없는 한국 민중은 친일파정부로부터 고종을 해방시킬 힘이 없었다.

이러한 상황에서 두 러시아공사는 러시아가 한국을 일본에게 완전히 양보하기를 원치 않는다면 러시아의 적극적인 역할은 불가피하다고 역설하였다. 웨베르와 스페이에르는 한국의 독립을 보장하는 유일한 수단은 서울 주둔의

71) 李瑄根, 앞의 책, 725~730쪽.
72) A. L. Narochnitskii, *op.cit.*, p.803.
73) Pak Chon Xë, *Rossiia I Koreia*(Moscow, 1993), p.15.
74) Xitrovo to Lobanov, Jan. 15, 1896, *Ibid.*, p.26.
75) 李玟源, 앞의 책, 62쪽.

일본군 병력만큼 러시아 군사를 파견하여 해결하는 것이라고 타전하였다.76) 그러나 러시아 외무성은 군대를 파견하자는 제안을 거부하였다.

춘생문사건 이후 친러파 李範晋은 嚴尙宮을 통하여 大院君과 친일파들이 일본군과 공모하여 국왕을 폐위하려고 한다는 정보를 고종에게 전달하였다.77) 이렇게 상황이 긴급해지자 2월 2일 고종은 이범진을 통하여 두 러시아 공사에게 러시아공사관으로 피신할 계획을 통보하였다. 고종은 친일파 반역자들이 왕과 왕세자를 살해하려 한다고 하여 아관파천 후에 신변보호를 요청하였다.78)

러시아대표들은 아관파천이 너무 위험하다고 이범진에게 알렸다. 그러나 고종은 왕궁에 남아있는 것이 더 위험하다고 판단하고 러시아공사관으로 피신하겠다고 통보하였다. 두 러시아공사는 절박한 위험에 처한 고종에게는 아관파천 외에는 다른 방법이 없다고 고려되어 왕에게 피신을 승락하였다. 고종은 스페이에르에게 감사하다고 전하고 파천을 위한 준비가 진행되고 있다고 통보하였다.79) 이때 고종이 알렌서기관에게 아관파천을 하는 것이 현명한가를 문의했는데 그는 적극 찬성하고 왕과 왕세자가 입을 여자 옷을 제공하였다.80)

2월 7일 고종은 스페이에르에게 모든 준비가 완료되었고 9일 밤에 러시아공사관으로 피신하겠다고 통보하였다.81) 그러나 고종은 러시아공사관에 배치되어 있는 水兵의 수가 부족하다고 생각했기 때문에 2월 9일에 아관파천을 하지 않았다. 고종은 스페이에르에게 러시아공사관에 배치된 수병만으로는 안전하다고 생각할 수 없기 때문에 인천에 정박한 러시아군함으로부터 가능한 한 더 많은 수병을 배치해주기를 간청하였다. 왕의 완강한 부탁에 굴복한 스페이에르는 인천에 정박하고 있던 러시아군함의 알렉세에프(E. I. Alekseev) 제독에게 서울에 수병을 파견하도록 조치하였다. 그 결과 2월 10일 밤 러시

---

76) Shpeier to Lobanov, Jan. 27, 1896, Boris D. Pak, *op.cit.*, p.126.
77) 《日本外交文書》 29, 문서번호 356 奉露主義者ノ國王播遷計等畫ニツキ報告ノ件.
78) Shpeier to Lobanov, Feb. 2, 1896, Boris D. Pak, *op.cit.*, p.126.
79) Pak Chon Xë, *op.cit.*, pp.28~29.
80) George A. Lensen, *Korea and Manchuria Between Russia and Japan* : 1895~1904 (Tallahassee : The Diplomatic Press, 1966), p.58.
81) Pak Chon Xë, *op.cit.*, p.29.

아 수병 100명과 대포 一門이 서울에 도착하였다. 그 이튿날 고종과 왕세자는 궁녀의 가마를 타고 아침 7시 30분에 러시아공사관에 도착하였다.[82]

아관파천으로 인하여 친일 김홍집내각은 붕괴되고 정동파에 의한 정부가 수립되었다. 아관파천을 주도한 李範晋·李允用·李完用·朴定陽 등이 새 내각에 등용되었다.[83]

일부 국내학자들은 아관파천을 러시아정부가 스페이에르공사를 파견하여 그가 주도권을 쥐고 추진한 것으로 잘못 해석하고 있다.[84] 1991년 소련이 붕괴된 후 공개된 러시아 외교문서에 의하면 고종과 이범진이 주도적 역할을 하고 웨베르와 스페이에르는 보조적 역할밖에 하지 못한 것이 확실하게 되었다.[85] 웨베르공사의 外交手記에 의하면 러시아외무성은 아관파천 전까지 한국문제에 관심이 적었다고 한다. 러시아의 주요 관심사는 만주에 있었다. 시베리아철도를 만주로 연결하려고 하였기 때문에 삼국간섭 이후 러시아의 관심은 만주로 집중되었다. 따라서 러시아의 대한정책은 변화하고 있었다. 일본을 요동반도에서 몰아낸 러시아는 한국에 있어서는 일본에게 어느 정도 양보할 수밖에 없었다.[86]

2월 14일 고종은 웨베르와 스페이에르에게 한국의 운명을 러시아에게 맡기고 싶다고 하였다. 왕은 계속해서 태평양연안에서 한국의 독립이 유지되는 것이 러시아에게 유익하기 때문에 한국 내각에 배치할 주요한 顧問의 파견과 3,000명의 한국 군대를 조직하기 위하여 러시아 교관을 파견해 줄 것을 요청하였다.[87] 그러나 외무성으로부터 아무 회답이 없었다. 2월 26일 스페이에르는 한국의 보호국화를 건의하였다. 그는 "만약 러시아가 일본과의 충돌을 회피하기 위하여 한국의 보호자 역할을 거절한다면 러시아의 목적은 달성될 수 없을 것이다. 만약 방관하고 있다가 부득이하게 러시아가 한국문제

82) Shpeier to Lobanov, Feb. 11, 1896, *Ibid.*, p.29.
83) 韓哲昊 〈俄館播遷期 貞洞派의 개혁활동〉(《한국근현대사연구》 4, 1996), 282·283쪽.
84) 李玟源, 앞의 책, 64~65쪽.
李瑄根, 앞의 책, 729~731쪽.
85) Pak Chon Xë, *op.cit.*, pp.23~32.
86) Seung Kwon Synn, *The Russo-Japanese Rivalry Over Korea*(Seoul : Yuk Phub Sa, 1981), p.210
87) Boris D. Pak, *op.cit.*, p.128.

에 개입하게 된다면, 그때 개입해 보아야 아무런 소득이 없다. 따라서 한국이 이렇게 러시아측에 달려오는 이상, 이 기회를 이용하면 러시아가 태평양 연안에서 강력한 입지를 확보할 것이다. 대신 일본에게 한국의 무역 이익과 재정 분야의 주도권을 허용한다면 양국이 합의에 도달하기란 그다지 어려운 일이 아니다"라는 의견이었다.88)

그러나 러시아정부는 러시아의 한국 보호자 역할을 반대하였을 뿐 아니라 고종이 요청한 한국 내각의 고문이나 군사교관 문제를 기각하였다.89) 시베리아철도의 만주 통과를 결정한 러시아는 한국에서 더 이상 세력을 확장하는 것은 시기 적절하지 않다고 생각하였다. 만주방면으로 확장하기로 결심한 러시아정부는 일본과 한국문제를 타협할 수밖에 없었다.

일본 또한 당시의 군사력으로서는 러시아에 도저히 적대할 수 없었으므로 정면 충돌의 위험을 회피하면서 러시아와 타협의 길을 모색하려고 했다. 양국 대표들이 서울에서 교섭한 결과 5월 14일에 웨베르-고무라 覺書(Waeber-小村 Memorandum)가 체결되었다. 이 협정의 가장 중요한 점은 한국을 점령하고 있는 모든 일본군의 철수를 의미하였다. 800명 이하의 일본 衛兵도 한국인으로부터 피습될 위험이 소멸되면 철수하도록 되었다. 또한 러시아도 4개 도시에 일본 군인수에 초과하지 않는 수의 위병을 둘 수 있게 되었다.90)

1896년 2월 일본정부는 모스크바에서 거행될 니콜라이 2세의 대관식에 日露提携論者 야마가타 아리토모(山縣有朋)를 전권대사로 파견하여 러시아와 협상하려고 결심하였다. 일본 군부를 대표하는 야마가타는 러시아와 同盟내지는 和親協商(entente cordiale)을 할 수 있다고 생각하고 있었다. 모스크바로 출발전 야마가타는 한반도의 분할안을 무츠외상과 상의하였다. 무츠는 이토 히로부미(伊藤博文)와 협의한 후, 만약 히트로보공사가 직접 한반도 분할문제를 제의한다면 일본정부는 그 문제를 착수하겠다고 대답하였다. 며칠 후 야마가타는 히트로보공사를 만나 한반도 분할문제를 제기하였으나 히트로보는

88) Shpeier to Lobanov, Feb. 26, 1896, Pak Chon Xë, *op.cit.*, p.38.
89) Shpeier to Lobanov, Feb. 26, 1896, Pak Chon Xë, *op.cit.*, p.39.
90) 《日本外交文書》 29, 문서번호 465 朝鮮事件善後始末ニ關スル露國公使トノ協議ニ付報告ノ件(附屬書 二).

그 제안을 회피하였다. 야마가타는 외교문제는 대단히 예리하다는 것을 알게 되었다.[91]

모스크바에서 5월 24일 러·일간의 비밀교섭이 시작되었다. 야마가타대사는 일본의 露日議定書案을 로바노프외상에게 제시하였다. 일본 제안의 핵심은 39도선을 경계로 한반도를 러시아와 일본이 분할하자는 것이었다.[92] 6월 6일 로바노프는 반대 제안을 하였다. 한국을 분할하자는 조항은 완전히 제거되었고 그 대신 앞으로 고종의 호위병은 러시아가 조직하는 것으로 되어 있었다. 야마가타는 일본 국민은 러시아의 제안을 받아들이지 않을 것이라고 하였다. 6월 6일 국빈 초대 만찬장에서 니시 일본공사는 카프니스트 아시아국장에게 일본은 러시아의 제안을 받아들일 수 없다고 하자, 카프니스트국장은 일본은 이미 한국 궁성을 호위한 적이 있고 훈련대도 조직했었다고 지적하였다. 한때 야마가타와 니시는 대러협상을 중단할 생각까지 하였다.[93]

6월 9일 로바노프-야마가타 議定書(Labanov-山縣 Protocol)가 체결되었다. 러·일간의 협상의 가장 중요한 문제는 한반도의 분할문제였다. 5월 24일 제1차 회견에서 로바노프외상과 야마가타는 일본 제안의 제5조를 논의할 때 서로 웃었다. 그 뜻은 일본이 한반도를 러시아와 분할하자고 제안했기 때문이었다. 많은 소련·미국 및 한국 학자들은 왜 러시아정부가 한반도를 39도선에서 분할하자는 일본의 제안을 거절하였는가에 대하여 잘못 해석하고 있다.[94]

1928년 소련학자 로마노프(V. N. Romanof)교수가 일본의 39도선 제안을 38도선으로 잘못 썼기 때문에 세계 모든 학자들은 38도선으로 잘못 쓰게 되었다고 했다. 야마가타대사가 大同江~元山線 39도선을 제안하였고 러시아정부도 그렇게 받아들였다.[95] 1896년 이후 러시아정부가 일본정부에게 한반도 분

---

91) 信夫淳平, 《明治秘話-二大外交眞相-》(東京, 1928), 28쪽.

92) 《日本外交文書》 29, 문서번호 482 朝鮮ニ關スル露國トノ協約ニ付報告竝ニ意見具申ノ件.

93) 위와 같음.

94) B. A. Romanov, *op.cit.*, p.143 ; William L. Langer, *The Diplomacy of Imperialism* (New York : Alfred A. Knopz, 1956), p.406.

95) B. A. Romanov, *op.cit.*, pp.142~143.
V. p. Nikhamin, *op.cit.*, p.159.

할을 39도선을 경계로 제안한 것을 보면 39도선이 역사적 사실이었다.

그 때나 지금이나 대부분의 학자들은 러시아의 한국정책을 잘못 해석하고 있다. 그 당시 일본이나 영국도 러시아가 한반도 전체를 병합할 의사가 없음을 잘 알고 있었다.[96] 1900년에 義和團事件이 발발하자 5만 명의 러시아군이 만주를 점령하였다. 그 2년 후 람스도르프(Lamsdorf)外相이 지리적·정치적 조건에 입각하여 한반도는 러시아제국에 없어서는 안될 組成地方으로 예정되었다고 생각했다.[97] 많은 학자들은 이 사실 하나만 가지고 러시아의 한반도정책을 잘못 해석한다.

당시 러시아 주재 일본공사 니시 도쿠지로(西德二郞)가 가장 예리하게 러시아의 한반도정책을 분석하였다. 그는 1875년에 쌍트 페테르브르크대학을 졸업한 러시아를 잘 아는 일본외교관이었다. 야마가타대사는 러시아에 대해서 별로 아는 것이 없었고 외교에도 경험이 없었다. 따라서 모스크바에서 러일협상은 주로 니시공사가 주도하였다. 니시는 러시아의 한반도정책을 다음과 같이 분석하였다.

> 현재 러시아로서는 일본과 공동으로든 혹은 단독이든 간에 한국을 보호국으로 만들었다가 영국이나 기타의 세력과 예측할 수 없는 분규를 초래할 의사가 없다. 현재의 상태로는 일본과 함께 한국을 남북으로 분할할 의사도 없다. 그러나 상태가 一變하여 한국의 독립이 유지될 수 없게 되던가 일본의 세력이 강성해져서 그와 더불어 항쟁함이 불리하다고 인정될 때에는 이를(즉 共同分割) 사양치도 않을 것이다. …총괄적으로 말하자면 오늘날 러시아가 한국에서 원하는 것은 현상유지이다. 러시아는 한국을 정복하던가 보호국화할 계획이 없다(《日本外交文書》 29, 문서번호 482 朝鮮ニ關スル露國トノ協約ニ付報告竝ニ意見具申ノ件).

러·일간의 제2차 회담에서 일본이 한반도를 남북으로(39도선) 분할하자고

《日本外交文書》 29, 문서번호 482 朝鮮ニ關スル露國トノ協約ニ付報告竝ニ意見具申ノ件.

96) George A. Lensen, *op.cit.*, p.74.
John Berryman, *op.cit.*, pp.72~73.

97) B. A. Romanov, *op.cit.*, pp.141~142.

제의한 데 대하여 로바노프외상은 후일에 가서 필요로 할 그 때에 재론키로 전제하고, '南北' 二字를 삭제키로 합의하였다. 그 결과 모스크바 의정서의 비밀조항 제1조는 다음과 같이 체결되었다.[98)]

"한국의 안녕 질서가 문란해지던가 또는 문란해질 위험이 있을 경우에는 러·일 양국민의 안녕 보호와 電信線 유지를 위한 군대 이외에 각기 합의에 의해 다시 군대 파견을 필요로 할 경우 양국정부는 그 군대 상호간의 모든 충돌을 예방하기 위하여 군대와 군대간에 점령하지 않는 空地를 두도록 각 군대의 用兵地域을 획정할 것이다."[99)] 이 비밀조항은 대단히 중요한 것이다. 니시공사가 예측했던 대로 1900년 義和團事件을 계기로 러시아군대가 만주를 점령한 이후 한반도를 39도선에서 분할하자고 일본에게 제의했기 때문이다. 1904년 러일전쟁이 발발하기 직전 니콜라이 2세는 러일협상이 실패하자 극동총독 알렉세에프에게 일본함대가 한국의 서부해안에서 39도선을 넘으면 일본의 선제공격 없이도 일본군을 공격해도 좋다는 전문을 보냈다.[100)] 이것은 1896년 모스크바에서 야마가타대사가 로바노프외상에 한국을 남북으로 분할하자고 제안했을 때 '남북' 2자를 삭제하고 받아들였으나 실제로는 러시아정부는 39도 이북을 러시아의 영향권에 속한다고 생각했다는 증거이다.

한국정부도 러시아황제의 대관식을 계기로 閔泳煥특사를 파견하여 대러교섭을 추진하였다. 6월 5일 민영환대사가 다섯 가지의 요청을 하였을 때는 러일간의 협상이 이미 진행 중이었다. 그의 요청은 로바노프외상을 난처하게 만들었다. 한국의 요청을 받아들이면 일본과 갈등을 유발시킬 위험이 있었기 때문에 러시아는 민영환대사의 요청을 받아들일 수 없었다. 그렇다고 전면 거절하면 한국이 러시아측으로부터 이탈할 염려가 있었기 때문에 반쯤 약속하는 태도를 취했다. 7월 2일 러시아정부는 '회답메모' 형식으로 5개 조항을 약속하였다.[101)]

---

98) 《日本外交文書》 29, 문서번호 482 朝鮮ニ關スル露國トノ協約ニ付報告並ニ意見具申ノ件.

99) 《日本外交文書》 29, 문서번호 478 山縣大使露國トノ議定書成立シタル旨報告ノ件.

100) Vladimir L. Burtsev, *Der Zar und die auswaertige Politik Das geheime Memorandum des Grafen Lamsdorff*/Das Geheime Orangebuch(Berlin: E. Berhard Frowein Verlag, 1910), p.90.

회답메모로 만족하지 않은 민영환대사는 8월 7일 로바노프외상에게 한・러 방위동맹조약을 제안하였다. 이 조회에서 민영환대사는 말하기를 한국은 러시아와 국경을 접하며, 다년간 양국은 상호친선을 도모하여 왔고, 앞으로 그 친선이 더욱 더 강화되어야 된다고 하였다. 앞으로 타국이 한국의 자주독립을 침해하게 되면 러시아는 병력으로 한국을 보호해 줄 것을 요청하였다.[102] 그러나 러시아정부는 민영환대사가 러시아정부와 동맹조약을 체결할 권한이 없는 것을 알았고 더 이상 이 문제에 관하여 토론하지 않았다. 니콜라이 2세의 재가를 받아 로바노프외상은 다음과 같은 조회를 민영환대사에게 권하였다. "本大臣은 귀하의 뜻을 奏上하였고, 러시아정부를 대표하여 한국정부에 대한 불변의 호의를 보증한다. 앞으로 한국 왕국의 이익을 보호하기 위하여 가능한 협력을 할 것이다."[103]

8월 13일의 로바노프 조회와 회답메모는 러시아의 대한반도 정책을 잘 나타낸다. 러시아는 한국의 영토와 독립을 보장하였고, 한국을 합병하던가 보호국화할 의사가 없었다. 한반도문제로 인하여 러시아는 일본・영국 및 미국과 충돌할 필요가 없었다. 민영환대사가 제안한 한・러 방위동맹은 러・청 방위동맹이 커버했기 때문에 필요가 없었다. 러・청 비밀조약에 의하여 일본이 한국을 침략했을 경우에 러시아와 청국이 공동으로 한국을 방어하게 되어 있었다.[104]

3) 러시아의 한반도 분할 제안

1897년 12월 중순 러시아 극동함대가 여순항을 점령하기 시작하였다. 일본을 달래기 위하여 1898년 1월 러시아정부는 일본정부에 접근하였다. 여순・大連의 확보를 위해 러시아는 어느 정도 한국을 일본에게 양보할 수밖에 없었다. 당시 한국정부가 알렉세예프(K. A. Alexeiev)를 顧問으로 임명한 데 대해

---

101) B. A. Romanov, *op.cit.*, pp.144~145.
102) Boris D. Pak, *op.cit.*, p.132.
103) Pak Chon Xë, *op.cit.*, pp.53~54.
104) 金景昌, 앞의 책, 464~465쪽.

서 일본정부는 격분하고 있었다.[105]

2월 중순 일본은 러시아주재 일본공사 하야시를 통하여 대러 협상을 제의하였다. 한국 군대를 훈련시키는 군사교관은 러시아정부가 임명하고 일본정부는 재정고문관을 임명한다는 제안을 하였다.[106] 위테재무대신은 일본이 재정고문관을 임명하게 되면 한국 경제는 일본이 지배하게 될 것이라고 일본의 제안을 반대했다.[107] 그리고 나서 잠시 러·일협상이 교착상태에 빠지게 되었다.

이 무렵 스페이에르공사는 러시아의 영향력을 강화하려고 노력하였으나 실패하였다. 독립협회를 위시한 한국 국민의 저항과 일본 및 영국의 반대로 스페이에르의 강경정책은 성공하지 못하였다.[108] 일본의 재정고문관 임명 제안은 위테의 입장에서는 받아들일 수 없었다. 그는 알렉세예프 고문관을 서울에서 철수시키면 한국 경제는 일본이 지배하게 될 것이고, 그 결과 러일전쟁은 불가피할 것으로 보았다. 알렉세예프의 소환 이후 위테는 露韓銀行을 폐쇄하고 한국과의 경제적 거래를 중단시켰다.[109] 위테의 반대에도 불구하고 무라비예프(M. N. Muraviev)외상의 의견이 승리하였다. 그는 여순·대련에서 러시아의 위치를 강화하기 위해서는 러시아는 일본 및 영국과 우호관계를 유지해야 된다고 보았다.[110] 일본과의 교섭을 촉진시키키 위하여 무라비예프는 스페이에르를 북경공사로 영전시키고 마튜닌(N. G. Matunin)을 공사로 임명하였다.

3월 18일 니시외상은 일본주재 러시아공사 로젠(R. R. Rosen)에게 만주를 한국과 교환하자는 제안을 하였다.[111] 3월 29일 러시아정부는 일본의 滿韓交換提案을 거절하였다. 무라비예프외상은 일본과의 군사적 충돌을 회피하기 위하여 한국을 일본에게 포기하려고 하였다.[112] 그러나 러시아 군부는 한국

---

105) Seung Kwon Synn, *op.cit.*, p.253.

106) 《日本外交文書》 31-1, 문서번호 119 林公使ヨリ露外相ニ手交セル日本側ノ議定書草案寫, 138쪽.

107) B. B. Glinskii, *Prolog Russko-Iaponskoi Voiny*(Petrograd, 1916), pp.64~65.

108) Seung Kwon Synn, *op.cit.*, pp.261~265.

109) B. A. Romanov, *op.cit.*, pp.207~208.

110) Pak Chon Xë, *op.cit.*, p.123.

111) 《日本外交文書》 31-1, 문서번호 141 韓國ノ援助ハ日本ニ一任サルヘキ旨述ヘシロ上書, 153~154쪽.

에서 일본에게 그렇게 광범위한 정치적 영향력을 부여하는 것이 러시아 연해주 지방을 위협하는 전략적 기지를 일본에게 제공하는 것이므로 절대적으로 이를 반대하였다. 더구나 러시아 해군은 여순항이 러시아 함대의 극동 연료공급지로서는 적당치 않아 한국의 남해안에 다른 해군기지가 필요하다고 확신했다. 따라서 러시아정부는 만주를 한국과 교환하자는 일본의 제의를 거절하였다.[113]

알렉세예프를 고문으로 한국정부가 임명한 데 대해서 불만을 품고 있던 일본이 러시아 함대가 여순항을 점령하자 러시아와의 전쟁을 준비하기 시작하였다. 일본은 러시아의 남진정책을 억제해 온 영국과 공동으로 대응하여 한국을 점령하려고 하였다. 무라비예프외상 생각으로는 일본이 영국과 동맹관계를 맺고 한국을 점령할 것이라고 믿고 있었다.[114] 이때 무라비예프는 만약 일본정부가 한반도의 남부를 군사적으로 점령하려고 결정하면, 러시아도 북한의 전략적인 거점을 점령해야 된다고 국방장관에 청원하였다.[115] 이 사실은 러・일의 한반도 분할획책 정책에서 대단히 중요하다. 1896년 야마가타 대사가 39도선에서 한국을 분할하자고 로바노프외상에게 제안했을 때 러시아정부는 반대하고, 그 대신 로바노프・야마가타 議定書 비밀조항에서 한반도가 남북으로 분할되었다. 1898년 러시아가 여순을 점령하였을 때 만약 일본이 남한을 점령하면 러시아는 북한을 점령해야 된다고 무라비예프외상이 주장한 것은 러시아정부가 39도선 이북을 러시아 영향권내에 속한다고 보았기 때문이다.

오랜 교섭 끝에 4월 25일 로젠－니시 協定(Rosen－西 Convention)이 東京에서 체결되었다. 이 협정 3조에서 러시아는 한・일 양국간의 상업 및 공업의 발달을 방해하지 않는다고 규정지었다. 만주에서 시베리아철도를 건설하기 위하여 러시아는 정치적・경제적으로 한국을 일본에게 양보할 수밖에 없었다. 무라비예프외상은 마튜닌공사에게 일본과의 충돌을 방지하기 위하여 자

112) Sergei I. Witte, *Vospominaniia*(Berlin, 1922), p.145.
113) 위와 같음.
114) Pak Chon Xë, *op.cit.*, p.128.
115) 위와 같음.

제하도록 명령을 내렸다.[116] 그 결과 한국은 러시아 극동정책의 중요 지역에서 제외되게 되었다. 러시아 외교정책의 초점은 만주로 집중되었다.

1900년 여름 청국에서 의화단사건이 발발하자 수만 명의 러시아군이 만주를 점령하기 시작하였다. 주러시아 일본공사 고무라 쥬타로(小村壽太郎)는 의화단사건이 러시아와 한국문제를 해결하는 데 절호의 기회라고 생각하였다. 그리하여 7월 22일 고무라공사는 滿韓교환 제안을 아오키 슈조(靑木周藏)외상에 건의하였다. 일본과 러시아가 한국과 만주에서 서로 자유행동을 할 수 있도록 세력범위를 획정하자는 제안이었다.[117] 7월 26일 아오키외상은 만한의 勢域協定案을 고무라공사를 통해서 러시아정부에 제안했다.[118] 그러나 러시아정부는 한반도를 39도선에서 분할하자고 제의하였다. 이번에는 일본이 39도선 제안을 거절하였다.[119]

1900년 7월 중순경 러시아군이 의화단을 진압하기 위하여 훈춘·하르빈市를 점령한 후 남진하게 되자, 고종은 외국 군대의 한반도 상륙을 예방하기 위한 조치를 취하기 시작하였다. 고종은 청국과 같이 한국도 외국 군대의 한국점령이 불가피하다고 보았다. 그는 외국대표들을 소집하여 유사시 한국을 도와 줄 것을 호소하였다.[120] 이때 러시아정부는 일본이 의화단사건을 이용하여 한반도를 군사적으로 점령할까봐 염려하고 있었다. 람스도르프(V. N. Lamsdorf)외상은 동경주재 러시아공사 이즈볼스키(A. P. Izwolskii)를 통하여 만약 일본이 군대를 한국에 파견하게 된다면, 로바노프-야마가타 의정서에 의하여 러시아도 같은 수의 군대를 한국에 파병할 수 있다고 일본정부에 통보하였다. 또한 양국 군대가 출병하였을 때 양국 군대 사이에 점령하지 않는 空地를 설정해야 된다고 하였다.[121] 아오키외상도 람스도르프외상 의견에 동의한다고 이즈볼스키공사에게 말하였다.[122] 여기서 중요한 것은 러시아와 일

116) Pak chon Xë, *op. cit.*, p.129.
117) 《日本外交文書》 33, 문서번호 522 滿韓ニ於ケル日露勢域協定方稟申ノ件.
118) 《日本外交文書》 33, 문서번호 531 目下ノトコロ韓國ニ關シ何等行動ヲ執ラザル旨回答ノ件－註.
119) 《日本外交文書》 33-3, 事項 20 〈雜纂〉, 문서번호 2370 山縣侯意見書, 952~953쪽.
120) Boris D. Pak, *Rossiia i Koreia*(Moscow, 1979), p.175.
121) 위와 같음.
122) Boris D. Pak, *Rossiia i Koreia*(Moscow, 1979), p.176.

본 양국이 1896년 로바노프－야마가타 의정서의 비밀조항에 의하여 한반도가 39도선을 경계로 분할되어 있었다고 서로 인정한 사실이다.

러시아정부가 염려한 대로 1900년 여름 일본 야마가타내각은 한국의 점령을 준비하고 있었다. 원래 야마가타는 한국을 점령하기 위해서는 러시아와 전쟁을 해야 된다고 믿고 있었다. 그의 생각으로는 시베리아철도가 완성되지 않았기 때문에 러시아는 일본과의 전쟁을 회피할 것이라고 보았다. 야마가타 수상은 영국과 미국은 일본의 한반도 점령을 찬성할 것으로 생각했다. 그러나 三國干涉때와 같이 러시아 · 프랑스 및 독일이 반대할 수도 있다고 보았다. 이러한 가능성을 사전에 방지하기 위하여 오오끼수상은 주독일 이노우에 공사에게 독일정부의 견해를 타진토록 훈령했다. 일본이 한국을 그의 세력범위에 넣은 경우에 독일은 최소한 호의적 중립을 지켜줄 것인가 하는 내용이었다.[123] 독일정부는 엄중 중립을 지킬 것이라고 하였다. 그러나 야마가타내각이 9월 26일 사직하였기 때문에 일본의 한반도 점령은 이루어지지 않았다.[124]

1901년 1월 7일 동경주재 러시아공사 이즈볼스키는 가토 다카아키(加藤高明)외상에게 열강의 공동보증하에 한국의 중립화안을 제안하였다. 주청 일본공사 고무라가 가장 현명한 충고를 가토외상에게 하였다. 그의 생각으로는 러시아가 한국의 중립화안을 제안한 것은 그들의 만주에서의 자유행동을 얻기 위한 것으로 보았다. 따라서 러시아가 만주까지 중립화하지 않는 한 일본은 한국을 중립화하면 안 된다고 지적하였다. 그러나 만약 만주와 한국을 동시에 중립화할 수 없다면, 일본은 한국에서, 러시아는 만주에서 각 세력범위를 분할하여야 된다고 주장하였다.[125] 그 후 피터스버그와 동경에서 러 · 일간의 교섭이 진행되었으나 아무 성과 없이 끝났다.

1901년 11월말 이토 히로부미(伊藤博文)가 피터스버그를 방문하여 러시아 지도자들과 만주문제를 해결하려고 노력하였으나 실패하였다. 1902년 2월 일본은 영국과 동맹관계를 맺고 러시아와의 전쟁을 서두르게 되었다.

123) 《日本外交文書》 33, 문서번호 526 韓國ヲ日本ノ勢力範圍下ニ保有スル場合ニ於ケル獨國ノ態度及措置ニ付任國へ內閣方訓令ノ件.
124) 信夫淸三郎 · 中山治一 編, 《日露戰争史の硏究》(東京 : 河出書房新社, 1959), 95쪽.
125) 《日本外交文書》 34, 문서번호 398 韓國中立問題ニ關シ外務次官補「バーチー」談話ノ件.

1903년 6월 일본정부는 러시아와 협상을 하기로 결정하였다. 8월 12일 주러공사 쿠리노 신이치로(栗野愼一郎)가 일본정부의 제안을 제출하였다. 이 제안에서 일본은 한국을 완전히 일본 세력하에 둘 것을 요구하고, 만주에서의 러시아의 권한을 철도경영에 한정시키려고 하였다.[126] 10월 3일 대안에서 러시아정부는 39도선 이북을 중립지대로 할 것을 제안하였다.[127] 이에 대하여 일본은 만주 양국경에 걸쳐 남북 각 50km의 중립지대를 설정할 것을 제의하였다. 러·일간의 교섭은 1904년초까지 계속되었으나 성공하지 못하였다. 러시아가 전쟁준비가 안 된 것을 간파한 일본은 1904년 2월에 전쟁을 시작하였다.

〈辛承權〉

126) John A. White, *The Diplomacy of the Russo-Japanese War*(New Jersey : Princeton University Press, 1964), pp.351~352.

127) 《日本外交文書》 36-1, 문서번호 25 露國公使ヨリ露國對案提出ノ件, 22~23쪽.

Ⅱ. 열강의 이권침탈 개시

1. 열강의 이권쟁탈상
2. 독립협회 전후 일제의 이권강점
3. 이권수호운동

Ⅱ. 열강의 이권침탈 개시

1. 열강의 이권쟁탈상

1894년 청일전쟁 이후 한국에 대한 열강의 동향은 전쟁에서 패배한 청나라가 한반도에서 물러가게 되면서 일본에 의해 독점체제가 구축되었다. 일본은 한국에 대해 강제로 〈暫定合同條款〉을 맺어 전선·철도·광산이권을 장악할 수 있는 권리를 잠정적으로 획득하였다. 그러나 일본의 독주에 대해 러시아를 주축으로 한 삼국간섭으로 열강의 견제가 심해지고, 을미사변으로 인해 일본의 정치적 입지가 한동안 위축됨에 따라 한반도 정세는 러·일의 각축 상황으로 전화되어 갔다. 특히 1896년 아관파천으로 주도권을 잡게 된 러시아는 한국의 국왕이 자국 공사관에 파천해 있는 동안 한국정부의 인사와 정책에까지 간섭이 용이하게 되자 많은 경제적 이권을 획득하였다. 이에 구미 열강도 기회균등을 주장하여 러시아의 불간섭과 묵인하에 수많은 이권을 차지했으며, 일본도 구미 열강으로부터 여러 이권을 전매하는 형식으로 이를 획득하였다. 그 결과 1896년부터 98년까지 불과 3년 동안 근대적 시설과 자원개발을 위한 주요 이권들이 아주 값싼 조건으로 열강의 손으로 넘어갔던 것이다. 그러나 이러한 이권들을 열강이 차지하기까지는 하루아침에 이루어진 것이 아니라 개항 이후부터 줄곧 한국에 대한 치밀한 조사를 통해 정확한 정보를 갖고 있었던 데 기인한다.

이권 획득의 양상은 열강에 따라 차이가 있지만 대부분 이익 균점을 내세우며 광산·철도·전선·삼림·어업 등 각 분야에 걸쳐 중요한 이권을 차지하였던 것이다. 그들은 목적을 실현시키기 위해 무력으로 위협하거나 혹은 외교적 수완을 동원하였고 동시에 불법 침탈을 감행하여 한국에 대한 주권 침해도 서슴지 않았다. 이러한 현상은 한국의 정상적인 경제 성장을 지연시켰을 뿐 아니라 국제관계상 한국의 지위를 위태롭게 하는 데 적지 않은 영향을 끼쳤다.

1) 미국의 이권쟁탈상

(1) 광산이권

개항후 일본의 정치적·경제적 침투와 청의 내정간섭으로 국내 정세가 불안했던 한국은 이들 세력을 견제할 수 있는 새로운 세력을 원하고 있었다. 이 때 영토적 야심을 갖고 있지 않은 것으로 알려져 있었던 미국에 대해 한국정부는 각별한 호의와 정치적 협조를 기대하였고, 그 결과 구미 열강 가운데 가장 먼저 조약을 체결하게 되었다. 특히 1884년 내한하여 선교사로, 의사로, 외교관으로 활약하였던 미국인 알렌(Horace N. Allen, 安連)은 고종의 각별한 총애를 받고 있으면서 雲山金鑛 채굴권·경인철도 부설권·전기 가설권 등 주요 이권이 미국으로 넘어가는 데 지대한 공헌을 하였다.

먼저, 금광은 비단 미국뿐만 아니라 한국과 조약을 맺은 거의 모든 열강들의 관심이 집중되어 있었다. 그 까닭은 첫째로 한국에 금이 많이 매장되어 있다는 소문이 오래 전부터 널리 퍼져 있었고, 둘째로 금은 자본주의 경제체제에서 무역의 결제수단과 화폐발행의 준비수단으로 중요한 역할을 담당하기 때문이다. 게다가 광산개발은 대규모의 자본과 고도의 과학기술을 필요로 하는 것이기 때문에 아직까지 한국의 경우 본격적인 개발이 이루어지지 않고 있는 불모지와 다름없었다.[1] 이러한 금광이권 문제에 있어서 미국이 획득한 운산금광의 채굴권은 특히 중요한 의미를 지니고 있는데, 이 雲山鑛約의 내용이 본보기가 되어 다른 열강도 그것을 토대로 채굴계약을 맺고 있기 때문이다.

미국이 운산금광을 차지하는 데 있어서도 알렌의 역할이 매우 컸다. 갑신정변 당시 부상당한 閔妃의 조카 閔泳翊을 치료해 준 인연으로 고종과 민비의 두터운 신임을 받고 있던 알렌은 이후 궁중에 자주 드나들면서 고종의 侍醫로서 뿐만 아니라 국제문제의 자문에도 응하고 있었다. 이미 1883년 5월에 부임한 초대 공사 푸트(Lucius H. Foote, 福德)이래 한국의 광산에 대해 많은

---

1) 李培鎔, 《韓國近代鑛業侵奪史硏究》(一潮閣, 1989), 1쪽.

관심을 갖고 있었던 미국은 마침 1887년 고종으로부터 한국의 막대한 부채와 열강의 정치적 간섭을 해결할 수 있는 방안을 강구해 달라는 요청을 받게 되었는데, 고종의 내심은 미국의 세력을 끌어들이려는 것이었다.[2] 즉 1880년대 초기부터 미국이 갖고 있던 한국 광산에 대한 관심은 이미 실질적인 탐사와 더불어 다른 나라보다 앞서 광산개발권을 획득할 수 있는 객관적인 조건을 구비하고 있었던 것이다. 여기에 더욱 유리한 조건을 조성하게 된 것이 한국왕실과 맺고 있었던 친밀한 관계였다.

이에 알렌은 즉시 금광이권을 미국상사에게 주는 것이 가장 최선의 방법이며 금의 매장량이 가장 많기로 소문난 평안도 운산금광의 독점적 개발권을 줄 것을 제안하였다. 물론 미국과 정치적·경제적으로 연결시키는 방법으로 광산이권을 허가해 달라는 알렌의 제의에 고종은 흔쾌히 수락하였지만, 당시 한국의 국내사정은 고종 자신이 마음대로 외국에 이권을 줄 수 있는 형편은 아니었다. 게다가 자본가의 물색도 수월치 않자, 결국 차선책으로 알렌은 고종에게 우선 광산개발은 한국정부에서 직접 주관하고 근대식 기술을 습득한 미국인 광산 기술자를 뽑아 보낼 것을 제의하였다. 이러한 과정에서 고종은 금광이권을 미국에게 넘기면 미국이 그들의 이익을 보호하기 위해 한국문제에 관심을 가질 것이라는 알렌의 기만에 넘어갔다는 견해도 나오고 있다.[3]

그리하여 알렌의 주선으로 1888년 피어스(Aillerd Ide Pierce, 皮於瑞)가 鑛務局에 고용되어 운산금광에서 1년 동안 채굴작업에 종사하였다.[4] 다음 해에는 비록 문서 전달상의 오류로 인한 것이기는 하지만 다시 5명의 미국인 광산 기술자와 근대식 채광기계가 도입되어 운산금광으로 보내졌는데,[5] 이렇

2) Allen to Everett, Microfilm 365, July 2, 1887, *Horace N. Allen Paper*(韓國硏究院 소장, 마이크로필름)

3) 李培鎔, 앞의 책, 63~64쪽.

4) Spencer J. Palmer, ed, "Dinsmore to Secretary of State", No. 196, August 16, 1889, *Korean-American Relations* Vol. 2(Berkeley : University of California Press, 1963).

5) 이 5명의 미국인 鑛師 초빙문제는 알렌의 착오였다고 한다. 즉 한국정부는 알렌에게 5명의 광산기술자를 요청한 것이 아니라 'One Machinist foreman' 즉 鑛山技師長 1명이라 한 것을 알렌은 'One Machinist four men'으로 알아듣고 5명의 광사를 보내 한국정부가 난처한 입장에 빠지게 된 것이라 한다(F. H. 해링튼 著, 李光麟 譯, 《開化期의 韓美關係》, 一潮閣, 1973, 147쪽).

듯 미국은 간접적이나마 운산금광 개발과 정보탐지에 적극적이었다. 모든 근대식 기술이 운산에 보급되어, 근대식 채광법은 한국 광산 중 최초로 운산금광에서 실행되었다. 이것은 물론 표면적으로는 한국정부측의 광업 근대화 의도에 의한 것이었지만 그 내면에는 미국측의 운산금광 개발 가치를 측정하기 위한 일련의 시도로 보는 것이 타당할 것이다. 즉 미국은 운산금광 개발권을 부여하겠다는 한국왕실의 언질을 받고 그 후 鑛師를 파견하였던 것인데, 실제로 초빙된 광사들은 한국광산의 근대화를 위해 힘을 기울이기보다는 앞으로 미국이 운산금광 개발에 착수하기 위한 예비조사로서 그들의 업무에 비중을 두었던 것이다.

그런 동안 알렌은 계속 자본가를 물색하던 중 일본의 요코하마(橫濱)에서 무역 활동을 하고 있는 모오스(J. R. Morse, 毛於時)를 적임자로 선정하여 드디어 1895년 7월 고종의 특명으로 운산금광 채굴 계약이 성립되었다.[6] 그러나 곧이어 발생되는 을미사변으로 권리만 확보해 놓았지 별다른 광업개발에 착수하지 못하였다. 이듬해 1896년 4월 정식으로 운산금광 특허권이 한국의 외부대신 李完用과 미국인 모오스 사이에 재조인되었다.

그 내용 속에는 채굴기한을 25년으로 하는 한편 주식의 4분의 1을 한국왕실이 소유한다는 조항이 있었다. 또한 광업에 필요한 기계와 소용물에는 일체 과세하지 않는다는 내용도 포함되어 있었다. 그런데 모오스는 朝鮮鑛業會社를 설립하여 막상 채굴에 착수하려 하고 또 그 자신 한국의 경인철도 이권과 광산이권에 많은 관심을 갖고 있었음에도 불구하고 원래 자본이 취약하여 적극적인 개발을 할 수 없었다. 결국 모오스는 뉴욕의 유력한 자본가인 헌트(Leigh S. J. Hunt)와 파세트(J. Sloat Fasset)에게 1897년 3만 불에 양도하게 되었다.[7] 헌트와 파세트는 버지니아州에서 영국의 자본까지 포섭하여 총자본금 500만 불을 모아 東洋鑛業開發株式會社(Oriental Consolidated Mining Company)를 조직하여 대대적으로 운산금광 개발에 착수하였다.[8] 모오스의 조

---

6) 《奎章閣契約文書》(奎 23183), 〈雲山鑛約草案〉.
李培鎔, 앞의 책, 75쪽 및 附錄 참조.

7) 철도이권은 일본에게 넘겨주고 있다.
田保橋潔, 〈國際關係上の朝鮮鐵道利權〉(《歷史地理》 57-4, 1931), 2쪽.

8) Oriental Consolidated Mining Co, Certificate, May 13, 1898.

선광업회사에 비하면 자본금만도 50배나 되는 큰 조직이었다. 이 회사를 설립하면서 곧 채광에 착수하였고 조선광업회사를 완전히 인수한 것은 1898년 5월 18일이었다.

운산금광이 계속 호조를 보이자 헌트는 한국왕실과 공동소유가 아닌 미국인 단독으로 경영하는 방향으로 기울어져 1899년, 4분의 1의 주식에 대해 10만 불을 한국왕실에 지불하여 모두 사버리고 세금으로 매년 25,000원을 상납하게 되었다. 한 걸음 더 나아가 1900년에는 매년 상납금을 내는 대신 일시불로 12,500불을 지불하고 계약기간도 15년을 더 연장하여 1939년 3월 27일까지로 하였다.9) 운산금광은 노다지금광으로 유명한데 미국인들이 경영하면서 매우 많이 금이 쏟아져 나온다는 소문을 듣고 운산일대의 주민들이 미국인 금광회사의 철조망으로 모여들자 이를 제지하려는 미국인들이 '노터치(Notouch－손대지 말라)'를 연발하자 '노다지'로 알아듣고 이후에는 금이 많이 나온다는 말이 '노다지'로 통용되었던 것이다.

한국이 미국에게 운산금광을 넘겨줄 때는 미국으로 하여금 경제적 관심을 갖게함과 아울러 국제적 갈등속에서 정치적으로 한국에 대한 원조를 구하려는데 목적을 두고 있었다. 말하자면 한국정부는 미국이 열강의 침략을 저지시켜 주리라는 기대하에서 이권을 넘겨주었던 것이다. 이러한 한국정부의 기대와는 달리 시종일관 미국은 정치적 불개입의 입장을 견지하고 경제적 이권만을 얻는 데 관심을 보였다. 뿐만 아니라 그들의 이익과 관계되는 일에는 한국측의 입장은 조금도 개의치 않고 불법행위를 자행하였으며 심지어 한국정부의 인사문제에까지 간섭하였다.

운산금광에서 약 40년간 채굴을 담당하였던 동양광업개발주식회사의 경영진에는 한사람의 한국인도 참여시킴이 없이 미국인만으로 구성되어 있었다. 그리고 그 금광에서 총 900만 톤의 금광석을 생산하여 총 5,600만 불의 산출고를 올렸다. 또한 1909년에는 운산 및 그 부근의 삼림 채벌권까지 획득하여 더욱 더 수익을 증가시킬 수 있었다. 그리하여 총 경비를 제외한 순이익이

9) 《奎章閣契約文書》(奎 23194), 〈雲山鑛約改定件〉.
이와 더불어 추후 광산시설이 확장되어 더 많은 기간이 요구된다고 인정될 때는 15년을 추가하여 1954년 3월 27일까지 채굴할 수 있도록 협정을 맺었다.

1,500만 불이었으니 쉽게 생각해서 4분의 1의 왕실 소유주를 일찌감치 단 10만 불에 팔아 넘기지 않았으면 한국왕실이 375만 불의 수익을 얻을 수 있었다는 계산이 나오는 것이다. 여하튼 이로 인한 한국의 경제적 손실은 실로 막대하여 민족자본의 형성 기반을 저해하는 요인이 되었다고 할 수 있다.

⑵ 철도이권

京仁·京釜·京義 등 각 철도의 부설권은 차례로 일본에 의해 장악되어 일본이 한국을 식민지화하는 과정에서 가장 중요한 역할을 수행하게 되었지만, 철도를 둘러싼 이권 각축은 이미 영국·프랑스·독일·미국·러시아·일본 등에 의해 치열하게 전개되었다. 따라서 이상의 여러 철도는 그 성립 배경과 법률적 소유관계를 서로 달리하고 있었을 뿐만 아니라, 운영상에도 각각 다른 특색을 갖고 있었다.[10)]

미국은 모오스가 알렌의 도움을 받아 경인철도의 이권을 얻어내고 있었다. 알렌은 일찍부터 한국의 철도에 관심을 갖고 부설권을 미국인 자본가에게 얻어주려 하였다. 그러나 처음에는 청나라에 의해, 뒤에는 일본의 항의로 이룰 수 없었다. 아관파천 이후 미국이 유리한 입장에 서게 되자 알렌은 즉각 고종에게 경인철도 부설권을 요구하여 1896년 3월 모오스와 정식계약을 체결하게 되었다.[11)]

13개조로 되어 있는 경인철도 허가서는 뒤에 다른 열강에게 양여한 철도이권, 이를테면 경부·경의철도 부설 계약의 기초가 되었다. 즉 주요 내용은 제5조에 "철도의 공사용·운전용 재료의 도입에는 관세를 면제하고 철도에서 생기는 수입 및 회사의 재산에도 과세하지 않는다"고 되어 있고, 제7조에 "이 회사는 계약을 체결하여 노선의 건설·소유·보존 및 운전에 요하는 모든 재산을 소유·양도·처분할 수 있다"라고 되어 있으며, 제11조에는 "본 철도가 완성된 후 15년이 경과했을 경우, 한국정부가 본 철도의 재산을 당시의 시가로 매수할 수 있다. 만일 매수할 수 없을 때는 본 허가는 다시 10년

10) 鄭在貞, 〈韓末·日帝初期(1905~1916년) 鐵道運輸의 植民地的 性格(上)—京釜·京義鐵道를 中心으로〉(《韓國學報》 28, 1982), 119쪽.
11) 朝鮮鐵道史編纂委員會, 《朝鮮鐵道史》 1(朝鮮總督府 鐵道局, 1937), 43~49쪽.

간 계속하는 것으로 한다"고 되어 있었다. 이로 볼 때 모오스는 헐값으로 부설 용지를 매수하고 철도용 자재의 수입을 면세받는 등 크게 혜택을 받고도[12] 앞으로 15년이란 긴 기간에 걸쳐 경인철도를 독점하게 되었다. 게다가 한국정부가 재정이 궁핍함을 알고 다시 10년을 재보장받는 단서를 붙였던 것이다.

모오스는 경인철도 부설권을 얻은 뒤 친구인 미국인 타운샌드(W. D. Townsend, 陀雲仙)와 함께 韓國開發會社(Korea Development Co.)를 설립하고 콜브란(A. H. Collbran, 骨佛安)을 기사장으로 하여 선로의 측량을 완료하였다. 이듬해(1897) 3월 인천 牛角里에서 기공식을 거행하였다. 그리고 2개월 가까이 공사를 진행하였으나 갖고 있던 자본이 다 떨어지자 1898년 4월 일본인 시부자와 에이치(澁澤榮一)를 대표로 하는 京仁鐵道引受組合과 계약을 맺어 前渡金 20만 불을 받은 뒤 다음해(1899) 1월 완전히 매도해 버리고 말았다. 이때 모오스가 일본측으로부터 받은 금액은 170만 불로 전도금까지 합치면 200만 불에 가까웠다. 모오스는 허가서 1장으로 큰 횡재를 한 셈이었다.[13]

경인철도 부설권을 인수한 시부자와는 그전부터 한국의 금융업 등 제반 이권에 관심을 가지고 접근하였을 뿐 아니라 이미 경부철도 부설권을 획득하기 위한 발기위원를 조직하여 한국정부에 교섭을 시도한 바 있었다. 그러던 차에 경인철도 부설권을 얻은 모오스가 자금 조달이 어렵다는 소식이 있자 일본정부의 지원을 받아 그 권리를 인수하게 되었다. 시부자와는 1899년 5월 京仁鐵道合資會社를 설립하여 그 해 9월 한강 노량진에서 인천까지 개통시킬 수 있었다.

(3) 전기사업 독점권

금광 채굴권과 철도 부설권 외에 전기사업에 관계되는 이권이 또한 외국인에게 넘어갔다. 경인철도 부설공사에 기사로 참여하였던 콜브란과 보스트

12) 실제로 경인철도는 철도 재료의 대부분이 미국으로부터 수입되었고, 또 철도의 경영방식도 미국의 영향을 받은 민간식 경영이었다(鄭在貞, 앞의 글, 119쪽).

13) 田保橋潔, 앞의 글, 530쪽.
朴性根, 〈京仁線敷設權과 美日關係〉(素軒南都泳博士華甲紀念《史學論叢》, 太學社, 1984) 참조.

윅(Hany R. Bostwick, 甫時旭)이 1898년 2월 19일 역시 알렌의 도움을 얻어 서울 시내에 전차와 전기를 가설하는 권리를 획득하였던 것이다. 특히 전차의 가설은 고종황제의 빈번한 洪陵(閔妃陵) 행차를 보고 콜브란 등이 비용이 절감되고 번잡함을 피하는 길은 전차를 가설하는 것이 최선책이라고 진언하자 황제가 승낙함으로써 이루어진 것이다.

우선 고종은 서둘러 자본금 20만 원으로 漢城電氣會社를 설립하였다. 운영진으로는 고종을 대리한 사장에 李采淵, 부사장으로는 玄尙建이 참여하였다. 한성전기회사가 처음으로 착수한 사업은 전차 노선의 부설로서, 콜브란과 보스트윅에게 위촉하였다. 이 전차의 운영을 둘러싼 계약문을 보면 콜브란 등이 공사비용 및 수수료를 받기로 하고 공사를 청부 맡았으며 전차의 운영까지도 대행해 주기로 약속하였다. 또한 사건이 발생했을 경우에는 전혀 미국측은 책임질 필요가 없다는 것이 명시되어 있다. 즉 초기 한성전기회사의 성격은 고종이 단독으로 투자하여 설립한 한국회사였으며 콜브란과 보스트윅은 공사 청부사업자였던 것으로 파악된다.14)

여하튼 이 회사의 설립으로 동대문에 발전소가 세워지고 1899년 5월에는 서대문에서 홍릉사이에 單線軌道의 전차가 개통되고 이듬해에는 우리 나라에서 최초로 민간용 전등이 켜지게 되었다.

그런데 전차를 둘러싸고 많은 문제가 일어났다. 이를테면 가설공사에 있어서는 생계에 위협을 느낀 인력거군의 반대에 부딪치기도 하였고 전차가 개통된 뒤에는 사람을 치어 죽게 한 사건이 일어나 이를 목격한 군중들이 전차를 때려부수고 이를 불태워 버리는 한편 전차를 파괴하고 일본인 전차 승무원을 부상시키는 사건까지 발생하였다. 이에 콜브란 등은 손해배상을 청구하였다.

설상가상 한성전기회사는 자본과 기술이 매우 미숙한 상태에서 시작했으므로 첫 번째 사업인 전차 노선 공사비용부터 콜브란에게 제대로 지불하지 못하고 한성전기회사 자체를 담보로 잡히게 되었다. 이러한 과정에서 콜브란은 채권자로서 정식으로 앞서 손해배상금을 합친 150만 원의 채무액을 지불

14) 魯仁華, 〈大韓帝國時期의 漢城電氣會社에 관한 研究〉(《梨大史苑》 17, 1980).

할 것을 주장하고 직접 한성전기회사 운영에 관여하기 시작하였다. 채무 해결을 위한 문제는 콜브란이 부당한 요구를 하고 있다는 한국정부의 항의로 상당한 시일을 끌면서 양국 정부간의 문제로 확대되기 시작하였다. 이에 해관 총세무사였던 영국인 브라운(John McLeavy Brown)이 중재역할에 나서 원장부를 조사할 것을 제의하였으나 콜브란은 원장부가 소실되었다는 이유로 거절하였다. 뿐만 아니라 후에 그의 조사에 의하면 원채무액은 50만 원 정도로 콜브란 등이 3배나 올려 잡아 책정하였음도 아울러 밝혀지고 있다.

그러나 1904년 러·일전쟁이 일어나자 한국정부는 오히려 미국의 환심을 끌기 위해 콜브란과 보스트윅이 요구한 액수 중 75만 원을 지불하고 새로운 계약을 체결함과 아울러 서울의 수도 공사 이권까지 주었다.

1904년 6월 채무액의 지불이 완료되자 한성전기회사를 재편성하게 되었다. 즉 콜브란과 보스트윅은 미국측이 100만 원, 고종이 100만 원을 투자하여 총자본금 200만 원으로 한·미합자회사를 설립한 것이다. 따라서 명칭도 韓美電氣會社로 개칭하였다.[15] 그런데 자본금을 증자한다는 명목으로 콜브란은 고종의 양해 아래 미국 코네티커트州 세이브루크市의 엠파이어 트러스트회사(Empire Trust Company)와 교섭을 시작해 25만 불의 차관을 얻어냈다. 이때의 계약서의 규정대로 종로에 있던 회사 본점을 세이브루크시로 이전하게 되었고 회사의 대표명의도 밀스(H. R. Miels)로 변경되었다. 또한 한미전기회사는 코네티커트州法의 지배를 받는 미국회사가 되었다.

물론 실질적인 권한 행사는 콜브란과 보스트윅이 전담하였고 고종은 단순한 출자자에 지나지 않게 되었다.

결국 한미전기회사는 미국의 이익을 대표하는 기관이 되었으며 먼저 고종과 공동 사업으로 시작했던 회사 설립 취지는 백지화되었다. 더욱이 1909년 6월 일본의 정치적 압력으로 콜브란은 회사 권리를 170만 원을 받고 일본에

15) 高麗大 亞細亞問題硏究所 編,《舊韓國外交文書》12(高麗大 出版部, 1967~1973),《美案》3, 문서번호 3108 美人麥九雲 및 麥健護照申請(이후는《舊韓國外交文書》는 생략하고 각국 문서, 즉《美案》,《日案》,《法案》,《德案》,《英案》등으로 표기한다).
善積三郎,《京城電氣會社 20年 沿革史》(東京, 1929)에 실린 漢城電氣會社 定款은 실제는 1904년에 설립된 韓美電氣會社의 정관을 잘못 인용한 것이다.

양도하였다. 회사를 매도하는 과정에서 고종은 전적으로 제외되었으며 콜브란은 자신의 자본만 회수하여 영국으로 떠나버렸다. 이와 같이 한미전기회사가 일본으로 넘어가자 한국인 종업원 100여 명이 이에 항의하면서 동맹파업을 하였다. 그러나 국권이 거의 상실된 상황에서 별다른 실효를 거두지 못하고 일본측의 회유로 일단락되고 다시 일본의 독점사업으로 전환되었다.

2) 러시아의 이권쟁탈상

(1) 광산이권

1896년 2월에 일어난 아관파천은 러시아가 한국에서 정치적 세력을 확장하는 데 절호의 기회를 제공하였다. 마침 그 당시 미국인 모오스가 운산금광 채굴권을 획득하자 즉각적으로 러시아도 광산이권을 차지하게 되었다. 즉 1896년 4월 22일 러시아인 니스첸스키(Nisichensky)에게 함경도 慶源·鏡城郡 전체의 砂金 채취권과 銀·鐵·石炭의 채굴권까지 특허하였다. 아울러 採鑛地로부터 海岸 또는 境界까지의 철도나 馬車道의 부설권을 허여하였던 것이다.

1896년 4월 22일 외부대신 李完用과 러시아인 니스첸스키 사이에 체결된 광산채굴 계약문에 의하면[16] 채굴 기한은 15년(단 석탄의 경우만 25년) 그리고 소득의 4분의 1을 한국왕실에 상납하는 조건이었다. 또한 고용인 문제, 면세 규정은 미국의 경우와 거의 비슷하였다. 단지 러시아는 지역적으로 한국과 가까운 관계로 금광 개발 뿐 아니라 석탄채굴에도 큰 관심을 가지고 있었다.

경원·경성 2군은 함경도의 북단 두만강의 右岸에 위치하고 있다. 이 두 광산은 對러시아 특별 무역장인 慶興과 인접한 지역인 관계로 이 계약에 의거하여 광산을 開採하고 철도를 부설하게 되면 이 지방에 있어서의 러시아의 세력은 한층 더 확장될 수 있었다. 러시아는 이같이 광산 채굴권뿐만 아니라 이에 필요한 교통수단의 이권마저 차지하고 채굴작업에 들어가 주로

16) 國會圖書館 立法調査局 編, 《舊韓國條約彙纂》 下(국회도서관 입법조사국, 1965년), 〈露國人 니시첸스키(Nisichensky) 咸鏡道鑛山採掘 特許契約〉, 465~468쪽. 《慶源·鏡城兩處의 鑛山採掘權을 准許하는 契約書》(奎 23267). 계약문 내용은 附錄 9를 참조할 것.

석탄채굴에 치중했으나 炭質이 좋지 못하여 얼마가지 않아 廢鑛하고 말았다.

이와는 별도로 러시아 상인 세베렙(Shevelev, 佘維略), 스다르체프(Startsev), 그레이(G. Grei) 등 3인이 1897년 2월 23일 러시아 공사 웨베르(Karl Ivanovich Weber, 韋貝)를 통해 함경도 永興·吉州의 금광과 탄광 개발권을 신청하고 그 草稿를 送交하였다.[17] 한편 러시아 海蔘威의 大商 수보로프(M. I. Suvorov)도 같은 해 3월 9일 함경도 端川·三水 두 곳의 광산 채굴권을 요청하였다. 곧이어 계약을 체결하기 위해 러시아 軍部代派師官 코로소브스키(Kolosovsky)를 파견하였다.[18]

이에 한국 외부대신 이완용은 전자의 러시아 상인 3명이 요청한 영흥·길주 광산 채굴권은 허가할 수 없음을 통고하였다.[19] 그 이유는 영흥군은 '我國宮殿尊奉之皇地'이므로 함부로 開塹控鑿할 수 없다는 것과 길주는 이미 작년 여름에 '我民之請願開採地'로서 지금 현재 자본을 투자하여 開鑛작업이 진행중임을 밝히고 있다. 후자의 수보로프의 개광 신청에 대해서는 단천은 오래 전부터 현지민들이 채금작업을 속행하고 있던 곳이라 允准하기 곤란하나 삼수군은 개광을 허가할 수 있음을 시사하였다.[20] 그러나 막상 계약을 체결하려 할 때 러시아인들이 종적을 감추어 별다른 진전을 보지 못하였다.

이후 러시아는 1898년 10월 公使 馬先寧과 秘密參贊 네뽀로지네프(Williams Neporozhnev)가 금광채굴 설계 조목의 초안을 작성하여 고종에게 봉정하였다. 그러나 채굴개시 문제는 자본출자 문제로 잠정적으로 보류상태에 있었다. 애초에 그들이 요구한 것은 궁내부 광산 중 금광 한 곳을 선택하여 러시아 단독자본으로나 아니면 한국왕실과 공동자본으로 출자하여 러시아 광산기사를 고빙할 계획이었다. 그런데 1898년부터 한국정부의 방침이 "외국인은 어느 나라를 막론하고 한국 광산을 개광할 수 없고 또한 어느 나라의 외국인 광

17) 《俄案》 1, 문서번호 807 露人들의 永興·吉州金鑛·炭鑛 開發 契約草稿 送交의 件.

18) 《俄案》 1, 문서번호 809 露商 스워로프의 端川·三水兩處 鑛山採掘權 要請 및 문서번호 816 露商 스워로프의 鑛山採掘權 許可 促求.

19) 《俄案》 1, 문서번호 819 露商에 對한 永興·吉州 鑛山採掘權 不許事.

20) 《俄案》 1, 문서번호 826 露商에 對한 三水郡內 開鑛의 許可事 및 문서번호 1008 三水·甲山地方에서의 露人鐵鑛人의 蹤迹 問議에 對한 回答.

산기사도 고빙하지 않을 것"으로 정해졌음을 통고하였다. 그러자 러시아는 이미 광산채굴권 및 광산기사 고빙에 대해 그 이전에 언약을 받았음을 상기시키면서 先手者에게 허여할 것을 주장하였다.[21] 결국에는 광산기사 고빙문제에서도 러시아는 그들의 목적을 달성할 수 없었다.

이후 1900년대에 이르러서 러시아는 점차 일본의 세력에 밀려 한국에 대한 정치적 세력이 약해지면서 특히 광산이권 분야에서는 별다른 성과를 거두지 못하였다.[22]

(2) 삼림채벌권

러시아는 다른 나라와는 달리 삼림이권에 큰 관심을 갖고 있었는데, 그 이유로 벌목사업이 그 경영상 소자본·저기술로도 가능한 점과 러시아의 지리적 여건이 한국과 인접해서 벌목사업에 유리한 것들을 추측해 볼 수 있다. 그 외에도 간과할 수 없는 것은 이 삼림이권을 기반으로 임야 점유 등의 방법을 통한 영토 침략도 용이하다는 이점을 들 수 있다.

1896년 9월 아관파천 시기에 블라디보스톡 상인 이울리 이바노비치 브리너(J. I. Bryner)는 러시아공사의 도움으로 한국정부와 최초로 한국 최대의 삼림자원의 보고인 두만강과 압록강 연안, 울릉도에 대한 삼림채벌권을 획득하였다. 계약체결 후 브리너는 블라디보스톡에 회사를 설립하고 삼림조약 14조 규정에 따라 1897년 1월 3일 담보금 15,000 루블을 납입하고 벌목 개시를 위한 준비에 착수하였다.[23]

이후 브리너는 1897년 1년간의 사업실적을 결산한 후 합동 조약의 규정에 의하여, 이익금의 4분의 1을 한국정부에 납부하였다. 그가 이익금으로 송부해 온 총액은 377원이었다.[24] 실제의 이익은 이보다 많았으리라 추측된다.

---

21) 《俄案》 2, 문서번호 1477 鑛權은 先手者에게 許與해야 한다는 主張·문서번호 1489 鑛權 要求의 先手者에 대한 認定 要請·문서번호 1492 鑛業技師 雇傭에 露以外의 他國人을 쓴다면 事理에 違越된다는 主張·문서번호 1493 同上 照覆·문서번호 1496 鑛務技師는 何國人을 莫論하고 雇傭할 수 있다는 照覆.

22) 강영심, 〈舊韓末 러시아의 森林利權획득과 森林會社의 채벌실태〉(《梨花史學硏究》 17·18합집, 1988), 483쪽.

23) 강영심, 위의 글, 484~487쪽 참조.

24) 《俄案》 1, 문서번호 1184 伐木價의 送付事·문서번호 1185 同上銀票의 領收事.

그런데 벌목사업을 전개하던 브리너는 1897년 11월 이 벌목 특허권을 전매하기 위해 피터스버어그로 갔다. 1898년초에 베조브라조프(A. M. Bezobrazov)가 여기에 깊은 관심을 표명하였는데 그는 일본에게 한국에서의 독점적 지위를 넘겨주게 된 당시의 상황에 대응하여 한국에서의 러시아의 지위를 회복하기 위해 기존에 획득한 브리너權을 모태로 半官半民의 기업을 세워 한국을 장악하고자 하는 계획을 세웠다.

그러나 이 계획은 한국정부의 반대로 이루어지지 못했고, 이러한 상황속에서 벌목이권은 네뽀로지네프(Williams Neporozhnev)와 베조브라조프에게로 차례로 인수되었다. 이렇게 벌목 특허권이 전매되어지는 과정에서 벌목사업은 부진해서, 1898년과 1899년의 사업 이익금 4분의 1에 해당되는 금액을 한국정부에 납부했는데 그 금액이 겨우 71원에 불과했다.[25] 물론 장부의 조작이라는 측면도 간과할 수 없겠지만 그보다도 러시아 조정내의 대한정책 변화, 사업지원 감축 등과 관련지어 생각할 수 있다.

한편 벌목사업이 진행되는 동안 러시아공사 파브로프(A. Pavlov, 巴禹路厚)는 한국정부에 압록강변 삼림 채벌사업의 착수 기한을 연기해주도록 하는 삼림조약의 개정을 요구하였다. 한국정부는 여러 차례 러시아측의 요구를 거절하였지만, 결국 이 제안에 동의하고 착수 시기를 1901년을 기준으로 하여 3년 이내로 연장하도록 허락해 주었다.[26]

이후 1901년, 1902년의 벌목사업 실태는 단지 일본측 자료를 통해 압록강 일대에서 벌채한 재목의 가격이 1년간 수백만 원에 달했다고 한 점으로 미루어 그 사업실태 및 실적을 짐작할 수 있을 뿐이다.[27] 따라서 러시아 삼림회사가 획득한 막대한 이익을 추정해 볼 수 있지 않을까 생각된다.

브리너의 벌목 특허권을 인수하여 벌목사업을 운영해 오던 베조브라조프는

《俄案》 2, 문서번호 1285 伐木代價의 送付事・문서번호 1286 同上의 受領事.

25) 《俄案》 2, 문서번호 1630 森林會社에 關한 文件 및 年納金의 送付事・문서번호 1631 同上 回答.

26) 《俄案》 2, 문서번호 1661 森林伐採事業의 着手延期 許諾要請・문서번호 1685 森林伐採事業의 着手時期를 3年內로 延長하는 데 對한 同意.

27) 日本外務省 編, 《日本外交文書》 36－1(東京：日本國際連合協會, 1936), 문서번호 423 露國ノ龍岩里經營狀況ノ件.

1903년에 접어들면서 압록강·두만강 유역의 벌목사업 경영을 적극적으로 전개하기로 방침을 정하였다. 그리하여 1903년 4월 14일 男爵 긴즈부르그(G. G. Ginsburg)를 漢城주재 代辨事務員으로 임명하였다.[28] 이렇게 벌목사업을 본격적으로 진척시키려는 의도의 이면에는 당시 러시아의 대한정책의 변화와 밀접한 관련이 있음을 간과할 수 없다. 즉 이 벌목 특허권과 삼림회사의 운영은 한국 영토, 특히 통치권이 보급되지 않은 지역에 러시아인의 발호를 용납함으로써 이후 러시아세력의 진출에 교두보를 세울 수 있게 되기 때문이었다.

이러한 계획의 일환으로 러시아는 압록강을 건너 거리가 먼 白馬山城에까지 세력을 뻗쳐 벌목사업을 벌였고, 용암포에 병참기지구축을 위한 작업과 의주지역의 토지 매입을 추진하였다. 이러한 러시아의 불법적인 토지 매입과 병참기지 건설 행위에 위협을 느낀 일본측은 수차에 걸쳐 한국정부에 그 불법행위를 저지토록 강요하였다. 물론 한국정부측도 러시아의 용암포 진출을 비난하고 그들의 철수를 촉구하였다.

이에 대해 러시아는 자신들의 행위를 합법적이라고 주장하였으며, 이러한 행동을 한국정부로부터 인정받아 합법적으로 병참기지화하려는 조처로 용암포 租借 계획을 세워 한국정부와 정식 교섭하기에 이르렀다. 러시아측의 강요로 1903년 7월 20일에 용암포 조차 계약이 체결되었으나,[29] 일본을 비롯한 열강의 압력에 의해 한국정부는 용암포 조차 계약의 파기의 뜻을 표명하였으며 이 계약의 인준을 거부하였다.[30]

러시아는 용암포 조차 계획이 정식 인준되지 못하여 극동정책에 차질을 주게 되자 7월 20일에 맺은 가계약을 자의로 해석하여 일방적으로 계약 체결을 고수하였다.[31]

러시아의 용암포 점령이 강화·확장됨에 따라 일본은 이에 강경히 대응하여 滿韓 국경지대에서의 러·일의 긴장이 고조되었다. 이런 가운데 일본과 러시아는 최후 교섭에 착수하였으나 성공하지 못하였고 1904년 2월 10일 일

---

28) 《俄案》 2, 문서번호 2033 露森林會社의 漢城駐在員任命 및 同人의 陛見要請事.
29) 《日本外交文書》 36-1, 문서번호 480 露國ノ龍岩浦ニ於ケル租借契約書寫差進ノ件.
30) 《日本外交文書》 36-1, 문서번호 488 龍岩浦租借契約破棄ニ關スル件.
31) 《俄案》 2, 문서번호 2121 龍川에 砲臺를 築設한 데 對한 抗議.

본이 러시아에 선전포고를 함으로써 러·일전쟁이 시작되었다.32)

전쟁이 개시되자 일본은 2월 23일 한국과 한일의정서를 조인하여 한국을 자기 권한하에 넣고 한국과 함께 전쟁을 수행하게 되었으며, 전쟁이 우세해짐에 따라 일본은 5월 18일 한국정부로 하여금 한·러간 삼림협동조약을 폐기시켰다.33)

이후 전쟁에 승리하여 한국을 반식민지화한 일본은 방대한 삼림이권을 장악하고 벌목사업을 전개하였다. 압록강·두만강유역의 방대한 원시림을 벌목키 위해 우선 1906년 10월 19일 통감부 감시하에 한국정부와 이 지역을 한일 양국정부가 공동경영한다는 내용의 '삼림협동경영약관'을 조인하였다.34)

3) 독일·영국의 이권쟁탈상

(1) 광산이권

한국이 독일과 수호통상조약을 맺은 것은 1883년 11월이었다. 그러나 독일의 한국 광산에 대한 관심은 이미 한국이 개항하기 훨씬 전부터 표면적으로 드러나고 있었다. 1868년 독일인 오페르트(Ernst Oppert)는 忠淸道 德山에서 대원군의 묘지를 파헤치고 금을 캐려다 발각된 일이 있었는데 그는 한국의 광물은 아시아 가운데 제1위라고 평가하였다. 오페르트는 유태계의 독일인으로서 일찍이 한국 연해에도 세 차례 探航을 거듭하여 한국의 지리 사정을 대강 알고 있었던 인물이었다.35) 물론 그 사건이 독일정부와는 무관하게 개인적인 동기로 일어난 것이었지만 이를 계기로 독일이 한국 광산에 관심을 갖게 된 시초가 아닌가 한다.

그 후 1880년대 묄렌도르프(Paul Georg von Mollendorff, 穆麟德)가 한국의 統理交涉通商事務衙門의 協辦으로 임명되면서 한국의 광산이권에 관여하게 되

---

32) 李光麟,《韓國史講座》V-근대편 (一潮閣, 1981), 466~467쪽.
33)《高宗實錄》, 광무 8년 5월 18일.
34)《高宗實錄》, 광무 10년 10월 19일.
《官報》, 광무 10년 12월 27일.
35) 러시아大藏省 編, 日本農商務省 譯,《韓國誌》(1904), 45~46쪽.
Ernst Oppert, 韓沽劤 譯,《韓國紀行》(一潮閣, 1981), 122~123쪽.

었다. 이 때에 독일인 지질학자 곳체(Carl Christian Gottsche, 居最)가 광산기술자를 대동하고 내한하여 한국 전역을 답사하고 광산의 매장량 상태를 조사하였다.36) 또한 독일 영사관에서는 독일인 광산기술자의 초빙을 제의하기도 하였다. 그러나 1880년대에는 별반 성과를 거두지 못하였다. 그 후 1895년에 이르러 미국이 평안북도 운산금광 이권을 획득하게 되자 독일도 독자적인 이권 평등을 내세워 世昌洋行을 통해서 이권 교섭을 추진하였다.

세창양행은 묄렌도르프의 권유와 본사 함부르크로부터의 지원에 의해 1884년 한국 제물포에 창설된 무역상회였다. 특히 묄렌도르프와의 관계를 기반으로 한국에서 성장을 하고 있었는데, 1886년 1월 한국에 대해 차관제공을 하고 그 반대급부로서 세미운송권을 얻는 과정에서 급격히 사세를 확장시키고 있었다. 이것은 한국정부에 의한 최초의 세미운송윤선 정책이었으며 외국에게 처음으로 세미운송권을 양여했던 것이다. 이후 독일 希化船을 통한 세곡 운송은 한국 해운업계에 타격을 주었으며 이는 동학농민군의 폐정개혁 구호에도 일부 반영되고 있었다. 세창양행은 생산공장을 겸비한 주식회사가 아니라 일종의 무역대행업체로서 1880년대에는 화폐기기·인쇄기기를 수입하였고, 1890년대에는 무기류를, 그리고 1900년대에는 우피와 홍삼을 대량으로 수출하였다.37) 또한 미국 보든(Borden)社의 우유제품의 판매도 대리하였다.38) 특히 경제적 기능을 원활히 하기 위해 문화적 사업에도 관심을 지녔고 차관을 제공하면서 비싼 이식을 부과시켜 고리대 같은 성격으로 미숙한 한국 경제를 침투해 들어오고 있었다.

이러한 세창양행을 앞세운 독일은 1897년 3월 鑛地를 정하기도 전에 한국정부와 광산 특허계약을 체결하였다. 독일은 처음에 평안도 殷山金鑛의 채굴

36) C. Gottsche, "Uber den Mineralreichtum von Korea", *Mitteilungen Geographische Gesellschaft*, 1890, 1~20쪽.

37) 《皇城新聞》, 1900년 4월 3일자 雜報에 보면 官蔘(原尾蔘幷) 28,000여 근을 李容翊이 세창양행에게 103,000원에 매도하였다는 기사가 실리고 있다.
《皇城新聞》, 1900년 11월 19일자 雜報에 의하면 生牛 200頭를 세창양행이 太沽로 운송한다는 기사가 실리고 있다.

38) 《大韓每日申報》, 1904년 8월 1일, 광고 外.
李培鎔, 〈開港以後獨逸의 資本浸透와 世昌洋行〉(《梨花100주년기념논총》, 이화여대, 1986).

권을 요청하였으나 한국정부에서는 당시 은산금광이 궁내부 소속 금광으로 이미 한국인에 의해 採金되고 있다는 이유로 거절하였다. 한편 당시 한국의 국내 정세는 국왕의 아관파천으로 그들의 요구를 받아들일 수 있는 처지가 못되었다. 이후에도 세창양행은 여러 차례에 걸쳐 평안도내에서의 채광을 금지하는 한국정부에 대해 항의하였다. 즉 미국에게만 평안도 운산금광 채굴권을 허여한 처사는 균등의 원칙에 어긋난다는 것이었다. 결국 독일은 은산금광을 포기하고 대신 강원도 금성의 堂峴金鑛 채굴권을 요구하였는데 이에 대해 한국정부가 당현 역시 궁내부 소속이니 다른 곳을 택할 것을 요구하자 주한 독일영사 클리인(F. Krien, 口麟)이 우리 외부대신서리 兪箕煥의 가슴을 밀치고 서류를 집어던지는 등 만행을 저질러 독립협회와 언론의 맹렬한 공격을 받았다.[39] 한국내의 여론이 악화되자 클리인이 무례행위에 대한 사과문을 유기환에게 보냄으로써 사태는 일단락되었고 이와 동시에 강원도 금성군 당현금광 채굴권을 1898년 7월 18일 독일의 세창양행에게 정식으로 허여하였다.

당현금광의 채굴은 함브르크에 있는 메이어(E. Meyer & Co.)商社의 제물포 지점인 세창양행에서 대행하였는데, 채굴하는 과정에서 여러 차례 현지민과 기존 광업권 처리문제, 토지 배상문제, 고용 임금문제 등으로 마찰을 겪었다. 이러한 문제를 해결하기 위한 독일측의 태도는 항상 한국에 대한 주권 침해로 귀결되었다.

독일은 당현금광에 대해 지대한 기대를 걸고 있었는데, 그 한 예로 1899년 하인리히(Heinrich)황태자가 내한하여 교통편도 좋지 않은 산간 벽촌인 당현금광을 방문하였으며, 그 때 서울에서 당현까지 전화선이 가설되었다. 뿐만 아니라 일본에 거주하는 독일인 公使, 중국 상해의 총영사, 독일인 간호장교, 신문기자 등 한국을 방문한 독일인은 거의 당현금광을 거쳐갔다.[40] 그러나 독일이 기대하였던 것만큼 당현금광은 성적이 좋지 않아 채굴에 착수한 지

---

39) 《독립신문》 1898년 7월 2·4·5일.

40) 《德案》 2, 문서번호 2068 獨親王 하인릿히公 來韓日程 및 迎接儀禮 條項.
《독립신문》, 1899년 6월 9일.
《皇城新聞》, 1899년 6월 9·15일.

7년만인 1905년 폐광하고 다른 광산을 대신 요구하여 평안도 宣川鑛山이 다시 독일에게 넘어갔다.

한편 영국의 이권에 대한 관심은 1883년 11월 26일 조영조약을 체결한 뒤부터 본격화되었고, 특히 한국 광산에 대한 진출은 상해에 주재하고 있었던 영국인 商社 怡和洋行(Jardin Matheson & Co.)을 통해서 시작되었다.[41] 당시 한국에 진출한 영국계 상업회사에는 怡和洋行 이외에 廣昌洋行(Bennet & Co.), 咸陵加洋行(Homle Ringer & Co.) 등이 있었다. 특히 이화양행의 上海 대리인 거빈스(J. H. Gubins, 高斌士)는 뮐렌도르프와 친분이 두터워 뮐렌도르프가 내한하기 이전부터 鑛務에 관한 교섭을 추진한 바가 있었다. 1882년말 중국 海關에 관계하던 뮐렌도르프가 統理交涉通商事務衙門의 協辦으로 부임할 때, 이화양행 소속의 영국인 광산기술자 버틀러(Buttler, 巴爾)가 동행하였다.[42] 마침 1883년 1월 뮐렌도르프가 광산개발 및 철도를 담보로 자금을 마련하기 위한 왕의 전권대사로 상해에 파견되었을 때 이화양행은 이 기회를 이용하여 뮐렌도르프와 교섭하여 상해·제물포간의 정기항로 개척권 및 광권 이양을 타결시킬 수 있었다.[43] 그리하여 이화양행이 인천에 출장소를 개설하면서 본격적인 광무작업을 추진하게 되었다.

1883년 7월 18일 영국의 이화양행은 뮐렌도르프와 계약을 맺어 이익의 10분의 3을 과세한다는 조건으로, 열강 중에서 최초로 한국에 근대식 채굴기계와 광산기술자를 파견하여 경기도 永平 萬世橋 砂金場에서의 채굴을 시도하였다.[44] 그리고 강원도 金化, 金城지역에까지 관심을 갖고 있었다. 1884년 12월 이화양행이 제물포에서 철수하고 거문도 점거사건으로 별다른 진전을 보이지 못하였으나, 이화양행 관계자만이 아니라 주한 영국외교관들도 역시 광산에 지대한 관심을 가지고 있었다.

---

41) 조기준, 〈開港後의 國內經濟〉(《한국사》 16, 국사편찬위원회, 1973), 687~688쪽.

42) 金允植, 《陰晴史》, 고종 19년 10월 28일.
"(上略) 唐景星, 陳茂南, 王柏恭, 穆麟德, 巴爾, 同上船, (中略) 巴爾, 英國人, 管中國開平鑛務之人, 卽鑛師, 與唐觀察, 爲看鑛苗而求者也"라고 기록되어 있는 것을 보아 영국인 버틀러도 唐景星과 함께 開平鑛務에 종사한 사람임을 알 수 있다.

43) P. Mollendorff, 고병익 역, 〈穆麟德手記〉(《진단학보》 24, 1963), 160~161쪽.

44) 《英案》 1, 문서번호 111 萬世橋金鑛의 採掘不准에 對한 異議 및 代鑛准許要請. 《統記》, 고종 20년 10월 15·17·21일.

청·일전쟁 이후 국제정세가 급변하는 가운데 1895년 7월 매장량이 풍부하기로 소문난 운산금광 채굴권이 미국으로 넘어가자 이에 자극받은 영국도 이권의 평등을 내세워 채굴권의 허여를 요구하였고 시기를 보아 독일의 세창양행이 1898년 4월 당현금광 채굴권을 획득하자 독일과 같은 경로를 밟아 광지를 정하지 않고 먼저 계약을 맺는 방법으로 계약을 체결하였다.[45] 그리고 나서 독일이 한국정부의 허락을 받지 못해 포기했던 殷山金鑛에 주목하고 募軍商會(Morgan Company)라는 브리티쉬 신디케이트(British Syndicate)를 조직하고[46] 한국정부에 집요하게 광산 채굴권 허여를 요구하였다. 그러나 한국정부는 은산은 외국인에게 특허할 수 없는 광산임을 통고하였고, 이에 영국은 무단으로 채굴을 강행하였다.[47] 그리하여 채굴하고 있던 기존의 한국인 광부들과 무력 충돌을 야기시켰는데, 영국인들은 주로 일본인 광부들을 고용하여 저항하는 한국인 광부들에게 무자비하게 발포하였을 뿐 아니라 일방적으로 영국기를 걸고 방문을 내붙여 그들의 불법 침탈을 가중시켜 나아갔다.[48] 무단 강점과 외교적인 공세를 통해 1900년 3월 영국은 은산금광 특허권을 윤허받고 있는데[49] 이 과정에서 활약이 컸던 모르간(Pritish Morgan, 摩賡)은 런던 주재 한국총영사로 임명되기도 했다.[50] 그러나 영국이 큰 기대를

45) 《英案》 1, 문서번호 1391 英商採掘要請의 美人例均霑 및 平安道內 各鑛의 開採不准理由·문서번호 1394 英商의 世昌洋行例에 따른 採鑛合同의 呈覽 및 會訂要請事·문서번호 1399 英商 採鑛合同의 會商日時通告 및 世昌合同依據不能言明事·문서번호 1400 同上件 合同의 世昌例期必依據 主張.

46) 《英案》 2, 문서번호 1681 英公使와 同國會議員 摩賡 및 礦師 海意 等의 陛見要請事.
《皇城新聞》, 1899년 12월 6·8·19일.
《平安南道來去案》(奎 17988-3), 1899년 12월 15일 및 (奎 17988-4), 1900년 2월 26일의 殷山郡守 報告謄書.

47) 《英案》 2, 문서번호 1713 殷山礦採掘 强行示唆·문서번호 1717 殷山礦開採 强行日時의 豫告事.
《皇城新聞》, 1900년 1월 6일.

48) 《平安南北道來去案》(奎 17988-4), 1900년 2월 19일, 보고서 제1호.

49) 《英案》 2, 문서번호 1779 殷礦問題의 妥協案 同意事·문서번호 1780 殷礦開採允許事.
《皇城新聞》, 1900년 3월 19일.
《宮內府案》(奎 17801-7), 1900년 3월 19일, 照會 참조.

50) 《英案》 2, 문서번호 1790 英國會議員 摩賡의 倫敦名譽總領事被命狀 傳達依賴.

걸고 완벽한 시설을 갖추어 채굴에 임했던 은산금광의 産金高는 1905년부터 떨어지기 시작해 1906년 4월 완전히 작업을 중지하였다.

이와 별도로 1903년 4월 영국인 피어스(A. L. Pearse)가 황해도 遂安金鑛의 채굴권을 신청하여 1905년 11월 특허권을 획득하였다.[51] 이것은 威陵可회사를 통해 추진되었는데 정부의 반대로 일시 중지되었다가, 러·일전쟁 후 일본·미국과 합동으로 각국 공동의 자본을 투자해 설립한 코리안 신디케이트(Korean Syndicate)를 통해 얻어내고 있었다. 코리안 신디케이트의 궁극적인 목적은 한국에서 각국의 이권교섭 절차가 끝나고 광산기술자들이 좋은 광산을 선택하자마자 이들 여러 광산지역을 개발하기 위한 하나의 인터내셔널 컴퍼니(International Company)를 만드는 계획이었다. 그리하여 코리안 신디케이트에 참여한 각국의 이권단체들은 인터내셔널 컴퍼니에서 그들의 출자한 비율에 따라 이득을 차지하게 되는 것이었다. 그럼으로써 불필요한 열강간의 경쟁을 줄이고 작업의 획일성과 경제성을 도모할 수 있다는 것이다.[52]

즉 1905년대에 이르러서는 열강의 한국 광산에 대한 투자방식의 양상이 전과는 다르게 전개되는 것을 나타내는 것이다. 독일의 당현광산이나 영국의 은산금광이 막대한 시설과 자본을 투자했음에도 불구하고 대부분 실패로 끝나자 열강은 단독자본으로 채광에 임할 때의 위험부담에 매우 신중을 기하게 되었던 것이다. 이 시기에 들어서면 각 열강이 자본을 모아서 합자회사를 설립하여 공동으로 경영한다던가 서로간의 이익에 따라서 특허권을 양도하기도 하고 특허받은 광산을 서로 교환하기도 하였다. 소위 뒷거래가 이루어진 것인데 광산업 투자에 대한 위험 부담을 줄여보자는 계책이었다.

이외에도 영국은 평안북도 龜城金鑛 채굴권을 일본의 도움으로 얻어내고 미국과 더불어 사탕산업 개발 특허권을 얻기도 하였다. 또 철도이권에 대해서도 관심을 가지고 있었는데 1898년 영국공사 조오단(J. N. Jordan, 朱爾典)은

《皇城新聞》 1900년 3월 13일 및 1900년 4월 12일자에 보면, 모르간은 영국으로 돌아갈 때 韓人 方有榮을 런던에 유학시키기로 하고 대동하였다고 한다.

51) 《遂安金鑛特許命令書》(奎 23392·23393).

52) 《日本外交文書》 39-2, 문서번호 966 「コリヤン・シンヂケート」ニ關スル機密文書送進ノ件.

Korean Syndicate 및 Korean Mining Syndicate Agent, *Horace N. Allen Papers*.

호남선 부설권을 요청한 일도 있었다.[53] 물론 한국정부에서는 시기상조임을 내세워 거절하였지만 이렇듯 영국은 모든 이권부문에 노력을 경주하였던 것이다. 영국은 초기에는 청에 의존하고 후에는 일본과 결탁하면서 이권교섭을 추진하여 이권침탈을 도모하였다.

4) 일본의 이권쟁탈상

(1) 광산이권

일본은 열강의 이권침탈 중에서 가장 집요하고 적극적인 공세를 취한 국가였고, 한국 광산에 대해서도 가장 먼저 눈독을 들이고 있었다. 개항 이후 끊임없는 현지조사를 통해 한국의 유망한 광산을 탐지하고 있었으나, 갑신정변의 실패로 인한 개화당의 붕괴, 그리고 청국의 한국 내정간섭, 거기다가 당시 일본 국내의 불경기로 對韓 이권 침투 정책은 난관에 부딪치고 있었다. 그러나 물러서지 않고 재진출을 시도한 결과 얻어낸 것이 1891년 長崎縣의 馬木健三이 특허받은 경상도 昌原金鑛이었으나, 별 이득을 거두지 못하고 포기하게 되었다.[54]

한편 1890년 이후 일본은 주로 전문적인 지질학자·광산기술자들을 동원하여 탐사를 실시하였는데, 그들에 의해 작성된 조사보고서는 그 후 일본이 한국 광산을 침투하는 데 입문서적인 역할을 하였다. 그리고 그들이 지적한 광산의 대부분은 뒤에 열강들의 채굴지로 선택되었다. 따라서 그들의 보고서는 단순한 雜文이 아니라 한국 광산의 정확한 정보를 제공해 주는 안내서 같은 구실을 하였다고 할 수 있다.

1895년 이후에는 철도 등 다른 이권에 비해 광업부문에서는 별 다른 진전이 없다가 1900년에 이르러 충청도 稷山金鑛을 불법 침탈한 후 한국정부에 외교적 압력을 가하여 정식 채굴계약을 체결하게 되었다.[55] 일본의 광산이권 장악

---

53) 《英案》 1, 문서번호 1382 英商社 湖南線敷設權 請願의 請議要請事·문서번호 1392 湖南鐵道敷設 請願의 謝絶.

54) 《日案》 2, 문서번호 2013 昌原金鑛採掘에 關한 日商馬木約章의 確認要請.

55) 《稷山鑛約》(奎 23094).

이 다른 열강보다 시기적으로 늦어진 이유는 광산개발이란 일종의 투기성을 동반하여 예기치 못할 위험 부담을 가지고 막대한 자본을 투자할 만큼 아직 일본의 경제는 성숙되어 있지 못했던 것이다. 또한 당시 이권교섭은 주로 궁정 외교를 통해 이루어졌는데 명성왕후 시해사건 이후 한국왕실이 일본에 대해서는 매우 경계를 하였던 점도 크게 작용하였던 것이다. 실제 鑛區를 확정하는 과정에서도 일본인들은 교묘한 계책을 발휘하여 광구 선정을 지연시키는 술책을 썼다. 즉 일본은 1902년 8월로 정해진 광구 선정 기한이 이미 지났는데도 광구 획정은 차일피일 미루면서 직산군 일대가 그들의 조계지인 양 아무 곳이나 마음대로 파헤치면서 인근 주민들을 괴롭히고 실질적인 수익을 확보하였다. 그러면서도 한국왕실에 매년 납부해야 하는 세금은 광구의 미정으로 소득이 없다는 이유를 들어 상납의 의무를 전혀 이행하지 않았다.

한편으로 일본인들은 직산금광 채굴권 획득만으로 만족하지 않고 한국 전 광산에 불법 침투하여 시굴작업을 감행한 후 성공 가능성이 있다고 판정되면 한국정부에 인가를 요청하는 방식을 취하였다. 이로 인한 폐단을 호소하는 현지 주민들의 진정이 날마다 신문지상에 실릴 지경이었다.

1905년 을사 한일조약이 체결되고 통감부가 설치되자 일본 農商務省 소속 광산기사들이 본격적으로 한국의 광산 조사를 맡아서 하게 되었다. 그들은 전국을 5개 반으로 나누어 각각 조사하였고, 그 조사결과는 1906년 통감부 鑛山監督署에서 발간한 방대한 규모의 《韓國鑛業調査報告》로 집대성되었다.[56] 또한 일본은 통감부를 설치하자 곧이어 한국 광산에 적용되는 광업법을 만들어 1906년 6월 한국정부로 하여금 내외에 공표하게 하였다.[57] 이로 인해 광업권이 양도·저당의 목적물로 사용되어 광업권을 획득하기 유리한 위치에 있는 일본인들에게 자금 융통의 길을 열어 주게 되었다. 또한 국내외인의 구별을 철폐함으로써 일본인과 서양인이 한국 광업에 진출할 수 있도록 문호를 개방하였음과 동시에 구미자본과 일본의 제휴방침을 재확인한 것이다. 광업법이 공표되자 일본인들은 자금도 마련하지 않은 채 광업권을 확보하는 경우가 허다하였다. 따라서 1906년 이후 광업권 허가 건수는 일본인이 압도

56) 松田繁·笹尾正一 등, 《韓國鑛業調査報告》(鑛山監督署, 1906).
57) 宋炳基 外, 《韓末近代法令資料集》 4(國會圖書館, 1971), 590~595쪽.

적으로 많은 숫자를 차지하고 있었다.[58]

또한 일본인들은 일본인에 의해 경영되는 광산뿐만 아니라 다른 열강들이 채굴작업을 진행하고 있던 광산에서도 임금노동자로 일하고 있었다. 그들은 한국인 광부와 청나라 광부를 제외한 외국인으로서는 가장 많은 숫자를 차지하고 있었다. 그들은 한국인 광부보다 훨씬 월등한 대우를 받았으며 주로 전문 기술직에 종사하였다.

(2) 철도이권

일본의 철도이권에 대한 관심이 얼마나 지대하였는지는 앞서 경인철도 이권의 양여과정에서도 잘 나타나 있다. 일본의 경부철도 부설 구상은 이미 1880년대부터 등장하여, 청·일전쟁을 계기로 하여 對韓外交의 최우선정책으로 확립되고 있었다.[59] 이러한 와중에 경인철도 부설권을 미국인 모오스의 자금난을 기회로 매수하는 한편 경부철도 부설권을 획득하기 위하여 심혈을 기울였다. 그리고 1898년 4월 제3차 러·일협상인 로젠－니시協定(Rosen－西 Convention)이 체결되어 한국에 있어서의 일본의 상업과 공업 진출을 러시아가 인정하기에 이르렀다. 즉 러·일간에 滿韓 교환정책이 이루어졌던 것이다. 일본은 자국의 위치가 유리해지자 다시 경부철도 부설권 획득운동을 전개하였다. 그 해 5월 시부자와가 직접 내한하여 교섭을 벌였으며, 같은 해 8월에는 총리대신이었던 이토 히로부미(伊藤博文)가 고종황제를 알현하는 등 적극적인 外援運動을 하였다. 그 결과 동년 9월 8일 한·일 양국의 공동경영을 전제로 한 京釜鐵道合同條約이 체결되었다.

한편 경의철도는 정치·지리적 특성 때문에 청·일전쟁 이후 시종일관 일본의 이권침탈의 대상으로 주목되었고, 마침내는 러·일전쟁을 계기로 일본군에 의해 군사용 철도로 부설하게 되었다. 원래 경의철도 부설권은 프랑스의 퍼블리유회사(Compagnie de Fiveslille)가 러시아의 도움으로 1896년 7월에

58) 李培鎔, 〈日帝初期 鑛業法 改正과 鑛業侵奪實態〉(《東亞硏究》 17, 西江大 東亞硏究所, 1989).

59) 鄭在貞, 〈경부철도의 부설에 나타난 일본의 한국침략 정책의 성격〉(《韓國史硏究》 44, 1984), 110~111쪽.

얻어냈었다. 그런데 자금사정으로 건설이 어렵게 되어 결국 "본 철도를 가설하게 될 경우 프랑스의 技師와 재료를 사용토록 한다"는 조건을 내세우고 그 이권을 한국정부에 반환하고 말았다.

이에 한국의 관·민 자본가들은 大韓鐵道會社를 조직하여 경의철도의 자주적 건설을 계획하였고 정부는 나름대로 西北鐵道局을 설치하여 경의철도의 직영 건설을 추진하였다. 그러나 경의철도의 자력 건설운동은 결국 자본조달의 실패 등 그것이 내포하고 있는 내재적 한계성과 그 한계성을 교묘히 이용하여 침투해 들어오는 일본의 침략세력에 의해 좌절되고, 마침내는 러·일전쟁을 계기로 하여 일본의 군사용 철도로서 부설되고 말았던 것이다.

이처럼 경부철도와 경의철도는 단순히 한국의 지배를 원활하게 하기 위한 기능에 머물지 않고 한국의 식민지화를 촉진할 뿐만 아니라, 더 나아가 일본의 대륙침략을 위한 가장 기본적인 간선동맥으로 역할하였던 것이다.

⑶ 전선이권

電線利權은 그 자체의 이득뿐 아니라 한국의 정보를 탐지하는 주요한 수단이 되었기 때문에 애초부터 열강의 관심거리가 되었다. 특히 일본은 한국 전역에 대한 면밀한 조사를 실시함과 아울러 한국의 정세 변동을 신속히 파악하기 위해 통신시설의 필요성을 절감하였다. 그리하여 임오군란 이후 한국의 전신시설을 독점적으로 장악하는 데 목표를 두었다. 즉 제물포조약 교섭 중 50만 원의 배상금을 한국이 거부하거나 액수를 줄이려고 할 때에는 광산채굴권·전선 가설권을 그 대가로 요구할 것을 계획한 바 있었다.[60)]

결국 1883년 1월 〈釜山口設海底電線條款〉을 한국정부와 맺게 되었다. 이 조관은 전문 5조로 되어 있는데, 일본이 일방적으로 작성한 것으로, 이후 한국의 전선이권을 침해할 수 있는 내용들이 각 조항마다 담겨져 있었다. 이렇게 독소 조항으로 가득한 조약을 맺어놓고 한국은 뒤늦게 그 사실을 깨달았지만 후에 이 조약문의 해석을 둘러싸고 양국 정부 사이에 논란이 벌어지게

---

60) 《日本外交文書》 15, 문서번호 127 事變處理ニ關シ再訓令ノ件.
李培鎔, 〈列强의 이권침탈과 朝鮮의 對應〉(《韓國史市民講座》 7, 一潮閣, 1990), 101~105쪽.

되었을 때, 결국은 한국정부의 양보로 매듭지어졌다. 바로 1885년 청나라와 맺은 〈義州電線合同〉으로 인해 문제가 야기되었던 것이다.61)

그러나 청에 의한 西路電線의 가설은 일본측을 자극하여 앞서의 〈釜山口設海底電線條款〉의 제2조와 제3조를 들어 강력히 항의하였다. 즉 제2조의 "對抗爭利(대항해서 利를 다투는)하는 성질의 전선을 가설하지 않는다"는 사항과 제3조의 "해외 電線이면 반드시 부산의 일본전신국과 通聯해야 한다"는 사항에 위배되는 점을 들어 즉각 서로전선의 가설을 중지할 것을 요구하였던 것이다.62) 이에 대해 한국정부에서는 의주·인천은 부산에서 멀리 떨어져 있기 때문에 對抗爭利하는 전선에 해당될 수 없음과 서로전선은 국내 전선뿐으로 해외 전선에 적용되지 않음을 들어 반박하였다.63) 그러나 일본측의 끈질긴 항의로 다시 〈釜山口設海底電線條款續約〉을 맺게 되었다.64) 일본의 기득권을 인정하는 이 조약은 전문 4조로 작성되었는데 인천·의주간 전선을 부산 일본전신국에 통연하는 조건으로 새로이 한성에서 부산에 이르는 南路電線을 가설한다는 것이 주내용이었다.

남로전선은 전선의 재료와 선로 문제를 놓고 많은 우여곡절을 겪은 끝에

61) 한편 청은 일본의 급격한 진출에 자극을 받고 이를 견제할 목적과 특히 임오군란·갑신정변을 겪는 동안 본국과 한국 사이에 신속한 통신연락의 필요성을 절감하여 1885년 6월 〈義州電線合同〉 조약을 맺었다. 이 조약에 의해 그들은 중요 경비와 물자를 스스로 부담하여 우리 국내에 電信線을 가설하고 이를 의주에서 중국 전선과 연접게 하였다. 이리하여 1885년 8월 인천·한성간에 최초의 전신시설이 개통되고 이어 평양을 거쳐 의주에 이르는 1천여 里의 전선이 완성되었다. 이른바 西路電線이라 일컫는 것이다(《高宗實錄》 권 22, 고종 22년 6월 6일). 그러나 서로전선은 처음부터 청국에서 발안하여 그들의 필요에 의해서 그들의 자금과 기술로써 가설되었던 만큼 가설 후에도 그 운용과 관리권은 청국정부로 돌아가게 되었다. 또한 漢城電報總局(華電局)이라는 중국 전보국이 이 땅에 설립되었으며 그 업무에 있어서도 한문 전보를 위주로 하고 국문 전보의 정식 부호는 제정조차 안되었다. 결국 서로전선은 청을 위해 청 위주로 경영되어 우리가 받은 혜택은 거의 없었다.

62) 《日案》 1, 문서번호 550 京義電線架設에 關한 異議·562 京義電線架設에 關한 再次抗議·581 京義電線架設에 關한 三次抗議.

63) 《日案》 1, 문서번호 555 京義電線架設異議에 對한 反駁·571 京義電線架設再抗議에 對한 反駁.

64) 《高宗實錄》, 고종 22년 11월 16일.
《日本外交文書》 18, 문서번호 91 海底電線設置條約續約締結ノ旨報告ノ件.

착수 3년 만인 1888년 6월에 완성되었다. 그리하여 최초로 朝鮮電報總局이 설립되고 우리 정부 주관의 전신사업이 시작되었다. 이로 인해 최초의 전신 규정인 〈電報章程〉이 제정되고 오늘날까지 이용되는 국문전신부호가 마련되어 자주적인 전신 발전에 계기를 이루는 듯 하였다. 이어서 1891년에는 한성에서 원산에 이르는 北路電線이 개설되어 가설과 관할은 조선전보총국에서 독자적으로 수행하였다.

그러나 남로전선 가설 후에도 일본은 줄곧 양국 전보국 사이의 電信聯接 및 부산·인천간의 전보 요금을 인천·의주간의 그것과 동일하게 할 것 등을 요구하며 사사건건 한국의 전신사업에 관여하였다. 이로 인해 일본에 대한 電債가 밀리기 시작하여 그것을 갚기 위해 다시 일본에서 차관을 들여오는 사태까지 벌어지게 되었다. 이와 같이 일본은 전신시설에 별로 투자도 하지 않고 계약문 몇 글자로 막대한 이득을 추구하였다.

1894년 동학농민운동이 일어나자 일본은 이를 그들의 세력을 확장하는 계기로 이용하고자 하였다. 특히 일본은 군함 7척과 육군 7천 명의 병력을 인천에 상륙시키고 갑신정변 이후 후퇴한 정치적 입장을 만회하려 하였다. 이에 일본은 무엇보다도 경인지방과 일본 본국간의 신속한 전신 연락이 필요하였고, 그 때문에 남로전선의 통신상태에 대해 특별히 주의하였다. 남로는 전주지방을 통과하기 때문에 동학군이 전주를 점령한 후에는 전신이 자주 불통되었다.

일본공사 오토리 가이스케(大鳥圭介)는 남로전선의 불통 상태는 〈釜山口設海底電線續約〉에 위배된다고 하면서 일본인 전신기술자를 파견하여 수리할 수 있도록 허가하여 달라고 요구하였다. 그러나 이것은 〈續約〉을 과장되고 억지로 해석한 것이지 일본이 간여할 문제가 아니었다. 그러나 일본은 한 걸음 더 나아가 한성·부산간에 남로전선 외에 그들 전용의 군용선을 새로이 따로 설치하겠다고 요구하는 한편으로는 경인간에 한국정부의 허가도 없이 군용전선을 불법 가설하였다.[65]

일본은 이미 경부간 전선 가설을 요구할 때 野戰電信隊 800여 명을 인천

65) 《統理衙門日記》, 1894년 6월 8일.

과 부산에 상륙시켰다. 즉 인천에 병력을 파견할 때 전선 가설계획도 미리 세워놓고 있었던 것이다. 이에 대해 한국정부로서는 일본의 요구는 한나라의 주권을 침해하는 부당한 처사라고 강력히 거부하였지만 끝내 일본은 부산에서 대구·충주를 거쳐 서울에 이르는 경부간 군용전선을 불법 가설하였다. 그리고 그해 8월 〈暫定合同條款〉을 맺어 앞서 불법 가설한 경부·경인간의 군용전선을 강제로 합법화시켰다.66)

한편 청·일전쟁이 일본의 승리로 기울어지게 되자 일본은 이제까지 華電局에서 관할하던 서로전선을 전리품으로 접수하여 그들의 군사용으로 전용시켜 버렸다. 엄연히 서로전선도 1885년의 청국과 조약을 맺을 때 관리는 華電局에서 하더라도 소유권은 한국정부에 있었는데도 청국 소유로 못박아 전리품으로 간주하였다. 곧이어 북로전선의 관할권마저 강탈해 갔지만 우리 정부로서는 속수무책이었다.

이제 한국정부의 관할권은 상태 불량의 남로전선만 있을 뿐이었다. 그러나 이미 일본의 전용인 경부간의 군용전선이 있었기 때문에 한국 전지역의 전신 연락은 日本軍用電信所에 의뢰하지 않을 수 없게 되었다. 1896년말에는 한국인의 公衆電信을 경인·경부간의 군용전선에서 취급하기도 하였지만 국문전보를 취급하지도 않았거니와 일본에 대한 반감으로 쉽사리 이용하려 하지도 않았다. 오히려 민족적 울분으로 일본의 군용전선을 파괴 절단하는 사건이 곳곳에서 일어났다.

그러나 일본은 대륙침략의 가장 중요한 바탕의 하나로 전신선의 완전 강탈을 획책하여 1895년 1월 이른바 〈韓日電線設置條款續約改正案〉(전 13조)을 만들어 주한 일본공사 이노우에에게 그대로 한국정부와 체결할 수 있도록 훈령하였다. 즉 앞서 〈暫定合同條款〉을 더욱 구체적으로 명문화시켜 한국 국내의 남로전선을 비롯한 기존 전선을 탈취하려는 것이었다. 또한 앞으로 건설하는 일체 전선의 수축과 관리 및 업무를 대행함으로써 완전히 한국의 전신사업을 독점적으로 장악하려는 목적이었다.67)

---

66) 《高宗實錄》, 고종 31년 7월 20일.
《日本外交文書》 27, 문서번호 428 朝鮮政府ト假條約締結ノ件·문서번호 442 事變後朝鮮政府ト假條約訂結協議ノ件.

그러나 삼국간섭에 접하게 되자 열강의 견제가 심해지고 설상가상 을미사변으로 인해 일본의 정치적 입지가 위축됨에 따라 그들의 야망은 실현되기가 어려워졌다. 결국 일본의 독점적인 전선 이권침탈에 대한 한국정부의 저항도 거세어짐에 따라 1896년 7월 서로·북로전선은 한국정부에 반환하게 되었다. 그러나 경부간 군용전선은 그대로 점거하여 그들의 수비병을 배치하여 관할하였다.

5) 기타 각국의 이권쟁탈상

프랑스는 한국의 철도와 광산 등에 대해 많은 관심을 갖고 있었다. 1896년 4월 미국인 모오스가 경인철도 이권을 획득한지 얼마 안된 시기에 피블리이유회사(Compagnie de Fiveslille, 費務林公司)의 대표 글리이유(Antoine Grille)가 서울~의주간과 서울~공주간의 철도부설권을 요구하였다. 7월 3일 교섭이 이루어져 경의철도 부설에 대한 허가서가 교부되었다.[68]

프랑스공사 꼴랭 드 쁠랑시(V. Collin de Plancy, 葛林德)는 경의철도를 건설할 때 아울러 철로 주변의 平壤石炭鑛·載寧鐵鑛·遂安銅鑛 등의 광산개발을 허여해 주기를 한국정부에 요청하였다.[69] 즉 철로를 건설할 때나 사용할 때 석탄·철·동은 필수 불가결한 물품이므로 동시에 한 회사에서 개발하면 훨씬 효율적으로 일을 착수할 수 있을 뿐 아니라 양국간의 이익을 도모할 수 있으리라는 이유에서 였다. 그러나 한국정부는 개광에 관해서는 부정적인 입장을 견지하였다.

---

67) 《駐韓公使館記錄》, 機密送 4호, 〈日韓電線設置條款續約改正案〉.

68) 《法案》 1, 문서번호 697 漢陽 義州間 및 漢陽 公州間 鐵道開設件의 法國會社에의 許與與否 回示要望件·문서번호 698 同上 漢城 義州間 鐵道 敷設工事의 法國商會 准與通告件·문서번호 717 同上 京義線路 敷設契約에 關한 件.
李光麟, 앞의 책, 400쪽.

69) 《法案》 1, 문서번호 715 京城 平壤間 鐵道敷設 및 鑛山開發에 關한 件·문서번호 716 同上 鐵路를 京城 義州間으로 延長敷設 勸誘와 數個處의 開鑛要求·문서번호 732 平壤石炭鑛 載寧鐵鑛 遂安銅鑛等 鑛山開發에 對한 准許與否 明示要望件.

이밖에도 프랑스는 9월 30일 또 다른 철도이권을 요청하였다. 즉 서울에서 목포에 이르는 호남선, 원산까지의 경원선, 러시아의 韓國交界인 압록강을 통과하는 함경선 등의 부설계획을 내놓았으나[70] 모두 한국정부에 받아들여지지 않았다.

이후 1901년 광산 특허 계약을 체결하였으나, 광산지역 선정문제로 오랫동안 한국정부와 논쟁을 벌이다가 1907년 평안도 昌城金鑛으로 광지를 확정하였으며, 1928년까지 채굴하여 막대한 수익을 거두어 갔다.[71]

한편 뒤늦게 한국의 경제이권에 눈을 돌린 이태리는 1903년 4월 9일 영사 로제티(Carlo Rosetti, 魯士德)를 통해 광산채굴권을 신청하였다. 한국정부에 의해 거절을 당한 이태리는 일본의 도움을 받아 1905년 3월 25일 한국정부와 주한 이태리공사가 이태리 식민회사(La Societa Coloniale Italiana)에게 광지 한곳을 추후에 지정하기로 하고 채굴권을 특허받았다.[72] 이 계약을 체결한 후 이태리는 이태리－한국광업회사(Societa Italiana Miniere Corea-Italy Syndicate)를 새로이 조직하고 광지를 물색하였다. 이후 광지 선정문제로 논란이 거듭되다가 1907년 厚昌鑛山을 얻어내었는데 1911년 이후 포기하고 말았다.[73]

〈李培鎔〉

70) 《法案》 1, 문서번호 736 三鑛山開發件의 延施에 對한 有感表示件 · 문서번호 737 湖南 京元 咸鏡線 敷設工事에 對한 法國會社에의 許施依賴件.
71) 《法案》 2, 문서번호 1346 쌀달앨礦合同의 畫押要請件 · 문서번호 1356 쌀달앨礦合同의 速決要請件 · 문서번호 1362 쌀달앨礦合同의 畫押再促求件 · 문서번호 1448 隆泰來金鑛合同 盖印送交件 · 문서번호 1449 同上 쌀달앨礦合同 畫押還送의 件.
72) 《義礦契約》(奎 23460－國漢文) 및 (奎 23461－英文).
73) 《農商工部來去文》(奎 17782), 1907년 8월 30일.
李培鎔, 《韓國近代鑛業侵奪史硏究》(一潮閣, 1989), 191～219쪽.

2. 독립협회 전후 일제의 이권강점

1) 독립협회 전후 한국을 둘러싼 국제관계와 이권문제

청·일전쟁을 승리로 이끈 일본은 청나라 세력을 한반도로부터 구축하고 한국과 청이 종래 갖고 있었던 종속관계를 일단 배제시키는 데 성공하였다. 뿐만 아니라 대만을 식민지로 영유하고 요동반도를 할양받는 데 성공함으로써 한반도를 둘러싼 동아시아의 세력판도에서 유리한 위치를 선점하는 것처럼 보였다. 그러나 이어진 삼국간섭으로 인하여 일본은 전쟁에서의 승리를 오래 만끽할 수 없었고, 오히려 삼국간섭의 여세를 몰아 러시아의 한반도 진출이 현저해지는 상황이 전개되었다.

러시아와 한국내의 친러세력에 의해 그 세력이 위축되어 가던 일본은 을미사변을 통하여 상황을 바꾸어 보고자 하였으나 오히려 국제 여론의 악화와 더불어 한국에서의 발언권이 결정적으로 저하되었고, 국제적인 고립을 자초하게 되었다. 게다가 이어진 아관파천과 김홍집내각의 붕괴는 한반도에서의 일본세력의 약화와 함께 러시아를 위시한 열강들의 세력 균점을 의미하는 것이기도 하였다. 결국 한반도에서의 열강의 이권침탈이 본격적으로 개시되게 되었고, 열강의 이권침탈에 반대하는 한국내의 움직임 또한 활발하게 이루어지고 있었으며 그 중심적인 역할을 하였던 것이 독립협회·만민공동회였다.

이러한 불리한 상황속에서 일본은 일단 러시아와의 관계 조정을 통하여 한국에서의 세력을 만회해 보고자 하였다. 1896년 5월 14일의 웨베르-고무라 覺書(Waeber-小村 Memorandum)과 같은 해 6월 9일의 로바노프·야마가타 議定書(Lobanovr-山縣 Protocol)은 모두 일본이 러시아의 한국에 대한 발언권을 공식적으로 승인한다는 형태로 일단 타협을 하는 것이었다. 즉 러시아와의 공존을 도모하고자 하는 일본의 의도가 반영된 것이라고 할 수 있다. 이어 1898년 4월 25일에는 로젠-니시 協定(Rosen-西 Convention)이 체결되었다. 그 내용은 당시 러시아가 청의 旅順과 大連을 조차하는 등 청의 이권침탈을 적극화하고 있는 상황속에서 한국내에서는 反러시아 움직임이 활발하게 전개되자, 이러한 분위기를 틈타 러시아의 여순·대련 租借를 묵인하는 형태로 협상을 성립시켜 한국에서의 상업·공업상의 유리한 지위를 러시아로부터 보장받아 한반도에 대한 재진출을 노리는 것이었다.

또 한편에서는 미국과 영국과 같은 제3국의 이해와 지지를 얻는 데 총력을 기울였다.[1] 영국을 비롯한 열강들은 러시아의 세력 확장을 견제하기 위하여 러시아의 지나친 간섭에 항의를 하고 있었고, 한국정부 또한 러시아에 대하여 불만을 표시하고 있었다. 일본은 이러한 기회를 이용하여 구미 열강들이 차지해 놓고도 미처 손을 대지 못한 각종 이권을 사들이거나 이양받으면서 한편으로는 한국정부를 조종하여 이를 기회로 새로운 이권을 강점하기 시작하였다. 이 같은 일본의 행동을 후원한 것은 일본과 동맹을 맺고 있었던 영국이었고, 또 일본의 이권을 알선한 것은 미국과 프랑스였다.

2) 철도이권

철도는 근대 자본주의가 생성해 낸 대표적인 교통수단으로, 대규모적인 상품유통과 국내 시장의 형성 수단으로서 산업 발달을 뒷받침한 가장 중요한 사회간접자본으로 주목되고 있었다. 따라서 후진지역에 있어서의 철도는 그 대부분이 제국주의 열강의 수중에 장악되어 부설·운행됨으로써 그들의 침략을 위한 도구로 전락하고 말았다.

철도이권 가운데 가장 먼저 양여된 것은 미국의 모오스(J. R. Morse, 毛於時)가 1896년 3월 알렌(Horace N. Allen, 安連)의 도움을 받아 얻어낸 경인철도 부설권이었다. 모오스는 경인철도 부설권을 얻은 뒤 친구인 미국인 타운샌드(W. D. Townsend, 陀雲仙)와 함께 韓國開發會社(Korea Development Co.)를 설립하고, 이듬해인 1897년 3월 인천 牛角里에서 기공식까지 거행하였다. 그리고 약 2개월 가까이 공사를 진행하였으나 자금조달에 실패하여 더 이상의 진척

1) 윤병석, 〈열강의 이권침탈〉(《한국사》 18, 국사편찬위원회, 1973), 125~126쪽.

을 보이지 못하고 있었다.

한편 경인철도 부설권이 미국측으로 넘어간 것을 뒤늦게 안 일본은 일본공사를 통하여 외부대신 李完用에게 경인철도 부설권을 미국에게 양여한 것은 〈暫定合同條款〉에 위배되는 일이라고 항의하였다. 그러나 이완용은 이 해(1896) 1월 일본정부에 대하여 500만 원 차관을 제청할 때 그 중의 200만 원은 철도 부설비로 충당하겠다고 하였으나, 3・4개월이 지나도록 회답조차 없었으니 한국정부의 과실이기보다는 일본측이 이에 응할 의사가 없었다고 하여 항의를 묵살하였다.[2)]

이러한 상황속에서 모오스가 자금난에 봉착해 있다는 정보를 입수한 일본측은 1898년 4월 일본인 시부자와 에이치(澁澤榮一)를 대표로 하는 京仁鐵道引受組合을 내세워 계약을 맺고 前渡金 20만 불을 지불한 뒤 다음해 1월 완전히 매수해 버리고 말았다.

이는 경인철도 부설 허가서의 내용을 완전히 묵살한 행위였는데, 왜냐하면 허가서의 제15조에 의하면 "본 철도회사 및 한국정부 사이에 措辦하기 어려운 경우가 생기면 양측에서 공평히 差定 임명하는 2명 내지 5명의 위원이 이를 결정한다"라고 규정되어 있었다. 뿐만 아니라 제11조의 "본 철도가 완성된 후 15년이 경과했을 경우, 한국정부가 본 철도의 재산을 당시의 시가로 매수할 수 있다"는 규정을 위배하고 일방적으로 그 권리를 일본에게 팔아버린 것이었다. 또한 일본 역시 한국정부의 승인도 없이 자본력을 앞세워 불법으로 매수하였던 것이다.

경인철도 부설권을 인수한 시부자와는 그전부터 한국의 금융업 등 제반 이권에 관심을 가지고 접근하였을 뿐 아니라 이미 경부철도 부설권을 획득하기 위한 발기위원을 조직하여 한국정부에 교섭을 시도한 바 있었다. 그러던 차에 경인철도 부설권을 얻은 모오스가 자금 조달이 어렵다는 소식이 있자 일본정부의 지원을 받아 그 권리를 인수하게 되었던 것이다. 시부자와는 1899년 5월 경인철도합자회사를 설립하여 그 해 9월 한강 노량진에서 인천까지 개통시킬 수 있었다. 1900년 7월에는 난공사로 일컫던 한강의 가교까지

---

2) 윤병석, 앞의 글, 126쪽.

준공하여 경인간의 교통을 1시간으로 단축하게 되었다. 그러나 한국인들의 반일감정으로 경인철도의 이용은 매우 부진하였다. 경인철도회사는 승객 흡수에 고심한 나머지 광고문을 내붙여 적극적으로 선전을 하였지만 한국인의 거부감은 여전하였다.[3]

한편 일본은 경부철도에 대해서도 일찍부터 관심을 쏟고 있었는데 특히 경부철도는 산업자본 확립기에 있었던 일본이 한국의 지배권을 실현하기 위하여 자국의 총력을 기울여 부설한 해외철도였다. 따라서 경부철도 부설권의 획득에서 완공에 이르는 과정은 일본의 한국에 대한 침략 야욕을 그대로 재현하고 있는 것이다.[4]

당시 일본은 경인철도 부설권이 미국인에게, 경의철도 부설권이 프랑스인에게 넘어가는 것을 보고 경부철도 부설권도 제3국에 넘어갈지도 모른다는 우려에서 대책을 강구하게 되었다. 시부자와 등 150명의 자본가들이 정부의 후원을 얻어 경부철도주식회사 창립을 서두르는 한편 한국정부에 대하여 철도부설의 특허를 청원하였다. 그러나 한국내에는 반일 감정이 높았고 또 국왕이 러시아공사관에 머물러 있었던 때이므로 일본의 청원을 받아들여질 수 없었다.

1898년 2월에 이르러 러시아가 경부철도 부설권을 얻으려는 움직임을 나타내자 일본은 당황하여 한국정부에 항의하였다. 그 후 4월에 제3차 러일협상인 로젠·西 협정이 체결되어 한국에 있어서의 일본의 상업과 공업 진출을 러시아가 인정하기에 이르렀다. 즉 러·일간에 滿韓交換政策이 이루어졌던 것이다. 일본은 자국의 위치가 유리해지자 다시 경부철도 부설권 획득운동을 전개하였다. 그 해 5월 시부자와가 직접 내한하여 교섭을 벌였으며, 같은 해 8월에는 총리대신이었던 이토 히로부미(伊藤博文)가 고종황제를 알현하는 등 적극적인 外援運動을 하였다. 그 결과 동년 9월 8일 한·일 양국의 공동경영을 전제로 한 〈京釜鐵道合同條約〉이 체결되었다.[5] 그 내용은 말할 것

3) 이배용, 〈澁澤榮一과 對韓經濟侵略〉(《國史舘論叢》 6, 國史編纂委員會, 1989), 185~221쪽.
4) 鄭在貞, 〈경부철도의 부설에 나타난 일본의 한국침략 정책의 성격〉(《韓國史硏究》 44, 1984), 108쪽.
5) 朝鮮鐵道史編纂委員會, 《朝鮮鐵道史》 1(朝鮮總督府 鐵道局, 1937), 52~56쪽.

도 없이 일본에게 유리하게 되었는데, 즉 제3조에 "철도노선의 부지, 정거장·창고·공작장 등에 충당할 용지는 한국정부가 이를 제공한다"라고 되어 있고, 제5조에 "철도에 필요한 기계와 물건 중 외국으로부터 수입하는 것은 관세를 면제하고 철도용 地稅와 그 밖의 각종 철도 소관의 이익에도 徵稅하지 않는다"고 되어 있으며, 제15조에 "철도회사는 어떤 경우에라도 한·일 양국의 정부나 국민 외에는 그 株券을 양도하지 못한다"라고 되어 있었다.

이와 같이 〈경부철도합동조약〉에 의해 경부철도의 부설권이 발기위원회에 주어지기는 하였으나 실제로 공사에 착수하기 위해서는 해결해야 할 어려운 문제들이 산적해 있었다. 당시 일본의 국·내외적 조건은 방대한 자본이 소요되는 해외철도의 건설을 추진할 만한 입장에 놓여 있지 못하였다. 이러한 분위기속에서 1899년 1월 시부자와를 위시한 발기위원들은 처음부터 한국철도의 지배에 적극적이었던 야마가타 아리토모(山縣有朋) 수상에게 경부철도주식회사의 설립을 위한 특별 보조를 요청하였다. 결국 그 해 9월 정부의 특별 보조 명령이 내려져 그것을 토대로 1901년 6월 시부자와를 取締役社長으로 하는 京釜鐵道株式會社가 정식으로 설립되었다.[6]

경부철도주식회사의 간부들은 전국 각지를 누비면서 위로는 天皇家로부터 아래로는 시골의 村長에까지 이르는 광범위한 계층을 주주로 모집할 수 있었다. 이것은 일본 국민이 경부철도주식회사를 통해 한국 침략을 위하여 총집결하였음을 증명해 주는 것인 동시에 경부철도는 일본에게 있어서 단순한 해외철도의 부설이 아니라 일본의 국가 권력과 政商資本家의 주도하에 일본의 일반 민중이 망라하여 결집한 국가적 사업이었음을 보여주는 것이다.[7] 이러한 지원을 배경으로 1902년 8월 착공하여 만 3년 뒤인 1905년 5월에 150여 킬로미터에 달하는 철도를 준공하였다.[8]

러·일전쟁 중에 한국인의 피와 땀을 착취하여 건설된 경부철도는 전쟁이 끝나자 통감부 경부철도관리국에 이관되어 한국을 식민지화하는 주요 수단으로 이용되었다.

---

6) 《東京經濟雜誌》 1901년 7월호, 40쪽.
7) 鄭在貞, 앞의 글, 109쪽.
8) 박만규, 〈한말 일제의 철도부설지배와 한국인동향〉(《韓國史論》 8, 서울大, 1982).

일본은 처음부터 철도부지에 대한 한국정부의 제공 약속을 이용하여 부지의 광점 의도를 갖고 있었다.[9] 철도의 운영에 필요한 토지는 물론 주요 정거장을 중심으로 그들의 세력 근거지의 형성을 기도하였다. 즉 철도부설을 통해 한국 침략의 군사적 거점으로 뿐 아니라 일본인의 상업 진출과 농업 이민 문제를 결부시켜 식민지화의 전초작업을 다져나갔던 것이다. 대체적으로 일본은 정거장 부지로서 20만 평 이상을 요구하였다.[10] 일본의 일급 정거장인 東京驛·上野驛 등이 3만 평 미만임과 비교할 때 그들의 의도가 무엇인가를 단정적으로 증명해 주는 처사였다. 심지어 경의선 군용철도의 경우는 정거장 부지와 함께 군용지로서 300만 평 이상을 요구하였다.

물론 한국정부와 현지 주민의 격렬한 저항이 있었지만 이에 아랑곳없이 일방적으로 강제수용을 자행하였다. 이렇게 일본군에 의해 점탈된 토지는 일본 민간인들에 불하되어 그들의 거류지로 새로이 형성되었다. 따라서 이 지역에 살던 한국인들은 시가의 10분의 1 혹은 20분의 1에 불과한 형식적인 보상에 의해 강제로 쫓겨나 일시에 생활기반을 잃고 말았다.

한편 철도의 부설에는 각종의 자재 및 막대한 노동력이 소요되었다. 노동력의 징발에 있어서도 저임금 정책으로 일관하였음은 물론 러·일전쟁시 경부선·경의선의 속성 공사로 엄청난 수효의 인력 동원이 필요하게 되자 강제징발을 강행하였다. 철도 부역뿐만 아니라 군수용품 수송, 군용 목적을 위한 도로 건설에 동원되어 농촌사회를 극도로 피폐화시켰다. 심지어는 戰場이 이동되면서 만주지역까지 한국인 인부가 강제 투입되었다.[11]

막상 철도가 부설된 후 이용 과정에서 한국인 승객에 대한 대우도 노골적으로 차별정책이 드러났다. 한국인 승객을 화물 취급하였을 뿐 아니라 철도 운임도 일본인 승객이 주로 이용하는 장거리 1, 2등을 우대하고 한국인 승객이 이용하는 단거리 3등 여객 운임을 항상 인상 조정하여 철도에서 한국인 승객을 구축하려 하였다.

일본은 한국에 대한 철도이권 침탈로 자국내의 불황을 극복하고 자본과

9) 박만규, 위의 글, 251~259쪽.
10) 朝鮮鐵道史編纂委員會, 앞의 책, 662쪽.
11) 《大韓每日申報》, 1904년 8월 14·16일.

기술을 축적함으로써 대륙으로 진출할 수 있는 기반을 마련하였다. 말할 것도 없이 한국민들의 희생을 발판으로 하여 제국주의 침략을 선도하는 세계적인 기업으로 성장하여 갔던 것이다.

3) 광산이권

일찍이 1891년 일본은 경상도 昌原金鑛 채굴권을 획득하였으나 별로 이득을 보지 못하고 포기하였다.[12] 이후 러시아에 대한 한국민과 한국정부의 불신을 틈타 재진출을 시도하는 가운데에서도 철도 등 다른 이권에 비하여 광산이권에 대해서는 진전을 보지 못하고 있었다. 그러한 가운데 1896년 미국이 雲山金鑛 채굴계약을 정식으로 체결하고, 1898년에는 독일이 堂峴金鑛을 차지하고 그 이듬해 영국이 殷山金鑛 채굴권을 요구하면서 무력 충돌까지 야기하자, 일본은 이제까지 그들이 입수한 광산 지식을 근거로 1899년 12월 1일 5개의 鑛處를 선정하여 요구하였다.

일본이 요구한 5개의 광산은 황해도의 長淵·殷栗·載寧과 경기도의 安城, 충청도의 稷山이었다.[13] 그러나 한국정부는 이들 광산이 모두 궁내부 소속이기 때문에 허가할 수 없음을 하야시 곤스케(林權助) 일본공사에게 통고하였다. 그러나 일본은 쉽게 단념하지 않고 이를 반박하면서 재고를 요청하였다. 즉 궁내부에서 관할함으로 허가하기 곤란하다는 것은 이익 균점의 원칙에 위배되는 것이며 일본이 청원한 5개 처의 광산 중에서 구체적으로 어느 곳이 외국인이 요구하였다가 거부당한 곳인가를 자세히 해명해 달라고 항의하였다. 아울러 그 중 조사 결과가 가장 유망할 것으로 파악된 직산금광을 선정하여 다시 교섭을 전개하였다.[14] 직산에는 1899년 8월부터 이미 安城郡에

12) 李培鎔, 《韓國近代鑛業浸透史硏究》(一潮閣, 1989), 162~168쪽.
高麗大 亞細亞問題硏究所 編, 《舊韓國外交文書》(高麗大 出版部, 1967~1973) 《日案》 2, 문서번호 2013 昌原金鑛開採에 關한 日商馬木約章의 確認要請(이후 표기는 《舊韓國外交文書》는 생략하고 《日案》으로 함).

13) 《日案》 4, 문서번호 5435 淺野總一郎의 長淵 外 四個鑛山 採掘許可 請願의 件 및 문서번호 5458 長淵 等 開鑛請願 不准의 件.

14) 《日案》 4, 문서번호 5462 長淵 等 採鑛請願 不許에 對한 反問 및 再考要請.

서 日語學校를 운영하던 일본인 福祉辰藏이 비합법적으로 채굴작업을 하고 있었다.

한국정부에서는 물론 일본의 직산금광 채굴권 요구를 단호히 거절하였다. 그러자 일본은 영국과 똑같은 경로, 즉 "先採掘强行, 後特許權 要求"의 방식을 취하였다. 이리하여 직산금광을 둘러싸고 1900년초부터 일본인과 한국정부 관리 사이에 충돌이 치열하게 전개되었다. 1900년 1월 29일 충청남도 관찰사가 外部에 보고한 바에 의하면 일본인들은 무력을 동원하여 불법 채광을 하고 있음을 알 수 있다.15)

이에 한국정부의 외부에서는 일본공사가 이미 직산금광 채굴권을 요청한 바 있으나 어느 외국인을 막론하고 허여할 수 없으며, 通商口岸을 제외하고는 일본인이 임의로 한국민의 토지를 매입하여 開設鑛役할 수 없으며, 직산군수의 금지 명령에 항의한 일본인들을 嚴辨할 것을 일본공사에게 요구하였다.16) 그러나 일본측은 아무런 조치도 취하지 않았고 직산금광에서는 여전히 일본인들의 불법 채굴이 감행되고 있었다. 뿐만 아니라 오히려 직산에 거류하는 일본인의 숫자는 계속 증가하고 있는 형편이었다.

이처럼 불법채굴 강행이 문제를 일으키자 일본은 다시 외교적인 방법을 통해 직산금광 채굴의 특허를 强請하였다.17) 즉 일본에게만 임의로 직접 광산에 들어가서 채굴하는 것이 합당하지 않다는 한국정부의 처사는 일본 商民도 영국·미국·독일 상민과 더불어 마땅히 평등하고 균일한 이익을 향유할 권리가 있으므로 차등을 두는 것은 부당하다는 것이었다. 아울러 다른 외국인 경영 광산의 경우보다 훨씬 한국측에 유리한 계약 초안을 마련하였으니 이를 참작해서 윤허할 것을 청원하였다.18) 그 내용에 있어서 다른 외국인 채광조약에 비해 특색이 있다면 각 조문마다 뒤에 但書를 붙여 구구한 설명

---

15) 李培鎔, 앞의 책, 168~183쪽.
《日案》 4, 문서번호 5496 稷山 不法採鑛 日人의 招還 및 嚴辦要求.

16) 《日案》 4, 문서번호 5531 稷山 日人桶村 等 不法採鑛의 對辦 및 回答促求.

17) 《日案》 4, 문서번호 5598 淺野의 稷山採鑛請願의 准許强請.

18) 《日案》 4, 문서번호 5598 淺野의 稷山採鑛請願의 准許强請의 附1 同上條件更訂出願書 및 附2 稷山金鑛採掘條約案.
〈稷山採掘許可の顚末〉(《澁澤榮一傳記資料》 16, 東京 : 澁澤榮一傳記資料刊行會, 1957), 584~588쪽.

을 나열하고 있는 점이다.

그 후 이익 균점의 명분에 대한 해석의 차이로 일본과 한국정부의 논란이 거듭되었다. 즉 주요 쟁점은 철도이권과 광산이권을 동일하게 볼 것인가의 문제에 있었다. 한국정부의 견해는 다른 열강이 한국의 금광을 차지하고 있는 대신 일본은 경인·경부간의 철도이권을 갖고 있으므로 이익 균점에 어긋나지 않는다는 주장이었다.

이에 대해 일본은 광산과 철도는 별개의 것이라고 주장하였다. 더욱이 경인철도는 한국정부로부터 허여받은 것이 아니라 미국인에게 대가를 지불하고 매입한 것이며, 경부철도도 어디까지나 韓日人 합작사업으로서 한국의 공공복리를 위한 것인 만큼 광산이권과 동일하게 취급해서는 안 된다고 주장하였다.[19)]

이와 같이 광산이권의 요구가 난관에 부딪치자 일본공사 하야시는 본국정부에 다음 두 가지 계책을 의뢰하여 다른 방법을 강구하였다.

① 영국이 은산금광을 강제 점거하여 끝내 이를 공인받은 예에 비추어서 강경한 시위의 필요성을 말한 뒤 군함을 파견해 줄 것을 요청하였다.
② 직산금광 청원의 당사자인 시부자와는 계약 체결시에 상납금 및 운동비조로 5·6만 원의 금액을 지출할 용의가 있는지를 문의해 주도록 외무성에 요청하였다(日本外務省 編,《日本外交文書》37-1, 東京：日本國際連合會, 1936, 문서번호 608 韓國鑛山關係雜纂 (附記 5) 稷山金鑛採掘請求ノ件, 517~518쪽 및 문서번호 609 稷山特許運動費ニ關スル件, 519쪽).

결국 이와 같은 여러 가지 방법을 동원한 끈질긴 교섭 결과 하야시공사가 1900년 7월 고종황제를 陛見하였을 때 직접 고종으로부터 직산금광 특허의 응낙을 얻어내기에 이르렀다. 드디어 1900년 8월 16일에 궁내부 대신서리 尹定求와 일본의 시부자와·淺野總一郎 鑛山組合의 대리인 佐左木淸磨와의 사이에 〈稷山金鑛採掘合同條約〉이 체결되었다.[20)]

---

19) 《日案》 4, 문서번호 5683 稷山採鑛 不許方針의 再闡明 및 同條約草案返送·문서번호 5684 上件駁論 및 妥辦促求.

20) 《稷山鑛約》(奎 23094) 및 《制度局鑛業書類》(奎 21935).
《日案》 5, 문서번호 6070 稷山金鑛合同의 正式調印未了와 過渡措處依賴의 附錄.

이렇게 정식조약이 체결됨으로써 일본인이 자행한 애초의 불법 침탈이 결국은 합법화되고 만 것이다. 이 조약내용은 앞서 한국정부가 영국, 독일 등과 체결한 내용과 거의 비슷하였다. 즉 鑛區 면적이 60里×40里였으며 25년 기한에 이익금의 25%를 황실에 바치도록 되어 있었다. 한편 광구는 2년 이내에 직산 일대를 조사한 후에 정하기로 하였다. 또한 고용인 등에 한국인을 10분의 9를 채용한다는 것과 토지 배상문제, 면세 규정이 명시되어 있었다. 한가지 지적할 점은 각 조항마다 단서를 붙여, 뒤에 일어날 사태에 철저히 대비하여 방어장치를 취하고 있다는 것이다. 특히 직산금광을 특허받은 시부자와·淺野總一郎 광산조합은 광구 선정 문제를 둘러싸고 한국정부와 마찰을 야기시켰다. 원래 2년 이내에 광구를 정한다는 조항은 다른 열강들보다 1년을 연장시킨 것인데도 불구하고 2년이 경과한 후에도 채굴작업은 진행하면서도 上納의 의무를 이행하지 않았다.

그들의 저의는 선정 기한을 오래 끌어 그들의 채광활동의 영역을 확대하려는 것이었다. 즉 시굴조사를 한다는 명목으로 직산군 뿐만 아니라 그 주변의 산천과 농토까지 마음대로 침범하여 주민들의 원성을 자아내기도 하였다. 또한 그들이 기대하였던 만큼 産金 성적이 양호하지 않자 광구 선정 기한을 연기해 줄 것을 요구하였고,[21] 오히려 직산군수가 그들의 작업을 방해하여 鑛務를 진행할 수 없다는 이유를 들어 다른 광처를 선정해 줄 것도 신청하였다.[22] 물론 광구 선정을 하기까지는 채금수입이 있어도 한국정부에 납세의 의무는 지지 않았던 것이다.

일본이 직산금광에서 자행한 여러 가지 奸策 중 가장 비열한 것은 광구 선정의 지연술책이었다. 즉 일본은 1902년 12월, 광구 선정 기한이 이미 지났는데도(1902년 8월까지) 선뜻 광구를 결정하지 않고 차일피일 미루었다. 오히려 外部에 납세를 독촉하는 직산군수를 비난하는 호소문을 보내고 군수의 횡포로 인한 손해배상을 청구하는 동시에 開工 기일의 연기를 요청하였다.[23]

---

21) 《日案》 6, 문서번호 7133 稷山郡守 鑛夫逮捕 및 徵稅措置의 停止命令要請·문서번호 7168 稷山金鑛件의 宮內府擔當 辦理照覆.

22) 《日案》 6, 문서번호 7253 稷山金鑛開工의 延期要請 및 他礦擇定 示唆·문서번호 7321 稷山鑛所件 他礦代擇의 拒否.

23) 《日案》 6, 문서번호 7327 稷山金鑛 起業 遲延責任의 轉嫁와 代礦件 解明.

실질적으로는 채금 작업을 하면서도 납세금을 기피하기 위해, 또 한정된 지역보다는 보다 넓은 구역에서 자유로이 채굴을 하기 위해 모든 수단과 방법을 동원하여 그들의 이익을 도모하고 있었던 것이다.

이와 같은 수법을 이용하여 강탈한 또 다른 예로서 비슷한 시기의 遂安金鑛 채굴권의 획득을 들 수 있다. 일본인들은 직산금광 채굴권 획득에 만족하지 않고 전국의 거의 모든 광산에 침투해 들어가고 있었는데, 1900년부터 직산금광을 경영하면서 또 다른 한편으로는 새로운 광처를 물색하여 이권교섭을 전개하였다. 그들의 특허권 요구의 진행방법은 우선 희망하는 광산에 불법적으로 침투하여 시굴작업을 한 후에 유망하다고 판정되면 한국정부에 인가를 청원하였다. 그 대표적인 예가 황해도 수안금광이었다.

수안금광은 한국의 광산 중에서 역사가 오래된 금광으로[24] 대한제국시에는 궁내부 소속으로 한국인 소유주가 소규모의 자본을 가지고 채금하면서 매년 200兩씩 국가에 상납하고 있었다. 점차 수안금광의 채금성적이 양호하다는 소문이 알려지자 먼저 일본인들이 수안지방을 아무런 공문도 없이 수시로 시찰하고 심지어는 1900년 11월 무단으로 점탈하는 사태로까지 진전되었다.[25] 그 해 초에는 영국인들이 殷山金鑛을 무력으로 점유하면서 결국은 이권을 획득하게 되자 이제 외국인들은 그들이 채굴하고자 희망하는 광산이라면 한국정부의 의사와는 아랑곳없이 무조건 불법침입하여 채금하는 것이 그 시기의 유행사가 되어 버렸다.

1901년에는 일본인의 간청으로 일인 광산기술자 10명이 궁내부에 고용되어 수안금광에서 작업에 종사한 일이 있었다. 그러나 정작 작업을 개시하자 그들은 한국인 광산을 위해 일한 것이 아니라 불법으로 광지를 독점하여 기계를 설치하고 독자적으로 일본인 경무관·순검·목수 등을 고용하였다.[26] 또한 그들의 작업에 협조하지 않는다고 한국인 德大를 납치하고 구타하는 일은 물론 민가에 들어가 부녀자를 협박하는 행패마저 서슴지 않고 있었다.

---

24) 伊木常誠·鈴木四郎, 《韓國鑛業調査報告(黃海道편)》(鑛山監理署, 1906), 38~49쪽. 茶山 丁若鏞도 谷山府使로 있을 때 遂安 金店을 직접 見聞한 바를 《應旨論農政疏》에 쓰고 있는데 금의 생산이 풍부하고 潛採가 성행하고 있음을 지적하고 있다.

25) 《內部來去文》(奎 17794-3), 1900년 11월 24일, 12월 6일.

26) 《黃海道來去案》(奎 17986-2), 1901년 5월 11·16일, 6월 7일, 7월 28일 보고.

이와 같은 일본인들의 만행에 대해 1904년에는 수안금광에서 채금작업을 하고 있는 한국인 소자본가들이 연명으로 內藏院에 진정서를 보내 수안에서 외국인의 채금행위를 금지시켜 달라고 요구하였다.[27] 또한 수안군민들에 의한 합자회사 조직으로 일본인 자본에 대항하기도 하였다.[28]

그 후 1905년 일본은 한국에 대한 영향력이 커지자 영국과 합동으로 수안금광 특허권 교섭을 재개하였다. 즉 일본 三井物産과 런던의 영국신디케이트(British Syndicate)가 합자하여 자본금 100만원 중 3분의 2는 영국이, 3분의 1은 일본이 부담하기로 정하고 한국황제에게 은밀히 윤허할 것을 제안하였다.[29] 그러나 그 후 자본금 조달문제도 있고 또한 1904년 2월 한국정부로부터 광지는 정하지 않은 상태에서 광산채굴권을 획득한 미국인 콜브란(A. H. Collbran, 骨佛安)과 보스트윅(H. R. Bostwick, 甫時旭)도 영국측의 제의로 참여시키게 되었다.[30] 그리하여 1905년 3월 28일 일본·영국·미국의 자본이 모여 영·미·일 합자회사가 런던에 설립되었는데 영국신디케이트의 피어스(A. L. Pearse, 畢爾思)를 대표로 하여 영국과 미국측의 대리인은 보스트윅, 일본측 대리인은 삼정물산의 경성주재 지점장 小田柿捨次良을 내정하였다.[31] 이 시기에 들어서면 각 열강이 자본을 모아서 합자회사를 설립해 공동으로 경영한다던가 서로간의 이익에 따라서 특허권을 양도하기도 하고 특허받은 광산을 서로 교환하기도 하였다. 소위 뒷거래가 이루어진 것인데 광산업 투자에 대한 위험부담을 줄여보자는 계책이었다. 그러나 그 후 일본은 다시 광산기술자를 수안금광에 파견하여 면밀한 조사를 실시한 결과 대규모의 자본을 공동으로 투자하기에는 의외로 매장량이 적다는 보고에 접하자 삼정물산으로 하여금 일·영·미 합자에서 탈퇴하게 하였다.[32]

---

27) 《黃海道各郡報告》(奎 19157-4), 1902년 11월 16·22일.
《請願書二件綴》(奎 26387), 1901년 2월, 1903년 11월, 1904년 4월.
《遂安郡金鑛關係》(奎 26387-3), 1904년 10월.
28) 《黃海道遂安金鑛章程》(奎 18977), 1903년 8월.
29) 《日本外交文書》 38-1, 문서번호 608 遂安金鑛ノ日英合辦經營ニ關スル件.
30) 《日本外交文書》 38-1, 문서번호 610 遂安金鑛日英米三國合同經營ニ關シ照會ノ件.
31) 《日本外交文書》 38-1, 事項 16 〈韓國鑛山關係雜纂〉, 문서번호 611~626 참조.
32) 李培鎔, 〈列强의 利權侵奪과 朝鮮의 대응〉(《韓國史市民講座》 제7집, 一潮閣, 1990), 111쪽.

4) 연해어업이권

개항 후 한반도 연해어장이 황금어장으로 알려지면서 열강, 특히 일본의 침탈대상이 되었다.[33] 1882년 청국이 황해·평안도 연안의 어업권을 획득하고, 1883년 일본이 전라·경상·강원·함경도 4도의 연안어업권을 획득함에 따라 한국의 황금어장이 외국 어선에 의해 유린되기 시작하였다. 즉 1882년 〈朝淸商民水陸貿易章程〉 제3조 규정에 따라 청국이 황해·평안도 연안의 어업권을 획득하고, 한국도 중국의 산동성과 봉천성 연안에서의 통어권을 획득했다. 한편 일본은 1883년 7월 〈조일통상장정〉 제41조 규정에 의거 전라·경상·강원·함경도 4도의 연안어업권을 획득한 반면 한국 어선은 肥前·長門·石見·出雲·대마도해안에서 어획할 수 있게 되었다. 그러나 당시 한국어업의 실상은 외국으로 출어할 어선이나 어업기술 여건이 확보되지 못한 상태였다. 외국에 의한 어업침탈이 시작되었다.[34]

물론 唐船·荒唐船·어채당선 등으로 불리던 청국 선박은 평안·황해도 연안에 나타나 밀무역과 밀어를 자행하였지만 개항 후에는 수백 여 척의 선박이 들어와 서해안에서 주로 준치·조기·새우·갈치 등을 잡으면서 총포로 위협하여 한국인 어망의 생선을 약탈하거나 살상하기도 하였다.

한편 일본 어선은 삼포왜란으로 한반도 연해에서의 어로행위가 금지된 지 370여 년 만인 1883년에 어업권을 획득한 후 적극적으로 진출하였다. 그렇지만 어업권이 인정된 초기에는 생선에 대한 기호상의 차이와 어획법 등이 달라 한국인 어업과 일본인 어업이 서로 상충되지 않았다. 일본어민들은 초기에는 지역적으로 경상도와 전라도에서 많이 활동하였고, 점차 함경도와 강원

《日本外交文書》 38-1, 문서번호 655 遂安金鑛採掘三國合同ニ對スル三井ノ態度ニ關スル件·문서번호 675 遂安金鑛ノ特許條件ニ付請訓ノ件·문서번호 677 遂安金鑛特許條件ニ關シ請訓ノ件.

33) 청·일 양국의 어민들은 이미 개항이전부터 한국 연해에 잠입하여 불법어로를 자행하였다.
이원순, 〈한말 제주도의 漁採問題〉(《歷史敎育》 10, 1967).
박구병, 〈韓國漁業技術史〉(《韓國文化史大系》 3, 高麗大 民族文化硏究所, 1968).

34) 한우근, 〈개항후 일본어민의 침투〉(《東洋學》 1, 1971) 참조.

도까지 활동무대를 넓혀갔던 것이다.

일본어민들은 기계화된 漁具와 漁船 및 선진 어로기술로 한국어민에 비해 많은 양의 고기를 잡을 수 있었다. 주로 도미·삼치·상어·방어·뱀장어·해삼·전복 등을 잡았는데 이들은 예상 밖의 수익을 얻는 성과를 거두었다. 1891년에는 117만 원의 수익을, 이듬해인 1892년에는 160만 원으로 그 수익을 늘려갔다.[35] 그럼에도 불구하고 한국정부에서 일본어민으로부터 징수한 어세는 3천 원 정도에 그쳤다. 그나마도 일본어민들이 어세를 납부하지 않으려고 밀어를 행하는 사례가 많았으니 실제 일본어민들이 어획해 간 어류의 총량과 그들이 거둔 수익은 상당한 수준이었을 것으로 짐작할 수 있다.

이후 일본은 1889년 11월 한국정부와 〈朝日通漁章程〉을 조인함으로써 소정의 어업면허세를 납부하면 상기한 4도 연해의 3리 이내에서 자유로이 어업활동을 할 수 있게 되었을 뿐 아니라 잡은 어류를 개항장 거류 일본인과 한국인에게 판매할 수 있게 되어 수송 및 보관의 부담을 덜면서 많은 수익을 올렸던 것이다. 이처럼 일본어민들은 어로행위뿐 아니라 어류의 판매분야로까지 그 영역을 넓혀갔다.[36] 일본상인들이 어류매매에 참여하게 된 이후 한국의 어물전 상인들은 상권을 잃고 도산하기도 하였다. 더 나아가 일본거류민들은 1889년 8월에 부산항에서 자본금 5만 원의 釜山水産會社를 창설하여 한국에서 어업 경영확대를 위한 기틀을 잡고자 하였다.[37] 이 회사는 일본어민들의 각종 편의를 돕는 업무이외에 일본어민들이 잡은 어류의 판매를 알선하였는데 심지어는 이를 청국으로 수출하는 중개역할도 맡았다. 이렇게 하여 일본어민들이 고기를 잡는 것뿐만 아니라 한국 연해에서 잡은 고기를 한국내의 판매는 물론, 청국에 수출까지 할 수 있는 단계로 나아갔다. 그 결과 한국인은 어류의 생산분야는 물론 유통분야에서도 잠식당하기 시작하였던 것이다.

기계화된 어구와 어선을 갖춘 선진적인 어법으로 한국어민보다 훨씬 많은

35) 이영학, 〈개항 이후 일제의 어업 침투와 한국 어민의 대응〉(《역사와 현실》 18, 한국역사연구회, 1995), 161쪽.
36) 《韓國水産誌》 1권(農商工部 水産局, 隆熙 2년), 368쪽.
37) 《統記》, 고종 25년 11월 20일 및 고종 28년 4월 27일.

고기를 잡을 수 있었던 일본인들은 1900년경부터 한국인이 좋아하는 조기·대구·청어·새우·명태 등을 잡아 판매함으로써 한국어민의 어업권을 침해하였다. 그들은 일본정부의 원양어업에 대한 장려금 지불, 어업협회·통어조합·수산조합 등의 조직 강화 등 적극적인 지원에 힘입어 1900년대에 더욱 적극 진출하면서 어획물의 판매에서도 생선·염장·건제 등의 방식으로 한국·청국·일본 3개국에 판매하여 많은 이득을 취하였다. 수심 깊은 데까지 들어갈 수 있는 일본인 잠수기선에 의한 전복과 해삼의 남획, 러시아인·영국인·일본인 등에 의해 성행된 노르웨이식 포경법에 의한 고래의 남획 등은 풍부했던 수산자원의 감소를 가져왔다.

일본어민들의 불법적이고 파괴적인 어로행위는 어민의 생계를 위협할 정도였다. 1897년 8월에 부산 영사는 "통어자 가운데 3분의 2가 감찰을 받지 않은 자이며, 적어도 과반수는 규칙위반자로 보아도 좋다"라고 일본 외무차관에 보고하고 있다.[38] 또한 일본어민들은 조약상에 허가되지 않은 지역까지 불법적으로 진출하여 어로행위를 자행하면서 수익을 올리려 하였다. 이를테면 1901년에 획득한 경기도 연해어업권을 빌미로 충청도 연안으로까지 밀어를 행하는 것은 물론이거니와 심지어 황해도까지 진출하여 밀어를 행하였던 것이다. 더구나 이들의 불법은 어획에 그치지 않고 연해의 외딴 섬의 주민들을 위협하거나 부녀자를 겁탈하거나 혹은 재산을 약탈하였고, 심지어는 그러한 불법적인 어로작업을 단속하는 관리에게 폭행을 가하기도 하였다.[39] 그럼에도 한국정부는 이러한 일인들의 불법행위를 효율적으로 단속할 수가 없었으므로 밀어선의 어업세를 확보할 수가 없음은 물론 한국어민들의 어로행위와 생계를 제대로 보호해주지 못하였다.

때문에 한국어민들은 일본어민들의 불법행위에 대하여 정부에 적극적인 대책을 호소하는 한편, 나아가 직접 일본어민에 대항하기도 하였다. 즉 부산이나 충청도지역 어민 중에는 자본을 투자하여 일본 漁舟와 일본 漁具를 사용하는 자가 많았으며, 심지어는 일본의 漁艇을 소유한 자도 있었다. 한국어민 스스로가 일본어업의 침투에 대항하기 위해서 일본을 비롯한 외국의 선

38) 박구병, 앞의 글, 253쪽.

39) 《皇城新聞》, 1902년 2월 24일 및 1903년 9월 11일.

진적인 어구와 어획법을 도입하여 경쟁해가기도 하였다.[40] 그러나 대부분의 경우는 일본인 어민이 발달된 어구와 어획법을 바탕으로 한국 연해의 어장에 대한 침탈을 확대해 나갔던 것이다.

일본은 1901년 경기도 연해의 어업권 취득에 이어서 충청·황해·평안도 연안 어업권을 획득하여 한국 연해 전체에서 이익을 얻어갔다. 연안의 定置漁場·양식어장·패조류어장 등 어업면허를 취득하여 어로행위를 하는 어장은 농업에서 농토가 중요시되듯이 아주 중요한 생산수단으로서 토지와 다름없이 소유주가 있었고, 외국인이 소유할 수 없도록 법으로 규정되어 있었다. 그러나 통감부에서 1908년 10월 〈漁業에 관한 協定〉을 한국정부에 강요하여 일인도 어업권을 획득하여 어장에서 조업을 할 수 있도록 하였다.[41] 이어 일한 어민의 보호·단속이라는 미명하에 일본어민의 朝鮮海水産組合에 매년 보조금을 지급하고 순라선을 구입하여 어업의 실권을 장악케 하였으며 한국어민에 대해서는 억압을 가하였다. 같은 해 11월 〈漁業法〉을 공포하여 면허어업(10년간), 허가어업(1년간), 신고어업(1년간)을 막론하고 통감부에 신청하여 허락을 받아야만 영업할 수 있게 하였다.[42] 이러한 법제는 모두 일인에게 유리하게 허가하는 정책을 실시하기 위한 조치였다. 우선 〈어업법〉을 공포한 후 1909년 4월에서 11월까지 허가된 수는 한국인이 5,436명, 일본인이 2,861명이었다. 그 해 어선 수와 어획고를 살피면 어선 수는 한국인이 12,567척 일본인이 3,755척이었고, 어획고는 각각 3,690,300원과 3,076,800원이었으며, 인원은 75,063명과 15,749명으로 양국의 어획고나 어선수로 보아서는 한국인이 다소 높지만 인원이 훨씬 많은 까닭에 1인 평균 어획고는 4분의 1에 불과하였다.[43]

1910년의 상황을 살펴보면, 허가한 인원수는 한국인이 76,900명 일본인이 16,902명이었고, 1910년의 어선수와 어획고를 보면 한국이 12,749척에 어획량이 3,929,260원이었고, 일본이 3,960척에 어획량이 4,211,312원이었다. 일본인

40) 박구병, 앞의 글, 264~276쪽.
41) 外務省條約局, 《舊條約彙纂》 제3권.
42) 《朝鮮法令輯覽》, 朝鮮總督府, 1932.
43) 박경식, 《일본제국주의의 한국지배》(청아출판사, 1986), 115~116쪽.

어업에 비해 어업 인원과 어선수가 각각 4.5배, 3.2배인 한국인 어업이 어획고에서 약간 뒤떨어질 정도로 열악해져 갔다. 1908년부터 1910년의 어업상황을 보면, 한국인 어업은 일본인에 비해 배 1척 당 평균 어획고가 약 3분의 1, 1인당 평균 어획고는 약 4분의 1 수준에 불과하였다.

일제는 통감부 설치이후 일본어민의 이주를 적극 권장하였다. 그리하여 1910년대 중반에는 어느 정도 성과를 거두어, 1915년에는 전국에 걸쳐 이주어민수가 1만 2천 명으로 증가하였다.[44] 이들은 1904년 이후 한국의 전 연해지역으로 어업영역을 확대해갔고, 또한 한국어민의 어획분야까지 침투하면서 어업을 행하였다.

〈李培鎔〉

3. 이권수호운동

1) 정부측 대응

19세기 후반에 들어서서 한국은 근대화라는 과제와 함께 일본을 비롯한 제국주의 열강의 침략에 직면하게 되었다. 특히 외래 자본주의의 경제적 침탈은 심각한 양상으로 전개되어 한국의 정상적인 경제성장을 저해시켰을 뿐 아니라 그것은 국권을 상실하게 된 주된 원인이 되었던 것이다.

한국은 1876년 개항후 불과 30년도 채 못되는 동안 근대산업의 핵심이 될 수 있는 대부분의 자원을 빼앗기게 되었다. 그 중에서도 광산이권 부분의 침탈로 인한 경제적 손실은 실로 막대하여 민족자본의 원천을 고갈시키는 결과를 빚었다. 이렇게 1880년대부터 적극적으로 침투해 들어오는 열강의 세력을 견제하기 위해 한국정부는 나름대로 대응책을 마련하기에 부심하였다.

첫째로 들 수 있는 것은 근대식 산업개발을 우리 스스로 담당하기 위한 새로운 부서의 설치를 모색하게 되었다. 이러한 필요성에 의해 설치된 것이

44) 이영학, 앞의 글, 180~181쪽.

朝鮮電報總局과 鑛務局이었다.[1] 우선 전선부문의 경우를 보면 1883년 일본과 〈釜山口設海底電線條款〉을 맺고 1885년에는 청과 〈義州電線合同〉을 체결하게 됨으로써 초기의 전선 가설은 타국에 의존하게 되었다. 더군다나 전선 조약을 맺자 일본이 기득권을 요구하면서 이권 확장을 도모하였다. 이에 한국정부는 이후의 전선 가설은 스스로 담당해야 할 것임을 각성하기 시작하였고 그 노력의 일환으로 가설된 것이 경부간 남로전선이다. 1887년 이를 관장하기 위한 조선전보총국이 창설되었고 다시 청과 〈中國允讓朝鮮自設釜山之漢城陸路 電線議定合同〉을 체결함으로서 명실공히 남로전선은 한국정부의 주관 아래 독자적인 전선 가설이 이루어지게 된 것이다.

광업의 경우도 이 시기 일본·영국의 기술자들이 한국 광산에서 무단 채굴을 빈번히 자행하고 있었는데 이러한 혼란을 막기 위하여 1887년 4월 광무국이 설치되었다. 따라서 私採, 세금 체납, 외국인 채광으로 어수선하던 광무의 정리를 단행하였다.

철도의 경우도 경부철도 부설권을 환수하여 西北鐵道局을 설치하였던 것도 그러한 노력의 일환이었다. 大韓鐵道會社의 朴琪淙·鄭顯哲·洪肯燮 등은 1903년 5월 서북철도국 총재 李容翊에게 경의철도 부설공사 일체를 이 회사에 전임시켜 줄 것을 요구하는 청원서를 제출하고 일본으로부터 40만 원의 자금을 지원받아 막후교섭을 벌였다. 결국 1903년 7월 서울~평양의 철도 건설을 대한철도회사에 맡긴다는 칙령이 내려졌다. 8월에 서북철도국과 대한철도회사 사이에 체결된 〈大韓鐵道會社全擔協定〉에 의하면 서울~개성의 철도 부설권은 대한철도회사가 전임하고 모든 공사대금은 준공 후에 철도국으로부터 급여하되, 그것을 전부 급여할 때까지는 철도의 운영권을 회사가 소유하며 평양~의주의 철도는 차후에 다시 협정키로 하였다.[2] 이로써 서북철도국은 명목상의 감독관청으로 전락하고 서울~평양간 철도부설권은 대한철도회사가 장악하게 되었다. 1903년 9월 제일은행의 網戶得哉와 대한철도회사 사이에 철도부설에 필요한 자금을 차용해 주는 내용의 〈京義鐵道借款協定〉

1) 《高宗實錄》, 고종 24년 4월 5일.
2) 鄭在貞, 〈京義鐵道의 敷設과 日本의 韓國縱貫鐵道 支配政策〉(《論文集》 3, 한국방송통신대학, 1984), 480쪽.

이 체결됨으로써 일본은 경의철도 부설권과 운수영업권을 장악하였다. 결국 경의철도의 자력 부설운동은 좌절되었다.

둘째, 1880년대는 외국으로부터의 자본 도입과 계약 체결을 되도록 삼가하였다. 당시 한국의 상황이 근대화를 위한 아무런 준비도 갖추어지지 않아 외국인 자본을 끌어들여 근대 산업을 개발하기에는 시기상조임을 감지하고 있었다. 그러한 뜻에서 단지 외국인 기술자를 초빙하여 기술 개발을 통한 소극적인 근대화정책에 머물게 되었다.

셋째, 1894년 청·일전쟁 이후 일본이 한국에서의 독점적 지위를 확보해 나가자 열강의 세력균형에 의해 이를 저지하고, 나아가서는 이미 탈취된 이권도 환수하는 데 주력하였다. 예를 들면 1895년 삼국간섭에 의해 일본의 이권독점이 좌절되었고 이에 1896년에는 청·일전쟁 중 일본이 차지하였던 西路·北路電線을 환수할 수 있었다. 또한 1895년 미국과 체결한 운산금광 특허권도 한때 파기할 뜻을 나타내기도 하였다.

1896년 아관파천으로 러시아가 한국에서의 세력을 확보하여 수많은 이권을 장악하고 좌지우지하고 있을 때 독립협회에서 이를 맹렬히 공격하여 일부를 저지시킬 수 있었다. 이에 프랑스에게 넘어갔던 경의철도 부설권도 환수할 수 있었던 것이다.

넷째, 1890년대 후반기에 들어서면 열강들이 최혜국 조관을 빌미로 한국에 대한 이권침투가 본격화되는데 이에 대한 대응책으로 이권교섭의 모든 권한을 궁내부로 이속시켰다. 즉 빗발치는 그들의 요구를 막아내기 위하여 왕실 관리로 교섭창구를 단일화시키고 국내의 철도·광산 등의 이권을 외국인에게 허가하지 않을 방침을 공표하였다. 광업부문의 경우 매장량이 많다고 알려진 광산은 모두 궁내부로 이관하여 보호하였다.[3] 또한 "궁내부 광산은 외국인에게 채광을 불허한다"는 조항을 명시하고 있다.

다섯째, 자체적인 기술개발을 위해 전문적인 기술자를 양성해야 한다는 인식이 고조되면서 실업교육 기관을 설치하였다. 이른바 1900년 4월에 〈鑛務學

3) 宋炳基 外, 《韓末近代法令資料集》 2(國會圖書館, 1971), 광무 2년 1월 12일, 奏本 國內 鐵道·鑛山의 外國人 合同을 勿許하는 件 및 광무 2년 6월 28일, 奏本 43郡 各鑛을 宮內府에 移屬하는 件.

校官制〉, 같은 해 11월에 〈電務學徒規則〉을 제정하여 본격적인 전선·광업 기술교육을 실시하게 되었다.[4]

이러한 이권침탈에 대한 정부의 대응책은 소극적인 대책에 머무를 수밖에 없었지만 독립협회나 언론을 통한 지식인들의 이권양여 반대운동으로 더욱 고무되었다.

2) 언론 및 지식인의 이권양여 반대운동

외국인에 대한 이권양여 반대 논의가 본격적으로 일어나는 시기는 독립협회의 활동이 활발하던 때였다. 왜냐하면 1896년 이후 한국의 근대시설과 자원개발을 위한 주요 이권이 아주 값싼 조건아래 차례로 열강의 손에 넘어가고 있었기 때문이다. 독립협회의 이권양여 반대운동은 이권침탈의 대응방안과 반외세 논의가 전국적으로 여론화되는 계기가 되었다. 그리하여 정부측 대응이 국력의 위축으로 미온적일 수밖에 없는 반면, 이 운동은 보다 더욱 강경하고 신랄하게 전개될 수 있었다.

여하튼 이권침탈을 막기 위한 지식인들의 대처방안은 언론과 만민공동회를 통한 여론화운동, 교육을 통한 자체기술자 양성, 민족자본에 의한 회사설립 등으로 제시되었다. 독립협회의 주장은 나라의 자주독립은 자주경제에 의하여 뒷받침되어야 하며, 자국의 자원과 산업은 자기가 개발하여야만 자주독립을 지켜낼 수 있다는 것이었다. 따라서 그들은 자연의 자원과 국토와 경제적 이권을 외국에 양도하는 것은 자주독립의 일보를 떼어주는 것이라고 보고 한사코 이를 반대하였다.[5]

이러한 여론 조성과 함께 독립협회는 정부의 반대 태도가 확고하지 못하자 "만일 외국이 청구하는 대로 다 시행하면 인민은 어디가 살며 나라는 무엇을 가지고 나라노릇을 할 것인가"라는 질문서를 外部에 제출하여 자각을 촉구하였다. 이와 더불어 지금까지 침탈당한 이권과 그 관계자를 조사하고

---

4) 宋炳基 外, 위의 책, 1900년 9월 4일, 勅令 제31호 鑛務學校官制.
《通信院本文》 1, 1900년 11월 1일, 通信院令 제7호 電務學徒規則.

5) 愼鏞廈, 《獨立協會硏究》(一潮閣, 1976), 150~151쪽.

즉각 중지시킬 것을 결의하였다.[6)]

그런데 외세에 대한 이권양여 반대 논의가 항상 일관적으로 단순하게만 진행된 것은 아니었다. 다시 말하면 현실론과 이상론의 이중 갈등속에서 전개되었다. 즉 첫째는 무계획한 근대시설 개발로 인한 폐단을 지적하며 시기상조론이 대두되는가 하면, 한편으로는 근대시설의 필요성과 조속한 개발을 주장하는 측이 있었고, 둘째로는 이권양여 절대 불가론과 일부에서는 이권양여의 효용성을 주장하는 긍정적 측면도 있었다. 그러나 이러한 긍정·부정의 논리는 반외세·친외세의 대립적 성향으로 나타날 때도 있지만 근대산업을 발전시키기 위한 기본인식과 방법론의 차이에 기인한다고 볼 수 있다. 그러나 당시 대부분의 지식인들을 비롯한 국민의 여론은 외국인의 이권침탈에 대한 분노가 대단하였다. 《독립신문》 뿐 아니라 《皇城新聞》에도 정부의 속수무책인 무능함과 외국의 이권침탈을 맹렬히 공격하는 기사가 실리고 있다.

독립협회에 의하면 나라의 자주독립은 자주경제에 의하여 뒷받침되어야 하며, 자국의 자원과 산업을 자기가 개발하여야 지켜질 수 있는 것이라고 주장하였다. 따라서 그들은 자연자원과 국토와 경제적 이권을 외국에 양여하는 것은 자주독립의 일부를 양여하는 것이라고 보고 한사코 이를 반대하였다. 즉 외국에 의존하지도 않고 배척하지도 않고 오직 친선해야 하지만 권리를 잃어서는 안 된다고 강조하였다.

1898년 3월 6일 토론회의 주제를 이권양여 반대로 정하여 "大韓國의 토지는 선왕의 가장 크신 업이요, 1천 2백만 인구가 사는 땅이니, 한 자와 한 치라도 다른 사람에게 빌려주면 이는 곧 선왕의 죄인이요, 1천 2백만 동포 형제의 원수"라 하여 열강의 이권침탈을 강력히 저지하는 여론을 조성하였다. 특히 독일이 金城 堂峴金鑛을 청구하는 과정에서 독일영사 클리인(F. Krien, 口麟)이 그의 요청을 거부하는 우리측 외부대신서리 兪箕煥에게 무례한 언동을 한 것에 대해 강력히 항의하는 글을 계속 신문에 게재하였다. 이에 클리인의 행위를 규탄하는 여론이 빗발치듯 일어났고, 결국 클리인은 내방 면담시 무례행위에 대한 사과문을 외부대신서리 유기환에게 보내게 되었다.

---

6) 《독립신문》, 1898년 9월 13일.

독립협회의 완강한 이권양여 반대운동에 힘입어 이전에 침탈당한 것을 제외하고는 일단 저지되었다. 또한 1898년 10월 28일 官民共同會를 개최하고 회원들이 각각 의견서를 진술한 다음 11개조의 결의안을 성안하였다. 이중에서 6개조를 綱으로 하여 入奏키로 하였는데, 그 내용은 광산과 철도와 石灰와 삼림과 빚 얻어 쓰는 일과 군사비는 정부대신들과 중추원 의장이 합동하여 도장을 찍지 않으면 외국과 조약이 수립되지 않을 것임을 주장한 것이다.

한편 일부에서는 외국인을 무조건 경계하여 풍부한 자원을 그대로 무한정으로 방치해 두는 것보다는 외국자본을 이용해서 부강에 힘쓰는 것이 오히려 현명한 처사라고 의견을 제시하는 지식인들도 있었다. 그러나 당시 대부분의 지식인들을 비롯한 국민의 여론은 외국인의 한국 광산침탈에 대한 분노가 대단하였다. 국내 산업이 한국인보다 외국인에 의해 착수되는 것이 더 많음을 우려하였다. 이미 당시의 여론은 계속 외국인에게 광산·삼림 등의 권리를 준허하고 토지를 양여하면 결국은 나라의 주권을 빼앗길 것을 예견하고 있었던 것이다. 《황성신문》에도 정부의 속수무책인 무능함과 외국의 이권침탈을 맹렬히 공격하는 기사가 자주 실리고 있다.

1904년 3월 당시의 지식인을 대표하여 장지연 등이 정부에 시정개혁에 관한 50조를 건의하였는데, 그 중에는 이미 인허한 외국인의 이권을 회수하는 방안도 강구할 것을 촉구하였다. 특히 이 때는 일본인들이 한국에게 황무지 개척권을 요구하여 그 반대여론이 고조되고 있었다. 같은 해 7월 당시 지식인들과 민간실업가들에 의해 개간사업과 광업 전반을 직접 한국인 스스로가 담당할 農鑛會社 설립을 추진하였다.[7] 아울러 輔安會를 결성하고 격렬한 반대운동을 전개하여 결국 일본의 황무지 개척권 요구는 철회되었다. 1905년 통감부가 설치되자 유생들의 항일 의병운동이 고조되면서 전국의 유생들은 각국 외국공사관에 서한을 보내 일본의 만행을 규탄하고 만국공법으로 제재해 줄 것을 호소하였다.[8]

점차 언론이나 지식인들의 이권양여 반대 논의는 시기가 갈수록 고조되고 구체화되었다. 신문에 투고하는 층도 각 지역의 광범한 계층으로 확대되고

7) 尹炳奭, 〈日本人의 荒蕪地開拓權 要求에 대하여〉(《歷史學報》 22, 1964).
8) 《大韓每日申報》, 1905년 9월 26일.

있었다. 이로 인해 민족의식을 각성시키는 데 지대한 영향을 미쳤지만 그 이론적 한계도 내포하고 있었다. 이를테면 자체적인 학술조사나 경제이론이 결여된 한계성을 지적할 수 있겠다. 그러나 열강의 침략에 대한 위기의식을 국민에게 감지시키고 또한 저항운동을 조직화·집단화하여 전국으로 확산시키는 데 크게 기여하였다.

3) 현지민의 저항

지식인들의 반대운동이 주로 이론적인 면에 치중하였다면 현지민들의 대응은 생업권과 관계되기 때문에 무력충돌까지 야기될 정도로 적극적이고 강력하였다. 대체로 현지민들의 저항은 1890년대 이후 열강의 이권침탈이 가중될 때 전국 곳곳에서 치열하게 전개되었다. 이러한 현지에서의 저항은 시설파괴, 고용 거부, 기존 생업권 보장요구, 토지배상 반대, 고용임금 인상요구 등의 여러 가지 형태로 나타나고 있었다.

청·일전쟁 개전 이후 일본이 한국의 電信을 장악하고 그들의 군용전선을 가설하자 현지민들의 저항은 격렬하였다. 일본 전신망 파괴공작은 전선의 절단과 전공에 대한 활동 저지로 나타났다. 즉 전선을 가설하는 일본인 전공을 투석으로 살해하거나, 여인숙에서 숙박을 거절하는 등의 사태가 발생하였다. 경부간 군용전선은 개통할 단계에 절단 사태가 발생하여 개통을 하루 이틀 지연시켜야만 하였다.[9)]

특히 전선사고는 1894년 9월 이후에 더욱 빈번히 일어났는데 이는 동학군의 재봉기와 관련이 있었다. 전주~강진간, 전주~군산간의 호남선 가설계획이 중지된 것도 반일봉기가 활발해져 일본 병참부 및 일본 전신선을 습격한 데도 원인이 있었다.[10)]

한편 일본은 한국정부에 대해 이러한 사고를 방지하도록 경비 강화를 독촉하였다. 뿐만 아니라 절단에 대한 밀고를 장려하여 상금을 주거나 전신 연변의 촌락에 대해 연대책임을 지워 폭력적으로 진압하는 방법을 강구하였다.

9) 《日案》 3, 문서번호 3183 京釜間 日軍電線 切斷犯의 嚴懲과 常時防護 要求.
10) 《高宗實錄》, 고종 31년 9월 19일.

그러나 전신 습격은 조금도 기세가 누그러들지 않았으며 결국 이러한 현지민들의 저항과 한국정부의 반환요구로 서로·북로전선은 1896년 7월 환수되었다. 그러나 경부 군용전선은 계속 일본이 점거하였다.

광업의 경우 외국인들이 특허를 받은 지역에는 오래 전부터 많은 토착 광업권자들이 채금작업을 하고 있었다. 그들은 이미 많은 자본을 투자하였는데 갑작스러운 외국인들의 침입으로 채금작업을 중단하게 됨에 따라 심한 반발을 하였다.

영국이 차지한 殷山金鑛이나 일본의 稷山金鑛은 정식으로 한국정부의 허가를 받지 않은 상태에서 불법적인 무력침탈을 자행하였다.

영국인들의 불법침탈에 대해 은산군수는 무단 채굴행위를 중지하라는 정부측 의사를 전달하고 한편으로는 그곳에서 *砂金* 채취작업을 하는 한국인 토착광부들을 독려하였다. 영국인에 의해 일터를 빼앗긴 한국인 광부들은 영국인들이 고용한 인부들이 주로 일본인이었기 때문에 배일감정까지 겹쳐 더욱 저항의식이 고조되었다. 그러한 상황에서 영국인이 한국인 광무감리를 납치해 갔다는 소문이 퍼지자 즉시 그 일대 수천 명의 한국인 광부들이 집결하여 무력 충돌이 불가피하게 되었다. 끝내는 총격전까지 벌어져 은산군 일대는 전쟁터나 다름없는 무법지대로 화하였다.[11] 한국정부측에서도 사태의 악화를 우려하여 진위대 100명을 급파하여 광부들을 해산시키고 타협안을 제시하였다. 즉 고용인의 10분의 9를 한국인으로 한다는 것과, 원래 채광작업에 종사하던 한국인 토착광부들에게 1년의 여유를 주어 잠정적으로 채굴권을 부여한다는 조건으로 합의를 보았다.

일본이 차지한 직산금광의 경우에서도 영국과 비슷한 상황이 전개되었다. 즉 영국과 똑같은 경로를 밟아 "먼저 채굴을 강행한 다음 특허권을 요구하는" 방식을 취하였다. 일본인들은 항상 그 지역의 토착광부를 매수하여 한국인 광부 사이를 이간시키는 작전으로 간교하게 한국 광산에 침투해 들어갔다. 원래 직산금광에는 1900년경에 이르러서는 1만여 명의 광부가 채광작업을 하고 있었는데 주로 영남과 평안도 광부들이 집단을 이루면서 채굴작업

11) 《平安南北道來去案》(奎 17988－4), 1900년 2월 20일·22~24일.

을 하고 있었다. 이에 일본인들은 영남인 광부들의 광지를 매입하여 자본주가 되어 불법으로 광지 확장을 감행하면서 인근 주민들과 한국인 광부들에게 많은 피해를 입혔다. 결국 평안도 광부들과 인근 주민들의 항일감정이 폭발하여 무력충돌이 야기되었다. 그것은 일본인을 후견인으로 하여 작폐를 일으켰던 買辦 덕대와 일본인에 대한 지역민들의 폭발적인 저항이었다.[12)]

한편 합법적으로 특허 계약을 맺고 채굴하는 경우에도, 기존 광업권에 대한 배상문제라든가, 토지보상문제, 고용임금문제 등에 약속을 지키지 않아 마찰을 빚는 경우가 허다하였다. 예를 들면 운산금광이나 당현금광의 경우 기존 광업권에 대한 배상약속이 이행되지 않자 토착광부들이 집단으로 상경하여 外部에 항의하기도 하였고 현지에서는 고용거부운동을 전개하기도 하였다.[13)] 이러한 경우에는 해당지역 군수의 지휘하에 임금인상을 위한 집단파업을 일으키기도 하였으며, 외국인들에게 계란·닭 등 생활필수품을 팔지 않는 불매운동을 벌이기도 하였다.

이러한 외국인에 대한 직접적인 실력 저항운동뿐만 아니라 각 광산에서는 민족자본에 의한 자활의 방도를 모색하게 되었다. 이것은 거대한 외국인 자본의 침투에 대항하려는 민족자본의 결집운동이었다. 遂安金鑛의 경우 토착광업권자들이 자본을 모아 수안금광합자회사를 설립하고 일본인들이 설치한 시설·기계에 대한 대가를 지불하여 그들을 축출할 방안을 강구하기도 하였다.[14)] 이외에도 각처에서 합자회사가 설립 운영되었다. 또한 각 광산촌 유지들이 자본을 모아 기술자 양성을 위한 근대식 광업교육학교를 설립하는 사례도 많이 나타났다. 이것은 광산촌에서 일어났던 애국계몽운동의 일환이라고 볼 수 있다.

일제에 의한 철도부설 과정은 그 자체가 방대한 토지와 물자 및 노동력의 수탈과정이었기 때문에 이에 대한 한국사람들의 저항 역시 치열하였다.

일본은 경부·경의철도를 부설하면서 선로와 정거장 부지로서 총 2,000만평에 달하는 토지를 시가의 10분의 1 내지 20분의 1에 해당하는 저렴한 가

12) 《宮內府案》(奎 17801), 광무 4년 6월 28일.
13) 《平安北道來去案》(奎 17988-4), 1897년 6월 28일 및 10월 25일.
14) 《黃海道遂安金鑛章程》(奎 18977), 1903년 8월.

격으로 약탈하였다. 일제가 철도부지를 이처럼 광대하게 확보한 것은 경부·경의철도를 한국 침략과 대륙 진출을 위한 동맥으로서 건설한다는 목적 이외에도 철도연변을 일본의 농민과 상인의 집단 이주지역으로 재편성하겠다는 강력한 식민 의지가 숨어 있었다. 이에 대해 서울과 평양의 도시민 및 沿線의 농민들은 청원과 집단시위 등의 방법으로 끈질기게 저항하였다.

철도건설 노동자의 장기간에 걸친 대량 동원은 철도 연선지역을 극도로 피폐시켜 폐농현상이 심각하였다. 농민의 강제 동원으로 때를 놓쳐 농사를 망치는 경우가 속출하였고 철도재료 운반을 위한 소와 말 등 가축의 징발도 행해져 농사가 불가능할 지경이었다. 반면 철도연선에의 일본인의 입주가 활발하게 전개되었다. 특히 철도연선의 영등포·수원·밀양·구포·대구지역에는 일찍부터 일본인 부락이 건설되었다.[15]

자력으로 철도부설이 곤란했던 한국정부는 철도부지를 무상으로 제공함으로써 철도의 경영에 공동참여하고 규정된 기한이 지난 후 철도를 매입하고자 하였다. 특허회사에 일정기간 영업권만을 인정해 주고 궁극적인 소유권은 한국정부가 갖고자 하는 의도에서였다.[16] 그러나 일본은 철도용지의 무상 수취라는 이점을 최대한 살려 광대한 철도부지를 확보한 후 정거장에는 각종 편의시설을 설치하여 철도 연선을 한국에 대한 군사, 경제적 침략기지로 육성하고자 하였다.[17] 일본측의 광대한 철도부지 요구에 대해 한국정부는 선로부지와 정거장 용지의 규모를 축소하는 방향으로 일본측과 교섭을 계속하였다. 광대한 철도부지를 제공하기 위한 한국정부의 재정적 부담이 컸으므로 한국정부는 1896년 금후 1년간 외국인에의 철도 합동을 불허하였다. 결국 남대문정거장 부지는 51,819평, 영등포정거장 41,000평, 초량정거장 50,000여 평, 부산진정거장 30,000평, 그 외 군소 정거장은 각 30,000평으로 합의하였다.[18] 선로의 모든 구간은 단선철도로 건설하기로 하고 그에 필요한 폭 18m의 부지를 제공하는 것으로 결정되었다.[19]

15) 鄭在貞, 앞의 글, 234쪽.
16) 朴萬圭, 〈韓末 日帝의 鐵道敷設支配와 韓國人 動向〉(《韓國史論》 8, 서울大 국사학과, 1982), 250쪽.
17) 鄭在貞, 앞의 글, 167쪽.
18) 朝鮮鐵道史編纂委員會, 《朝鮮鐵道史》 1(朝鮮總督府 鐵道局, 1937), 667~671쪽.

경의철도는 군용철도로 전쟁기간 중에 부설되었으므로 부지 수용의 규모와 수용방법에 있어 더욱 약탈적이었다. 한일의정서에 의해 일본은 군략상 필요한 지점을 隨機 수용할 수 있도록 하였으므로, 경의선·마산선을 군용철도로 지정함으로써 부설에 필요한 부지를 군용목적의 철도용지로 수용할 수 있었다.[20] 경부철도의 경우는 일본이 제공한 차관으로 한국정부가 토지를 매수하는 형태였으나, 경의철도의 경우는 일본정부가 헐값으로 직접 매수하는 형식을 취하였다.[21] 일본군이 매수하려던 군용 철도용지는 경의선·마산선·경원선을 포함해 1,795만 평에 달하였다. 특히 용산정거장 45만 평, 평양정거장 73만 평, 신의주정거장 105만 평, 각 정거장 당 72,060평이라는 광대한 부지를 요구하였다.[22]

일본의 방대한 철도부지 요구는 한국인의 민심을 자극해 집단적인 저항운동을 불러 일으켰다. 더욱이 철도부지에 들어가는 토지는 대부분 일반인의 사유전답이었으므로 부지 수용과 보상비의 지급문제를 둘러싸고 분규가 발생하였다. 한국정부가 제시한 보상가액이 평당 17전이었으나 실지 보상액은 시가의 2분의 1내지 5분의 1에 불과한 평당 7.6전이었으므로 한국인의 반발이 강력하였다. 이처럼 일제는 거의 무상으로 철도부지를 약탈하였다.

토지를 빼앗긴 주민의 저항은 강력하여 平壤外城民 4~5천 명이 會集하여 관찰부로 몰려가 평안남도 관찰사와 담판을 벌이기도 하고,[23] 남대문정거장 예정지 주민 수백 명이 가옥·분묘의 철거에 반대해 한성부에 몰려가 호소하기도 하고[24] 정거장을 용산으로 옮겨 줄 것을 요구하며 시위하였으나[25]

---

19) 鄭在貞, 앞의 글, 175쪽. 일제는 경부 철도용지로 선로용지 319만 2천 평, 정거장부지로 127만 3천 평(각 정거장당 2만 9천 평) 도합 484만 5,741평을 수용하였다.

20) 朴萬圭, 앞의 글, 252쪽.

21) 일제는 경의선 부설에 착수하면서 필요한 地段에 대해서는 개인의 건축물을 훼철 이전하는 데 대한 배상만을 지급하고, 토지에 대해서는 그 소유주 여하를 불문하고 일체 보상없이 수용하여 사용한다는 방침을 세웠다(朴萬圭, 위의 글, 263~264쪽).

22) 鄭在貞, 앞의 글, 183쪽. 일본측은 최종적으로 각 정거장 당 15,892평을 확보하였고 용산은 50만 평, 평양은 35만 평, 신의주는 62만 평을 확보하였다.

23) 鄭在貞, 위의 글, 208쪽.

24) 鄭在貞, 위의 글, 172쪽.

주민들의 요구는 묵살되었다. 결국 철도연선의 주민들은 방대한 토지와 가옥을 상실하고 강제로 쫓겨날 수밖에 없었다.

이에 철도건설에 대한 한국인의 방해와 공격이 행해졌다. 이러한 반철도투쟁은 의병운동과 밀접한 관련을 맺고 있었다. 1904년 7월 이후 서울·경기도·평안도 지역에서 일본의 불법적인 군용지·철도용지 수용과 물자·재료의 징발 및 노동력 수탈에 저항하는 의병이 봉기해 일본군과 총격전을 벌이고 철도와 군사시설을 파괴하고 일진회원을 공격하는 사건이 빈발하였다.[26] 대표적인 사건으로 1904년 8월의 경부철도 연선의 시흥군 주민 1만여 명의 봉기와 경의철도 연선의 곡산군 주민의 봉기를 들 수 있다.[27] 이들 봉기는 강제적인 노동자 동원과 이에 편승한 지방관의 수탈 및 저렴한 임금 등이 요인으로 작용하였다.

1905년 경부철도의 영업 개시이래 줄기차게 전개된 연선 주민들의 철도에 대한 저항은 열차 통행의 방해라는 소극적 행동에서부터 정거장의 습격 파괴라는 적극적인 행동까지 다양하였다. 달리는 기차에 투석을 한다거나, 철도선상에 바윗돌을 장치하여 열차를 전복시키고 철도연변의 전신주를 파괴하는 일이 끊임없이 반복되었다.[28] 이것은 철도의 부설과 그 운수가 다름아닌 한국민에 대한 억압과 수탈을 통해서 존재한다는 자각에서 비롯된 연선 주민들의 분노의 표시였다.

경의철도 선로에 대해서도 파괴를 시도한 적이 있었다. 연선 주민들과 의병들의 철도 공격 중 상징적인 것은 철도 정거장의 공격과 파괴였다. 철도 정거장이야말로 일제의 한국지배의 거점이자 수탈의 창구였으며, 일본인의 대량 이주로 한·일 양국민의 갈등과 대립이 가장 첨예하게 나타나는 곳이기 때문이었다. 한일합병 때까지 연선 주민들과 의병의 공격을 받고 파괴 또는 소실된 철도 정거장은 경의선의 一山驛, 경부선의 小井里驛·若木驛·伊院驛 등인데, 공격미수로 그친 곳은 수없이 많았다.[29] 이와 같이 철도연선 주민들

25) 朴萬圭, 앞의 글, 256쪽.
26) 鄭在貞, 앞의 글, 243쪽.
27) 鄭在貞, 위의 글, 249~253쪽.
28) 《大韓每日申報》, 1907년 8월 5·13·30일 및 9월 24일.
29) 《大韓每日申報》, 1907년 9월 10·14일.

과 의병들에 의한 열차운행의 방해와 철도역에 대한 공격은 한국인들의 생존권 투쟁임과 아울러 일본 제국주의에 대한 적극적인 무력 항일투쟁이었다.

이와 같은 현지 관리와 현지 주민, 철도·전선연변의 주민, 철도역부, 광업 종사자의 생존권 수호투쟁은 나아가서는 민족보존 의식으로 성장하였고 민족운동의 한 역량을 갖추는 데 중요한 바탕이 되었다.

한편 1883년 〈조일통상장정〉 체결 이후 일본어민의 通漁가 활발해지자 어업으로 생계를 유지해가고 있던 한국어민들은 큰 타격을 받게 되었다. 특히 일본어민들은 여러 가지 불법행위를 자행하였다. 통상장정에서 허가되지 않은 지역에서도 어로행위를 하거나 소정의 어업면허세조차도 내지 않으려고 불법 密漁를 행하거나 심지어 한국어민의 재산을 약탈하고 생명을 빼앗는 행위까지 서슴지 않았다. 그러나 한국의 지방관들은 일본어민의 불법 어로를 제대로 단속할 수 없었다. 왜냐하면 범죄자가 발생하면 일본영사의 재판에 맡기게 한 규정에 따라 고작 일본영사관에 항의하는 정도였고 범법자를 체포하여 단속하는 일은 수행할 수 없었다. 그러므로 외국 어민의 불법어로와 침탈은 더욱 횡행할 수밖에 없었던 것이다.

특히 많은 일본인들이 免狀(면허장)없이 불법적으로 출어하였고, 한국어민들이 설치해 놓은 어장에서 고기잡이를 하여 방해하거나 어장 등을 훼손하고 우월한 어구와 어법으로 전복 등을 모조리 잡아 종자가 멸종될 지경에 이르게 하기도 하였다.[30]

더구나 일본어민들은 기본적인 예의조차 없어서 부녀자들이 함께 조업하는 곳에서까지 꺼리지 않고 나체로 어로작업을 하는 것은 물론 연안의 촌락에 들어가 물품을 구입할 때에도 나체로 다녀 한국인의 혐오감과 경멸을 사는 등 풍습을 해쳤다.[31]

이러한 일본어민들의 불법행위로 인해 한국어민과 일본어민 간에는 상호 갈등과 충돌이 끊임없었다. 특히 제주도의 경우는 내륙의 한국어민들조차도 출어가 금지된 곳이었으나, 일본어민이 어업을 행하기 시작하자 제주도어민

30) 이영학, 〈개항이후 일제의 어업침투와 한국어민의 대응〉(《역사와 현실》 18, 한국역사연구회, 1995), 164쪽.

31) 《通商彙纂》 2호, 明治 26년 1월호.

들이 타격을 크게 입었으므로 갈등이 더욱 심하였다. 1883년이래 제주도어민들은 정부에 강력히 항의하였으며, 1884년에는 統理衙門에 일본어민의 조업을 금지시켜 달라는 집단적 상소문을 올리는 등 수시로 중앙정부에 일본어민의 출어를 금지시켜 줄 것을 청원하였다. 1890년 5월에는 제주도에 일본어선 100여 척이 떼를 지어 상륙해 민가 약탈, 부녀자의 겁탈, 관리·민간인의 살상 등을 일삼는 일본어선의 횡포에 대해 제주도민들은 목재와 물의 공급을 거부하고 대항하였다. 또한 제주도민은 수차에 걸쳐 집단으로 상경하여 조정에 상소를 올려서 일본인의 만행을 규탄하였으며, 정부에 대해서 일본어민의 제주도 통어를 완전히 금지시켜 줄 것을 강력히 요구하였다.32) 제주도민들은 통어 금지요구가 제대로 수용되지 못하자 1891년 3월 정부에서 현지 실정을 조사하도록 파견한 巡審官을 습격하여 구타하고 내쫓는 폭동을 일으켰다.

이렇게 한국어민들은 일본어민들의 불법행위에 대하여 정부에 적극적인 대책을 호소하는 한편, 나아가 직접 일본어민에 대항하기도 하였다. 즉 부산이나 충청도지역 어민 중에는 자본을 투자하여 일본 漁舟와 일본 漁具를 사용하는 자가 많았으며, 심지어는 일본의 漁艇을 소유한 자도 있었다. 한국어민 스스로가 일본 어업의 침투에 대항하기 위해서 일본을 비롯한 외국의 선진적인 어구와 어획법을 도입하여 경쟁해가기도 하였다.33) 그러나 대부분의 경우는 일본인 어민이 발달된 어구와 어획법을 바탕으로 한국 연해의 어장에 대한 침탈을 확대해 나갔던 것이다.

이와 같은 제주도어민들의 격렬한 저항에 일본은 군함을 파견하여 연해의 섬을 순시하면서 무력시위를 행하여 한국인에게 위압감을 주어 진압하기도 하였다.34)

〈李培鎔〉

---

32) 박구병, 〈韓日近代漁業關係〉(《부산수산대학 연구보고》 7-1, 1967) 참조.

33) 박구병, 〈韓國漁業技術史〉(《韓國文化史大系》 3, 高麗大 民族文化研究所, 1968), 264~276쪽.

34) 이영학, 앞의 글.

Ⅲ. 독립협회의 조직과 사상

1. 서재필의 귀국활동과 독립협회 창립
2. 독립협회의 조직과 운영
3. 독립협회의 기본사상

Ⅲ. 독립협회의 조직과 사상

1. 서재필의 귀국활동과 독립협회 창립

독립협회는 우리 나라에서 대중적 민간 사회단체의 개화기적 표현인 '民會'의 효시로서, 그리고 근대적인 의미에서의 공개적인 정치결사체의 첫 출발로서 그 역사적 위상이 인정된다. 松齋 徐載弼은 이러한 독립협회의 창립을 주도하였고 사회단체로 시작하여 정치단체로 성격을 옮겨가는 데 지대한 영향을 주었던 인물이다. 뿐만 아니라 그는 비밀결사 내지는 비공개결사로 머물고 말았던 개화당의 조직적 한계를 독립협회를 통하여 역사적으로 극복하면서 그 전통을 발전적으로 계승시키는 교량의 역할을 도맡았던 사람이기도 하다.

갑신정변에 실패하여 미국으로 망명하였던 서재필이 홀연히 귀국한 것은 망명한지 11년만의 일이었다. 그는 얼마 안되어 정부와 고급·중견 관리들의 폭넓은 지원을 받아가면서 여러 가지로 독자적인 활동을 펴나가기 시작하였다. 그러한 활동들이 때로는 시행착오를 거치면서도 직·간접적으로 후일 그가 독립협회를 창립하는 데 중요한 밑거름이 되었을 뿐만 아니라 독립협회의 방향을 설정하는 데도 크게 영향을 미치게 되었음은 두말할 나위가 없다.

1) 서재필의 귀국과 초기 활동

서재필은 哲宗이 세상을 떠나고 高宗이 왕위를 이음으로써 군왕의 교체가 이루어지던 1863년 정월에 恩津의 한 사대부 집안의 둘째 아들로 태어났다. 그의 출생과 때를 같이하여 개막된 고종시대의 전환기적 격동은 근대민족국가를 이룩하려는 목적의식의 활성화와 이를 안팎에서 제약하는 위기의 가속화가 동시에 드러나고 있었던 시대상황의 반영이었다. 만 18세의 나이로 文

科에 합격하여 봉건적인 귀족관료로 입신할 수 있는 길이 보장되어 있었던 그가 안일한 출세가도를 쫓지 않고 소수 정예의 개혁세력에 가담하여 일본 도야마(戶山) 육군소년학교에서 武人의 길을 닦았으며 갑신정변의 행동대장으로 활약했었던 사실은 너무도 잘 알려진 일이다.

그러나 갑신정변은 실패로 돌아갔고 이 때문에 서재필은 22세의 젊은 나이로 부모형제와 처자식을 死地에 남겨둔 채 망명의 길을 떠나지 않을 수 없었다. 그는 朴泳孝·徐光範과 함께 일본을 거쳐 미국으로 건너갔다가 이들과 헤어진 다음 철저하게 고국과 단절된 채 미국에서 적응하기 위하여 온갖 시련과 고초를 무릅써야만 했다. 그 결과 마침내 그는 미국사회에서 당당한 전문 직업인으로 인정받는 한 사람의 의사로 성장하게 되었다. 이러한 서재필에게 서둘러서 귀국하도록 끈질기게 설득한 사람은 두 번째의 망명으로 미국에 들러 워싱톤에서 서재필을 다시 만나게 되었던 박영효이다. 그런데 이보다 앞서 고국의 정부는 이미 두 차례나 서재필의 귀국을 요청한 일이 있었고 그가 결과적으로는 두 번 다 거절했었지만,[1] 막상 박영효의 권고에는 귀국 결심을 굳히게 되었던 것이다.

서재필에 대한 고국 정부의 첫 번째 귀국요청은 1894년 갑오개혁 초기단계에서 내려진 일본측의 상황인식과 관련된다. 민씨정권을 몰아내고 대원군을 등장시킨 다음 군국기무처를 급설하고 내정개혁의 명분을 내세워 조선에 대한 통제력을 강화하기 시작한 일본측은 기존 정치세력의 반발을 상쇄시켜 주면서 그들이 내세운 개혁의 정당성을 밑받침해 줄 수 있는 새로운 정치세력의 형성과 그 동조적 역할이 절실하였다. 이 때문에 박영효·서광범·서재필 등 살아남아 있던 개화당 요인들에 대한 귀국의 문이 10년만에 갑자기 열리게 되었다. 일본정부는 동경에 머물러 있던 박영효를 8월초에 서둘러서 귀국시키는 한편, 대원군의 요청을 일본 외무성이 수용하는 형식을 빌어 미국에 있던 서광범과 서재필의 귀국을 주선하도록 주미 일본공사에게 훈령하게 되었다. 서광범은 이러한 일본측의 조처에 즉각적으로 응하여 귀국했음에 반하여 서재필은 거절하였기 때문에 결국 이해 12월에 새로 출범한 연립내

1) 한흥수, 〈송재 서재필의 첫 번째 귀국〉(《인간 송재 서재필》, 송재문화재단, 1986), 15~19쪽.

각에는 박영효(내무)와 서광범(법무)만이 입각하게 되었던 것이다.

그러나 갑오개혁의 진척에 따라 서재필의 역할을 필요로 하는 국내 정치적 여건은 한층 성숙되어 갔으며 이 때문에 서재필에 대한 두 번째의 귀국요청은 고국정부가 그를 관직에 임명하는 형식으로 구체화되었다. 이것은 그를 불러들여서 함께 일하기를 갈망했던 박영효와 서광범의 집념이 작용했던 것으로, 박영효가 이듬해(1895) 봄으로 접어들면서 세력확장에 활기를 띠고 있는 가운데 박정양 과도내각은 6월 2일 서재필을 외무협판에 임명하기에 이르렀던 것이다. 서재필은 후일 "의학연구를 중지하고 싶지 않아 귀국 취임하기를 거절하였다"[2]고 회고한 바 있듯이, 이때까지만 해도 각고 끝에 마련한 의사로서의 미국생활 설계를 쉽사리 포기하기가 어려웠던 것으로 보인다. 게다가 박영효가 갑자기 陰圖不軌의 혐의를 받고 국외로 탈출하여 두 번째 망명의 길에 오르게 되면서 그 다음날(7월 9일)로 서재필의 외무협판직도 취임하지 않은 채 38일만에 의원면관되고 말았다.

서재필로서는 두 차례의 귀국요청이 당장은 관심 밖의 일이었을지라도 차츰 고국으로 향하는 마음의 문을 열게 만들어 주는 계기가 되었을 것임에 틀림이 없다. 이 때문에 그는 멀리하던 주미공사관에도 차츰 출입하게 되었고 유색인종에 대한 사회적 차별로 어려움을 겪는 그에게 공사관이 제공하는 편의도 부담없이 받아들이게 되었을 만큼[3] 심경의 변화가 일어나고 있었다. 이럴 즈음에 그는 망명길에 뉴욕을 거쳐 워싱톤으로 찾아온 박영효를 만나게 되었던 것이다. 서재필은 9월 하순부터 한달 이상이나 박영효와 기거를 함께 하면서 대화를 나누는 동안에 새삼스럽게 고국의 현실을 절감하고 귀국을 결심하게 되었다. 이것은 "박영효에게서 본국 사정을 듣게 되자 나는 즉각적으로 국가를 위하여 큰 일을 하여 볼 좋은 기회가 닥쳐왔다고 깨달았다"는 그의 후일담으로 미루어 알 수 있다. 뿐만 아니라 "박씨는 내가 귀국하면 그 情形밑에서 내가 무엇을 할 수 있을까를 생각하였다"고 술회한 것을 보면 귀국 후에 전개할 활동에 관해서도 이것저것 박영효와 함께 구상하면서 귀국의 꿈을 키운 것으로 보인다.[4] 이처럼 박영효와의 협의를 거친

2) 徐載弼, 〈滯美五十年〉(閔泰瑗, 《甲申政變과 金玉均》, 國際文化協會, 1947), 90쪽.
3) 《尹致昊日記》 5 (國史編纂委員會, 1975), 1897년 10월 8일.

후[5] 주미공사관을 통하여 본국 정부의 지원을 받아가면서 귀국수속을 밟기 시작한 것은 이해 11월초이며 미국을 출발한지 한 달 여만에 마침내 인천항을 거쳐 고국의 땅에 다시 발을 내딛게 된 것은 망명의 길을 떠난 지 11년 만인 1895년의 세모, 즉 이해 12월 25일이었다.[6]

그런데 서재필의 귀국의사 표명에 찬동하여 그의 귀국절차를 지원하여 주었던 조선정부의 호의적 태도와는 달리, 당시 조선정부에 대한 통제력을 장악하고 있었던 일본측은 서재필의 갑작스러운 귀국을 경계의 눈으로 바라보고 있었다. 일본계의 《漢城新報》가 서재필의 귀국을 처음 알리는 기사에서 박영효와의 관계에 초점을 맞추어 은연중에 그의 귀국목적이 박영효의 구명운동에 있는 것처럼 보도하였는데, 같은 때 서울에 주재하고 있던 일인기자 나카무라 마나미(中村眞南)가 본국에 전송한 통신[7]에서도 박영효에 대한 억측을 거듭 부풀리고 있었던 것이다. 이것은 외형상으로는 여전히 조선정부에 대한 통제권을 장악하고 있었으면서도 내면적으로는 날이 갈수록 어려움이 더해지고 있었던 일본측의 한계상황을 반사적으로 들어내 보여준 것이라 할 수 있다.

당초 일본측은 박영효가 그들의 '편리한 도구'[8]로서의 역할만을 맡아줄 것으로 기대하고 귀국시켰었는데, 급속하게 독자적인 영역을 확대시켜 나가면서 조선의 이익을 위해서는 반일정책도 서슴지 않았기 때문에, 급기야는 그를 몰아내고 말았다. 그럼에도 불구하고 일본측과 대립적인 역학관계를 조성해 온 구미파나 친러파 또는 민씨파들은 다른 외국 세력과의 제휴를 통하여 일본측에 대한 견제력을 계속해서 키워 나가고 있었다. 삼국간섭 이후의 국제적인 고립화와도 상관되는 이러한 한계상황을 비상수단으로 타개하기 위

---

4) 박영효와의 재회에 관해서는 앞의 글 외에도 Channing Liem, *Philip Jaisohn* (The Philip Jaisohn Memorial Foundation, 1984), pp.123~125를 참조.

5) 《尹致昊日記》 5, 1897년 10월 8일.

6) 《漢城新報》, 1895년 12월 27일.
林昌榮(Channing Liem)씨는 앞의 책(126~127쪽)에서 서재필의 귀국일자를 1896년 1월 1일로 쓰고 있는데 이것은 金道泰, 《徐載弼博士自敍傳》(首善社, 1948)의 착오를 그대로 따른 것으로 보인다.

7) 中村眞南, 〈徐載弼氏の周旋〉(《韓山通信》, 1896년 2월 3일 발신).

8) F. A. McKenzie, *The Tragedy of Korea*(Seoul : Reprinted by the Yonsei University Press, 1969), p.54.

하여 일본측이 획책했던 것이 '민비시해사건'이었다. 이로 인해서 이완용·이윤용·이하영·이채연·민상호·현흥택 등은 미국공사관에 피신하게 되었고 이범진·이학균은 러시아공사관에 피신하게 되었다. 또한 미국·러시아공사들을 비롯한 구미인들과 일본인들의 반목이 표면화되면서 고종의 신변보호를 위한 미국 선교사들의 역할도 활발해지고 있었다.

이러는 사이에 발생한 것이 고종을 일본의 통제권 밖으로 벗어나게 하려다 실패한 '春生門사건'이었다. 일본측은 민비시해의 책임을 상쇄시키려는 방향에서 이 사건을 국제적으로 이용하기 위하여 서양인들, 특히 미국선교사들의 사건 관련설을 널리 퍼뜨렸다. 이 때문에 미국인들과 일본인들 사이의 반목은 한층 날카롭게 되었으며 관직에서 물러나 피신해 다니는 구미파 인사들의 수는 더욱 늘어나게 되었다. 윤치호가 그의 부친 尹雄烈의 이 사건 관련 때문에 정동 언더우드목사집에 피신하게 된 것도 이 무렵의 일이었다.

그러나 표면상으로는 친일세력이 주축을 이루었던 당시의 김홍집내각은 오히려 이 사건의 배후관련자들에 대한 일본측의 처벌 요구에 지극히 미온적이었으며 새로 내부대신의 자리에 들어간 兪吉濬도 조심스럽게 피신인사들의 신변 보호를 강구해 주는 형편이었다. 이 때문에 12월 중순경에는 이채연·이완용·민상호의 행동범위가 미국공사관 밖으로 연장되었고 일본측이 12월 22일에 면직시키도록 작용했던 윤치호를 내부 참서관으로 다시 기용하려는 유길준의 움직임까지 감지되자 일본측의 신경은 더욱 날카로워 지게 되었다. 이 때는 충청도에서 문석봉과 그를 지지하는 송근수·신응조의 거병이 기폭제가 되어 민중의 뿌리깊은 반일감정이 의병봉기로 분출되기 시작할 무렵이었다.

이처럼 일본측이 어느 방향에서도 뾰족한 묘책을 찾아내기 어려운 한계상황으로 몰리고 있었을 때, 서재필은 그들의 신경을 자극하는 미국시민의 자격으로 귀국하여 미국인 집에서 숙소를 찾던 끝에 정동의 아펜젤러목사의 집에 자리잡게 되었다. 이때는 이미 박영효가 나라 밖으로 쫓겨나간 뒤였다. 그리고 법부대신의 자리를 지키다가 민비시해사건(10월 8일)직후에 학부대신(10월 14일)으로 옮겨 앉았던 서광범도 종종 신변의 위협과 불안을 느껴온 데다가 건강마저 악화된 나머지 자청하여 주미공사로 임명받은[9] 후에는 번거로운 외부 접촉을 끊고 부임 준비에만 몰두하다가 12월 30일에 출국보고를 한 후에 새해 벽두에 임지로 향하여 등정에 올랐다.[10] 이 때문에 그와 함께 의기투합하여 정부를 운영하려던 대표적인 두 인물중 한사람은 이미 국외로 쫓겨나 있었고 또 한사람은 곧바로 쫓겨나가게 되어 있었던 때에[11] 그는 훌연히 단신으로[12] 귀국했던 것이다.

그러나 서재필은 이러한 사정에 크게 구애받음이 없이 정동에 체류하면서 미국 선교사들과 구미 외교관들 또는 피신중이던 정동파 인사들과의 접촉을 펴나가는 한편, 김홍집내각의 요인들이나 정부의 중직을 계속 맡고 있었던 중도적인 개혁파(개명관료)들과도 긴밀하게 관계를 엮어나간 것으로 보인다. 이것은 그가 귀국한지 2주째가 되는 1896년 정월 8일에 거행된 친위대 觀兵式에 초청되어 각부 대신들과 고등관들 그리고 각국 외교관들과 무관들이 배석한 御前에서 능숙한 통변의 솜씨를 발휘하였고 고종의 각별한 환심을 사게 되었다는 사실[13]에서 쉽게 간파할 수 있다.

---

9) *The Independent*, September 4th, 1897.
1897년 9월 4일자의 이 영문판에서는 "1895년 변란 후 김홍집내각안에서 그의 지위가 곤혹의 연속이었으며 때로는 생명이 위태롭기까지 했다. 그는 악화된 건강을 회복하기 위해서 주미공사를 원했다. 그는 수년동안 폐질환으로 고생해왔다. 그는 지난해 정월에 미국을 향해서 서울을 떠났으며 현재의 이범진공사로 교체되었던 1896년 8월까지 미국주찰 특명전권공사로 있었다"라고 서광범이 자청해서 주미공사로 옮긴 이유를 설명하고 있다.
《官報》, 1895년 8월 26일, 10월 26일 및 12월 12일, 호외.

10) 《官報》 1896년 1월 9일자 〈彙報〉에 의하면 음력 11월 15일 즉 양력 12월 30일 發程으로 되어있다. 그리고 《漢城新報》, 1896년 1월 20일자에 의하면, 그는 1월 7일 오후 1시에 일본 神戶에 도착하여 오리엔탈호텔에 투숙한 후 火輪車 즉 자동차 편으로 동경으로 들어갔으며 다시 요꼬하마(橫浜)로 가서 선편을 기다려 부임할 예정으로 되어있었다. 따라서 그는 12월 12일에 공사로 임명받은 후 12월 30일에 정식으로 출국을 통보했으며 정초에 서울을 떠나 제물포로 가서 神戶행 여객선을 탄 것으로 보인다.

11) 서광범의 행적을 소개하는 한글판 《독립신문》, 1897년 9월 4일자 1면 기사에 "불행히 팔월 변이 낫으며 정부가 변혁이 되어 새 정부에 서씨가 있기가 위태하게 되였는지라. 그래서 서씨가 다시 쫓겨나 주미 공사로 다시 미국에 가 있다가…"라고 되어있다.

12) 林昌榮씨에 의하면 서재필은 부인 Muriel Jaisohn을 동반하고 귀국한 것으로 되어있는데 이것은 물론 사실과 전혀 다르다(Channing Liem, ibid, pp.126~127).

이때의 김홍집내각은 유길준을 중심으로 정동파와의 화해와 제휴의 길을 암중모색하고 있었다. 이들은 일본에만 전적으로 의존하는 관계의 틀에서 벗어나 구미 여러 나라들과 다변적인 협조관계를 구축함으로써 권력기반의 대외적 취약성을 극복하고 그들이 추진하는 개화의 자주적 기반을 굳히려고 했던 만큼 개화정책의 내용과 명분을 동시에 보강시켜 줄 수 있는 역할이 절실히 요망되었던 것이데, 그것을 당시로서는 구미사정에 가장 정통하였던 서재필에게서 찾았던 것이다.

이와 같은 김홍집내각의 탐색은 피신중에 있는 정동파가 세력의 잠복에 불과하여 언제든지 재기할 가능성이 있음을 내다보고 구미인들의 동향에 불안을 감추지 못했던 일본측의 긴장이 역으로 반사된 것으로 이해할 수도 있다. 서재필의 귀국을 부담스럽게 여기면서도 직접적인 행동의 제약을 가할 수 없었던 일본측은 그를 현내각(김홍집내각)의 반대세력의 하나인 英語派(정동파)에 해당하는 미국파 또는 '미국인의 괴뢰'로 정형화시킴으로써[14] 파쟁적인 대립감정을 유발시키거나 은연중 압력을 의식하도록 작용하는 데 급급하였던 것이다.

이처럼 김홍집내각과 일본측이 서재필의 귀국에 대하여 서로 어긋난 반응을 들어냈다는 것은 당시 서재필이 직면한 정치적 여건이 이중적이었음을 말해 주는 것으로, 이것은 귀국 직후에 표출된 그의 동정과 활동의 성격을 이해하는 데 대단히 긴요하다. 서재필이 김홍집내각의 입각 권유를 물리치면서도 즉 그들의 일원이 되는 것은 사양하면서도 때로는 그들의 요청과 지원을 받아가면서 독자적으로 활동을 펴나갈 수 있었던 이유를 미루어 이해할 수 있기 때문이다. 서재필은 자신에게 주어진 이와 같은 이중적인 정치적 여건의 틈 사이를 최대한 비집고 들어가서 자신의 독자적인 활동의 기반을 구축해 나갔다고 볼 수 있다. 이것이 얼마나 효과적이었는가에 대해서는 나카무라의 통신기사가 잘 말해주고 있다. 즉 서재필의 귀국이 결코 본인의 신상에 이롭지 못할 것이라는 것이 일본측 일반의 관측이었으나, 당시 예상 밖으로 그를 환영하는 분위기로 기울어져서 돌아온 지 얼마 만에 원로대신급의

13) 《漢城新報》, 1896년 1월 10일 및 12일.
14) 中村眞南, 〈米人の勢力及劃策〉(《韓山通信》, 1896년 2월 3일).

월봉 3백원의 中樞院 고문관으로 임명될 정도로 서재필은 실로 행운의 寵兒가 되었다는 것이[15] 그 요지이다.

여기서 잠시 시야를 넓혀서 서재필에 의하여 주도되었던 자주지향적 개화운동이 사회적으로 받아들여지기에 용이하였을 만한 객관적인 상황을 간추려 두고자 한다.[16]

첫째는 1870년대 이후 직간접으로 구미문화와의 폭넓은 접촉과 수용이 이루어짐으로써 사회 전반적으로 변화가 자극되었고 신문화로서의 개화풍조가 광범하게 파급되어 나갔다는 점이다. 사회일반의 생활주변에서의 견문과 체험이나 군주의 피상적인 개화 동조는 말 할 것도 없고, 자주=배타의 논리로 인해서 反개화에 흘렀던 척사계열에서도 採西의식의 긍정적 바탕위에 완만한 사상적 변용을 이루어 나가고 있었다. 그런가 하면 斥倭洋 또는 逐滅倭洋을 부르짖던 동학 농민군세력까지도 침략야욕으로 출병한 일본을 제외하고는 다른 통상국가들에 대해서 우호적인 반응으로 바뀌어가고 있었던 것이다.

둘째는 일반민중이나 관인층에서도 배타위주의 자주보다는 개화 수용을 전제로 하는 자주에 대한 인식이 상대적으로 높아졌다는 사실이다. 초기에는 동학운동이나 척사운동처럼 자주적 배타에 호소하는 교리적 동원에 힘입어 민족의식을 일깨우게 되었지만 대규모의 제도개혁을 수반한 갑오개혁을 거쳐가면서 거기에 담겨진 개화정책 자체보다는 거기에 따르는 자주권의 희생에 더욱 날카롭게 저항하면서 개화하되 어디까지나 자주적으로 개화해야한다고 하는 자주적 개화에 대한 인식이 반사적으로 높아졌다. 특히 중국과 일본의 지배권이 국제적으로 한계에 몰리게 되면서 정파들 사이의 세력싸움에서 비켜나 온 중간층 개명관료가 중심이 되어 외세간섭을 배제하고 독자적으로 개화하려는 노선이 현실적으로 대두되었던 것이다.

앞에서 지적한 것처럼 서재필이 귀국 후 처음으로 공개석상에 모습을 들어낸 곳은 경복궁 神武門밖에서 거행된 어전의 친위대 관병식이었으며, 그 다음은 다시 열 하루가 지난 정월 19일 오후 1시 옛 南別宮 터에서 열린 서재필 자신의 공개강연회였다. 그런데 서재필의 이 두 번째 등장을 보도한 정

15) 中村眞南, 〈徐載弼氏の周旋〉(《韓山通信》, 1896년 2월 3일 발신).
16) 韓興壽, 《近代韓國民族主義硏究》(연세대 출판부, 1977), 84~87쪽.

월 20일의 《漢城新報》기사[17]는 다음과 같은 세 가지 내용을 동시에 담고 있다는 데 주목하게 된다. 즉 첫째는 서재필이 우리 나라 최초의 공개연설을 했다는 것이며, 둘째는 그가 미국 귀화인이어서 월봉 300원의 중추원 고문관으로 임명되었다는 것이며, 셋째는 그가 귀국 계획으로 우선 국·영문신문을 발간하기로 했다는 것이다.

여기서 먼저 짚어 두려고 하는 것은 이 세 가지의 활동이 관병식 직후부터 거론되기 시작하여 정월 15일을 전후한 3, 4일 동안에 연쇄적으로 타결되었으리라는 사실이다. 강연회의 초대장을 보낸다는 내부대신 유길준의 공문이 외부대신앞으로 발송된 날자가 정월 15일이었던 것으로 보아서[18] 서재필과 유길준 사이에 공개강연회 개최에 관한 합의는 그 보다 단 며칠이라도 앞섰을 것은 당연하다. 그리고 같은 정월 15일자의 영문 《尹致昊日記》[19]에는 서재필이 일단은 정부의 고문 계약제의를 사절했던 것으로 되어있으므로 실제로 서재필의 중추원 고문 임용계약이 성립된 것은 빠르면 16일에, 그리고 늦어도 19일에는 매듭지어졌을 것으로 판단되기 때문이다. 국·영문신문 발간계획도 거의 같은 때에 한 묶음으로 합의되었을 것으로 어림해 볼 수 있다.

그런데 귀국한 서재필과 더불어 이 세 가지의 활동계획을 협의하는 데 핵심적인 역할을 했던 사람이 다름 아닌 兪吉濬이었다. 그는 국가 치안의 총책임자로서 전해 12월 중순경 미국공사관에 피신중이던 이채연, 이완용, 민상호 등을 귀가하도록 주선해 주면서 그들의 신변 보호를 위한 관표를 발급해 주었으며 약 40여일 후인 이해 정월 하순에는 따로 은신중이던 윤치호와 현흥택에게도 같은 혜택을 베풀어 준 일이 있다. 물론 이러한 배려에도 불구하고 이들의 피신생활이 완전히 끝나게 된 것은 아관파천 이후의 일이다. 시기적으로나 상황적으로 보아서 유길준이 피신중인 정동파의 신변보호에 나서고 있었던 때에, 서재필의 활동계획에도 관여했다는 사실은 그것들이 협의되고 타결되는 과정에서 서재필의 독자적인 활동의 여지가 충분히 고려되었을 가능성을 짐작하게 해 준다. 이러한 판단은 정월 25일을 전후하여 서재필의

---

17) 《漢城新報》, 1896년 1월 20일, 잡보.
18) 兪吉濬全書編纂委員會, 《兪吉濬全書》 정치·경제편(一潮閣, 1971), 235쪽.
19) 《尹致昊日記》 4, 1896년 1월 15일.

활동 윤곽이 보다 총체적으로 드러남으로써 더욱 분명해 진다. 거기에는 '建陽協會'의 결성추진이라던가 '석유직수입회사'의 설립계획과 같이 일본의 기득권적인 세력기반이나 이익기반에 도전하는 새로운 조직활동의 조짐이 담겨져 있었기 때문이다. 매주 일요일마다 열기로 계획하고 정월 19일(일요일)에 처음 개최한 서재필의 공개강연회는 곧바로 착수한 건양협회의 창립작업으로 연계되어 있었다.

뿐만 아니라 서울의 豪商들을 규합하여 정월 26일에 정식으로 발족시킨 漢城商務會議所는 정부가 한달 전인 1895년 12월 25일자의 법률 제17호로 제정 공포(12월 27일)한 〈상무회의소 규례〉[20]에 근거한 것이었다. 그런데 두 번째의 공개강연회가 겸해서 열렸던 이 모임에서 서재필이 발의한 석유직수입회사 설립안을 가결시키게 되었던 것이다.

돌이켜 보면, 그가 귀국한지 이십 수일만에 외국인을 雇聘하는 규례에 좇아 월봉 300원에 10년 기한이라는 대단히 파격적인 계약조건으로 중추원 고문이 되었다는 것은 공식적인 직책의 수행 자체와는 별도로 몇 가지 중요한 의미가 담겨져 있음을 유의하게 된다. 첫째, 미국시민의 신분을 전제로 한 계약관계의 성립은 거기에 함축된 '비정치성'을 내세워 신변안전을 도모하면서 정부와는 최소한 공식적인 연대관계를 유지할 수 있게 되었다는 점이다. 둘째, 10년간의 장기계약을 체결함으로써 긴장과 격동을 거듭해온 권력관계의 와중에서 벗어나 안전거리를 지켜가면서 그가 구상하는 보다 높은 차원에서의 정치적 목표를 장기적으로 포석할 수 있게 되었다는 점이다. 셋째, 원로대신에 준하는 사회적 위상과 고소득의 봉급수준을 확보함으로써 입각의 경우와는 달리 유동적인 정치상황에 구애됨이 없이 독자적인 활동을 지속할 수 있는 기반이 마련되었다는 점이다. 이처럼 중추원 고문에 취임함으로써 여러모로 유리한 입지를 마련하게 된 서재필은 곧바로 건양협회의 결성을 추진함과 동시에 한성상무회의소에서 석유직수입회사의 설립안을 가결시키게 되었던 것이다.

청일전쟁이후로 한층 더 집요하게, 그리고 노골적으로 경제침투를 자행해

---

20) 《官報》, 1895년 11월 12일.

온 日商들은 상업활동의 주무대가 된 주요 도시와 특히 개항장을 단위로 하여 상무회의소를 결성·운영함으로써 그들 상호간의 연대 조직을 통하여 가일층 상권 확대를 도모하고 있었다. 이로 인해서 조선상인들은 하루가 다르게 위협을 받게 되었기 때문에 결국 같은 결사형태의 방어적인 연대 조직을 통하여 조선상인들의 권익을 보호육성할 필요가 있었는데, 그러한 대응조치로서 정부가 제정 공포하게 되었던 것이 상무회의소의 규례라 하겠다.

서재필은 이 규례에 근거하여 농상공부 대신을 역임한 金嘉鎭과 더불어 건양협회의 결성작업과 동시에 상무회의소의 설립을 추진했으며 서울의 호상들의 동조를 받아 회원수의 상한선인 40명 정원(동 규례 제6조)의 한성상무회의소를 정월 26일에 발족시키게 되었다. 법 제정 한달만에 최초로 한성상무회의소가 결성될 수 있었던 것은 이미 그 전신에 해당할 만한 비법제적 조직의 형태가 관행화되어 왔을 정도로 객관적 필요성이 증대되고 있었을 뿐만 아니라 농상공부 대신 鄭秉夏를 비롯한 김홍집내각 요인들의 지원을 받을 만한 상황이었기 때문이다. 그러나 이에 못지 않게 일상들과 맞서서 상권을 일궈나가는 구체적인 방법으로 제시된 석유직수입회사의 설립계획이 보다 직접적인 동기로 작용할 수 있었음도 지나쳐 버릴 수 없다. 이것은 당일의 회의에서 회장 金止善과 부회장 李承業을 선출하는 데 그치지 않고 특별회원의 자격으로 참석한 서재필과 김가진의 석유직수입회사 설립발의를 40명 회원의 만장일치로 가결시킨[21] 사실로 미루어 알 수 있다.

당시 석유의 판매단위는 '匱' 또는 '상자'(case)로 표시되었는데, 인천·부산·원산의 3항을 통하여 수입되는 석유총량은 20만 궤에 연 증가율 3%내외라는 것이 일본측의 추산[22]이었다. 인천항을 통한 수입량을 7만 상자로 파악한 내용[23]과도 맞아떨어지는 수치이다. 그러나 淸商이 거래하는 극히 일부를 제외하고는 거의 전량을 일상들이 미국 스탠다드석유회사 일본지사로부터 수입하여 파는 것들이었기 때문에, 국내의 석유 수용에서 발생하는 대부분의 이윤은 결국 일상들의 차지가 되는 형편이었다. 상자 당 20전에 수입하여 72

21) 《漢城新報》(일어판), 1896년 1월 28일, 잡보 〈石油會社 起らんとす〉.
22) 《漢城新報》, 1896년 1월 30일, 잡보 〈石油會社를 創起하련다〉.
23) *The Independent*, September 5th 1896, Editorial.

전에 팔고 있었으므로 제경비가 지나치게 많이 든다는 일상들의 푸념[24]을 곧이곧대로 인정해 준다고 하더라도 수입가의 배 이상의 순익을 올리고 있었다는 계산이 나오게 된다. 이 때문에 "조선사람의 회사도 스탠다드석유회사의 일본지사에서 일상들과 똑같이 싼값으로 석유를 얼마든지 사올 수 있다. 따라서 거기서 나오는 이윤도 조선사회의 몫이 되지 못할 이유가 없다"[25]는 것이 석유직수입회사 설립을 제의한 서재필의 주장의 요지였던 것이다.

그러나 조선에서 석유의 독점적인 거래만으로 연간 5~6만 원의 순익을 올리고 있었던 일상들로서는 서재필의 석유회사 설립계획을 좌시할 수 없었다. 이 때문에 그것을 서재필과 미국인들의 결탁의 결과라고 비난하는[26] 한편, "석유회사의 前途는 낭패함이 필연"[27]이라느니 "실패에 歸함은 의심없는 바"[28]라는 단정을 앞세워 상무회의소의 석유회사 설립 계획의 중단을 강력하게 촉구하였다. 그러나 그럼에도 불구하고 '이익없는 사업'을 계속 고집하여 "한편으로는 재래 일본상의 감정을 상하게 하고 다른 한편으로는 서씨 자신의 실패의 비운을 자초하는 것은 이해를 분간할 수 있는 인간이 취할 일이 아니다"[29]라고 몰아 세우면서 서재필·김가진에 대한 공격과 협박을 서슴지 않았다.

이 때문에 일본측은 정월말 서재필의 정부측 후원자인 유길준의 퇴각을 기도하면서 서재필에 대한 추방공작을 펴게 되었다. 물론 이러한 일본측의 움직임이 그간에 서재필이 추진해온 신문발간 계획과 상관이 있다고 보는 견해도[30] 충분히 가능한 일이다. 그러나 서재필의 활동 윤곽을 보다 총체적으로 파악해 본다면 일본측의 서재필 추방공작이 일차적으로 밝혀진 신문발간 계획뿐만 아니라 건양협회의 결성 추진, 한성상무회의소의 발족, 석유직수입회사의 발기 등 2차적으로 밝혀진 활동방향과 행동성향으로 인해서 더

---

24) 《漢城新報》, 1896년 1월 30일.
25) *The Independent*, September 5th, 1896, Editorial.
26) 中村眞南, 〈徐載弼氏の周旋〉(《韓山近信》, 1896년 2월 3일 발신).
27) 《漢城新報》, 1896년 1월 30일, 잡보 〈石油會社를 創起하려다〉.
28) 中村眞男, 〈徐氏計畫を中止す〉(《韓山近信》, 1896년 2월 4일 발신).
29) 위와 같음.
30) 李光麟, 〈徐載弼의 「독립신문」 刊行에 대하여〉(《震檀學報》 39, 1975. 4), 80~81쪽. 愼鏞廈, 〈「독립신문」의 창간과 그 계몽적 역할〉(《獨立協會硏究》, 일조각, 1976), 23쪽.

욱 직접적으로 자극받은 것으로 이해할 수 있다. 결국 서재필은 이러한 일본측의 압력을 부담스럽게 생각한 나머지 석유회사 설립계획 뿐만 아니라 신문발간 계획과 건양협회 결성계획도 모두 중단하겠다는 의사를 짐짓 내비치기까지 하였다.31)

이것은 그 동안 서재필을 도와서 건양협회를 결성하고 석유직수입회사를 설립하는 일에 앞장서 왔던 김가진이 구속되는 사태가 2월 2일에 발생했기 때문이다. 김가진은 민비시해사건 직전인 전해 10월 4일자로 농상공부대신에서 해임되었다가32) 다시 10월 15일에 주일공사로 임명받은 바 있다.33) 그러나 일본의 대한정책에 불만을 품고 계속 부임을 미루어 오던 김가진은 서재필과 의기투합하여 건양협회와 석유직수입회사의 일이 궤도에 오르는 것을 기다려 정월 31일 사직소를 올리고 2월 1일 공사직을 사임하였는데,34) 그 다음날 갑자기 경무청에 구속되었던 것이다.

이에 대하여《漢城新報》는 "일하에 석유회사 일로 발기인이 되어 계획중에 있다는 김가진씨는 무슨 일로 그러하는지 모르나 경무청으로 구인되어… 시방 예심을 받고 있다"고 보도했고,35) 나카무라기자는 "김가진·서재필 2인의 제휴가 이루어져 석유회사·건양협회 등이 발기되었으나 김씨는 돌연 경무청에 구인되는 신세가 되었다"고 본국에 타전함으로써,36) 건양협회와 석유회사 일을 계기로 서재필과 김가진이 제휴하게 된 사실에 주의를 환기시켰다. 게다가 그것이 김가진에 대한 일본측의 응징과 보복이었음을 내비친 것도 두말할 나위가 없다.

이처럼 일본측은 김가진의 구속이 석유회사 뿐 아니라 건양협회와 신문발간 등 서재필의 일련의 계획을 모두 중지시키는 데 주효할 것으로 기대했던 것이 사실이다. 그리고 "선배 박영효씨의 실패는 서씨를 위하여 가장 적절한 훈계"37)라고 한 것처럼, 박영효를 몰아낸 음모의 손길을 서재필에게도 뻗칠

---

31) 中村眞男, 〈徐氏計畫を中止す〉(《韓山近信》, 1896년 2월 4일 발신).
32) 《官報》, 1895년 8월 17일, 호외.
33) 《官報》, 1895년 8월 29일, 〈敍任及辭令〉.
34) 《官報》, 1896년 2월 4일, 〈宮廷錄事와 敍任及辭令〉.
35) 《漢城新報》, 1896년 2월 5일.
36) 中村眞男, 〈金嘉鎭氏の拘引〉(《韓山近信》, 1896년 2월 4일 발신).

생각이 없었던 것은 아니었던 것 같다. 그러나, 미국시민의 신분으로 활동하는 서재필에 대한 직접적인 통제를 피하여 김가진을 구속하는 간접적인 방향에서 해법을 찾았던 것으로 보인다.

물론 김가진의 구속이 석유회사의 설립을 저지시키려는 일본측의 의도에는 상당히 주효했다는 판단이 가능하다. 서재필의 설득으로 자본을 투자하기로 동의했던 商賈들은 김가진 구속사건이 발생하자 모두 뒤로 물러서고 말았기 때문이다. 결국 석유직수입회사의 설립계획이 수포로 돌아가고 만 사실에 관하여, 서재필은 7개월 후의 한 글에서 "조선사람들이 자기 자본에 대한 위험을 두려워한다는 사실말고는 다른 이유가 없다. 그들은 서로에게 믿음을 갖지 않으며, 사람과 사람 사이에 믿음이 없다는 것은 어느 나라에서나 무역의 가장 큰 적이다"[38]라고 설파한 데서 알 수 있다.

이처럼 일본측의 위협에 민감한 반응을 들어낸 상인자본가들의 향배에 전적으로 좌우될 수밖에 없었던 석유직수입회사 설립문제와는 차별화하여 이해할 수 있는 것이 서재필 스스로가 떠맡았던 공개강연과 건양협회의 결성추진이었다고 하겠다. 정월 19일(일요일)에 처음 선을 보인 이래 매주 일요일마다 열기로 했던 서재필의 공개강연회가 건양협회의 창립작업과도 내면적으로 깊이 상관되었다는 사실은 이미 언급한 바 있다. "…홀로 연설회를 열어도 청중이 장내를 가득 메운다. 그러면서도 씨는 정계에서 당당한 위치를 차지하려 하지 않고 도리어 사회개량, 풍속교정을 자기의 임무라고 선언하고 그러한 목적하에 건양협회라는 것을 만들려고 한다"는 나카무라의 기록이 이를 말해주고 있다. 그런데 서재필은 김가진이 구속된 후에도 건양협회의 결성을 포기하지 않고 계속 밀고 나갔던 것이다.

서재필의 공개강연은 당초의 계획대로 순조롭게 진행되었다면 아관파천이 일어날 때까지 모두 네 번 열렸을 것이라는 계산이 가능하다. 그러나 그가 한성상무회의소의 첫날 모임에서 석유직수입회사 설립의 필요성을 역설했던 정월 26일의 두 번째 강연이 있은 뒤로는 그에 대한 일본측의 위협이 노골화되었고[39] 세 번째의 강연회가 열리기로 되어 있었던 2월 2일에는 김가진

37) 中村眞南, 〈徐氏計畫を中止す〉(《韓山近信》, 1896년 2월 4일 발신).

38) *The Independent*, September 5th 1896. Editorial.

이 구속되는 돌발사태가 일어났으므로 실증자료의 밑받침 없이 그 실현 여부를 속단하기는 어렵다. 그리고 서재필은 석유직수입회사 설립은 물론 신문 발간이나 건양협회 결성 계획까지도 모두 백지화시키겠다는 소문을 퍼뜨리면서까지 건양협회의 발기모임을 예정보다 하루 앞당겨 2월 8일에 비공개적으로 가졌던 사실로 미루어 보아, 2월 9일로 예정되었던 공개강연도 실제로 열렸는 지의 여부를 단정하기는 어려운 일이다.

이처럼 서재필의 공개강연이 두 번째 이후로는 앞날을 예측하기 어려운 형편이었지만, 첫선을 보인 때부터 그것이 사회에 던져준 충격은 대단히 크고 신선했던 것이 사실이다. 3~4백 명의 청중이 장내를 가득 메울 정도로 성황을 이룬 데다가 이 자리를 주선하는 데 앞장섰던 내부대신 유길준과 함께 김가진·鄭秉夏 같은 전·현직 농상공부대신도 동석하여 눈길을 끌었다. 그러나 무엇보다도 "吾가 서씨 연설에 가서 세상에 不見·不聞하던 교설을 복문하옵고… 불각하지 않을 수 없어 晝夜不忘하옵고"[40]라고 방청자가 되뇌일 정도로 강연을 통해서 얻어진 집단적 각성의 효과가 놀라우리 만큼 컸음을 짐작하게 된다. 뿐만 아니라 "연설 필시에 국기를 향하여 방청인에게 拜獻하라 하니 여러 관민이 일시에 박수하고 국기에 배헌하야"라고 한 것처럼, 애국심에 호소하는 의식의 극적인 효과를 통하여 청중의 감동을 한층 고조시켜주었음을 알 수 있다.

서재필의 강연이 때로는 "經綸의 도를 衆說한" 것으로, 때로는 "중민의 頑迷를 근심한" 것으로[41] 이해되기도 했다. 그러나 서재필 자신은 국가의 자주적 자세확립의 필요성을 역설하면서 국가의 운명을 적극적으로 이끌어 갈 역사 주체로서의 민중의 역할과 존재의식을 일깨우고 그 세력화의 중요성을 강조하는[42] 데 역점을 두었던 것으로 이해된다. 이 때문에 그는 일본공사 고무라 쥬타로(小村壽太郎)가 질시하는 표적이 되었다.[43] 서재필이 공개강연과 건양협회의 목적을 완곡하게 '사회개량과 풍속교정'으로 밝힌 이유를 짐작할

39) 《尹致昊日記》 4, 1896년 1월 28일.
40) 《漢城新報》, 1896년 3월 15일, 〈奇書〉.
41) 《漢城新報》, 1896년 3월 25일, 〈徐顧問論〉.
42) 《漢城新報》, 1896년 1월 24일, 잡보.
43) 金道泰, 《徐載弼博士自敍傳》(을유문화사, 1972), 229쪽.

만 하다. 이러한 목적이 궁극적으로는 그가 독립신문의 강령으로 표방하였던 "조선사람들을 위한 조선과 깨끗한 정치"(Korea for Koreans and Clean Politics)를 실현할 수 있는 새로운 정치문화의 조성에 뜻이 있었다고 보겠다. 그리고 그러한 의지의 또 다른 실천적 표현의 하나가 바로 건양협회라는 사회결사의 결성작업이었던 것이다.

건양협회는 김홍집내각이 1896년을 맞아 국가의 신기원을 이룩한다는 의지의 표명으로 대외적 자주의 표상인 建元을 처음 사용하기 시작한 建陽이라는 연호에서 그 이름을 따 온 것임은 잘 아는 일이다. 그런데 서재필의 행동을 주시해온 일본측에 의해서 건양협회의 결성계획이 미리부터 포착되어 있었던 만큼, 그 결성작업은 되도록 은밀하게 추진해 나가지 않을 수 없었을 것이다. 당시 서울에 와 있던 헐버트가 독립협회의 전신으로서 '다소 내밀한 조직체(a more or less secret organization)'가 있었음을 지적한[44] 바로 미루어 보더라도, 그것이 철저한 비밀조직은 아니었겠지만 후일의 독립협회처럼 완전히 개방적인 것도 아니었다는 이해가 가능하다. 내부 결성단계에서는 서재필의 취지에 동조한 전·현직 개명관료들에게만 제한적으로 문호가 개방되어 있었으리라는 점에서 어느 정도의 폐쇄적 성격은 불가피했을 것이다. 그런데 아관파천과 같은 미처 예상못했던 정치적 격동으로 인해서 끝내 공개적 결성의 단계로 뛰어오르지 못하고 말았기 때문에 결과적으로 내밀한 조직체로 머물고 말았던 것이다. 여하튼, 건양협회의 결성 추진은 그 동안 사회적 지지가 미약했던 개혁정책의 한계를 극복해 보려는 개명관료들의 자주지향적 의욕이 서재필의 귀국직후 활동방향과 맞아떨어졌기 때문에 가능했으며 그만큼 유길준의 협조도 크게 작용했다고 말할 수 있다. 이에 더하여 상인조합 형태의 이익집단이나 외국인들과의 연대관계에 터잡은 준정치적 사교단체가 이미 있어왔다는 사실은 서재필에 의한 새로운 결사의 추진에 좋은 선례가 되었을 것이다. 특히 후자의 예로서, 구미인들을 배경으로 하는 '貞洞俱樂部'와 일본인들을 배경으로 하는 '朝鮮協會'가 이미 일년전(1895)에 조직되어 나름대로 활동해온 사실을 들 수 있다.[45]

---

44) Homer B. Hulbert, *The Passing of Korea*(Seoul : Reprinted by the Yonsei University Press, 1969), p.150.

그런데 이 두 단체는 모두 조선의 유지들을 한편의 구성원으로 포함했으면서도 각기 국미 또는 일본이라는 대외세력이 주 배경을 이루었기 때문에 조선사람들의 능동적인 역할은 제약될 수밖에 없었다. 건양협회는 바로 이 두 결사체가 보여준 조선에서의 단체 결성의 긍정적 기존성을 살리면서도 거기에 담겨진 외세의존적 제약성을 극복함으로써 조선의 자존을 살리면서 조선사람들 만으로 사회결사를 조직할 수 있는 발전적 계기를 마련하게 된 것이다. 그렇다고 해서 그 앞길이 순탄할 수만은 없었던 것은 이 일을 앞장서 추진해 오던 김가진의 구속사태가 벌어진 가운데 당초의 계획보다 하루 앞당긴 2월 8일에 그 내부 결성을 서두르게 된 데서 알 수 있다.

桂洞 織造局에서 비공개적으로 열리게 되었던 이날의 발기위원 모임에는 모두 47명이 참석하여 임원을 선출한 것으로 되어있다. 雲養 金允植을 부회장으로 선출하고 다른 참석자들을 평의원이나 간사원으로 삼았다는 기록[46]은 남아있으나, 회장으로 누가 선출되었는지를 확인할 만한 자료는 아직 없다.[47] 평의원과 간사원 중심의 임원구성은 내부결성에 동참한 인사들 전원을 임원으로 충원함으로써 이들 각자에 대한 역할 부여를 통하여 적극적인 참여를 유도하려는 데 목적이 있었던 것으로 보인다. 따라서 정기강연을 주도하는 일 이외에도 각기 평의원과 간사원의 역할분담을 통하여 서재필이 표방한 '사회개량과 풍속교정'에 필요한 일들을 시의적절하게 펴나갈 조직의 기초를 마련한 것이라고 할 수 있다.

정월 하순부터 진행되어 온 건양협회의 이러한 결성작업이 정동구락부에 대한 대항적 조직체로서 조선협회를 활용하려고 시도했었던 일본측으로서는

---

45) 中村眞南, 〈米人の勢力及劃策〉(《韓山通信》, 1896년 2월 3일).
조선협회는 박영효가 일본측과 제휴관계에 있었을 때 그의 주도로 1895년 6월 23일에 결성되었다. 그런데 나카무라에 의하면, 이에 자극되어 탄생한 정동구락부는 사사건건 조선협회와 충돌을 빚어왔다고 한다. 어찌했던 박영효의 망명과 민비시해사건이라는 엄청난 정치적 격변을 거치면서도 이 두 단체는 서재필의 귀국후까지도 계속 맹맥을 이어왔다.

46) 金允植, 《續陰晴史》 上(探求堂, 1960), 391쪽.

47) 그간의 사정으로 미루어, 김가진이나 서재필이 회장으로 선출되었을 가능성도 있다. 그러나 서재필은 고문으로 물러나 있었던 독립협회 창립 때와 마찬가지로 이때도 전면에 나서지는 않았을지도 모른다.

또 하나의 위협이었을 것임에 틀림이 없다. 서재필이 귀국하자마자 피신중에 있는 정동파 인사들과 긴밀한 접촉을 펴왔기 때문에 일본측은 그렇지 않아도 신경을 곤두세워온 것이 사실이다. 그러한 터에 서재필은 조선협회의 부회장을 맡고 있었던 김윤식[48]을 비롯해서 일본측이 그들에 대한 의존세력 또는 연대세력으로 꼽고 있었던 개명관료들을 그들의 영향력권에서 벗어나 독자적이며 자주지향적인 하나의 사회결사체를 중심으로 결집할 수 있도록 새로운 계기를 마련해 주는 역할을 떠맡고 나섰기 때문이다.

그러나 2주간의 준비를 거쳐 2월 23일(일요일)의 정기강연회 석상에서 공개적으로 정식 발족할 예정이었던[49] 건양협회는 2월 11일에 일어난 아관파천으로 말미암아 공개결성의 기회를 무한정 미루지 않을 수 없게 되고 말았다. 내면적으로 자주적 기틀을 암중모색하고 있었던 김홍집체제에 뿌리를 내려가면서 모든 계획을 추진해 온 서재필로서는 아관파천이 던져준 충격과 시련이 자못 컸을 것으로 짐작된다. 그가 일시적이긴 했지만 미국공사관으로 피신해 있기도 했다.[50] 그런가 하면 친러파로 새로 득세한 李範晋 법부대신의 규탄대상이 되어 신문발간 계획을 밀고 나갈 가망이 없어 보이기도 했다.[51] 이 때문에 그는 미국으로 되돌아 갈 결심마저 내비치게 될[52] 정도였다. 이러한 좌절속에서 그가 공개강연을 정기적으로 계속할 수는 없었으며 또한 내부결성 단계에 머물러 있었던 건양협회도 정식으로 출범시킬 수 없었음은 당연한 일이다.

2) 독립신문의 창간과 독립협회의 창립

서재필은 귀국 직후부터 김홍집내각을 통제하고 있었던 일본측의 질시와 때로는 신변 위협을 받아왔다. 반면에 서재필은 국제적으로 일본 일변도의 의존관계를 벗어나서 다변적인 협조체제를 구축하기 위한 방도를 암중모색

48) 金允植, 《續陰晴史》 上, 368쪽.
49) 金允植, 《續陰晴史》 上, 391쪽.
50) 《漢城新報》, 1896년 2월 14일, 잡보.
51) 金道泰, 앞의 책, 243~44쪽.
52) 《漢城新報》, 1896년 3월 13일, 잡보 〈徐載弼氏〉 및 3월 25일, 논설 〈徐顧問論〉.

하고 있었던 김홍집내각의 입각 권유를 사양하면서도 그들과 긴밀하게 협의하고 지원받는 가운데 독자적으로 활동의 폭을 넓혀나갔다. 이러한 서재필로서는 일본이라는 커다란 걸림돌을 일거에 해소시켜 준 것이 아관파천이었기 때문에, 한때나마 그로 인해서 좌절을 맛보았다고 하더라도 그것을 극복하는데 그리 많은 시일이 걸리지는 않았다.

서재필은 아관파천에 담겨진 반개화적, 보수회귀적 역기류에도 불구하고 새로 입각하거나 요직에 들어간 정동구락부 인사들과 여전히 중직을 맡고 있었던 개명관료들, 특히 건양협회 임원들의 계속적인 지원을 받을 수 있었다. 그가 3월 13일에는 그때까지 맡아오던 중추원 고문관에 더하여, 임시로 농상공부의 고문관직까지 겸하면서 한층 더 활기를 띠게 되었다.[53] 그리고 귀국 후의 중요한 활동방향으로 설정했었던 국·영문 신문발간의 숙원도 실현을 보게 되었다. 그리하여 제물포·원산·부산·파주·송도·평양·수원·강화 등지에 分局까지 마련하는 등 기본적인 준비 끝에, 1896년 4월 7일에는 우리 나라 최초의 근대적인 민간신문인 《독립신문》의 창간호를 마침내 세상에 내어놓게 되었다.

물론 아관파천 후 서재필의 독립신문 발간작업이 모두 순탄하게 진행되었다고 단정하기는 어렵다. 그 중에서도 가장 큰 어려움으로 꼽을 만 했던 것은 쫓겨난 김홍집내각이 약속했었던 신문발간에 대한 정부지원을 새로 들어선 친러 박정양내각이 온전하게 이행하도록 만드는 일이었다. 다행히 신문발간의 필요성을 절감하고 있었다는 점에서는 쫓겨난 내각이나 새로 들어선 내각이 크게 다를 바가 없었기 때문에, 정치적 격변의 소용돌이가 어느 정도 갈아 앉은 다음에는 그것이 원만히 처리될 수 있었던 것으로 보인다. 그러나 그것이 단순한 정부지원금 5,000원이었다는 통설은 50년이 지난 뒤 서재필의 기억에 의존한 내용이어서 신빙성에 의문의 여지가 있다.

귀국 후 2년반 뒤에 서재필이 정부로부터 추방당하게 되었을 때, 10년간의 중추원 고문관 계약기간을 다 채우지 못한 잔여기간 7년 10개월에 대한 봉급액과 여비 600원을 합한 28,800원 중에서 독립신문 발간시에 정부가 서재

53) 內閣編錄課, 《存案指令》, 1896년 3월 13일.
《漢城新報》, 1896년 3월 19일, 잡보.

필에게 지급했던 선급금 3,000원과 신문사 사옥구입금 1,400원 도합 4,400원을 공제하고 나머지 돈을 정부가 물어준 일이 있다.[54] 그런데 알렌 미국공사를 사이에 두고 벌어진 정부와 서재필 사이의 이와 같은 왕래과정에서 중요한 매듭으로 떠오른 것이 고문관 계약 때 작성했던 계약서를 반환하고 반환받는 일이었다. 고문관 계약조건은 구체적으로 문서화되어 있었음에 반하여, 정부가 두 차례에 걸쳐 4,400원의 국고금을 서재필에게 지출했을 때에는 명확한 한계를 긋지 않은 채 처리했다가 후일 잔여기간의 봉급지급이 불가피해지자 기왕의 국고 지출금액을 공제하게 되었던 것으로 판단된다. 여하튼 서재필로서는 국고에서 지출해 준 이 돈 4,400원이 사옥 구입을 포함한 여러가지 신문발간 준비를 위해서 요긴하게 사용한 자금이었음에 틀림이 없다.

한글판과 영문판의 합본 형식[55]으로 첫선을 보였던 《독립신문》의 출현은 즉각적으로 내외의 많은 반향을 불러일으켰다. 창간호에 대한 일반인들과 관리들의 반응이 대단히 호의적이었음은 바로 그 다음호의 기사중에 "길에서 신문지들을 보고 상하 노소 귀천없이 다 말하기를 이 신문지에 한 말이 지극히 옳고 또 볼만한 말이 많다고 하는데 그중 유지각한 이와 각부 관원들이 (말)하기를 신문사원을 보고 이 신문하는 것이 매우 기쁘고 감사하다고 하더라"[56]라고 보도한 데서 알 수 있다. 심지어 어떤 사람들은 가족들에게 주겠다고 "다섯~여섯장씩 한번에 사가더라"는[57] 것이다.

---

54) 《舊韓國外交文書》 第十一卷(美案2)(고려대 출판부, 1967), 334~36쪽, 1898년 4월 26일 알렌 미국공사와 조병직 외부대신 간의 거래문건 〈徐載弼雇約繳還의件〉 및 〈徐載弼雇約文領受의件〉.

55) 1896년 첫해에는 총 4면 중 3면까지의 한글판 《독닙(립)신문》과 나머지 4면의 영문판 *The Independent*를 한데 묶어서 화·목·토 주 3회씩 발행하다가 이듬해인 1897년부터는 한글판과 영문판을 따로 떼어서 각기 4면씩 발행했다.
그후 《독립신문》은 《협성회회보》의 후신으로 등장한 《매일신문》의 일간화에 자극을 받아 1898년 7월 1일부터는 일요일을 제외한 주 6회의 일간지로 발전하였으며 *The Independent*는 그후에도 주 3회로 일관하였다.
협성회가 주간의 《회보》를 창간한 것은 1898년 1월 1일의 일이지만 제14호를 마지막으로 주 6회의 《매일신문》으로 바뀐 것은 같은 해 4월 9일부터의 일이므로 일간지로서는 《독립신문》보다 앞섰던 것이다.

56) 《독립신문》, 1896년 4월 9일, 잡보.

57) 《독립신문》, 1896년 4월 11일, 잡보.

그런가 하면, 이 신문의 창간호를 접한 외국인들은 단순히 그 형태나 내용면에서가 아니라 전반적인 기획의 측면에서 '참 잘된 일'이라거나 '조선에 꼭 필요한 일' 또는 '하나의 중대한 혁신'이라는 표현으로 찬사를 아끼지 않았다고 한다.[58] 한문을 모르는 평민들이 쉽게 접할 수 있도록 한글(諺文) 전용 체제를 채택한 사실에 특별히 많은 가치와 의미를 부여했던 영문월간지 《조선휘보》(*The Korean Repository*)의 기사[59]에서도 독립신문에 대한 호의적 평가의 한 단면을 볼 수 있다. 뿐만 아니라 일본사람들의 횡포에 대한 《독립신문》의 폭로기사로 인하여 한 달도 넘기기 전부터 역공세를 펴게 되었던 일본계의 《漢城新報》 조차도 당초에는 신문의 역할을 인체의 耳目에 비유하여 《독립신문》이 국민의 귀와 눈으로서의 사명을 다해 줄 것을 당부하고 축하하는 뜻을 기사화할[60] 정도였다.

독립신문은 창간호로 2,000부를 발행했는데, 지방에는 미처 보급하지 못했던 2, 3일 동안에 매진되고 말았다. 호기심에서 구입한 사람들보다도 정기구독 신청자가 쇄도했기 때문이라는 것인데, 결국 발행부수를 곧바로 3,000부로 늘리지 않을 수 없었던 이유를[61] 이해할 만 하다. 서재필 자신도 "발행부수의 증가가 마치 走馬加鞭(by leaps and bounds) 격이었다"[62]고 회고한 일이 있다. 그만큼 독립신문은 "처음부터 조선사람들 사이에 강력한 영향력을 발휘했다"[63]고 헐버트가 평가한 바 있지만 "항간에 대호평을 사서 사회각층에 널리 읽혀졌다"[64]고 한 것 외에도, "한 구독자가 다 읽은 다음에는 이웃사람들에게 넘겨주고 또 넘겨주는 식으로 해서 한 장의 신문이 최소한 200명에게 읽혀졌다"[65]고 한 서재필의 회고적인 술회가 과장된 것이었다고 하더라

58) *The Independent*, April 9th 1896, Local Items.
59) Editorial Department, "The Seoul Independent," *The Korean Repository*, Vol. Ⅲ, No. 4(April, 1896), p.171.
60) 《漢城新報》, 1896년 4월 9일 3면, 〈獨立新聞發刊〉.
61) *The Independent*, April 9th 1896, Local Items.
62) F. A. Mckenzie, *Korea's Fight for Freedom*(Seoul : Reprinted by the Yonsei University Press, 1969), p.67.
63) Homer B. Hulbert, *The Passing of Korea*, p.152.
64) 徐載弼, 〈滯美五十年〉(閔泰瑗, 《甲申政變과 金玉均》, 國際文化協會, 1947), 91쪽.
65) F. A. Mckenzie, *ibid.*

도 그 보급효과나 영향력이 상상이상으로 큰 것이었음을 이해하는 데는 도움이 될 것이다.

그러나 무엇보다도 중요한 것은 이처럼 놀라우리만큼 파급효과가 컸던 대중매체를 통하여 서재필 자신의 독립자존적 계몽주의 이념상과 고도의 대중 취향성을 부각시킬 수 있었다는 사실이다. 그가 영문판(*The Independent*) 창간호에서 신문의 강령으로 꼽은 것은 ① 조선 국민을 위한 조선, ② 깨끗한 정치, ③ 대외적 우호관계의 유대증진, ④ 조선 자본에 의한 조선 자원의 꾸준하고도 점진적인 개발 등이었다. 이러한 강령은 당시 조선의 국내외적 상황인식을 바탕으로 한 것이어서, 조선을 열강의 이권쟁탈의 소용돌이 속에서 벗어 나오게 하면서 민중의 권익을 도모할 수 있는 나라로 발돋움하게 하려는 데 목표를 둔 것이었다고 평가할 수 있다.

당시 우리 나라에는 개항장 중심으로 일본계 신문들이 발간되고 있었는데, 그 중에서도 특히 서울의 《한성신보》와 제물포의 《朝鮮新報》는 일본상인들의 권익보호를 포함한 일본의 對韓政策 노선을 항상 앞장서서 밀고 나가고 있었다. 이 때문에 이들과 당당하게 맞설 수 있는 우리의 신문이 절실했었던 상황에서 《독립신문》을 창간하게 되었던 것이다. 한글판 독립신문의 기사도 그러하지만 특히 영문판 기사들은 일본신문 이외에도 우리 나라 사정을 편견으로 오도하기 일쑤였던 외국신문들의 기사에 대해서는 일일이 맞대응하여 날카롭게 비판하고 바로잡는 데 주저함이 없었음에 유의할 필요가 있다.

그렇다고 해서 《독립신문》이 국수적인 애국주의의 도구로 자리잡았던 것은 물론 아니다. 강령에서 표방하고 있는 '조선국민을 위한 조선'이 실현되기 위해서는 '깨끗한 정치'와 '대외적 우호관계의 유대증진'이 요구된다는 인식에서 대내외 정책의 자주적 개혁과 경제자립을 구현하는 데 비중을 두었던 것으로 이해되기 때문이다. 그리고 이를 밑받침하는 데 긴요하다고 인식했던 대중교육 담당매체로서의 기능을 자임하고 나섰던 것이다. 서재필이 《독립신문》을 통하여 대변하고자 했던 조선국민이란 최대 다수의 국민적 이익에 초점을 둔 국민개념이라 할 수 있다. 그는 영문판 창간호의 사설에서 그가 말하는 조선국민은 "단순히 서울과 그 부근의 주민을 의미하거나 특권계급만을 의미하는 것이 아니고 모든 계급과 계층을 망라한 전체국민을 포함하는 것"이라고 하였다. 이것은 양반중심적 가치관에 대한 도전이었고 국민의 다수를 차지하는 서민대중의 중요성에 대한 인식을 새롭게 제고한 것이라고 할 수 있다.

이 때문에 서재필은 신문의 기본틀을 마련함에 있어서도 '가능한 최대다수(the largest possible number)'의 이익에 가장 잘 부합하는 조건을 강구했다는 사실을 한글판과 영문판 창간호 사설에서 분명히 밝히고 있다. 그 첫째가 "누구나 배우기 쉽고 … 상하 귀천이 모두 보고 알아보기 쉬운" 글, 그래서 한문보다 우수하다고 자부하는 한글(a character intelligible to the largest possible number)을 전용하기로 원칙을 세웠다. 그리고 둘째는 가격을 정함에 있어서 가능한 최대다수의 사람들이 부담없이 사볼 수 있게 하고, 셋째는 내용을 다룸에 있어서 가능한 최대다수의 최선이익(the best interests)이 실현될 수 있게 한다는 원칙을 천명하였다. 서재필은 당시 우리 사회의 과도기적인 특수성을 투시하고 민중을 역사의 지평에 부상시킴으로써 사회세력의 재편을 통하여 새롭게 국민통합의 기틀을 다지려는 목적의식에서 고도의 대중취향성을 들어내 보이게 된 것으로 이해하게 된다.

이처럼 《독립신문》 발간을 계기로, 서재필이 추구하는 독립자존적 근대의식은 그의 영향력과 함께 대단히 효과적으로 사회 전반에 확산되고 있었음을 알 수 있다. 이 때문에 일찍이 헐버트도 지적한 바 있듯이 《독립신문》은 서재필이 이어서 추진한 "독립협회의 결성을 선도해 준 주요인중의 하나"[66]로 꼽기에 충분했다고 말할 수 있다. 그러나 그렇다고 해서 그것이 긍정적인 효과만을 지녔던 것은 아니다. 거기에서 반사되는 부정적인 시각과 작용도 사회적으로 만만치 않았다는 사실 또한 여기서 지나칠 수 없다. 아관파천 후의 난기류를 형성했던 여러 가지 사회적 인식의 흐름중에는 自主=反日=反開化라는 시각의 흐름도 섞여있었는데, 대개는 疏章의 형식을 빌어서 표출되었던 그러한 흐름이 직접으로든 간접으로든 《독립신문》이나 서재필에 대한 탄핵의 내용을 겸하여 담고 있는 경우가 많았기 때문이다.

자주적 반개화를 주조로 한 소장중에서 갑신정변, 갑오개혁, 을미사변 등

---

66) Homer B. Hulbert, *ibid.*

일련의 정치격변과 관련되었던 중심 인물들과 그 추종세력들을 광범하게 탄핵한 前교리(4품) 李承九의 6월 27일자 상소67)는 박영효를 필두로 하여 수많은 인물들을 탄핵 대상으로 거명하였다. 미국에 가 있던 박영효가 5월 21일 오후 3시에 미국 우편선 편으로 요코하마항에 도착하였고 곧이어 동경으로 들어가 머물고 있다는 신문보도68)에 자극받았던 것으로 보인다. 그러나 이승구가 탄핵 대상속에 서재필을 명시적으로 포함하지는 않았기 때문에, 이 상소는 서재필에 대한 우회적인 공격의 예로서만 이해할 수 있을 것 같다.

이에 반하여 실록에는 등재되지 않아서 자세한 날짜를 알 수 없으나 비슷한 무렵, 수원에 사는 金顯琪·金昌海·曺錫允 세 사람의 연명으로 올린 상소에서는 보다 명시적으로 서재필과 《독립신문》을 집중 공격하고 있었음에 유의하게 된다. 국왕의 還御를 급선무로 내세운 내용 이외에는 갑오경장 이전의 구습으로 되돌아 갈 것을 요구하는 주장이 주류를 이루었으며 그러한 줄거리와 맥을 같이하는 가운데 일곱 가지 조목69)중의 하나로 "갑신역당을 토죄하고 《독립신문》을 폐간할 것"을 촉구했던 것이다.

이러한 탄핵은 독립협회 창립 직후까지 계속되었다. 그 대표적인 예로 삼을 수 있는 것이 '진사 鄭惺愚의 論劾疏 사건'이라 할 수 있다. 정성우는 7월 9일에 올린 소장70)에서, 앞의 두 탄핵소의 문맥을 대체로 되짚어가면서 逆徒·凶徒·亂徒·亂臣·亂黨·逆黨과 같은 극단적인 표현의 구사와 함께, 서재필은 "국가 권병을 손끝으로 농간하고 폐하 앞에서 외신을 자칭한다(手弄國柄, 自稱外臣於陛下之前)"는 이유를 앞세우고 《독립신문》은 "나무라고 비웃기나 할 뿐 도무지 의리가 없다(不過誹訕,都蔑義理)"는 이유를 들어서 맹렬히 규탄하였다. 또한 이미 쫓겨났거나 살해된 박영효·김홍집·어윤중·유길준·정병하·조희연 등을 같은 극언으로 얽어서 비난 공격하는 한편, 아직도 건재한 박정양·

67) 《高宗實錄》 권 34, 건양 원년 6월 27일, 590쪽.
68) 《漢城新報》, 1896년 5월 29일, 잡보.
69) 《漢城新報》, 1896년 7월 2일 및 4일, 〈論時務疏〉.
이들이 역설한 7가지 조목은 ① 還御之急, ② 還束髮着網巾事, ③ 軍隊巡檢兵丁之服色還改事, ④ 廢諺文官報事, ⑤ 還用陰曆事, ⑥ 討甲申逆黨廢獨立新聞事, ⑦ 廣設鎭衛隊以鎭民心事 등이다.
70) 《高宗實錄》 권 34, 건양 원년 7월 9일, 591쪽.

김윤식·이윤용·조병직·안경수·김가진을 겸하여 집중 탄핵하였다.[71]

그러나 "駁論을 具悉한 즉 虛實이 많다"는 당일의 批旨[72]에 힘입은 서재필은 계속되는 인신공격과 모함을 더 이상 좌시할 수 없다는 판단에서 탄핵받은 박정양·이윤용·조병직·안경수·김가진 등 다섯 사람과 함께 다음날로 정성우를 고등재판소에 형사 고발하는 한편 명예훼손 배상금으로 서재필은 2,000원을, 그리고 다섯 사람은 공동으로 5,000원을 청구하는 민사소송을 아울러 제기했다. 피고인 정성우는 53세로 相臣을 지낸 鄭映錫의 조카이며 전판서 이경재의 女胥이지만 그럴만한 위인이 못된다는 것이어서 평소에 가까이 지내던 전승지 李最榮과 전참의 金亮漢, 그리고 심지어는 서재필의 장인이었던 전승지 金永錫[73]까지도 그의 배후에서 작용했을 것이라는 의혹이 일기도 했다. 민사재판은 그 다음날에 시작되어 서재필을 제외한 원고 5명과 피고의 대질심문, 피고의 탄핵사유에 대한 사실심리, 김영석·김양한에 대한 증인심문이 이틀동안 진행된 다음에 원고 전원의 승소판결을 선고하는 것으로 끝났다. 이어진 형사재판에서는 피고 정성우를 '笞 일백·징역 3년'에 처하기로 판결을 선고하고, 임금에게 상주한 결과 '3년 유배'로 특지가 내려지는 결말이 나게 되었다.

서재필로서는 이 재판을 통하여 크게 건진 것이 한가지가 있다. 그것은 그가 귀국한지 얼마 뒤부터 시달려온 이른바 국왕 앞에서 스스로를 외신 운운했다는 낭설과 모함이 뜬소문에 불과한 것이었음을 4백 여명이 방청하는 공개 재판석상에서 분명하게 가려지게 되었다는 사실이다. 그럼에도 불구하고 서재필에 대한 사실과 다른 그러한 인식은 당시는 말할 것도 없거니와 그 뒤에도 상당 기간동안 뿌리깊게 작용해 왔음을 유의하게 된다. 서재필은 《독립신문》을 발간함으로 해서 기대이상의 긍정적 평가와 그에 따르는 영향력을 십분 발휘하게 되었던 것이 분명하다. 반면에 그것은 그의 존재를 원

---

71) 박정양과 조병직은 貪官無義·義消亂起로, 이윤용은 功罪兼全·一門貪官으로, 김가진과 안경수는 先唱國病으로 탄핵사유를 밝혔다.

72) 《官報》, 1896년 7월 9일, 호외.

73) 서재필이 갑신정변의 실패로 망명한 후 친정에서도 받아들이지 않았기 때문에 음독 자살하고 말았던 서재필의 조강지처 광산 김씨의 부친이며 사계 김장생의 후예이다.

천적으로 거부하려는 부정적인 의식작용을 자극하게 되었고 따라서 서재필로서는 그 대응전략에 대해서도 신경을 쓰지 않을 수 없었다. 서재필은 진작부터 사회의 일각에서 자신에 대한 인식의 골이 깊게 패여 있다는 사실을 간파하고 있었기 때문에 독립협회의 창립작업도 그만큼 신중하고 용의주도하게 추진하게 되었던 것임을 이어서 파악하게 될 것이다.

《독립신문》의 발간이 궤도에 오름으로써 한숨 돌리게 된 서재필은 아관파천으로 인하여 중단되었던 공개강연을 일단은 분리시켜서 청중의 동질성에 기초하는 새로운 방식으로 형태전환을 시도하게 되었다. 5월 21일부터 배재학당 학도들에게 매주 목요일 오후 3시에 채플시간에 이어서 '만국지리와 다른 학문상의 일'[74]을 정기적으로 강연을 하게 된 것이 그것이다. 이것을 이름하여 '서재필의 목요강좌'라고 일컬어도 무방할 것이다.[75] 서재필은 이 목요강좌에 참여한 학생들을 계속 지도하여 이 해 12월에는 우리 나라 최초의 학생 토론써클이라 할 수 있는 協成會를 조직하게 하였다.

그리고 다른 한편으로는 제2차 김홍집내각의 박영효 계열에 의해서 착수하게 되었던 이른바 事大遺物 제거작업의 일환으로 1895년 2월에 헐어버렸던 迎恩門의 옛터에 獨立門을 세우고 獨立公園을 조성하기 위한 사업계획을 별도로 추진하게 되었다. 얼마 뒤에는 慕華館을 개수하여 '독립관'으로 개칭하는 일까지를 포함하게 되었던 일련의 독립기념물 건조사업계획은 내각과 집권관리들의 광범한 지지를 받게 되었다.

따라서 이와 같은 사업을 주관할 결사체의 조직이 시의적절한 일로 인식되어 6월 7일에는 그가 고문직을 맡고 있는 중추원 건물에서 14명으로 구성된 발기인 모임을 갖게 되었다. 이로써 다소 내밀한 조직의 성격으로 머물러 있었던 건양협회가 발전적으로 탈바꿈하는 독립협회의 예비적인 결성을 보게 된 것이다. 이날 독립협회의 발기인 모임에 참석했던 14명의 발기인은 아래의 명단과 그들의 전직 또는 현직 직명에서 보는 바와 같이 대신(장관)급

74) 《독립신문》, 1896년 5월 23일, 잡보.
75) 서재필의 목요강좌가 배재학당에서 많은 주목을 끌게 되었는데, 이에 관해서는 다음 기록이 좋은 자료가 될 수 있다(D. A. Bunker, "Pai Chai College", *The Korean Repository*, Vol. Ⅲ, No. 9(September, 1896), pp.361~364).

4명, 협판(차관)급 5명, 국장급 5명으로 전원이 아관파천 이후 현직 고급관리였음을 알 수 있다.[76] 당시로서는 사회의 최상류급 인사들이었을 뿐 아니라 현실적으로 정치적 영향력도 막강한 인물들이었다고 보겠다.

발기인 14명의 명단과 그들의 전현직을 살펴보면 安駉壽(전 군부대신, 1896. 2. 11 경무사), 李完用(전 학부대신, 1896. 2. 11 외부대신), 金嘉鎭(전 농상공부대신, 1896. 2. 19 중추원 일등의관), 李允用(전 경무사, 1896. 2. 11 군부대신), 金宗漢(1895. 10. 8 궁내부협판, 1896. 1. 10 겸임 秘書院卿 典醫司長, 1896. 2. 12 궁내부 특진관), 權在衡(전 군부협판, 1896. 2. 22 법부협판), 高永喜(1896. 1. 4 농상공부협판, 1896. 3. 9 외부협판), 閔商鎬(외부교섭국장 1896. 2. 22 勅任四等, 1896. 4. 14 학부협판), 李采淵(전 한성부관찰사, 1896. 3. 23 농상공부협판), 李商在(1895. 12. 26 학부참서관, 1896. 2. 24 내각총서), 玄興澤(전 내장원 莊園司長, 1896. 4. 14 내장사장), 金珏鉉(외부참서관, 1896. 3. 20 외부교섭국장 奏任四等), 李根澔(1896. 3. 12 중추원 일등의관, 1896. 5. 12 내부 위생국장), 南宮檍(1895. 10. 31 내부 토목국장) 등이다.

그런데 이미 언급한 바 있듯이 여기서 짚어두려는 것은 서재필의 독립협회 창립작업이 매우 신중하고도 주도면밀하게 추진되었다는 사실이다. 당시 우리 나라에 관한 영문 계간지 《조선휘보》가 서재필과의 대담내용을 가지고 작성한 기사[77]에 의하면, 서재필은 독립문 건립계획을 부각시키기에 앞서서 당초에는 정부의 고급관리들에게 약간 막연하게 '공원 설립의 득책(advisavility of establishing a public park)'을 역설했던 것으로 드러나 있다. 이 제안이 점차적으로 내각과 중견관리들의 호의적인 반응을 불러일으키게 되자, 남달리 기회포착에 기민했던 서재필은 자신이 제의한 사업을 밀고 나갈 단체 결성의 필요성을 아울러 역설하기 시작했다고 한다. 그리하여 마침내는 "열 두 서너 사람의 고급관리들이 6월 7일 중추원 건물에서 회합을 갖고 독립협회라는 이름의 단체를 조직하게 되었다"는 것이다. 서재필은 이처럼 독립협회의 발기인 모임이 성사되기를 기다리고 있다가 그 자리에서 비로소 독립협회가

76) 亞細亞文化社에서 영인으로 간행한 《舊韓國官報》 3권(1895)과 4권(1896)에서 확인한 것이다.

77) Editor, "The Independence Club," *The Korean Repository*, Vol. V, No. 8 (August, 1898), pp.281~287.

해봄직한 하나의 훌륭한 사업(a grand thing for the society)으로서 독립문 건립계획을 처음으로 발설하고 그것을 구체적으로 제안하기에 이르렀다는 것이 이 기록의 대강 줄거리이다.

처음에는 막연히 공원조성의 필요성을 역설하다가 자연스럽게 그 사업을 추진할 단체결성의 필요성을 연계시킨 다음 그의 주장에 찬동하는 사람들을 규합하여 발기인 모임을 마련한 자리에서 비로소 독립문 건립계획을 내어놓은 것으로 이해하게 된다. 이렇게 본다면 서재필이 독립문 건립과 독립공원 조성이라는 구체적인 사업계획을 염두에 두고 건양협회를 탈바꿈시키는 형태로 독립협회의 창립을 새롭게 구상하기 시작한 것은 《독립신문》을 창간한 지 얼마 뒤부터가 아니었던가 짐작된다. 그만큼 여유있게 구상을 다지고 점검하면서 설득을 펴왔기 때문에 6월 7일의 발기인 모임에서는 기본적인 사업의 윤곽을 확정지을 수 있었다고 보아야 하겠다.

그럼에도 불구하고 서재필은 독립협회의 독립문 건립계획에 관하여 임금의 재가를 받아낼 때까지는 그에 관한 발설을 최대한으로 억제하여 왔던 것이 분명하다. 이것은 그가 6월 20일에 이르러서야 그의 신문 영문판 사설에서 "오늘 우리들은 국왕폐하께서 서대문밖에 있는 영은(연주)문 헐린 자리에 독립문이라고 부르게 될 새로운 문을 세우기로 결정을 내려주신 사실을 기쁘게 생각한다"[78]고 처음으로 그 계획의 일단을 명시적으로 표현한 것에서 잘 알 수 있다. 뿐만 아니라 임금의 재가를 받아냄으로써 사회 일반이 독립문 건립계획을 마치 정부가 의결한 사업으로,[79] 따라서 정부가 계획하고 추진하는 사업으로 인식하게 만드는 부수적인 효과마저 거두게 되었던 것으로 이해된다.

서재필이 한글판 《독립신문》의 논설을 통하여 독립문 건립의 목적과 필요성을 사회 일반에 공개적으로 주지시키기 시작했던 것도 바로 같은 날(6월 20일)부터의 일이었다. 청국의 속국이었던 조선이 이제는 독립국이 되었으므로 세계 각국의 제왕과 동등하게 된 대군주 폐하에게 각국 인민들과 동등하게 된 조선인민들은 목숨을 걸고 충성을 다해야 한다는 요지를 앞세웠던 이

78) *The Independent*, June 20th 1896, Editorial.
79) 《漢城新報》(일어판), 1896년 6월 22일, 잡보 〈迎恩門と獨立門〉.

날 논설의 독립문 관련 주요 내용을 짚어보면 다음과 같다.

> ① 근일에 들으니 모화관에 이왕 연주문 있든 자리에다가 새로 문을 세우되 그 문 일홈은 독립문이라 하고 새로 문을 그 자리에다가 세우는 뜻은 세계만국에 조선이 아조 독립국이란 표를 보이자는 뜻이요
> ② 이왕에 거기 섰던 연주문은 조선사기에 제일 수치되는 일인즉 그 수치를 씻으려면 다만 그 문만 헐어버릴 뿐이 아니라 그 문 섰던 자리에 독립문을 세우는 것이 다만 이왕 수치를 씻을 뿐이 아니라 새로 독립하는 주초를 세우는 것이니 우리가 듣기에 이렇게 기쁘고 경사로운 마음이 있을 때에야 하물며 조선인민들이야 오즉 즐거우리요
> ③ 남의 나라에서 들은 승전을 한다든지 국가에 큰 경사가 있다든지 하면 그 자리에 높은 문을 짓는다든지 비를 세우는 풍속이라. 그 문과 그 비를 보고 인민이 자기 나라의 권리와 명예와 영광과 위엄을 생각하고 더 튼튼히 길러 후생들이 이것을 잊어버리지 않게 하자는 뜻이요. 또 외국사람들에게도 그 나라 인민의 애국하는 마음을 보이자는 표라
> ④ 만일 그 독립문이 필력이 되거드면 그날 조선 신민들이 외국 인민을 청하야 독립문 앞에서 크게 연설을 하고 세계에 조선이 독립국이요 조선인민들도 자기들의 나라를 사랑하고 대군주 폐하를 위하야 죽을 일이 있으면 죽기를 두려워 아니 하는 것을 세계에 광고함이 좋을 듯 하더라(《독립신문》, 1896년 6월 20일, 논설).

서재필이 독립협회의 발기인 모임을 전후하는 기간에 발기인들과 정부관리들을 어떠한 논리와 내용으로 설득하고 이해시켰는가를 이로 미루어 짐작할 수 있다. 그리고 겸해서 주의를 기울여 볼 필요가 있는 것은 위에서 보는 바와 같이 "근일에 들으니"라던가, 또는 "우리가 듣기에 이렇게 기쁘고 경사스러운 마음이 있을 때에야"라는 표현들이다. 그것은 신문 발행인으로서의 제3자적인 위치를 객관적으로 견지하려는 서재필의 신중성을 반영한 것이라 할 수 있다. 게다가 이 때는 발기인 모임을 통해서 독립협회의 내부 결성이 매듭지어진지도 2주가 다 될 무렵이었지만 서재필은 이때까지도 독립협회라는 조직체에 관해서는 일체의 발언을 접어두고 있었던 것도 같은 맥락에서 이해할 수 있을 것 같다.

그리고 이러한 조심성은 독립협회의 결성을 공개적으로 마무리짓기로 되

어 있었던, 따라서 독립협회의 공식적인 창립일로 꼽히게 되었던 7월 2일의 《독립신문》 논설에서도 비슷하게 드러나 있다. "일간에 조선을 사랑하는 사람들이 중추원에서 모여 모화관을 고쳐 독립공원지를 만들 일을 의논할 터인데…"라고 서두를 시작하면서 사업자체에 대해서는 최대한의 의미 부여를 하면서도 독립협회에 대해서는 이름조차도 언급하지 않는 방식으로 표현의 절제와 조심성을 계속 견지하고 있었기 때문이다.

독립협회의 공개적인 결사화 이전단계에서 보여주었던 서재필의 이와 같은 신중한 태도는 독립협회의 창립총회가 성공적으로 치루어진 시점까지도 연장된 듯한 감이 없지 않다. 이점은 "아마 조선도 차차 되어가는가 보더라"라는 말을 앞세워 역사적인 의미 부여와 함께 독립자존의식과 공공정신의 발현을 격찬하면서 그러한 뜻깊은 조직체의 창립을 처음으로 보도한 7월 4일자의 《독립신문》 논설 내용을 자세히 뜯어보면 알 수 있다.

즉 거기에서는 14명의 발기인 명단과 새로 선출된 20명의 임원 명단, 그리고 창립총회석상에서 5백10원의 찬조금을 출연한 15명의 명단과 금액까지 자세하게 소개하고 있었으면서도 정작 그러한 활동의 구심점이 될 조직체로서의 '독립협회'의 이름은 일체 언급하고 있지 않았기 때문이다.

이날의 논설에서는 두 번씩이나 이들이 벌이는 사업취지에 찬동하는 사람들의 찬조금 출연을 적극 권장하면서 그 명단을 계속해서 신문지상에 발표할 것을 약속했다. 그리고 이 약속에 따라서 7월 7일자의 《독립신문》 잡보에는 2차로 보조금 출연자 9명의 명단과 금액이 발표되었는데, '독립협회'의 이름이 《독립신문》 지상에 오른 것도 이 기사가 처음이었다.

"독립공원지와 독립문 건설하는 데 〈독립협회〉에 이왕 오백십 원 외에 새로 수립한 것이… 도합 일백일 원이요 전 것까지 병하여 륙백십일 원이라. 공심있는 사람들은 속히 대정동 은행소에 계신 안경수씨께로 〈독립협회〉 보조금을 보내시요"라는 기사에서 독립협회의 이름이 처음으로 두 차례나 등장하게 되었던 것이다.

이미 앞에서 논급한 바 있듯이, 6월 하순에서 7월 초순은 직간접으로 서재필과 독립신문을 규탄하는 상소의 전문이 《漢城新報》의 지상에 두 차례나 보도되던 때였음을 연관시켜서 상기할 필요가 있는 것이다.

이상에서 살펴 본 바와 같이, 서재필이 공원 조성안을 제기한 이후로 본격화되었던 독립협회에 대한 조직의 착수는 그가 배재학당에서 '목요강좌'를 개시한 5월 하순과 시기를 거의 같이 할 것으로 이해된다. 이 때는 서재필이 《독립신문》의 창간작업에서 어느 정도 헤어나올 수 있었던 시점이었을 뿐만 아니라 실제로 6월 7일에 열렸던 발기인 모임에 앞서 필요했었을 준비기간으로 보아서도 그러했음직하다. 결국 서재필은 보름 정도의 준비기간을 거쳐서 동의를 받아낸 14명의 발기인 모임을 가질 수 있었으며 이 자리에서 독립문(Independence Arch)의 이름은 물론이고 이를 위한 모금운동의 중심체가 될 결사체로서의 독립협회(Independence Club)의 이름도 정해진 것으로 보인다. 서재필은 곧이어 독립문의 건립과 독립협회의 결성에 대한 임금의 재가를 받아냄으로써 그가 추진하는 독립기념물 건조사업에 대한 정치적 보장도 확보하게 되었던 것이다.

그러나 서재필은 독립협회의 공개적인 결성이 기정사실화될 때까지는 철저하게 독립공원 조성과 독립문 건립의 계획만을 전면에 내세우고 독립협회의 창립작업에 대해서는 주위의 시선을 벗어나게 함으로써 독립협회의 출범을 안전하게 유도할 수 있었다는 평가가 가능하다. 독립협회의 창립과정에서 보여준 서재필의 이와 같은 치밀한 신중성은 한편으로는 그의 기민한 판단력과 상관된다고 하겠지만 다른 한편으로는 그가 건양협회의 결성을 추진하던 과정에서 겪지 않을 수 없었던 시련에서 얻은 교훈의 결과로 볼 수 있다.

귀국직후 서재필은 여러 가지 사업계획을 동시 다발적으로 추진함으로써, 특히 일본상인들과의 이해대립을 날카롭게 했던 석유직수입회사 설립계획을 병행함으로써, 그리고 '사회개량과 풍속교정'을 내세운 사회운동의 중심체가 될 건양협회의 조직을 정면에 내세움으로써, 앞장서서 도와주던 김가진의 구속사태와 그 자신에 대한 일본측의 집중적인 위협을 불러일으키게 되었다는 사실을 상기할 필요가 있다.

결국 건양협회를 결성하는 과정에서 겪게 되었던 그와 같은 경험은 독립협회를 창립하는 과정에서 특별히 유념해야 할 값진 교훈이 되었을 것임이 분명하다. 그리하여 앞서 발기인 모임을 가진지 25일째가 되는 1896년 7월 2일 오후에 새로 外部가 옮겨가기로 예정되어있었던 종전의 중추원 건물에서 우리 나라 최초의 民會로서 주목받게 될 독립협회가 순조롭게 첫발을 내딛게 되었던 것이다.

이날 창립총회에서 선출된 독립협회의 임원 명단은 다음과 같다.

회 장 : 안경수(회계장 겸임) 위원장 : 이완용
위 원 : 김가진, 김종한, 민상호, 이채연, 권재형, 현흥택, 이상재, 이근호
간사원 : 宋憲斌, 남궁억, 沈宜碩, 鄭顯哲, 彭翰周, 吳世昌, 玄濟復, 李啓弼, 朴承祖, 洪禹觀(《독립신문》, 1896년 7월 4일, 논설 참조).

발기인중에서는 군부대신 이윤용, 외부협판 고영희, 외부교섭국장 김각현 등 세 사람이 임원에서 제외되었으며 주요 회무를 심의 의결하도록 되어있는 위원회의 위원 8명 전원은 발기인중에서 선출되었다. 그 대신 실무를 맡게 될 간사원은 남궁억을 제외하고는 발기인이 아닌 새사람들로 구성되었다. 이들중에는 남궁억을 포함한 국장급 3명(농상공부 상공국장 송헌빈, 농상공부 통신국장 오세창) 이외에는 참서관(홍우관), 서기관(박승조), 군수(정현철, 이계필), 주사(현제복), 기사(심의석), 번역관(팽한주) 등 奏任官 5등급 또는 6등급에 해당하는 중견관리들이 대부분이었다.

돌이켜 보면, 서재필은 귀국 직후 사회개량이라는 목표를 내세운 활동계획의 일환으로 건양협회의 결성을 추진하였던 만큼, 그의 개혁의지에 대한 민중적 지지를 확보하고 나아가서는 민중의 세력형성을 도모할 활동주체로서의 역할을 거기에다 기대했음직하다. 그것은 갑신정변의 실패에 대한 자기반성의 하나로 그가 뼈저리게 의식했던 '일반 민중의 성원'[80]을 새로운 차원에서 모색하려는 욕구의 반영으로 볼 수 있었기 때문이다. 그러나 김홍집체제의 기존성위에 뿌리를 내리게 하려고 했었던 건양협회는 거기에 착근할 겨를이 마련되기도 전에 그 김홍집체제를 전면 부정하여 버린 아관파천에 직면하게 되었다. 그리고 아관파천에 담겨진 그러한 부정적 작용은 후일로 예정되어 있었던 건양협회의 공개적인 발족에도 투사될 수밖에 없었다.

따라서 서재필은 민중지향적 운동주체로서 결사체를 결성하려는 욕구만은

---

80) 徐載弼, 〈回顧 甲申政變〉(閔泰瑗, 앞의 책), 81쪽.

계속 추구해 나가면서도 아관파천이 몰고 온 부정적 작용을 중화시키기 위해서는 새로운 처방이 필요했을 것으로 이해된다. 즉 내부결성 단계에 머물러 있었던 건양협회가 아관파천 후의 새로운 실세로 부각된 정동구락부 세력까지 포용하는 공개결사로 직접 발돋움하는 데는 한계가 있었기 때문에 이들을 적극 수용할 수 있도록 그것을 새로운 발전적 형태로 탈바꿈시킬 필요가 있었을 것으로 보인다. 이러한 필요에 따라서 서재필이 새롭게 착수한 것이 독립협회의 창립작업이었다고 하겠다.

일찍이 문일평은 막연하게나마 건양협회와 독립협회의 관련성을 언급한[81] 일이 있었으며, 姜在彦[82]과 와타나베 마나부(渡部學)[83]도 문일평의 견해를 받아들여 건양협회를 독립협회의 전신으로 표현한 일이 있었다. 그러나 건양협회의 결성동기가 서재필에 의하여 직접 마련되었다는 사실까지는 파악하고 있지 못했던 인식의 한계 때문에, 서재필이 본래 자신과는 직접적인 관계가 없이 별개의 조직체로 존재하고 있었던 건양협회의 기존 세력을 끌어들여서 독립협회 창립 세력의 일부로 삼았다는[84] 판단을 하게 만들 소지가 있었던 것으로 보인다. 그러나 따지고 보면 건양협회 세력이라고 일컫는 세력은 이전까지는 개별 분산적이었거나 잠재적인 세력에 불과했었으나 서재필의 주도적인 산파역에 의하여 건양협회의 내부결성 단계를 거치면서 비로소 하나의 현재적 세력으로 발돋움할 여지가 마련될 수 있었던 세력으로 이해하게 된다.

그런데 독립협회의 발기인 14명중에는 건양협회와는 직접적인 관계가 없이 정동구락부 계열에만 속했던 인물들이 있다. 이완용·이윤용·민상호·이채연·현흥택이 그들로서, 건양협회 내부결성 당시에는 전해의 춘생문 사건으로 미국공사관이나 러시아공사관에 피신중에 있었기 때문에 귀국한 서재필과는 최소한의 접촉을 해왔으면서도 건양협회에의 참여가 처음부터 불가능했던 사람들이다. 이들은 아관파천 후에 정부의 요직을 맡게 되었으며 서

81) 文一平, 《湖岩全集》 第 1卷(政治外交篇)(朝鮮日報社 出版部, 1938), 209쪽.
82) 姜在彦, 《近代朝鮮の 變革思想》(日本評論社, 1973), 155쪽.
——, 《韓國近代史硏究》(한울, 1982), 216쪽.
83) 渡部學, 《朝鮮近代史》(勁草書房, 1973).
84) 愼鏞廈, 〈獨立協會의 創立과 組織〉(《獨立協會硏究》, 一潮閣, 1978), 82~83쪽.

재필이 독립신문을 창간하고 독립협회를 창립하는 데 음으로 양으로 많은 힘을 보태준 인물들이라고 할 수 있다.

다음은 대표적인 건양협회 인물로서 김가진을 꼽을 수 있는데, 그가 건양협회 결성의 선봉장이었음은 이미 앞에서 밝힌 바 있다. 안경수를 제외한 그 밖의 발기인들은 서재필이 귀국하여 건양협회의 세력규합에 손을 대던 때에도 정부의 중직을 맡고 있었던 사람들이다. 김종한(궁내부협판), 권재형(내각총서), 고영희(농상공부협판), 이상재(학부참서관),[85] 김각현(외부참서관), 남궁억(내부토목국장) 등이 이에 해당한다. 이들이 아관파천 후에도 여전히 중요관직을 맡고 있었고 개중에는 더욱 중요한 관직을 맡은 사람들도 있었다는 사실(예컨대 권재형은 법부협판으로, 이상재는 내각총서로, 김각현은 외부교섭국장으로 승진한 사실)로 미루어 볼 때, 비교적 중도적이면서도 자주적인 입장을 꾸준하게 지켜왔던 이들중에서 건양협회 관여자들이 다수 있었을 가능성을 충분히 예단해 볼 수 있다.

그러나 무엇보다도 중요한 것은 건양협회건 독립협회건 모두 서재필에 의하여 직접적인 결성동기가 부여되었을 뿐만 아니라 결사화작업이 계획되고 추진되었다는 사실이다. 처음으로 건양협회를 조직한 사람도 서재필이며 독립협회를 결성한 사람도 서재필이라는 사실이다. 이 점은 두 결사체의 이름이 서로 다름에도 불구하고 그 다른 두 이름이 표방하는 이념이 한가지로 상통한다는 점에서도 잘 드러나 있다. 청나라에 대한 종속적인 지위를 거부하고 대외적으로 조선의 자주독립을 선양하기 위한 일세일원의 연호를 사용하기로 결정하고 건양이란 연호를 채택하였기 때문에 그러한 연호사용에 함축되어 있는 자주독립의 상징적 의미는 건양협회를 거쳐서 독립협회로 이어지는 이념의 공통적 터전이라 할 수 있는 것이다. 따라서 시기의 앞과 뒤의 관계에 따라 다르게 나타난 정치변동에 각기 다르게 대응했다는 의미 이외에는 이 두 결사체에서 별개의 조직 동기를 특별하게 가려낼 필요가 제기되지

85) 문일평에 의하면, 이상재는 정동구락부회원으로 되어있으나 다른 정동구락부회원들이 미국공사관이나 러시아공사관에 피신하고 있었을 때도 그는 정부에서 일하고 있었기 때문에 서재필의 건양협회 결성과정에 참여했을 가능성이 크다고 판단된다고 하였다.

않는다. 다만 다른 것이 있다면 건양협회의 경우에는 성급하게 조직을 앞세우다가 많은 어려움을 겪게 된 데에 반하여 독립협회의 경우에는 광범한 사회적 공감대를 형성할 만한 구체적인 사업계획을 전면에 내세움으로써 조직 결성에 쏠리기 쉬운 주위의 경계를 따돌릴 수 있었다는 사실이다. 이 때문에 건양협회를 통해서 겪은 시행착오에 대한 서재필의 자기 성찰은 독립협회의 치밀한 창립 설계로 연결될 수 있었다고 보겠다.

〈韓興壽〉

2. 독립협회의 조직과 운영

독립협회는, 1896년 6월 7일의 발기인 모임을 거쳐 6월 20일에 국왕의 재가를 받은 후 필요한 준비작업을 마친 끝에, 7월 2일 오후에 마침내 공개적인 창립의 수순을 밟고 공식활동의 첫발을 내딛게 되었다. 그리하여 1898년 12월말 정부에 의하여 강제 해산될 때까지 만 2년반 동안 역사적으로 주목할 만한 여러 가지 활동을 나름대로 줄기차게 전개하였다.

이 기간의 활동은 독립협회의 조직과 운영에 비추어 전반기와 후반기의 두시기로 나누어 볼 수 있다.

독립협회 활동의 전반기는 독립문·독립공원·독립관 등 독립기념물 건조사업을 위한 계획의 추진과 함께 이에 필요한 모금활동에 앞장서면서, 다른 한편으로는 민중을 계몽하고 훈련시키기 위한 프로그램을 착실하게 개발·실천해 나가던 시기이어서, 모금·계몽운동기(1896. 7~1898. 2)라고 이름할 수 있다.

그리고 후반기는 초기의 모금운동과 계몽운동을 통해서 조성된 사회적 지지와 민중역량의 성장에 기반하여 정치활동을 전개해 나가는 과정에서 민중세력이 정면으로 부상하였고 그것이 대정부투쟁으로 이어졌던 시기로, 정치활동전개기(1898. 2~1898. 12)라고 이름하여 전자와 구별해 볼 수 있다.

1) 모금·계몽운동기의 조직과 운영

(1) 창립사업과 모금운동체제

창립 당시의 독립협회는 독립문·독립공원·독립관 등 독립기념물 건조사업을 추진함과 동시에 이를 위해서 필요한 모금운동에 주력하였기 때문에, 그 조직상의 구조나 운영방침도 그러한 활동방향에 걸맞도록 마련되었던 것은 당연한 일이다. 1896년 7월 2일 창립총회에서는 '규칙' 통과에 이어서 임원 선출과 설립취지홍보문(獨立協會輪告) 채택이 있었는데, 이 세 가지(규칙·임원구성·윤고)의 내용속에서 창립 초기 독립협회의 활동과 조직·운영 사이의 연관성을 쉽게 파악할 수 있다. 당초의 독립협회 설립목적은 다음의 취지문에 잘 집약되었다고 볼 수 있다.

「獨立協會輪告」

敬啓者라. 我國이 僻히 一隅에 在ᄒᆞ야 壤地가 褊히 小ᄒᆞᆷ으로 蠖屈龍蟄의 歎이 不無ᄒᆞ야 久히 人下에 居ᄒᆞᆫ지라. 被 西坰을 膽ᄒᆞᆯ진ᄃᆡ 門을 名ᄒᆞ야 曰迎恩이라ᄒᆞ고 館을 名ᄒᆞ야 曰慕華라ᄒᆞᆷ음(은) 何故야오. 嗚呼痛哉라. 此는 有志ᄒᆞᆫ 士의 慷慨嘆息ᄒᆞᄂᆞᆫ 바이러니 天運니(이) 循環ᄒᆞ샤 昔屈을 今伸ᄒᆞ야 我 大朝鮮國이 獨立國이되야 世界萬邦으로 並肩ᄒᆞ니 此ᄂᆞᆫ 我 大君主陛下의 威德이 曠絶ᄒᆞ샤 百王에 卓冠ᄒᆞ심이오 我 大朝鮮國의 互萬古 未曾有ᄒᆞᆫ 光榮이오 我同胞兄弟 二千萬 人口의 今日 適丁ᄒᆞᆫ 幸福이니 倚歟誠矣라. 然이나 尙今토록 紀念ᄒᆞᆯ 實蹟이 無ᄒᆞᆷ은 盛一欠典이라. 玆에 公共ᄒᆞᆫ 議로 獨立協會ᄅᆞᆯ 發起ᄒᆞ야 前迎恩門 遺址에 獨立門을 新建ᄒᆞ고 前慕華館을 脩改ᄒᆞ야 獨立館이라ᄒᆞ야 舊日의 耻辱을 洗ᄒᆞ고 後人의 標準을 作코저ᄒᆞᆷ이오. 其附近地ᄅᆞᆯ 曠棄치 못ᄒᆞ으(므)로 仍ᄒᆞ야 獨立公園을 順便刱設ᄒᆞ야 써 其門과 館을 保管코져ᄒᆞ오니 盛擧라 아니치 못ᄒᆞᆫ지라. 顧컨ᄃᆡ 其工役이 浩大ᄒᆞ야 巨款을 費ᄒᆞ리니 衆力으로 幫成치 아니면 成就ᄒᆞ기를 期치 못ᄒᆞᆯ거시오. 我國臣民된 者가 樂聞樂赴치 아니리 無ᄒᆞᆯ지라. 玆庸函告ᄒᆞ오니 照亮ᄒᆞ오셔 補助金을 多少間에 隨意送付ᄒᆞ시고 本會會員에 參入ᄒᆞ실 意가 有ᄒᆞ시 거든 示明ᄒᆞ심을 望ᄒᆞᄂᆞ니다.

建陽元年 七月 日 獨立協會

會長 安駉壽

事務委員長 李完用

再 補助金은 京城 大貞洞 朝鮮銀行으로 送交ᄒᆞ시되 日曜日外에 每日午前十時로 午後三時ᄭᆞ지 領受ᄒᆞᄋᆞᆸ고 獨立新聞에 廣告ᄒᆞ갯습나니다(《大朝鮮獨立協會會報》 1호, 1896년 11월 30일, 8~10쪽).[1]

초창기 독립협회를 이끌어 나갔던 주역들은 지난날 외세에 종속적이었던 우리 나라의 국제적 지위가 몸을 구부리고 움추리는 '蠼屈龍蟄'[2]의 상황이었음을 전제하면서, 영은문과 모화관을 그러한 굴욕적인 위상의 상징물로 규정하였다. 따라서 이들은 예전의 굴욕적 상황(昔屈)과 그것을 극복한 오늘의 당당한 독립국가의 위상(今伸)을 극명하게 대비시킴으로써 지난날의 치욕을 씻고 후손들에게 독립국가의 표준으로 삼을 수 있도록 해주기 위해서는 그러한 굴욕적인 상징물들을 독립문·독립관·독립공원과 같은 영광의 상징물로 자리바꿈시키는 일이 절실하다고 보았다. 그러나 당시의 여건으로서는 그와 같은 독립기념물 건조공사(工役)의 규모가 대단히 큰 것이어서 거액(巨款)의 비용이 들기 때문에 다중의 힘(衆力)으로 정성과 협조를 일구어내지(幫成) 못한다면 성취되기 어렵다고 보았다. 이것은 독립협회 창립의 취지를 널리 알리면서 뜻을 같이하는 사람들에게 성금(補助金)의 출연을 거듭해서 촉구하게 된 이유이기도 했던 것이다.

창립총회에서 통과된 아래의 총 21조의 「독립협회 규칙」은 이와 같은 설립목적을 구체적으로 추진시켜 나가려는 의도를 그대로 담고 있다.

「獨立協會規則」
第 1條　本會ᄂᆞᆫ 獨立協會로 稱ᄒᆞᆯ 事
第 2條　獨立協會에셔ᄂᆞᆫ 獨立門과 獨立公園 建設ᄒᆞᄂᆞᆫ 事務ᄅᆞᆯ 管掌ᄒᆞᆯ 事

---

1) 구두점, 띄어쓰기, ( )안의 바로잡기 등은 필자의 것이다. 여기서 '輪告'라고 한 것은 '널리 알리는 말씀' 정도로 이해해도 무방할 것 같다.

2) 이것은《周易》,〈繫辭下傳〉에 나오는 "尺蠖之屈 以求伸也 龍蛇之蟄 以存身也"(자벌레가 몸을 구부리는 것은 펴기를 강구하기 위함이요 용과 뱀이 움추리는 것은 몸을 보존하기 위함이다)라는 글귀중에서 추려낼 수 있는 '蠖屈'과 같은 뜻으로 '蠼屈'이란 용어가 사용된 것으로 보인다. 그 첫자(蠼)는 달리 집게벌레를 뜻하는 蠼螋의 첫자이기도 하므로, 위의 주역에서 말하는 집게벌레(蠖)와 같은 뜻으로 사용된 것이 분명하기 때문이다. 결국 이러한 '蠼屈'과 '龍蟄'은 한묶음으로 나라의 대외적 종속성을 의념화한 개념으로 이해된다.

第 3條　獨立協會의 職員은 左開흔 디로 定흘 事
一. 會長 一人　　一. 委員長 一人
一. 委員 二十人 內外
一. 幹事 二十人 內外(內에 若干人은 書記 掌簿 看役 等 差備를 掌흘 事)
一. 會計長 一人　　一. 會員 無定數
第 4條　會長은 會議時에 叅席ᄒᆞ야 議件에 決裁흘 事
第 5條　會長이 有實故時에는 委員長이 臨時代辦흘 事
第 6條　會議時에 議員中 失儀와 或 違章ᄒᆞᄂᆞᆫ 者는 輕重을 隨ᄒᆞ야 或 罰金 或黜會ᄒᆞ되 罰金은 一元以上 五元以下로 定흘 事
第 7條　會議흘 日時ᄂᆞᆫ 每土曜日 午後二時로 ᄒᆞ고 但 特別會議時에ᄂᆞᆫ 書記로 ᄒᆞ야금 各員에게 通知흘 事
第 8條　會長以下 諸員이 原定會日 或 特別會日에 實病實故外에는 반다시 叅席〔흘〕事
第 9條　委員長은 委員의 首席이라 會中 大小事務를 반다시 各委員의 議를 收ᄒᆞ야 會長에게 決裁를 請흘 事
第10條　委員長이 有故흔 時에는 之次委員이 代辦흘 事
第11條　委員은 工役의 計劃과 制度와 式樣과 圖形과 費用을 議定흘 事
第12條　委員은 何項事件이던지 각기 意見을 具ᄒᆞ야 會席에 提出ᄒᆞ야 可否間 多數로 議決흘 事
第13條　各項費用은 各委員이 協議ᄒᆞ야 委員長을 經ᄒᆞ야 會長에게 決裁흔 後에 會計長이 支出흘 事
第14條　原定會議時에 支出及 收納흔 文簿를 詳細이 修正ᄒᆞ야 議席에 供흘 事
第15조　補助金은 收納을 隨ᄒᆞ야 銀行에 任置ᄒᆞ되 獨立協會條로 謄記出納흘 事
第16條　計長은 印章을 另(영)造ᄒᆞ야 各項費用을 出納흘 時에 捺印署名흘 事
第17條　幹事ᄂᆞᆫ 大小事務를 委員의 指揮를 承 ᄒᆞ야 從事흘 事
第18條　幹事ᄂᆞᆫ 各項士〔土〕木鐵石等物을 購入흘 時에 願賣各商工의 打筭標를 受集ᄒᆞ야 最廉者를 擇用흘 事
第19條　幹事員中에 書記와 掌簿와 看役等 各差備는 會席에 議定ᄒᆞ야 塡差 或 改定흘 事
第20條　會員은 補助金 送付흔 人員으로 定흘 事
第21條　會員은 獨立協會大會에 會叅흘 事
(《大朝鮮獨立協會會報》1호, 6~8쪽).

즉「독립협회 규칙」은 "독립문과 독립공원 건설사무를 관장하는 일(제 2조)"이 조직의 기본목표임을 명시적으로 규정했을 뿐만 아니라 그러한 목적

수행을 위한 초창기 독립협회의 지도체계가 다음과 같은 세 가지의 틀로 구축되도록 규정하고 있다.

그 첫째가 상층부의 지휘체계(최고 집행기관)라 할 수 있다. 매주 토요일 오후 2시에 정기적으로 여는 '原定會議'(후일 通常會로 명칭을 바꿈)와 필요에 따라서 임시로 여는 '特別會議'(후일 特別會와 臨時會로 나누어짐)를 주재하고 그러한 회의시의 議件과 대소사무 집행에 대한 안건 및 비용지출에 관한 안건 등에 대하여 결제권을 행사하는 會長, 위원의 首席으로서 유고시에는 회장의 직무를 대행하고 사무집행과 비용지출에 관한 위원들의 의견을 수렴하여 회장의 결제를 청구하는 委員長, 그리고 회장의 결제에 따라 각종 비용을 지출하는 會計長이 이에 해당하는 임원이었다.

둘째는 모든 안건을 다수결에 따라서 처리하는 20명 내외의 위원들을 들 수 있다. 독립기념물 건조를 위한 工役의 계획·제도·式樣·도형·비용을 의결하는 등 중추적인 역할을 도맡도록 되어 있었던 이들의 임무중에는 위원장을 도와서 회중 대소사무를 의결하고 각종 비용을 협의하는 일이 당연히 포함되어 있었다. 주요정책을 심의·의결하면서 동시에 간사들을 지휘하는 이중적 성격의 기관이었다.

셋째는 위원들의 지휘를 받아서 회중의 대소사무에 직접 종사하는 역시 20명 내외의 간사원들(실무관리기관)을 들 수 있다. 이들중에서 서기, 장부(수납·지출의 文簿 정리), 看役(공사감독) 등의 임무를 맡게 되어 있었을 뿐만 아니라 특히 공사에 필요한 각종 토목·철물·석물 등을 구입하는 일을 맡아서 수행하되, 공개입찰의 절차를 통하여 최염가로 구입하도록 되어 있었다.

한편, 이러한 지도체계와는 다른 각도에서 파악해 볼 수 있는 것이 독립협회의 하부구조라고 할 수 있다. 앞의 「輪告」에서 목표달성을 위해 필요불가결한 요소로서 특히 강조되었던 것이 "衆力으로 幇成하는 것"이었거니와 이것이 「규칙」에서는 "회원은 보조금을 송부한 인원으로 정할 것"을 규정했던 '無定數'의 會員制로 반영되었던 것임은 두말할 나위도 없다. 그러나 독립협회의 이러한 대중지향적 개방성 때문에, 보조금 납입자를 자동적으로 무조건 회원이 되게 했었던 것으로 잘못 이해한 경우도 있었지만 여기에는 두 가지의 조건이 전제되었던 것임을 지나쳐보아 넘길 수 없다.

하나는 같은「윤고」말미에서 적시한 바와 같이, 보조금 납입자라 하더라도 무조건 회원으로 정해지는 것이 아니고 회원으로 가입할 의사가 있는지의 여부를 명시적으로 확인하는 절차를 밟아서 회원으로 정하게 했다는 사실이다. 그리고 다른 하나는 독립협회의 창립에 지대한 공헌을 했던 서재필이 스스로 시범을 보여주었던 것처럼, 그는 창립총회 석상에서 30원의 보조금을 찬조했으면서도 미국시민권자임을 이유로 회원의 자격을 극구 사양하고 고문의 역할로 일관했기 때문에[3] 후일 독립협회의 취지에 동조하여 보조금을 냈던 다른 외국인들도 회원이 되지 않는 것을 당연한 관례로 인식하고 따르게 되었다는 사실이다.

한편 창립총회에서 선임된 20명의 임원진 가운데 먼저 안경수(회장 겸 회계장)와 이완용(위원장)이 지휘사령탑을 맡게되었음에 유념하고자 한다. 군부대신을 역임한 안경수는 춘생문사건의 주모자로 3년형을 언도받고 징계중에 있다가, 그리고 정동파의 일원으로 학부대신을 역임했던 이완용은 민비시해사건 후 미국공사관에 피신해 있다가, 각기 아관파천 당일로 경무사와 외부대신의 자리에 오를 정도로 당시로서는 정치·사회적으로 막강한 영향력을 발휘하고 있었던 사람들이다. 게다가 두 사람은 갑오개혁이후 근대적 화폐금융제도의 자리매김을 위한 근대화작업의 일환으로 제기되었던 은행설립의 필요성에 공감하여 6월로 접어들면서 '조선은행' 설립에 뜻을 모으고 광통교에 사무실을 마련한 다음 6월 25일부터는 발기인으로서의 업무를 추진하고 나서던 때였다. 독립협회의 발기인중에서 金宗漢과 李采淵, 그리고 한성상무회의소와 석유직수입회사 설립에 관여했었던 상업자본가 李根培·尹奎燮·李承業 등도 은행창립 발기인으로 동참하고[4] 있었던 것으로 보아서, 서재필의 격려와 지원이 있었음도 짐작해 볼 수 있다. 결국 김종한과 함께 은행장

---

3) 鄭 喬,《大韓季年史》上(국사편찬위원회, 1957), 146쪽.

4)《독립신문》, 1896년 6월 27일 이후로 12월 31일까지 총 81회에 걸쳐서 실렸었던 〈대죠션은힝 창립소 광고문〉에 의하면, 조선은행 창립소 발기인은 김종한·안경수·이완용·이채연·이근배·윤규섭·이승업 7인으로 되어 있다. 그런데 조선은행이 이듬해 정부의 인가를 받고 2월 10일 정식으로 영업을 개시하기까지는 은행창립 발기인의 구성에 많은 변화가 있었다. 그 중에서 김종한과 이승업은 따로 갈려나와 漢城銀行을 설립하고 2월 19일부터 영업을 개시했다.

물망에 올랐던 두 사람중에서 더욱 유력시되었던 안경수[5]가 독립협회 회장 겸 회계장으로 선임되었고 그 자리에서 독립협회 모금의 수납업무를 '조선은행소'가 떠맡도록 결정했다는 사실에 비추어 그러한 내용들이 미리부터 긴밀하게 협의되었을 것임을 예단할 수 있겠다. 안경수는, 계속 관직에 집착했었던 이완용과는 달리, 근대 기업(會社)과 殖産의 중요성을 새삼스럽게 인식한 更張期 이후 다각도로 그 실천방법을 모색하는 데 진력했었던[6] 사실도 연관시켜서 음미해 볼 만한 일이다.

그리고 위원으로 선임된 8명(김가진·김종한·민상호·이채연·권재형·현흥택·이상재·이근호)은 전원이 발기인들이어서, 14명의 발기인중에서는 회장과 위원장, 그리고 간사원으로 배정된 남궁억과 임원에 포함되지 않은 3명(군부대신 이윤용·외부협판 고영희·외부교섭국장 김각현)이 제외되었던 셈이다. 국장급 이상의 고급관리들(대신·협판 등 勅任官 5명, 국장급 奏任官 3명)이었던 이들 발기인들을 위원으로 집중 배정했다는 것은 그만큼 초창기 독립협회에서 심의·의결기관으로서의 중추적 역할을 그들에게 기대하는 바가 컸었음을 말해준다고 하겠다.

한편 독립기념물 건조사업의 실무를 전담하도록 선임된 10명의 간사원들은, 남궁억을 빼고는 발기인모임(6월 7일) 이후, 특히 국왕의 재가가 있은 후에 집중적인 접촉과 협의를 거쳐 합류하기로 작정하게 된 사람들이었다. 이들중 남궁억 이외의 국장급으로는 工務衙門의 기술직으로 시작하여 농상공부 상공국장의 자리에 오른 宋憲斌과, 吳慶錫의 아들로 博文局 주사에서 농상공부 통신국장까지 오르게 되었던 吳世昌을 들 수 있다. 이들보다는 다소 낮지만 外衙門에서 영어를 배우고 인천항 번역관으로 출발하여 외국어학교 교장을 겸하기도 하면서 학부 참서관으로 있었던 洪禹觀, 내부 技手를 거쳐

5) 《漢城新報》, 1896년 6월 24일, 잡보 〈朝鮮銀行之設立〉 참조.

6) 그는 1895년 9월부터 제물포에 大朝鮮水産會社를, 그리고 서울에 京城株式會社를 만드는 데 주도적인 역할을 했으며, 아관파천 직후 警務使에서 중추원 일등의관 자리로 옮겨가 있는 동안에는 1896년 6월부터 조선은행의 창업에 진력했다. 조선은행이 1897년 2월에 영업을 개시한 후로는 馬車會社·電燈會社·蔘圃會社 등에도 관여하는 한편, 《農務要覽》을 편찬 간행하기도 하였다. 韓興壽, 《近代韓國民族主義硏究》(연세대 출판부, 1977), 141~142쪽 참조.

技師에 올랐던 도목수 沈宜碩, 외부 번역관보를 거쳐서 번역관이 되었던 彭翰周, 司譯院 奉事로 시작하여 농상공부 주사가 되었던 玄濟復, 慶興군수를 지낸 鄭顯哲과 雲山군수를 지낸 李啓弼, 그리고 원산항 서기관과 외부의 電飭 업무를 담당했던 朴承祖 등도 거의가 奏任官에 해당하는 중견관리들이었다. 전통적으로는 中人들이 담당했었으나 개항기의 시대변화와 더불어 새롭게 중요시되었던 통상·산업·기술 분야의 전문가로서 활약하던 인물들이었다.

창립 당일 서재필과 발기인 전원 그리고 외부 통상국장 趙性協 등 16명이 시범적으로 510원의 보조금을 갹출하여 힘차게 출발을 장식하였던 독립협회의 창립사업은 즉각적으로 사회각계의 폭넓은 호응을 받아 성공적으로 추진되어 나갔다. 20일도 채 안되어 100여 명 이상으로부터 적게는 20전에서 많게는 100원에 이르는 성금이 답지했다. 그 중에는 알렌 미국대리공사, 미국인 의사 커들러부인, 웨베르 러시아공사 부부와 같은 외국인들도 포함되어 있었다. 수하동관립소학교 학동들과 달성교회 신도들은 푼돈을 모아 집단으로 출연하였다.[7] 이를 갸륵하게 여긴 왕태자는 1,000원을 하사하여[8] 독립협회의 사업을 격려해 주었다. 그리하여 7월 20일까지의 짧은 동안에 2,200여 원이 모이게 되었던 것이다.[9]

그리고 왕태자의 하사금을 계기로 독립협회의 조직도 본격적으로 가동되기 시작하였다. 7월 18일(토) 오후 2시에는 탁지부 협판을 지낸 李在正을 위원으로 영입한 가운데 한성부 觀平閣에 모여 새 위원들을 확대 충원하는 문제를 협의하였고 다음날(7월 19일)에는 조선은행 누상에 모여 독립문 설계방향에 대하여 토의하였다.[10] 8월 1일(토)에 다시 한성부에서 열린 위원회에서는 다음과 같은 세 가지 사항을 결정하였다. 즉 ① 세 가지의 공사계획중 제일 먼저 독립문을 起工할 것, ② 독립문은 헐어버린 영은문의 옛터에 서울의 각 성문과 같이 돌로 포개 쌓되 17피트의 穹形 문을 내고 높이는 42피트, 깊이는 14피트, 좌우측 벽 폭은 8.5피트를 기본 골격으로 삼을 것, ③ 이를 지

7) 《독립신문》, 1896년 7월 4일부터 23일까지 실린 잡보의 내용을 종합한 것임.
8) 《독립신문》, 1896년 7월 21일, 잡보.
9) *The Independent*, July 23rd 1896, brief notice.
10) 《독립신문》, 1896년 7월 23일, 잡보.
《漢城新報》, 1896년 7월 20·24일, 잡보.

속적으로 추진하기 위하여 매주 토요일에 위원들의 모임을 가질 것 등[11)]이었다. 그리하여 한달간의 집중적인 준비작업 끝에 8월 31일에는 안경수회장과 정부고관들(이윤용 군부대신, 민영기 군부협판, 이채연 농상공부협판, 권재형 법부협판)이 실무담당 간사원들과 匠工들의 수행하에 현장을 답사하여 독립문·독립관·독립공원의 위치와 입지조건들을 세밀하게 점검하고 공사비 예상액까지 산출하게 되었다.[12)] 위원회의 심의를 거쳐 확정된 독립문 설계작업도 당시 서울에 와서 살고 있었던 러시아의 건축기사 사바틴(Sabatin)의 도움을 받아가면서 서재필의 책임하에서 마무리되었다.[13)] 결국 독립협회는 예정을 바꾸어 독립관을 사무실 겸 집회장소로 전용하기 위해서 6~7칠백 여 원의 비용이 예상되었던 모화관 개수공사를 먼저 착수하는 한편, 9월 6일에는 별도로 총공사비 3,825원의 독립문건립 계약을 서재필과 맺고[14)] 필요한 석재를 운반해 들여오면서 9월 16일부터는 마침내 독립문 기초공사를 시작하게 되었던 것이다.[15)]

이처럼 독립협회의 창립사업은 불과 두달만에 궤도에 오르게 되었지만, 8월말까지의 모금총액 3,067원[16)]은 독립관 개수와 독립문 건립에 필요한 예상공사비 4,525원 보다 1,500여 원이나 부족한 형편이었기 때문에, 독립협회는 9월로 접어들면서 다시금 모금운동에 박차를 가하게 되었다. 그리고 20명의 임원으로 출발했던 독립협회는 10월 19일까지 4명의 위원(이재정·兪箕煥·朴箕陽·金昇圭)과 8명의 간사원(李建鎬·徐彰輔·李根永·文台源·具然韶·朴鎔奎·安寧洙·李鍾夏)을 늘려가면서 진용을 보강하는 한편, 독자적인 대중매체로서 半月刊 《大朝鮮獨立協會會報》를 11월말부터 발행하기로 10월 19일 위원회에서 결정하게 되었다.[17)]

---

11) 《漢城新報》, 1896년 8월 3일, 〈獨立協會 委員會〉 참조. 실제로도 독립문의 높이와 아취 입구의 폭은 이 때의 구상대로 되었으나 깊이는 21피트로 늘어났으며 문 전체의 정면 폭은 33피트로 축조되었다("The Independence Club," *The Korean Repository* Vol. V, No. 8(August 1898), p.285).
12) 《독립신문》, 1896년 9월 3일, 잡보.
13) "The Independence Club," *The Korean Repository* Vol. V, No. 8, p.285.
14) 鄭 喬, 《大韓季年史》 上, 146쪽.
15) 《漢城新報》, 1896년 9월 14일 및 《독립신문》, 1896년 9월 15일, 잡보.
16) 본고 각주 23)에 소개되는 〈本會補助金及會報價收入表〉의 내역을 참조할 것.

독립협회는 11월 9일 한성부에서 열린 위원회의 결정에 따라 11월 21일에 장엄하고도 성대한 독립문 정초식을 거행하게 되었는데, 이것은 초창기 독립협회 활동에 대한 일차적인 평가의 자리로서 내외의 이목을 집중시키기에 충분했다. 이 식전에 참석한 사람들만도 "닉외국민 병ᄒᆞ야 오륙천명"[18]이라거나 과장된 표현이긴 하지만 "來會者 無慮千餘人이요 圜張外而觀聽ᄒᆞᄂᆞᆫ者不知幾萬人"[19]이라 했는가 하면 영문잡지도 "최대의 관심과 열광으로 가득했고…수천 명의 조선사람과 외국인들이 참집했다"[20]고 하였으니 그간의 독립협회 창립사업이 극적인 효과를 거두면서 얼마나 성공적으로 추진되었는가를 짐작할만 하다. 때 마침 11월 20일에는 친러파 金鴻陸의 직계세력이었던 내부 지방국장 金重煥까지 각 지방 관찰사와 지방관에게 공문을 발송하여 독립협회의 사업을 적극 지원해 주도록 촉구했던 사실[21]도 역시 같은 맥락에서 이해할 수 있다. 그만큼 사회적으로 公認性이 확고해진 독립협회는 1896년말에 이르면서 2,000여 명의 회원을 과시할 만큼[22] 대규모의 사회단체로 급성장하였고 보조금 수입도 4,716원 59전으로 늘어났으며 일년간의 결산서를 작성했던 이듬해(1897년) 8월 26일까지는 7천여 명으로부터 5,897원 19전 2리[23]라는 거액의 모금성과를 올리게 되었다.

---

17) 《大朝鮮獨立協會會報》 1호, 10~11쪽 참조.

18) 《독립신문》, 1896년 11월 24일, 논설.

19) 《大朝鮮獨立協會會報》 2호(1896년 11월 30일), 會事記, 10쪽.

20) "The Independence Club," *The Korean Repository* Vol. V, No. 8(August 1898), p.286.

21) 《大朝鮮獨立協會會報》 2호(1896년 12월 15일), 會事記, 11·12쪽.

22) 1896년의 한해를 돌이켜 보는 그 해 12월 31일의 《독립신문》 논설 내용중에 독립협회를 가리켜서 "지금은 회원이 근 이천명이오…"라는 표현이 있다.

23) 《大朝鮮獨立協會會報》 16호(1897년 7월 15일), 本會補助金及會報價收入表, 11~12쪽. 이것은 독립협회가 1897년 8월 26일에 작성한 1년간의 결산서(수입부문)이므로, 7월 15일로 되어있는 《회보》 16호가 실제로 발간된 것은 8월 26일 이후임이 분명하다. 자료를 겸하여 내역을 소개하면 아래와 같다.

「開國五百五年七月朔爲始獨立協會補助金收入」

銀	二千三百四十八元	七月朔入
銀	七百十九元	八月朔入
銀	三百三十四元七十錢	九月朔入
銀	二百五十八元十八錢	十月朔入
銀	六百五十七元二十一錢二厘	十一月朔入

창립 당시는 모금의 최대치를 막연히 2만원까지도 기대했었던 흔적[24]이 보이지만, 사업계획이 구체화되었던 그해 9월초에는 일차적인 모금목표를 5천 원 정도로 잡았었기 때문에, 그와 같은 5,900여 원의 모금성과는 초과달성되었던 것으로 보아 넘기기 쉽다. 그러나 결산서 지출부문을 살펴보면,[25] 당초의 목표액에는 計上되지 않았었지만 독립기념물 건조사업에 함축된 대중적 상징조작의 효과를 상승적으로 제고시켜주었던 독립문 정초식과 기원절 경축식 행사비(570원)를 비롯하여 독립관 內外部 부대시설공사 및 집기류 구입비(450원), 천연정 수리비(136원), 공원지조성 조경비(348원), 인건비(534원), 사무용품비(62원), 월동비(30원), 기타 잡비 등으로 2,200여 원이 별도로 지출되었고 회보발간에서도 300여 원 이상의 적자[26]를 보았다. 개수공사를 마치고 5월 23일에 현판식을 거행한 독립관의 수리비(570원) 자체는 전혀 문제될 것이 없었으나 독립문 공사비는 3,825원 중 2,300원만이 선급금으로 지출되었을 뿐인데 결산서상의 남은 돈은 604원 71전 5리에 불과하였기 때문에 문제가 될 수밖에 없었다. 결국 독립문이 완공된 1897년말에 가서는 920여 원

銀 三百九十九元五十錢	十二月朔入
銀 四百三十元七十錢	六年一月朔入
銀 二百八元十錢	二月朔入
銀 一百三十七元四十錢	三月朔入
銀 八十六元	四月朔入
銀 一百六十六元八十錢	會報價入
銀 一百二十元四十錢	五月朔入
銀 七十七元七十九錢二厘	會報價入
銀 四十元九十錢	六月朔入
銀 一百二十九元六十錢	七月朔入
銀 二十七元五十錢	光武元年八月朔入
銀 一百六十六元八十錢	會報價入
入合六千三百八원十八錢四厘	五千八百九十七元十九錢二厘補助金 四百十一元三十九錢二厘回報價

24) 《독립신문》, 1896년 7월 4일 논설중에 "…만일 돈이 흔 이만원 드러 오거드면 크게 셕탑을 모흐고 셕탑에다가 일흠들을 식일줄노 의론이 되엿다더라"라고 한 것으로 미루어 알 수 있다.

25) 《大朝鮮獨立協會會報》 16호, 自開國五百五年七月至光武元年八月會中各項上下, 12~17쪽.

26) 韓興壽, 〈獨立協會 會報의 內容分析〉(《社會科學論集》 6, 延世大 社會科學研究所, 1973), 23쪽 참조.

의 공사비 미급액을 시급하게 메꾸어야 할 일이 중대과제로 제기되었고, 이 때문에 새해 벽두에 다시금 모금운동을 펼치게 되었다.[27]

그리하여 그것이 완전히 마무리 지어지게 되었던 것은 독립협회가 정치활동을 본격화하고도 상당한 시일이 경과된 뒤의 일로 파악된다. 왜냐하면 독립협회가 1898년 2월 20일부터 정치활동을 개시했지만 4월 초순까지 44명이 103원 10전을 찬조하는 데 그쳤고,[28] 따라서 9월 초순까지도 독립문 역비(공사비) 부족액을 충당하기 위하여 보조금 출연을 호소하는 신문광고를 계속해서 내야할 형편이었기 때문이다.[29] 그러나 8월 초순까지 평양진위대에서 443명이 57원 20전을, 그리고 개인별로 31명이 54원(합계 474명 111원 20전)을 추가로 출연했던 사실로[30] 미루어 본다면, 정치활동이 심화되었던 9월까지 말끔하게 해결되지 못했음을 알 수 있다.

어찌했던 독립협회의 창립사업과 연계되었던 모금운동은 모금성과라는 점에서도 중요한 의미를 간과할 수 없겠지만 대중적인 조직기반의 구축이라는 점에서 더욱 그 중요성이 인정된다. 사실상 모금액의 60% 이상을 차지한 5원 이상의 고액헌납자들은 전체 헌납자의 4%에도 미치지 못했다. 반면에, 1원 이상 5원 미만의 헌납자가 약 11%를 차지했는가 하면 1원 미만의 소액헌납자는 85% 이상이라는 절대 다수를 차지하고 있었기 때문이다. 단체로 일괄 출연한 친위대 兵關員들과 경무청 보조원들 3,727명 이외에도 濟衆院 학도들을 비롯한 大貞洞 구세교학당·水下洞소학교·安東소학교·銅峴소학교·養賢洞소학교·관립 安洞소학교의 학원들과 교원들, 紙廛·鞋廛·笠廛·衣廛·雜穀廛·下米廛·壽進床廛·望門床廛·苧布廛·靑布廛·綿紬廛·白木廛·布廛·果實廛 등 각 시전의 상인들(都中), 達成會堂 교인들, 인천 相鳳樓

27) 《독립신문》, 1898년 1월 18일, 잡보 참조.

28) 《독립신문》, 1898년 1월 18일, 잡보에 3명이 19원, 2월 1일 잡보에 6명이 9원 50전, 그리고 4월 7일 잡보에 35명이 74원 60전이라는 보조금 출연자 명단과 금액이 기사화되어 있다.

29) 독립협회의 독립문 공사비 부족액에 대한 보조금 찬조를 권유하는 잡보 기사가 《독립신문》 1898년 1월 27일부터 2월 24일까지 계속되었고, 다시 4월 26일부터 찬조금을 호소하는 정식광고가 《독립신문》 4면에 실리기 시작하여 9월 6일까지 34회나 반복되다가 그쳤다.

30) 《독립신문》, 1898년 8월 10일, 잡보 〈독립문 역비보조〉.

기생들, 그리고 楊口 군민들이 각기 십 전씩 또는 몇 십 전씩의 푼돈을 모아 집단적으로 헌납한 것을 알 수 있다. 특히 강원도 양구 군민들은 한번에 180명이 74원 60전을 보내는 등 세 번에 걸쳐 150여 원을 출연[31]하고 있어서 개인적으로 出捐한 일반 서민들과 함께 도시와 농촌을 망라한 광범한 서민대중과 근대 지식층 소시민·소상공인·하급관원들이 새로운 개화의식층으로 급부상하면서 독립협회의 대중적 기반을 형성해 나갔던 것이다. 이들은 시세에 영합하여 고액의 보조금을 헌납하고 위원으로 영입되기까지 하였다가 오히려 세가 불리해지자 주저없이 등을 돌리고 말았던 보수관리들과는 달리, 후일 독립협회의 정치활동을 활성화시키고 마지막까지 대정부 투쟁을 밀고 나가는 원동력이 되었다.

(2) 계몽활동·주간토론회와 정치교육체제

이때까지도 독립협회는 고급·중견 관리들에 의하여 주도되었고 이들에 동조했던 일반민중들도 독립기념물 건립기금을 헌납하는 것만으로 회원이 될 수 있었기 때문에, 민중의 그러한 참여가 적극적인 의미를 지니거나 한가지로 집단적인 결속의식을 앞세운 것은 물론 아니었다. 그러나 그것이 그 당시로서는 비록 소극적인 것이었다고 하더라도 민족의 역사적 과업에 동참한다는 역사의식에 의하여 동기가 유발되었던 것이기 때문에 새로운 차원에서 모색되는 민족공동체 의식에 바탕한 것이었음도 분명한 사실이다. 이러한 참여동기는 독립협회가 주로 활용했던 두 가지의 대중적 感情移入의 매카니즘, 즉《독립신문》과《大朝鮮獨立協會會報》에 의하여 논리적 차원과 정서적 차원을 아우르는 방식으로 부여됨으로써 분산적이었던 개화의식층의 공감대를 형성하고 가동적 인성을 대량으로 창출할 수 있었던 것이다.

매달 15일과 말일에 1,000부씩 발행한 半月刊 잡지의《會報》가 사회적 영향력의 측면에서는 3,000부 발행의 隔日刊으로 시작하여 1898년 7월 1일부터는 日刊으로 넘어갔던《독립신문》을 따를 수는 없었다. 그러나 독립협회가 별개의 경영구조하에 있었던《독립신문》에만 의존하지 않고 독자적으로 잡

31)《독립신문》, 1897년 7월 22일, 잡보.

지 형태의 대중매체를 발행하는 주체로 발돋움하게 되었다는 점에서, 독립협회의 활동이 독립기념물 건립이라는 창립사업으로만 한정되지 않고 계속해서 확장되어 나갈 것임을 예고한 것이었다. 실제로《會報》는 적자의 누적으로 18호까지만 발간되었지만, 지면의 제약에도 불구하고 독립협회의 활동상에 관한 기사들과 독립협회가 추구하는 지향 가치, 즉 독립에 함축된 자주·자강의 목표 지향과 개명진보·국권자립·민권자주의 정책지향 그리고 유신·중흥의 개혁의지에 관한 논설들을 폭넓게 다루고 있었다. 뿐만 아니라 근대적인 과학문명을 포함한 이론과학·응용과학·산업과학·사회과학을 망라하는 실상학문과 신학문의 지식체계가 압도적 비중을 차지했으며 민부국강의 산업개발과 군사기술 및 국제동향과 해외정보에 관한 자료들도 다양하게 소개되었다. 결국 이 모든 내용들은 독립협회가 창립사업과 병행하여 추구했던 교육적 내지는 계몽적 역할과 불가분의 관계에 있었던 것임을 말해 주는 것이라 하겠다.[32]

당초부터 독립협회는 민족의 궁극적인 가치의 표상으로 '독립'의 개념을 집중적으로 사용하면서 그것을 상징 조작에 의하여 민중의 의식구조로 교화시키는 정치사회화의 기능 수행을 스스로의 설립 목적으로 확인시키고 있었던 사실에[33] 유의할 필요가 있다. 이것은 신문과 잡지를 매개로 했던 민중계몽 내지 교육적 기능과도 연결되는 것이었지만, 한 걸음 더 나아가서는 서재필과 윤치호가 주로 담당했던 공중 연설과, 그리고 그 연장선상에서 새로운 핵심적 활동으로 부각되었던 '주간토론회'로 직결되었다고 보겠다. 이 때문에 그때까지만 하더라도 제삼자에게 심어준 인상 즉 "독립협회는 본질적으로 하나의 교육적 내지는 사회적 단체이며 정치에는 초연하다"[34]는 사회적 통념의 안전지대에 자리잡고 집단적인 정치활동이 필연적으로 따르게 될 정치교육으로서의 토론회 활동을 전개하게 되었던 것이다.

이처럼 모금운동에 내재되어 있었던 민중계몽이라는 교육적 기능의 자연

32) 韓興壽, 앞의 글(1973), 17~55쪽 참조.
33) 安駉壽, 〈獨立協會序〉(《大朝鮮獨立協會會報》 1호, 1896년 11월 30일), 1~5쪽.
34) "The Independence Club," *The Korean Repository,* Vol. Ⅳ, No. 11(November, 1897), p.437. 여기에 "…the club is essentially an educational and social institution and stands aloof from politics"라는 표현이 있다.

스러운 발전적인 연장선상에서 새로운 활동을 모색하고 이끌어 나갈 중심세력의 보강작업도 겸하여 이루어지게 되었다. 독립협회의 토론회가 본궤도에 오른 것은 1897년 8월 29일부터이지만 모금체제를 구축하고 있었던 임원들 사이에서 새로운 활동방향이 모색되기 시작했던 것은 이해 5월 23일 독립관 현판식에 이어서 개최되었던 통상회부터라 할 수 있다. 왕태자의 睿筆로 내려준 〈獨立館〉이란 3자를 현판으로 새겨 거는 경사를 겸했던 이날의 모임에서 고급관리 8명(李夏榮공사·李秉武참령·柳正秀국장·金重煥국장·白性基참장·金在豊경무사·閔泳綺협판·趙東潤참령)을 위원으로 증선한 데 이어서 "諸會員이 從今爲始ᄒᆞ야 每日曜日下午後三時에 本館으로 齊會ᄒᆞ야 暢舒도ᄒᆞ고 講談도 ᄒᆞ기로"결의[35]하고 "문견과 학문에 유조ᄒᆞᆫ 말들을 강론"[36]할 것임을 널리 주지시켰기 때문이다. 이에 따라 독립협회는 5월 30일부터 서재필·안경수·이완용·이윤용·이채연·권재형을 위시한 위원들이 중심이 되어 매주 일요일마다 정기적으로 通常會를 열고 "內外國 有益ᄒᆞᆫ 談論"[37]을 벌이게 되었다. 이것이 때로는 자전거운동도 겸하는 극히 비정형적인 것이었지만 새로운 활동으로 넘어가기 위한 디딤돌의 구실을 하기에 요긴하였다.

이러한 조짐은 임원 구성에서도 나타나서, 7월 3일에 있었던 고급관리 3명(沈相薰 탁지부대신, 韓圭卨 법부대신, 李寅祐 법부협판)의 위원 증선[38]에 이어, 7월 18일의 통상회에서는 독립기념물 건립공사의 실무를 담당했던 幹事員이란 직제를 위원으로 폐합·통칭하되 필요에 따라 직무를 분장시키기로 결정[39]하고 정계 고위층 인물 7명(朴定陽·趙秉稷·李載純·閔種默·高永喜·金珏鉉·李忠求)과 함께 중견관리 및 신진인사 14명(金裕定·申載永·조병교·朴世煥·趙性協·李應翼·오영환·李仁榮·金明濬·윤진석·魚允迪·朴熙鎭·韓鎭昌·金奎熙)[40]을 위원으로 증선하였다. 그리고 8월 29일로 예정된 정기총회 대비책을 협의하였던 8월 8일의 통상회에서는 5월 23일 이후로 꾸준하게 탐색하면

---

35) 《大朝鮮獨立協會會報》 13호(1897년 5월 31일), 會事記, 17쪽.
36) 《독립신문》, 1897년 5월 25일, 잡보.
37) 《大朝鮮獨立協會會報》 14호(1897년 6월 15일), 會事記, 15쪽.
38) 《大朝鮮獨立協會會報》 16호(1897년 7월 15일), 會事記, 11쪽.
39) 《독립신문》, 1897년 7월 22일, 잡보.
40) 《독립신문》, 1897년 7월 22일, 잡보 및 1898년 2월 1일, 잡보.

서 실험을 거쳐왔던 새로운 활동방향을 확실하게 굳혀서 정기적으로 週間 토론회를 개최하기로 결정을 보게 되었다. 날자는 알 수 없으나 이해 연말을 전후하여 관리출신(김익진·鄭喬·李秉穆) 이외에도 배재학당에서 근대교육을 받고 협성회에서 토론회를 이끌어 왔던 신예의 청년들(周商鎬=時經·梁弘默·이준일)을 새롭게 위원으로 영입함으로써[41] 창립사업에 집중되었던 기존의 구조와 운영의 틀에 변화의 기운을 불어넣게 되었던 것이다.

창립한 지 14개월 여만에 처음 열리게 되었던 8월 29일의 총회에서는 일부 회칙 개정도 있었는데, 임원의 임기를 6개월로 정했을 뿐 아니라 위원 이외의 임원의 직책을 명시하는 변화를 담고 있었다. 이미 앞에서 밝힌바 있듯이, 이 때까지 위원은 62명으로 늘어났다. 그리고 당일 아래와 같은 내용으로 새로운 임원 선출[42]이 있었다. 여기서 눈여겨볼 수 있는 것은 민영환을 수행하여 러시아에 갔다가 프랑스에 들러서 프랑스어 연수를 마치고 상해의 가족들과 함께 6월 16일에 귀국한 尹致昊가 공식적으로 독립협회의 핵심인물로 떠오르기 시작했다는 사실이다. 서재필·윤치호·이상재를 독립협회의 3거두로 꼽았던 문일평의 관점[43]에서 본다면, 윤치호와 이상재를 전진배치한 이 총회가 그러한 틀로 바뀌는 단초가 되었다고 볼 수도 있을 것 같다.

회 장 안경수 부회장 이완용
서 기 尹致昊, 李商在 (鄭 喬)
회 계 權在衡, 李根永
사 적 李采淵, 이계필, 이종하(후일 '제의'로 변경)
(*The Independent,* August 31 1897, Local Items).

---

41) 《독립신문》, 1898년 2월 1일, 잡보.

42) *The Independent,* August 31 1897, Local Items. 이 때의 '司籍'(librarian)이 鄭 喬의 기록(《大韓季年史》 上, 183쪽)에서 보는 바와 같이 언제 '提議'로 바뀌게 되었는지는 확인할 수 없었으나 토론회가 본격화되면서 그렇게 되었던 것으로 이해된다. 그리고 정교가 윤치호와 이상재 대신 또는 추가로 서기의 직을 맡게 되었던 것으로 보이는데 이에 관해서도 그 전후관계를 확인할 수 없었다. 그러나 1898년 2월 28일의 총회에서 서기 鄭 喬가 임기완료로 바뀌게 되었다는 기록은 《독립신문》, 1898년 3월 5일, 잡보에서도 발견된다.

43) 文一平, 〈獨立協會와 民權思想〉(《湖岩全集》 第一卷 : 政治外交篇, 朝鮮日報 出版部, 1939), 208~210쪽.

독립협회가 정치교육체제로의 돌입을 상징적으로 대변하기나 하는 것처럼, 70여 명이 참석한 가운데 "조선의 급선무는 인민의 교육"이라는 논제로 첫 출발을 장식했던 독립협회 주간토론회의 목적이 "회원들에게 공중연설(public speaking)을 훈련시키고 會議(public meetings) 의사진행 방법을 실습시키는 데"[44] 있었음을 주목하게 된다. 당초에 서재필은 그의 목요강좌에 참여했던 배재학당 학도들을 모아서 1896년 11월 30일에 協成會라는 이름의 토론회(Debating Society) 동아리를 만들게 하고 "엄격하게 議會通用規則을 시행하는"[45] 이른바 模擬國會와 같은 성격의 활동을 지도해 왔다. 그런데 협성회에서 진행되었던 "의회원 규칙과 연설하는 공부는 규칙을 엄히 지키고 속에 있는 말을 두려움없이 하며 일 의논할 때에 제제 창창하야 혼잡한 일이 없고 꼭 중의를 좇아 대소사무를 결정"[46]하는 실험단계가 매우 성공적이었다고 판단한 그는 그것을 9개월만에 독립협회에 본격적으로 적용시키게 되었던 것이다. '提議'를 맡은 임원이 미리 검토하여 마련한 토론 주제에 따라 찬성(右便)과 반대(左便)의 양편으로 나누어 각기 대표발언자(正演議)와 찬조발언자(佐演議)가 주장을 펴게 하고 방청회원중에서도 어느 한편에 대한 지지발언 또는 반대 발언을 하게 한 다음에 다시 양편 대표발언자의 종결 토론을 거쳐서 회중의 다수결로 衆意를 결정하도록 하는 것이 토론회의 진행방법이었다.

독립협회의 이러한 토론회를 참관한 게일(Gale)목사는 그것을 'yes and no meetings'으로 표현하면서 거기에 함축되어있는 '贊成者 多數'(the ayes have it)에 대한 인식이 새롭게 싹트고 그것이 마침내는 여러 방향으로 확산되었음[47]을 높이 평가한 바 있다. 서재필의 회고에 의하면, 처음에는 공중앞에 나서는 것을 꺼려했던 많은 회원들도 오래지 않아서 효과적인 연설을 하게 되었을[48] 정도로 토론회의 회수가 거듭될 수록 공중연설에 익숙해져서 자기

---

44) *The Independent*, August 31 1897, Local Items.

45) *The Independent*, December 3 1896, Editorial.

46) 《독립신문》, 1896년 12월 3일, 논설.

47) James S. Gale, *The Vanguard : a Tale of Korea*(New York : Fleming H. Levell Co., 1904), p.224.

48) F. A. McKenzie, *Korea's Fight for Freedom*(Reprinted by Yonsei University

의사를 떳떳하게 주장할 수 있게 되었다. 그리고 자기의 주장이 정당화되기 위해서는 다수의 지지가 있어야 한다는 사실을 자각하게 되었다. 그만큼 독립협회의 토론회는 당시 한국사회에서는 소리없는 의식혁명의 봉화가 되었으니 자연히 실천행동이 따르게 되었던 것은 당연한 귀결이었다. 500여 명이 지켜보는 가운데 "동포형제간에 남녀를 팔고 사는 것이 의리상에 대단히 불가"하다는 논제로 격론을 벌였던 11월 1일의 토론회 결과로 100명 이상의 奴婢들이 자유를 얻게 되었음을 당시의 영문계간지 《한국휘보》가 증언으로 남겼던 사실[49]은 그 표본적인 사례로 꼽을 만 하다. 그러나 정도의 차이는 있겠지만, 독립협회가 토론회를 통하여 是와 非를 명확하게 가려서 그들의 집단 의지로 수렴시키고자 했던 주제들 대부분은 궁극적으로 국가시책에 의하여 해법이 마련되어야만 할 내용들이었기 때문에, 정책적 결단을 촉구하는 실천 행동을 필연적으로 수반하게 되었다고 볼 수 있다.

갑오개혁에서 채택되었던 근대제도를 정착시키기 위한 토대의 구축에 주안점이 주어져 있었던 독립협회의 토론회 주제들은 산업개발을 포함한 국가부강책, 국가의 자주권 확보와 안전보장책, 도로·위생·안전 관리를 포함한 보건사회정책, 다양한 근대식 교육과 인권·문화정책을 두루 아우르는 쟁점들에 집중되어 있었음[50]을 알 수 있다. 그런데 그러한 정책과제들은 토론과정에서 찬반의 시비를 가리는 동안에 개혁추구의 방향으로 의견을 수렴함으로써 집단적인 동조의식과 결속력을 강화시키게 되었지만 거기에 쉽사리 동조할 수 없는 봉건관리들의 거부반응과 이탈을 자극하는 계기도 되었다. 그리하여 이전까지는 서로 친화적이었던 정부와 독립협회의 관계가 경계·감시와 비판·공격의 관계로 틀을 지어가게 되었을 뿐만 아니라 독립협회 내부에서도 '급진'과 '온건'으로 세력이 갈리면서 서로 갈등을 일으키는 단초가 되었다는 尹孝定의 참여 관찰기록[51]도 남아있다. 1897년 10월초에 몇몇 봉건

Press, 1969), p.68. 맥켄지는 이 책의 제4장(IV. THE INDEPENDENCE CLUB, p.60~78)을 집필하면서 그 중의 일부는 서재필에게 부탁하여 보내준 원고를 그대로 실었다. 여기서는 그러한 서재필의 증언 부분을 참고하였다.

49) "The Independence Club," *The Korean Repository,* Vol. Ⅳ, No. 11(November 1897), pp.437~38.

50) 韓興壽, 〈獨立協會의 政治集團化過程〉(《社會科學論集》 3, 延世大, 1970), 32~34쪽.

관리들이 러시아를 업고 《독립신문》을 停刊시키려는 공작을 획책[52]하다가 마침내는 서재필 추방공작으로 넘어가게 되었지만, 독립협회가 이러한 공작에 대응하여 내부결속을 강화하게 된 것도 개혁지향적인 신진세력의 진출을 촉진시키는 자극제가 되었다고 할 수 있다.

어느 모로 보거나 민중과의 거리가 더 가까워지게 되었던 이들은 자유로운 찬반토론을 거쳐서 다수의사로 결정되는 '중의'야 말로 전체의사로서 간주되는 것이기 때문에, 마땅히 정책으로 반영되어야 하고 정부를 통제할 수 있다는 의식을 강화시키게 되었다. 그리고 국가의 위기상황 극복이라는 명제로 이어지게 되었던 그러한 대중의식의 집단적인 발현은 정부에 대한 衆意의 통제를 당연시하는 실천행동으로 이어지게 되었던 것이다. 특히 주목하게 되는 것은 1897년말에서 1898년초에 이르는 사이에, 신문의 민중계몽적 역할의 중요성과 보급의 필요성, 항구적 국태민안을 위한 관민간의 일심애국의 긴요성, 선악·이해·장단을 알면서도 준행할 줄 모르는 지배층의 추악성, 외세에 영합·굴종하여 생명을 부지하려는 노예적 삶의 죄악성 등에 대한 토의가 날카롭게 진행되었다는 사실이다. 이러한 내용들은 양심세력이라면 항용 가질 수 있는 문제의식의 표출로 보아 넘기기 쉽지만 실은 그것들이 당시의 기만적인 국정운영과 긴밀하게 상관되었던 것이다.

한편에서는, 러시아공사관에서 고종이 환어한 직후 봉건관료들사이에 경쟁적으로 다시 제기되기 시작했던 稱帝建元 문제가 매듭지어지면서 1897년 8월에는 光武 연호 사용, 10월에는 임금의 皇帝 즉위와 大韓 국호의 帝國이 선포되는 등 외견상으로 국위가 눈부시게 격상되는 형식이 갖추어지고 있었다. 그러나 다른 한편에서는, 러일간의 한반도분할 밀약설이 유포되면서 거기에 위험을 느낀 고종이 영국에 가 있던 민영환을 통하여 비밀리에 프랑스측에 파병을 요청하려고 시도했는가 하면,[53] 신임 러시아공사 스페이에르(Alexis de Speyer)의 정부에 대한 압력이 날로 거세졌고, 외세와 결탁한 봉건

---

51) 尹孝定, 《風雲韓末秘史》(鷲山書林, 1946), 184~87쪽.
52) 《독립신문》, 1897년 10월 7일, 논설 참조.
53) 韓興壽, 〈駐佛公使館 設置過程〉(韓國政治外交史學會 편, 《韓佛外交史》, 평민사, 1986), 57~61쪽에서 다룬 "閔泳煥의 중도 도피와 공사관 설치의 지연" 참조.

관료들은 국가의 이권을 열강에 넘겨주려는 기미가 드러나는 등, 국가의 위기가 긴박한 정치현실로 인식되고 있었다. 《독립신문》에 대한 정간공작도 그러한 정치상황에 대한 비판과 러시아공사에 대한 공격의 논조가 빌미가 되었던 것임은 두말할 나위도 없다. 독립협회의 토론회 역시 계몽적인 정치 훈련에만 자족할 수 없었기 때문에, 국가적 위기의 심각성을 확인하고 여론을 환기시키는 가운데 긴급한 정치현안을 타개하기 위한 '백성의 의논'을 마련하는 장소로서의 경험을 축적해 나가면서 집단적인 정치활동의 산실로 변모하게 되었던 것이다.

독립협회는 1898년 2월 20일 예정되어 있었던 토론회를 뒤로 미룬 채[54] 국가의 위기극복을 위한 구국선언과 상소를 결의하고 나섬으로써 자연스럽게 정치활동 내지는 대정부투쟁기로 접어들게 되었다. 그러면서도 계몽운동단체로서의 위상과 정체성을 되도록 견지하기 위하여 7월 중순까지만 하더라도 계몽적 정치훈련의 성격을 지닌 토론회를 병행하려고 노력했고 실제로도 그렇게 했다. 그러나 7월 하순부터 독립협회가 해체의 위기에 직면하기 이전까지는 정치활동에만 주력했기 때문에 토론회는 더 이상 개최할 수 없었다. 다시금 명맥을 이어보려는 자구책의 일환으로 12월 3일에 토론회를 개최한 바 있었지만 그것이 마지막 토론회가 되고 말았다.

2) 정치활동전개기의 조직과 운영

(1)정치활동에서 드러난 독립협회의 정치적 역할 인식

독립협회의 정치활동은 1898년 2월 20일의 통상회에서 예정되어 있었던 토론회를 후일로 미루고 공론의 정당성을 앞세워, 상소형식의 청원권 행사를 결의함으로써 막을 올리게 되었다. 135명의 서명을 받아 다음날 임금에게 제출한 연명상소문에서 독립협회는 "나라가 나라다울 수 있으려면 自立하여 남의 나라에 의뢰하지 않고 自修하여 정치와 법률을 온 나라에 한결같이 행

54) 《독립신문》, 1898년 2월 26일, 잡보에 "토론하려고 모였다가 상소하려는 일을 의논하는 까닭에 미처 여가가 없기로 그날에 못하였은즉"이라고 기록되어 있다.

하는 데 있음"을 강조하면서, 실제로는 그렇지 못한 정치현실을 날카롭게 분석·비판하였다. 그런 다음, "안으로는 定章(정해진 章程)을 실천하고 밖으로는 남의 나라에 의뢰함이 없게 하여 皇權을 自主하고 國權을 自立하기" 위해서는 결사적인 민중 대열을 구축하고 정치적 요구를 관철시켜야 할 당위성이 있음을 천명하였다.[55] 이 상소는 아관파천 이후로 외국인 고문관과 군사교련관에 대한 인사권을 확보하여 국가의 재정권과 군사권을 사실상 장악해 왔으며 임금의 환어와 황제 호칭 및 대한제국 선포 이후에도 이러한 장악적 지배를 계속해서 굳혀나가려고 혈안이 되었던 러시아세력과 이에 영합한 봉건관리들을 민중의 단합된 힘으로 물리치고 자주독립의 기틀을 세우려는 데 주안점이 있었다. 결국 이 상소를 계기로 독립협회는 정치적 실천운동의 활동방향으로 내리 치닫게 되었던 것이다.

사실 초기의 개화운동은 물론, 그 연장선상에서 파악할 수 있는 독립협회의 활동도 근본적으로 계몽주의적 속성을 지니고 있었다는 점에서는, 한국의 계몽주의에 가해지는 비판적 시각에서 결코 자유로울 수 없다. 그러나 계몽주의의 일반적 속성과 결부시켜서 제기되었던 비판론 가운데서 특히 한국의 계몽주의가 普遍的인 文化主義에 치중했던 나머지 脫政治化에 흘러서 정치현실에 정면으로 도전하지 못하고 그것을 외면하여 버렸다는 논거는 적어도 독립협회에 대해서만은 곧이곧대로 적용하기 어렵다. 開明進步라는 방향설정하에서 독립의 상징을 매개로 하여 창립사업과 신문·잡지에 의존했던 초창기의 민중계몽운동은 조직의 대중적 기반을 마련해 주었고 그러한 대중의 집단적 결속을 강화시키고 민주적 정치훈련을 떠맡는 주간토론회로 발전하게 되었으며 이러한 토론회에 의한 정치교육은 마침내 민중세력이 전면으로 부상하는 집단적인 정치활동을 필연적으로 따르게 했기 때문이다.

따라서 독립협회의 활동을 상설화하고 지속시켜 주는 제도적 장치로 등장한 통상회가 처음에는 매주 일요일 오후 3시에 모여 유익한 講談을 펴기도 하고 이어서 본격적으로 격식을 갖춘 토론회 활동에 전념하다가 구국상소가 정치활동의 신호가 된 뒤로는 차츰 公論을 정치적으로 매개시키는 활동과

---

55) 《高宗實錄》 권 37, 광무 2년 2월 22일, 獨立協會上疏文(疏首安駉壽) 참조.

토론회를 병행하게 되었다. 물론 뒤에 가서는 토론회 마저 중단시킨 채 정치활동만을 주재하는 모체가 되기에 이르렀다. 독립협회가 당분간 토론회를 중단하고 정치활동에 주력하기로 공식적인 결정을 내린 것은 8월 14일의 통상회 석상에서의 일이었다.[56] 4주간이나 계속해서 토론회를 개최하지 못할 정도로 긴박했던 정치문제에 대응하여 대책을 협의하고 공론을 결정하는 일이 더욱 시급하다는 상황인식에서 취해진 조치였음은 두말할 나위도 없다. 이것은 독립협회가 청원권 행사의 결의로 정치활동을 개시하게 된 사실을 들어서 "처음으로 대한에 독립협회가 생겨 거기서 회원들이 혈심으로 맹서하고 위국위민하자는 목적으로 의논하여 공론을 만드니 이런 경축할 일은 大韓史記에나 漢唐사기에도 없는 일이라"[57]고 스스로 신기원의 公論機關임을 자임하고 나섰던 사실에서 이미 예견된 일이었다.

독립협회는 윤치호의 동의로 구국상소를 결의할 당시의 나라되어 가는 형편을 그 동안 줄기차게 역설해왔던 자주독립의 공고화와는 역행하는, 따라서 "황상폐하께서 위국위민하는 신자가 없는 고로 자주독립 권리를 날마다 잃어가는" 상황[58]으로 인식했다. 그리하여 관인들이 國事를 그르치지 않게 하는 안전장치로서 공론기관의 필요성을 강조했던 것이다. 이처럼 독립협회가 스스로 다짐했던 공론기관으로서의 자의식은 그 앞에 다음과 같은 내용이 전제되었던 것임을 유념할 필요가 있다.

> 나라마다 공론을 가지고 빅ᄉᆞ롤 ᄒᆞᄂᆞᆫ더…인민들이 모히ᄂᆞᆫ 쳐쇼가 잇서 여럿이 규칙잇게 모혀 졍뎨ᄒᆞ게 만ᄉᆞ를 토론ᄒᆞ야 좌우편 이약이를 다 드른 뒤에 쟉뎡ᄒᆞᆫ 의론이 공론이라 이런 공론ᄒᆞᄂᆞᆫ 인민들이 잇슬 것 ᄀᆞᆺᄒᆞ면 졍부에셔 일 ᄒᆞ기도 쉽고 ᄯᅩ ᄒᆞᄂᆞᆫ 일을 그릇칠 리가 업ᄂᆞᆫ지라 …대한 관인글이 국ᄉᆞ를…그릇치ᄂᆞᆫ 일이 만히 잇ᄂᆞᆫ 것은 공론을 몰으고 다만 ᄒᆞᆫ 두 사ᄅᆞᆷ의 말만 듯고 ᄒᆞᄂᆞᆫ

56) 《독립신문》, 1898년 8월 20일, 잡보. 토요일인 이날의 기사를 보면, "(통샹회)독립 협회 회원들이 도라간 일요일에 의론ᄒᆞ고 문졔내여 토론ᄒᆞ는 것은 다른 ᄉᆞ무가 만ᄒᆞᆫ 고로 잠시 권도로 뎡지ᄒᆞ고 다만 통샹회만 독립관에셔 ᄆᆡ 일요일이면 의례히 ᄒᆞ기로 작뎡 ᄒᆞ엿스니 본회 회원들은 연고 잇다 칭탁 말고 다 와셔 참례를 ᄒᆞ시며 방쳥ᄒᆞ실 이들도 젼과 ᄀᆞᆺ치 만히 와셔 드르시요"라고 되어 있다.

57) 《독립신문》, 1898년 2월 24일, 논설.

58) 《독립신문》, 1898년 2월 22일, 잡보.

> 고로 랑픠를 만히 보고 ᄯᅩ 규칙이 업시 의론을 ᄒᆞ거드면 공변된 말을 드를 슈가 업ᄂᆞᆫ 고로 나라마다 각ᄉᆡᆨ 회가 잇서 회에셔 규칙잇게 의론ᄒᆞ야 쟉뎡ᄒᆞᆫ 일은 대개 공변될 밧긔 슈가 업고 여럿이 의론ᄒᆞ야 쟉뎡ᄒᆞᆫ 일은 ᄒᆞᆫ 사ᄅᆞᆷ이나 두 사ᄅᆞᆷ의 쇼견으로 쟉뎡ᄒᆞᆫ 것 보다 랑픠셩이 업슬 터일라(《독립신문》, 1898년 2월 24일, 〈독립협회 회원들의 상소〉).

독립협회는 민주적인 의사진행 규칙에 따라 찬반토론을 반드시 거친 후에 다수결로 결정된 집단의사를 공론으로 보았기 때문에, 민주적인 토론절차로서의 公議와 공의를 거쳐서 얻어진 다수의사로서의 공론은 불가분의 관계에 있는 것으로 인식했다. 뿐만 아니라 한두 사람의 의견은 독선에 빠질 위험이 있기 때문에 낭패할 가능성이 많은 반면에, 공론은 공변되어 낭패성이 없다는 공리적인 입론에 바탕하여 그것이 정당하게 정치에 반영되어야 할 당위성을 확보했음을 알 수 있다. 따라서 독립협회는 공론을 결정하는 회의를 열 때마다 관심을 가진 사회일반에 회의참관을 공개하고 신문과 가두연설을 통하여 여론을 환기시키는 데도 노력을 기울였다. 그리고 필요에 따라서는 군중대회의 성격을 지닌 '萬民共同會'를 개최하여 통상회나 특별회 또는 임시회에서 결정된 공론을 전국민을 표징하는 '만민'의 이름으로 지지하고 그것을 사회적으로 재확인시켜 주는 절차를 밟기도 하였다.

우리가 흔히 역사적으로 독립협회와 연관시켜서 민중역량의 지평을 다져준 본보기로 거론하는 만민공동회는 독립협회가 11월초에 강제 해산되었을 때 독립협회에 의하여 수행되던 역할을 떠맡고 나서서 정부의 탄압에 맞서 투쟁하면서 독립협회의 복설운동을 펴나갔던 존재로서만 한정시켜서 이해하는 경향이 있다. 그러나 실제로 만민공동회는 독립협회가 정치활동을 펴기 시작한 직후부터 등장하였다. 그리고 긴급한 정치문제가 제기되었을 때 다중의 시정인들이 운집하기 쉬운 장소에서 군중대회를 열고 연설을 베푼 다음 독립협회의 대정부활동에 공동보조를 취하는 결의문을 독자적으로 채택하고 거기에 상응하는 대책을 강구함으로써 외곽에서 별도로 독립협회의 정치활동을 지원해 주었다는 사실을 지나쳐보아 넘길 수 없다. 3월 10일 최초의 만민공동회는 서재필의 밀청[59]에 의하여 탁지부 고문관과 군부 교련관으로 있던 러시아인들을 해임시켜 돌려보내려는 목적으로 종로에서 열렸으며 회장으로 뽑힌 미전의 현덕호 이외에는 연설에 나섰던 玄公廉·洪正厚·李承晩·趙漢禹·文耿鎬와 총대위원으로 뽑힌 이승만·張鵬·현공렴 등[60] 여섯 사람 모두가 서재필의 지도로 성장한 협성회출신 독립협회 회원들이었다. 또한 서재필에 대한 정부의 추방공작이 본격화되었던 4월 30일에 독립협회 회원들이 서재필의 재류운동을 전개하기 위하여 숭례문안에서 만민공동회를 개최[61]했었던 사실도 같은 맥락에서 이해가 가능한 것이다.

이처럼 독립협회는 여론을 조직화하고 그것을 정치적으로 매개시키는 역할을 수행하는 가운데 명분상의 專制君權에 대한 사실상의 民權的 제약을 가함으로써 정당이 존재하지 않았던 정치제도의 테두리 밖에서 스스로의 정치활동에 사실상의 정당기능을 원용하였던 것이다. 독립협회가 결성되고 50여 일이 지난 뒤, 《독립신문》은 논설을 통하여 그해의 역사기록에서 정부에 두 개의 당이 생긴 것을 결코 빠뜨려서는 안 된다고 역설하면서, 당시 한국에서 상정할 수 있는 정당의 이념형으로서 '완고당'(the Conservative party)과 '개혁당'(the Progressive party)을 차별화하여 설명하는 가운데 꼬집어 밝히지는 않았지만 독립협회의 출범에서 개혁당으로서의 역할 대행을 연상하도록[62] 암시하였다.

그리고 정치활동의 개시와 더불어 미국 건국의 아버지 죠지 워싱톤의 野黨육성의 치적을 찬양하고 야당의 당연한 존재이유를 강조하면서[63] 근대정당정치 일반론에 기초하여 집권세력의 자의적 국정운영을 견제하는 '反對黨'으로서의 역할을 스스로의 정치적 위상으로 전위시키려는 자의식을 표출시켰다. 물론 독립협회가 명시적으로 스스로를 정당으로 자처한 일은 없다. 그러나 갑오개혁이전의 구체제로 회귀하려는 집권세력을 완고당으로 규정하면서 그들에 대한 비판·공격·반대·규탄·탄핵에 주력했던 정치활동을 통하

59) 鄭 喬, 《大韓季年史》 上, 182쪽.

60) 《독립신문》, 1898년 3월 12일, 잡보.

61) 鄭 喬, 《大韓季年史》 上, 188쪽.

62) *The Independent*, August 25 1896, Editorial ; 《독립신문》, 1896년 8월 25일·27일·29일 연속 논설. 《독립신문》의 한글 논설에서는 甲당과 乙당을 대비시키면서 때로는 갑당을 '완고당'으로 표현한 반면에, 을당에 대해서는 영문 논설에서와 같은 구체적 표현을 피하고 있다.

63) 《독립신문》, 1898년 2월 22일, 논설.

여 객관적으로 주지시켰던 반대당의 역할을 스스로 떠맡고 나섰던 것이다. 독립협회가 정부의 탄압을 받게 되었을 때도, 《독립신문》은 즉각적으로 〈반대의 공력〉이라는 논설을 싣고 다음과 같이 설파하였다.

> …사ᄅᆞᆷ마다 셩인이 아니니 누가 허물이 업스며 정부 관인들도 역시 사ᄅᆞᆷ이라 엇지 진션 진미ᄒᆞ기를 볼ᄋᆞ리요 그런 고로 어느 나라 ᄉᆞ긔를 보던지 졍부가 항샹 다 잘ᄒᆞ야 국부 병강ᄒᆞᄂᆞᆫ 것이 아니라 ᄇᆡᆨ셩들이 항샹 졍부에셔 ᄒᆞᄂᆞᆫ 일을 쥬목ᄒᆞ야 죠곰이라도 잘못되ᄂᆞᆫ 일이 잇스면 곧 불평ᄒᆞᆫ 의론이 불등ᄒᆞ야 졍부로 ᄒᆞ야금 잠시라도 방심ᄒᆞ고 글은 일을 못ᄒᆞ게 ᄒᆞ나니 ᄀᆡ화ᄒᆞᆫ 나라일쇼록 시비ᄒᆞᄂᆞᆫ 공론이 만코 시비가 만흘쇼록 ᄀᆡ화가 졈졈 잘 되난니…
>
> 정치에도 반ᄃᆡ당이 잇서셔 대쇼ᄉᆞ를 ᄉᆞᆯ피고 시비ᄒᆞ여야 점점 정치가 발너가니 반ᄃᆡ의 공력이 이와 ᄀᆞᆺᄒᆞᆫ지라 대한 ᄇᆡᆨ셩들도 이 리치를 ᄭᆡ다라셔 졍부에셔 ᄒᆞᄂᆞᆫ 일을 각별히 쥬의 ᄒᆞ야 어느 ᄯᅢ던지 잘못ᄒᆞᄂᆞᆫ 일이 잇스면 ᄭᅳ리지 말고 시비ᄒᆞ며 반ᄃᆡᄒᆞ야 졍부로 ᄒᆞ야금 방심ᄒᆞᄂᆞᆫ 폐단이 업게 ᄒᆞᆯ지어다(《독립신문》, 1898년 11월 7일, 논설).

다시 말해서, 정부의 관인들도 사람인 이상 허물이 있을 수밖에 없기 때문에 관인들이 하는 정부 일이 잘못되었을 때는 백성이 비판여론(시비하는 공론)을 일으켜서 정부가 방심하거나 일을 그르치지 못하도록 경계하게 만드는 데서 정부를 비판하고 반대하는 행위의 공익성을 찾아야 한다고 보았다. 그리고 그러한 논리적인 전제하에서 그때까지 독립협회가 감당해 왔던 정치적 역할, 즉 군주의 절대권을 견제하기[64] 위해서 주저하거나 거리낌이 없이 시비하고 반대하여 정부의 방심하는 폐단을 막아주려고 진력했던 반대당으로서의 역할이 지극히 정당하고도 긴요한 것이었음을 거듭 강변하였다.

뿐만 아니라 독립협회가 정치활동을 통해서 선명하게 들어냈던 것은 투철한 국민대표의식이었다. 독립협회는 정부측의 거부반응을 무릅쓰고 정치에 관여하게 되었던 당위성의 근거로서 스스로 자임했던 公論機關으로서의 명분뿐만 아니라 '백성의 의논(민의)'을 담당하고 '민권'을 수호해야 할 '公認機關'으로서의 존재이유를 내세웠다.[65] 이러한 공인기관으로서의 자기 주장은

64) T.H. Yun, "Popular Movement in Korea," *The Korean Repository,* Vol. V, No. 12(December 1898), p.465.

스스로 "전국 인민을 대표하는 회"[66]라든지, "대한 전국 2천만 동포인민을 대표하는 독립협회"[67]라는 투철한 국민대표의식으로 표출되었다. 그리고 그러한 국민대표의식에 근거하여 국민의 절박한 요구를 정부로 이어주는 通路로서, 나아가서는 국민의 참정기회를 열어주는 통로로서 정치적 매개기능을 떠맡아야 할 당위성과 명분을 구축하게 되었다. 독립협회가 8월로 접어들면서 정치적 현안문제에 관여하기 위하여 정부와의 협의와 공동타결의 필요성을 정부측에 제기하게[68] 되었던 것도 '전국 인민을 대표하는' 정치적 매개체로서의 기능을 중시한 결과라 할 수 있다. 독립협회의 제의에 따라 두 차례나 官民연석회의를 개최한 바 있고 특히 정부와 사회지도급 인사들로 구성된 잠정적인 국정협의체로서 官民共同會를 개최하고 國民發案의 성격을 지닌 獻議 六條를 마련하여 입법화를 추진하게 되었던 것은 독립협회가 투철하게 體現했던 인민대표의식의 주목할 만한 성과로 꼽을 수 있겠다.

(2) 지도체제의 통합과 수평적 역할 분담의 조직운영

독립협회의 정치활동을 열어 준 1898년 2월 20일의 통상회는 자못 비장하고도 결연한 분위기속에서 진행되었다. 이날의 회의광경이 나라의 "병권과 젼곡권과 관인 츌쳑ᄒᆞ는 권리를 다 외인의게 뼷기심을 분탄히 넉혀…황샹폐하와 대한 ᄌᆞ쥬 독립 권리를 위ᄒᆞ야 목숨이라도 밧치겟노라고 밍셔ᄒᆞᆫ ᄉᆞ연으로 샹쇼ᄒᆞ기로 쟉뎡이 되엿ᄂᆞᆫᄃᆡ…여긔 열명ᄒᆞᆫ 사ᄅᆞᆷ들은 모도 하ᄂᆞᆯ과 동포 형뎨의게 심밍ᄒᆞ야 나라를 위ᄒᆞ야 쥭을 일이 잇서도 ᄒᆞᆫ치를 도라 셔지 아니ᄒᆞ기로 쟉뎡들 ᄒᆞ엿시니…"[69]라고 묘사되어 있는 것을 보면, 현장의 분위기가 어떠했는가를 짐작하고도 남음이 있다. 러시아의 수중으로 넘어간 국가의 군사권·재정권·관리임면권을 회복시킴으로써 '황권의 自主'와 '국권의 自立'

---

65) 독립협회는 "大皇帝陛下께서 認可하시고 皇太子殿下께서 懸板을 친히 써서 내리신 獨立協會"라는 데 근거하여 스스로 公認機關임을 주장했다. 《高宗實錄》 권 37, 광무 2년 10월 23일, 독립협회상소문 참조.
66) 《매일신문》, 1898년 7월 1일, 잡보.
67) 《독립신문》, 1898년 10월 25일 및 10월 27일, 논설 〈독립협회지소〉 참조.
68) 《독립신문》, 1898년 8월 8일, 논설.
69) 《독립신문》, 1898년 2월 22일, 잡보.

을 실현할 수 있도록 목숨을 바쳐서라도 강국의 무례한 간섭을 막아야 한다는 데 뜻을 모으고 자필서명으로 盟書한 후 연명상소를 올리기로 결의하였던 것이다. 결국 그러한 뜻을 담아서 이상재와 이건호가 작성한[70] 이 言事疏(疏首 안경수)는 이병목을 寫疏위원으로, 이무영을 奉疏위원으로, 정교를 讀疏위원으로 삼아 전통적인 격식을 갖춘 가운데 다음날(2월 21일) 고종에게 올리게 되었다. 그리고 25일에는 22일자로 된 批旨, 즉 "상소를 자세히 구실한 즉 지혜있는 말이니 말로만 하지 말고 그대로 행하라"라는[71] 고종으로부터의 긍정적인 비답을 받게 되었던 것이다.

여기서 먼저 짚어두고자 하는 것은 이를 계기로 해서 독립협회의 주도세력과 지도체계에도 변화가 일기 시작했다는 사실이다. 2월 20일의 통상회에서 국권수호를 위한 결사구국상소에 연명으로 자필서명한 회원들이 백여 명이나 되었다. 그러나 규모는 알 수 없지만 끝내 서명에 동참하지 않은 회원들도 있었다.[72] 상징적으로 독립의 의기를 드높이기 위한 창립사업을 벌였을 때만 하더라도 주도적인 역할을 했었던 고급관리들중에서는 《독립신문》이 러시아측의 전횡을 공격하고 독립협회가 관리의 도덕성을 문제삼게 되면서 경계의 태도를 보이게 되었는데, 그들이 결국은 이날의 통상회에서 연명상소에 동참하기를 거부하였던 것이다.

그리고 독립협회가 제3대 임원선출을 겸했던 통상회(2월 27일)에서는 러시아의 절영도 租借를 반대하는 운동을 구체화하게 되자 러시아 공사 스페이에르(Alexis de Speyer, 士貝耶)는 이러한 독립협회를 가리켜 "ᄒᆞᆫ가ᄒᆞ고 ᄉᆡᆼ업업는 사ᄅᆞᆷ이 거즛 정치에 관계 되는ᄃᆡ 착ᄒᆞᆫ ᄌᆡ죠라 칭ᄒᆞ고 망녕되히 격동ᄒᆞ는 ᄯᅳᆺ을 지여 아라샤를 억이ᄂᆞᆫ"[73] 망동이라고 맹렬히 비난하면서 우리 정부를 추궁하였다. 이때부터 시세에 영합하여 창립사업에 앞장섰었던 고급관리들은 모습을 감추게 되었고 독립협회는 새로운 재야세력이 주도하는 변모를 겪게

70) 鄭　喬, 《大韓季年史》 上, 175쪽.

71) 《官報》, 1898년 2월 25일, 中樞院一等議官安駉壽等言事疏 批旨省疏具悉 知言之言 要在行之而己(《舊韓國官報》 6, 아세아문화사, 1973, 113쪽).

72) 《독립신문》, 1898년 2월 22일 잡보에 "올흔 신ᄌᆞ 노릇ᄒᆞ기를 두려워 ᄒᆞ야 이 ᄆᆡᆼ셔를 아니 ᄒᆞᆫ 사ᄅᆞᆷ도 혹 잇시나"라는 기사가 있다.

73) 《독립신문》, 1898년 3월 12일, 잡보.

되었다. 이점은 윤치호가 7월 19일 밤에 독립협회 회장서리의 자격으로 召命을 받고 입궐하여 上奏했던 다음과 같은 발언내용이 잘 말해주고 있다.

> …당쵸에 폐하ᄭᅴ옵셔 협회를 어엽비 보실 ᄯᆡ에ᄂᆞᆫ ᄌᆡ죠(在朝)ᄒᆞᆫ 관인들이 구름 ᄀᆞᆺ치 회에 참예 ᄒᆞ더니 그 후에 어느 공ᄉᆞ관에셔 죠화 안ᄂᆞᆫ다 ᄒᆞᄂᆞᆫ 말을 듯고셔ᄂᆞᆫ 츄풍에 낙엽 ᄀᆞᆺ치 다 ᄯᅥ러져 가옵고 다ᄆᆞᆫ ᄌᆡ야(在野)ᄒᆞᆫ 인민ᄆᆞᆫ 회에 참예 ᄒᆞ게 되와 우흐로ᄂᆞᆫ 죠졍에(의) 졍형과 ᄉᆞ셰가 인민의(에)게 밋지 못ᄒᆞ고 아ᄅᆡ로ᄂᆞᆫ ᄌᆡ야한 인민의 사졍이 졍부에 달치 못ᄒᆞ와 샹하가 격졀ᄒᆞ온즉…(《독립신문》, 1898년 7월 22일, 논설 〈회장폐현〉).

이처럼 정치활동의 개시와 더불어 스스로를 '在野한 人民'임을 자처하면서 종전의 '在朝한 官人들'과는 차별화하여 인식했던 독립협회의 새로운 주도세력이 공식적으로 자리잡기 시작했던 것은 2월 27일의 정기총회부터라 할 수 있다. 이날 뽑힌 제3대 총회선출 임원들은 다음과 같다.

> 고　　문　서재필
> 회　　장　이완용
> 부 회 장　윤치호
> 회　　계　이상재, 윤효정
> 제　　의　이건호, 정　교, 양홍묵
> 사법위원　安寧洙, 강화석, 홍긍섭, 양홍묵(서기) (3월 20일 별도선출)
> 경찰위원　5署 관내 거주지별로 각 5명씩 25명 (3월 26일 택정)
> (《독립신문》, 1898년 3월 25일, 잡보).

초대와 제2대 회장이었던 안경수의 뒤를 이어서 초대 위원장이었고 제2대 부회장이었던 이완용이 제3대 회장으로 선출되었기 때문에, 피상적으로만 본다면 기존체제의 온전한 계승으로 이해하기 십상이다. 이완용은 1897년 7월 말에 외부대신에서 학부대신[74]으로 바뀌었다가 다시 9월1일에는 평안남도관찰사로 임명[75]되었으나 한 달만에 辭遞[76]된 후 비서원경의 한직을 보존하던 중 안경수의 뒤를 이어 독립협회 회장이 되었다. 그러나 정치활동에 돌입한

---

74) 《官報》, 1897년 7월 30일, 호외 〈敍任〉.
75) 《官報》, 1897년 9월 2일, 호외 〈敍任及辭令〉.
76) 《官報》, 1897년 9월 16일, 〈宮廷錄事〉 및 1897년 9월 30일, 〈敍任及辭令〉.

독립협회의 변모를 못마땅하게 생각하고 거리를 두어왔던 이완용은 3월 11일에 다시 전라남도 관찰사로 임명[77]받자 서둘러서 떠나고 말았기 때문에, 그후로는 부회장 윤치호가 실제로 회장직무를 도맡게 되었고 따라서 제3대로 접어든 직후부터 독립협회의 지도체계는 사실상 윤치호 중심으로 구축되어가고 있었던 것이 사실이다. 5월 14일 서재필까지 정부에 의하여 국외로 추방당한 뒤로는 더욱 그러했다. 뿐만 아니라 독립협회의 이와 같은 지휘사령탑의 변화는 6개월 후(8월 28일)에 새로 선출된 다음과 같은 제4대 임원구성에서는 더욱 선명하게 드러났음을 알 수 있다.

회 장	윤치호	부 회 장	이상재
서 기	박치훈, 한만용	회 계	이일상
사법위원	이채연, 남궁억, 정 교 (9월 4일 별도 선출)		
평 의 원	이상재, 남궁억, 이건호, 정 교, 方漢德, 金斗鉉, 廉仲模, 金龜鉉, 劉 猛, 玄濟昶, 鄭恒謨, 洪正厚, 趙漢禹, 卞河進, 尹泰興, 羅壽淵, 林鎭洙 등 20명(《獨立新聞》, 1989년 8월 30일 · 9월 6일, 잡보 및 愼鏞廈, 《獨立協會硏究》, 一潮閣, 1976, 98쪽).		

독립협회가 정치활동에만 주력하기 위하여 이미 8월 14일에는 토론회를 중단하기로 결정한 바 있었기 때문에, 2주 후에 열린 이날의 총회에서도 그동안 토론회 준비작업을 맡아왔던 임원직(제의)을 회칙에서 없애게 되었던 것임을 알 수 있다. 그 만큼 독립협회는 조직을 관리하는 데 꼭 필요한 최소한의 범위로 총회선출 임원을 한정시켰음을 알 수 있거니와 정치활동에 발맞추어 조직구조의 기틀을 정비하기 시작하게 되었던 것은 윤치호 중심의 리더쉽이 자리잡기 시작한 3월 10일경을 전후한 때로 파악된다. 정치활동에 따르는 "요긴한 사무를 의논하여 결정"[78]하기 위하여 3월 3일 오후 1시에는 임시회를 개최하고 기본적인 운영방향을 정리했다. 그런가 하면, 3월 7일에는 회원들의 결속과 정체성(identity)을 다지기 위하여 會標를 만들기로 결정함에 따라서 은으로 만든 둥근모양의 회표 한가운데는 국기를 상징하는 태

77) 《官報》, 1898년 3월 15일, 〈敍任及辭令〉.
78) 《독립신문》, 1898년 3월 3일, 잡보.

극을 파란(琺瑯)으로 넣고 그 주위에는 한글로 '독립협회 츙군이국(忠君愛國)' 이라는 여덟 자를 새겨 넣어서 옷에 달고 다니도록 하였다.[79)]

한편, 3월 13일에는 정치활동의 다각화에 대비하여 회원들을 효율적으로 관리하고 운영의 실효를 거두기 위하여 본래의 규칙 이외에 별도로 부칙 33조를 마련하여 배포하기로 결정[80)]하고 3월 20일에 이를 확정함에 따라, 3월 하순에는 원규칙과 부칙을 합하여 한 권의 책으로 1000부를 만들어 회원들에게 나누어주기도[81)] 하였다. 정치활동에 상응하는 이와 같은 조직의 정비과정에서 모금·계몽운동기와는 다른 조직과 운영상의 몇 가지 특징들이 나타나게 되었다.

첫째로, 정치활동을 개시하면서 제반경비를 자율적으로 충당하기 위한 제도적 장치로서 月會費制를 강화하였다. 주지하는 바와 같이, 창립사업을 위한 모금운동을 전개하였을 때에는 그들의 취지에 찬동하여 보조금을 납입한 사람들에게 자동적으로 회원의 자격을 부여하였다. 그리하여 모금운동 절정기에는 회원이 7천 여명에 이르기도 하였으나 특히 위세와 부를 누리면서 고액의 보조금을 헌납했던 고급관인들의 상당수가 정치활동 개시와 때를 같이하여 행동노선을 달리하게 되자, 과거처럼 '보조금을 냈기 때문에 회원이 되는' 것이 아니라 '회원이기 때문에 회비를 당연히 내야 한다는' 방식으로 인식의 전환을 꾀하게 되었다. 그것이 "독립문 역비 부족죠 보죠금"과는 별도로, 매달 기한을 넘기지 않고 월회비를 내서 "회즁 경비를 군속흔 것 업시 쓰게 쟉뎡들이 되엿다"[82)]는 이른바 月捐金제도의 관철이었다. 3월 27일의 통상회에서는 회원들에게 월말까지 월회비를 납부하도록 독려하되, 시한을 한 주일이나 넘겨도 계속 미납하는 경우에는 除名하여 회원명부에서 삭제하기로 결의[83)]할 정도로, 회비납부를 회원들의 가장 중요한 의무사항의 하나로 설정했던 것이다. 이 당시의 독립협회는 그만큼 외부의 지원없이 자율적으로

79) 《독립신문》, 1898년 3월 15일, 잡보.
鄭 喬, 《大韓季年史》 上, 181쪽.
80) 《독립신문》, 1898년 3월 15일, 잡보.
81) 《독립신문》, 1898년 3월 29일, 잡보.
82) 《독립신문》, 1898년 3월 29일, 잡보.
83) 《독립신문》, 1898년 4월 2일, 잡보.

경비를 조달하는 일이 초미의 관심사가 되었고 따라서 재정자립에 대한 자의식도 한층 높아지게 되었다. 회원들의 회비납부의무에 터잡았던 이러한 월연금제도가 지속되었음을 확인해 줄 만한 기록[84]을 눈여겨볼 수 있다.

둘째로, 회원들의 의견을 수렴하여 정치활동의 구체적인 방향설정과 과업수행에 대비한 안건을 심의·조정하고 그것을 전체회의에 상정하는 중간 매개적 역할[85]을 20명 정원의 評議會제도를 통해서 추구했다. 독립협회가 창립사업을 전개하던 초창기에는 독립기념물 건조사업 내지는 모금활동의 효과를 높이기 위하여 정치사회적으로 영향력이 큰 인물들을 계속 충원해 나가다 보니까 당초 20명 내외로 되어 있었던 위원의 수가 더욱 늘어났으며 간사원들을 위원으로 폐합시킨 이후에도 늘어나고 있었기 때문에, 1898년초에는 그 위원의 수가 무려 68명이나 되었다. 그러나 이들은 심의·의결기관으로서의 중추적 역할의 수행보다는 모금성과에 역점이 두어져 있었던 데다 정치활동이후에는 독립협회와는 정치적 거취를 달리하는 사람들이 많았다. 따라서 정치활동의 전개와 더불어 내부적으로 중간매개적 기능을 수행할 제도적 장치가 절실하게 요청되었기 때문에, 그에 대신할 장치로 채택했던 것이 평의회제도라 하겠다.

이처럼 중간매개조직으로서의 평의회의 역할이 중요시되었기 때문에, 20명으로 한정되어 인물확인도 어렵지 않았던 평의원들에 대한 정부 및 이해당사자들 측으로부터의 회유와 이간 공작도 집요했던 것으로 이해된다. 실제로 이 무렵 평의회의 세부 움직임을 이해하는 데 도움이 될만한 자료는 별로 없지만, 평의원의 한 사람으로서 정치활동에 깊이 관여했던 鄭 喬의 기록은 그러한 사실을 어느 정도까지는 가늠하게 해 준다. 정치적 난맥의 원인이 부패관리의 등용에 있음을 시인했던 6월 26일의 詔勅에 고무되어, 독립협회가 7월 3일과 11일에 時弊上疏를 올리고 물의를 일으켰던 몇몇 정부대신들과 고급관리들에 대한 탄핵과 처벌요구에 힘을 쏟고 있었는데, 때마침 회원들의 의견서를 수합하여 국정쇄신책을 논의했던 평의회가 합의를 도출하여 의안을 회중에 상정하기까지 필요이상으로 시간을 끌게 되었던 이면에는 그러한

84) 《독립신문》, 1898년 8월 30일, 잡보 〈협회문젹〉.
85) 《독립신문》, 1898년 8월 1일, 잡보 〈정부에 ᄒᆞᆫ 편지〉.

공작의 개입이 작용했던 것으로 파악되기 때문이다.86) 그러나 사안이 복잡하게 얽혀서 돌아가게 되면 결국 그것을 평의회에 위임하여 대책을 강구하도록 하는 경우가 많았다. 평의원 20명중 거의 전원이 총대위원의 중책을 여러 차례씩 맡았었을 뿐만 아니라, 10월 24일 중추원 관제의 개정작업을 착수하게 되었을 때도 회중은 그 일을 평의회에 떠맡겼을87) 정도로, 중간매개장치로서의 평의회의 비중은 큰 것이었다. 이어서 이러한 사실을 더욱 확실하게 재확인시켜 줄만 한 사건이 일어났다. 중추원의 민선의관 선거를 이용하여 공화정치를 획책한다는 모함을 걸어서 독립협회 지도급인사 20명에 대한 체포령이 11월 5일 이른 새벽에 내려진 것이 것이다. 그 중에서 17명이 체포되었고 3명은 도피했는데, 체포된 17명중에서 이상재·남궁억·정 교·이건호·방한덕·김두현·윤하영·염중모·김구현·유 맹·현제창·정항모·홍정후·변하진·조한우 등 15명88)이 바로 평의원들이었기 때문이다.

셋째로, 독립협회는 결과적으로 9개월이라는 짧은 동안에 집중적으로 다각적인 정치활동을 매우 효과적으로 전개할 수 있었는데, 이것이 주효할 수 있었던 가장 중요한 제도적 장치가 사안별로 책임을 분담하여 주도적인 역할을 담당하게 했던 이른바 총대표 또는 총대리의 의미를 함축한 總代委員制였다. 물론 정치활동 이전에도 독립협회가 독립문 정초식이나 개국기원절 경축회와 같은 대규모의 행사를 기획한 일이 있었고, 그럴 때마다 독립협회의 공식적인 임원직과는 별도로 총대위원이라는 직함89)으로 초청장을 보낸 전례가 있었다. 그리고 정치활동을 개시하면서부터는 사안별로 역할을 폭넓게 기능적으로 분담하여 일을 처리하는 방식이 상례화되었다. 첫 번째 상소때에는 製疏위원·寫疏위원·奉疏위원·讀疏위원을 두었고, 회표를 만들기로 했을 때는 會標製造위원을, 정부에 보내는 공개질의서를 작성하게 되었을 때는

86) 鄭 喬,《大韓季年史》上, 212~213·220쪽.

87) 鄭 喬,《大韓季年史》上, 272쪽.

88) 鄭 喬,《大韓季年史》上, 289~90쪽.

89) 독립문 정초식의 경우, 국문초청장에 총대위원 이완용·권재형·이채연이라고 했는데, 이것이 초청자를 대표한다는 의미로 사용되었던 것임은 *The Independent*, November 17th 1896, Local Items에서 'The Committee on Invitation'이라 표현되었고 실제로 발송되었던 영문초청장에는 'Invitation Committee'라고 적혀 있었음에서 알 수 있다.

起草위원을, 개국기원절 경축회를 개최하게 되었을 때는 務記위원·接賓위원·査察위원을, 군주에게 올린 상소의 비답을 받들게 되었을 때는 奉批위원을, 비답을 받고도 거듭 주장을 관철하기 위하여 다시 상소를 준비하게 되었을 때는 選語위원을 두는 등 기능에 따라서 수시로 역할을 분담시키고 일을 처리하게 했던 것이 그 좋은 예라 할 수 있다. 그러나 이러한 여러 가지의 기능적 역할분담에도 불구하고 독립협회가 정치활동을 효과적으로 수행할 수 있었던 핵심적인 요소로서 역시 그 중요성을 간과할 수 없는 것은 총대위원제였던 것이다.

별도의 의미를 부여하려는 것은 아니지만, 이상재·정 교·조한우 3인[90]은 정치활동의 개시와 더불어 최초로 독립협회의 총대위원이 되었던 사람들로 꼽힌다. 이들은 절영도를 러시아의 석탄고로 조차해 주기로 했던 외부대신서리 민종묵에게 책임추궁의 뜻을 담은 공개질의서를 보내기 위해서 2월 27일 회중에서 총대위원으로 택정되었던 것이다. 이어서 3월 6일에는 이 문제의 선례가 되었던 절영도에 이미 자리잡고 있었던 일본석탄고의 철거를 외부대신에게 요구하기 위하여 윤치호·박치훈·최정식 3인이 총대위원으로 선정되었고, 韓露은행의 廢置를 탁지부대신에게 요구하기 위하여 홍긍섭·박승조·정 교 3인이 기초위원 겸 총대위원으로, 또한 의정부의 각부대신들에게 보다 근본적으로 문제의 해결책을 제기하기 위하여 윤기진·박제빈·이병목 3인은 기초위원으로, 그리고 이무영·이건호·김락집은 총대위원으로 선정되기도 하였다.[91] 이처럼 때에 따라서는 일시에 많은 사람들에게 총대위원과 그 밖의 역할을 분담시켜서 동시 다발적으로 일을 추진해 나가기도 했지만, 의정부로부터 독립협회의 뜻에 전폭적으로 동조하는 답신을 받고 이에 대한 경하의 뜻을 담은 서신을 보내기 위하여 윤치호·정 교·이건호·오진영·김정현 5인[92]을 총대위원으로 뽑았던 것처럼 단 한번의 편지작성을 위한 경우도 없지 않았다. 심지어는 이토 히로부미(伊藤博文)를 영접하기 위해

90) 《독립신문》, 1898년 3월 1일, 잡보.
鄭 喬, 《大韓季年史》 上, 176~78쪽.
91) 《독립신문》, 1898년 3월 10일, 논설 〈대한독립협회〉.
92) 《독립신문》, 1898년 3월 17일, 잡보.

서, 그리고 다시 전별하기 위해서 각각 총대위원을 뽑아서 인천으로 보낸 일도 있었다.

독립협회의 총대위원은 사안별로 3인 1조로 구성되는 경우가 가장 빈번하였으나 그들의 역할이 언제나 한결같았던 것은 물론 아니었다. 그러나 정도의 차이에도 불구하고 상황에 따라서 수시로 책임을 맡은 그들의 임기응변적인 역할분담은 독립협회가 지속적으로 정치활동을 추진해 나가는 데 중요한 활력소가 되었음도 간과할 수 없다. 정치할동이 계속되는 동안 주요 사안별로 총대위원과 그 밖의 위원을 구성했던 회수만도 120여 회에 달했고 연인원은 400여 명으로 어림되었다. 그러나 실제로 총대위원의 책임을 맡았던 사람은 100여 명이었으며 3회 이상 활약한 인원도 40여 명이나 되었다. 특히 김구현 · 김두현 · 남궁억 · 변하진 · 유 맹 · 윤치호 · 윤하영 · 이건호 · 이상재 · 이승만 · 정 교 · 정항모 · 최정덕 · 홍정후와 같이 6회 이상이나 총대위원으로 선임되었던 사람들 중에는 조직의 중추적인 지휘권을 맡고 있었던 윤치호와 이상재도 포함되어 있었음을 주목하게 된다. 그만큼 독립협회의 정치활동은 지휘계통의 통합과 아울러 수평적인 역할분담의 자율화라는 민주적인 조직운영의 묘를 통하여 활성화될 수 있었다고 보겠다.

넷째로, 독립협회는 회원들의 위법행위를 엄격하게 단속하고 규율을 세우게 함으로써 정치활동에 대한 부당한 간섭과 개입의 빌미를 사전에 막고 외부의 불순한 침투와 방해공작을 차단하기 위한 자율적 통제장치로서 司法委員制와 警察委員制를 채택하였다. 독립협회는 3월 13일의 통상회 결의에 따라 3월 20일 통상회에서 부칙 33조를 심의 · 확정했으며 그 해당조항에 의거하여 안영수 · 강화석 · 홍긍섭 3인을 사법위원으로, 양홍묵을 서기로 선출하였다. 그리고 거주지별로 5署 관내에 각기 5명씩 경찰위원을 배정한다는 원칙을 세우고 다음 통상회에서 이를 望定하기로 결정을 보았던 것이다.[93] 여기에 적시되어 있는 바와 같이, 사법위원은 "슈다훈 회원 즁에 혹 슈신을 잘못 ᄒᆞ야 죄과에 범ᄒᆞ여 졈즌훈 회즁을 흐릴가 염녀ᄒᆞ야…회원 즁에 범과훈 이를 증벌ᄒᆞ기" 위한 제도였으며 경찰위원은 회원들을 거주지별로 조직화하

93) 《독립신문》, 1898년 3월 22일, 잡보.

고 규율화하기 위한 제도였음을 알 수 있다. 9월 하순부터는 3주간에 걸쳐서 회원들의 신상명세서를 성명-본관-연령과 거주지 署-坊-洞-統-戶로 나누어 작성·제출하게[94] 한 것도 회원들에 대한 효과적인 관리와 규율화를 도모하기 위한 노력의 일단이었다고 하겠다.

그런데 곧바로 발생한 하나의 사건은 이러한 독립협회의 자율적 통제장치를 신속하게 가동시키는 계기가 되었다. 그 사이 정치활동에 열심이었던 정교가 그를 경무청에서 체포하려는 기미를 알고 도피하자, 독립협회는 3월 26일 특별회를 열고 그 자리에서 앞당겨 택정된 경찰위원들로 하여금 그의 소재를 파악하게 한 다음, 그의 죄가 있고 없음을 정당하게 가리기 위한 재판을 사법위원들이 법사에 요청하도록 결의하였기 때문이다.[95] 독립협회가 김병원·김재풍·김중환·김홍륙·민종묵·신기선·심상훈·심순택·안경수·윤용선·윤효정·이유인·이인우·이완용·이충구 등에 대한 黜會와 탄핵을 결행하였고 조병갑의 입회를 거부(9월 11일 통상회)했으며 사법위원들을 원고로 삼아 이용익·신기선·이인우에 대한 처벌주장을 겸하여 형사재판을 청구했던 사실은 모두 같은 맥락에서 이해할 수 있는 일들이라 하겠다. 그리고 이러한 자율적 통제와 규율화를 보강하기 위하여 사찰위원제 또한 겸해서 활용하게 되었음은 물론이다.

이 밖에도 보는 이에 따라서는 지회문제를 짚어두어야 할 것으로 생각할 수 있다. 독립협회는 지방에서 독자적으로 조직을 결성하고 지회설립을 알려왔을 때 소극적으로 동의하는 경우(공주·평양)도 없지는 않았으나, 8월 하순 대구에서 지회설립 인가를 요청해 왔을 때만 하더라도 폐단이 생길 것을 염려하여 불허 방침[96]을 고수하는 형편이었다. 그러나 각 지방으로부터의 인가 요구는 줄기차게 계속되었기 때문에 결국 9월20일에는 대구에,[97] 그리고 이어서 선천·의주에 차례로 인가해 주었고, 10월 11일에는 강계·북청·목포에도 인가해 주게 되었다.[98] 이 때까지 모두 8개의 지회를 인가한 셈이 되었

94) 《독립신문》, 1898년 9월 29일부터 10월 7일까지 7회에 걸쳐서 게재한 광고내용 참조.
95) 《독립신문》, 1898년 3월 29일 잡보.
96) 《독립신문》, 1898년 8월 27일, 잡보.
97) 《독립신문》, 1898년 9월 23일, 잡보 〈협회 확장〉.

다. 이처럼 지회설립에 수동적이었던 독립협회가 적극적인 자세로 바뀌어서 지회인가조례와 지회세칙을 본격적으로 마련하기 시작했던 것은 강제로 해산당했다가 일시적으로 회생의 길이 열렸었던 12월 초순경의 일이었다. 따라서 지회가 정치활동기의 독립협회의 조직과 운영을 파악하는 데 도움이 될 만한 직접적인 연결고리로 보는 데는 한계가 있다.

(3) 정치활동의 변동 추이와 국가의 대응

독립협회가 정치활동을 전개하기에 유리했던 환경조건의 주요인으로 꼽을 수 있는 것은 독립신문과 독립협회가 1896년에 등장한 이래 직·간접으로 그 영향과 자극을 받고 많은 시민단체들과 언론매체들이 출현하게 되었다는 사실이다. 예외가 전혀 없었던 것은 아니나, 시민단체이건 언론매체이건 간에 거의가 계몽운동의 색채를 강하게 들어내고 있었고 따라서 시민사회적 속성으로서는 제한적인 의미를 지닐 수밖에 없었다는 한계에도 불구하고 오히려 독립협회의 정치활동에 힘을 실어줄 수 있는 친화적이고 동조적인 배경을 조성하게 되었던 것이다.

그러나 독립협회가 정치활동에 나설 수밖에 없도록 만들어 준 보다 직접적인 계기는 '初期 光武政權'으로 압축되는 국가의 背理的·矛盾的 운영구조에서 연유되었던 것임을 지나칠 수 없다. 광무정권이 고종을 정점으로 하여 다른 어느 때 보다도 국가의 자주성을 강조했고 거기에 걸맞는 형식적 조건에 집착했었던 사실은 俄館으로부터의 還御에 뒤이었던 획기적인 稱帝·建元의 시행이 잘 말해 준다. 그러나 광무 元年의 국정운영이 실제로는 이러한 외형적인 지향과는 역행적인 양상을 보여주고 있었음은 앞에서도 이미 지적한 바 있다. 그리고 근대국가로 발돋움하기 위한 '舊本新參'의 개혁을 구호처럼 외쳤고 따라서 근대문물의 외형적인 수용은 어느 정도 가시적인 성과를 들어내기도 했지만 번번이 갑오경장의 근대적 제도개혁의 수준에도 미치지 못하는 국정운영의 실상을 노출시키고 있었다. 이와 같이 광무정권의 국정운영에서 빚어진 주관과 객관 또는 외형과 내용의 불일치에서 파생되는 배리

---

98) 《독립신문》, 1898년 10월 12일, 잡보 〈지회인가〉.

와 모순은 독립협회가 정부를 비판하거나 규탄하고 나서는 동기가 되었다. 따라서 독립협회의 정치활동도 국가와의 상호대응이라는 동적인 역학관계 속에서 단계적인 이해가 가능하다고 보는 것이다.

먼저 그 첫 단계를 파악하기 위해서는, 구국상소의 기본논리에 대한 이해를 앞세울 필요가 있다. 독립협회는 국가의 존재이유(raison d'étre)가 "스스로 서서 다른 나라에 의지하지 아니 하는 데 있음(自立而不依於他國)"을 들어, 외세의 내정 간섭과 자주권 침해를 물리쳐야 할 당위성을 강조하였다. 그러나 동시에 "스스로 닦아서 政事와 法度를 온 나라에 행하는 데 있음(自修而行政法於一國)"을 들어, 옛법은 폐지하여 행하지 않고 새 법은 있으나 지키지 않으니 없는 것과 같은 무규범적 상황을 적극적으로 타개하여 나가야 할 당위성도 아울러 역설하였다. 결국 "안으로는 정해진 典章과 법도를 실천준행"하고 "밖으로는 타국에 의지함이 없게"하는 것, 즉 '自立'과 '自修' 또는 '自主'와 '民權'의 실천적 과제를 국가 존립기반의 불가분의 두 軸으로 보았던 것이다. 이 때문에 독립협회의 정치활동은 일차적으로 국정운영에서 부정적으로 드러난 이 두 측면의 문제들에 집중되었던 것임을 이해하게 된다.

따라서 독립협회는 문제의식의 핵심적인 대상으로 부각되었던 정치적 현안에 대한 문제의 소재와 해결방향을 상소를 통하여 원론적으로 제기한 다음, 국정을 그르친 해당 정부기관에 문책성 공개질의서를 발송하여 조속한 시정과 대책수립을 촉구하고 나섰으며 필요에 따라서는 가두연설과 민중대회(만민공동회) 또는 집단시위와 같은 대중동원방법을 병행하는 대정부 압박전략을 감행함으로써, 국정현안에 대한 민중의 집단적 감시와 통제의 효과를 제고시키게 되었다. 이처럼 독립협회는 자주와 기본인권의 영역에서 정부가 자행한 그릇된 국정수행에 사안별로 대응하여 비판과 감시와 견제의 압박전략을 구사했던 반면에, 국가는 조심스러운 경계와 포섭의 전략으로 거기에 대응하였기 때문에 정면충돌을 피하는 방향에서 해결책이 강구될 수 있었다. 그 결과 러시아의 절영도 조차를 금지시키고, 한로은행의 문을 닫게 했으며, 러시아 재정고문과 군사교련관을 해고시켜서 돌려보내고, 목포·증남포의 러시아기지화를 막을 수 있었다. 그리고 피고인에 대한 부정재판 또는 범법자에 대한 압력의 수단으로 공직을 악용하여 부당하게 개인의 가산을 늑탈하려고 했던 고등재판소 재판장(이유인)과 경무사(신석희)의 불순한 시도를 막음으로써 개인의 재산권 보호에 앞장섰다. 또한 정 교도 같은 무고로 피신한 바 있었지만 이원긍·여규형·지석영·안기중 등을 경무청에 감금했다가 정당한 재판절차 없이 유배형을 내린 사건에 대하여 경무사와 법부대신을 상대로 벌였던 투쟁은 신체와 생명의 자유를 수호하기 위한 노력의 일단이었다.

그러나 독립협회가 광무정권의 그릇된 국정운영을 바로 잡으려고 노력하는 과정에서 새삼스럽게 모순의 진원으로 인식하게 되었던 것은 안으로부터 침략외세와 결탁하여 대외적 굴종을 심화시키고 힘없는 민중의 기본권 침해를 능사로 삼았던 부패한 봉건적 집권관리들의 존재였다. 따라서 독립협회가 제2단계에서는 그 동안 추구해왔던 反侵略적 자주와 反封建적 진보(민권)의 방향성에 비추어 근대적 질서를 정착시키기 위한 전제로서 봉건관리에 대한 규탄을 새로운 투쟁방향으로 설정하게 되었다. 물론 이 단계에서도 외인부대의 傭兵과 구미열강에 대한 경제이권의 양도와 같은 문제들이 제기되었을 때나 毒茶進御사건을 계기로 이미 폐지되었던 連坐法과 孥戮法을 부활시켜 인권을 억압하는 도구로 활용하려는 시도가 나타났을 때, 거기에 정면으로 대항하는 자세를 굽히지 않았다. 그리고 이와는 별도의 방향에서 전진적으로 제기하게 되었던 것이 부패관리의 교체문제였다.

따라서 독립협회는 '민의'에 따라 정부대신의 들어오고 나감을 결정해야 한다는 주장을 내세웠던 7월 11일의 시폐상소를 계기로 고급관리의 탄핵이라는 새로운 전략을 추가하게 되었다. 독립협회는 그간의 정부에 대한 민중통제의 경험을 살려, 그들에 대한 파괴공작을 펴다가 저항에 부딪쳤던 의정부참정 조병식과 보조화폐의 濫鑄로 물의를 일으킨 전환국장 이용익에 대한 문책을 제기하여 그들을 물러나게 하는 성과를 거두었다. 그러나 이 때부터 독립협회에 대한 국가의 대응전략은 분열공작과 행동통제 작전으로 변화를 드러내고 있었다. 숨겨졌던 죄상이 폭로되면서 이용익에 대한 형사처벌론이 대두되자 평의회를 회유하고 이간시키는 분열공작이 자행되었으며 최정식의 과격발언이 '語逼至尊'으로 왜곡되면서 그것을 빌미로 독립협회의 성내집회를 원천 봉쇄하려는 전략이 시도되었다. 국가의 이와 같은 대응전략의 변화로, 형사재판을 통하여 이용익을 형사 처벌하게 하려던 독립협회의 노력은 좌절되고 말았으며 독차진어사건과 관련하여 전개한 7대신에 대한 탄핵도 당초의 목표에 미치지 못하는 결과로 끝나고 말았다. 관리 임면에 모아졌던 이와 같은 독립협회의 정치활동이 왕권을 위협하는 처사로 위험시하는 사고의 거부반응으로 이어지게 되었던 사실도 간과할 수 없다.

정책수행에 대한 시정을 촉구하고 나섰던 제1단계에서보다는 사실상 봉건적 집권세력의 개편을 시도했었던 제2단계에서의 정치활동이 진일보한 것이라는 평가가 가능하다. 그러나 국가가 경계와 포섭의 전략으로 대응했던 제1단계에서는 정면충돌이 표면화되지 않았으나, 일방적으로 끌려가기를 거부하고 분열공작과 원천봉쇄작전을 감행했던 제2단계에서는 마주 압박전략을 펴는 대결국면으로 진입하는 것이 시간문제인 상황이었다. 이 때문에 독립협회는 지금까지 추구했던 비제도적 통제의 한계와 함께 맞대결국면을 벗어나기 위한 방향에서 새로운 활로를 찾게되었다. 제3단계에서 드러난 시민적 참정구조의 제도화 모색이 그것이었다. 독립협회가 정치적 현안문제에 대한 정부와의 공동타결의 필요성을 앞세워 10월 15일에 개최했던 官民連席會議의 자리에서 연립내각구성의 가능성을 모색하게 되었던 것이 그 첫 시도였다. 이것은 官民공동회의 '獻議六條'라는 국민발안 형식의 입법통제에 대한 합의유도와 군주의 재가로 이어졌으며, 더 나아가서는 議會형태로 중추원을 개편하여 독립협회 회원들이 민선의관을 구성하는 방향으로 적극화되었다. 정당의 존재가 공인되지 않았던 정치제도 테두리 밖에서 기존의 중추원제도를 계승적으로 변용시키는 방향에서 유사의회제적 입헌군주제를 지향하였고 스스로 민선의관의 단독구성을 통하여 의회에 터잡는 근대정당으로서의 제도적 기반을 확보함으로써 입헌체제의 정착을 도모했던 것으로 평가된다.

이것은 물론 독립협회가 국민 直選의 下院설립을 시기상조로 보면서 공론기관으로서의 자의식과 독점적인 국민대표의식을 앞세워 자기중심적으로 上院의 議會像을 구축한 것이라는 점에서 한계를 지닌 것이었다. 그런데도 보수적인 재야지도자측으로부터의 부정적 반발을 감수해야만 할 상황이었다. 더욱이 집권세력의 교체를 요구했던 시폐상소 이후 최정식의 실언사건을 계기로 그 동안 큰 제한없이 누려왔던 언론의 자유와 집회의 자유를 수시로 위협받는 상황 밑에서 추진되었다. 말하자면 그간의 추세로 보았을 때 독립협회의 정치활동이 참정구조의 제도화 방향으로 다시 한 단계 질적인 전진을 이룩함에 따라서 국가의 압박전략은 더욱 강화될 가능성이 커지는 상황이었다. 이러한 한계상황이 더욱 극한으로 치닫고 있었을 때 역사적인 중추원 민선의관 선거가 다가오고 있었다. 결국 이 최종단계에서 국가가 선택한 대응전략도 가장 극단적인 것이었다. 독립협회에 대한 정치활동 영역으로부터의 완전한 배제와 탄압의 전략이 그것이었기 때문이다.

그러한 국가의 대응전략은 민선의관선거가 예정되어 있었던 11월 5일 이른 아침에 독립협회의 결사 자체가 지배권력에 의하여 부정당하는 사태로 표면화되었다. 이 때문에 그 동안 독립협회와 행동노선을 같이해 왔던 민중세력은 별개 조직의 만민공동회를 개설하고 독립협회가 누려 온 결사의 자유를 되찾아 주기 위한 투쟁에 나섰으며 군주는 이들의 거센 압력에 못 이겨 잠정적으로 비정치적인 활동에 국한한다는 조건하에서 독립협회의 復設을 허락했다. 그러나 군주가 끝내는 외세와 결탁한 봉건세력의 편에 서게 되었고 독립협회도 이를 극복할 만한 새로운 대응전략을 개발하는 데 실패하고 말았다. 독립협회가 정치활동의 개시와 더불어 법질서를 자기규율화시키는 제도적 장치의 보강을 통하여 급진적인 행동성향에 제동을 가하고 단체규율의 일탈행위에 대한 통제력 강화에 힘썼던 것은 조직을 합법적으로 안전하게 유지하려는 데도 목적이 있었다. 그러나 정치활동이 격화될수록 대중행동에 대한 의존도가 높아짐으로써 독립협회의 단체규율과 대중행동에 대한 통제력은 위축될 수밖에 없었다. 그리고 스스로 조직의 안전한 유지를 위하여 설정한 합법적 투쟁방식은 조직의 존립을 근원적으로 위협하는 극한상황에 직면하게 되었을 때 그것을 적극적으로 타개할 수 있는 자기논리와 행동원리를 새롭게 구축하지 못하고 말았던 것이다.

〈韓興壽〉

3. 독립협회의 기본사상

1) 자주국권의 민족주의사상

독립협회의 기본사상의 하나는 自主國權의 민족주의사상이었다. 서재필이 독립협회를 창립한 근본 의도도 "자유주의 민주주의적 개혁사상으로 민중을 계발하여, 민주역량을 가진 국민의 힘으로 자주독립의 완전한 국가"를 만들고자 한 자주국권사상에서 나온 것이다.[1)]

(1) 국가평등권론

독립협회의 자주국권사상은 먼저 國家平等權論으로 제기되었다. 근대 이전에는 동서양을 막론하고 인간의 평등이 인정되지 못하고 신분의 차별이 당연한 것으로 여겨졌듯이, 인간의 集積인 국가의 차등도 당연한 것으로 여겨졌다. 유럽에서는 로마제국과 그 전통을 이은 나라가 황제의 국가로서 주변의 왕국·제후국보다 높은 위치에 있었으며, 동아시아에서는 중국이 황제의 국가로서 주변의 왕국·제후국 위에 군림하는 위치에 있었다. 곧 동아시아의 전통적 국제관계는 대국인 중국과 소국인 조선을 비롯한 그 주변 국가가 事大關係라는 불평등한 차등관계로 이어져 왔다.

근대사회는 인간의 평등과 인간의 집적인 국가의 평등을 전제로 하여 이루어졌다. 이미 조선 후기에 선진적인 실학자들은 중국 중심의 화이적 세계관을 부정하고 自國中國說에 의거한 국가 평등의식을 보여주었다. 조선의 문호를 개방한 강화도조약은 제1조에서 "조선은 자주국가이며, 일본과 평등권을 보유하고 있다"[2)]고 규정하여, 적어도 표면적으로는 근대적인 국가평등의 국제관계를 명시하고 있다. 이와 같은 서구적 국가평등 의식은 개화인사들에게 수용되어 일반화되어 갔다.

---

1) 金道泰, 《徐載弼博士自敍傳》(을유문화사, 1972), 235·241·247~248쪽 참조.
2) 《高宗實錄》 권 13, 고종 13년 2월 3일 병자.

개화사상가 兪吉濬은《西遊見聞》에서, "나라 위에 나라 없고 나라 밑에 나라 없으며, 국권은 동등한 지위에 있다"는 국가평등권을 명백하게 천명하였다.

> 國上에 國이 更無하고 國下에 國이 亦無하야 一國의 國되는 權利는 彼此의 同然한 地位로 分毫의 差殊가 不在한지라(兪吉濬,《西遊見聞》, 景仁文化社 影印本, 1969, 88쪽).

이처럼 개화인사들은 국가란 국제사회에서 동등한 지위와 권리를 가진다는 국가평등권사상을 가지고 있었던 것이다. 이러한 국가평등권사상은 근대 이전의 차등적 국제질서에 대한 전면 거부를 의미하는 것이다.

갑신정변을 통하여 수립된 개화당정부는 개혁요강 제1항에서, "대원군을 不日 倍還할 것, 조공의 허례를 폐지할 것"[3]이라 하여, 무엇보다도 청국에 대한 조공을 폐지함으로써 불평등한 사대관계를 청산하고자 하였다. 서재필은 독립협회의 창립사업으로서, 중국에 대한 사대의 상징인 迎恩門을 헐은 자리에 국민의 성금으로 독립문을 세웠다. 그것은 국민의 가슴속에 국가의 자주와 평등의 상징을 심어주기 위한 것이었다.[4] 이처럼 독립협회 회원들은 국가평등권사상에 의거하여 종래의 사대관계에 의한 동아문화권의 차등적 국가관과 불평등한 국제질서를 부정함과 동시에, 당시 평등을 가장한 근대적 국제관계가 실제로는 불평등관계임을 간파하였다.[5]

독립협회는 당시 조선이 스스로의 힘에 의한 것이 아닐지라도 엄연히 세계 각국과 동등한 국가인데, 실제로는 외국의 간섭을 받고 있음을 비판하였다.[6] 그러므로 독립협회 토론회에서는 "남에게 종이 되고 살기를 얻는 것은 하나님과 사람 사이에 죄를 얻음"이라는 제목으로 토론하는 중에, "황제는 어느 열강의 노예이다", 곧 황제가 러시아의 노예라는 과격한 발언까지 나왔고, 여기에서 윤치호는 "우리 나라와 우리 군주가 만국에 동등해야 하며 어

---

3) 趙一文 역주,《甲申日錄》(건국대 출판부, 1977), 148쪽.

4)《大朝鮮獨立協會會報》1, 1896년 11월 30일, 〈獨立協會輪告〉.

5) 尹致昊,《尹致昊日記》5(國史編纂委員會, 1975), 1897년 11월 11일.
《독립신문》, 1898년 7월 15일, 〈독립하는 상책〉.

6)《독립신문》, 1896년 9월 12일, 논설.

느 나라에도 열등해서는 안 된다"[7]고 주장하였다. 《독립신문》은 아래와 같은 기고문을 실어 사회 일반에 국가평등 의식을 고취하였다.

> 우리 대한 전국에 있는 일천 이백만 동포 형제가 다 一心 一力으로 나라를 도와 우리 나라도 지금 구라파에 있는 상등국과 동등국이 기어이 되기를 바란다(《독립신문》, 1898년 8월 9일, 〈유지각한 친구의 편지〉).

나아가 독립협회 회원들은 국제조약에는 유럽국가 사이에 체결된 완전한 대등조약과, 청국·일본간에 치외법권을 규정한 不對等條約이 있다고 하고, 우리 나라가 일본·청국 등 열강과 맺은 조약은 치외법권을 인정한 불대등조약 곧 불평등조약이므로 이를 개정해야 한다고 주장하였다.[8] 이와 같은 독립협회의 국가평등권사상은 근대국가 의식의 출발점이 되는 것이다.

(2) 국가자주권론

독립협회는 국가평등권론과 더불어 國家自主權論을 제기하였다. 독립협회의 활동시기는 1896년 2월 아관파천으로 김홍집·어윤중 등의 친일내각이 붕괴되고 이범진·이완용 등 친러내각이 성립되었으며, 국왕인 고종이 러시아 공사관에 보호를 받고 있었기 때문에 러시아가 한반도에 상당한 영향력을 행사하고 있었던 시기였다. 그러므로 독립협회 회원들은 한반도를 둘러싼 러시아·일본 등 열강의 침략 경쟁으로부터 국가의 자주독립을 지키는 것을 민족적 과제로 생각하였다. 따라서 서재필은 자주독립의 완전한 국가를 만들기 위한 목적으로 정치적 단체를 만드는 데 있어 그 명칭을 '獨立協會'라 명명했던 것이다.

독립협회는 "국가가 국가 됨은 자립하여 다른 나라에 의뢰하지 않고, 재정권·兵權·인사권 등의 통치권을 스스로 전 국토에 행사해야 하는 것이다"[9]는 요지의 구국선언을 통하여 국가자주권론을 강력하게 주장하였다. 그 국가

7) 尹致昊, 《尹致昊日記》 5, 1898년 2월 13일.
8) 《독립신문》, 1898년 11월 2일, 〈유지각한 친구의 편지〉.
9) 《承政院日記》, 1898년 2월 22일, 中樞院一等議官安駉壽等疏 참조.

자주권의 핵심은 외국의 간섭을 받지 않는 자주적 통치권을 확립하는 것이었다. 그러므로 러시아가 군사교관을 보내어 한국의 시위대를 조련하고 군통수권에 간섭했으며, 재정고문을 보내어 한국의 재정과 국고금을 관리하려고 했을 때, 《大朝鮮獨立協會會報》는 군사교관과 재정고문의 고빙문제가 국가자주권의 상실과 직결되는 문제라고 경고하였다.

> 외국인 고문과 敎師를 置하기를 好하고 자기가 實心으로 學하기를 厭하는 자는 곧 전체 정부를 타인에게 양여하는 것이라(《大朝鮮獨立協會會報》7, 1897년 2월 28일, 〈東方各國이 西國工藝를 倣効하는 總說이라〉).

독립협회는 萬民共同會를 개최하여 "러시아의 군사교관과 재정고문을 즉시 돌려보내고 대한의 자주독립권을 지키자"[10]는 요지의 결의안을 채택하여 정부에 강력히 건의함으로써, 러시아의 군사적·재정적 간섭을 배제하였다.

독립협회의 자주국권운동이 러시아에 치우쳤고 독립협회가 친일·친미적 경향과 반러적 경향을 보인 것은 독립협회의 제국주의 열강에 대한 인식이 편파적이었고 불철저했기 때문이라는 지적도 있다.[11]

그러나 당시 미국의 외교관과 선교사들은 독립협회운동에 호의적이었고 당시 한국의 자주권을 가장 위협한 나라는 러시아였으므로, 독립협회가 친미·반러적 성향을 띠었고, 그 자주국권운동의 제1 목표를 러시아에 둔 것은 너무도 당연한 것이었다. 그리고 당시 수구적 정치세력은 제국주의가 무엇인지조차 알지 못했으나 독립협회 지도자들은 제국주의의 본질과 속성을 충분히 이해하고 있었다.

독립협회는 "독립이라 하는 것은 스스로 믿고 남에게 기대지 아니한다는 말이라"[12]고 정의하고, 외세 의존에 대하여 다음과 같이 경고하였다.

---

10) 尹致昊, 《尹致昊日記》 5, 1897년 11월 11일.
柳永烈, 《開化期의 尹致昊硏究》(한길사, 1985), 114~115쪽.

11) 崔德壽, 〈獨立協會의 政體論 및 外交論 硏究〉(《民族文化硏究》 13, 고려대 민족문화연구소, 1978), 228쪽.

12) 《독립신문》, 1898년 7월 15일, 〈독립하는 상책〉.

> 슬프다 대한 사람들은 남에게 의지하고 힘입으려는 마음을 끊을 진져. 청국에 의지하지 말라, 종이나 사환에 지나지 못하리로다. 일본에 의지하지 말라, 내종에는 내장을 잃으리로다. 노국에 의지하지 말라, 필경에는 몸뚱이까지 삼킴을 받으리라. 영국과 미국에 의지하지 말라, 청국과 일국과 노국에 원수를 맺으리라. 이 모든 나라에 의지하고 힘입으려고는 아니할지언정 친밀치 아니치는 못하리라(《독립신문》, 1898년 1월 20일, 〈유지각한 사람의 말〉).

독립협회는 독립이란 스스로 믿고 남에게 의지하는 것이 아닐 뿐만 아니라, 국가란 국민의 집합체이므로 국가의 자주독립은 모든 국민의 자주독립하는 마음과 행동에 달렸다[13]고 하여 民力에 의한 자주독립론을 주장하였다. 《대조선독립협회회보》를 보면, 국가의 자주는 국민의 자유와 단합에 의하여 가능하다는 논리를 펴고 있다. 나아가 독립협회는 민력의 양성을 위해서는 민권의 보장이 필요하며, 민권의 보장을 위해서는 국민의 참정이 필요하다고 주장하였다.[14]

> 나라라고 하는 것은 한 사람 한 사람의 集積이다. 곧 한 사람 한 사람이 모두 自由權利를 가진 연후에 미루어 능히 그 나라의 자유를 보전할 수 있다. 그러므로 建國의 一方은 반드시 自主를 바랄진대 그 國人의 자주의 기운을 양성해야 하며, 그 기운을 양성하는 길은 인심의 和合과 衆力의 단결만 같은 것이 없다(《大朝鮮獨立協會會報》 7, 1897년 2월 28일, 〈獨立協會論〉).

이러한 관점에서 독립협회는 민권보장과 국민참정이 가능한 근대국민국가를 형성하여 국민이 국가와 일체감을 갖게 함으로써, 국민적 애국심에 기초한 관민의 합력으로 외세의 간섭을 막고 국가자주권을 지킬 수 있다는 관민합력에 의한 자주독립론을 폈다.[15] 이처럼 독립협회의 자주국권사상은 자유민권사상과 결합하여 민주주의를 내포한 근대 민족주의적 성격을 띠게 되는 것이다.

---

13) 위와 같음.
14) 柳永烈, 〈獨立協會의 民權思想研究〉(《史學研究》 22, 1973), 41~42쪽 및 59쪽.
15) 柳永烈, 위의 글, 57~59쪽.
——, 〈獨立協會의 民權運動展開過程〉(《史叢》 17·18 합집, 1973), 367~368쪽.

(3) 이권양도 반대론

독립협회는 국가자주권과 관련하여 열강에 대한 이권양도 반대론을 제기하였다.

아관파천 이후 국왕이 러시아 공사관에 머물고 있던 관계로 러시아를 비롯하여 열강은 경쟁적으로 조선에 대하여 이권양도를 요구하였다. 당시 조선은 러시아·일본과 석탄고기지 조차문제, 러시아와 군사기지 매도문제, 러시아·미국·독일·영국·프랑스와 광산채굴권 양도문제, 미국·프랑스·일본과 철도부설권 양도문제, 러시아와 삼림채벌권 양도문제 등 열강으로부터 무수한 이권양도를 강요당하고 있었다. 당시 조선정부는 열강과 다투기보다는 이권을 양도함으로써 정권의 안정을 보장받으려 했고, 왕실은 이권양도의 대가로 왕실의 재정수입을 늘리고자 하였다.

독립협회는 국내의 산업개발 문제와 외국에 대한 정부의 이권양도 문제에 대하여 경고하였다.

> 국내에 金, 銀, 煤鑛 등이 有하면 의당히 自取하여 그 이익함을 得하리니, 하필 외국에 讓하여 窺視하고 流涎케 하여 점점 본국은 日로 빈천케 하고 타인으로 부강케 하리요. 故로 內地 철도 전선과 金, 銀, 煤鑛 등을 타국인에 借與함은 곧 전국을 타인에게 방매함이요(《大朝鮮獨立協會會報》 7, 1897년 2월 28일, 〈東方各國이 西國工藝를 倣効하는 總說이라〉).

곧 독립협회 회원들은 국가의 자주독립은 자립경제에 의하여 뒷받침되는 것이며, 국가의 자립경제는 자원과 산업의 자주적 개발에 의하여 이루어지는 것이라 믿고, 국가의 자원과 경제적 이권을 타국에 양도하는 것은 국가자주권의 일부를 양도하는 것으로 간주했던 것이다. 그러므로 그들은 토론회 주제를 "대한국 토지는 선왕의 간신코 크신 업이요 일천 이백만 인구의 사는 땅이니 한 자와 한 치라도 다른 나라 사람에게 빌려주면 이는 곧 선왕의 죄인이요 일천 이백만 동포 형제의 원수임"[16]이라고 정하여 강력하게 이권양도 반대론을 폈다.

---

16) 《독립신문》, 1898년 3월 12일, 잡보.

나아가 러시아공사가 석탄고 설치를 위해 부산의 절영도 조차를 요구해 오고, 정부가 일본의 석탄고 설치의 선례에 따라 이를 허락했을 때, 독립협회는 정부에 강력한 반대 의견을 제시하고, 선례가 된 일본의 석탄고까지 철거토록 요구하여 이를 관철시켰다.17) 또한 러시아공사가 군사기지 설치를 위해 목포와 진남포 해역의 28만㎥에 달하는 토지의 매도를 요구해 오고, 정부는 두 항구의 10리 이내를 택하여 조차를 의논하자는 수정안을 제시하였다. 이에 독립협회는 "한 치의 우리 강토도 남에게 넘겨줄 수 없다"고 강력히 반대운동을 벌여 러시아의 토지매도 요구를 좌절시켰다.18)

한편 프랑스공사가 한국정부에서 이미 약속한 3개 처의 금광 채굴지를 속히 확정해 줄 것을 요구해오자, 독립협회는 "금·은·동·철 등의 각 광산은 우리 나라에 있는 토지이니 우리 인민이 채취하여 스스로 부강책을 기해야 한다"19)고 정부에 강력히 건의하여 프랑스의 요구를 좌절시켰다.

나아가 독립협회는 미국·독일이 차지한 철도·광산·삼림의 이권에도 반대하는 입장에 서게 되었다. 독립협회의 강경파는 1896년부터 1898년 7월까지의 이권양도의 사실을 조사한 결과, 역대의 외교관계자들이 뇌물을 받고 허락한 사실을 밝혀내어 특별회를 열고 전면적인 대책을 세우고자 하였다. 그러나 대외관계의 악화를 우려한 지도부의 만류로 더 문제화되지는 않았다.20)

독립협회 지도부는 이미 열강에 빼앗긴 이권도 외교 경로를 통하여 회수하여 국가의 이권을 지켜야 하지만, 일단 외국과 맺은 조약은 그것이 불평등조약이라도 지켜야 한다고 생각하였다. 그것은 불평등조약을 용인하자는 것이 아니고, 조약 개정에는 양측의 합의가 있어야 하는데, 한국은 힘이 미약하므로 조약 개정 전까지 그 조약을 지켜 신의를 획득함으로써 합의를 이끌어 내야 한다는 현실론에 입각한 것이었다. 독립협회는 당시 조선의 많은 이권이 열강에 양도된 것은 정상적인 외교 경로를 통한 조약에 의해서가 아니

17) 鄭 喬, 《大韓季年史》 上 (國史編纂委員會, 1971), 176~178쪽.
18) 鄭 喬, 《大韓季年史》 上, 190~194쪽.
《독립신문》, 1898년 5월 26·28일.
《舊韓國外交文書》 제17권(고려대 출판부, 1967), 1053호~1143호의 관련 호 참조.
19) 《독립신문》, 1898년 5월 16일, 1면.
20) 鄭 喬, 《大韓季年史》 上, 228~230쪽.

고, 국왕과 일부 권력가의 막후 교섭에 의한 것으로 파악하여, 비밀외교를 비판하고 공개외교를 통하여 이권의 상실을 막아야 한다는 주장을 펴기도 하였다.[21)]

(4) 자주중립외교론

독립협회는 국가의 자주독립을 유지하는 방안으로 自主中立外交論을 제기하였다.

독립협회는 부국강병에 기초한 자주국방을 자주독립의 근본방책으로 인식하였으나,[22)] 사실상 당시 조선의 독립이 열강의 세력균형에 의하여 유지되고 있고, 군사력의 급속한 증강은 현실적으로 불가능하다는 판단에서, 자주독립의 현실적인 방책으로 군사력의 양성보다 외교의 중요성을 강조하였다.[23)]

> 조선은 세계 만국이 오늘날 독립국으로 승인하여 주어 조선 사람이 어떤 나라에게 조선을 차지하라고 빌지만 아니하면 차지할 나라가 없는지라. 그런 고로 조선에서는 해·육군이 조금 있어 동학이나 의병 같은 토비나 평정시킬 만하면 넉넉한지라. 만일 어떤 나라가 조선을 침범하고자 하여도 조선정부가 세상에 행세만 잘했을 것 같으면 조선을 다시 남의 나라 속국이 되게 가만히 둘 리가 없다(《독립신문》, 1897년 5월 25일, 논설).

위의 독립신문 논설은 일부 연구자들이 독립협회의 외교치중론을 비판하는 논거가 되는 대표적인 글이다.[24)] 그러나 위의 논설은 전후 문맥을 살펴보면 결코 자주국방을 무시한 외교치중론이 아님을 쉽게 알 수 있다. 위의 논설은 갑오개혁 당시 집권층이 일본에 편벽된 외교를 하다가 러시아에 의해 정부가 붕괴되었는데, 아관파천 이후에는 집권층이 러시아에 편벽된 외교를

---

21) 朴性根, 〈獨立協會의 思想的 硏究〉(《李弘稙博士華甲記念論叢》, 신구문화사, 1969), 455~456쪽.
愼鏞廈, 《獨立協會硏究》(일조각, 1976), 153·158쪽.

22) 《독립신문》, 1897년 2월 27일, 논설 및 6월 1일, 논설.

23) 《독립신문》, 1896년 12월 19일, 논설.

24) 朱鎭五, 〈獨立協會의 對外認識의 構造와 展開〉(《19세기 후반 開化改革論의 構造와 展開》, 延世大 博士學位論文, 1995)와 崔德壽, 앞의 글은 이런 시각을 보이는 대표적 논문이다.

한다고 비판하고, 당시로서는 군사력의 약함보다 편향된 외교가 자주독립의 유지에 더욱 문제가 된다는 점을 강조하기 위한 글이었다.

그러면 독립협회 외교론의 핵심은 어디에 있었는가.

독립협회는 당시 한반도에 열강의 세력균형이 이루어진 상황에서 이 세력균형을 최대한 유지시켜 독립의 내실을 기해야 한다는 전제하에서 외교의 중요성을 강조하였다.[25] 독립협회는 조선의 외교가 약소국의 입장에서, 침략경쟁을 벌이는 강대국들을 상대로 하는 만큼, 열강에 시비와 침략의 구실을 주지 않기 위해서는 신의있는 선린외교를 펴야 한다고 주장하였다.[26] 그러므로 처음부터 불리한 조약을 맺지 말아야 하며, 이미 불리한 조약을 맺은 경우에는 신의를 지키면서, 힘을 길러 잃은 권리를 되찾는 실리외교를 전개해야 한다고 주장하였다.[27]

또한 독립협회는 조선이 특정국가에 편향외교를 취하면 불만을 가진 다른 강국에 의하여 정부가 빈번히 전복되는 사태가 발생되고, 조선문제로 인하여 강대국간에 불화와 전쟁이 발생되어 조선이 멸망의 위기에 처하게 되리라는 생각에서, 특정 국가 편향외교를 강력히 비판하고, 모든 국가를 '똑같이 친밀하게 대접하는' 공평한 외교 곧 일종의 중립적 선린외교를 주장하였다.[28]

한편 독립협회는 외교를 친밀히 한다고 하여 "남의 나라를 편벽되게 믿고 의지하여 하는 일은 국가를 크게 해친다"고 하여 외세의존적 외교를 배격하고, "조선 사람을 잘 가르쳐 그 사람들을 데리고 그 사람들을 믿고 그 사람들을 의지하여 조선을 지탱해야 한다"고 하여 국민을 배경으로 한 자주외교를 역설하였다.[29] 이와 같이 독립협회는 국가의 자주독립을 위하여 자주적·중립적 선린외교론을 폈던 것이다.

---

25) 尹致昊, 《尹致昊日記》 5, 1898년 3월 8일.
愼鏞廈, 앞의 책, 158쪽.

26) 《독립신문》, 1898년 8월 6일, 〈외교관의 직분〉.

27) 《독립신문》, 1898년 8월 6일, 〈외교관의 직분〉 및 18898년 8월 24일, 〈실신 말지어다〉.

28) 《독립신문》, 1897년 5월 25일, 논설 및 8월 10일, 논설.

29) 《독립신문》, 1897년 5월 25일, 논설.

(5) 개화자강 독립론

독립협회는 자주독립의 본질적인 방법으로 開化自强 獨立論을 제기하였다.

문호개방 이후 조선의 개화인사들은 문명개화를 통하여 부국강병을 이루고 부국강병을 통하여 자주독립을 이루려는 노선을 견지하였다. 독립협회 회원들은 대한제국의 독립이 열강의 세력균형속에서 이루어진 명목상의 독립이므로,[30] "자주독립의 主義를 가지고 만세독립을 보호할 방침에 힘쓸 것"을 촉구하였다. 그리고 그들은 자주독립의 방책으로 밖으로는 외교를 잘하여 열국과 선린관계를 유지하면서, 안으로는 인민에게 실학·실업을 연구케하고, 대조선국의 문명을 세계 수준으로 끌어올리며, 외국 침략에 대비하여 군비를 확장하는 등 개화자강을 실현하여 자주독립의 기초를 확립해야 한다는 개화자강 독립론을 폈다.[31]

독립신문은 조선의 자주독립을 유지하는 방책과 관련해서 침략국가를 도적에 비유하여 다음과 같이 논하였다.

> 남의 권리 뺏는 것을 좋아하는 사람도 많이 있고, 남의 나라 권리를 뺏기 좋아하는 나라도 많이 있는지라 … 도적의 당과 도적들이 가진 병장기의 힘을 헤아려 도적의 당보다 내가 당을 더 많이 만들고, 도적의 兵仗器보다 더 편리한 병장기를 준비하여 두어야, 설령 도적이 오더라도 방어를 할 터이오. 또 도적이 그 집에 이로운 병장기가 있고 사람이 많이 있는 줄 알면 가지를 아니할 터이라(《독립신문》, 1897년 8월 12일, 논설).

이 논설을 통하여 독립협회 회원들은, 국가가 병력과 군비를 충실하게 갖추어야 외적의 침략을 방어할 수 있고, 외적의 침략을 예방할 수도 있다는 군사적 자강독립론을 주장한 것이다. 여기에서 앞서의 독립협회 회원들의 외교적 독립유지론이 군사적 자강을 도외시한 것이 아님을 알 수 있다.

한편 독립협회 회원들은, 국가의 독립은 전국 인민의 힘으로 되어야 하는데, 조선은 타력에 의하여 독립이 되어 이전 청국에 매어 있을 때보다 더 외

---

30) 尹致昊, 《尹致昊日記》 5, 1897년 11월 11일.

31) 《大朝鮮獨立協會會報》 4, 1897년 1월 15일, 〈北米合衆國의 獨立史를 閱하다가 我大朝鮮國獨立을 論함이라〉.

국의 지휘를 받는다고 비판하고, "근일 소위 개화당이라 하는 사람들도 말로만 개화를 좋다고 하지 실상은 남에게 의지하는 것을 주선하는 사람들이라"고 하여 비자주적인 독립과 개화를 비판하였다.[32] 그리고 그들은 한국 인민이 학문과 지식이 없고 압제정치와 청국의 간섭으로 발전하지 못했으며, 일본에 의하여 문명개화의 시초를 열었으나 인민의 깨우침 없이 무리하게 新法을 강행하여 개화에 역효과를 가져왔음을 지적하고, 청국·일본·러시아를 의지하여 보았으나 개화와 독립에 효과가 없는 이유는 "대한 인민들이 주인이 되어 가지고 일을 아니한 연고라"고 하여, 국민이 주인이 된 개화와 독립 곧 국민중심의 개화독립론을 역설하였다.[33]

독립협회 회원들은 이와 같은 국민적 개화독립을 위해서는 전국 인민 개개인이 자주독립의 정신을 가지고, 자립적 경제생활을 하는 데서 가능하다고 보았다.[34] 그러나 현실은 국민들이 권력자·친척·遊食家族에 뜯겨 근로의욕이 상실되고 의타심이 조장되어 경제적 자립이 불가능하며,[35] 백성의 권리가 없어서 "나라 지체가 낮아져 오늘날 외국에 見侮를 하고 수치를 받으니" "자주독립하려면 먼저 백성의 권리부터 보호해야 한다"고 하였다.[36] 곧 독립협회 회원들은 국민을 계몽하고 민권을 보장하여 국민의 자주독립 정신과 경제적 자립능력을 배양함으로써 국가의 자주독립을 확보할 수 있다는 국민적 개화자강 독립론을 주장한 것이다. 이처럼 독립협회는 자유주의 민주주의적 개혁사상으로 민중을 계몽하여 민주역량을 가진 국민의 힘으로 자주독립의 완전한 국가를 만들기 위한 목적에서 창립되었던 것이다.

요컨대 독립협회의 자주국권사상은 국가의 평등과 자주 및 국가주권의 확립을 통하여, 외세의 침탈로부터 국권의 상실을 막고 자주독립의 완전한 주권국가를 수립하려는 대외적인 민족주의사상이었고, 나아가 개명된 민주국민

---

32) 《독립신문》, 1897년 7월 27일, 논설.
33) 《독립신문》, 1898년 3월 24일, 논설. 1897년 8월 7일 논설에서는 "우둔하나 무식하나 완고하나 조선 사람들이라야 조선 일을 제 일같이" 하게 되는 것이라 하여, 국민에 의한 개화와 독립을 주장하고 있다.
34) 《독립신문》, 1898년 7월 15일, 논설.
35) 《독립신문》, 1896년 12월 8일, 논설 및 1896년 8월 13일, 논설.
36) 《독립신문》, 1897년 3월 9일, 논설.

을 육성하여 민주역량을 가진 국민의 힘으로 자주국권을 확립하려 한 점에서 대내적으로 민주주의를 포괄하는 근대 민족주의사상이었다. 이와 같은 자주국권의 민족주의사상은 이론으로 뿐만 아니라 독립협회에 의하여 실천운동으로 전개되었다.

2) 자유민권의 민주주의사상

독립협회의 기본사상의 하나는 自由民權의 민주주의사상이었다.

서재필이 독립협회를 창립한 의도도 국민의 힘으로 자주독립의 완전한 국가를 만들기 위하여, 먼저 민중을 자유주의 민주주의적 개혁사상으로 계발하여 민주적 국민을 육성하려는 자유민권사상에서 나온 것이었다.[37] 독립협회의 자유민권의 민주주의사상은 국민평등권론, 국민자유권론, 국민주권론, 국민참정권론, 의회설립론 등으로 나누어 볼 수 있다.

(1) 국민평등권론

독립협회의 자유민권사상은 먼저 國民平等權論으로 제기되었다. 우리 나라에서의 국민평등권 개념은 조선 후기 실학자들에 의하여 士·農·工·商에 대한 四民平等 의식으로 발생되었고, 갑신정변 주도자들은 개혁요강에 '인민평등의 권리'를 명문화하였다. 개화사상가 유길준은《西遊見聞》에서 천부의 인간평등권을 명료하게 주장하였다.

> 인간의 권리는 天授한 公道이니, … 사람 위에도 사람 없고 사람 밑에도 사람 없으니, 천자도 사람이요 필부도 사람이다(兪吉濬,〈人民의 權利〉,《西遊見聞》, 景仁文化社 影印本, 1969, 114쪽).

독립협회 회원들도 "만인은 전능하신 하나님 앞에 평등하게 태어났으며",[38] "누구나 하나님께서 받은 사람의 권리는 같은 것이다"[39]고 하여 천부인권론

37) 金道泰, 앞의 책, 235·241·147~248쪽.
38)《독립신문》, 1897년 10월 16일, 논설.
39) *The Independent*, December 5, 1896, Editorial.

에 의해 인간평등권을 주장하고, 나아가 국가적 차원에서 국민평등권을 주장하였다.

독립협회의 국민평등권론은 무엇보다도 신분제도 철폐론으로 주장되었다.

갑신정변 당시 개화당정부는 개혁요강에서 "문벌을 폐지하고 인민평등권을 제정할 것"이라 하여 차별적인 신분제도를 타파하려 하였다. 갑오개혁 추진자들은 개혁법안을 통하여, 문벌·반상등급의 철폐, 공사노비법의 폐지, 인신매매의 금지, 귀천을 불구한 인재등용, 평민에게 제한된 범위의 참정권 인정, 법 앞에서 모든 국민의 평등을 규정하여, 전통적 신분질서를 타파하려 하였다.[40)]

독립협회 회원들은 "동포 형제간에 남녀를 팔고 사고하는 것은 의리상 대단히 불가하다"[41)], "사람의 목숨이 지극히 귀하니 남에게 종이 되고 살기는 지극히 귀한 인명을 천하게 대접하는 것이요 하느님과 사람 사이에 죄를 얻음"[42)]이라는 제목의 토론회에서 인신매매와 인간차별을 죄악으로 비판하였다. 그리고 그들은 인간평등사상에 기초하여, 이미 갑오개혁에 의하여 법률적으로 폐지된 반상제도와 노비제도 등 신분제도를 현실적으로 철폐할 것을 역설하였다.[43)] 독립신문은 창간호 논설을 통하여 "상하 귀천을 달리 대접하지 아니하고 모두 조선 사람으로만 알고 조선만 위하여 공평히 인민에게 말할 것"임을 천명한 바 있다.[44)] 그리고 다른 논설을 통하여, 법률이란 상하·귀천·빈부·세력의 유무를 불문하고 공평하다는 논리에 의거, 사람은 누구나 법적으로 동일한 처우를 받아야 한다는 법률 적용의 평등성을 강력히 주장하였다.[45)] 나아가 독립협회 회원들은 신분의 차별없이 전국 인민에게 교육의 기회를 균등하게 하고, 능력에 따라 공무담당을 균등하게 해야 한다고 하여

---

40) 柳永益, 〈甲午更張과 社會制度 改革〉(《韓國社會發展史論》, 일조각, 1992), 260~261·265·269·281·293~295쪽 참조.
41) 《독립신문》, 1897년 11월 1일, 〈독립협회 토론회 제목〉.
42) 《독립신문》, 1898년 2월 13일, 〈독립협회 토론회 제목〉.
43) 班常制度에 대해서는 《독립신문》, 1896년 6월 18일, 논설과 1898년 3월 31일, 논설 참조. 奴婢制度에 대해서는 《독립신문》, 1897년 10월 16일, 논설과 11월 1일, 〈독립협회 토론회 제목〉 참조.
44) 《독립신문》, 1896년 4월 7일, 논설.
45) 《독립신문》, 1896년 7월 11일, 논설.

국민의 기회균등을 주장하였다.[46)]

독립협회의 국민평등권론은 신분제도 철폐론과 동시에 남녀평등론으로도 주장되었다.

일찍이 갑신정변의 주도자인 박영효는 인권과 민권의 보장 조치로서 班常·中庶의 등급 폐지와 함께 남녀·부부의 권리균등을 강조하고, 남성의 축첩 허용과 여성의 개가 금지의 잘못을 지적한 바 있다.[47)] 갑오개혁으로 남녀조혼의 금지, 과부재혼의 허용, 남편의 부인에 대한 강폭 금단 등 여성의 지위 향상을 위한 법안이 만들어지기도 했다.[48)] 이러한 맥락에서 독립협회 회원들은 조선에서의 남녀차별과 남성의 여성 압제 풍속을 야만적이고 죄악적인 행위라고 규탄하고, 여성의 지위 특히 남성의 부속적 상태에 있는 부인의 지위와, 처첩을 인정하는 일부다처적인 혼인관계의 비윤리성을 비판하였다.[49)] 그리고 그들은 유럽 각국이 몇 백년 전에 "남녀를 같은 학문으로 교육시키고, 남녀에 동등권을 주었기 때문에 國富民强해졌으며, 하나님은 남녀를 동등하게 태어나게 했다"는 논거를 들어, 조선도 마땅히 남녀에게 동등한 학문과 교육을 부여하여 남녀평등권을 실현해야 한다고 주장하였다.[50)]

본래 평등의 원칙은 서구에서는 자유주의의 시대적 요청에 따라서 특권계급의 철폐와 시민계급의 평등한 참정권과 법률 적용의 평등을 그 내용으로 한 시민계급의 해방을 위한 정치적 이데올로기였다.[51)] 독립협회는 이러한 서구의 평등사상을 수용하고 천부인권론에 입각하여, 신분의 차별·남녀의 차별 등 전통적 차별질서를 극복하고 국민평등권을 실현코자 하였다.

(2) 국민자유권론

독립협회는 국민평등권론과 더불어 國民自由權論을 제기하였다. 국민의 자

46) 《독립신문》, 1896년 12월 22일, 논설.
The Independent, December 22, 1896, Editorial.
47) 〈朴泳孝 上疏文〉(《亞細亞學報》 1, 아세아학술연구소, 1965) 중 使民得當分之自由以養元氣 참조.
48) 柳永益, 앞의 글, 281쪽.
49) 《독립신문》, 1896년 4월 21일, 논설 및 6월 6·16일, 논설.
50) 《독립신문》, 1898년 1월 4일, 논설.
51) 文鴻柱, 《韓國憲法》(법문사, 1970), 177쪽.

유권은 본래 天賦不可讓의 자연권을 전제로 국가권력으로부터 침범을 방지하자는 데 그 시초의 출발이 있었다.[52] 갑신정변의 주도자들은 모든 사람은 태어나면서부터 동일하며, 생명·자유·행복 추구의 움직일 수 없는 권리를 가진다는 천부의 자유권을 의식했고,[53] 갑오개혁 추진자들은 홍범 14조에 "민법과 형법을 제정하여 인민의 생명과 재산을 보호할 것"을 규정하여 국민의 자유권 보장을 천명하였다.[54] 독립협회 회원들도 "사람은 누구나 생명·재산·자유 등 하늘이 부여한 양보할 수 없는 권리를 가진다"[55]는 천부불가양의 인권론에 근거하여 국민자유론을 주장하였다.

독립협회의 국민자유권론은 먼저 신체의 자유와 재산권의 자유로 주장되었다.

독립협회 회원들은 정부가 인민을 위하여 해야 할 제일의 목표는 그 생명과 재산을 보호하는 것이라 하고,[56] "법률이란 것은 인민의 목숨과 재산을 보호하는 일대 혈맥이라"[57] 하여, 법률에 의거 국민의 신체와 재산권의 자유를 보장하려 하였다. 그들은 국민의 신체와 재산권의 자유를 지배층의 압제와 수탈로부터 보호되어야 할 가장 기본적인 권리라고 인식했던 것이다.

따라서 독립협회는 국민을 재판에 의하지 않고 사사로이 형벌을 가하지 못하게 하는 처벌의 법률주의, 법관이 발부하는 영장없이는 체포·구금할 수 없게 하는 영장제도, 재판에 의하여 유죄가 선고되기 전에는 죄인으로 취급하지 못하게 하는 범죄용의자의 인신보호, 피고인의 재판청구권과 신속한 공개재판, 피고인의 진술권과 변호인 조력권, 타인의 범죄에 의해 처벌받지 못하게 하는 형벌개별화 원칙 등에 입각하여, 私刑·고문·연좌법 등 전근대적인 인민 학대 요인을 제거하고, 樞要의 자유권으로 인식한 신체의 자유를 법과 재판에 의하여 보장하고자 하였다.[58]

52) 文鴻柱, 위의 책, 117쪽.
53) 〈朴泳孝上疏文〉 중 使民得當分之自由 以養元氣 참조.
54) 李光麟, 《韓國史講座》V-근대편(일조각, 1981), 338쪽.
55) *The Independent*, May 19, 1898, An Honest Confession.
Channing Liem, *America's Finest Gift to Korea : The Life of Philip Jaison*(New York : The William Frederick Press, 1952), p.51.
56) 《독립신문》, 1898년 4월 10일, 논설.
57) 《독립신문》, 1898년 10월 20일, 잡보 〈청원서〉.

또한 독립협회는 자주정신과 경제적 자립생활을 하는 국민의 힘에 의해서 국가의 진정한 개화와 독립이 가능하다고 보았으므로, 조세 결정에 대한 인민의 동의권, 법률에 의해서만 세금을 받게 하는 조세법률주의, 국고의 손실과 국민의 재산 침해를 막으려는 재정체계의 일원화, 예산과 결산을 국민에게 알게 하는 재정의 공개주의, 인민 스스로의 재산권 방어 등에 의하여 무명 잡세와 重稅 그리고 관인 권세가로부터 불가침의 국민재산권을 보호하고자 하였다.[59]

한편 독립협회의 국민자유권론은 언론·출판과 집회·결사의 자유로 주장되었다. 독립협회 회원들은 "言權 자유는 天生權利라"하여 언론의 자유를 천부의 권리라 보았으며, 언론의 자유가 없으면 공론이 없어지고 공론이 없어지면 정부관인들이 인민의 생명·재산과 여러 권리들을 함부로 유린하여, 결국 국가 자체도 위태롭게 된다고 생각하였다.[60] 그리고 그들은 "개화한 나라일수록 시비하는 공론이 많고, 시비가 많을수록 개화가 점점 잘되며, … 정치도 반대당이 있어서 서로 견제하여야 바르게 간다"고 하여, 언론의 자유를 개화와 바른 정치의 중요 요소로 보았다.[61] 이처럼 독립협회는 국민의 의사표현의 자유를 천부의 기본적 권리로, 국가 권력으로부터 민권 유린을 방지하는 방편으로, 그리고 민력에 의한 국가 중흥의 첩경으로 파악하였다.

이와 같이 근대적 의사표현의 자유의식을 지닌 독립협회 회원들은 언론·출판의 자유(Freedom of speech and press)의 내용인 연설·토론·신문·잡지 등 근대적 매스컴의 수단을 구사하여 그들의 사상을 전파하고 행동으로 표현했던 것이다. 당시에는 《독립신문》·《독립협회회보》·《매일신문》·《대한신보》·《경성신문》·《황성신문》·《제국신문》·《그리스도신문》 등 10여 종의 신문과 잡지가 발간되었다. 이러한 신문과 잡지는 한국의 근대화를 위한 계몽지 또는 政論紙로서 자유민권운동에 지대한 역할을 하였다.[62] 이 같은 독

58) 柳永烈, 앞의 글(1973), 47~51쪽.
59) 柳永烈, 위의 글, 51~54쪽.
60) 《독립신문》, 1899년 1월 10일, 〈언권 자유〉.
61) 《독립신문》, 1898년 11월 7일, 〈논설 ; 反對의 공력〉.
62) 오주환, 〈계몽과 저항의 전위(1)－한말의 신문〉(《한국현대사》 2, 신구문화사, 1969), 235~246쪽.
白淳在, 〈계몽과 저항의 전위(2)－한말의 잡지〉, 위의 책, 255~260쪽.

립협회의 근대적 매스컴의 활용은 종래의 민중운동에 근대성을 가미하여, 우리 나라 근대민중운동의 신기원을 이루었으며, 민권운동의 단계적 성공에 결정적 요인의 하나가 되었다.

집회·결사의 자유(Freedom of assembly and association)도 언론·출판의 자유와 함께 민주국가에 있어서 사회적·정치적 활동에 불가결의 요소가 되는 것으로, 독립협회의 국민자유권 의식도 집회와 결사를 통하여 보다 구체화되었다. 당시의 정치·사회단체로는 독립협회와 전국에 걸친 지회, 協成會·光武協會·皇國協會·皇國中央總商會·仁川博文會·贊襄會·保信社·保民協會·開進協會 등이 있었다. 어용단체인 황국협회 이외의 단체들은 독립협회와 더불어 민권단체의 성격을 띠고 있었다. 독립협회 회원들은 집회와 결사를 의사표현의 적극적인 방법으로 인식하고, 1898년 3월초에서 그 해 10월말까지 수천 수만 명이 참가한 대규모 집회만 해도 15·6차례나 개최하였다. 정부의 독립협회운동 탄압으로 그 지도자 17인이 투옥된 뒤, 만민공동회는 당시 정치·사회단체의 연합회적 성격을 띠고, 11월초부터 12월말까지 50여 일에 걸쳐 민중집회를 열었다. 기쿠치 겐조(菊池謙讓)와 다우치 타케시(田內武)는 《近代朝鮮裏面史》에서 당시의 사정을 다음과 같이 표현하였다.

> 鐘路町의 만민회는 雨天順延 이외에는 거의 每日과 같이 개최되었다.… 鐘路町은 獨立黨의 常設議事堂과 같고, 野會演壇은 帝國議事堂과 같이 咆哮를 계속하였다(菊池謙讓·田內武, 《近代朝鮮裏面史》 全, 東亞拓植公論社, 1936, 341쪽).

곧 독립협회 회원들은 언론·출판과 집회·결사 등 정치적 자유권을 국민의 기본권임과 동시에 다른 기본권을 지키는 수단으로 인식하고 적극 활용했던 것이다.

이와 같이 독립협회는 신체 및 재산권의 자유와 언론·출판·집회·결사 등 국민의 자유권을 민주주의사상의 요체로 생각하고, 이러한 국민의 자유권을 지키기 위하여 천부인권론에 근거한 근대법체계의 수립을 주장했으며, 전근대적인 악법의 부활을 저지하기도 했고, 언론·출판활동과 만민공동회 같은 민중집회를 조직해 내기도 하였다.

(3) 국민주권론

독립협회는 국민평등권과 국민자유권에 기초하여 國民主權論을 제기하였다.

독립협회 회원들은 나라라 하는 것은 "백성들이 모두 합심하여, 여러 사람이 의논하여" 만든 것이라 하고,[63] "임금과 정부와 백성이 동심협력하여 나라를 세웠나니"라 하여[64] 국가의 기원에 대한 계약설 또는 君民合力說을 주장하였다. 이것은 일종의 통치자와 피치자간의 국가계약설을 의미하는 것이다. 그들은 이와 같은 국가계약설에 근거하여 "당초에 나라 생긴 본의는 여러 사람이 의논하여 전국에 있는 인민을 위하여 각색 일을 마련한 것이요, 각색 관원도 백성을 위하여 만든 것이라"[65] "정부가 백성을 말미암아 된 것이오, 백성이 정부를 위하여 난 것은 아니라"[66]고 하여 국가와 정부의 설립 목적이 국민을 위하는 데 있다고 인식하였다.

그리고 독립협회 회원들은 관민공동회 6차 상소에서, 역시 국가계약설에 근거하여 국민은 국가와 정부의 근원이며, 통치권 곧 주권은 국민으로부터 나온다는 주권재민론을 주장하였다.

> 대범 나라는 백성으로써 근본을 삼고 님군(임금)은 백성으로써 권을 세워 일백 관원을 베풀었은즉,… 무엇이 백성의 權이 방종하고 님군의 權이 작은 것이 있아오리까(《독립신문》, 1898년 11월 21일, 〈관민공동회 6차 상소〉).

나아가 그들은 인민은 나라의 '주인'이고, 관인은 인민의 '사환'이라 하여[67] 종래 국민에 군림해온 정부관인들을 국민의 고용인으로 위치지우고, "정부에서 벼슬하는 사람은 임금의 신하요 백성의 종이라"[68]하여 국민이 군주에 비하여 상대적 우위에 있음을 천명하였다. 이것은 독립협회가 국민이 국가의

63) 《독립신문》, 1897년 4월 17일, 논설.
64) 《독립신문》, 1898년 12월 15일, 〈민권론〉.
65) 《독립신문》, 1897년 4월 17일, 논설.
66) 《독립신문》, 1898년 11월 26일, 〈유진률 서신〉.
67) 《독립신문》, 1898년 11월 16일, 〈제손씨 편지〉.
68) 《독립신문》, 1896년 11월 21일, 논설.

주인이며 국가의 주권자라는 국민주권론을 간접적으로 주장한 것이며, 국왕이 국가의 주인이라는 전통적인 왕조국가 의식을 탈피하여 국가를 국민과 동일시하는 근대적인 국민국가 의식을 드러낸 것이다.

독립협회 회원들은 국민주권론에 의하여 새로운 애국관을 가지게 되었다. 윤치호는 명치 일본의 놀라운 발전은 일본인의 강력한 애국심에 의한 것이며, 조선의 전통적인 충성이란 군주에 대한 절대적인 충성, 순절적인 충성을 의미하는 것으로, 이것은 진정한 의미의 애국심이 아니라고 보았다.[69] 독립협회 회원들은 애국심이란 일정한 토지내에서 역사와 전통을 공유하는 국민의 일체감에서 발생되는 자연스런 감정이며 따라서 天賦之性이라 하고, 애국이란 국가의 공익과 동포의 권리를 추구하는 것, 곧 국가와 국민을 위하는 것이라고 간주하였다.[70] 이처럼 독립협회 회원들은 국왕에 대한 충성을 애국과 동일시하던 전통적인 충군=애국의 관념과는 다른 차원에서 애국의 대상을 주권자인 국민과 직결시켜 애민=애국으로 인식하였다. 이것은 국민국가를 애국의 대상으로 삼는 서구 근대사회의 애국개념과 동일한 것이었다.

독립협회는 새로운 국가관과 새로운 애국관에 의하여 국왕에 대한 새로운 충성관을 가지게 되었다. 독립협회 회원들은 임금과 정부는 백성을 잘 다스리는 것이 임무이며, 백성은 임금을 충성으로 섬기고, 정부 일을 시비 감독하고 도와주어야 한다[71]고 전제하고 국왕과 인민의 관계를 善政에 대한 충성이라는 쌍무적 관계로 파악하였다.

> 군사라 하는 것은…정부보다도 백성을 위하여 만든 것이라, 그 백성을 위하려면 그 백성을 다스리는 님군을 위해야 할 터인즉, 군사의 직무는 백성을 위하려니까 님군께 충신들이 되어야 할 터이요(《독립신문》, 1896년 7월 9일, 논설).

---

69) 尹致昊, 《尹致昊日記》 3, 1894년 9월 18일 및 9월 27일.
《독립신문》, 1897년 8월 26일, 〈윤치호 연설〉.
70) 《독립신문》, 1898년 12월 17일, 〈나라 사랑하는 논〉.
71) 《독립신문》, 1897년 4월 17일, 논설.

이것은 인민의 국왕에 대한 절대적 충성에서 조건부 충성으로의 충성 개념의 중대한 변화를 의미하며, 공직자는 국가의 주인인 국민에 대한 봉사가 최우선이고 국왕에 대한 충성은 그 수단이라는 엄청난 의식의 변화를 의미한다.

국민주권론에 의해 새로운 국가관·애국관·충성관을 가진 독립협회 회원들은 국민의 정치적 권리를 주장하였다. 독립협회 회원들은 정부가 애국애민하는지, 또는 옳은 법령을 만드는 지를 감독하는 것이 국민의 직무라 하여[72] 국민의 국정감독권을 주장하였다. 그리고 그들은 민권보장과 정치개선을 위하여 인민에게 "두려움 없이 정부를 시시비비하는 권리를 주는 것이 급선무"라고 하여[73] 국민의 자유로운 국정비판권을 주장하였다. 나아가 그들은 주권자인 국민의 기본적 권리를 스스로 지키기 위하여 국민이 직접 정치에 참여해야 한다는 생각에서[74] 국민의 국정참여권을 주장하였다. 이와 같이 독립협회는 국민이 주권을 가진 정치적 주체로 인식했던 것이다.

(4) 국민참정권론

독립협회는 국민주권론에 근거하여 國民參政權論을 제기하였다.

독립신문은 그 논설에서 국민의 직무로 ① 정부가 애군애민하는 정부인가의 여부를 감독하는 직무, ② 애군애민하는 옳은 법령을 국민이 준행토록 권장하는 직무, ③ 정부가 애군애민하지 않으면 애군애민하는 정부로 만드는 직무 등 세 가지의 직무를 제시하였다.[75] 이와 같은 국민의 국정감독의 직무와 준법 권장의 직무 및 정권교체의 직무는 국민이 주권자로서 정치참여의 권리가 있다는 전제에서 제시될 수 있는 사항들이다.

독립협회는, 인민은 군주와 지배층에게 그 운명이 내맡겨진 단순한 통치의 대상이 아니고,[76] 국가의 주인으로서 주권을 가진 정치의 주체라고 인식하여 국민참정권을 주장하였다.

---

72) 《독립신문》, 1898년 1월 11일, 논설 및 3월 3일, 〈대한인민의 직무〉.
73) 《독립신문》, 1898년 9월 7일, 〈실효가 있을는지〉.
74) 《독립신문》, 1898년 12월 17일, 〈나라 사랑하는 논〉.
75) 《독립신문》, 1898년 3월 3일, 〈대한인민의 직무〉.
76) *The Independent*, May 19, 1898, An Honest Confession.

독립협회 회원들은 애국이란 국가의 공익과 동포의 권리를 강구하는 것이므로, "이 (애국하는)마음을 바로 세우게 함은 이 백성을 정치 교육상에 몰아넣어 나라 정략상에 참여하는 권리를 주는 데 있다"고 하여,[77] 국익의 증진과 민권의 보장을 위해 국가의 주인인 국민이 직접 정치에 참여해야 한다는 논리를 전개하였다. 한편 대한제국의 자주독립의 길은 개화자강에 있고,[78] 진정한 문명개화는 국민이 주인이 되어 추진해야 가능하다[79]고 믿은 독립협회 회원들은 문명은 세계의 大勢라 하고, "正理는 가장 뒤에 이기고 이로울 자이라 하니 대한 인민들은 … 정리를 방패와 창으로 삼고 나라 일을 담당하라"[80]고 하여, 국민이 주인이 된 문명개화의 실현과 국가자주권의 확립을 위하여 국민이 정치에 참여해야 한다는 논리를 전개하였다.

조선 후기의 실학자 丁若鏞은, 하늘 아래의 모든 인간을 수평적 관계로 인식하는 기반 위에서, 모든 통치자는 민의에 위해 선출되어야 하고 통치자가 민중을 위한 정치를 베풀지 못하면 민중에 의해 개선되어야 하며, 민중이 법률제정에 참여해야 민중의 이익에 부합되는 법률이 제정된다고 하는 국민참정 의식을 보여주었다.[81] 개화기의 《漢城旬報》는 구미의 정치체제를 소개하는 가운데, 삼권분립과 입헌정체의 우월성을 강조하고 의회제도를 찬미하는가 하면, 구미 여러 나라의 민선에 의한 지방자치제를 선망하여 국민참정권 의식을 간접적으로 내세웠다.[82] 박영효도 상소를 통하여 "縣會의 法을 세워 인민으로 하여금 인민의 일을 의논케 하여 公私 양쪽의 편리를 얻게 할 것"[83]을 건의하였다. 갑오개혁 추진자들은 민의가 반영되는 里會·面會·郡會를 구성하고, 里長은 里民이, 면장은 면회에서 圈選하도록 하는 지방자치 제안을 법제화하여 초보적인 민주주의 정치제도의 실현을 시도하였다.[84] 이

---

77) 《독립신문》, 1898년 12월 17일, 〈나라 사랑하는 논〉.
78) 愼鏞廈, 앞의 책, 160~161쪽.
79) 《독립신문》, 1898년 3월 24일, 논설 및 1897년 8월 7일, 논설.
80) 《독립신문》, 1898년 11월 11일, 〈문명은 세계 바람과 조수〉.
81) 趙 珖, 〈韓國近代文化의 實學的 基礎〉(《韓國史學》 1, 한국정신문화연구원, 1980), 22~23쪽.
82) 姜在彦, 〈개화파에 있어서 자유민권사상의 형성〉(《한국근대사상사 연구》, 한울총서 13, 1983), 91~93쪽.
83) 〈朴泳孝 上疏文〉 중 正政治使民國有定條.

러한 맥락에서 독립협회의 인민참정권사상이 정립되어 갔던 것이다.

독립협회는 집회활동을 통하여 국정에 대한 비판과 감독을 행동화함으로써 국민참정권을 부분적으로 실현코자 하였다.[85] 1898년 2월 27일 독립협회는 회원과 방청객 수백 명이 참석한 집회에서 러시아의 絶影島 석탄고기지 조차 요구를 격렬하게 성토하고, 총대위원을 선출하여 절영도 조차문제를 문의하는 공한을 정부에 보내기로 결의하였다. 이 사실에 대하여 윤치호는 "민주주의의 물결이 한국의 정치에 작용하기 시작하였다"고 평가하였다.[86] 독립협회는 그 해 3월 10일 이래로, 한국 최초의 근대적 민중집회인 만민공동회를 배경으로 자유민권운동을 전개하여 국민참정권을 실현코자 하였다.

한편 독립협회는 국민의 참정권을 제도적으로 실현코자 하였다. 독립협회 회원들은 간도와 연해주의 한인 流移民들이 투표에 의해 직접선거로 자신들의 대표를 선출하여 한인지역에 자치를 시행하고 있음을 소개하고, 국내에서도 민선에 의해 지방관을 선출하면 지방민을 위한 지방행정이 이루어질 것이라 하여, 인민 투표에 의한 지방관 선거제도의 필요성을 강조하였다.[87] 국민참정의 요체는 국민이 그 대표를 선출하여 국회를 만들고, 국회에서 법률을 제정하고 정부를 감독하는 민선의회의 존재에 있다. 독립협회의 국민참정권 실현을 위한 노력도 문명국가의 선례에 따라 의회제도를 마련하는 데 집중되었다. 독립협회는 집요한 노력을 기울여 1898년 11월초에 관선 의석과 민선 의석을 반반씩 규정한 의회식 중추원관제를 제정케 하는 데 성공하였다. 민선이 가미된 의회식 중추원관제의 반포는 제한적이나마 우리 역사상 국민참정권을 최초로 공인한 획기적인 사건이었다.

이처럼 독립협회는 민선 의회제도와 지방관 선거제도의 확립을 통하여 국민참정권을 실현코자 했는데, 의회설립운동은 그 국민참정운동의 핵심이었다.

---

84) 宋炳基 · 朴容玉 · 朴漢卨(편), 《近代韓末法令集》 1(대한민국 국회도서관, 1970), 600~604쪽.
85) 愼鏞廈, 앞의 책, 201쪽.
86) 尹致昊, 《尹致昊日記》 5, 1898년 2월 27일.
87) 《독립신문》, 1897년 1월 16일, 논설.
愼鏞廈, 앞의 책, 203~204쪽.

(5) 민주정치론

독립협회는 국민참정사상을 바탕으로 하여 근대 民主政治論을 제기하였다.

첫째로 독립협회는 다수자를 위한 정치를 구상하였다. 독립협회 회원들은 백성은 국가의 주인이고 정부는 백성을 위하여 설립한 것이라 하여, 국가의 주인인 국민을 위한 정치원칙을 천명하였다.[88] 독립협회 회원들은 국가를 유지케 하는 납세자의 권익을 보호해야 한다는 의식을 가지고, 정책을 결정할 때는 "나라 가운데에 사람이 천만 명 있으면 적어도 8백만 명에게는 유조한 일을 하여야, 그 정치가 국중에 효험이 있고 그 나라가 지탱하며 그 정책을 만든 정부가 부지하는 법이라"[89]고 하여, 정부가 다수 국민을 위한 정책을 입안하고 실시해야 한다는 다수자를 위한 정치를 주장하였다.

둘째로 독립협회는 다수자를 위한 정치와 더불어 공개정치를 주장하였다. 독립협회 회원들은 정부란 국민을 위해 설립되었다는 전제 아래, "일정한 규칙을 행할 때에 백성에게 크게 드러내어 믿게 하여야 그 백성들이 그 정부를 믿는 법이거늘, 만일 정부에서 백성들이 믿고 의탁할 수가 없게 일을 하면 그 나라가 될 수가 없을 터라"[90]고 하여, 공개원칙에 의하여 국민으로부터 신임 받는 정치, 국민에게 책임지는 정치론을 폈다. 그리고 그들은 국민의 살림살이인 예산과 결산을 인민에게 공포해야 한다는 재정의 공개주의와, 국민의 권리를 최종적으로 보장하는 재판의 공개주의를 주장하였다.[91] 뿐만 아니라 군사작전이나 외교 이외의 모든 국사를 공개적으로 처리해야 한다는 공개정치를 주장하였다.[92]

셋째로 독립협회는 공개주의에 입각한 여론정치를 주장하였다. 독립협회 회원들은, 공론하는 인민들이 있어야 정부 일이 잘되고, 시비하는 공론이 많을수록 개화가 잘되며,[93] 공론이 없어지면 정치와 법률이 무너지고 정부관인

88) 《독립신문》, 1896년 11월 21일, 논설 및 1897년 5월 20일, 〈배재학당 김홍경의 시무론〉.

89) 《독립신문》, 1898년 6월 9일, 논설.

90) 《독립신문》, 1897년 5월 20일, 〈배재학당 김홍경의 시무론〉.

91) 《皇城新聞》, 1898년 12월 28일, 논설 및 독립협회 발행의 전단 중 〈獻議六條〉.

92) 《독립신문》, 1896년 6월 30일, 논설.

93) 《독립신문》, 1898년 2월 22일, 〈유지각한 사람의 말〉 및 1898년 11월 17일, 〈반대

들이 국민을 압제하여 국가가 위태롭게 된다고 하여,[94] 공론(=여론)은 국정을 바로잡고, 개화를 촉진하며, 민권을 보장하는 중요한 요소라고 간주하였다. 따라서 그들은 "언론의 자유는 天生權利이며 不可讓의 것"[95]이라는 서양의 천부인권론과, 국왕은 "衆意를 가지고, 衆民이 좋아하는 것을 좇아 정사를 베풀어야 한다"[96]는 동양의 민본사상에 근거하여 여론정치를 주장하였다.

넷째로 독립협회는 여론정치와 더불어 정당정치를 주장하였다. 독립협회 회원들은 '반대'란 '진보'의 원리임을 내세워, 국민은 정부시책을 주시하고 그 잘못을 과감히 반대해야 하며, "정치에도 반대당이 있어서 대소사를 살피고 시비하여야 점점 정치가 바르게 된다"고 하여, 정당정치의 필요성을 논하였다.[97] 그리고 그들은 정당이란 정강과 정책을 국민에게 알리고 이를 공개적으로 추진하는 私黨이 아닌 公黨이어야 한다고 하고,[98] 국민에게 신임을 묻는 정당 그리고 주의·주장을 일관성 있게 추진하는 정당이어야 하며, 반대당에 대한 정치적 보복을 하지 않고 정당간에 정치적 도의를 지키며 정책대결을 해야 한다고 강조하였다.[99] 사실상 독립협회는 자유주의 민주주의적 개혁사상을 고취하기 위한 정치적 당파를 목적으로 창립되었던 것이다.[100]

다섯째로 독립협회는 정당정치와 더불어 입헌정치를 주장하였다. 독립협회 회원들은, "성인도 허물이 있고 정부관인도 眞善眞美할 수 없다"[101]는 인간의 불완전성과 지도자에 대한 제한된 신뢰에 바탕을 두고 법치주의를 주장하였다. 그리고 그들은 "법률이란 것은 전국 인민의 목숨과 재산을 보호하는 일대 혈맥이라"[102]하여 죄형법정주의와 조세법률주의를 주장했고, 국왕도 법률을 준수해야 한다는 '법에 의한 지배' 곧 법치주의를 강조하였다.[103] 나아

의 공력〉.

94) 《독립신문》, 1898년 9월 7일, 〈실효가 있을는지〉 및 1899년 1월 10일, 〈언권자유〉.
95) *The Independent*, October 27, 1898, Fight for the Freedom of Speech. 《독립신문》, 1899년 1월 10일, 〈언권자유〉.
96) 《四書白話句解》, 孟子白話句解 梁惠王章句 下(臺灣瑞成書局), 15쪽.
97) 《독립신문》, 1898년 11월 7일, 〈반대의 공력〉.
98) 《독립신문》, 1896년 8월 27일, 논설.
99) 《독립신문》, 1896년 9월 1일, 논설 및 *The Independent*, August 25, 1896, Editorial.
100) 金道泰, 앞의 책, 247~248쪽 참조.
101) 《독립신문》, 1898년 11월 7일, 〈반대의 공력〉.
102) 《독립신문》, 1898년 10월 20일, 〈청원서〉.

가 그들은 법률과 장정의 실천을 역설하였고, 모든 "법과 令은 다 洪範을 준행"해야 한다고 주장하였다.[104] 당시 독립협회 회원들은 홍범을 일종의 헌법으로 간주하였으므로 홍범의 준행은 입헌주의 곧 입헌정치를 주장한 것이다. 독립협회가 입헌정치를 추구한 사실은, 당시 "협회의 주장은 中樞院을 부활하는 동시에 입헌정치를 하자는 것이었다"[105]는 윤치호의 회고담에서도 확인된다.

여섯째로 독립협회는 입헌정치와 더불어 의회정치를 주장하였다. 의회정치란 국민이 선출한 대표로 구성된 의회에서 국가의 최고 의사를 결정하는 정치방식을 의미하며, 민주정치의 핵심이기도 하다. 독립협회 회원들은 1898년 "의회원을 설립하는 것이 정치상에 제일 긴요함"이라는 제목의 토론회에서 의회설립운동을 표면화시켰다.[106] 그들은 정부의 반대와 국민의 수준을 감안하여 우선 上院式의 중추원을 개설하여 과도적인 의회정치를 실시하려 하였다.[107] 당시 독립협회는 ① 법령을 제정하고 개정하는 입법기관으로서의 의회, ② 지역선거에 의한 것은 아니지만 실제에 있어서는 국민 대표기관으로서의 의회, ③ 국정전반에 걸쳐 정부 통제의 기능을 가지는 국정 최고기관으로서의 의회, ④ 정부가 내각의 형식을 취하고 내각이 의회식 중추원에 책임지게 하는 일종의 책임내각을 전제로 하는 의회를 구상하여 대의정치를 실현코자 하였다.[108]

이와 같이 독립협회는 다수 국민을 위한 정치원칙 아래, 공개정치 · 여론정치 · 정당정치 · 입헌정치 · 의회정치 등을 내용으로 하는 근대 민주정치론을 펴고, 이의 실천운동을 전개하였다.

요컨대 독립협회의 자유민권사상은 국민의 평등과 자유 및 국민주권의 확립을 통하여 국민의 권리를 보장하고, 국민의 단합된 힘으로 국가의 자주권을 수호하며, 나아가 의회민주주의를 구현하여 근대국민국가를 수립하려는

103) 《독립신문》, 1896년 9월 29일, 논설 및 1898년 8월 15일, 〈세받는 권리〉.
104) 《독립신문》, 1898년 7월 13일, 〈협회재소〉.
105) 尹致昊, 〈獨立協會의 活動〉(《東光》 26, 1931년 10월호), 36쪽.
106) 《독립신문》, 1898년 4월 9일, 잡보.
107) 柳永烈, 《開化期의 尹致昊硏究》(한길사, 1985), 124~125쪽.
108) 柳永烈, 위의 책, 205~208쪽.

민주주의사상이었다. 독립협회는 이러한 자유민권의 민주주의사상을 이론으로 뿐만 아니라, 실천운동으로 전개하였다.

3) 자강개혁의 근대화사상

독립협회의 自强改革思想은 열강의 세력균형속에서 국가의 자주독립과 부강 발전을 위하여 국가의 자강능력을 양성하려는 개혁, 곧 국가 사회의 전 분야에 걸쳐 전통체제를 근대체제로의 개혁을 단행하려는 근대화사상을 의미한다. 독립협회의 자강개혁의 근대화사상은 입헌정체론, 상공업경제론, 평등사회론, 근대문화론, 자주국방론 등으로 나누어 볼 수 있다.

(1) 입헌정체론

독립협회는 정치면에 있어서 조선의 전통적인 전제군주제를 근대적인 입헌군주제로 개혁하려고 하였다.

민주주의 정치론을 폈던 독립협회 회원들은 그들이 추구하는 정치체제에 대하여 구체적으로 논급하지는 않았다. 그런데 그들은 신문 논설을 통하여, 동양적 전제정치는 정부가 국가의 권리를 독단하고 민권을 유린하여, 국가 유사시에 인민의 협력을 얻을 수 없게 되어 국가를 빈번히 쇠망케 한다고 하여 전제군주제를 부정하였다.[109] 그리고 그들은 국가란 국민을 위하여 존재하는 것이며 국가의 자주·자강도 결국 국민의 힘에 의하여 달성되는 것이라 믿고, 인권·민권이 보장되는 민주적 정치체제를 추구하였다.[110]

독립협회의 최고 지도자였던 서재필과 윤치호는 원래 미국식 민주주의 정치를 선호하는 인물들이었다. 윤치호는 일찍이 미국 유학시절에, 세계에는 영국의 입헌군주제로부터 조선의 지독한 독재정치에 이르는 여러 형태의 정치체제가 있다고 전제하고, "어느 누구도 미국의 민주주의가 그 결함에도 불구하고, 결국 가장 좋은 정부형태임을 부인치 않을 것이다"고 하여, 미국식 정치체제 곧 공화정체가 최선의 정치체제라고 생각하였다.[111] 1898년 10월

---

109) 《독립신문》, 1898년 12월 15일, 〈민권론〉.
110) 《독립신문》, 1897년 3월 9일, 논설 및 1898년 7월 15일, 〈독립하는 상책〉.

28일 관인과 인민의 국정개혁 협의를 위하여 마련한 관민공동회 첫날에, 독립협회 회장 윤치호가 정부와의 마찰을 피하기 위한 의도에서, 오늘은 "민주주의와 공화정치에 대한 주장은 용납되지 않는다"고 언명한 사실은, 독립협회의 급진소장파가 공화제를 선망하고 있었음을 반증하는 것이다.[112]

그러나 독립협회 회원들은, 인민의 권리로 나라가 된다고 하지만 3천 년 이래로 정부에 빼앗겼던 민권을 일시에 찾을 수 없다는 점을 지적하고 있다.

> 창졸간에 백성의 권리를 모두 주어 나라 일을 하라 할 것도 아니오, 官民이 합심하여 정부와 백성의 권리가 相半된 후에야 대한이 만억 년 부강할 줄로 아노라(《독립신문》, 1898년 12월 15일, 〈민권론〉).

즉, 관·민의 권리가 조화를 이루는 관민공치·군민공치의 정치체제 곧 입헌군주제를 선호하였다. 독립협회 회원들은 "이탈리아에서 전제정치를 폐하고 입헌정치를 행하여, 인민에게 자유권을 주었기에 이탈리아가 통일하였는지라"[113]고 하여 입헌군주제 옹호론을 폈다. 윤치호도 회고담에서, 당시 "협회의 주장은 중추원을 부활시키는 동시에 입헌정치를 하자는 것"이었다[114]고 하여 독립협회의 입헌군주제 지향을 확인해주고 있다.

우리 나라에서 입헌군주제에 대한 선호 의식은 이미 개화 초기부터 나타났다. 《漢城旬報》는 입헌정체에는 君民同治와 合衆共和가 있는데, 조선에는 군민동치의 입헌정체 곧 입헌군주제가 바람직하다는 논조를 보였다.[115] 박영효는 상소에서, 우리 나라에도 과거에 정부와 府縣이 각각 民望에 의해 선발된 山林·座首와 국사를 협의했던 君民共治의 풍습이 있다[116]고 하여, 우리의 전통과 연결하여 군민공치정체 곧 입헌군주제를 건의하였다. 갑신정변 당시 개화당정부가 개혁요강에 "대신과 참찬은 매일 閤門 안의 議政所에서 회

---

111) 尹致昊, 《尹致昊日記》 3, 1893년 9월 23일.
112) *The Independent*, November 1, 1898, An Assembly of All Castes.
113) 《독립신문》, 1898년 12월 7일, 〈정치가론〉.
114) 尹致昊, 〈獨立協會의 活動〉(《東光》 26, 1931년 10월호), 36쪽.
115) 姜在彦, 앞의 글, 93쪽 참조.
116) 〈朴泳孝上疏文〉 중 正政治使民國有定條 참조.

의하고 정령을 논의 결정하여 집행할 것"117)이라 규정했고, 박영효가 상소에서 "국왕의 萬機親裁를 중지하고 각 각료에게 이를 위임할 것"118)을 건의했듯이, 갑신정변 주도자들은 군주전제정치를 내각중심정치로 전환시키고자 하였다. 갑오개혁의 이론가인 유길준은《西遊見聞》에서, 군민공치정체는 인민의 권리를 보호하고 인민의 진취적 기상을 발양하여, 국가를 부강케 하는 最美의 정체라 하고, 그 중 영국의 입헌군주제를 가장 이상적인 정치체제로 간주하였다.119) 그리고 갑오개혁 당시에는 내각제도와 근대적 관료제도가 도입되고 왕실과 국왕의 권한이 크게 축소되어 내각중심의 입헌군주제적 정치가 실시되었다.120) 갑오개혁 추진자들은 제1차 개혁에서는 군국기무처를 입법·자문기관인 의회(議事部)로 만들고자 하였고, 제2차 개혁에서는 중추원을 명실상부한 官選立法部로 개편코자 하였다. 이러한 맥락에서 독립협회의 입헌정체론이 전개된 것이다.

독립협회 회원들은, 법률이란 국민의 권리와 국가의 안전을 보장하는 근본이므로 준수되어야 하고, 법령은 일종의 헌법인 홍범을 준행해야 한다고 하여 입헌주의·입헌정치를 주장하였다.121) 그들은 입헌정체의 요체인 의회에 대해서는, 선진 국가의 선례에 따라 국민의 의사를 대표하는 의회를 설립하여 입헌대의정치를 실시해야 한다고 주장하였다. 그들이 준수할 것을 강조한 新法과 헌법으로 간주한 홍범은 근대적인 법률과 헌법으로서 그 내용이 극히 미흡한 것은 사실이다. 그러나 신법과 홍범은 어느 정도 인권 보장과 군주권 제약 및 법치주의 등 근대적 성격을 내포하고 있었으므로 시행만 되면 최소한의 민권 보장과 정치개혁이 가능하다고 믿었던 것이다. 그러므로 근대적 성격을 지닌 홍범과 신법을 시행하여 아직도 적용되고 있던 反입헌주의적인 구법을 청산시키고 근대적 법률의 지배를 실현코자 한 것이다. 또한 그들이 의회로 간주한 중추원은 관선 절반, 민선 절반으로 구성되고 민선은 독립협회 會衆에서 실시토록 하여, 그 구성 형식에 있어 국민 대표성이 극히

117) 金玉均,《甲申日錄》, 149쪽.
118) 〈朴泳孝上疏文〉 중 正政治使民國有定條 참조.
119) 兪吉濬, 〈政府의 種類〉《西遊見聞》, 145쪽 및 148~151쪽.
120) 柳永益,《甲午更張硏究》(일조각, 1990), 158쪽.
121) 柳永烈, 앞의 글(1973), 65~66쪽.

미흡하였다. 그러나 당시 독립협회는 국민을 대표하는 단체로 공인되어 있었으며, 독립협회 회원들의 중추원 설립도 근대국가의 의회적 기능을 가진 국민의 대표기관을 목표로 구상된 것이었다. 이와 같은 입헌정체론은 사실상 전통적 군주국가를 근대적 국민국가로의 변혁을 추구한 것이었다.

(2) 상공업경제론

독립협회는 경제면에 있어서 조선의 전통적인 농업 중심의 경제체제를 근대적인 상공업 중심의 경제체제로 개혁하려고 하였다.

조선 후기에 농업생산력의 발전과 상업적 농업의 발달, 전국적인 장시의 발달과 공장제 수공업의 발생 등 자본주의의 맹아적 형태가 나타났다. 그러나 세도정치로 인한 정치적 혼란속에서 국가경제의 기간인 전정·군정·환곡의 삼정이 문란해져 농촌경제가 파괴되고 농민생활이 피폐해 갔다. 일찍이 실학자 柳馨遠·李瀷·丁若鏞 등은 경제문제의 해결책으로 농민의 균등한 토지소유를 이상으로 하는 均田制·限田制·閭田制 등의 토지개혁론을 구상하였으며, 실학자 중 徐有榘·李圭景 등 현실적 개혁론자들은 소작지의 균분에 의한 均等耕作論을 제기하였다.[122]

개화인사들은 대체로 실학자 중 현실적 개혁론자들의 토지균등경작론에 의하여 그리고 조세제도의 개혁을 통하여 경제문제를 해결코자 하였다.[123] 갑신정변 주도자들은 개혁요강 14조 중에 地租法의 개혁을 명문화하였고, 갑오개혁 추진자들도 홍범 14조 중에 "인민의 出稅는 모두 법령에 의해서 率을 정하고, 멋대로 명목을 붙이거나 함부로 징수하지 않는다"고 하여 조세제도의 개혁을 중요시하였다. 이러한 맥락에서 독립협회도 관민협상에서 정부에 제시한 건의안 중 제1조에서 "法律所定以外 濫加名目之雜稅 一切革罷事"[124]라 하였고, 관민공동회의 헌의 6조 중에 "전국 재정은 無論某稅하고 탁지부로

122) 金泳鎬, 〈實學思想의 勃興〉(《한국사》 14, 국사편찬위원회, 1975), 142~143쪽.

123) 개화이론가 유길준은 실학자의 '均田之意'는 '仁政之本'이지만, 현실적으로 지주소유지의 박탈이 불가능하다는 점과, 토지의 균등분배는 농민의 요행심을 자극한다는 점에서, 소작제도의 개선과 세제의 개선을 통하여 농촌문제를 해결코자 하였다.

124) 鄭 喬, 《大韓季年史》上, 262쪽.

句管하되 他部와 私會社는 無得干涉할 것"[125]을 규정하였다. 이것은 조세법률주의와 무명잡세의 금지 그리고 조세 관할기관의 일원화를 통하여 국가의 경제체제를 개선하여 민생을 보호하려는 조세제도 개혁론이었다.

독립협회는 조세제도 개혁론과 더불어 산업구조 개편론을 제기하였다. 조선 사회는 전통적으로 농업을 중시하고 상공업을 末業으로 천시하여 그 산업구조는 농업 일변도로 되어 있었다. 독립협회 회원들은 서양 각국이 발달된 제조업의 토대 위에서 생산된 제품을 판매하여 부강국이 되었음을 지적하고, 동방 각국도 서양의 방식을 모방하여 부강을 꾀해야 한다[126]고 했듯이, 조선의 산업구조도 상업 특히 공업의 발전 위에서 개편되기를 기대하였다. 그들은 공업에 기초한 상업 발전뿐만 아니라 농업 개량도 공업적인 방법을 적용해야 성공할 수 있다는 공업적 농업발전론을 제기하기도 하였다.[127] 이처럼 상공업을 축으로 하는 자본주의적 산업발전을 조선 경제발전의 모델로 삼은 독립협회 회원들은, 조선의 산업별 인구 비율도 농업 편중에서 벗어나 적어도 농업 50%, 상공업 30%, 기타 관직과 지식인 직종 20% 정도의 근대적인 산업구조로 개편되어야 한다고 생각하였다.[128]

독립협회는 공업 발전을 위하여 근대적 공장제공업론을 제기하였다. 독립협회 회원들은 증기기관과 기계를 이용하면, 노동력과 생산시간이 절감되며, 제품의 품질이 향상되고 가격이 저렴하게 되어, 수공에 의한 것보다 훨씬 이익이 있다고 하여, 조선도 서양 각국처럼 수공업을 공장제공업으로 전환할 것을 강조하였다.[129] 그들은 증기기관과 기계를 도입하여 방직공업·철공업·목재공업·제지공업·유리공업·피혁공업 등을 육성하려 하였는데, 그중 방직공업을 특히 중요시하였다. 그 이유는 방직공업은 당시 국내에서 가장 규모가 큰 업종이었는데, 영국과 일본의 면직물이 국내 시장을 장악하고 있었으므로, 기계제 방직공장을 건설하는 것이 급선무라고 생각했기 때문이며,

---

125) 《皇城新聞》, 1898년 11월 1일, 〈독립협회 발간의 獻議六條〉.
126) 《大朝鮮獨立協會會報》 10, 1897년 4월 15일, 〈紡織機械說〉.
127) 《大朝鮮獨立協會會報》 7, 1897년 2월 28일, 〈東方各國이 西國工藝를 倣効하는 總說이라〉.
128) 《독립신문》, 1897년 6월 1일, 논설.
129) 《大朝鮮獨立協會會報》 7, 1897년 2월 28일, 〈格致論〉.

한편 영국의 산업혁명이 면방직공업을 중심으로 이루어졌으므로, 조선도 영국식의 산업혁명을 일으켜야 한다고 생각했기 때문이다.[130)]

독립협회는 국가경제의 발전에 있어 공장제공업론과 더불어 국제무역 확대론을 제기하였다. 독립협회 회원들은 당시 조선에서 옷·기름·성냥·사기그릇 등 외제 생활필수품이 범람하고 있는 사실을 지적하고, 조선 인민들이 상품을 제조하고 상무에 힘쓰지 않으면 가난과 외국의 간섭을 면할 수 없다고 하여 상공업부국론을 폈다.[131)] 그리고 그들은 국내에 공업을 일으켜 수입품을 대체하고, 견직물·마직물·한지·인삼·목재·해산물 등의 품목을 개발하여 수출을 증대함으로써 무역 역조를 시정해야 한다는 무역부국론을 폈다.[132)]

나아가 독립협회 회원들은 조선의 근대적 경제건설을 위하여 근대적 공장제공업론과 더불어 공업원료로서 금·은·동·철·석탄 등 지하자원을 개발하여 국부의 원천으로 삼아야 한다는 광산개발론을 폈다.[133)] 그리고 그들은 근대적인 회사와 은행의 설립,[134)] 도량형의 통일,[135)] 금은본위 화폐제도의 확립,[136)] 과학기술의 연구와 교육,[137)] 근대적 교통시설의 마련[138)] 등을 산업 발전에 있어 불가결의 요소라고 인식하였다.

이와 같은 독립협회의 경제발전론은 농업 위주의 전통적 봉건경제체제를 상공업이 주도하는 근대적 자본주의 경제체제로 전환시키고자 한 것이었다.

---

130) 愼鏞廈, 앞의 책, 231쪽.
131) 《독립신문》, 1897년 8월 7일, 논설.
132) 愼鏞廈, 앞의 책, 240쪽.
133) 《독립신문》, 1898년 1월 29일, 잡보 및 5월 31일, 잡보.
134) 尹致昊, 《尹致昊日記》 5, 1897년 12월 14·20일.
《독립신문》, 1898년 2월 17일, 논설.
135) 《독립신문》, 1896년 12월 10일, 논설 및 1898년 9월 16일, 〈승두척평〉.
136) 《독립신문》, 1897년 10월 30일, 잡보 및 1898년 7월 12일, 〈동전으로 은전 몰아낸다〉.
137) 《大朝鮮獨立協會會報》 7, 1897년 2월 28일, 〈方各國이 西國工藝를 倣效하는 總說이라〉.
138) 《독립신문》, 1896년 5월 9일·11월 7일, 논설 및 1897년 8월 31일, 논설.
《大朝鮮獨立協會會報》 16, 1897년 7월 15일, 〈創鐵道路宜先使民人咸知利益說〉.

(3) 평등사회론

독립협회는 사회면에 있어서 차별적인 양반사회체제를 평등한 시민사회체제로 개혁하려고 하였다.

문호개방 이후, 조선사회에는 열강의 침탈에 의하여 전통체제가 흔들리고 근대사상이 전래되면서 새로운 사회를 건설하려는 움직임이 나타났다. 갑신정변 당시 개화당정부는 14개조의 개혁정강에서, 문벌의 폐지와 인민평등권의 확립을 규정하여 평등사회를 향한 첫 발걸음을 내딛었다. 조선 후기이래 민란의 연속선상에 선 동학농민군은 12개조의 폐정개혁안에서 노비문서의 소각, 신분제도의 타파, 토지의 평균분작 등을 내세우고 새로운 사회를 만들고자 하였다. 갑오개혁의 추진자들은 양반·평민계급의 타파, 백정·광대 등 일체 천민신분의 폐지, 공사노비제도의 혁파, 인신매매의 금지 등 봉건적인 요소를 제도적으로 타파하여 근대적 평등사회의 기틀을 마련하였다. 이러한 맥락에서 독립협회의 평등사회 지향의 논리가 전개되었다.

첫째로 독립협회는 신분제도의 폐지를 주장하였다. 당시 신분차별의 문제는 班常制度와 노비제도였다. 이 두 가지 제도는 이미 갑오개혁 때에 폐지되었으나 현실적으로는 여전히 잔존해 있었다. 따라서 독립협회 회원들은 이미 칙령으로 없애버린 양반과 상민의 차별을 현실적으로 폐지하고, "창자 속에 양반만 들어앉아 명분만 좋아하는" 이른바 양반 근성을 송두리째 뽑아버릴 것을 역설하였다.[139] 그들은 "사람이 사람을 사고 팔고 할 권리가 없는 것은 천한 사람이나 귀한 사람이나 하나님께서 받은 사람의 권리는 같은 까닭이다"[140]라고 하여, 천부인권설에 의거해서 인신매매와 노예제도의 근절을 주장하였다. 또한 그들은 법률이란 상하·귀천·빈부와 세력의 유무를 불문하고 공평해야 한다[141]고 하여 누구나 법률적으로 동등한 대우를 받아야 한다는 법률 적용의 평등성을 강조하였다. 이것은 신분차별 없는 평등사회의 추구를 의미하는 것이다.

---

139) 《독립신문》, 1896년 6월 18일, 논설 및 1898년 3월 31일, 〈독립협회 회원 의견서〉.
140) 《독립신문》, 1897년 10월 16일, 논설.
141) 《독립신문》, 1896년 7월 11일, 논설.

둘째로 독립협회는 기회의 균등을 주장하였다. 일찍이 실학자들은 지방의 면 단위까지 학교를 세워 8세의 아동을 신분의 차등 없이 균등하게 교육을 시키고, 능력에 따라 순차적으로 상급학교에 진학시켜, 그 중 유능한 인재를 천거하여 관리로 등용하는 公學制度의 실시를 주장하였다.[142] 이러한 교육과 관직의 기회균등 의식은 개화인사들에게 계승되었다. 독립협회 회원들은 신분제도의 폐지에서 한 걸음 나아가, 전국 인민이 신분차별 없이 實狀학문을 배우도록 하여 필요한 인재를 길러야 한다는 교육의 기회균등을 주장했으며, 양반·상민의 차별 없이 실력과 능력에 따라 공직을 분담해야 한다는 공무담당의 균등을 주장하였다.[143] 이것은 기회균등의 평등사회의 추구를 의미하는 것이다.

셋째로 독립협회는 지역의 평등화를 주장하였다. 조선시대에는 인간차별뿐만 아니라, 지역차별이 심하여 서북지방과 개성·강화도 사람들은 억압당하고 정계의 진출이 막혔는데, 대원군은 지역차별을 두지 않고 서북인과 개성인까지 등용하여 인재를 썼다.[144] 독립협회 당시에도 중앙과 지방의 차별이 심했고 특히 서북지방에 대한 차별은 대표적이었다. 독립신문은 창간호에서 "서울 백성만을 위할 게 아니라 조선 전국 인민을 위하여 무슨 일이든지 代言하여 주려함"[145]이라 하여 지역차별의 철폐를 선언하였다. 그리고 독립협회 회원들은 "정부에 들어오는 돈인즉 모두 시골 백성에게서 오는 것이로되 그 돈 쓰기는 서울 백성만 위하여 쓰는 모양"이라고 하여, 정부의 서울중심 시책을 비판하고, 서울과 지방에 있어서 세금과 시설과 치안의 공평 등 지역의 평등화를 주장하였다.[146] 이것은 지역차별 없는 평등사회의 추구를 의미하는 것이다.

넷째로 독립협회는 남녀평등을 주장하였다. 갑신정변의 주도자 박영효는 국왕에 보낸 상소문에서 남녀 부부의 권리균등과 남자의 취첩 금지를 건의

---

142) 金龍德, 〈重商論과 技術學의 導入論〉(《한국사》 14, 국사편찬위원회, 1975), 268쪽.
143) 《독립신문》, 1896년 12월 22일, 논설 및 *The Independent*, December 22, 1896, The Editorial 및 November 19, 1898, Editorial 참조.
144) 李瑄根, 〈大院君의 政治〉(《한국사》 16, 국사편찬위원회, 1975), 60쪽.
145) 《독립신문》, 1897년 4월 7일, 논설.
146) 《독립신문》, 1896년 6월 9일, 논설.

하였다.[147] 갑오개혁 추진자들은 남녀 조혼의 금지, 과부 재혼의 허용, 남편의 아내에 대한 강폭 금단 등 여성의 지위 향상을 위한 법안을 만들었다.[148] 이러한 맥락에서 독립협회 회원들은 여성의 지위 특히 남자의 부속 상태에 있는 부인의 지위는 남성의 억압과 여성의 무교육에서 기인한다고 분석하고, 종래의 취첩을 인정하는 결혼제도의 비윤리성을 통렬히 비판하며 여권운동을 고무하였다.[149] 이에 고무되어 창립된 우리 나라 최초의 근대적 여성단체인 贊襄會는 여성 스스로 남녀평등을 선언하고, 여권의 신장 및 대한의 문명국화와 타국과의 평등화를 위해 노력할 것을 다짐하고, 여성들의 사회운동에의 참여를 밝혔다.[150] 찬양회는 남녀평등의 실현을 위해 여학교 설립운동을 전개했을 뿐만 아니라, 독립협회가 주도하는 민권운동에도 참여하였다.[151] 이것은 남녀차별 없는 평등사회의 추구를 의미하는 것이다.

본래 평등의 원칙은 서구에서는 자유주의의 시대적 요청에 따라서 "특권계급의 철폐와 시민계급의 평등한 참정권과 법률 적용의 평등을 그 내용으로 하는 시민계급의 해방을 위한 정치적 이데올로기"였다.[152] 독립협회 회원들은 이러한 서구의 평등사상을 수용하여 반상제도와 남존여비, 빈부귀천의 차별 등 전통적 신분질서를 타파하고, 천부의 인간의 권리가 보장되는 평등사회를 구현코자 하였다. 이것은 신분 본위의 전통적 특권사회를 능력 본위의 근대적 평등사회로 전환시키려는 변혁논리였다.

(4) 근대문화론

독립협회는 문화면에서는 조선시대의 형식적인 인문중심의 문화형태를 실용위주의 근대적 문화형태로 전환시키려 하였다.

문호개방 이후 서양의 근대문화를 접하게 된 조선정부는 서구문화의 섭취를 위한 근대교육에 눈을 돌리게 되었으며, 제국주의 열강의 침략에 대처하

---

147) 〈朴泳孝 上疏文〉 중 使民得當分之自由以養元氣條 참조.
148) 柳永益, 앞의 글, 280~281쪽 참조.
149) 《독립신문》, 1896년 4월 21일, 논설 및 6월 6·16일, 논설.
150) 《독립신문》, 1898년 9월 9일, 잡보 및 10월 13일, 〈부인상소〉.
151) 《독립신문》, 1898년 9월 9·13·15·26·27·28일 및 10월 7·8·13·29일 기사.
152) 文鴻柱, 앞의 책, 177쪽.

기 위해 개화·개혁의 필요성을 절감한 민간인들도 근대교육운동을 폭넓게 추진하였다. 한편 조선에 진출한 기독교 선교단체들도 근대학교를 세웠다.[153] 조선의 근대교육은 개화운동의 일환으로 1880년대부터 시작되었다. 함경도 德源 주민들은 개화파 인사들의 권유에 의하여 元山學舍를 세웠고, 정부는 同文學이라는 영어강습소를 세웠으며, 育英公院을 세워 상류층 자제들에게 근대학문을 교육하였다. 개신교 선교사들도 배재학당과 이화학당을 세웠다. 1890년대에는 갑오개혁에 의해 근대적 교육제도가 마련되고, "국가의 부강은 국민의 교육에 있다"는 敎育立國詔書가 반포되어, 소학교·중학교·사범학교·외국어학교 등 각종 관립학교가 세워지면서 근대교육이 본격화되었다.

첫째로 독립협회는 자강개혁의 근대화를 이루는 데 있어 국민에 대한 근대지식과 근대교육의 보급을 제1차적인 사업으로 제시하였다. 독립협회 회원들은 독립과 자강을 위하여 가장 중요한 것은 "교육을 普施하여 인민이 실학실업을 연구케"하는 것[154]이라 하여, 제1회 토론회 주제도 "조선에 급선무는 인민의 교육임"으로 정하였으며, 정부도 "돈을 들여 첫째 학교를 설시하고, 둘째 각양 제조소를 설립할 것"[155]을 주장하였다. 그들은 입헌정체를 마련하여 국민국가를 건설하는 데에도, 근대산업을 개발하여 부국강병을 이루는 데에도, 자유민권을 확립하여 시민사회를 만드는 데에도, 그리고 국민에 의한 전반적인 자강개혁을 추진하는 데에도 국민의 근대지식이 필수 불가결의 요소라고 생각했던 것이다.[156]

둘째로 독립협회는 우선적으로 어린이 교육과 여성교육을 강조하였다. 독립협회 회원들은 어릴 때의 교육이 가장 효과가 있으며, "전국 어린이들을 잘 가르쳐 놓으면 전국 인구가 다 교육될 터"이라 하여, 어린이 교육과 소학교 설립을 가장 시급한 것으로 생각했고, "어머니의 지식과 학문 유무가 자녀의 교육에 크게 관계가 되는 것"이며, 지식 있는 부인이 진정한 내조자가

153) 姜萬吉, 《고쳐 쓴 한국근대사》(창작과 비평사, 1994), 287쪽.
154) 《大朝鮮獨立協會會報》 4, 1897년 1월 15일, 〈北米合衆國의 獨立史를 閱하다가 我大朝鮮國獨立을 論함이라〉.
155) 《독립신문》, 1897년 8월 29일, 논설.
156) 愼鏞廈, 앞의 책, 644쪽.

된다고 하여, 남성교육과 똑같이 여성교육과 여학교설립이 중요하다고 역설하였다.[157] 이것은 양반중심·남성중심의 전통교육에서 남녀를 포함한 전국민에 대한 보통교육으로의 전환을 의미한다. 이들은 소학교와 여학교가 어느 정도 전국적으로 설립된 다음에는, 외국의 제도를 참작하여 중학교와 대학교를 설립해야 할 것이며,[158] 실업학교와 전문학교, 특히 공업기술학교의 설립과 농업학교의 설립이 시급한 것으로 생각하였다.[159]

셋째로 독립협회가 강조한 근대교육의 내용은 '실상학문' 또는 '실학'이었다. 독립협회 회원들은, 구지식은 경서·사서·시문·譜學·理氣哲學을 중심으로 이루어진 것으로 '虛學'에 불과하며, 신지식은 '利用厚生 富國强兵 實事求是'를 내용으로 하는 '실학'이라고 주장하였다.[160] 그리고 그들은 서양 각국은 실학을 숭상하여 부강한 나라가 되었고, 한국은 허학만 숭상하여 빈약한 나라가 되었다고 판단하고, 정부에서 "허학을 없애고 실학을 숭상하여 인민의 공업을 홍왕케 가르치는 것이 제일 방책"이라고 주장하였다[161] 이처럼 독립협회 회원들은 서양의 학문과 지식 곧 실상학문을 하여야 근대적인 강국이 될 수 있다고 주장하였다. 그들이 실상학문·근대교육으로 강조한 교과목은 정치학·경제학·법률학·兵學·의학·理財學·商務學·농학·산림학·공학·기계학·格致學·수학·화학·생물학·천문학·지리학·역사학(세계사, 국사)·국어학·외국어학·체육 등이었다.[162] 여기에는 근대산업 발달과 관계되는 실업계통의 과목, 과학기술의 발달과 관계되는 이공계통의 과목, 그리고 근대국가의 경영과 관계되는 사회과학 계통의 과목이 망라되어 있고, 민족문화나 민족정신과 관계되는 한국학 계통의 과목도 포함되어 있다.

넷째로 독립협회 회원들은 국가의 자강독립을 위해서는 '세계와 時勢'를 알고 '자기'를 알아야 한다는 생각에서, '외국 학문'과 더불어 '조선의 일을 공

157) 《독립신문》, 1898년 9월 13일, 〈여인교육〉.
158) 《大朝鮮獨立協會會報》 14, 1897년 6월 15일, 〈興新學說〉.
《독립신문》, 1897년 7월 6일, 논설.
159) 尹致昊, 《尹致昊日記》 5, 1897년 2월 7일 및 8월 5일.
160) 《독립신문》, 1897년 8월 17일, 〈윤치호 연설〉 및 1898년 3월 8일, 논설.
《大朝鮮獨立協會會報》 1, 1896년 11월 30일, 〈獨立協會序〉.
161) 《독립신문》, 1898년 6월 14일, 논설.
162) 愼鏞廈, 앞의 책, 226쪽.

부'해야 한다고 하여, 국사와 국어의 연구와 교육을 중시하였다.[163] 그들은 역사란 "옛적 것만 史記라 하는 것이 아니라 어저께 것도 사기요 아까 것도 사기라"하고, "자기 나라 사기만 공부하는 것이 아니라 세계 각국 사기를 공부하여" 과거 일과 현재 일을 알고 미래 일을 전망하는 데에 역사 공부의 목적이 있다고 보았다.[164] 이처럼 독립협회 회원들은 세계사적 관련속에서 국사를 연구할 것을 강조하면서도, "남의 나라의 사기도 알려니와 자기 나라 사기를 먼저 알아" 조국의 흥쇠를 파악하여 교훈으로 삼는 것이 애국의 길이라고 하여,[165] 국사의 연구를 통하여 민족의식을 가지고 국가의 현실 문제를 풀어갈 수 있다고 보았다. 한편 독립협회 회원들은 종래 '諺文'으로 천시되던 한글을 '국문'이라 칭하고, 근대적인 문법체계 면에서 볼 때 "조선 글자가 세계에서 제일 좋고 학문이 있는 글자"라고 하여 한글의 우수성을 강조하고,[166] 국문법을 연구 정리했으며, 한글 띄어쓰기를 시행하였다. 뿐만 아니라 그들은, 한문은 어려워 지식을 특수 계층에 독점케 하고, 한글은 쉬워서 모든 국민이 학문을 할 수 있게 한다는 이유를 들어 '국문전용'을 주장했고, 독립신문을 통하여 이를 실천하였다.[167]

이처럼 독립협회는 세계 각국의 실용적인 근대문화를 수용하여 국가의 자강을 실현하고, 우리의 역사·언어·문화를 합리적으로 발전시켜, 중국중심의 한자문화권에서 탈피하여 세계문화권 속에 새로운 한국문화권을 정립하려 하였다.

(5) 자주국방론

독립협회는 군사면에서는 종래의 치안유지체제를 자주국방체제로 전환하려 하였다.

일본의 무력에 의한 문호개방 이래로 조선의 뜻 있는 개화인사들은 외세의 침략에 위기감을 가지고 국방력 강화에 깊은 관심을 기울였다. 김옥균은

---

163) 《독립신문》, 1896년 5월 30일, 논설.
164) 《독립신문》, 1898년 4월 2일, 논설.
165) 《독립신문》, 1896년 9월 22일, 논설.
166) 《독립신문》, 1897년 4월 22일, 〈주상호씨 국문론〉.
167) 《독립신문》, 1896년 4월 7일, 논설 및 1897년 8월 5일, 논설.

1886년의 상소를 통하여, 청국과 일본은 믿을 수 없는 나라라 하고, 근대적 정치개혁과 부국강병을 통하여 열강의 침략을 방지할 것을 국왕에게 건의하였다.[168] 박영효도 1888년의 상소를 통하여, 당시 국제사회를 약육강식의 사회로 파악하고, 兵學校의 설치, 군제의 통일, 水軍의 중흥, 무기의 제조, 수만 명의 양병 등 10개항의 국방대책을 국왕에게 건의하였다.[169] 또한 갑오개혁 추진자들은 근대적인 상비군을 양성 유지할 계획을 세우고 이를 실현함으로써 부국강병을 이루고자 하였다.[170] 이러한 맥락에서 독립협회의 자주국방론이 제기되었다.

독립협회는, 당시 조선의 독립은 한반도에서의 열강의 세력균형에 의하여 유지되고 있으며, 조선의 독립을 지속적으로 유지하기 위해서는 현실적으로 불가능한 군사력의 급속한 증강보다 자주적이고 중립적인 선린외교가 중요하다는 논리를 펴기도 하였다.[171] 그러나 독립협회 회원들은, 시베리아철도를 부설하여 남하하는 러시아와 군비확장에 부심하는 일본이 한반도에서 충돌할 위험을 경계하고, 조선이 군사적 자위체제를 갖출 필요성이 있음을 논했으며,[172] 근대 영국과 독일 등 열강의 선례를 들어 상업과 공업 발전의 토대 위에서 '武力' 양성의 중요성을 논하였다.[173] 사실상 독립협회가 구상한 자주독립의 본질적인 방법은, 한반도에서 열강의 세력균형이 유지되는 동안에 개화·자강을 실현하여 자주독립의 기초를 확립하고,[174] 병력과 군비를 충실히 갖추어 외적의 침략을 예방해야 한다는 '군사적 자강독립론'이었다.[175]

첫째로 독립협회는 군대는 '국민의 군대'라는 근대적 국민군대관을 가졌다. 독립협회 회원들은 국민은 국가의 근본이고 통치권의 근거이며 국가의 주인

---

168) 姜在彦, 앞의 책, 108쪽.
169) 〈朴泳孝上疏文〉 중 宇內之形勢條 및 治武備保民護國條 참조.
170) 柳永益, 앞의 책, 212~214쪽.
171) 《독립신문》, 1896년 12월 19일, 논설 및 1897년 5월 25일, 논설.
172) 尹致昊, 《尹致昊日記》 5, 1897년 8월 17일.
《皇城新聞》, 1898년 11월 25일, 〈俄國強兵會論〉.
《독립신문》, 1897년 1월 14일, 논설.
173) 《大朝鮮獨立協會會報》 7, 1897년 2월 28일, 〈敎育의 急務〉.
174) 愼鏞廈, 앞의 글, 160~161쪽.
175) 《독립신문》, 1897년 8월 12일, 논설.

이라 하고, 결국 국가는 국민의 국가라는 '국민국가관'을 가지고 있었다.[176] 그리고 그들은 군사는 본질적으로 국왕을 위한 국왕의 군대가 아니고, 국가의 주인인 국민을 위한 국민의 군대라고 주장하였다.

> 군사라 하는 것은 … 정부보다도 백성을 위하여 만든 것이라, … 군사의 직무는 백성을 위하려니까 님군께 충신들이 되어야 할 터이오(《독립신문》, 1896년 7월 9일, 논설).

이와 같은 새로운 국민국가관과 국민군대관에 의하여, 독립협회는 왕조체제의 유지를 위해서가 아니고, 국민국가의 방위를 위한 근대적 국방체제를 제창하였다.

둘째로 독립협회는 해군의 창설에 의한 강력한 국방체제의 확립을 주장하였다. 국토의 3면이 바다이고 임진왜란 때 이순신 휘하의 수군이 조국방위에 결정적인 역할을 했음에도, 그 후 조선의 수군은 유명무실하였다. 박영효는 국방 대책으로 수군의 재건을 강조하였다. 독립협회 회원들은 "인민의 재산이 부요하고 해육군이 강해야 조선사람들이 타국인과 동등하게 된다"고 하고,[177] "해육군을 길러 외국이 침범하는 것을 방어"해야 한다고 주장하였다.[178] 이것은 근대적 해군을 창설하여, 국방의 기본체제를 육군 단일체제에서 육해군 竝立體制로 전환하려는 의도이며, 종래 민란 대비를 위주로 하는 왕조국가의 치안유지체제에서 외국침략 대비를 위주로 하는 국민국가의 자주국방 체제로의 전환을 의미하는 것이다.

셋째로 독립협회는 군비의 강화와 병력의 확충에 의한 강력한 국방체제의 확립을 주장하였다. 독립협회 회원들은 외적보다 나은 신식무기와 군사장비를 갖추어야 외적의 침략을 막을 수 있다는 생각에서, 방치 상태에 있는 機器局을 강화하고, 機器廠을 보수 확장하여 군비를 충실하게 갖출 것을 주장하였다.[179] 한편 당시 조선의 군대는 친위대와 지방대로 편성되었는데, 군대

---

176) 柳永烈, 〈獨立協會의 性格〉(《한국사연구》 73, 1991), 68쪽.
177) 《독립신문》, 1897년 2월 27일, 논설.
178) 《독립신문》, 1897년 6월 1일, 논설.
179) 《독립신문》, 1897년 8월 12일, 논설.

의 수적인 면만 보아도 대외적 방위체제가 너무 취약하였다. 그러므로 독립협회 회원들은 유사시에 대비하여 병력을 증가시켜 강력한 군사력을 보유해야 한다고 주장하였다.[180]

넷째로 독립협회는 무관학교를 설립하여 자주적 군사훈련에 의한 강력한 국방체제의 확립을 주장하였다. 독립협회 회원들은, 강한 군대는 그 수에 있지 않고 그 교육에 있으며, 군사교육에 있어 병술교육 뿐만 아니라, 忠義·기율 등 정신교육의 중요성을 강조하였다.[181] 그들은 당시 조선정부가 군사훈련을 위해 러시아 교관을 고빙하는 데 대하여, 조선을 위한 정신교육뿐만 아니라, 외국어 구령에 의한 병술교육에도 문제가 있음을 지적하고, "군사 조련하는 일보다 군사 조련할 사관을 가르치는 것이 급선무"임을 강조하고, 무관학교의 설립을 주장하였다.[182] 그들은 무관학교를 세워 장교를 양성하여, 조선의 장교가 조선의 구령으로 군사교육을 실시해야 조선정신을 가진 강력한 군대를 양성할 수 있다고 믿었던 것이다.

결국 독립협회는 국내의 치안유지에 급급하던 전통적 왕조군대를 대외적 국토방위에 주력하는 근대적 국민군대로 개편하여 자주국방체제를 확립하려 했던 것이다.

요컨대 독립협회의 기본사상은 자주국권사상·자유민권사상·자강개혁사상으로 구성되어 있다. 독립협회의 자주국권사상은 국가의 평등과 자주 및 국가주권을 확립하여 외세의 침탈로부터 완전한 자주독립국가를 수립하려는 대외적인 민족주의사상이었으며, 나아가 민주국민을 육성하여 민주적 국민의 힘으로 자주국권을 확립하려 한 점에서 내부적으로 민주주의를 포괄하는 근대 민족주의사상이었다. 독립협회의 자유민권사상은 국민의 평등과 자유 및 국민주권을 확립하여 국민의 기본적 권리를 보장하고, 국민의 단합된 힘으로 자주국권을 수호하며, 나아가 근대의회정치를 구현하여 근대국민국가를 수립하려는 민주주의사상이었다. 독립협회의 자강개혁사상은 열강의 근대적 침탈체제

愼鏞廈, 앞의 책, 241쪽 참조.

180) 《독립신문》, 1897년 5월 11일, 〈시무론〉.

181) 《독립신문》, 1896년 7월 9일, 논설.
《大朝鮮獨立協會會報》 13, 1897년 5월 31일, 〈獨立論〉.

182) 《독립신문》, 1897년 9월 21일, 논설.

로부터 국권을 수호하고, 지배층의 봉건적 압제체제로부터 민권을 보장하기 위하여, 정치·경제·사회·문화·군사 등 국정 전 분야에 걸쳐 선진 열강과 동일한 근대체제를 갖추려는 근대화사상이었다. 독립협회의 민족주의·민주주의·근대화사상은 유기적인 하나의 사상체계로 형성되어 대한제국 말기의 애국계몽사상으로 계승되었다.

〈柳永烈〉

Ⅳ. 독립협회의 활동

1. 독립의식의 계발
2. 국권수호 및 민권보장
3. 참정권운동과 개혁의 추진

Ⅳ. 독립협회의 활동

1. 독립의식의 계발

1) 독립기념물의 건립

독립협회가 창립된 1896년 7월 2일부터 독립협회의 구국운동선언 이전인 1898년 2월 20일까지의 시기에 독립협회는 독립문·독립관·독립공원 등 독립기념물 건립을 통하여 국민 대중에게 독립의지와 애국정신을 고취하였고, 신문·잡지·강연회·토론회 등을 통하여 국민 대중을 근대적 지식과 국권·민권사상으로 계몽하였다.

徐載弼은 1895년 12월 26일 귀국하자 얼마 후, 우리 나라가 노예의 굴레를 벗어버리고 완전히 자주독립국이 되었다는 상징으로 迎恩門[1)]이 서 있던 자리에 독립문과 독립공원을 건립할 것을 구상하여 이를 정부와 뜻있는 인사들에게 제의하였다. 이는 조선이 자주 독립국가임을 외국사람뿐만 아니라 조선사람 자신들조차도 제대로 인식하지 못하고 있는 듯하였으므로 상징적인 기념물을 만들어 주지시키려는 것이었다. 독립문 건립의 제의는 광범위한 지지를 받았다. 정부에서는 독립문을 건립하고 독립공원을 조성하자는 서재필의 제안을 수용한 다음 이 사업을 적극적·공개적으로 추진할 목적으로 고종의 재가를 받아 냈다.

독립문과 독립공원 건립에 대한 구체적 논의는 1896년 6월 20일 경부터 시작되었다. 새로 독립문을 세운다는 일은 단순히 전통적인 청에 대한 의존관념을 청산하자는 데 그치는 것이 아니었다. 이 때의 독립문 건립의 추진자

1) 영은문은 慕華館 앞에 세웠던 一脚門으로 1895년 2월에 김홍집내각에 의해 이미 철거되었다.

들은 다만 중국의 영향으로부터의 독립을 선언할 뿐만 아니라 일본·러시아 및 그 밖의 모든 서구 열강으로부터의 독립을 선언하기 위하여 독립문을 세우려 하였다.[2)]

한편 독립문의 건립, 독립공원의 조성 등은 넓은 의미에서 볼 때 내외의 압력에 직면한 정부측의 상징 조작적 의미도 갖고 있다. 다시 말하면 외압과 내부로부터 분출되는 요구에 직면한 정부측 대책의 한 형태로 상징물의 조성을 통한 자주독립 의식의 환기를 위해 독립협회의 독립문·독립관·독립공원 등의 독립기념물 조성을 후원하였다.[3)]

독립문 건설의 취지는 다음과 같았다.

> 그 문 이름은 독립문이라 하고 새로 문을 그 자리에다 세우는 뜻은 세계 만국에 조선이 자주 독립국이란 표를 보이자는 뜻이요… 남의 나라에서는 승전을 한다든지 국가에 큰 경사가 있다든지 하면 그 자리에 높은 문을 짓는다든지 비를 세우는 풍속이라. 그 문과 그 비를 보고 인민이 자기 나라의 권리와 명예와 영광과 위엄을 생각하고 더 튼튼히 길러 후생들이 이것을 잊어버리지 않게 하자는 뜻이요 또 외국 사람들에게 그 나라 인민의 애국하는 마음을 보이자는 표라(《독립신문》, 1986년 6월 2일, 논설).

독립문 건립의 추진자들은 이 민족적 사업을 이루기 위해 협회를 창립할 필요성을 절감하고 1896년 7월 2일 독립협회를 창립하였다.

창립초부터 1897년 8월 토론회가 개최되기 전까지의 시기에는 독립문·독립공원·독립관의 건립사업과 독립문 건립 모금운동이 독립협회 활동의 핵심을 이루었다. 이 기간에는 독립협회의 조직도 창립초의 고급관료의 주도하에 있었다.

독립협회의 창립 총회에서는 전문 21개조 된 〈독립협회 규칙〉을 제정하여

---

2) 愼鏞廈, 《獨立協會硏究》(일조각, 1976), 251쪽.
   The Independent, 1896년 6월 20일, Editorial.
3) 李玟源, 〈대한제국의 개혁과 그 실태 －정부와 독립협회의 황권인식과 관련하여－〉(《한국민족운동사연구》 9, 이문사, 1994), 6쪽.
   ———, 〈대한제국의 성립과 광무개혁－독립협회에 대한 연구성과와 과제－〉(《한국사론》 25, 국사편찬위원회, 1995), 282쪽.

공포하고, 임원을 선출하였다. 독립협회는 그 창립의 목적이 독립문·독립공원의 건립이었으므로 〈독립협회 규칙〉 제2조에 "독립협회에서는 獨立門과 獨立公園을 건설하는 사무를 管掌할 事"라고 하여 그 목적을 명시하였다.4)

독립협회는 독립문·독립공원·독립관의 건립을 백성들의 성금으로 추진하였다. 독립협회는 창립 즉시 〈獨立協會輪告〉를 채택하여 독립문 등의 건립사업에의 적극적 참여를 호소하였다.5) 《독립신문》은 7월 4일자 논설을 통해 독립협회의 창립목적을 널리 선전하여 국민의 동참을 호소하였으며, 기부자 명단을 신문에 게재함으로써 협회의 사업을 적극 지원해 주었다.

독립협회 창립총회에서 발기 위원들은 창립과 동시에 전국민 앞에 솔선수범하기 위해 독립문·독립공원·독립관 건립기금으로 510원의 보조금을 거두어 헌납하였다. 초기에는 협회 임원진과 일부 현직관료들의 보조금이 주류를 이루었다.

보조금 모집의 획기적인 전기는 왕실이 왕태자의 명의로 7월 20일경 1천원을 하사하면서 마련되었다. 이는 고종 자신이 스스로 재가해 준 독립문 건립에 얼마나 지대한 관심을 갖고 있는가를 보여준다. 더욱이 왕실이 거액의 보조금을 납부했다는 사실은 일반 국민과 외국인, 그리고 현직관료들에게 커다란 자극제가 되었다. 內部는 지방국장 金重煥의 명의로 公札을 각도 관찰사에게 보내어, 각 지방의 관찰사 이하 각 지방관들로 하여금 보조금 모집에 동참해 줄 것을 요청하였다.6)

독립문·독립공원·독립관 건립을 위한 독립협회의 창립사업은 각계 각층으로부터 즉각 광범위한 호응을 얻었다. 그것은 자주독립에 대한 민중의 열망이 팽배되어 있었기 때문이다. 그리고 보조금을 모으는 데 있어서 사회적으로 큰 호응을 얻을 수 있게 되었던 것은, 《독립신문》과 《大朝鮮獨立協會會報》 등 정기간행물을 통한 선전적인 효과도 간과할 수 없다.7)

독립협회는 헌금표에 독립협회에의 가입의사를 표시하면 회원으로 입회시

4) 《大朝鮮獨立協會會報》 1, 1896년 11월 30일, 〈독립협회규칙〉.
5) 《大朝鮮獨立協會會報》 1, 1896년 11월 30일, 〈독립협회윤고〉.
6) 韓哲昊, 《1880~90년대 친미개화파의 개혁활동 연구 -정동파를 중심으로-》 (翰林大 博士學位論文, 1996), 131~132쪽.
7) 韓興壽, 〈獨立協會의 政治集團化過程〉(《사회과학논집》 3, 延世大, 1970) 참조.

켰다. 그 결과 보조금 헌납자는 거의 전원이 독립협회 회원이 되었다. 독립협회는 입회를 완전히 개방하여 누구든지 임의로 가입 신청만 내면 입회허가를 해주었으므로 회원수는 급속히 증가되었다.

독립협회는 보조금 모집과 동시에 독립문·독립공원의 건립계획을 구체적으로 논의하였다. 회의는 매주 토요일 오후 2시에 개최되었으며, 그 장소는 漢城府 觀平閣을 주로 이용하였다. 1896년 7월 19일에는 독립문의 설계가 의논되었으며, 8월 1일의 정기회의에서는 독립문·독립관·독립공원의 건설 순서와 기한 등이 논의되어 독립문부터 기공하기로 합의를 보았다.[8)]

그리하여 8월 31일에 독립협회 회장 安駉壽, 군부대신 李允用, 협판 閔泳綺, 협회 위원인 농상협판 李采淵, 법부협판 權在衡과 모든 간사원들은 모화관에 나가서 독립문을 세울 터와 독립공원을 만들 땅 등을 보고 독립문 건립 등에 소요되는 예산안과 추진계획을 마련하였다.[9)] 이를 토대로 9월 6일 독립협회의 회장 안경수는 고문 서재필과 총비용 3,825원에 독립문을 건립하기로 계약을 맺었다.[10)]

11월 9일에는 독립협회 회원들이 한성부에 모여서 독립문 定礎式을 11월 21일 오후 2시 30분에 갖기로 결정하여,[11)] 14일에 總代委員 李完用·이채연·권재형의 명의로 청첩장을 사회 각계 각층에 발송하였다.[12)] 그리고 11월 21일 토요일 오후 2시 30분에 성대한 독립문 정초식을 거행하였다. 이 날의 정초식에는 무려 5~6천 명의 내외 귀빈이 참석하였으며, 독립협회 회원들 뿐 아니라, 정부의 각부 대신들, 각 학교 학도들, 각국의 공사·영사와 외국인들도 참석하여 성대하게 거행되었다.

독립문이 완공된 것은 정초한 지 만 1년 후인 1897년 11월이었다. 독립문 준공식 석상에서 서재필은 "우리는 이제부터 옛날 종노릇하던 표적을 없애 버리고 정말 실질적 독립을 소원한다는 표로 이 독립문을 세우는 것이니, 우리 국민 일반은 이 점을 잘 생각하고 우리 나라 독립·자주를 위하여 더욱

---

8) 《漢城新報》, 1896년 7월 24일·8월 3일, 〈獨立協會委員會〉.
9) 《獨立新聞》, 1896년 9월 3일, 잡보.
10) 鄭 喬, 《大韓季年史》 上(국사편찬위원회, 1971), 146쪽.
11) 鄭 喬, 《大韓季年史》 上, 151쪽.
12) 金永羲, 《佐翁尹致昊先生略傳》(基督教朝鮮監理會總理院, 1934), 124쪽.

분투해야 한다"고 역설하였다.[13]

그 동안 각계 각층의 국민들은 1897년 8월까지 14개월간 5,897원 19전 2리의 보조금을 헌납하였다.[14] 독립협회는 이 헌금을 독립문 건립뿐만 아니라, 독립공원과 독립관 건립에도 사용하였으므로 비용이 부족하여, 독립문 완공 후에 다시 국민들의 보조금을 받아서 이를 완결지었다.

이렇게 하여 건립된 독립문은 19세기말 독립협회의 자주민권 자강운동의 한 기념물로 그 시대의 국가의 독립과 평등을 위한 상징이었으며 이 시대의 실질적인 독립을 희구하는 하나의 문화유산으로 남아 있다.

독립문은 서재필이 프랑스 파리의 개선문을 모형으로 하여 축소해서 기본구상을 하고 독일공사관에 근무하는 스위스인 기사에 의해 설계되었다.[15] 건축은 한국인 기사 沈宜碩이 담당하였다. 심의석은 당시 유명한 건축기사로서 독립협회의 발기인이 되어 간사원에도 선출되었다. 石工은 한국인 고급기술자들이 담당하고, 役事는 주로 중국인 노동자들을 고용하였다.[16]

독립문은 높이가 14.28m, 너비 11.48m로 한국에서 가장 널리 쓰이는 화강암을 재료로 하여 축조되었다. 독립문 내부 왼쪽에는 지붕 위로 올라가는 돌층계가 있으며, 정상에는 돌난간이 둘러져 있다. 독립문의 남쪽 현판석에는 국문으로 '독립문'이라는 이름을 새겨 넣고, 독립문의 북쪽 현판석에는 한자로 '獨立門'이라고 새겨 넣었다. 그리고 독립문이라는 글씨 좌우에 태극기가 새겨져 있다.

서재필은 독립문·독립공원과 함께 자주독립의 상징으로 慕華館을 개수하여 독립관이라 이름하고 독립협회의 집회장소로 사용키로 하였다. 모화관은 문자 그대로 '中華를 숭상'하기 위한 건물로서 명·청 양대 동안 저들의 사신이 오게 되면 이 집에서 下馬宴이라 하여 최초의 환영연을 베풀고, 다시

---

13) 金道泰, 《徐載弼博士自敍傳》(을유문화사, 1972), 235쪽.

14) 《大朝鮮獨立協會會報》 1호에서 17호까지 수록된 금액을 집계한 것이다(韓興壽, 앞의 글, 28~29쪽).

15) 金道泰, 앞의 책, 234쪽 참조. 《韓國彙報》(*Korean Repository*) 1898년 8월호에 의하면, 러시아인 기사 사바틴(Sabatin)이 설계한 것으로 되어 있다. 그런데 독립문 건립을 직접 담당한 서재필이 자서전에서 "다른 책에서 사바틴이 설계를 하였다고 하는 것은 잘못"이라고 단정하기에 여기서는 서재필의 말에 따른다.

16) 愼鏞廈, 앞의 책, 255쪽.

그들이 출국할 때에는 上馬宴이라 하여 송별연을 극진히 베풀어주던 영빈관으로 사용하여 오던 事大의 상징적 건물이었다. 그런데 갑오경장 이후에는 사용하지 않아 방치되어 있었다.

독립관 개수에도 역시 막대한 경비가 들어 약 2천 원이 소요되었으며, 1897년 5월 23일 그 개수작업이 완료되었다. 독립관 개수가 완공되자 독립협회는 황태자가 국문으로 친서한 독립관의 현판식을 거행하고, 매주 일요일 오후 3시에 회원들이 독립관에 모여서 강연회를 갖기로 하였다.[17]

한편 독립공원도 건설되었다. 독립문과 독립관 일대는 공터였으므로 이 지역에 나무를 심어 공원으로 꾸며서 독립문과 독립관을 보존하고자 하였다. 1896년 7월 4일《독립신문》논설에 "조선 인민이 양생을 하려면 맑은 공기를 마셔야 할 터이요, 경치 좋고 정한 데서 운동도 하여야 할지라. 모화관에 새로 독립문을 짓고 그 안을 공원지로 꾸며 천추만세에 자주독립한 공원지라고 전할 뜻이라"하여 독립공원 건립의 취지를 전하였다. 원래 독립공원은 운동을 위한 운동장과 시민의 산보와 휴식을 위한 휴식처, 그리고 강연을 듣는 강연장소 등 셋으로 나누어 만들려는 포괄적인 계획이었다. 그러나 이 계획은 독립문과 독립관을 건설하고 남은 기금이 부족하여 원래의 계획대로는 진행되지 못하고 우선 휴게소만이 건설되었으나, 당시로서는 상당히 큰 규모의 공원이 건립되었다.[18] 독립공원은 독립문·독립관과 함께 대한제국시기 자주독립운동의 상징적 기념물이었다.

독립협회는 독립문·독립관·독립공원과 같은 독립기념물의 건립을 국민 각계 각층의· 성금으로 이룸으로써, 자주독립의식을 국민들에게 고취시키고 각성시키는 데 크게 기여하였으며 이 독립기념물 건립사업을 통해 애국적인 민중들을 회원으로 입회시켜 독립협회를 크게 발전시킬 수 있었다. 그리고 이 기념물을 건립함으로써 후손들에게 자주독립의 중요성과 독립의지를 일깨워 주었고 대외적으로 한국인의 자주독립을 공포하고 과시하였다.

---

17) 愼鏞廈, 위의 책, 252~261쪽 참조.
18) 愼鏞廈, 위의 책, 259쪽.

2) 신문 · 잡지의 간행

독립협회는 新聞과 會報를 통하여 민중계몽에 힘썼다.

갑신정변 실패 후 일본을 거쳐 미국에 망명한 서재필은 1895년 12월 26일 귀국하였다. 1896년 4월 7일 서재필은 박정양내각과 합작으로 《독립신문》을 창간하였다. 《독립신문》은 독립협회 결성의 모체이고 그 사상적 · 정치적 입장의 대변지로서 협회의 정식적 기관지는 아니었지만 사실상의 기관지 역할을 하여 민중 계몽을 위해 큰 역할을 수행하였다.

서재필은 원래 신문을 간행할 목적으로 귀국하였던 것은 아니었다. 귀국한 지 20여 일이 지나 1896년 1월 19일경 실권이 없는 중추원 고문직을 수락하면서 김홍집내각의 협조 아래 신문을 간행키로 계획하였던 것이다.[19] 그가 신문을 간행하게 된 동기는 그의 수기 《滯美五十年》 중에 "민중교육의 의미로 신문을 발간하여 정부가 하는 일을 民庶가 알게 하고 다른 나라들이 조선 때문에 무엇을 하고 있나를 일깨워 주는 일이나 하여 보겠다고 하였다"는 글을 통해 엿볼 수 있다.[20]

당시 김홍집내각도 그들의 개혁정책을 국민에게 알려 국민의 지지를 획득하기 위한 매체를 가질 필요성을 느꼈다.

이같이 서재필과 김홍집내각의 구상이 일치하여 서재필과 내부대신 兪吉濬은 1896년 1월 19일경에 3월 1일부터 신문을 발행하기로 원칙적인 합의를 보았다. 김홍집내각은 신문 창간사업을 지원하기 위해 서재필에게 월 300원을 지급하면서 그를 10년간 중추원 고문으로 임명하였다. 그리고 유길준은 서재필에게 정부예산에서 창간비용 4,400원의 지출승인서를 건네주었다. 그러나 《독립신문》의 창간계획은 당시 내각에 강력한 영향력을 가지고 있던 일본측의 방해공작으로 좌절될 위험에 빠졌다. 그런데 얼마 후 俄館播遷이 일어나 김홍집내각이 붕괴하고 일본의 내정간섭과 영향력이 배제됨으로써

---

19) 李光麟, 〈서재필의 「독립신문」 간행에 대하여〉(《한국개화사상연구》, 一潮閣, 1979), 167쪽.

20) 민태원, 《갑신정변과 김옥균》(국제문화협회, 1947) 중의 부록 〈회고갑신정변〉.

사태는 급전되었다.

아관파천 뒤 구성되었던 박정양내각도 신문의 필요성을 인식하고 있었다. 박정양내각은 아관파천 후《漢城新報》[21]의 왜곡보도와 한국정부에 대한 공격에 대항할 한국인의 신문이 절실하게 필요한 상태였으므로 김홍집내각의 신문 창간사업을 계속시킬 필요가 있었다.[22] 박정양내각은《한성신보》1896년 2월 18일자에 아관파천을 비난하는 기사를 게재한 사건을 계기로 신문 창간계획을 본격적으로 추진하기 시작하였다. 2월 21일 외부대신 이완용은 일본공사 고무라 쥬타로(小村壽太郞)에게 공한을 보내어 앞으로《한성신보》의 보도에 신중을 기해 줄 것을 요구하는 한편,[23] 박정양내각은 자신들의 신문 발행계획을 잘 이해하고 성공적으로 실현시킬 수 있는 적임자로서 서재필을 발탁하여 신문의 간행계획을 실현시키려 하였다.[24]

박정양내각은 김홍집내각과 서재필이 합의했던 사항들을 그대로 재승인하여 정부예산에서 신문 창간비용으로 3,000원과 서재필의 개인 생계비와 가옥임대를 위하여 1,400원을 지출하였다. 서재필은 이 자금으로 일본 오오사카(大阪)에서 인쇄기 등을 구입하여 정동에 있는 정부 소유의 건물을 신문사 사옥으로 빌려 독립신문사를 설립하였다.[25] 뿐만 아니라 정부에서는 독립신문사를 서재필의 개인 소유로 등록할 수 있도록 조치하였다. 그 이유는 박정양 등이 미국의 신문들은 정부의 허가를 받는 민간지였으며, 또한 일본 외무성의 지원을 받는《한성신보》도 민간지 형태를 취하였다는 사실을 염두에 두었기 때문이다.[26]

이렇게 하여《독립신문》은 1896년 4월 7일에 창간호를 내어 1899년 12월 4일 폐간될 때까지 19세기말의 한국사회의 발전과 민중의 계몽을 위하여 지

---

21) 1895년 창간된《한성신보》는 일본인들이 서울에서 발간하던 신문이었다.
22) 愼鏞廈, 앞의 책, 14쪽.
23)《駐韓日本公使館記錄》4(國史編纂委員會, 1988), 〈外部往來 二〉, 1896년 2월 21일, 照會 第7號 日人經營 新聞記事의 無禮 指彈과 以後 報道의 愼重 要求.
24) 韓哲昊, 앞의 책, 117~119쪽.
25) 이광린은 창간 초기의 인쇄는 배재학당내에 있던 감리교 선교부의 三文出版社(Trilingual Press)의 시설을 이용하였던 것으로 보고 있다(李光麟, 앞의 책, 173~174쪽).
26) 韓哲昊, 앞의 책, 120쪽.

대한 역할을 수행하였다. 이같이 《독립신문》은 김홍집내각과 서재필의 합작으로 출발하여 아관파천 후 박정양내각의 전폭적인 지원하에 박정양내각과 서재필의 합작으로 간행되었다.

《독립신문》은 창간사의 서두에서 신문의 不偏不黨을 말하고 보도를 공정히 하여 민족을 위한 대변자의 역할을 담당하겠다고 다짐했다. 또한 정부의 시책을 대중에게 전달하며, 동시에 민의를 반영하여 국가 정치에도 도움이 되게 하겠다는 발간취지를 밝혔다.

박정양내각은 《독립신문》이 창간된 이후에도 여러 가지로 지원을 아끼지 않았다. 이를테면 농상공부는 《독립신문》의 발행을 공식적으로 허가해 줌으로써 관보와 동일한 제2종 우편물로 값싸게 우송할 수 있도록 편의를 봐주었다. 그리고 1896년 3월 11일에 서재필을 신문담당관서인 농상공부의 고문직을 겸하도록 배려하여 신문간행에 필요한 준비작업을 원활히 수행할 수 있도록 하였다. 또한 학부에서는 각급 학교의 생도들에게 신문을 구독하라는 지시를 내렸고, 내부에서는 각 지방 관청에 신문을 구입토록 명하였다. 그리고 궁내부도 《독립신문》 120부를 부내의 勅·奏·判官에게 구독시키고 그 대금을 매월 15일에 거두어 주라는 훈령을 내리기도 하였다.

신문은 가로 22cm, 세로 33cm의 타블로이드판 크기로 3段制를 채택하여 4면으로 발행하였다. 창간 당시 1면에는 광고(오늘날의 社告 형태의 알림)·논설을, 2면에는 관보·외국통신·잡보를, 3면에는 물가·우체시간표·제물포 윤선출발표·광고 등을 실었다. 그리고 4면에는 영문으로 논설을 비롯하여 국내의 정치활동 등을 소개하였다. 국문판의 모든 기사를 순한글로 펴내어 누구나 쉽게 읽고 이해할 수 있기를 기대하였다. 그 당시 순한글로 신문을 간행한 것은 획기적인 일이었다.

영문판 *The Independent*는 사설(editorial), 국내 잡보(local items), 관보(government gazette), 최신 전보(latest telegrams), 국내외 뉴스 요약(digest of domestic and foreign news), 통신(communications), 의견 교환(exchanges) 등으로 구분하여 편집하였다.[27]

《독립신문》은 1896년 첫 해에는 주 3회, 둘째 해에는 격일간, 셋째 해에는

---

27) 愼鏞廈, 앞의 책, 27쪽.
——, 《한국근대사회의 구조와 변동》(일조각, 1994), 171쪽.

일간으로 간행되었다. 1897년 1월 1일부터 한글판과 영문판을 분리하여 *The Independent*는 4면의 독립된 신문으로 간행되었다. 그러니까 《독립신문》과 *The Independent*라는 두 개의 신문이 간행된 셈이다. 영문판과 국문판의 내용이 같은 것이 있기는 하나 그것은 극히 일부에 지나지 않고, 전체적으로 보아 다르다. 특히 논설의 경우가 그러하였는데 독자가 전혀 다르기 때문이었다.[28] 한글판도 그러했지만, 영문판도 서재필이 논설을 비롯한 대부분의 기사를 직접 썼다.

한글판은 1898년 7월 1일부터 일간으로 나왔으나 영문판 《독립신문》은 처음부터 끝까지 1주에 3회(화·목·토) 간행되었다.

《독립신문》의 한글판과 함께 영문판이 발간되자 가장 좋아했던 사람들은 당시 한국에 있었던 외국인이었다. 그들은 한국에 거주하면서도 한국이 어떻게 돌아가고 있는지 몰랐다. 그저 소문을 통해 알고 있을 뿐이었다. 그러므로 《독립신문》의 영문판 발간 소식을 듣자 즉각 환영의 뜻을 나타내었다.[29]

한편 영문판 《독립신문》은 당시 조선에 관심을 가졌던 외국인들에게 조선의 사정과 상황을 최대한으로 알리면서 조선의 참모습을 제대로 이해시키는 구실을 훌륭히 수행했다. 영문판 《독립신문》은 조선을 외국에 알리는 중요한 창구이자 통로였다고 할 수 있다.[30]

《독립신문》의 발행부수는 창간호가 2천 부였다. 이 창간호 2천 부가 불티나게 팔려서 금방 3천 부로 늘리지 않으면 안될 형편이었다.[31] 한 부가 최소한 200명에게 읽히었다는 기록을 고려하면 실제 독자층은 발행부수보다 훨씬 광범위했음을 알 수 있다. 창간호 2천 부의 발행이 가능했던 것은 이미 《한성순보》·《한성주보》의 발행부수가 3천 부 정도였었기 때문에 그 정도의 신문 독자는 확고하게 그 저변이 마련되었다고 생각했기 때문이다. 판매는 정기

---

28) 李光麟, 〈서재필의 사상〉(《개화기연구》, 일조각, 1994), 103쪽.

29) 李光麟, 위의 책, 104쪽.

30) 김유원, 〈근대언론의 전개〉(《새로 쓰는 한국언론사》, 아침, 1993), 93쪽.

31) *The Independent*, 1896년 4월 9일, Local items 참조. 그런데 《서재필박사자서전》에서 《독립신문》의 창간호 발행부수가 3백 부였고, 그 후 5백 부로 늘어났다가 마침내 3천 부까지 됐다는 서재필의 회상은 부정확한 기억에서 비롯된 잘못으로 보인다(김유원, 위의 글, 108~109쪽 참조).

구독자에게는 배달제도와 우송제도를 병행하였다. 또한 서울에서는 가판제도도 실시하였다.

《독립신문》은 창간 때부터 1899년 12월 4일 폐간될 때까지 4단계를 거쳐 발전되었다고 볼 수 있다.[32)]

제1기는 1896년 4월 7일 창간부터 그 해 7월 2일 독립협회가 창립될 때까지의 시기이다. 이 기간의 신문 논조는 국민계몽을 주로 하였으므로 정부에 대해서도 매우 협조적이었다. 이 시기에 큰 문제로 대두되었던 의병을 회유하는 데도 정부의 시책에 협조하였다.

서재필은 《독립신문》의 창간 및 운영과정에서 박정양내각의 전폭적인 지원을 받았기 때문에, 《독립신문》을 통해 정동파내각을 적극 옹호·지지해주었다. 그리고 《독립신문》은 아관파천을 긍정적으로 바라보았으며, 파천 이후 러시아의 대조선정책 및 러시아공사 웨베르(Karl I. Waeber, 韋貝)에 대해서 우호적인 논평을 내렸다.

《독립신문》은 조선의 독립을 보존하기 위해 외국과의 친밀한 관계를 유지함으로써 세력균형을 도모해야 된다는 중립외교론을 주장하면서, 아관파천 기간동안 현실적으로는 박정양내각을 후원해 주었던 미국과 러시아에 우호적인 입장을 표명하는 반면 일본에 비판적인 태도를 취하였다. 그리고 그 기간동안 미·러 양국에 의한 이권침탈도 긍정적으로 평가하는 한계를 드러내기도 하였다.[33)]

제2기는 1896년 7월 4일부터 1898년 5월 11일까지로 독립협회의 창립 이후부터 서재필이 출국할 때까지의 시기이다. 이 기간에는 독립협회가 전개한 독립문·독립공원·독립관의 건립운동을 지원하고 독립협회 회원과 국민의

---

32) 愼鏞廈, 앞의 책(1994), 171~173쪽.
———, 앞의 책(1976), 40~44쪽.

33) 그렇지만 적어도 아관파천 기간 중 미국과 러시아가 조선의 내정에 가능한 한 간섭을 자제하고 개혁지향적인 정동파내각에 대한 직간접적인 후원을 해주었던 사실에 비추어 《독립신문》의 반일적이고 친미·친러적인 태도는 나름대로 정확한 국제정세에 대한 판단에 기반을 둔 것으로 평가할 수 있을 것이다(한철호, 앞의 책, 147~149쪽 참조). 그런데 《독립신문》의 친러적인 태도는 환궁을 전환점으로 하여 전과는 상반된 양상을 보여주고 있다(최덕수, 〈독립협회의 정체론과 외교론 연구〉, 《한국근대정치사연구》, 사계절, 1985, 325~327쪽).

계몽에 주력하였다.

《독립신문》의 논조는 1897년 봄부터 러시아를 강하게 공격하기 시작하였다. 특히 1897년 8월부터 러시아가 군사교관과 재정고문을 보내어 내정간섭을 자행하고 각종 이권을 침탈하자 이를 날카롭게 비판하고 이에 저항하였다.

《독립신문》이 열강세력의 한국 침탈을 폭로하고 정부 고위 관리들의 부정부패를 고발하자 러시아측과 친러파들은 서재필의 추방을 획책하게 되었다. 정부는 1897년 12월 13일자로 주한 미국공사 알렌(Horae N. Allen, 安連)에게 조회하여 서재필을 중추원 고문직에서 해임할 것을 통고하였다.[34] 정부가 서재필의 중추원 고문직을 해고하겠다고 통보한 것은 서재필의 활동을 제한하고 그가 한국에서 떠나도록 하기 위함이었다.

서재필은 정부의 중추원 고문 해임통고에 대해 정부와 1896년 1월에 체결한 10년 기간 가운데 지금까지 받은 월봉 외에 남은 기간의 급료와 미국으로 돌아갈 여비를 일시에 지급해 줄 것을 요구하였다. 서재필과 대한제국정부 사이의 교섭은 미국공사 알렌의 주선으로 1898년 4월 25일에 타결되었다. 정부가 서재필과 10년 기한으로 계약한 기간 가운데 남은 7년 10개월분의 봉급은 28,200원이었고 여기에다 서재필이 미국으로 돌아갈 여비 600원을 합치면 28,800원이었다. 정부는 이 가운데 《독립신문》을 창간할 당시 서재필에게 지급하였던 4,400원을 공제한 24,400원을 지급하여 서재필은 1898년 5월 14일 용산에서 배를 타고 인천을 거쳐 미국으로 떠났다.[35]

제3기는 1898년 5월 12일부터 1898년 12월 30일까지로 尹致昊가 주필이 된 이후부터 독립협회가 해산될 때까지의 시기이다. 이 기간에는 《독립신문》은 독립협회의 자주민권 자강운동을 지원하고 독립협회의 주장을 대변하면서 민중을 지도 계몽하는 역할을 담당하였다.

제4기는 1899년 1월 1일부터 1899년 12월 4일까지로 독립협회가 해산된 뒤부터 신문이 폐간될 때까지의 시기이다. 독립협회가 해산되고 윤치호가 서울을 떠나게 되자 주필은 아펜젤러(H. G. Appenzeller)가 맡다가 1899년 6월 1

34) 서재필은 1895년 말 귀국 전에 미국 국적을 취득하고 필립 제이슨(Philip Jaisohn)으로 개명하였다.

35) 鄭晋錫, 《한국언론사》(나남, 1992), 162쪽.

일부터는 엠벌리(H. Emberly)가 담당하게 되었다. 이 시기의 《독립신문》의 내용과 표현방식은 온건하게 되었다. 따라서 정부 시책에 대한 비판보다는 국민의 교육과 계몽에 보다 주력하게 되었다.

정부는 《독립신문》을 탄압하는 수단으로 1899년 7월 18일 독립신문사의 사옥 반환을 요구하여 왔다. 정부가 노린 것은 사옥 반환 그 자체가 아니라 이를 구실로 한 《독립신문》의 매수였다. 외부대신이 1899년 11월 27일자로 독립신문사 사옥의 반환을 재촉하자 미국공사 알렌은 정부와 서재필 사이에서 독립신문사 매수에 대한 중개를 알선하였다. 그 결과 서재필의 동의를 얻어 알렌은 외부대신에게 12월 4일자의 회답 공한에서 독립신문사의 사옥과 함께 인쇄시설 일체를 1899년 12월 24일자로 정부에 일금 4천 원으로 양도하겠다고 회답하였다. 이리하여 독립신문사는 1899년 12월 4일에 마지막 호를 내고 문을 닫게 되었다.

《독립신문》은 정부와 개화파들의 적극적인 지원을 받으면서 한국 사회의 발전을 위해서 다음과 같이 폭 넓은 계몽적 역할을 수행하였다.

첫째, 《독립신문》은 '인민의 개명진보'를 위하여 지대한 계몽적 역할을 수행하였다. 둘째, 자주독립과 국가 이익의 수호를 위하여 노력하였다. 셋째, 국민주권사상과 민주주의사상을 보급하고 민권을 신장시키는 데 큰 공헌을 하였다. 넷째, 한글전용을 실시하여 민족언어와 문자발전에 큰 공헌을 하였다. 다섯째, 당시 만연되어 있던 관리들의 부정부패와 탐관오리들을 고발하였다. 여섯째, 우리 나라 최초의 민간신문으로 창간되어 국민에게 신문의 사회적 역할과 그 중요성을 알게 하고 여론과 공론을 형성하여 정치활동을 전개하는 방법을 확립하였으며, 한말 신문과 출판 문화의 발흥을 촉진하였다. 일곱째, 한국인들에게 세계 사정을 알게 하고 국제 정세의 변동속에서 자기의 위치를 인식하게 하였으며, 세계 각국의 문물을 소개하여 한국인의 시야를 넓히는 데 크게 기여하였다. 여덟째, 영문판 *The Independent*는 당시의 한국 사정을 한국인의 입장에서 세계에 알리고 한국인의 의사와 주장을 세계 각국 사람들에게 알리는 역할을 수행하였다. 아홉째, 독립협회의 창립을 위한 사상적 준비작업을 하고, 독립협회의 창립 후에는 독립협회의 사상의 형성과 독립협회의 자주민권 자강운동의 전개에 공헌을 하였다. 열째, 1898

년의 만민공동회의 운동의 기반을 형성하는 데 큰 역할을 하였다.[36]

이같이 《독립신문》이 창간된 이래 19세기말의 한국사회의 발전을 위하여 수행한 계몽적 역할은 실로 지대하였다.

독립협회 임원들은 독립문과 독립공원을 건립하는 사업을 벌이는 한편, 1896년 10월 19일에 이르러서는 기관지로서 회보를 발간키로 결의하였다.[37] 그리하여 《大朝鮮獨立協會會報》라는 제호로 1896년 11월 30일 창간호를 내었다. 이에 독립협회는 대중매체를 독자적으로 마련하게 되었던 것이다. 《독립신문》의 경우, 독립협회가 사실상의 기관지로 활용할 수는 있었다고 하더라도 그 발행의 주체까지 될 수 있었던 것은 아니다. 이와는 달리 회보의 경우는 독립협회가 직접 그 발행자로서 독립협회는 대중매체를 적극적으로 관리·장악할 수 있는 위치를 굳혔다.

협회는 회보의 정기간행을 통하여 독립협회의 '愛國愛民之旨'와 '有質有文之義'을 표명하고자 하였던 것이다.[38] 즉 독립협회는 자주독립으로 표방되는 근대적인 민족주의와 과학문명 및 진보의 관념을 동력화하여 한국사회의 근대화를 추진시킬 수 있도록 그것을 대중매체를 통하여 사회 일반에게 보급·확산시키려는 데 회보발간의 목적이 있었다고 하겠다.[39]

회보는 표지를 포함해서 지면이 13여 장 내외밖에 안 되는 소책자였다. 출판은 독립신문사에서 담당하였으며 매달 15일과 말일에 두 차례 발간되었다. 한 권에 10錢씩 하는 매호의 발행부수는 약 1,000부였다. 회보에는 계몽 논설, 회원 기고, 세계 중요 사건 요약, 각국 사정, 독립협회 소식 등의 내용을 두루 실었다.

《대조선독립협회회보》는 4·6판과 국판의 중간크기인 반월간 잡지로서, 우리 나라 최초의 정기 간행 잡지이다. 이보다 앞서 우리 나라 사람들의 손으로 만들어진 잡지로는 1895년에 渡日한 관비유학생들의 《親睦會會報》를 들

36) 愼鏞廈, 앞의 책(1976), 45~54쪽.
鄭晋錫, 위의 책, 161쪽.
37) 《大朝鮮獨立協會會報》 1, 〈독립협회윤고〉.
38) 韓興壽, 〈大朝鮮獨立協會會報 解題〉(《大朝鮮獨立協會會報》 1, 아세아문화사, 1978), vi~vii쪽.
39) 韓興壽, 〈독립협회 회보의 내용분석〉(《사회과학논집》 6, 延世大, 1973), 21쪽.

수는 있다. 국판으로 간행된 이 잡지는 1896년 2월 15일에 창간호가 나오고 1898년 4월 9일의 제6호를 마지막으로 자취를 감추었는데 체제뿐만 아니라 창간시기도 《대조선독립협회회보》보다 앞섰지만 국외인 일본에서 그것도 부정기적으로 발행되었기 때문에 최초의 정기간행 잡지의 위치는 《대조선독립협회회보》가 차지하게 된다.

《대조선독립협회회보》가 몇 호까지 발행되었는지는 정확하게 알 수 없다. 지금까지 18호까지는 발견되었다. 1897년 11월에 무리해서라도 제19호를 발간하지 않았다면 회보는 통권 18호로 그치고 말았다고 추정할 수 있다. 회보가 만 1년을 넘기지 못하고 20호 미만으로 그친 것은 적자가 누적된 데다 독립문의 완공을 앞두고 미지급된 건축비의 지급이 선결문제로 대두되어 극도의 재정적 핍박을 받게 된 점과 1897년 8월말부터 독립협회의 토론회가 시작되면서 독립협회의 성격이 달라진 점과 관계가 있었다.[40]

한국 정기간행 잡지의 효시라는 사실과 관련하여 《대조선독립협회회보》는 몇 가지의 특징을 갖는다.

첫째, 독립협회가 잡지의 발간주체로 등장했던 만큼 자연스럽게 회보라는 명칭이 사용되긴 했지만, 고정된 의미의 회원들만을 대상으로 하지 않고 국민대중을 포용하는 적극성을 띠었다는 사실이다. 뿐만 아니라 단순히 잡지의 구독자로서만이 아니라 기고자로서도 폭넓게 참여하도록 유도함으로써 회원들과 전국 동포가 함께 만드는 잡지상을 부각시키기에 힘썼다. 회보라는 이름의 기관지이면서도 소속 회원들에 국한되는 내용보다는 국민적 이익에 관심을 더 기울여 개화기잡지의 성격 형성에도 일정한 영향을 주었던 것이다.

둘째, 대중적 취향의 당연한 귀결로서 계몽적 성격이 두드러지게 나타났다는 사실이다.

끝으로 회보의 문자사용에 있어서 이상주의와 현실주의의 타협과 조화를 시도했다는 사실을 지적할 수 있다. 회보는 이상지향형의 한글에 더하여 현실적응형의 국·한문혼용체와 전통적인 재래답습형의 한문전용체를 병용하였다. 그런데 전체적으로 호를 거듭할수록 이상지향형에서 현실적응형으로, 현실적

40) 韓興壽, 앞의 글(1978), vii~ix쪽.
주진오, 〈독립협회운동〉(《한국사》 11, 한길사, 1995), 232~233쪽.

응형에서 재래답습형으로 기울어진 면이 있다. 이와 같은 양상이 다른 한편으로는 이상주의의 현실적 遊離를 절감하고 전통문화의 바탕 위에서 근대적인 지식과 사상을 수용·매개하려는, 사회적 현실의 조화로도 이해된다.41)

이와 같이 《독립신문》과 《대조선독립협회회보》는 민중을 근대지식과 민족의식으로 계몽하여 독립협회의 민중적 기반을 마련하는 데 크게 기여하였다.

3) 강연회·토론회 개최

서재필은 독립협회를 창설한 목적이 정치집단을 통한 자유와 민주주의 사상을 대중화하려는 데 있었다.42) 이러한 동기와 목적은 독립협회가 창설된 이후 전개되는 활동의 방향과 성격을 규정하게 된다. 협회는 이러한 설립목적을 수행하기 위하여 일반대중의 정치의식을 계발하는 활동을 펴 나가기 시작했다.

협회의 주요한 활동은 강연회를 개최하는 것이었다. 강연은 주로 서재필이 담당했다. 서재필의 강연 중 가장 중요시했던 것은 미국 독립선언서에서 발췌한 '인간의 권리와 의무', '정부의 기원과 본질' 등과 같은 것이었다. 이 외에도 민주주의적 평등사상을 고취하는 강연내용으로서는 제퍼슨(T. Jefferson)·로크(J. Locke)·루소(J. J. Rousseau)·몽테스키외(C. de S. Montesquieu) 등과 같은 사람들의 사상을 소개하는 것이었다. 서재필은 시민권에 대한 자각의 씨를 한국 땅에 뿌려 보려는 노력을 아끼지 않았고, 이와 같은 그의 강연은 민주주의의 기본사상을 주로 소개하고 계몽시키는 것에 지나지 않았지만, 외국인과 비슷한 억양과 박력이 우리말을 통해 조화를 이루는 가운데 서구적 사상을 풍겨 주는 그의 연설은 수많은 청중을 감동시켰다고 한다.43)

서재필은 아펜젤러목사의 요청을 받고 배재학당에 가서 학생들에게 특별 연속 강의를 하였다. 그 첫 번째 강의는 1896년 5월에 있었고 매주 목요일

---

41) 韓興壽, 위의 글, ix~x쪽.
42) 金道泰, 앞의 책, 247~248쪽.
43) 尹炳奭, 〈독립협회의 활동〉(《한국사》 18, 국사편찬위원회, 1973), 190쪽.
James S. Gale, *The Vanguard : a tale of korea*(New York : Fleming H. Levell Co., 1904), p.224.

열렸다. 강의를 시작한 지 약 반년이 지나 서재필은 배재학당 학생들에게 토론회를 열게 하였다. 처음 서재필의 제의에 호응하고 나선 사람은 13명에 지나지 않았다. 그러나 이들은 協成會를 조직하여 1896년 11월 30일 첫 모임을 열었다. 협성회는 매주 열려 1898년 3월 중순까지 42회를 열었다. 토론의 제목은 구체적이고 현실적인 문제를 택하였다.

협성회 회원들은 《협성회회보》라는 회보를 주간으로 간행하기로 하여 1898년 1월 1일자로 창간호를 간행하였다. 더 나아가 얼마 후 주간의 회보를 일간신문으로 발전시켜 간행하는 데 이르렀다. 일간신문의 제호를 《매일신문》이라 하고 4월 9일에 창간호가 나오게 되었다.

서재필과 윤치호 등 독립협회 지도부는 독립협회 주최 개국기념식에서의 연설, 독립문 정초식에서의 연설, 독립협회 토론회에서의 연설, 만민공동회에서의 연설, 기독교인 주최 高宗 誕日祝賀會에서의 연설, 대한제국 경축연회에서의 연설, 배제학당 토론회의 지도, 정동예배당 청년회의 토론회 지도, 京城學堂 光武協會에서의 연설 등 각종 집회에서의 연설과 토론회 지도를 통하여 민중계몽에 힘쓰고 민중운동의 요원 양성에 크게 기여하였다.[44]

이같이 독립협회의 강연회는 민주주의의 기본사상을 일깨워 주고 정부에 대한 비판의식을 조장시켜 주었다.

독립협회의 주요한 활동으로서 강연회와 함께 토론회를 들 수 있을 것이다.

독립협회는 독립문·독립공원·독립관의 건립이 실현되기에 이르자 그 사업을 어떻게 확대하며, 독립협회를 어떠한 성격의 협회로 끌고 갈 것인가를 논의하였던 것 같다. 독립협회는 독립관 보수가 끝나자, 1897년 5월 23일 현판식을 갖고 이후 이 독립관을 집회장소로 하여 매주 일요일 오후 3시에 회원들이 견문을 넓히고 학문에 도움되는 주제로 강론하기로 결정하였다. 그러나 처음에는 회원들이 독립관에 모여 토론회나 강연회를 하기보다는 閑談이 전개되는 일이 많았다.[45]

이러한 독립협회의 성격을 계몽운동 단체로 변화시켜 간 것은 윤치호였다. 윤치호는 8월 5일 서재필을 방문하여 독립협회를 계몽단체로 변모시킬 것을

44) 柳永烈, <독립협회의 성격>(《한국사연구》 73, 1991), 55쪽.
45) 愼鏞廈, 앞의 책(1976), 261~262쪽.

제안하였다. 서재필은 윤치호의 구상에 동의하였다. 그리하여 1897년 8월 8일 독립협회의 정기적 모임인 通常會에서 서재필과 윤치호는 회원들에 대하여 독립협회를 좀더 유용한 기구로 개편할 것을 주장하였다. 이 날의 회의에서 회원들은 일종의 토론회를 조직할 것을 결의하고 규칙을 작성할 규칙 기초위원으로 權在衡·윤치호·朴世煥을 선출하였다.[46]

기초위원들이 규칙을 제정하자 8월 15일 그것을 임원회에서 통과시켜 매주 일요일 오후 3시에 독립관에 모여 토론회를 열기로 하였다. 독립협회가 토론회를 열기로 결정한 것은 배재학당의 협성회가 토론회를 개최하여 성공하고 있었던 것에 영향을 받은 것이다. 협성회의 토론회는 독립협회 토론회의 원형이라고 해야 할 것으로서, 독립협회의 토론회는 배재학당의 협성회의 방식을 대중적 규모로 일반화한 것이다.[47]

독립문이 완공되는 1897년말에 와서는 독립협회의 성격이 달라졌고 1897년말부터 서재필과 윤치호가 주도하여 시작한 토론회는 이러한 변모와 관련이 있었다.[48]

1897년 8월 29일부터 독립협회의 매주 정기집회를 토론회 방식으로 전환하면서 조직도 개편된다. 이제 독립협회는 안경수·이완용을 중심으로 하는 정동구락부 세력이 전적으로 주도하는 계몽운동 단체로 변모하였던 것이다. 이 시기의 임원진은 여전히 대부분 전·현직 고위관료들이었다.[49]

1897년 8월 29일 오후 3시 독립관에서 "조선에 급선무는 인민의 교육"을 주제로 처음에는 약 70여 명의 회원이 참가하는 가운데 제1회 토론회가 개최되어 성공적으로 진행되었다.[50] 제2회 토론회에는 방청인만도 2백 명이나 참석하였으며, 토론회 참가자와 방청인 수는 계속 증가하여 제8회 토론회부터는 약 5백 명이 참가하기에 이르렀다.[51]

---

46) 尹致昊, 《尹致昊日記》 5(국사편찬위원회, 1971), 1897년 8월 8일.
47) 강재언 저·정창렬 역, 《한국의 개화사상》(비봉출판사, 1981), 310쪽.
48) 주진오, 앞의 글, 232~233쪽.
49) 주진오, 〈1898년 독립협회운동의 주도세력과 지지기반〉(《역사와 현실》 15, 1995), 176~177쪽.
50) 尹致昊, 《尹致昊日記》 5, 1897년 8월 29일.
The Independent, 1897년 8월 31일, Local Items.
51) 愼鏞廈, 〈대한제국 초기의 동북아정세와 자강운동〉(《한민족독립운동사》 11,

토론회는 다음과 같은 규칙에 따르도록 하였다.

① 논쟁이 될 수 있고 회원과 방청인의 지식에 도움되는 주제를 1주일 전에 선정한다. 즉 상대적인 개념이 들어 있는 演題를 정해 놓는다.
② 演士 4명을 1주일 전에 선정하여 주제의 결정을 찬성하는 우편과 반대하는 좌편으로 나누어 각기 자기 편이 옳다는 주장을 하게 한다.
③ 토론회 당일 회원들은 토론자로서 토론에 참가하여 자기가 공명하는 편을 지지하는 발언을 할 수 있다.
④ 회원 이외의 방청인의 참관을 적극 권장한다.
⑤ 토론 후의 승부는 참석한 회원과 방청인의 다수 의견에 따라 결정한다.

이것을 게일(James S. Gale)은 'yes-no meeting'[52]이라고 했는데 회원들에게 대중연설을 훈련시키는 데 좋은 성과를 나타냈다.

회원들은 처음에는 대중 앞에 연설하러 나서는 것을 주저했으나 수백 명의 회원들이 얼마 후에는 아주 효과적인 대중연설을 할 수 있게 되었다고 한다. 그리고 다수의 방청인들이 토론회에 계몽되어 독립협회에 동조 가입하여 독립협회 세력을 급속히 신장시켰다.

토론회에는 대체로 회원 외에도 방청인이 수백 명 참석하여 대성황이었다. 참석자들이 열띤 토론에 참가하여 토론회는 회원과 방청인의 모임이 되어 진지하고 활기에 넘치게 되었다. 토론회는 매주 일요일에 여는 것을 원칙으로 하여 광무 2년(1898) 12월 3일까지 총 34회의 토론회가 열렸다. 다루는 주제는 초기에는 사회·문화 등 비정치적인 것들이었으나, 러시아의 침략이 노골화되면서 정치적인 문제를 주로 취급하였다. 이런 토론회를 통해 독립협회 회원들의 정치의식과 조직에 대한 귀속감이 높아졌다.

독립협회 토론회의 주제를 차례로 들어보면 다음과 같다.

제1회(1897. 8. 29) : 조선에 급선무는 인민의 교육.
재2회(1897. 9. 5) : 도로 수정하는 것이 위생에 제일 방책.
제3회(1897. 9. 12) : 나라를 부강케 하는 데는 상무가 제일.

국사편찬위원회, 1992), 154~155쪽.
52) James S. Gale, op. cit., p.224.

제4회(1897. 9. 19) : 도적을 금하는 데는 길가에 밤이면 등불을 켜는 것이 긴요함.

제5회(1897. 9. 26) : 부녀를 교육하는 것이 의리상과 경제상에 마땅함.

제6회(1897. 10. 17) : 국문을 한문보다 더 쓰는 것이 인민 교육을 성대케 하는 데 유조하다.

제7회(1897. 10. 24) : 국중에 상무를 홍케 하고 자주권을 견고케 하는 데는 輕便하고 실로 보배로운 화폐를 그 나라에서 지어 쓰는 것이 요긴하다.

제8회(1897. 11. 1) : 동포 형제간에 남녀를 팔고 사고 하는 것이 의리상에 대단히 불가하다.

제9회(1897. 11. 7) : 대한이 세계 각국과 비견하여 제일 상등국이 되려면 근일 새 법과 새 학문을 배우지 말고 한·당 풍속과 예절을 본받는 것이 마땅하다.

제10회(1897. 11. 14) : 벙어리와 판수들은 정부에서 재예로 교육하는 것이 마땅하다.

제11회(1897. 11. 28) : 대한 인민들이 이때까지 부유하고 공명함은 각기 조상의 분묘들을 좋은 땅에 쓴 까닭임.

제12회(1897. 12. 5) : 인민을 위생코저 하려면 의약의 학문이 급선무임.

제13회(1897. 12. 12) : 인민의 심지를 쾌활케 하고 독립의 권리를 보호하려면 상문하는 것보다 상무하는 것이 더 긴요함.

제14회(1897. 12. 19) : 겸년 인민을 구제하려면 채과를 미곡보다 더 많이 무종하는 것이 긴요함.

제15회(1897. 12. 26) : 인민의 귀로 듣고 눈으로 보는 것을 개명케 하려면 우리 나라 신문지며, 다른 나라의 신문지들을 널리 반포하는 것이 제일 간요함.

제16회(1898. 1. 2) : 나라를 영원 태평케 하려면 관민간에 일심 애국하는 것이 제일 긴요함.

제17회(1898. 1. 16) : 청국을 각국이 분파하게 되었으니 대한이 조린지의로 가서 구원하는 것이 가하다.

제18회(1898. 1. 23) : 국가를 부유케 하려면 금·은·동·철·석탄 등 광산을 확장케 하는 것이 제일 긴요함.

제19회(1898. 1. 30) : 공력과 증기력과 전기력을 인력보다 더 힘쓰는 것이 경제학상에 더 유조할 뿐더러 인민의 생애가 더 홍왕함.

제20회(1898. 2. 6) : 선악과 이해와 장단을 알면서도 행사는 경계를 알지 못하고 하는 것과 같게 하는 자는 인품이 당초에 분간없는 사람보다 더욱 더러움.

제21회(1898. 2. 13) : 사람의 목숨이 지극히 귀하나, 남에게 종이 되고 살기를 얻는 것은 지극히 귀한 인명을 천하게 대접하는 것이요, 하느님과 사람 사이에 죄를 얻음.

제22회(1898. 3. 6) : 대한국 토지는 선왕의 간신코 크신 업이요, 일천 이백만 인구의 사는 땅이니, 한 자와 한 치라도 다른 나라 사람에게 빌려주면 이는 곧 선왕의 죄인이요, 일천 이백만 동포형제의 원수임.

제23회(1898. 3. 20) : 재정은 사람의 일신에 혈맥과 같으니 그 혈맥을 보양하기는 각기 자기들에게 있지 남에게 있지 아니함.

제24회(1898. 3. 27) : 민·국을 안보하려면 일정한 법을 긴급히 준행하여야 함.

제25회(1898. 4. 3) : 의회원을 설립하는 것이 정치상에 제일 긴요함.

제26회(1898. 4. 17) : 각처에 독립협회 지소를 설립하는 것이 본회의 제일 요무임.

제27회(1898. 5. 1) : 실직없는 이가 나라의 정치 가부를 의론하는 것이 獨善하는 도에 불합함

재28회(1898. 5. 8) : 백성의 권리가 튼튼할수록 임군의 지위가 더욱 높아지시고 나라의 형세가 더욱 크게 떨침.

제29회(1898. 5. 15) : 약한 이를 강한 자가 업수히 여기는 것이 천리와 인정에 당연함.

제30회(1898. 6. 5) : 국가를 흥왕케 하기는 관민이 일심으로 하는 데 있지 강토의 대소에 있지 아니함.

제31회(1898. 6. 12) : 국법을 튼튼히 지키기는 백성에게 있다.

제32회(1898. 7. 3) : 무당과 점장이를 믿어 혹하는 것이 인민의 큰 폐막임.

제33회(1898. 7. 19) : 인재의 선하고 악한 것은 천품에 있고 학문에 있지 아니함.

제34회(1898. 12. 3) : 신과 의를 튼튼히 지키는 것은 본국을 다스리는 데와 외국들을 사귀는 데 제일 긴요함.

토론회 주제를 내용별로 분류해 보면 대체로 다음과 같다. 신교육진흥에 관한 것 3회, 산업개발 주장 5회, 민족문화 창달에 관한 것 1회, 미신타파 3회, 위생과 치안에 관한 것 3회, 자주독립 3회, 신문보급에 관한 것 1회, 대외정책에 관한 것 1회, 수구파 비판 2회, 이권 반대 2회, 자유 민권에 관한 것 5회, 의회설립 주장 1회, 독립협회 지회설치 1회였다.[53)]

53) 愼鏞廈, 앞의 책(1976), 263~267쪽.

독립협회는 1898년 3월의 만민공동회가 성공리에 끝난 직후, 의회설립운동의 준비로 1898년 4월 3일의 제25회 토론회의 주제를 "의회원을 설립하는 것이 정치상에 제일 긴요함"으로 정하고 회원과 시민들 사이에서 토론과 계몽을 전개하기도 하였다.

독립협회의 토론회는 그것을 전기와 후기의 두 시기로 크게 나누어 볼 수 있다. 그 전기는 1897년 8월 29일의 제1회 토론회부터 1898년 2월 6일 제20회 토론회까지이다. 이 시기에는 주로 당시의 기본적 사회문제들에 대한 주제를 토론하여 회원과 국민에 대한 계몽운동을 전개하였다. 계몽적 주제가 이 시기의 토론회의 중심을 이루었다.

특히 주목할 것은 토론회가 개최됨으로써 이 시기에 독립협회의 내부구조에 변화가 일어나기 시작했다는 점이다. 우선 일반회원들이 토론회에 참석하여 자유로이 자기의 의사를 발표함으로써 민중회원들이 독립협회의 표면에 진출하기 시작하였다. 다음으로 토론회를 통해서 독립협회의 회원이 현저히 증가하고 독립협회의 세력도 급속히 성장하게 되었다. 그리고 토론회의 토론과정을 통하여 공동의 집단의식을 갖게 되기에 이르렀다. 이것은 독립협회의 사상을 형성시키는 중요한 과정이 되었다. 그리고 회원들이 집단의식을 갖게 됨으로써 회원간의 연대감이 강하게 되었다.

독립협회의 후기 토론회는 협회가 구국선언 상소를 하기로 결정한 1898년 2월 13일 제21회부터이다.

후기 토론회는 독립협회의 자주민권 자강운동과 병행하여 진행되어 토론회의 주제도 독립협회의 운동이 쟁점으로 하는 문제를 주제로 전개되었다. 후기 토론회는 협회의 자주민권 자강운동을 보강하는 데에 중요한 역할을 하였다.[54)]

독립협회는 자주민권 자강투쟁과 시위를 전개하는 과정에서도 토론회를 병행하려고 하였으나 1898년 8월 14일 회합에서 토론회는 "다른 사무가 많은 까닭으로 잠시 권도로 정지하고 다만 통상회만 독립관에서 매 일요일이면 의례히 하기로 작정"하여 토론회를 중단하였다.[55)] 이것이 사실상의 토론

54) 愼鏞廈, 위의 책, 269~273쪽.

55) 《독립신문》, 1898년 8월 20일, 잡보.

회의 끝이 되고 말았다. 그 후 독립협회는 12월 3일 마지막으로 토론회를 개최하고 중단하지 않을 수 없었다.[56)]

이상과 같이 독립협회의 토론회는 독립협회의 자주민권 자강운동을 민중운동으로 전개토록 하는 데 중요한 역할을 하였으며, 후일 만민공동회를 개최하는 데 기초적 준비작업의 하나가 되었다. 또한 토론회의 계몽활동을 통하여 회원과 국민들은 차차 각성하여 자기 사회가 당면한 기본문제를 인식하고 자주민권자강의 필요성과 방법을 알게 되었다.

독립협회가 강연과 토론회를 통해서 고취한 민권사상과 민주정치적 행동양식은 지극히 초보적인 것이었다고 말할 수도 있다. 그러나 그것이 사실이라 하더라도 자율과 자아가 무시되어 왔던 역사적인 배경 밑에서 개인의 존엄과 자주 정신의 집단적인 각성, 그리고 새로운 방향에서 모색되어야 할 국가시책의 당면과제에 대한 문제의식은 새로운 정치적 관심과 적극적인 참여의식을 자극하였음에 틀림없다. 다시 말하면 강연회와 토론회를 통한 활동은 전통적인 조선사회에 근대적 정치의식을 계발하는 데 있어서 기여한 바가 결코 적지 않다고 할 수 있을 것이다. 결국 그 동안 독립협회가 전개해 온 강연회와 토론회의 활동은 민권의식을 고양시키고 그들을 정치적으로 계도함으로써 독립협회를 정치집단화의 길로 이끌어 갔던 것이다.[57)]

이상과 같이 독립협회는 독립기념물 건립, 신문과 회보의 간행, 그리고 토론회와 연설의 개최 등을 통하여 근대적 지식과 국권·민권의식을 고취시켜 민중을 계몽하였다. 그리하여 민중적 기반을 형성하고, 스스로 민중적 단체로 변모하여 민중운동의 준비를 갖추게 되었다.[58)]

4) 국학교육장려

독립협회는 자주 독립을 굳게 지키기 위해서는 문화적으로도 자기의 전통을 계승하고 세계 각국의 문화를 흡수하여 자기의 언어와 역사와 문화를 보

---

56) 《독립신문》, 1898년 11월 29일, 잡보.
57) 韓興壽, 앞의 글(1970), 33쪽.
58) 柳永烈, 앞의 글, 55쪽.

다 창조적으로 발전시켜야 한다고 생각하였다. 여기서 독립협회의 민족문화론이 전개되었다. 독립협회의 민족문화론은 前期 개화사상가의 민족문화론을 계승 발전시킨 것이었다.

독립협회가 민족문화의 근대적 확립을 위하여 역점을 두고 강조한 것은 국문의 전용 또는 사용을 강력하게 주창하고 실행한 것이었다. 독립협회의 기관지로서의 역할을 한 《독립신문》은 국문 전용과 띄어쓰기를 실행하여 발행되면서 독립협회의 민족주의 사상과 민주주의 사상을 계몽하였다.

《독립신문》의 국문 전용에 의거한 창간의 배경에는 서재필의 민중을 위한 민중이 읽을 수 있는 계몽적 신문을 만들겠다는 민주주의적 결단과 周時經의 자기 나라 말은 알기 쉽고 배우기 쉬운, 세계에서 가장 우수한 문자인 국문전용으로 표현하자는 민족주의사상 및 1893년 이래의 국문 연구의 노력이 결합하여 이루어진 것이었다.[59]

19세기 말엽의 우리 나라 문자생활의 전반적 상황을 놓고 볼 때, 우리 나라의 진보적 지식층으로서 1896년에 새 신문을 내면서 선택할 가능성이 가장 큰 것은 국한문이었다고 할 수 있다. 그러한 때에 《독립신문》을 국문으로 발행한 것은 참으로 놀라운 결단이었다. 이것은 우리 나라 역사상 드물게 보는 하나의 개혁이었다고 할 수 있다.[60]

《독립신문》의 국문전용은 우리말에 대한 과학적 연구의 단서를 열어 놓았다. 《독립신문》의 국문판 助筆로서 국문판 편집·제작을 담당했던 주시경은 1896년 독립신문사 안에다 國文同式會를 조직하여 국문법의 공동 연구를 시작하였다. 독립협회는 주시경·池錫永·申海永·崔光玉 등의 회원들이 중심이

59) 愼鏞廈, 〈주시경의 애국계몽사상〉(《한국근대사회사상사연구》, 일지사, 1987), 390쪽 참조. 그런데 이기문은 신용하의 관점은 서재필과 주시경의 합작설로 주시경쪽으로 무게가 치우쳐 있다고 비판하고, 《독립신문》의 한글 전용이 서재필의 주도로 이루어졌다고 주장한다. 그런 주장의 근거로 빈칸 띄어쓰기는 서재필의 주장에서 나왔고 국문 전용의 취지를 밝힌 창간호의 논설을 서재필이 직접 작성하였으며 나아가 1897년 8월 5일에 서재필이 쓴 것으로 보이는 국문에 관한 논설에서 그는 언문일치의 이상을 천명하고 사전의 필요성을 주장하는 등 국문에 대한 깊은 관심을 보여 주었다는 것이다. 단지 주시경은 《독립신문》을 통해서 그의 국문에 대한 신념을 더욱 굳혔을 것이라는 것이다(이기문, 〈독립신문과 한글문화〉, 《주시경학보》 4, 탑출판사, 1989 참조).

60) 이기문, 위의 글, 7쪽.

되어 본격적인 국문의 근대적 연구를 수행하면서 ① 국문법을 만들고 맞춤법을 통일시킬 것, ② 국문의 띄어쓰기를 실행할 것, ③ 국어사전을 편찬할 것, ④ 국문 전용을 가급적 시행할 것, ⑤ 국문 가로쓰기를 시행할 것 등을 주창하였다. 이러한 주장들은 어느 것이나 당시에는 획기적인 생각이었으며, 그들의 국문운동은 실제로 민족문화의 발전을 위하여 지대한 공헌을 하였다.[61]

독립협회는 국문 사용이 독립사상을 확고하게 하는 길이고 민권을 신장시키고 전국민에게 지식을 갖게 하는 방법이라고 생각하였다. 그리고 국문 사용이 문자 습득 시간을 대폭 절약하여 나라의 자강에 필요한 실상학문을 공부하는 시간을 얻는다는 점에서 중요한 의미를 가진다는 점을 강조했다.[62]

《독립신문》이 얼마나 국문을 강조했는가에 관해서는 창간호의 1면에 게재되었던 광고에서도 알 수가 있다. 즉, 거기에서는 "물론 누구든지 물어 볼 말이 있든지 세상 사람에게 하고 싶은 말이 있으면 이 신문사에 간단한 문장으로 편지를 보내 주시면 답장을 해주며, 신문에 게재할 필요가 있으면 게재한다. 그러나 한문으로 쓴 편지는 처음부터 받지 않는다"고 한문을 철저히 배제하고 있다.

독립협회는 그들의 공식 초청장이나 기록을 국문 전용으로 하고 상소문도 당시 관행을 깨어 국한문 혼용을 하기도 했다. 그렇지만 대부분의 상소는 아직도 한문이었고 일부가 국한문 혼용체였다. 그리고 《대조선독립협회회보》는 호를 거듭할수록 문자 사용이 한글과 국·한문 혼용체에서 순한문으로 기울고 있다. 이는 그 시대가 아직 한문이 지배적이라는 사실을 반증하고 있다.

독립협회는 또한 민족의 자기발견과 독립적 발전의 기초로서 자기의 언어와 동시에 자기의 역사를 재발견하여 배워야 한다고 주창하였다. 《독립신문》은 국사교육에 의하여 민족의 자주적 발전에 필요한 민중의 긍지와 에너지를 끌어낼 것을 강조하였다.[63] 《독립신문》의 도처에서 자기 나라 역사의 공부를 주장하고 있다.

독립협회는 종래의 우리 역사에 대한 공부는 문벌이나 외우는 잘못된 것

61) 愼鏞廈, 앞의 책(1976), 168~172쪽.
62) 《독립신문》, 1897년 4월 24일·8월 5일, 논설.
63) 강재언 저·정창렬 역, 앞의 책, 322쪽.

이었다고 비판하고 새로운 우리 역사를 체계화하여 그 안에서 훌륭한 사람들의 행적을 배울 것을 강조하였다. 독립협회가 한국 역사의 재발견을 주창한 것은 당시 문화계에 중국 역사와 尊華史觀이 지배한 현실 때문이었다. 독립협회는 정신적으로 나라가 어둡고 약하게 된 것은 국민들이 존화사관에 젖어 중국 역사만 배우고 자기의 역사를 잊어버렸기 때문이라고 주장하였다. 독립협회 회원들은 당시 이미 누구보다도 뚜렷한 역사의식을 갖고 자기 나라 역사의 공부를 주장하였다.

독립협회는 자주적인 역사관을 창조하고자 노력했던 동시에 이를 기초로 애국을 강조하였다. 독립협회는 자기 역사를 잘 알아야 애국심을 고취시킬 수 있다는 것을 강조하였다. 《독립신문》이 "전국 인민은 다른 나라의 역사도 알아야 하지만 우리의 역사를 먼저 배워 어느 때에 나라가 번영했고 어느 때 나라가 쇠퇴하였는가를 명확히 알아서, 선조가 범한 잘못을 교훈으로 삼아 그 부끄러움을 반드시 불식하도록 하고 바른 점은 본받아 그것을 능가할 도리를 생각해야 한다"[64]라고 자국의 역사를 학습해야 할 필요성을 설명하였던 것도 그 일례이다.

독립협회는 새로운 역사관으로서, 첫째 존화사관을 철저히 비판하고 자주사관을 주장했다. 둘째로 尙古史觀을 비판하고 진보사관을 주장했다. 셋째 虛相 학문으로서의 역사를 비판하고 實相 학문으로서의 역사를 주장했다. 다시 말하면 자기 나라 역사공부는 애국심·자부심과 교훈과 지혜를 얻기 위한 실상학문으로서 알아야 하는 것이라고 하였다.[65] 넷째로 과거를 회고하기 위한 역사가 아니라, 현재를 역사로서의 현재로서 탐구하고, 미래를 역사적으로 전망하기 위해서 역사를 배우고 재발견하는 것이라고 주장했다. 다섯째로 국사를 고립시켜 탐구할 것이 아니라 세계사와 연관시켜 탐구할 것을 주장하였다. 독립협회는 국수적으로 국사 교육을 강조하고 있는 것이 아니라, 외국사를 알고 외국 사정을 알 것을 재삼 강조하면서, 민족적 활력의 원천으로서 국사 교육을 강조하고 있는 것이었다. 즉 타국사에 우선하여 국사를 알아야 한다는 것이 그 주장이었다. 또 그들은 외국 사정에 우선하여 본국 사

64) 《독립신문》, 1896년 9월 22일, 논설.
65) 《독립신문》, 1896년 7월 25일, 논설.

정을 알게 교육해야 한다고 주장하였다.66)

이러한 역사관에 의거해서 첫 성과로 나온 것이 崔景煥의《大東歷史》5권이었다. 이 책은 한국의 고대사 인식을 새롭게 체계화한 것으로서 한국의 고대국가가 중국과 나란히 경쟁한 고도의 문명한 독립국가임을 밝힌 것이었다. 또한 이 책은 중국을 中華라고 하지 않고 支那라고 부르면서 중화사관에서 탈피하여 민족사관을 전개하였다.67)

《대동역사》는 최경환이 1896년 원고를 완성하고, 다른 회원들의 검토를 거쳤으며, 玄 采의 책임하에 학부 편집국에서 2,000부를 인쇄하여 전국에 보급시킬 계획이었다. 그러나 당시의 학부대신 申箕善이 이 책을 너무 자주성이 강하다는 이유로 발간을 금지시켜 단지 필사본이 회원의 교양용으로 나돌고 있었다. 그 필사본이 활자본으로 간행된 것은 1905년이었다.

독립협회는 또한 처음으로 애국가를 제정하여 식순에 넣어 경축식 등에서 사용하였다. 그리고 漢詩나 時調 대신에 나라의 독립을 지키며 문명개화를 이룩하려는 내용으로 애국적 가사 짓기와 창가를 장려하였다.

독립협회의 이러한 근대적 민족문화의 창조와 발전에 대한 주장은 단지 국문·역사·창가 등에만 국한된 것이 아니라 학문과 문화의 모든 부분에 해당되는 것이었다. 독립협회는 종래 우리 나라의 학문이 虛學虛文에 치중했음을 신랄히 비판하고 '利用厚生과 富國强兵과 實事求是'하는 학문을 주창하였다. 그리하여 실학사상을 재발견하기에 이르렀다. 예컨대 그들은 茶山 丁若鏞을 비롯한 조선왕조 후기의 실학을 처음으로 재발견하여 국민에게 소개하였다.

그런데 주목할 것은 독립협회가 이러한 민족문화와 실상학문·실학을 강조하면서 이것을 그들의 신교육의 체계 안에 넣었다는 사실이다.68) 독립협회

66) 강재언 저·정창렬 역, 앞의 책, 323쪽.
愼鏞廈, 앞의 책(1976), 166~167쪽.

67) 그런데 이 책에서 개화기의 일본을 우리와 同文同種之國이고 이와 입술의 관계라고 서술하고 있다. 여기에서 이 책의 對日意識의 한계를 찾아볼 수 있다(趙東杰, 〈한말사서와 그의 계몽주의적 허실(상)〉,《한국민족주의의 성립과 독립운동사연구》, 지식산업사, 1989, 173쪽).

68) 愼鏞廈, 앞의 책(1994), 204~205쪽.

는 교과내용을 전면 개혁하여 근대 자연과학·사회과학·어학·체육 등을 중심으로 교과과정을 편성할 것을 주장하였다. 이것은 당시의 동양 經書와 중국 史書 중심의 교과 내용에 비교하면 근본적인 일대변혁이었다.

종래의 구교육이 천자문에서 시작하여 한문의 경서와 중국의 사서를 기본으로 하였고, 그것이 사대주의의 온상이었다는 것을 상기한다면, 국문과 국사에 의한 한국 본위의 교육의 강조와 그 교재 작성을 위한 연구가 가지는 의미는 극히 중대한 것이다. 이것을 빼어 버린 근대교육의 강조는 몰주체적인 새로운 형태의 사대주의를 재생산할 것임에 틀림없다.[69]

이같이 독립협회는 민족문화를 근대교육 체계 안에 넣어 교육함으로써 자주 부강한 민족국가와 민족문화를 발전시키려고 한 것이었다. 그것은 무엇보다도, 사대주의적 유교문화를 지양하고 과학적이고 합리적인 정신에 바탕을 둔 자주적인 문화를 구축해야만 국제사회의 일원으로서 자기를 확립할 수 있다는 인식에 기초를 둔 것이었다. 즉 중국 중심의 한자문화권에서 탈피하여 세계문화권속에서 새로운 한국문화권을 정립하려는 것이었다.

〈金信在〉

2. 국권수호 및 민권보장

1) 구국운동 선언과 국권수호운동

독립협회의 운동을 민중운동의 차원에서 보면 3기로 나누어 볼 수 있다.

독립협회운동의 제1기는 독립협회가 창립된 1896년 7월 2일부터 독립협회의 구국운동 선언 이전인 1898년 2월 20일까지 약 20개월간으로 민중운동 준비기라 할 수 있다. 이 시기에 독립협회는 독립문·독립관·독립공원 등 독립기념물 건립의 창립사업을 통하여 국민 대중에게 독립 의지와 애국정신을 고취하였고, 신문·잡지·강연회·토론회 등을 통하여 국민 대중을 근대

69) 강재언 저·정창렬 역, 앞의 책, 318쪽.

적 지식과 국권·민권사상으로 계몽하였다.

1897년 말기에는 러시아의 재정고문 고빙문제 등과 관련하여 독립협회가 정부의 외세의존적 자세를 비판하게 되자, 보수적인 관료들이 점차 독립협회에서 이탈해 갔고, 독립협회는 민중적 사회단체로 전환해 갔다.

독립협회운동의 제2기는 독립협회가 구국운동을 선언한 1898년 2월 21일부터 '金鴻陸 毒茶事件'이 일어나기 이전인 그 해 9월 10일까지 약 7개월간으로 국권·민권운동기라 할 수 있다.

독립협회는 1898년 2월 21일의 구국운동 선언과 3월 10일의 제1차 萬民共同會를 계기로 민중적 정치운동을 전개하였다. 이 시기에 독립협회는 만민공동회와 같은 민중의 힘을 배경으로 하여, 열강의 내정간섭·이권요구·토지조차 요구에 반대하여 국권수호·국익수호·국토수호를 포괄하는 자주국권운동을 성공적으로 전개하였다. 그리고 관인층의 압제와 수탈로부터 국민의 신체와 재산권의 자유 등 인권·민권을 보장하려는 자유민권운동을 전개하였다. 이 시기에 독립협회는 정부대신에 대한 公翰 등 순리적 주장을 주된 방법으로 하고, 만민공동회 등 민중집회의 물리적 압력을 從된 방법으로 하여 민중적 정치운동을 추진하였다고 할 수 있다.

독립협회운동의 제3기는 김홍륙 독차사건이 발생한 1898년 9월 11부터 독립협회·만민공동회 등 모든 민회활동이 금지된 12월 25일까지 약 4개월간으로 참정·개혁운동기라 할 수 있다.

독립협회운동 제3기에는 上疏나 公翰에 의한 순리적 주장보다 만민공동회와 같은 대규모 민중집회에 의한 물리적 압력이 주된 투쟁수단이 되어, 민중대회 중심의 민중운동이 전개되었다.[1)]

---

1) 柳永烈, 〈독립협회의 성격〉(《한국사연구》 73, 1991), 55~58쪽.
———, 〈개화기의 민주주의정치운동〉(《한국사상의 정치형태》, 일조각, 1993), 260~270쪽.
독립협회운동의 단계구분에 관해서는 논자에 따라 다소 견해의 차이를 나타내고 있다. 신용하는 독립협회운동을 독립문 건립운동기(1896. 7. 2~1897. 8. 28), 토론회 계몽운동기(1897. 8. 29.~1898. 2. 20), 본격적인 정치개혁 운동기(1898. 2. 21.~12. 25)로 크게 3단계로 나누고 마지막 단계를 다시 세분하여, 좁은 의미의 자주민권자강 운동시기(1898. 2. 21~10. 27), 관민공동회 운동시기(1898. 10. 28~11. 2), 만민공동회 투쟁시기(1898. 11. 3~12. 25)로 나누고

俄館播遷으로 국왕이 러시아공사관에 체류하는 동안 러시아를 비롯한 열강들은 조선의 여러 이권을 침탈해 갔다. 아관파천 기간에 조선의 독립은 크게 침해당하고 있었다.

그런데 아관파천에서 환궁에 이르기까지의 시기의 특징은 한국이 적극적으로 러시아의 후원을 얻으려는 노력을 기울였음에도 불구하고 러시아는 대일 정치적 우위가 유지되는 한 한국에 대하여 소극적이고 미온적인 정책을 계속 유지한 것이다. 러시아는 아관파천에서 환궁에 이르기까지의 시기에 만주 확보를 무엇보다도 중요한 과제로 생각하고 있었다.2)

그런데 러시아는 1897년 9월 2일 주한 러시아공사를 온건한 웨베르(karl I. Waeber, 韋貝)로부터 적극적 침략 간섭정책을 주장해 오던 대외 강경파 스페이에르(Alexei de Speyer, 士貝耶)로 교체시켜 식민지 속국화의 정책을 강화시켰다. 러시아는 뒤늦게나마 군사교관을 증파하고 스페이에르공사로 하여금 위압적인 자세로 협박을 가하는가 하면 재정고문을 파견하여 한국의 재정권을 장악하려 하였다. 이와 같은 러시아의 태도 변화는 조선이 러시아의 압력으로부터 벗어나려는 노력을 보인 것과 1896년부터 재무대신 위테(S. I. Witte)에 의해 시도된 만주진출이 청과의 교섭과정에서 실패했기 때문이기도 하였다.

고종이 러시아공사관에 머무르고 있는 동안인 건양 원년(1896) 10월 뿌챠타(D. V. Putiata)대령을 포함한 14명의 러시아의 장교와 하사관이 군사교관으로 고빙되어 그 동안 한국군의 훈련을 담당하고 있었다.

1897년 7월 25일 다시 13명의 러시아 군사교관이 인천에 도착했다. 외부대신 이완용이 군사교관 추가 파견을 반대하다가 해임된 후에도 내부대신 南廷哲과 군부협판 閔泳綺가 일본공사의 후원으로 역시 반대를 함으로써 웨베르는 한국정부가 13명의 군사교관을 추가로 임명하도록 하는 데 실패하고 말았다. 이것은 한국에서의 러시아 영향력이 상당히 쇠퇴했다는 것을 보여주는 것이다.

그런데 스페이에르는 도착한 그 다음날, 이미 부결되어 버린 13명의 군사

있다(愼鏞廈, 《한국근대사회의 구조와 변동》, 일지사, 1994, 181쪽 참조).

2) 權熙英, 〈아관파천과 한로관계〉(《한민족과 북방과의 관계사 연구》, 한국정신문화연구원, 1995), 399쪽.

교관 고빙계약서에 조인하라고 한국정부에 종용하였다. 그러나 대다수의 각료와 독립협회 회원들이 반대하여 역시 부결되었다. 그런데도 스페이에르는 정부에 일방적으로 강요하여 13명의 군사교관이 계약없이 한국 군대를 훈련하도록 하는 타협안을 마련하여 성사시켰다. 이와 같은 조치는 조야간에 러시아에 대한 반감만 심화시켜 주었다.3)

한편 1897년 10월 스페이에르는 정부에 압력을 가하여 영국인 브라운(J. M. Brown, 柏卓安)을 탁지부 고문에서 해고하고 러시아의 前大藏大臣代理인 알렉세예프(K. A. Alexeiev)를 그 자리에 임명하려 하였다. 이에 외부는 10월 26일 당시 탁지부 고문 겸 해관 총세무사인 브라운의 해고를 통보하기에 이르렀다. 알렉세예프가 파견될 무렵 한국정부내에는 러시아의 도움에 대한 중요성이 감소되어 있었다. 그런데도 스페이에르는 11월 2일 외부대신 閔種默을 해임시키고 법부대신 趙秉式으로 하여금 외부대신 직을 겸임토록 조치한 다음 조병식과 11월 5일 알렉세예프 고빙계약을 체결하였다.

브라운의 해고에 조오단(J. N. Jordan, 朱爾典) 주한 영국총영사가 강경하게 항의하고, 영국정부는 12월에 동양함대에 명하여 군함 7척을 인천에 회항시켜 시위토록 했다. 놀란 외부는 브라운의 해관 총세무사 해임 취소를 발표하고, 알렉세예프를 탁지부 고문에만 남게 함으로써 이 문제를 가라앉혔다.

이같이 러시아는 기존의 군사교관 파견에 이어 재정권마저 확보하게 됨으로써 실질적으로 한국에 대한 영향력을 강화시킬 수 있는 기반을 마련하게 되었던 것이다. 이 시기에는 러시아 세력의 앞잡이와 친러세력가들에 의하여 관리임면권까지도 장악되어 있었다. 러시아의 이러한 침략정책은 독립협회를 비롯한 대한제국내의 개혁파 세력과 직접 충돌하게 되었다.

1898년에 들어서면서 대한제국에 대한 러시아의 침략정책이 더욱 강화되어 사태는 더욱 악화되었다. 러시아는 1월초부터 絶影島(지금의 부산 영도) 조차의 인준을 다시 강력히 요구하였다. 러시아는 1897년 8월부터 절영도에 석탄고 기지 조차를 강압적으로 요구한 적이 있었다. 이같이 밖으로는 러시아의 침략정책의 강화와 열강의 이권침탈이 자행되고, 안으로는 친러내각이 이에

3) 朴熙琥, 〈대한제국기(1896~1898)의 한·러관계〉(《史叢》 31, 1987), 21~22쪽.

영합하였다. 그러므로 러시아의 침략세력을 배척하지 않고는 자주독립국의 내실을 찾아 볼 수 없게 되었다.[4)]

대한제국정부가 절영도 조차를 승인하려 하자 계몽단체로 활동하였던 독립협회는 1898년 2월 21일 구국운동을 선언하는 강경한 상소문을 올림과 동시에 본격적인 구국 정치운동을 시작하였다.

1898년 2월 7일 저녁에 윤치호는 서재필을 방문하여 몇 가지 중요한 국정문제에 대하여 독립협회 회원들이 고종에게 상소할 것을 제안하여 서재필은 이에 적극 동의하였다.[5)]

독립협회는 1898년 2월 13일의 제21회 토론회의 주제를 "사람의 목숨이 지극히 귀하나 남에게 종이 되고 살기를 얻는 것은 지극히 귀한 인명을 천하게 대접하는 것이요 하나님과 사람 사이에 죄를 얻음"으로 정하고 나라의 독립문제를 토론하였다. 토론회를 마친 다음 윤치호는 국왕에게 상소할 것을 회원들에게 제의하여 50대 4로 가결되었다. 이에 따라 상소를 준비할 5인의 위원이 지명되었다. 2월 20일 위원들이 작성한 상소 문안을 접수하자 약 200여 명의 회원과 500여 명의 방청인이 참석한 가운데 열띤 논쟁을 거쳐 그 문안을 통과시켜 1898년 2월 21일에는 독립협회 회원 135명이 독립관에 모여 결사적인 구국운동을 서약하고 다음과 같은 요지의 구국운동 선언 상소를 올려 국가 자주권을 주장하였다.[6)]

> 국가의 국가됨은 둘이 있으니 자립하여 타국에 의뢰치 아니하고 自修하여 일국에 政法을 행하는 것입니다. 그런데 자립에 있어서는 재정권과 병권·인사권을 자주하지 못하고, 자수에 있어서는 典章과 法度가 행하여지지 않고 있으니, 국가가 이미 국가가 아닌즉, 원컨대 안으로는 定章을 실천하시고 밖으로는 타국에 의뢰함이 없게 하시어 우리의 皇權을 자주하고 국권을 자립하소서(鄭喬, 《大韓季年史》 상, 173~175쪽).

李商在·李建鎬가 지은 이 상소에서 독립협회는 외국의 군사권과 재정권

4) 愼鏞廈, 《독립협회연구》(일조각, 1976), 282~283쪽.
5) 尹致昊, 《尹致昊日記》 5, 1898년 2월 7일.
6) 愼鏞廈, 앞의 책(1976), 283~287쪽 참조.

그리고 인사권 간섭을 규탄하고, 대외적으로 완전한 자주독립을 주장하였으며, 대내적으로 입헌정치를 주장하면서 탐관오리의 제거와 내정개혁을 요구하였다. 그리고 자립과 자주를 위해서 독립협회는 적극적인 민족운동을 전개할 것을 간곡하게 선언하였다. 이처럼 민중의 동원체제인 만민공동회가 개최되기 이전에 이미 그 행동 실천에 대한 것을 선언하였던 것이다.[7)]

독립협회가 주장한 자주는 아관파천 이래로 한국의 재정권·군사권·인사권에 깊이 간섭하고 있던 러시아에 대한 자주가 당연히 제1차적인 목표가 되었다.[8)]

독립협회는 구국운동 선언을 한 다음 회원과 국민의 힘을 조직화하여 가면서 다시 긴급하게 대두한 열강의 이권침탈에 본격적으로 대처하여 나갔다.

독립협회가 국권수호와 내정개혁을 결의하고 있을 때 러시아는 절영도 조차를 거듭 요구하여 왔다. 외부는 2월 5일 의정부의 논의를 거치지 않은 채 절영도 조차를 러시아에 허가하였다. 이에 독립협회는 1898년 2월 27일 통상회를 개최하여 러시아의 절영도 조차 요구에 대해 격렬하게 성토하였다. 그 다음 날인 2월 28일 외부에 강경한 항의 공한을 발송하였다.[9)]

이에 대해 민종묵은 일본에 석탄고를 빌려주었던 전례에 따라 인준하였을 따름이라고 답변서를 보내 사건을 무마시키려고 하였다. 그러나 절영도 조차를 독립협회와 의정부에서도 규탄하자 3월 2일 민종묵은 면직되었다. 그리하여 절영도 조차는 저지되는 듯하였다.

그러나 러시아공사관과 친러파들은 황제에게 압력을 가하여 3월 3일 다시 민종묵을 외부대신으로 임명하여 절영도 조차를 인허해 주려 하였다. 독립협회는 이에 격분하여 러시아의 국토 조차 요구를 실력으로 저지할 준비를 시작하였다.

협회는 또한 일본에 조차된 석탄고 기지도 회수할 것을 결의하고, 3월 7일 회수를 요구하는 공한을 외부에 발송하였다.[10)]

---

7) 박용옥, 〈만민공동회〉(《한국사》 18, 국사편찬위원회, 1984), 226쪽.
8) 유영렬, 《개화기의 윤치호연구》(한길사, 1985), 112쪽.
9) 鄭 喬, 《大韓季年史》 上(國史編纂委員會, 1971), 176~177쪽 참조.
10) 愼鏞廈, 앞의 책(1994), 239~240쪽 참조.

러시아측은 절영도 조차 요구와 함께 3월 1일에는 한러은행을 개설하였다. 협회는 3월 6일 독립관에서 회의를 개최하여 한러은행의 철수 요구를 결의하고, 다음 날 항의문을 탁지부에 발송하였다. 이에 대해 정부는 확실한 답변을 회피하였다.

이같이 러시아의 대한제국에 대한 침략정책이 독립협회의 민족운동에 의하여 전면적인 저항에 부딪치게 되었다. 독립협회의 대러규탄이 점차 가속화되어 마침내 러시아인의 전면적인 철수를 주장하는 것으로까지 발전하게 되자, 러시아 당국은 이를 좌시할 수만은 없었다. 이 무렵을 전후하여 러시아의 극동정책에도 변화가 있었다.

朝野에 러시아에 대한 반감이 팽배해짐에 따라 스페이에르공사는 3월 7일 오후 2시에 전신으로 대한제국내의 상황을 본국에 보고·협의한 후, 3월 7일 대한제국 황제의 요청에 따라 士官과 고문관을 파견하였지만 황제와 정부가 이를 필요없다고 여기면 러시아정부는 곧 철수할 용의가 있으므로 24시간 이내에 그 여부를 회신해 달라는 조회를 대한제국 외부에 보내어 왔다.[11)]

러시아측이 보낸 공한은 러시아 사관과 고문관은 대한제국측의 요청에 의하여 고빙된 것인데, 대한제국 황제가 이를 거절하지 못할 것이라는 것을 예상하고 자기들 정책의 정당성을 열강으로부터 인정받아 그들의 정책을 정당화하기 위한 속셈이었다. 러시아세력에서 벗어나려던 황제 자신과 조정에서도 막상 갑작스러운 이와 같은 질문에는 크게 당황하지 않을 수가 없었다. 이 조회를 받고 황제는 각부 대신과 외국공사들에게 자문을 청하고 또 회답시한을 3일간 연기시켜 달라는 요청서를 러시아공사에게 발송하였다.[12)]

위와 같은 소식이 알려지자 독립협회는 이 기회에 러시아의 침략·간섭정책을 완전히 배제해야 한다고 판단하고, 정부가 즉각 러시아의 사관과 고문

---

11) 高麗大 亞細亞問題硏究所 編,《舊韓國外交文書》(高麗大 出版部, 1969),《俄案》12, 문서번호 997 露敎鍊士官 및 度支部顧問官의 繼續駐韓의 希願與否를 二十四時內에 回答하라는 通牒, 1898년 3월 7일(이후《舊韓國外交文書》는 생략하고《俄案》으로만 표기함).

12)《俄案》1, 문서번호 999, 1898년 3월 8일, 露敎鍊士官 및 度支部顧 問官의 繼續駐韓希望에 대한 照覆.
愼鏞廈, 앞의 책(1976), 296쪽.

관이 불필요하다는 회답을 보내고 그들을 철수시켜 자주독립을 확립해야 한다고 주장하였다.

독립협회가 중심이 되어 3월 10일 종로에서 만민공동회라는 민중대회를 개최하였다. 《大韓季年史》에 의하면 서재필이 鄭 喬에게 密請하여 만민공동회를 개설한 것으로 되어 있으나, 서재필은 정교에게 뿐만 아니라 당시의 간부들에게 모두 민중대회의 필요성을 제의한 것 같다.[13)]

독립협회가 개최한 3월 10일의 만민공동회에는 1만여 명의 시민이 참여하여 러시아의 침략정책을 규탄하였다. 이 민중대회에서 시민들은 시전상인 玄德鎬를 회장으로 선출하고 白木廛 다락 위에 차린 연단에서 玄公廉·洪正厚·李承晩 등 培材學堂과 京城學堂의 學員들이 러시아의 침략정책을 비판하고, 한국의 자주독립을 역설하는 연설을 하였다. 그들은 러시아의 침략정책을 규탄하고, 대한제국정부가 나라의 자주독립을 지키기 위하여 러시아의 군사교관과 재정고문을 철수시켜 줄 것을 열망한다는 전문을 러시아공사와 러시아 외부대신에게 발송할 것을 요구하는 결의문을 통과시키고자 주장하였다. 연사들의 연설을 듣고 난 후 만민공동회에 참가한 1만여 명의 민중들은 러시아의 군사교관과 재정고문의 철수를 만민공동회의 의사로서 결의하였다.[14)]

3월 10일의 만민공동회는 러시아에 의해 침탈되고 있는 나라의 병권·재정권 및 관리임명권을 찾아 완전한 자주독립국을 이루어야 한다는 구국운동 선언에 대한 실천적인 행동이었던 것이다.[15)]

3월 12일 같은 장소에서 만민공동회가 열려 러시아와 모든 외국의 간섭을 배제하여 자주독립의 기초를 견고히 하자고 결의하였다. 만민공동회의 이러한 모습은 오늘의 정당이나 사회단체가 어떠한 중대문제를 다룰 때 시민대회 혹은 국민궐기대회 같은 대중집회를 주최하여 그 명의로 정부에 진정하고 혹은 항의한 것이나 다름없다. 만민공동회는 실로 근대적인 우리 나라 민주정치운동의 선구적인 모습이었음에 틀림없다.[16)]

13) 愼鏞廈, 위의 책, 297쪽.
鄭 喬, 《大韓季年史》 上, 182쪽.
14) 《독립신문》, 1898년 3월 13일·15일, 잡보.
15) 박용옥, 앞의 글, 227쪽.
16) 震檀學會, 《韓國史》 現代篇(을유문화사, 1963), 861쪽.

러시아공사를 비롯한 많은 외국인들이 만민공동회를 관람하였으며, 만민공동회가 이렇게 대규모 민중대회로서 성공한 사실은 즉각 당시 서울의 외교계와 정부에 큰 충격을 주어, 한국 민중의 성장에 모두 놀라움을 표시하였다.[17)]

고종과 정부는 만민공동회의 결의와 러시아측의 압력 사이에서 고심하면서 연일 대신회의를 열고 대책수립에 부심하였다.

고종은 경기도 楊州에 거주하는 金炳始와 加平에 거주하는 趙秉世와 같은 원로대신에게 칙사를 보내어 의견을 물은 결과 그들은 민의에 따라 러시아 교관 및 고문을 사절하라고 촉구하였다. 일본공사 가토 마스오(加藤增雄)도 러시아사관과 고문을 사절하라고 권하였다.

황제는 국민의 여론이 이와 같고 원로대신들의 뜻 또한 이와 같을 뿐만 아니라, 러시아의 세력을 견제하려는 일본측의 후원도 있었던 까닭에 11일 밤에는 이 문제를 대책회의에서 토의하게 하였다. 대책회의에서 김홍륙·민종묵·鄭洛鎔 등 친러파 인사들은 러시아의 원조가 절실히 필요함을 내세워 군사교관과 재정고문을 철수시키는 데 반대하였다. 그러나 다른 대신들은 민의와 원로대신들의 권유에 따라 러시아의 압력을 사절하자고 주장하였다.

고종은 결단을 내려 3월 11일 밤 마침내 정부로 하여금 러시아공사관에 군사교관과 재정고문의 철수를 요청하는 회신을 보내도록 했다.[18)]

러시아공사 스페이에르는 이와 같은 회답을 받고 그 회답을 철회할 것을 요구하려고 아침 8시경에 통역을 대궐에 파견했으나 내관은 황제가 취침 중이라는 이유로 알현을 거절하였다.

한편 이 시기의 러시아는 한반도보다도 오히려 만주경영이 급선무라 여겼고 또한 한국정부의 답신을 계기로 하여 러시아가 내세울 수 있는 명분도 사라졌기 때문에 한반도에서 한발 물러나기로 결정하였다.

마침내 러시아정부는 3월 17일 한국측 답신에 동의한다는 회답전문에서 "이미 한국 민중의 여론이 이와 같으면 고문과 군사교관들을 일제히 解還하

17) *The Independent*, 1898년 3월 12일, Local items.
愼鏞廈, 앞의 책(1976), 299쪽.

18) 《駐韓日本公使館記錄》 8(國史編纂委員會, 1989), 〈機密本省往信〉, 1898년 3월 31일, 機密 第16號, 排露加熱 및 露士官·顧問官 등 撤退의 件.
愼鏞廈, 위의 책(1976), 299쪽.

는 것이 가하다"고 하여 주한 러시아공사에게 재정고문과 군사교관들의 철수를 훈령하였다. 이에 따라 러시아공사도 대한제국정부에 절영도 석탄고기지 조차 요구의 철회와 재정고문 및 군사교관의 철수를 통고하여 왔다.[19] 대한제국정부는 1898년 3월 19일 러시아의 재정고문과 군사교관을 정식으로 해고하였다. 뒤이어 3월 1일 개설된 한러은행도 문을 닫았다.

러시아정부는 주한 러시아공사 스페이에르를 4월 12일자로 마튜닌(N. G. Matunin)으로 교체함과 동시에 한반도에서 대폭 후퇴하였다. 일본도 그들의 절영도 석탄고 기지를 한국정부에 돌려 보내왔다.

독립협회는 정부에서 러시아공사에게 군사교관과 재정고문의 사절을 회답하였다는 소식에 접하고 3월 13일 독립관에서 경축회를 열고 만세를 부르며 경축의 분위기에 휩싸였다.[20] 그 다음 날에는 이를 경축하는 공한을 정부에 보냈다.

이같이 만민공동회의 항쟁이 큰 성과를 거두게 되니, 일부에서는 독립협회를 시기하며 중상모략도 서슴지 않았다. 이 사건을 계기로 하여 서재필은 수구파와 러·일공사의 축출 공작으로 중추원 고문관으로부터 해직되어, 미국으로 돌아가게 되었다.

러시아 군사교관과 재정고문을 해직시킴으로써 러시아의 간섭을 벗어나려고 했던 것은 정부와 국민 전반이 공감하던 바였으므로 황제와 관민상하가 러시아세력 배척을 위하여 일치단결할 수가 있었다.[21] 따라서 독립협회가 러시아 배척운동을 전개하였던 1898년 3월까지는 독립협회의 반러적 입장이 결코 정부의 입장과 크게 상반되었다고는 볼 수 없다.[22]

이같이 독립협회와 만민공동회의 국권수호운동으로 러시아세력과 일본세력은 한반도에서 크게 후퇴하였다. 러시아의 한반도 후퇴가 독립협회와 만민

---

19) 尹致昊, 《尹致昊日記》 5, 1898년 3월 18일.
《俄案》 12, 문서번호 1002, 1898년 3월 17일, 露士官·顧問官의 撤收 및 韓國大使特派을 拒絶하는 照覆.
20) 《독립신문》 1898년 3월 15일, 잡보
21) 박용옥, 앞의 글, 235쪽.
22) 이민원, 〈대한제국의 개혁과 그 실태〉(《한국민족운동사연구》 9, 이문사, 1994), 10쪽.

공동회의 반대 때문만이었을까. 아니면 다른 요인이 더 있었을까.

동아시아에서 러시아 외교정책의 주조가 조선에 대한 관심으로부터 다시 만주에 대한 맹렬한 관심으로 넘어가게 되는 것은 1897년 11월 독일의 膠州灣 점령을 계기로 인해서였다.23) 러시아는 독일의 교주만 점령에 대한 대책으로 1897년 12월 19일에 旅順·大連을 점거하고 1898년 3월 28일 요동반도를 조차하였다.

러시아의 이 같은 만주 집중정책은 시간적으로 위테의 방략에 따른 한국에로의 적극적 침략 간섭정책이 완성될 무렵에야 시행되었던 관계로 당시의 열강으로서는 러시아가 한국과 만주를 동시에 침략하려는 것으로 받아들일 수밖에 없었다.

러시아가 여순·대련을 점거한 것을 滿韓 동시 진출로 이해한 영국과 일본은 즉각 대응조치를 취했다. 영국은 극동함대를 제물포항에 정박시켜 시위하는 한편, 일본도 대한해협을 봉쇄하였다. 이같이 영국과 일본이 대응조치를 취하자 러시아 외상 무라비예프(M. N. Muraviev)는 "현금의 정세로서는 한국에서 일본에게 상당한 양보라도 하지 않을 수 없다"고 판단하여, 1898년 1월 7일 결국 주러 일본공사 하야시 타다시(林董)에게 "한국에 대해 러시아는 일본과 협상할 용의가 있다"는 제의를 하기에 이르렀던 것이다.24)

그리하여 1898년 1월에서부터 일본은 러시아와 협상을 하여 세력균형에 있어서 보다 유리한 위치를 차지하려고 하였다.25) 일본은 러시아를 상대로 滿韓交換論을 제기하지만 러시아는 이를 거부하는 대신 독립협회의 반러운동을 계기로 한국에 있는 모든 자국 고문관들을 철수시켰다.

이같이 러시아가 한반도에서 후퇴하게 된 것은 독립협회와 만민공동회의 항쟁과 러시아 당국의 만주 집중정책이라는 극동정책의 변경에 기인한 것이다. 그런데 러시아의 한반도 소극정책의 주요인은 영·일과 러와의 관계에서 파악되어야 한다고 생각한다.26)

---

23) 한정숙, 〈제정러시아 제국주의의 만주·조선정책〉(《역사비평》, 1996년 겨울호), 233쪽.

24) 日本外務省 編, 《日本外交文書》 31-1(東京 : 日本國際連合協會, 1936), 문서번호 102 韓國問題ニ關スル露國公使トノ談話通告ノ件, 116~117쪽.

25) 이광린, 《韓國史講座》 V(근대편)(一潮閣, 1984), 392쪽.

러시아의 여순·대련의 점령을 만한 동시진출로 이해한 영·일은 이에 즉각 대응조치를 취하였다. 이러한 양국의 대응이 나아가 영일동맹까지 발전하는 것을 막기 위해서 러시아는 한반도에서 한발 물러나기로 하였다. 이리하여 러시아의 대응은 한반도에 있어 일본에 대한 양보로 나타났던 것이다.[27)]

한편 독립협회의 강경한 투쟁에 힘입어 대한제국정부에서 러시아측의 철수를 요청하는 단안을 내린 것도 러시아의 한반도 철수를 보다 앞당긴 것으로 볼 수 있다. 이와 같이 러시아의 정책변화도 있지만 러시아를 한반도에서 물러나게 하는 데는 독립협회와 만민공동회의 실질적 투쟁이 있었기에 가능한 것이었다.

러시아의 재정고문과 군사교관이 물러감과 때를 같이 하여 러시아와 일본은 1898년 4월 25일 로젠-니시 협정(Rosen-西 Convention)을 맺었다. 러시아가 로젠-니시 협정에서 조선에 관한 일본의 요구에 크게 양보할 수밖에 없었던 것은 바로 요동점령으로 인해 러시아로 향하게 된 열강의 적개심을 달래 놓을 필요가 있었기 때문이었다.[28)]

러시아는 로젠-니시 협정으로 한반도에서 일본의 경제적 우위만을 인정했다. 하지만 이미 군사교관까지 철수시킨 상황에서는 일본에게 외교적 우위까지 인정한 것이나 다름없었다.[29)]

러시아가 한국에서 일단 후퇴는 결정하였지만 그것이 곧 완전한 포기는 아니었다.[30)] 다만 조선을 일본의 세력 범위속에 남겨두고, 러시아는 만주 확보에 치중하려는 對滿 집중정책으로 조선을 만주 방위를 위한 완충지대로서의 중요성밖에 인정치 않으려는 것이었다.

병권과 재정권을 외세로부터 독립시키는 것이 자주독립의 첫 걸음이라고

---

26) 이민원, 〈독립협회에 대한 列國公使의 간섭〉(《청계사학》 2, 1985), 208쪽.
27) 최문형, 《열강의 동아시아정책》(일조각, 1979), 32~37쪽.
28) 한정숙, 앞의 글, 233쪽.
29) 최문형, 〈제국주의열강의 한국침투와 그 영향〉(《한국근대사회와 제국주의》, 삼지원, 1985), 104쪽.
박희호, 앞의 글, 49쪽.
30) 전정해, 〈대한제국초 한로관계와 한로은행〉(《수촌박영석교수화갑기념 한국사학논총》 하, 논총간행위원회, 1992), 193쪽.

주장한 독립협회에서 그들 최초의 정부에 대한 국민여론의 반영이 성공됨으로써 계획의 첫 단계는 무난히 소기의 목적을 달성할 수 있었다. 그리하여 구국운동 선언에서 밝혀진 문제점들의 개혁을 위하여 계속해서 정부에 대한 투쟁을 벌였다.

한편 러시아의 군사교관을 해고시키고 이를 계기로 외국인 고용을 금지하는 원칙을 세우게 했으며 이 원칙에 따라 황실 보호를 구실로 고용한 외인부대를 몰아냈다.

고종은 항상 궁정 호위에 불안을 느껴오다 1898년 8월 미국인 법부고문관 그레이트하우스(Clarence R. Greathouse, 具禮)와 張鳳煥을 상해에 파견하여 외국인을 모집하여 오게 하였다. 그레이트하우스와 장봉환은 상해에서 1인당 월급 70원과 왕복 여비를 지불키로 하여 우선 1년 계약으로 외국인 30명을 고용하여 이들을 데리고 9월 15일 입경하였다.

협회는 이를 알고 강력한 반대운동을 전개하였다. 협회는 9월 17일 협회 사무소에서 외인부대 창설 반대를 결의하고 총대위원들을 선출하여 정부 각 부처에 보내어 외국 용병들의 즉각 철환을 요청하는 항의문을 전달하였다.

또한 협회는 이튿날인 9월 18일 외부 문앞에서 대규모 민중대회를 개최하고 황실 호위 외인부대를 즉각 추방하도록 강력하게 요구하였다. 또한 《독립신문》도 이 사실을 규탄하였다.

협회의 반대운동에 부딪혀 정부 대신들도 외인부대의 철환을 주청하게 되었다. 사면초가에 빠진 고종은 할 수 없이 협회의 압력에 굴복하여 외인 부대의 철환을 승인하였다. 정부는 마침내 1898년 9월 24일 이 외국인 용병들에게 1년의 고용비 2만 5천 2백 원을 지불하여 그들을 철환시키었다.[31] 외국인들은 9월 27일 인천을 출발하였다.

이같이 외국인 용병을 고용하여 황실을 외국인의 수중에 두려던 기도는 독립협회의 국권수호운동에 의해 저지되었다.

---

31) 愼鏞廈, 앞의 책(1976), 337~341쪽.
 ───, 《독립협회와 개화운동》(세종대왕 기념사업회, 1974), 152~154쪽.

2) 국토·국익수호운동

독립협회는 國權守護運動과 더불어 國土守護運動을 전개하였다.

광무 원년(1897) 8월 러시아는 석탄고 기지로 사용하기 위해 부산 絶影島의 조차를 요구한 바 있었다. 1898년 1월에는 그 목적을 관철하고자 군함 시우치호를 부산에 입항시키고 수병을 절영도에 상륙시켜 그들의 결의를 과시하였다. 러시아는 고종에게 압력을 가하여 1898년 2월 25일 친러파 閔種默을 외부대신서리로 임명하고, 의정부 회의를 거치지 않고 절영도 양도를 공식적으로 인정받았으나 곧 대신들의 반발에 부딪치고 말았다. 외세의 농간으로 정부의 존재성이 무시된 이 같은 처사에 대하여 의정부 참정·찬정은 2월 27일에 그 불법성을 지적하고 총사직 상소를 올렸다. 독립협회도 이에 대한 반대운동을 전개하기 시작하였다.

독립협회가 국토의 조차에 반대한 이유는, 어느 나라에 국토를 조차해 줄 경우 다른 나라가 다시 동등한 권리를 주장하고 나서 분쟁이 야기될 가능성이 있으며 청국과 마찬가지로 국토가 삼분오열될 우려가 있다는 것이다.32)

독립협회는 2월 27일 독립관에서 通常會를 개최하여 러시아의 절영도 조차 요구를 반대하는 격렬한 성토를 하였다. 이날 통상회에서 신임 提議인 鄭喬가 외부대신에게 절영도 석탄고 기지의 조차 요구에 대한 전망을 묻는 질의서를 보낼 것을 제안하자, 협회는 이를 받아들여 그 다음 날인 2월 28일 외부대신서리 민종묵에게 공한을 발송하여 절영도 조차의 근거와 조차 경과, 조차의 항구성 여부 및 의정부 회의를 거치지 않은 외부의 독단 여부에 대한 해명을 요구했다.33)

이에 대해 민종묵은 일본에 석탄고를 빌려주었던 전례에 따라 인준하였을 따름이라고 답변서를 보내 사건을 무마시키려고 했지만, 러시아에 대한 절영도 조차를 독립협회뿐만 아니라 의정부내에서도 반대하고 규탄하자 민종묵

---

32) 《독립신문》, 1899년 6월 23일, 논설.
33) 鄭 喬, 《大韓季年史》 上, 176~177쪽.
愼鏞廈, 앞의 책(1976), 289쪽.

은 결국 3월 1일 탁지부대신 겸 외부대신서리직의 사임을 청하였으며 고종은 3월 2일 민종묵을 탁지부대신 겸 외부대신서리에서 면직시키었다. 그리하여 절영도 조차는 저지되는 듯하였다.

그러나 러시아공사관과 친러파들은 황제에게 압력을 가하여 3월 3일 사태를 역전시켰다. 고종은 趙秉鎬를 탁지부대신으로 하고 다시 민종묵을 외부대신으로 임명하여 절영도 조차를 인허해 주려 하였다. 정부 각 대신이 글을 올려 반대하였으나 왕은 듣지 않았다.

독립협회는 러시아의 절영도 조차를 저지시키기 위해서는 친러파 관료와 그 뒤에 있는 러시아 세력과 직접 대결하지 않으면 안되었다.[34]

한편 독립협회는 1898년 3월 3일의 특별회에서 일본에 조차된 절영도 석탄고 기지의 반환 문제를 거론하였다. 한 회원은 러시아를 위시한 열강의 이권요구를 막기 위하여 일본에 허용된 석탄고의 회수를 독립협회가 정부에 요구할 것을 동의하였다. 윤치호는 먼저 이권에 관련된 모든 구체적 내용을 조사하기 위한 위원을 지명하여 이 위원의 조사 보고를 들은 다음 독립협회가 공한을 발송하자고 수정안을 제안하여 통과되었다.[35]

독립협회는 3월 6일 독립관에서 조사위원회의 보고를 듣고 절영도의 일본 석탄고 기지의 철거를 요구하는 공한을 외부에 보내기로 결정하였다. 이를 위하여 기초위원으로 이상재·정 교·이건호를 선출하였다.[36]

독립협회는 3월 7일 러시아의 요구에 있어 선례가 된 일본의 절영도 석탄고 기지의 철거, 한러은행의 폐쇄를 포함한 3개의 공한을 외부에 발송했다.[37] 일본의 절영도 석탄고 기지의 철거 공한에서 독립협회는 "지금 국토 조차의 근원은 일본 석탄고에서 비롯되었으니, 일본 석탄고를 철거하면 안으로는 국권이 공고하여 질 것이다"라고 지적하였다.

1898년 3월 독립협회와 만민공동회의 반러투쟁 그리고 러시아의 만주 집중정책으로의 전환으로 인하여 재정고문 및 군사교관의 철수와 함께 절영도

34) 愼鏞廈, 위의 책, 290~291쪽 참조.
35) 尹致昊, 《尹致昊日記》 5, 1898년 3월 3일.
36) 鄭 喬, 《大韓季年史》 上, 178쪽.
37) 유영렬, 〈독립협회의 민권운동전개과정〉(《史叢》 17·18합집, 1973), 112~113쪽.

석탄고 기지 조차 요구의 철회를 통고하여 왔다. 이리하여 협회는 러시아의 절영도 조차를 저지하는 데 성공하였다.

러시아는 절영도의 조차에 실패하게 되자, 스페이에르공사는 다시 군항의 확보를 위해 목포와 鎭南浦의 매도를 요구해 왔다.

1898년 5월 7일에 신임 러시아공사 마튜닌이 군사기지의 설치를 위하여 대한제국 외부에 외교문서를 보내 왔다. 러시아는 대한제국정부가 1898년 1월 9일자 및 1월 15일자의 문서로 목포와 진남포 조계 밖 사방 10리 안에 있는 모든 섬들을 러시아가 매수함에 동의했었다고 지적하고 스트렐비츠(Strelbitzky)장군을 파견하여 이의 매수를 위한 현지 조사를 실시하니 대한제국정부의 협조를 요청한다는 내용이었다.[38)]

이에 대하여 조병직은 조계 밖의 도서지역에 대한 매매조치는 전례와 근거가 없다 하여 그의 요청을 거절하였으나, 러시아와 조정내의 친러파의 압력을 감당하지 못하고 목포와 진남포의 10리 이내를 택하여 조차문제를 논의하자는 수정안을 제시하였다.

이에 독립협회는 정부에 5월 16일과 22일에 공한을 발송하여, 러시아공사 마튜닌의 요구는 물론 조병직의 수정안까지 모두 반대하면서 "한 조각의 국토라도 타국에게 넘겨 줄 수 없다"고 강력히 반대운동을 벌여 독립협회의 사상적 기반인 자주국권 사상에 입각한 입장을 강력히 내세워 러시아의 토지매수 요구를 좌절시켰다.[39)]

이외에도 독립협회는 외국 조계지의 각국 상인들이 인근지역을 매입하여 우리 농민들이 경작할 토지와 생업의 터전을 잃고 떠나야 하는 사태에 대하여 이의 시정을 요구하는 등 국토수호를 위한 일련의 운동을 전개하였다.

독립협회는 國土守護運動과 더불어 國益守護運動을 전개했다.

독립협회의 민족주의의 특징은 국가자주권과 관련하여 열강의 이권침탈에 대한 격렬한 비판과 반대운동을 전개한 것에 있다고 할 수 있다.

독립협회의 주장은 나라의 자주독립은 자주경제에 의하여 뒷받침되어야

---

38) 《俄案》 1, 문서번호 1053, 1898년 5월 7일, 木浦의 孤下島地段을 露領事館基址로 購買하는 데 對한 地方官에 協助訓飭 要請.

39) 鄭 喬, 《大韓季年史》 上, 191~192쪽.

하며, 자국의 자원과 산업은 자기가 개발하여야만 자주독립을 지켜 낼 수 있다는 것이었다. 따라서 그들은 자원과 국토와 경제적 이권을 외국에 양도하는 것은 자주독립의 일부를 떼어 주는 것이라고 보고 이를 반대하였다.[40)]

그런데 독립협회가 모든 열강의 제국주의적 이권쟁탈에 대해 일관되게 효과적으로 투쟁하는 형태를 취하지는 못했다. 열강의 이권쟁탈에 대한 독립협회의 투쟁 가운데에서 가장 성과를 올린 것은 러시아에 대한 투쟁이었다.

독립협회는 1896년 설립 당시에는 열강, 특히 러시아와 미국의 이권 침투에 대하여 직접적 반응을 거의 나타내지 않고, 다만 국제 신의 및 외국과의 조약의 존중 등을 강조하거나 일반론으로서의 이권 양도의 부당성을 거론하는 데에 그쳤다. 《독립신문》의 1896년 7월 2일자 논설에서는 이권양도의 결과로서의 철도부설을 문명의 진보, 개화의 실상으로 파악하였다. 그리고 1896년 11월 5일자 논설에서 러시아에 대한 두만강변의 벌목 허가가 조선에도 도움이 된다고 주장하는 것을 봐도 《독립신문》이 처음부터 일관성 있게 이권 반대론을 전개한 것은 아니라는 것을 알 수 있다.[41)]

이같이 협회는 아관파천기에 미·러에 의한 이권침탈에 대하여 긍정적으로 평가하는 한계를 드러내기도 하였다. 그런데 환궁후 러시아의 침략이 활발해지자, 이권의 침해에 반대하는 투쟁을 전개했다. 독립협회는 이 때에 러시아가 조선의 국권을 침탈할 수 있는 가장 일차적인 적대세력이라는 생각을 가지고 러시아의 침략에는 극히 주의하였다.

러시아측은 절영도 조차의 요구와 함께 뒤이어 한국 재정권을 장악하기 위해 러시아 자본에 의해 한러은행을 설립하였다. 스페이에르 러시아공사는 탁지부고문 알렉세예프로 하여금 전국의 재정을 관할시켜 경제적 이권을 침탈하고자 자본금 50만 루블로 1898년 3월 1일 서울에 한러은행 서울지점을 개설하였다. 이 은행은 본점을 페테르부르그(St. Petersburg)에 두고 있었다.

은행의 업무로는 예금·대부·송금·환전 등 일반업무 외에 한국의 관세·국고금 취급·화폐 발행 등을 취급하려 하였다.[42)]

---

40) 愼鏞廈, 앞의 책(1976), 150~151쪽.
41) 金珉煥, 《개화기 민족지의 사회사상》(나남, 1988), 365쪽.
42) 전정해, 앞의 글, 196쪽.

독립협회는 1898년 3월 6일의 일본 석탄고 기지 조사위원회의 보고를 들은 다음 李建鎬의 제안으로 한러은행 문제를 토론하였다.

독립협회는 3월 7일 특별회를 열고 "만약 조선은행과 한성은행 두 곳의 은화와 탁지부 현존의 은을 한러은행에 옮겨 두고 차차 각 府에 한러은행 支所까지 설치하여 전국 납세의 수입과 수출을 오로지 관장시킨다면 이는 전국 재정권을 타국 사람에 양여하는 것이 되어 탁지부는 유명무실하게 되고 따라서 독립자주의 권리도 스스로 잃게 되는 것이므로 이에 대한 해명을 바란다"[43]는 공한을 작성하여 탁지부대신 趙秉鎬에게 발송하였다. 그러나 이 날의 공한에 대해 탁지부는 확실한 답변을 회피하였다.[44]

그러다가 독립협회와 만민공동회의 항쟁과 러시아의 극동정책의 변화로 인하여 군사교관과 재정고문이 철수되고 한러은행도 곧 폐쇄되었다.

광산 이권은 열강이 차지한 이권 중에서도 가장 큰 비중을 차지하였는데 특히 관심의 대상은 금광 이권에 집중되었다. 열강은 한국과 광산 특허계약을 체결하는 과정에서 미국과 일본의 경우만 鑛地를 선정하고 계약문을 작성하였지 다른 열강은 모두 우선 광산 채굴 특허권만 확보하는 계약을 체결하고 뒤에 광지를 선정하는 방식을 취하고 있었다.[45]

1898년 5월초에 프랑스공사 플랑시(C. V. de Plancy)가 정부에 공문을 보내어, 1896년 5월 31일 외부대신 이완용으로부터 양여를 약속받은 평양부근을 비롯한 3곳의 광산채굴지를 속히 확정해 줄 것을 요구해 왔다. 독립협회는 이 사실을 알고 "금·은·동·철 등의 광산은 우리 나라에 있는 토지이니 우리 인민이 채취하여 스스로 부강책을 기해야 한다"고 정부에 강력히 건의하여 프랑스의 이권 요구를 중지시켰다.[46]

이 무렵에 또한 독일은 대한제국정부가 1897년 3월에 약속한 독일 世昌洋行에의 金城 堂峴金鑛의 채굴권을 바로 허가하지 않는 데에 불만을 표시하

---

43) 《民會實記》, 광무 2년 음 2월 15일.
鄭 喬, 《大韓季年史》上, 181쪽.
44) 愼鏞廈, 앞의 책(1976), 293~296쪽.
45) 이배용, 〈열강의 이권침탈과 조선의 대응〉(《韓國史 市民講座》 7, 一潮閣, 1990), 105쪽.
46) 鄭 喬, 《大韓季年史》上, 192~193쪽.

고, 결국 6월 29일 독일 영사관에서 영사 클리인(F. Krien, 口麟)이 외부대신서리를 모욕하는 사건이 발생하였다.

협회는 일개 외국 영사가 남의 나라 외부대신서리에게 자기 의사에 따르지 않는다고 모욕한 것을 국가에 대한 모독이라고 간주하고 7월 4일 趙漢禹 등을 총대위원으로 선정하여 정부에 이를 항의하는 공한을 발송하였다. 협회는 이 공한에서 독일영사의 행위가 만국공법에 규정된 바의 주재국 관원을 능멸한 것인즉, 그 나라를 능욕한 것으로 인책이나 추방의 대상이니, 國體를 유지하기 위해서도 적절한 조치를 취할 것을 강경하게 요구하였다.

또한 만민공동회가 7월 1일과 2일 양일간에 걸쳐 종로에서 개최되어 독일영사의 무례를 규탄하였다.

독일영사 클리인은 독립협회와 만민공동회의 움직임에 매우 당황하였으며, 결국 외부대신서리를 방문하고 공식으로 사과하여 공식 사죄문을 의정부에 제출함으로써 이 문제는 일단락되었다. 그러나 그 후 고종은 그 전의 약속을 지켜야 한다는 주장으로 결국 금성 당현의 금광 이권을 독일 세창양행에게 허가하였다.[47]

독립협회의 이 같은 완강한 국익수호운동으로 열강의 더 이상의 이권 침탈은 일단 저지되었다. 그리고 협회는 1898년 9월 4일 통상회를 개최하여 열강의 이권침탈에 대해 조사위원을 선정하여 조사하기로 결의하였다. 이 때 윤치호와 남궁억은 독립협회의 국제적 배경인 서구인들과 일본의 지지를 상실할 것을 우려하여 이권수호투쟁에 임하는 태도가 소극적이었다.[48] 급진파와 온건파 사이에 의견 차이가 나타났으나 급진파의 견해가 채택되어 鄭 喬가 조사위원으로 임명되었다. 9월 11일 통상회에서 조사위원의 조사 결과를 보고 받았다. 독립협회는 열강의 이권 침탈이 대한제국의 자주 독립을 침해하는 것이라고 하여 모든 이권 침탈을 즉각 중지시키기로 결의하고, 이권 양여에 가담한 전임회장 이완용을 독립협회에서 제명하였다.[49] 그런데 협회의 운동이 이후 참정개혁운동으로 나가게 됨에 따라 이 문제는 더 이상 발전되

47) 愼鏞廈, 앞의 책(1976), 328~329쪽.
48) 윤병석, 앞의 글, 213쪽.
49) 愼鏞廈, 앞의 책(1976), 329~331쪽.

지 못하였다.

한편 외세에 대한 이권 양여 반대 논의가 일관적으로 단순하게만 진행된 것이 아니라 현실론과 이상론의 이중 갈등속에서 전개되었다. 즉 첫째는 무계획적인 근대시설 개발로 인한 폐단을 지적하며 시기상조론이 대두하는가 하면 한편으로는 근대시설의 필요성과 조속한 개발을 주장하는 측이 있었고, 둘째로는 이권 양여 절대 불가론과 일부에서는 이권 양여의 효용성을 주장하는 측면도 있었다. 그러나 이러한 긍정·부정의 논리는 반외세·친외세의 대립적 성향으로 나타날 때도 있었지만 근대 산업을 발전시키기 위한 기본 인식과 방법론의 차이에 기인한다고 볼 수 있다.50)

이상과 같이 독립협회는 민중을 배경으로 하여 열강의 인사권·재정권·군사권의 간섭을 배격하는 국권수호운동, 열강의 토지조차와 토지매도의 요구를 저지하는 국토수호운동, 그리고 열강의 광산채굴권을 비롯한 각종 이권 요구에 대항하는 국익수호운동 등 자주국권운동을 자유민권운동과 병행하여 전개하였다.

3) 민권보장운동

독립협회는 러시아세력의 철수를 계기로 러시아의 내정간섭이 약화됨에 따라 이어 정부를 규탄하면서 자유민권운동을 전개하였다. 독립협회는 국가라고 하는 것은 국민이 모여서 성립된 것이며 국민이 국가의 주인이라고 보았다. 따라서 국가가 자주독립하여 부강하려면 국가를 구성하고 있는 국민 개개인이 모두 자주독립하여 부강해야 하며, 이를 위해서는 국민에게 권리를 주어 그 민권을 신장시켜야 한다고 주장하였다.

그리고 독립협회는 민권이 신장되어야 국가가 부강해지고 따라서 君權도 강대해진다고 보고 민권의 신장이 군권과 충돌하는 것이 아니라고 주장하였다. 국가 자주독립의 기초를 자유민권의 신장에 둔 것은 독립협회 사회사상의 큰 특징이라고 할 수 있다.

독립협회의 자유민권사상은 19세기 후반 이후부터 성장해 온 국내 사상의

---

50) 이배용, 앞의 글, 120~121쪽.

조류를 계승하면서 서구 시민사회의 자연법사상·계몽사상·사회진화론의 근대사상을 적극 수용하는 입장에서 형성되었다.[51]

독립협회의 자유민권사상은 국민평등권론으로 제기되었다. 독립협회는 天賦人權說에 의한 인간평등권을 주장하고, 나아가 국가적 차원에서 국민평등권을 주장하였다.

독립협회는 국민평등권론과 더불어 국민자유권론을 제기하였다. 독립협회는 사람은 누구나 생명·재산·자유 등 하늘이 부여한 양보할 수 없는 권리를 가진다고 하는 천부인권설에 근거하여 국민자유권을 주장하였다. 독립협회는 국민의 신체와 재산권의 자유를 지배층의 압제와 수탈로부터 보호되어야 할 가장 기본적인 권리라고 인식하였다. 따라서 독립협회는 죄형 법률주의·증거 제일주의·영장제도·공개 재판권·피고 변호권 등 근대적 법률과 공정한 재판으로 국민의 신체의 자유를 보장하려 하였다.

요컨대 독립협회의 자유민권사상은 국민의 평등과 자유 및 국민주권의 확립을 통하여 국민의 권리를 보장하고, 국민의 단합된 힘으로 자주국권을 수호하며, 나아가 근대 의회민주정치를 구현하여 근대 국민국가를 수립하려는 민주주의사상이었다.[52]

독립협회는 이 같은 자유민권의 민주주의사상을 실천운동으로 전개하였다.

독립협회의 자유민권운동은 민권보장운동으로부터 시작되었다. 민권보장운동은 처음에는 국민의 신체 자유권과 재산권의 보장운동으로 시작해서 점차 언론·출판·집회·결사 등 국민의 정치적 자유와 평등권의 보장 나아가서는 정치적 참정의 요구운동으로 확대되었다. 1898년 민권신장에 대한 독립협회의 요구는 갑오개혁의 성과를 정착시키고, 나아가 전진적으로 발전시키고자 하였던 것으로 그것을 역행시키고자 하는 봉건반동과의 대결이었다.[53]

1898년 3월 15일 侍從院 시종 金永準의 무고로 독립협회 회원인 李源兢·呂圭亨·池錫永·安沂中 등을 갑자기 구속되었다. 이 사건이 계기가 되어 협

51) 姜英心, 〈독립협회의 신분제 잔재 철폐운동에 관한 고찰〉(《梨大史苑》 26, 1992), 154~155쪽.

52) 柳永烈, 〈독립협회의 성격〉(《한국사연구》 73, 1991), 66~70쪽.
愼鏞廈, 앞의 책(1976), 175~204쪽.

53) 姜在彦, 《近代朝鮮の變革思想》(日本評論社, 1973), 180쪽.

회는 국민의 생명의 자유권 보장을 위한 투쟁을 벌이기 시작하였다.

협회는 3월 20일 警務使 金在豊에게 항의 공한을 발송하였다. 공한에서, 사람을 체포할 때에는 체포 24시간내에 재판소로 押交하도록 되어 있는데, 근일 경무청이 사람을 체포하여 여러 날 구금하고도 재판소로 압교하지 않고 있으니 이는 불법이며, 또 협회회원이 체포된 이유가 무엇인지 답변해 주기 바란다고 하였다. 그러나 정부는 이를 무시하고 체포된 회원들에 대해 유언비어를 퍼뜨려 민심을 현혹시켰다는 죄로 재판의 절차도 거치지 않고 '10년 유배'에 처한다고 발표하였다. 이에 협회는 3월 26일 법부대신 李裕寅에게 항의 공한을 보내어 재판과 법률에 의한 신체의 자유권을 주장하였다. 이에 대한 해답이 없자 3월 27일에 열린 독립협회의 제24회 토론회에서 "민·국을 안보하려면 일정한 법을 긴급히 준행하여야 함"을 주제로 하여 인권 옹호를 강력히 주장하고 정부의 횡포를 규탄하였다. 정부는 독립협회와 민중의 세력이 확대되면서 6월 29일 4명의 회원을 석방하였다.54)

독립협회가 생명의 자유권과 함께 벌인 투쟁 중 중요한 다른 하나는 재산권 보호를 위한 투쟁이었다. 협회는 양반이나 양반관료가 그들의 신분적 특권을 이용해 평민을 억압하는 사례를 비판하고 아울러 투쟁을 전개하였다.

1898년 5월에 법부대신 겸 고등재판소장 李裕寅이 독립협회 회원인 洪在旭이란 사람의 집을 빼앗으려는 사건이 발생하였다. 협회는 5월 30일 고등재판소 앞 果廛都家에서 특별회를 개최하고 3명의 대표를 재판소에 보내 공개재판과 방청의 허락을 요구하였다. 이것이 수락되자 회원들이 재판소에 몰려가 재판을 지켜보았다. 그러나 판사 馬駿榮이 이유인에게 유리하게 편파적으로 재판을 진행시키는 것을 보고 회원들은 일제히 재판소에서 퇴장하였다. 5월 31일 다시 회의를 열어 공한을 법부에 발송하여 재판의 공명정대한 시행과 국가의 법률적 적용은 신분·지위 고하를 막론하고 공평해야 함을 항의하였다. 그 뒤 법부의 반응이 없자 6월 6일 협회는 판사 마준영을 고등재판소에 피고로 고발하여 재판을 청원하고, 마준영의 법률 위반을 낱낱이 지적한 청원서를 발송하였다. 또한 협회의 대표들이 고등재판소로 가서 이유인을

54) 鄭 喬, 《大韓季年史》 上, 185~187쪽.
愼鏞廈, 앞의 책(1976), 311~31쪽.

면담하고 항의하였다. 궁지에 몰린 이유인은 자기의 불법 처사를 사과함에 이르렀다. 일이 이렇게 되자 정부는 6월 10일 이유인을 면직시키었다.

독립협회는 여기에 그치지 않고 법부대신이 평민의 재산을 침탈하는 데 동조한 판사 마준영의 파면을 요구하는 청원서를 고등재판소에 발송하여, 정부로 하여금 드디어 6월 26일자로 마준영을 면직시키도록 하는 데 성공하였다.

또한 1898년 6월에는 경무사 申奭熙의 불법 처사가 드러나 협회에서 항의하였다. 경무사 신석희는 私鑄錢 기계를 설치했다는 혐의로 崔鶴來라는 사람을 구속하고 그의 가산을 몰수하였다가 무죄가 밝혀지자 그를 석방하였으나 몰수한 재산을 돌려주지 않았다. 이 소식을 듣고 협회는 6월 20일 회의를 열어 경무청이 무슨 법으로 개인의 재산을 몰수할 수 있는가라는 내용의 공한을 발송하여 항의하였다. 이에 대해 신석희는 사주전을 하는 자에 대해서는 기계와 가산을 몰수하는 것이 오래 전부터 시행되어 온 선례인데, 이를 따랐을 뿐이라고 하였다. 협회는 6월 23일 內部大臣 朴定陽에게 공한을 보내 新法으로 보장된 재산권이 폐지된 舊法에 의해서 침해당하는 일은 명백히 나라의 법을 위반한 것이니 시정하라고 요청하였다. 정부는 강력한 협회의 압력에 굴복하여 협회의 요청대로 최학래의 재산을 돌려주었다. 그리고 7월 8일 신석희도 경무사에서 해임되었다.[55)]

이같이 독립협회는 평민들이 권세있는 양반관료들에게 생명과 재산의 자유권을 침해당하는 것에 투쟁하였다. 협회는 죄인에게까지도 생명과 재산의 자유권을 보호하기 위한 노력을 기울였다.

독립협회가 생명의 자유권사상의 실현을 위해 투쟁한 전형적인 예의 하나가 金鴻陸 毒茶事件에 대한 것이다.

1898년 9월 11일 전 러시아공사관 통역 김홍륙이 고종의 커피잔에 아편을 넣어 독살하려던 사건이 일어났다. 사건의 주범인 김홍륙은 국왕의 러시아어 통역으로서 고종의 측근에서 러시아세력을 배경으로 온갖 전횡을 자행하다가 8월 25일 해임되면서 흑산도에 유배되었다. 이에 원한을 품은 그는 궁중의 요리사 孔洪植으로 하여금 아편을 넣은 커피를 국왕에게 바치게 하였지

---

55) 鄭 喬, 《大韓季年史》 上, 197~201쪽.
愼鏞廈, 앞의 책(1976), 313~316쪽.

만 미수에 그치고 말았다.

이에 협회는 만민공동회까지 개최하면서 그 사건의 철저한 조사를 요구했다. 그런데 범인이 재판도 없이 종신유배에 처해지고, 그 관련자가 고문당했다는 사실이 밝혀졌다. 이에 독립협회는 비록 김홍륙이라 할지라도 법률에 의해서만 처벌되어야 하고 관련자의 고문도 용납될 수 없다 하여, 관계 법관을 통렬하게 비판하고 공개재판을 요구하였다.

한편 이 사건과 관련하여 9월 23일 중추원 회의가 열렸을 때 徐相雨 등이 신법률을 개정하여 孥戮法과 連坐法을 부활시킬 것을 주장하였다. 노륙법은 극악한 죄인에게 참형을 적용시키는 법으로 갑오개혁 때 폐지되고 絞刑만 적용되고 있었다. 죄인 당사자뿐만 아니라 그 가족까지도 처벌하는 연좌법도 갑오개혁 때 폐지되었다. 그런데 이 두 법의 부활을 주장하자 법부대신 겸 중추원의장 申箕善 이하 議官 34명이 동조하여 정부에 정식으로 이를 요구하였다. 동시에 이들은 서상우를 疏頭로 하여 상소까지 하였다.

전통적인 악습인 노륙법과 연좌법을 부활시키자는 것은 단지 형법제도의 차원에 국한된 것이 아니라 근대적 개혁의 방향에 역행하는 것을 의미하는 것이었다. 따라서 9월 25일 협회는 통상회를 열어 악형으로 고문한 사실과 노륙법과 연좌법의 부활 기도는 인권과 재산권을 침해하려는 것이며, 신법률을 개악하는 것이라 의결하고, 이에 대한 진상조사와 반대운동을 전개키로 결정하였다.

9월 26일과 28일 두 차례에 걸쳐 협회는 중추원의장 신기선에게 공한을 보내 疏請에 서명한 의관과 의장의 사직을 요구하였다. 이에 대해 신기선이 회답하기를 갑오개혁 이후 역적을 다루는 데 교수형만 적용시키니 逆變이 그치지 않으니 노륙법을 부활시키지 않을 수 없고, 또 대신의 진퇴는 民會에서 말할 바가 못된다고 하였다.[56]

10월 2일 협회는 중추원 앞에서 민중대회를 열고 대표를 뽑아 신기선에게 보내 또 다시 두 법의 부활의 부당성을 논하고 그의 사직을 권고하였다. 신기선이 불응하는 태도를 보이자 협회는 신기선을 고등재판소에 고발하였다.

---

56) 《매일신문》, 1898년 9월 30일, 논설.

고등재판소에서 고발장을 접수하자 협회에 대답하되 법부대신과 협판은 勅任官이므로 그의 구금에는 먼저 법부대신이 황제에게 상주한 후에야 구금할 수 있는데 법부대신 신기선 자신이 피고이므로 상주할 사람이 없어 기술적으로 이를 처리하기 어렵다고 밝혔다. 6일 협회는 고등재판소 앞에서 다시 민중대회를 열어 황제에게 상소하기로 결의하고 7일 상소하였다. 황제는 먼저 신기선에게 감봉처분을 내린 뒤 법률이란 정부에서 때에 맞추어 적절히 제정하는 것이니 野에서 함부로 논의할 바가 못된다는 비답을 내렸다. 이와 같은 비답을 받아 보고 협회 회원들은 크게 실망하였다.[57]

이 무렵에 독차사건에 관련된 공홍식이 옥중에서 살해된 사실이 알려지게 되었고, 이에 독립협회는 법부대신 신기선에게 책임을 물어 강력히 그의 인책 사임을 요구하였다. 그후 탄핵운동이 그 범위가 확대되어, 협회는 신기선을 포함한 7대신의 불법을 지적하고 그 파면을 요구하는 운동을 전개하였다. 그 운동이 성공하여 10월 10일에서 12일에 걸쳐 7대신이 물러나고 새로운 대신이 임명되었다. 이에 따라 노륙법과 연좌법의 부활 기도도 사라졌다.

독립협회는 이상과 같이 자유민권 사상의 구현을 위한 투쟁을 계속하여 경우에 따라서 소기의 목적을 달성할 수 있었으나 완벽하게 모든 국민의 민권이 신장되고 보장되었다고는 할 수 없다. 그리고 민권이 국권에 종속되고 국민주권 사상의 불투명이라는 한계도 간과할 수는 없다.

독립협회의 민권론은 민권 자체의 신장만을 목표로 한 것이 아니라 자주독립의 구현이라는 민족주의의 과제를 달성하려는 목표를 매개로 민권신장의 정당화 논거를 확보하였다는 데 큰 특징이 있다.[58] 다시 말하면 민권이 독립이라는 목적을 실현하기 위한 전제조건으로 인식되었다는 데 있다. 그렇지만 독립협회 활동 단계에서 전근대사회의 신분적 질곡을 공식적으로나마 완전히 부정하고 법치에 의한 만민평등사상, 민권보장을 주장하고 계몽했다는 점에서 근대적 자유민권사상의 토착화에 기여했다고 볼 수 있다.

〈金信在〉

57) 鄭　喬, 《大韓季年史》 上, 240~247쪽.
愼鏞廈, 앞의 책(1976), 341~347쪽.

58) 김영작, 《한말내셔널리즘연구》(청계연구소, 1989), 351쪽.

3. 참정권운동과 개혁의 추진

1) 수구파내각 퇴진운동

독립협회의 국권수호운동·민권운동·개혁운동에 대하여 친러수구파정부와 황제는 완강하게 저항했을 뿐 아니라 계속적으로 국권·국익을 훼손하는 시대착오적 정책을 추구하였다.

우선 1898년 9월의 상황을 보면, 친러수구파와 고종은 법부고문 그레이트하우스(Clarence R. Greathouse, 具禮)의 자문을 받으면서 외국에서 외국인 장교와 퇴역군인들을 불러와 특수부대를 편성하여 황제와 황실 호위의 나라 운명과 직결된 중대 임무를 맡기려 하였다.1)

이에 중국 상해에 파견된 張鳳煥과 그레이트하우스는 상해에서 외국인 퇴역군인 30명(영국인 9명, 미국인 9명, 독일인 6명, 프랑스인 5명, 러시아인 2명)을 1인당 월급 70원과 왕복여비를 지불하기로 하고 우선 1년 계약으로 고용하여 데리고 9월 15일 서울로 돌아왔다.2)

당시 전제군주제의 대한제국에서 전제권을 가진 황제의 호위를 열강 국적의 외인부대에 맡기는 것은 전제군주의 촛불을 강풍 앞에 맡기는 것과 같이 지극히 위험한 국권·국익 훼손의 정책이었다.

독립협회는 이를 알고 강력한 반대운동을 전개하였다. 독립협회는 9월 17일 독립협회 사무소에서 집회를 열고 '황실 호위 외인부대' 창설 반대를 결의했으며, 총대위원으로 군부에는 鄭恒謨 등 3인, 외부에는 趙漢禹 등 3인, 궁내부에는 李承晩 등 3인, 경무청에는 崔廷德 등 3인을 파견하여 외국인 용병들의 즉각 철환을 요청하는 항의문을 전달하였다.3)

---

1) 《駐韓日本公使館記錄》8 (國史編纂委員會, 1989), 〈機密本省往信〉, 1898년 10월 5일, 機密 第39號, 歐美人巡査 傭入과 獨立協會의 排斥運動의 件.
2) 鄭 喬, 《大韓季年史》上(國史編纂委員會, 1957), 236~238쪽.
The Independent, September 7th, 1898, Local Items.
3) 鄭 喬, 《大韓季年史》上, 236쪽.

《독립신문》은 이에 앞서 외신을 통해서 이 소식을 듣고 놀래어 〈믿지 못할 일〉이라는 논설을 게재했는데, 그 요지는 ① 외국인 30명을 고용하여 황실을 보호한다는 것은 국권을 해치는 큰 수치이며, ② 이것은 황제와 정부가 친위대의 대한제국 군인을 신뢰하지 않으며 그들이 충군 애국의 마음도 없고 황실 호위의 능력도 없음을 세계에 알리는 처사이고, ③ 정부가 외국 민간인의 행태도 대한의 법률로 다스리지 못하면서 서양 퇴역군인들을 고용하여 황실 호위의 대권리를 맡겼다가 잘못되는 일이 있을 때 이를 통제할 수 없게 된다는 점을 들어 통렬하게 비판하고, "이것은 豺狼을 사오십 마리 대궐내에 두는 것 보다 더 위태하다"[4]고 통탄하였다.

독립협회는 9월 18일 정부의 구체적인 답변이 없자, 外部의 문 앞에서 대규모 민중대회를 개최하고 6가지 이유를 들어 황실 호위 외인부대를 즉각 추방하도록 강력하게 요구하였다. 그 6가지 이유는 ① 자주독립국인 대한제국의 황실에는 외인부대의 호위가 불필요하고, ② 외인부대의 창설은 대한제국 군인의 반발을 야기시킬 것이며, ③ 외인부대의 창설은 황실과 국민을 이간시키고, ④ 황제와 황실을 외인부대가 호위하면 대한제국의 자주국권을 위협하고 열강과의 국제분쟁을 야기시킬 것이며, ⑤ 5개국 국적을 가진 외인부대를 대한제국정부가 통제하지 못할 것이고, ⑥ 외인부대 창설이 바로 황실의 국민과 정부에 대한 불신으로 해석될 것이므로, 외인부대의 즉각 철환을 강경하게 요구한다는 것이었다.[5]

독립협회는 9월 19일에도 외부의 문 앞에서 민중대회를 개최하고 황실 호위 외인부대의 즉각 철환에 대한 황제의 결단을 요구하였다.[6]

독립협회의 반대운동을 도저히 누르지 못할 것이라고 판단한 수구파정부도 마침내 외인부대의 철환을 황제에게 주청하였다. 황제는 할 수 없이 독립협회의 시위와 압력에 굴복하여 9월 24일 외국인 용병들에게 1년치 고용비 25,200원을 지불하고 그들을 돌려보내었다.[7]

---

4) 《독립신문》, 1898년 9월 8일, 〈믿지 못할 일〉.
5) *The Independent*, September 20th, 1898, No Foreign Guard.
6) *The Independent*, September 22nd, 1898, The Foreign Guard.
7) 外部 編, 《度支部來去案》(奎 17792) 제16책, 照會 第76號, 광무 2년 9월 24일. *The Independent*, September 29th, 1898, Local Items.

외국인 용병을 고용하여 황실 호위 외인부대를 창설함으로써 전제권을 가진 황제와 황실을 외국인의 수중에 둘 뻔한 이 위험한 정책은 독립협회의 완강한 운동에 의해 마침내 저지되었다. 이것은 독립협회가 대한제국의 자주독립과 안전을 지키기 위해 쟁취한 대성과의 하나였다.

이 무렵 러시아공사관의 전 통역이며 친러파 정객인 金鴻陸이 그의 직책에서의 추방과 유배에 원한을 품고, 부하들을 시켜 황제의 찻잔에 아편을 넣은 반역사건이 발생하였다.[8] 이른바 '김홍륙 毒茶事件'이라는 것이다.

독립협회는 9월 13일 종로에서 특별대회를 열고 이 반역사건의 철저한 조사를 요구하였다.[9]

그런데 이 사건을 처리함에 있어서 경무사 閔泳綺는 죄인들을 심문할 때 악형을 남용하여 다리가 부러진 자가 나오고 부녀자까지 고문하였다. 뿐만 아니라 새로이 9월 23일 재개원한 中樞院은 개회 벽두에 徐相雨 등의 소청으로 신법률을 재개정하여 갑오경장 때 폐지된 拏戮法과 連坐法을 부활시킬 것을 주장했으며, 법부대신 겸 중추원 의장 申箕善 등 34인의 의관이 정부에 이를 요청하기에 이르렀다. 또한 신기선 등은 작당해서 9월 24일 서상우를 疏頭로 하여 노륙법 및 연좌법의 부활을 요구하는 상소까지 올리었다.[10]

독립협회는 9월 25일의 통상회에서 법부의 죄인 고문과 중추원의 노륙법 및 연좌법의 부활 시도가 국민의 생명(신체)과 재산의 자유권을 침해하는 것이며 신법률을 개악하는 것이라고 의결하고, 이에 대한 반대운동을 전개하기로 결정하였다. 독립협회는 민권으로서의 신체·생명의 자유권 신장을 위해 죄형법정주의·죄형개인주의·고문제도의 폐지·공개재판주의·판결증거주의를 주장해 왔으므로 비록 김홍륙이라 할지라도 법률에 의해서만 처벌되어야 하며, 연루자들을 고문함은 용납할 수 없다고 결의하였다. 독립협회는 총대위원들을 선정하여 한편으로 경무청에 파견해서 죄인의 고문사건을 엄중히 항의하고, 다른 한편으로 중추원에 공한을 보내어 중추원 의장 신기선의 사임

---

8) 《駐韓英國領事報告》(Reports and Communications from the British Consul in Seoul), 機密報告 제98호, 1898년 10월 7일.
9) 鄭 喬, 《大韓季年史》 上, 233~234쪽.
10) 《承政院日記》, 광무 2년 음력 8월 9일, 中樞院一等議官徐相雨等疏.

을 권고하였다.[11] 신기선은 이에 대해 사임을 거절했을 뿐만 아니라, 노륙법 및 연좌법의 부활이 필요함을 주장하면서 이의 부활을 추진할 의지를 명백히 하였다.[12]

노륙법 및 연좌법 부활문제를 둘러싸고, 중추원 의장 신기선 및 그를 지지하는 수구세력과 독립협회의 개혁세력이 정면으로 충돌하지 않을 수 없게 되었다.

독립협회는 1898년 10월 1일 중추원 문 앞에서 민중대회를 개최하고 신기선의 사임과 고등재판소에의 고발을 의결함과 동시에 노륙법 및 연좌법 부활 시도를 규탄하였다. 독립협회는 10월 2일에도 고등재판소 문 앞에 철야하여 민중대회를 열고 신기선 고발장을 접수시켰으며, 10월 3일에는 南宮檍 등을 총대위원으로 의정부 의정에게 파견하여 법부대신 겸 중추원 의장 신기선의 파면을 상주토록 요청하였다.[13]

한편 都約所에서는 수구파 유생들이 친러수구파정부와 내통하면서 집단으로 상소를 올리어 신기선을 지지하고, 노륙법 및 연좌법의 부활을 주장했으며, 독립협회의 노륙법 및 연좌법 부활 저지운동을 규탄하였다.[14]

독립협회는 친러수구파 정부대신들이 수구파 유생들과 연합해서 노륙법 및 연좌법 부활을 기어이 관철하려 하자 더욱 강경한 저지운동을 연일 전개하였다. 독립협회는 10월 6일 고등재판소 문 앞에서 거듭 민중대회를 열고, 의정부 의정과 참정까지 신기선 등을 두호하기만 한다면 황제에게 향해 직접 상소운동을 전개하는 길밖에 없다고 의결했으며, 皇國中央總商會와 연대하여 聯呈上疏를 올리기로 결정하였다.[15]

독립협회와 황국중앙총상회 회원과 서울 시민 1만여 명은 10월 7일 仁化門 앞에 운집하여 대회를 열고 황제에게 상소를 올리었다. 독립협회는 이 상소에서 강경한 논조로 친러수구파정부와 중추원의 고문사건과 노륙법 및 연좌법 부활운동을 규탄하고, 이것이 백성의 민권을 억압하기 위해 시도되는

11) 《皇城新聞》, 1898년 9월 29일, 別報(獨立協會에서 中樞院에 送한 편지).
12) 《매일신문》, 1898년 9월 30일, 논설.
13) 《皇城新聞》, 1898년 10월 5일, 別報.
14) 《독립신문》, 1898년 10월 5일, 잡보 〈도약소 상소〉.
15) *The Independent*, October 8th, 1898, The Memorial of the Independence Club.

것임을 지적했으며, 노륙법 및 연좌법 부활 시도의 중심인물인 신기선의 파면을 요청하였다.16)

그러나 황제는 신기선을 감봉 처분만 한 다음, 파면할 뜻이 없음을 밝혔을 뿐 아니라, 노륙법 및 연좌법의 부활문제는 정부에서 마땅한 것을 제정하는 것이니 백성들이 아래에서 함부로 의논할 일이 아니라고 신기선과 친러수구파정부를 옹호하는 비답을 내리었다.17)

황제의 비답은 독립협회 회원들을 크게 실망시켰다. 이제는 친러수구파정부와 황제가 합력하여 노륙법과 연좌법을 부활시키려 함이 명백하게 되었다. 독립협회는 이 사태를 매우 중시하였다. 국민의 요청인 대개혁을 단행하여 민권을 신장시키면서 독립의 기초를 공고히 해서 외침을 막아야 할 시기에 도리어 갑오경장 때 폐지된 악법인 노륙법과 연좌법을 부활시켜 민권 탄압의 도구로 사용하려는 친러수구파 정부대신들의 시대착오적 시도를 독립협회가 묵과해서는 나라가 개혁은커녕 시대착오적인 구체제로의 복구에 귀결되어 도탄에 빠질 것이라고 의논하였다.

독립협회는 황제의 비답을 놓고 그 동안의 친러수구파정부의 동태를 검토한 끝에 독립협회가 추구하는 자주독립 강화, 국정개혁, 의회설립, 민권신장을 위해서는 먼저 친러수구파정부와 그 대신들을 퇴진시키고 새로이 개혁파 대신들로 구성된 개혁정부를 수립해야 한다는 결론에 도달하게 되었다.

독립협회는 이에 인화문 앞에 모인 대규모 민중대회를 해산시키지 않고, 이것을 친러수구파 7대신 규탄과 해임에 의한 수구파정부의 퇴진과 새로운 개혁파정부로의 정권교체운동으로 발전시키로 결정하였다.

독립협회는 10월 7일 밤 인화문 앞에서 물러서지 않고 철야시위를 계속한 다음 10월 8일에는 南宮檍과 韓致愈를 製疏위원으로 선정하여 수구파정부 7대신의 퇴진을 요구하는 제2차 상소를 작성하여 올리게 하였다. 독립협회는 이 제2차 상소에서 ① 현 정부의 재상과 대신들은 그 직을 담당할만한 인물들이 못되어 법률과 규칙이 있어도 기강이 다 문란해졌을 뿐 아니라, ② 옛날과 같이 황제에게는 아첨만 하면서 총명을 가리우고 나라와 백성들을 학

16) 《承政院日記》, 광무 2년 음력 8월 22일, 中樞院一等議官尹致昊等疏.
17) 《皇城新聞》, 1898년 10월 8일, 別報.

대하여 병들게 해서 백성들의 원망이 맺혀 있으므로, ③ 신기선·李寅祐·沈舜澤·尹容善·李載純·沈相薰·민영기 등 7대신의 탐학을 낱낱이 들어 규탄하면서 그들의 파면을 요청하였다.[18]

당시 정부에 실제 임명되어 있던 대신들이 이들 7대신이었으므로, 독립협회의 이 상소 요구는 친러수구파 대신들을 모두 해임하고 새로운 정부를 구성해 달라는 수구파정권 퇴진 요구이었으며 신정부 수립 요구었다.

독립협회의 7대신 규탄과 정부 교체의 철야상소운동은 즉각 백성들의 광범위한 호응을 얻었다. 서울 시내와 전국 각지에서 백성들이 이에 호응하여 자발적으로 독립협회에 보내온 의연금이 600여 원에 이르렀다.[19] 몇가지 예를 들면, 과천의 한 나무장수는 나무 한 짐을 30냥에 팔아서 25냥을 독립협회에 의연하고 5냥으로 배삯과 요기를 하겠다고 독립협회운동을 성원하였다. 한 군밤장수 소년은 군밤 판 돈 1냥 2전 5푼을 헌납하여 회원들을 감동시켰다.[20] 심지어 감옥의 죄수들까지도 독립협회에 편지로 감사와 격려를 보내고 2원 여의 의연금을 헌납하였다.[21]

독립협회는 밤에는 50명의 대표를 뽑아 10월 8일과 9일 밤에도 철야시키고, 낮에는 다시 인화문 앞에 모여 민중대회를 개최하면서, 수구파 7대신을 규탄하고 대신들의 교체에 의한 신정부의 수립을 요구하면서, 이를 승락하는 황제의 비답을 기다렸다.

그러나 독립협회의 제2차 상소에 대하여 황제는 각 대신들에게 경고를 주어 고치도록 하면 되지 해임할 필요는 없다는 비답을 내리었다.[22] 이와 때를 맞추어 都約所의 유생들이 서울 시내 요소에 방을 붙여서 독립협회 회장 尹致昊가 중추원에서 노륙법 및 연좌법 부활을 건의·결의를 할 때 홀로 찬성치 않은 것은 반역을 비호하는 뜻이 있는 것이라고 독립협회와 회장 윤치호를 규탄하였다.

독립협회는 여기에 물러서지 않고 인화문 앞에서의 민중대회를 더욱 확대

---

18) 《매일신문》, 1898년 10월 10일, 〈독립협회 재소 소본〉.
19) 鄭 喬, 《大韓季年史》 上, 248쪽.
20) 《독립신문》, 1898년 10월 10일, 잡보 〈충애감동〉.
21) 《皇城新聞》, 1898년 1월 12일, 雜報 〈縷人長書〉.
22) 鄭 喬, 《大韓季年史》 上, 251쪽.

해 가면서 10월 10일 '제3차 상소'를 올리었다. 이 상소에서 독립협회는 ①7대신은 황제에게 다만 아첨하기만 일삼아 벼슬자리와 봉록만 보전하려 하고 2천만 백성으로 하여금 도탄에 빠지게 하는 무리들이며, ②7대신의 국정 문란의 죄가 이미 너무 커서 스스로 잘못을 고치기는 기대할 수 없고, ③"백성이 나라의 근본이요 근본이 튼튼해야 나라가 평안한 것(民維邦本 本固邦寧)"인바, "백성이 튼튼치 못하고 나라가 평안치 못한 것(本不固而 邦不寧者)"은 7대신의 죄인데 어찌 작은 7대신을 아끼어 3천리의 큼과 2천만 명의 많음을 생각지 않을 것이며, ④나라 형세가 위기일발에 있어 비유컨대 급류폭풍에 배가 기울어지고 돛대가 부러지면 반드시 익숙한 사공을 기다릴 것이거늘 어찌 용렬한 사공과 부서진 삿대로 하여금 그 재주가 앞으로 단련하고 그 수단이 익숙하여 구원하기를 기다리고 있을 것인가 지적하고, 7대신의 즉각 파면과 신정부의 수립을 강경하게 요구하였다.[23)]

이날 독립협회의 인화문 앞 대회에는 法語(프랑스어)學校·日語學校·俄語(러시아어)學校 학생들과 培材學堂 학생들이 참석하여 더욱 대규모화되었다.[24)] 또한 황국중앙총상회의 지도하에 서울 시내의 各廛 상인들이 일제히 철시하여 독립협회의 수구파 7대신 규탄과 친러수구파정부 퇴진 요구를 적극적으로 지원하였다.[25)]

황제는 독립협회의 '제3차 상소'에 대하여 이미 앞서 비답을 내렸는데 물러가지 아니하니 백성의 습관이 이에 이르면 차라리 말하지 않겠다고 응답하였다.[26)]

황제는 10월 10일 밤에도 독립협회 회원들이 여전히 물러가지 않고 철야하자, 10월 11일 한성판윤 李采淵을 집회에 보내어 칙유를 전하였다. 황제는 이 칙유에서 ①백성들이 대궐 문 바로 곁에서 날을 지내고 밤을 지새어 오래도록 물러가지 아니하며 즉각 시행을 급히 청함은 일의 이치에 어긋나는 일이고, ②방금 정부에 지시하여 배가해서 경계하도록 한즉 정부대신들이

23) 《承政院日記》, 광무 2년 음력 8월 26일, 中樞院一等議官尹致昊等疏.
24) 《皇城新聞》, 1898년 10월 12일, 雜報 〈學園赴會〉.
25) 《독립신문》, 1898년 10월 12일, 잡보 〈각전폐시〉.
26) 《承政院日記》, 광무 2년 음력 8월 26일, 中樞院一等議官尹致昊等疏批旨.

서로 힘써 권면할 터이니 백성들은 물러가 처분을 기다리는 것이 일의 이치에 합당하며, ③ 황태자의 병환이 아직도 다 낫지 않았는데 지극히 가까운 곳에서 시끄러운 소리가 그치지 않으니 편치 않은 일이므로, 이렇게 타일러도 물러가지 아니하면 또한 신민의 도리가 아니니 퇴거 여부를 지켜보리라[27]고 하여, 호소와 위협을 겸한 유시를 전하였다.

독립협회는 이 칙유에 대하여 즉각 尹夏榮 등 5인을 선출하여 短章을 지어 바치게 하였다. 그들은 이 단장에서 ① 7대신이 물러가지 아니한즉 백성과 나라의 걱정이 조용해질 때가 없는 고로 백성이 감히 먼저 물러가지 못하며, ② 7대신의 평일의 행정은 짐짓 법률과 규칙을 지키지 않고, 인재를 쓰지 않으며, 뇌물 갈취를 오로지 일삼고, 잡세를 어지러이 긁어 들이며, 부패한 탐관오리들을 내쫓지 아니하여 백성이 생명을 보호하기 어렵고, 재산을 빼앗겨 혈분이 맺혀 있으며, ③ 당장 강한 이웃나라가 엿보고 기다리는데 내정을 개혁하지 않아 민심이 평안치 못하면 오이가 베어지는 염려가 숨쉴 동안에 있으므로 근본을 단정히 하고 근원을 맑게 하기 위하여 7대신을 내쫓고 준언을 구하며 규칙 실시를 바라는 것이며, ④ 7대신이 하루 물러가지 않으면 신 등도 하루 물러가지 않을 것이고, 7대신이 백일 물러가지 않으면 신 등도 백일 물러가지 않으리라고 하였다.[28] 이것은 매우 강경한 논지이며, 7대신을 파면시키지 않으면 결단코 물러가지 않겠다는 굳은 투쟁의 결의를 황제에게 전달한 것이었다.

독립협회의 집회는 이날 학생 및 시민들의 지지와 참여가 증가하여 더욱 대규모로 확대되었다. 외국인들도 이 민중대회를 구경하면서 독립협회의 정권교체 요구에 큰 관심을 표명하고, 한국 민중의 성장에 놀라움을 표시하였다.[29]

뿐만 아니라 10월 10일부터는 독립협회의 정부 교체운동을 지지하여 황국중앙총상회의 지도하에 서울 시내의 각전 상인들이 일제히 철시를 시작하였다.[30] 경무청이 놀라서 경관들을 파견하여 상점 문을 열도록 명령했으나, 시

---

27) 鄭 喬, 《大韓季年史》 上, 252~253쪽.
《皇城新聞》, 1898년 10월 13일, 別報 〈奉讀聖諭〉.
28) 《皇城新聞》, 1898년 10월 13일, 別報 〈奉答聖諭〉.
29) *The Independent*, October 13th, 1898, Local Items.
30) 《皇城新聞》, 1898년 10월 12일, 雜報 〈各廛撤市〉.

전 상인들은 이제는 전과 달라 官人의 무례한 압제를 받지 않겠으며 상점문을 열고 닫는 것은 그들의 자유권리로 하는 일이니 간섭치 말라고 이를 거부하면서 무기한 철시를 계속하였다.31)

독립협회의 민중대회는 10월 12일 아침부터는 더욱 대규모화되었다. 德語(독일어)學校 학생들도 참가했을 뿐 아니라, 水下洞 관립소학교와 養士洞 관립소학교의 소학생들까지도 모두 독립협회의 시위운동에 참가하였다.32) 소학교 학생들의 독립협회 시위장에의 참가는 정부를 경악과 공포에 몰아 넣었다.

이제 서울 시내는 친러수구파정부의 퇴진과 개혁정부 수립을 요구하는 독립협회의 지배와 영향하에 완전히 들어가게 되었으며, 이를 지연시키면 시킬수록 철야 시위군중은 증가하고 시위의 영향은 전국에 더 큰 영향력을 발휘하면서 파급될 형편에 놓이게 되었다.

2) 개혁정부의 수립

황제 고종은 독립협회의 개혁정부 수립 요구 시위운동으로 완전히 궁지에 몰리게 되었다.

황제는 더 이상 버틸 수 없다고 판단하여 마침내 10월 10일자로 법부대신 申箕善과 법부협판 李寅祐를 파면하고,33) 군부대신 沈相薰과 탁지부대신 閔泳綺를 해임시켰으며, 다시 10월 12일자로 의정부 참정 尹容善을 해임시켜, 이미 스스로 사임한 의정부 의정 沈舜澤과 함께 수구파 7대신이 모두 면직되고, 친러수구파정부는 마침내 붕괴되었다.34)

황제 고종은 독립협회의 주장에 따라 뒤이어 독립협회가 신임하는 朴定陽을 서리 의정사무에 임명하여 정부수반으로 삼고, 문제의 군권을 장악하는 군부대신에는 독립협회와 보조를 같이하여 의회설립을 주장하는 閔泳煥을 임명했으며, 이 밖에 탁지부대신에 趙秉鎬, 법부대신에 徐正淳, 궁내부대신에 尹用求를 임명하였다.35) 뒤이어 개각이 계속되었다. 독립협회의 주장에 따라

31) 《독립신문》, 1898년 10월 13일, 잡보 〈전인충분〉.
32) 鄭 喬, 《大韓季年史》 上, 259쪽.
33) 《承政院日記》, 광무 2년 음력 8월 26일, 詔.
34) 《承政院日記》, 광무 2년 음력 8월 27일, 詔.

서 개혁파정부가 수립된 것이었다.

친러수구파정부의 붕괴와 박정양·민영환을 중심으로 한 개혁정부의 수립은 독립협회가 10월 1일부터 만 12일간 궁궐을 에워싸고 철야시위를 하면서 쟁취해낸 독립협회의 대승리의 산물이었다.

각국의 외교관들도 대한제국에서 민중운동에 의해 개혁정부가 수립된 사실에 경탄을 표시하였다. 미국공사는 독립협회운동에 의한 개혁정부의 수립에 대해 하나의 '平和的 革命(a Peaceful Revolution)'이 일어났다고 자기 나라에 다음과 같이 보고하였다.

> 이 도시(서울-인용자)는 지금 막 집중적 열광의 시기를 통과했음을 보고한다. 하나의 平和的 革命(a Peaceful Revolution)이 일어났다. 군중들의 요구에 의하여 거의 전면적 개각이 이루어졌다. 이러한 내각의 변동은 1894년 일본이 한국을 실질적으로 장악했을 때(갑오경장을 말함-인용자) 일어난 일이 있었다 (《駐韓美國公使館報告》(Communications to the Secretary of State from U. S. Representatives in Korea, H. N. Allen), 문서번호 152, 1898년 10월 13일, Change of Cabinet, Peaceful Revolution, Independence Club).

독립협회는 친러수구파정부가 붕괴되고 박정양·민영환의 개혁정부가 수립되자 환호의 만세를 부르고 해산하였다.

3) 언론과 집회의 자유 쟁취운동

독립협회는 이어서 세 방향의 운동을 정력적으로 전개하였다. 독립협회는 10월 13일 李建鎬·韓致愈·南宮檍을 총대위원으로 선출해서 의정서리 박정양에게 공한을 발송하고, 의회 설립을 위한 협의를 하고자 하니 시일과 장소를 지정하여 회답해 줄 것을 요청하였다.[36]

또한 독립협회는 10월 16일부터 황국중앙총상회와 합동하여 商權 수호운동을 전개하였다.[37] 그리고 이어서 전개된 것이 언론과 집회의 자유권 쟁취

---

35) 위와 같음.

36) 鄭 喬,《大韓季年史》上, 260쪽.

37) 愼鏞廈,〈獨立協會와 皇國中央總商會의 商權守護運動〉(《獨立協會硏究》, 일조

운동이었다.

그러나 수구파들도 반격과 재진출을 시도하였다. 수구파 단체 皇國協會는 의정부 의정서리 박정양의 집 앞에서 집회를 열고 총대위원을 들여보내어, 박정양이 공정하지 않게 독립협회만 편애하고 황국협회를 차별대우했다고 규탄하였다.[38] 황국협회는 박정양이 의정서리직을 사임할 때까지 그 집 문앞에서 철야농성을 하겠다고 위협하고, 박정양이 사직상소를 올리겠다고 약속한 다음에야 물러갔다.[39]

또한 황제 고종은 친러수구파의 복직을 꾀해, 독립협회의 규탄을 받고 해임되었던 趙秉式을 10월 17일 의정부 찬정으로 임명했으며,[40] 10월 21일에는 역시 독립협회의 비판을 받고 사직하였던 전 의정부 참정 尹容善을 의정부 의정으로 임명하였다.[41] 이에 따라 정부에는 개혁파 옆으로 다시 일부 수구파가 재친출하기 시작하였다.

뿐만 아니라 황제는 10월 20일 "독립협회의 토론은 정치문제 이외의 것만 한정하며 그 집회는 한정처소인 獨立館에서만 허가하고 離次開會(原定處所를 떠나 집회를 여는 것)는 금지한다"는 詔勅을 내렸다.[42] 황제는 이 조칙에서 ① 외국의 예를 보더라도 국회는 국가의 공립으로 국가와 국민의 이해를 의결하는 곳이요, 협회는 국민의 사설기관으로 공동 講談하는 것에 불과한 것으로서, ② 우리 나라에서도 국민이 사설한 협회가 있어서 개명진보에 일조가 안된 것은 아니지만, 政令을 평론하고 대신의 임면을 논하는 것은 원래 협회의 규칙이 아닌데, 離次開會를 하고, 상소를 바치면서 대궐 문을 막고, 大官을 협박하여 전혀 제한이 없는 것은 국회라도 이 권리가 없거늘 하물며 협회에 있을 수 없으며, ③ 오늘 이후에는 내부·경무사·각 지방관에 명령하여 협회는 어느 협회를 불문하고 무리를 지어 치안을 방해하는 경우에는 엄벌에 처할 것이요, ④ 오직 원정처소에서 토론하는 것은 저지하지 말고 힘써

각, 1976).

38) 《매일신문》, 1898년 10월 18일, 별보.

39) 《皇城新聞》, 1898년 10월 18일, 雜報 〈長橋消息〉.

40) 《承政院日記》, 광무 2년 9월 초3일, 詔.

41) 《承政院日記》, 광무 2년 9월 초7일, 詔.

42) *The Independent*, October 25th, 1898, An Anti-Club Decree.

인민으로 하여금 지식을 발달케 해서 효험이 있게 하라고 하였다.[43]

황제의 이 칙령은 독립협회의 인화문 앞에서의 상소시위를 비판하면서, 국민의 정치적 발언, 정치비판, 정부정책 비판을 금지한 것이며, 독립협회의 집회 장소도 독립관을 떠나서는 개최하지 못하도록 금지한 것으로서, 언론과 집회의 자유를 근본적으로 제한한 조치였다.[44]

독립협회는 이 조칙을 모르는 상태에서 의정부 찬정이었던 수구파 윤용선이 의정으로 새로 임명된 것을 자진 사임시키기로 의결하여, 일부 회원이 윤용선의 집 앞에서 집회를 열고 윤용선으로부터 자진 사임하겠다는 약속을 받아 내었다.[45]

독립협회는 官報를 통하여 10월 22일 언론과 집회의 자유를 제한하는 조칙을 읽자, 이번에는 독립협회 사무소에서 이를 토론하였다. 독립협회 회원들은 ① 국민의 정치문제 토론은 정부의 부정부패 때문에 반드시 필요한 것이며, ② 언론의 자유권은 양보할 수 없는 민권이고, ③ 관료로 하여금 황제와 국가를 위해 충실히 의무를 수행케 하는 방법은 公論의 자유로운 표현에 있음을 결의하고, 만장일치로서 국민의 언론·집회의 자유의 허락을 요구하는 상소운동을 전개하기로 결의하였다.[46]

독립협회 회원들은 또한 그 운동의 하나로 칙령을 읽고서도 사무소에서 집회를 연 것은 분명히 칙령위반이니 회원들이 경무청에 자진 출두하여 처벌받기로 결의하였다.[47] 회원들이 일제히 경무청 앞으로 나아가 두 번이나 총대위원을 보내어서 체포·투옥을 자원했으나, 경무사는 즉각 퇴거하라고 할 뿐 그들을 체포·투옥하지 못하였다.[48]

황제는 이날 저녁 8시경에 경무관을 독립협회의 집회 장소에 보내어 다시 조칙을 전하였다. 황제는 이 조칙에서 ①離次開會를 금지하는 조칙을

---

43) 《皇城新聞》, 1898년 10월 24일, 雜報 〈協會運動〉.
44) 《駐韓英國領事館報告》(Reports and Communications from the British Consul in Seoul), 機密報告書 第108號, 1898년 11월 12일.
45) 《皇城新聞》, 1898년 10월 24일, 雜報 〈協會運動〉.
46) *The Independent*, October 27th, 1898, Fight for the Freedom of Speech.
47) 《매일신문》, 1898년 10월 25일, 별보.
48) 《독립신문》, 1898년 10월 24일, 잡보 〈협회대죄〉.

내렸는데도 독립협회 회원들이 잘못하여 집회를 열었다가 대죄한다고 들었으니 이것은 관리들이 조칙을 즉각 거행하여 알리지 못한 때문이므로 내부대신과 경무사를 견책했으니, ②독립협회 회원들은 각자 퇴거하라고 엄명하였다.49)

독립협회 회원들은 이 조칙을 토론한 결과, 황제가 국민의 언론과 집회의 자유를 허락할 때까지 물러가지 않고 철야 농성하기로 결의하였다.50)

황제는 자정이 넘은 한밤중에 경무관을 독립협회 철야 장소에 보내어 칙어를 전하였다. 황제는 이 칙어에서 ① 백성들이 모인 것은 조칙을 반포하기 전인즉 반포를 지체한 잘못이 내부·경무청·한성부에 있지 백성들의 죄가 아니므로 내부대신·경무사·한성판윤을 조칙으로 견책한 것이며, ② 백성들이 상소를 하겠다 하니 그 진언한 바에 따라서 비답을 내리려니와 상소는 내일 백성중 몇 명만 와서 바칠 것이요, ③ 밤이 깊었으니 스스로 죄가 있다 하지 말고 안심하여 퇴거하라고 달래어 유시하였다.51)

독립협회 회원들은 이에 대해 ① 우리들이 모인 것은 조칙 반포 후이니 조칙을 위반한 죄가 있으며, ② 우리 집회의 본의는 황실을 보호하고 인민의 도탄을 구하며 강국의 모욕을 막기 위한 것이므로 정치의 득실을 논란하는 것은 만부득이 한 것이고, ③ 삼천리 강토의 안위가 급박하므로 일신의 안전만 생각하여 국가의 위망에도 입을 닫고 있을 수는 없다는 답서를 올리고 물러가지 않았다.52)

황제는 다급하게 되어 독립협회 회장 윤치호를 경무청 전화로 불러서 회원을 해산시키도록 명령했다. 그러나 독립협회 회원들은 언론과 집회의 자유권을 허락해 줄 때까지 물러가지 않겠다고 결의하고, 이날 밤을 추위속에서도 경무청 문 앞에서 철야하였다.53)

독립협회 회원들은 10월 23일 제소위원 韓致愈가 지은 상소문을 올리었다. 그들은 이 상소에서 황제의 10월 20일자 조칙에 반박하기를, ① 저 배척받은

49) 《承政院日記》, 광무 2년 9월 초8일, 詔.
50) 《제국신문》, 1898년 10월 24일, 〈재작일 독립협회 사건〉.
51) 《皇城新聞》, 1898년 10월 25일, 雜報 〈敬承勅語〉.
52) 鄭 喬, 《大韓季年史》 上, 269~270쪽.
53) *The Independent*, October 27th, 1898, Fight for the Freedom of Speech.

신하들이 아첨만 일삼아 (황제의 총명을) 가리워서 안으로는 민심을 분울케 하고 밖으로는 이웃 나라가 엿보도록 하며, 법률과 장정을 지키지 않아 2천만 인구는 도탄에 빠지고 3천리 강토는 오이쪽 같이 나뉠 염려가 있기 때문에 離次開會하고 대궐을 지켜 상소를 올린 것이며, ② 저 배척받은 신하들이 죄를 마땅히 뉘우칠 생각은 않고 논핵받은 것만 원수로 여겨 모함하기만 일삼아서, 우리로 하여금 政令을 평론하고 대신 임면에 참예하며 대신 협박을 탕탕히 하여 제한이 없다고 일러서 함부로 전횡한 데로 몰고자 하는데, 폐하는 어찌 아첨하는 것만 기뻐하고 정직한 말은 미워하는지 분통 격절하며, ③ 외국의 예에도 民會는 행정에 失政이 있으면 전국에 알려서 민중을 회집하여 질문하고 논핵해서 백성이 승복하는 바가 아니면 감히 물러가지 아니하는 것이니 강담만 하는 곳이 아니며, ④ 독립협회는 독립을 기초로 하고 충애를 목적으로 하여 공립한 회이니 정직한 말로 죄를 지었으나 1인이 죽으면 10인이 그 뒤를 잇고 10인이 죽으면 100인, 1,000인이 그 뒤를 이을 것이며, ⑤ 권리로 논하면 6대주에 동등하여 만국에 평행하는 것은 폐하의 권리요, 폐하의 강토를 지키고 정법을 문란케 하는 신하가 있으면 탄핵하여 성토하는 것은 백성의 권리인데 民權이 성하면 君權이 반드시 덜리라고 하는 자가 있으니 무식함이 더 이상 심할 수 없으며, ⑥ 오늘날 이와 같은 民議가 없으면 정치·법률이 따라서 무너져 어떠한 재앙이 어느 땅에서 일어날지 알지 못하겠으니 이를 살피시라고 항의하였다.[54]

이것은 국민의 언론·집회의 자유의 중요성과 그 승인을 주장한 매우 강경한 상소였다.[55]

황제는 이 상소에 대해 "言路를 열고 어려움을 책하여 진보할 것은 이미 생각을 정한 바 있으니 그리 알고 물러가서 다시 번거롭게 하지 말라"[56]는 批旨를 내리었다. 황제가 언로를 열 생각을 정한 바가 있다고 한 것은 중추원을 새로이 개편할 것을 의미한 것이었다. 이 때 정부는 한편으로 개혁파

54) 《承政院日記》, 광무 2년 음력 9월 9일, 中樞院一等議官尹致昊等疏.

55) 《駐韓日本公使館記錄》 9, 〈機密本省往1·2·3〉, 1899년 5월 17일, 機密 第36號, 加藤公使在任中 事務經過大要 記述具申의 件 가운데 21번 獨立協會運動.

56) 《承政院日記》, 광무 2년 음력 9월 9일, 中樞院一等議官尹致昊等疏批旨.

관료들이 독립협회와 협상을 하면서 독립협회의 주장에 따라 중추원을 개편하여 의회를 설립하려고 협의하고 있었다.

독립협회 회원들은 10월 24일 경무청 문 앞에서 황제의 비지를 읽고, 황제의 칙유는 전후가 일치하지 않으니 대죄를 계속하여 '언론의 자유'를 명백히 승인받은 후에 물러가기로 결의하고, 이날 밤도 경무청 문 앞에서 계속 철야하였다.[57]

독립협회 회원들은 10월 25일에도 다시 '언론과 집회의 자유'를 요구하는 상소를 올리었다. 그들은 이 상소에서, ① 심상훈·민영기·윤용선·이인우·閔景植·장봉환·吉永洙·閔康鎬·崔炳桓 등과 같은 간세배가 서로 체결하여 궁궐을 둘러싸고 민정의 상달을 막고 있으니 궁궐 주위를 숙청하여 민심을 쾌하게 해주시기 바라며, ② 폐하의 사람 씀은 은혜가 의로움을 이기고, 애정이 엄격함을 이기어, 마땅히 축출할 것도 차마 못하시고 그 마땅히 쓰실 것을 보고도 용기가 적으시니 애석한 일이며, ③ 간세배들이 이르기를 정부 대신을 탄핵하는 것과 정령을 의논하는 것이 마땅히 국민의 권리가 아니라 하니 이것은 군주를 현혹하고 고위 관리를 충동질하려는 망언이며, ④ 초야의 백성에게 묻고 미친 지아비의 말도 가리어 듣는 것은 훌륭한 군주의 항상 하는 일이므로 백성이 말을 아니하면 몰라도 말을 하면 반드시 들어야 하는 것인데 간세배들이 백성의 입을 막아 자갈을 물리고 혀를 묶고자 하나 우리들은 아직 의로움을 열심히 아뢰되 오히려 다 아뢰지 못한 것이 있으며, ⑤ 10인의 집회에도 스스로 좋은 말이 있고 한 곳의 집회에도 또한 公論이 있으니 이것은 언론의 자유권이 스스로 갖추어 있기 때문이며, ⑥ 간세배들이 백성의 입에 자갈을 물리어 압제한 후에야 君權이 높아지리라 하는 것은 도리어 군권을 마침내 잃으라는 것과 같으며, ⑦ 우리들의 집회는 사사로운 것이 아니라 서울과 시골에서 뭇 백성의 마음이 모두 한 가지로 되어 모인 것이니 폐하는 정신을 머물러 맑게 살피어 이름없는 백성이라도 언론의 자유권을 누리도록 허락하시라고 하였다.[58]

독립협회의 이 상소는 지난번 상소보다도 더 공격적인 것이었다.

---

57) 鄭 喬,《大韓季年史》上, 272쪽.
58) 위와 같음.

황제 고종은 독립협회 회원들이 경무청 문 앞에서 연 4일을 철야 대죄시위를 하면서 점점 더 강경하게 언론과 집회의 자유를 주장하는 것을 보고, 마침내 백성들의 요구에 굴복하여, 언론의 자유만이라도 허락해야 백성들이 물러갈 것임을 알았다. 황제는 마침내 비지를 내리어 "무릇 신민의 도리에 폐막이 있으면 교정코자 하는 것이 있어 스스로 반드시 언론을 아뢰는 의리가 있다고 생각하니 다시 번거롭게 하지 말라"[59]고 하고, 독립협회 주장의 의로움을 인정하였다.

황제의 비지의 표현은 모호하고 추상적인 것이었지만, 당시 영문 번역에서 "특정한 거짓과 악을 교정하려 할 때 자기의 의견 표현의 권리를 행사하는 것은 신하의 의무"[60]라고 번안한 바와 같이, 집회의 자유에 대해서는 언급이 없었지만 '언론의 자유'에 대해서는 황제가 이를 허락한 것이었다.

독립협회는 황제의 비지를 해석하기를 "대한 전국 2천만 동포를 대표한 우리 독립협회 회원들로 하여금 백성과 나라에 관계되는 일과 무릇 정부나 내외 관리들의 혹 정치 잘못하는 것이나 장정과 규칙과 법률을 위반하는 것은 보고 듣고 아는 대로 평론하여 교정하라 하신 말씀"[61]이라고 해석하였다. 외국공사들도 독립협회가 황제에 대항하여 "언론의 자유를 쟁취했다"고 본국에 보고하였다.[62]

독립협회 회원들은 만세를 부르고 10월 25일 오후 만 4일간의 철야 시위 집회를 해산하고 사무소로 돌아왔다. 독립협회가 황제의 비지를 표현보다 더 적극적으로 해석한 것은 10월 24일 독립협회 대표와 정부 사이에 중추원 개편에 의한 의회설립 협상이 타결되어 의회 개설이 가능하게 되었기 때문에, 이 정도의 표현이면 언론과 집회의 자유권을 보장할 수 있다고 보았기 때문이었다.

59) 《承政院日記》, 광무 2년 9월 11일, 中樞院副議長尹致昊等疏批旨.
60) *The Independent*, October 27th, 1898, Fight for the Freedom of Speech.
61) 《독립신문》, 1898년 10월 27일, 〈독립협회재소(전호연속)〉.
62) 《駐韓美國公使館報告》(Communications to the Secretary of State from U. S. Represeutatives in Korea ; H. N. Allen), 문서번호 14, 1898년 10월 27일, Recent Taken by the Independence Club of Korea.

4) 의회설립운동

독립협회는 친러수구파정부를 해체시키고 개혁정부 수립에 성공하자 바로 이튿날인 10월 13일 개혁정부에 공한을 보내어 의회설립을 위한 협의를 하고자 하니 정부측에서 시일과 장소를 지정하여 회답해 줄 것을 요청했었다.

그러나 독립협회가 의회설립운동을 시작한 것은 이에 앞서 1898년 봄부터였다. 독립협회는 1898년 3월 제1차 만민공동회의 성공 직후에 지도자들 사이에서 바로 의회설립 문제를 논의했으며, 그 준비로 1898년 4월 3일의 제25회 독립협회 토론회의 주제를 '議會院을 설립하는 것이 정치상에 제일 긴요함'으로 정하고 회원과 시민의 계몽을 적극적으로 실시하였다.[63] 이 토론회에서 독립협회 회원들과 이에 동조하는 시민들 사이에는 의회설립운동에 합의가 이루어졌음은 물론이다.

독립협회의 의회설립운동의 시작에 크게 놀란 친러수구파정부는 법부고문 르젠드르(Charles W. Legendre, 李善得)를 1898년 4월 14일 독립협회 부회장 윤치호에게 보내어 서재필·윤치호 등 독립협회 지도자들이 주장하는 '완전한 대의정부(thoroughly representative government)'의 수립은 시기상조이며, 정부의 행정을 감시하는 기관으로는 '자문원(consultation board)'의 설치가 합당하다는 의견을 전달하고 설득하였다.[64]

독립협회는 이에 대해 1898년 4월 30일자 《독립신문》에 다음과 같은 요지의 의회설립의 필요성을 해설하는 장문의 논설을 게재하고 독립협회의 목표의 하나가 의회설립을 통한 완전한 대의정부의 수립임을 명백히 하였다.

> ① 의회와 행정부를 엄격히 분립시켜, 의원은 행정권을 갖지 않고 오직 의논하여 작정하는 권리만 갖고, 행정관은 의회에서 결정한 사항을 집행하는 행정권만 주면, 종래와 같이 국정이 혼돈되어 議政도 잘 안되고 행정도 잘 안되는 폐해를 극복할 수 있으며, 입법과 행정이 모두 전문화되어 능률이 나고 정밀해지므로 의회설립이 시급하다.

---

63) 《독립신문》, 1898년 3월 29일, 잡보 및 4월 9일, 잡보.

64) 위와 같음.

② 의회가 따로 설립되면 나라 안에 학문 있고 지혜 있고 좋은 생각이 있는 이들이 의원으로 선출되어 좋은 생각과 좋은 의논이 날마다 공평하게 토론되어 법률과 제도가 만들어지므로 폐정이 교정되고 나라가 융성하게 된다.
③ 의회가 설립되면 모든 일은 의회에서 좌우편 의논을 모두 거친 후에 작정될 것이므로 황제가 그 일을 작정하는 수고로움이 적을 것이며, 私談과 거짓이 들어갈 수 없으므로 황제의 총명을 가리고 현란케 하는 전제군주제의 폐해가 없어진다.
④ 의회가 설립되면 행정부 대신들은 의회에서 지혜롭고 공평하게 작정해 놓은 결정 사항을 재능을 가지고 적절하게 집행만 하면 되므로 행정의 실수도 없고 시간 여유를 얻어 행정에만 전력을 다하게 되어 행정이 더욱 잘되게 된다.
⑤ 의회가 설립되면 모든 사항이 의회에서 찬반의 토론을 거친 후에 양편의 주장을 참작하여 결정되므로 인민의 주장이 충분히 반영되어 절대다수의 인민에게 유리하게 결정되기 때문에 인민에게 한없이 유리하고 有助하게 된다.
⑥ 의회가 설립되면 모든 일이 의회에서 공개적으로 토론되므로 전국 인민이 이를 알게 되고 모든 사람들이 각기 자기 의견에 따라 발언하여 參政을 하게 되며, 나라 일을 내 일과 같이 생각하게 되어 정부와 국민 사이에 종래 없던 소통이 생겨나서 나라 사랑하는 마음이 전보다 배가된다.
⑦ 의회가 설립되면 국민과 정부가 相合하게 되고, 나라 일이 모두 공평하게 결정되는 것을 외국들이 보게 되면 외국들이 감히 대한을 능멸한다든지 침범하려 한다든지 실례되는 일은 하지 못하게 된다(《독립신문》, 1898년 4월 30일, 논설).

또한 독립협회 부회장 윤치호는 의회설립을 위한 준비의 하나로서 1898년 3월 18일부터 로버트(Henry M. Robert, 1837~1923)의 《議會通用規則(*Pocket Mannual of Rules of Order for Deliberative Assemblies*)》을 번역하기 시작하였다.[65] 이 책은 영국의 上院과 下院의 의사 결정과 미국의 상원과 하원의 의사진행 및 결의의 수천 건의 자료를 검토하여 회의진행법을 간결하게 정리한 책이었다.[66]

이 책은 원래 2부로 구성되어 있는데, 제1부는 〈Rules of Order. A Compendium

65) 尹致昊, 《尹致昊日記》 5, 1898년 3월 18일.
66) Henry M. Robert, *Pocket Manual of Rules Order for Deliberative Assemblies*, 1876, pp.11~12, Preface.
Robert's Rules of Order, Newly Revised(edited by Sarah Corbin Robert), 1970, pp.27~42, Introduction 참조

of Parliamentary Law, Based upon the Rules and Practice of Congress(의사진행의 규칙. 國會의 규칙과 관행에 기초한 議會法의 대요)〉로 국회에서의 의사진행 규칙을 조항으로 간결하고 알기 쉽게 정리한 것이었다. 제2부는 〈Orgarization and Conduct of Business(사업의 조직과 경영)〉라고 하여 기업체와 일반단체에서의 회의 진행법을 역시 조항식으로 간결하고 알기 쉽게 정리한 것이었다.[67]

윤치호는 이 책의 제1부 〈Rules of Order〉를 《의회통용규칙》이라는 제목으로 번역하여,[68] 1898년 4월에는 29쪽의 국한문혼용의 책자로 인쇄해서 독립협회 회원들에게 배포하고, 1책 당 5전씩 판매도 하기 시작하였다.[69] 독립협회는 1898년 6월부터 《의회통용규칙》을 《독립신문》에도 광고를 내어 일반 국민에게 널리 판매해서 의회설립을 계몽하고 의회를 설립했을 때의 회의진행 훈련을 시작하였다.[70] 당시 로버트의 《의회통용규칙》은 영국의 상원·하원과 미국의 상원·하원의 회의진행에서도 채택되었던 전세계적으로 유명한 국회의 회의진행법이었으므로, 독립협회가 이 책을 번역하여 보급한 것은 의회설립을 위해 매우 적절한 준비를 한 것이었다.[71]

친러수구파정부는 물론 독립협회의 이러한 의회설립운동 시작에 강력히 반대하는 입장이었지만, 친러수구파 대신들이 대부분 부패한 탐관오리들이어서 독립협회 회원들의 집중적인 시위 공격을 받고 있는 도중이었으므로 자기방어에 급급하였고, 따라서 의회설립운동을 적극적으로 직접 탄압할 형편

---

67) Henry M. Robert, *Pocket Manual of Rules of Order for Deliberative Assemblies*는 1876년판, 1893년판, 1904년판, 1915년판, 1918년판, 1921년판이 있는데, 尹致昊가 이 때 번역한 것은 1893년판인 것으로 추정된다.

68) 尹致昊, 《尹致昊日記》 5, 1898년 3월 18일조에 尹致昊는 Robert의 《*Rules of Order*》를 번역하기 시작했다고 쓰고 있는데, 이것은 이 책의 제1부를 의미하며, 또 현재 필자가 소장하고 있는 《議會通用規則》과 대조해 보면 역시 Robert 저서의 국회용인 제1부만이 번역되고 있음을 알 수 있다.

69) *The Korean Repository*(Vol. 5, No. 4), 1898년 4월호, Literary Department, p.157.

70) 《독립신문》, 1898년 6월 2일부터 6월 21일까지 광고를 내어 이 《議會通用規則》을 일반에 공매하였다.

71) Robert의 *Rules of Order*는 오늘날에도 의회를 비롯한 모든 회의기관에서 회의진행법의 표준으로 사용되고 있는데, 최신판은 Sarah C. Robert가 Henry M. Robert 3세, James W. Cleary, William I. Evens의 도움을 받아서 1970년에 수정판으로 낸 *Robert's Rules of Order, Newly Revised*, 1970이다.

에 있지 못하였다.

그러나 독립협회는 그들의 의회설립운동에 큰 장벽이 가로놓여 있음을 잘 알고 있었다. 그것은 무엇보다도 황제 고종이 의회설립을 군권을 감소시키는 것이라고 하여, 어떠한 종류의 의회설립운동에도 강력히 반대하고 있었기 때문이었다. 전제군주제하에서 절대권을 가진 전제군주의 반대를 무릅쓰고 의회설립운동을 전개한다는 것은 언제든지 반역행위로 처단될 수 있는 생명을 건 매우 위태한 운동이 되지 않을 수 없었다. 뿐만 아니라 서울과 대도시에서는 독립협회가 의회설립의 긴급한 필요성을 어느 정도 계몽하여 시민들 사이에서 지지를 획득하기 시작하고 있었다 할지라도, 농촌에서는 독립협회의 세력이 매우 빈약하였고 의회설립 같은 것은 왜 그것이 긴급히 필요한지 거의 모르고 있었다. 이러한 조건에서 독립협회의 의회설립운동이 설혹 성공하여 일반보통선거가 실시된다 할지라도 전국적으로는 독립협회파가 승리하여 다수 의석을 획득할 가능성은 거의 없었다.

독립협회는 이러한 악조건을 타개하기 위하여 의회를 상원과 하원의 양원제로 하고, 우선 중추원을 개편하여 상원을 설립하는 전략을 채택하였다.[72] 당시 프랑스·영국·미국·독일 등 전세계 모든 공화국과 입헌군주국가들이 상원과 하원의 양원제를 채택하고 있었다. 독립협회로서는 전국에 일반보통선거를 실시해서 하원부터 설립하는 것보다는 각국마다 별도의 방법으로 구성하는 상원부터 설립하는 것이 비교적 단시일에 의회설립의 목표를 성취할 수 있는 것이었다. 또한 기존의 중추원을 상원으로 개편하면 황제와 수구파의 반대를 약화시킬 수 있는 가능성도 있었다. 독립협회는 이에 먼저 중추원을 개편하여 독립협회 회원 중심의 상원을 설립한 다음, 농촌에도 독립협회의 세력이 커지게 되면 다음에 하원을 설립하려고 하였다.[73]

독립협회는 이러한 그들의 의회설립 주장을 널리 계몽해 오다가, 1898년 7월 3일 황제에게 상소하는 형식으로 의회설립을 간곡한 문투로 건의하였다. 독립협회는 이 상소에서 ① 동양사상에서도 사람을 쓸 때는 하나를 쓰든 보내든 간에 나라사람들의 의논을 반드시 존중하며, ② 서양 여러 나라들은 전

72) 尹致昊, 《尹致昊日記》 5, 1898년 5월 2일.
73) 《독립신문》, 1898년 7월 27일, 〈하의원은 급치 않다〉.

제정치일지라도 상원과 하원을 설립하여 언로를 널리 여는 바, ③ 이것은 만국 통용의 제도에 부합하니 우리 나라도 크고 작은 정령을 위로는 백관으로부터 아래로는 서민에 이르기까지 널리 물어서 채용할 대책을 세우자고 우회적 표현으로 의회설립을 간곡하게 건의하였다.[74)]

황제 고종은 이에 대해 7월 9일 비답에서, "말하는 바가 비록 조정의 일을 걱정하고 생각한 데서 나온 것 같으나, 분수를 벗어나서 망론하지 말라"[75)]고 즉각 거부의 반응을 보였다.

친러수구파들은 독립협회가 의회설립을 운동하는 것은 '法國民變'(프랑스혁명) 같은 것을 일어나게 하는 것이라고 공격하였다. 독립협회는 이에 대해 대한은 아직 民權이 발전되지 않았으며, 독립협회가 의회를 설립하려는 것은 나라를 튼튼히 하고 황실까지도 견고케 하려는 것이라고 반박하였다.[76)]

독립협회는 황제의 거부반응과 수구파의 공격에 굴하지 않고 7월 12일 재차 의회설립을 요구하는 상소를 올려 ① 홍범을 실제로 준수하고(洪範實遵), ② 훌륭한 인재를 다시 뽑으며(賢良更選), ③ 백성들의 의사를 널리 채용하라(民意博採)고 거듭 강조하면서, 이것이 나라와 백성을 구하는 길임을 강력하게 주장하였다.[77)] 황제와 수구파정부의 반응은 역시 부정적이었다.

황제와 친러수구파정부는 독립협회의 본격적인 의회설립운동의 시작에 두 가지 대책으로 맞서려고 하였다. 그 하나는 유명무실한 정부 자문기관인 중추원을 활성화하여 '자문기관'을 갖고 의회설립을 저지한다는 것이었다. 그리하여 정부는 독립협회 간부들 중에서 윤치호·李建鎬·尹夏榮·鄭 喬 등을 포함한 신임 의관 40명을 임명하였다.[78)] 그러나 독립협회는 이러한 호도책으로써 중추원을 자문기관으로 둔 채 신임 의관을 임명하여 봉급까지 주는 것은 재정 낭비임을 지적하면서, 명실상부한 의회로서의 중추원 개편을 요구하였다.[79)]

---

74) 《承政院日記》, 광무 2년 음력 5월 21일, 中樞院一等議官尹致昊等疏.
議政府 編, 《上疏存案》(奎 17232의 1), 제6책, 광무 2년 7월 3일.
75) 《承政院日記》, 광무 2년 음력 5월 21일, 中樞院一等議官尹致昊等疏批旨.
76) 《독립신문》, 1898년 7월 9일, 〈민권이 무엇인지〉.
77) 《承政院日記》, 광무 2년 음력 6월 2일, 前中樞院議官尹致昊等疏.
78) 《官報》, 광무 2년 7월 13일.

다른 하나는 수구파와 황제가 그들의 전위단체로 조직한 皇國協會를 시켜서 상원만이 아니라 하원도 동시에 설립하기 위하여 충분히 시일을 갖고 서둘지 말자고 제안케 하여, 중추원의 상원으로의 개편을 반대케 하면서 지연작전을 쓰는 것이었다. 독립협회는 이에 대해 하원도 설립해야 하지만 반드시 상·하원을 동시에 설립하기 위해 의회설립을 후일로 미룰 필요는 없으며, 하원설립은 당장 급하지 않으나 상원설립은 당장 긴급하니, 당장 설립 가능한 상원부터 설립하는 것이 의회설립을 가능케 하는 것이라는 내용의 주장을 하여 수구파의 지연작전을 반박하였다.

당시 국정은 황제의 전제권에 긴급히 제한을 가할 필요가 절실하였다. 황제가 아관파천 때부터 당시까지 외국의 압력과 교섭과 회유만 있으면 전제권을 이용하여 광산채굴권·철도부설권·삼림벌채권 등 이권들을 열강에게 양여해 주고 있었기 때문이었다. 독립협회가 1898년 여름 열강의 이권침탈 반대운동을 전개할 때에도 독립협회 회원들 사이에서는 이권할양의 책임자가 전제권으로 이권을 열강에게 할양한 황제라는 비판이 일어났고, 崔廷植이라는 청년은 공개연설에서 공공연히 황제의 이권양여를 규탄하기도 했다.[80] 황제와 수구파정부는 최정식을 불경죄로 구속하여 사형선고를 내리게 하고, 황국협회를 조직하여 독립협회에 대결토록 했었다.[81] 그러나 황제와 수구파는 황실 호위 외인부대를 창설하다가 독립협회의 반대운동에 부딪혀 서울까지 불러온 외국인 퇴역군인 30명을 봉급을 주어 돌려보내게 되어 황제는 국민들로부터 불신과 비판의 대상이 되었고, 상당히 고립되어 있었다.

친러수구파정부는 독립협회의 완강한 의회설립운동의 명분을 박탈하고 봉쇄하기 위해 9월 7일 독립협회의 李建鎬 등을 중추원 의관으로 재임명하고,[82] 9월 24일에는 종래와 같은 자문기관으로서의 중추원회의를 개원하였다.[83]

---

79) 《독립신문》, 1898년 7월 16일, 〈이게 중추원 조직인지〉.

80) 鄭 喬, 《大韓季年史》 上, 215~216쪽.

81) 皇國協會는 수구파가 독립협회에 대항하기 위해 1898년 7월 7일 鄭洛鎔을 회장으로 하고 황태자의 1,000원의 하사금을 받고 창립된 보부상 단체였으며, 일종의 폭력단체였다.

82) 《官報》, 광무 2년 9월 10일.

83) 《皇城新聞》, 1898년 9월 26일, 雜報 〈樞院實施〉.

독립협회는 친러수구파정부와 황제가 독립협회의 의회설립운동을 완강히 반대하자 정부를 개혁파정부로 교체하지 않으면 상원의 설립도 불가능하다는 것을 판단하게 되었다. 정부내에서는 閔泳煥 등 소수의 개혁적 관료들이 독립협회의 의회설립 주장을 지지하고 있었으므로,84) 독립협회는 친러수구파정부를 붕괴시키고 개혁정부를 수립하여 새 개혁정부가 의회설립을 협의하는 방법과 방향을 취하기로 전략을 바꾸었다.

독립협회는 10월 1일부터 만 12일간 대궐을 둘러싸고 철야상소 시위운동을 전개하여 마침내 친러수구파정부를 붕괴시키고, 10월 12일 박정양 · 민영환을 중심으로 한 개혁정부 수립에 성공하자, 바로 그 이튿날 정부에 공한을 보내어 의회설립을 위한 협의를 요청하였다. 개혁정부 수반 박정양은 10월 15일 하오 4시 정부 청사에서 의회설립 문제를 협의하겠다는 회답을 10월 14일 독립협회에 보내왔다.85) 이에 독립협회와 개혁정부가 10월 15일 오후 4시에 의회설립을 공식적으로 협의하게 되었다.

독립협회는 개혁정부와의 협의 약속 날인 10월 15일 오전에 독립협회 사무소에서 임시회를 개최하고 신정부와의 협상의 원칙을 〈條規 2案〉으로 의결한 다음, 총대의원으로 南宮檍 · 洪正厚 · 劉 猛 · 朴彦鎭 등 5명을 선출하여 신정부와 협상하도록 하였다. 이 때 독립협회가 의결한 〈조규 2안〉은 다음과 같았다.

> 제1조 법률이 정한 바 이외에 조목을 외람되이 첨가한 雜稅는 일체 혁파할 사.
>
> 제2조 中樞院을 다시 조직하되 官制는 독립협회 회원 중 공평정직한 사람으로 총대위원을 선정하여 회동 議定할 사.
>
> ① 議官 반수는 정부에서 薦選하고, 반수는 독립협회에서 投票薦選하여 상주한 후에 奉勅敍任할 사.
>
> ② 의장은 정부에서 추천한 사람 중에서 하고 부의장은 회원 중에서 천선한 사람으로 하되 의관들이 투표 선정할 사.
>
> ③ 章程은 외국 의원규칙을 依倣하여 該院에서 기안하여 정부 의론을 거친 후 재가하심을 承하여 시행할 사(鄭 喬, 《大韓季年史》 上, 262쪽).

84) 《독립신문》, 1898년 9월 22일, 잡보 〈개명한 민씨〉.
85) 《皇城新聞》, 1898년 10월 17일, 雜報 〈政府復札〉.

독립협회의 이 〈조규 2안〉의 요점은 ① 외국의 의회규칙에 의거하여 중추원을 개편해서 의회(上院)를 설립하되, ② 의원의 절반은 정부에서 추천하여 보내고, 다른 절반은 독립협회에서 투표로 선출하도록 하며, ③ 의장은 정부 추천의 의원 중에서 선출하고, 부의장은 독립협회 선출 의원 중에서 의원들이 선출하는 원칙에 의거하자는 것이었다. 그리고 겸하여 의회설립 협상 전에 백성들이 긴급하게 요구하는 잡세 혁파를 약속받으려 한 것이었다.

독립협회 총대위원들은 이 〈조규 2안〉을 가지고 돈례문 안의 의정부에 들어가 정부대신들과 의회설립을 위한 협상을 시작하였다.[86] 정부측에서는 박정양(의정서리 · 행정부 수반) · 민영환(군부대신) · 朴齊純(외부대신) · 閔丙奭(농상공부대신) 등이 주도적으로 참석하여 발언하였다. 이날 독립협회측과 개혁정부측의 협상은 매우 화기애애한 분위기속에서 진행되어, 독립협회의 〈조규 2안〉을 정부가 검토하여 수용하기로 하였다.

독립협회가 이 협상에서 정부에 요청한 내용의 핵심은 중추원을 외국의 의회규칙에 따라 의회(상원)로 개편해서 의회설립을 실행하는 것이었다. 《독립신문》의 영문판인 *The Independent*는 이것을 바로 '國會의 설립'(The Formation of Assembly)이라는 용어로 표현하여 보도했으며, 독립협회가 이를 통해서 대한제국에 '정치의 새로운 요소를 도입하는 것'(introducing a new factor of politics in Peninsular)이라고 기록하였다.[87]

독립협회와 개혁정부가 순조롭게 의회설립을 준비해 나가자 수구파와 황제는 곧 이를 저지하기 위한 활동을 시작하였다. 황국협회 회원들은 수구파의 조종을 받고 10월 16일 의정서리 박정양의 집에 몰려가서 독립협회와 황국협회가 다 같은 민회인데 어째서 독립협회만 상대하여 의논하는가 하며 항의하고 그의 사임을 요구하였다.[88]

또한 황제는 앞서 쓴 바와 같이, 친러수구파들을 재기용하기 시작하여, 10월 17일 의정부 찬정에 趙秉式을, 10월 20일에는 의정부 의정에 尹容善을 임명하였다. 이것은 황제가 친러수구파를 재기용하여 박정양 · 민영환 등 개혁

86) 《매일신문》, 1898년 10월 17일, 別報.
87) *The Irdependent*, October 18th, 1898, A Frward Movement.
88) 《독립신문》, 1898년 10월 18일, 잡보 〈황국협회〉.

파 대신들의 독립협회 의회설립운동에 대한 동조를 견제하려 한 것이었다. 또한 황제는 동시에 10월 20일 독립협회를 겨냥하여 언론과 집회의 자유의 금지, 離次開會을 금지하는 조칙을 내렸음은 앞에서 기술한 바와 같다.

황제는 독립협회와 개혁정부가 어떠한 형태로든지 의회를 설립하면 그의 전제황권이 없어지거나 감소되지 않을까 매우 우려하고 있었다. 뿐만 아니라 앞서 지적한 바와 같이 수구파들이 독립협회의 의회설립운동은 결국 대한제국에 '범국민변'을 일으키는 결과를 가져올 것이라고 기회있을 때마다 모략상주를 계속했으므로, 황제는 전제황권·전제군주제를 확고히 지지하는 친러수구파들을 틈새만 보이면 중용하여 독립협회와 개혁파 대신들의 의회설립운동을 막으려고 노리고 있었다.

황제가 중립을 지키지 아니하고 다시 친러수구파에 의존하려 하자, 독립협회는 10월 20일 다시 회원과 서울 시민을 동원해서 경무청 문 앞에서 철야시위를 시작하여 언론과 집회의 자유를 금지하려는 황제의 조칙에 항의하고, 재진출하기 시작하는 수구파 대신들을 규탄하였다. 그리하여 독립협회는 개혁정부 수립에 성공하여 철야시위를 중단한지 8일 말에 다시 철야시위를 재개한 것이었다.

독립협회와 시위군중들은 10월 21일 신임 의정 윤용선의 집 앞에서 시위집회를 열어 그의 사직을 권고한 결과 반드시 자진 사임하겠다는 약속을 받아내었음에도 불구하고, 10월 22일에도 해산하지 않은 채 중추원을 개편하여 의회설립을 쟁취할 때까지 물러가지 않을 강경대응을 보이기 시작하였다.

황제 고종은 독립협회의 연이은 철야시위에 위축되어 중추원 관제를 어떤 형태로든지 개정하여야함을 알게 되었다. 황제는 의정부 贊政 박정양을 參政으로 승진 발령했으며, 동시에 중추원 의장에 韓圭卨, 부의장에 윤치호를 임명하고 중추원 관제 중에 고칠 것이 많이 있으니 의장·부의장을 초치하여 협의해서 개정하라는 조칙을 내렸다.[89]

이에 독립협회 회장 윤치호는 중추원 부의장으로서 독립협회측 대표를 겸하여 정부 청사에 들어갔다. 이 때 정부는 황제의 지시에 따라 의회로서의

89) 《承政院日記》, 광무 2년 음력 9월 9일, 詔.

중추원 관제개정이 아니라, 일단 자문기관으로서의 중추원 관제개정안을 만들어 독립협회측의 동의를 구하고자 하였다. 수구파가 황제를 움직여 의회설립을 완화해 보려고 시도한 것이었다. 정부대신들과 한규설·윤치호가 합석하자, 정부대신들은 일단 황제의 의사를 받들어 자문기관으로서의 〈중추원관제개정안〉을 내보였다. 그러나 독립협회측에서 볼 때 그것은 의회(상원)로서의 중추원개편이 아니었다. 독립협회측은 이 개정안을 부정적으로 보았으나, 일단 갖고 가서 회원들과 검토하여 회답하겠다고 응답하였다.[90)]

독립협회는 황제와 수구파가 여전히 의회가 설립되었을 때의 전제군주권의 감소를 우려하여 의회설립을 저지하려 하는 것을 보고, 10월 23일에도 계속 철야시위를 전개하면서 강경한 상소를 올렸다. 그들은 이 상소에서, 황제권·군권이라고 하는 것은 밖으로 다른 나라의 군주들과 평등하게 어깨를 나란히 하는 자주독립과 부강의 권리이요, 민권이라고 하는 것은 국토를 지키고 정법을 문란케 하는 대신들이 있으면 탄핵하여 성토하는 권리로서 나누어져 있는 것이기 때문에, 수구파 대신들이 민권이 성하면 군권이 감소된다고 주장하는 것은 무식한 소치이며, 오히려 민권이 강해지고 성해져야 나라가 더 자주독립하고 부강해져서, 세계 각국의 황제들과 어깨를 나란히 평행하는 군권이 강화되는 것이라고 황제를 설득하려 하였다.[91)] 이것은 물론 독립협회가 의회를 설립하여 전제군주제를 立憲代議君主制로 개혁할 것을 전제로 한, 입헌군주제의 군권을 가리킨 것이었다. 또한 이것은 독립협회가 의회설립에 성공하더라도 군주제는 폐지되는 것이 아니라 입헌군주제로 남아서, 대외적인 독립국가의 대표와 상징이 됨을 강조한 것이기도 하였다.

독립협회는 10월 23일 정부로부터 받아온 자문기관으로서의 〈중추원관제개정안〉을 10월 24일 오전까지 검토한 다음, 이것이 의회로의 개편안이 아니므로 거부하기로 결의하고, 그 대신 독립협회에서 의회로의 중추원관제개정안을 독자적으로 작성해서 정부에 제출하기로 결정하였다.[92)] 평의원으로 하여금 〈중추원관제개정안〉을 작성토록 위임하여, 李商在·李建鎬·鄭 喬 등 3

90) 鄭 喬, 《大韓季年史》 上, 272쪽.

91) 《承政院日記》, 광무 2년 음력 9월 9일, 中樞院一等議官尹致昊等疏.

92) 《제국신문》, 1898년 10월 26일, 잡보.

인이 모여 '의회(상원)'로의 중추원 개편안을 작성하였다. 이것이 역사적인 독립협회의 '의회설립안'으로서, 그 중추원관제개정안은 다음과 같다.

제1조 중추원은 의정부의 諮詢에 응하며 중추원 건의를 위하여 다음의 사항을 審査議定하는 처소로 함.
① 法律・勅令案
② 의정부에서 經議上奏하는 일체 사항
③ 중추원에서 임시 건의하는 사항
④ 인민헌의를 채용하는 사항
제2조 중추원은 다음의 직원으로 구성함.
의장 1인, 부의장 1인
의관 50인, 奏任. 半數는 독립협회 회원으로 투표 선거함.
참서관 2인 이하 奏任. 주사 4인 이하 判任
제3조 의장・부의장은 勅任이요 議官은 奏任으로 하되 등급은 무함. 단, 칙임은 議政이 奉勅叙任하고, 주임은 의정이 上奏叙任함.
제4조 의장・부의장 및 의관의 임기는 12개월로 함.
제5조 의장은 중추원에 속하는 일체 사무를 총관하고 또 중추원에서 發하는 일체 공문에 名을 署함. 부의장은 의장의 직무를 보좌하여 의장이 사고가 유한 시는 그 직무를 대리함.
제6조 참서관은 의장의 지휘를 承하여 서무를 掌함.
제7조 주사는 상관의 지휘를 承하여 서무에 종사함.
제8조 의정부와 중추원에서 의견이 不合하는 時는 府와 院이 합석 협의하여 妥當可決한 후에 시행함.
제9조 국무대신이 위원을 명하여 그 主任하는 사항으로 의정부의 위원이라 하여 중추원에 至하여 의안의 理趣를 변명케 함.
제10조 국무대신 및 각부 협판은 중추원에 來會하여 의관이 되어 열석할 수 있으나, 단 그 各 主任 사항으로는 결의하는 員數에 加하지 못함.
제11조 본령은 반포일로부터 시행함.

광무 2년 10월 24일
독립협회 대표위원 尹致昊・李商在・鄭 喬・李建鎬
(《皇城新聞》, 1898년 10월 26일, 雜報 〈樞院改案〉).

독립협회의 이 의회설립안은 중추원을 상원으로 개편하여 의회의 立法權을 갖게 하고, 그 의원은 총 50명으로 하여 25명은 정부에서 추천하고, 25명은 독립협회가 투표로 선출한 民選議員으로 구성하도록 못박은 제안이었다. 독립협회는 정부가 다른 골간의 초안을 내지 않도록 매우 구체적으로 의회로서의 상원설립법안을 조문까지 만들어 주어서 정부가 여기에 자구수정과 세부사항 첨가만을 할 수 있도록 기본틀을 제시해 준 것이었다. 독립협회는 10월 24일 오후 회장 윤치호로 하여금 이 〈의회(상원)설립법안〉(중추원관제개정안)을 정부에 제출케 하였다.[93]

개혁정부의 대신들은 독립협회의 의회로의 중추원개편안을 들어본 다음 대체로 찬성한다고 하였다.[94] 그러나 민선의관 선출에 있어서는 황국협회도 독립협회와 동등한 민회로 보아야 하므로 민선의관 25석의 반수를 주어야 할 것이라고 이의를 제기하였다. 이것은 황제의 지시에 의한 것이었음은 더 설명할 필요도 없었다. 독립협회는 그들이 주도하는 의회를 설립하여 국정 전반에 걸친 대개혁을 단행하려 하고 있었으므로, 중추원 의관 50석 중의 민선의관 25석을 모두 독립협회에서 가져야 겨우 과반수가 되어 상원을 주도해 나갈 수가 있었으며, 민선의관의 반수를 황국협회에 주면 독립협회는 총의석의 4분의 1만 갖게 되고, 수구파인 황국협회의 의석과 황제·정부가 추천한 25석을 합하여 압도적 다수가 수구파와 황제의 의관들이 되므로 대개혁의 추진은 불가능하게 될 것이었다.[95] 여기서 독립협회측과 정부측은 황국협회를 참가시키는 문제를 놓고 심각하게 논의했으나 의견일치에 도달하지 못했다.[96]

독립협회측과 개혁정부측이 황국협회 참가 문제를 놓고 회담 중에 의견이 불합하게 되자, 정부는 이를 황제에게 묻기로 하였다. 황제는 예정했던 대로 협회들을 동등하게 보아주어야지 어느 한쪽만 볼 수 없으니 민선의관 25석 중 17석만을 독립협회에 허락하라는 조서를 내렸다.[97] 이것은 황제 임명의관 25석과 황국협회 8석을 합하여 황제·수구파가 3분의 2석을 갖고 독립협회 개혁파에게는 3분의 1석을 허용하여 상원을 황제와 수구파가 지배하겠다는

93) 鄭 喬,《大韓季年史》上, 272~273쪽.
94) *The Independent*, October 27th, 1898, The Privy Council.
95)《제국신문》, 1898년 10월 26일, 잡보.
96) 鄭 喬,《大韓季年史》上, 273쪽.
97) 鄭 喬,《大韓季年史》上, 273~274쪽.

의도를 나타낸 것이었다. 윤치호는 회장에게 전권이 없으므로 다시 돌아가서 회원들에게 물어보고 회답하겠다고 응답하고 돌아왔다.

독립협회는 이러한 상태에서 10월 25일 황제에게 상소를 올려, 황제의 배후에서 의회설립을 방해하고 있는 해임된 대신 심상훈·민영기 등과 황국협회의 배후 지원인물들인 이인우·민경식·장봉환·길영수·민강호·최병주 등이 궁궐에 드나들면서 여전히 국정개혁을 방해하고 참소와 뇌물을 도모하고 있다고 격렬하게 규탄했다.[98]

독립협회는 이와 동시에 '중추원 의관의 건'을 회의에 부쳤다. 장시간의 진지한 토론과 검토 끝에 田圭煥(전 軍器僉正)이, 만일 독립협회의 '의회설립안'에 의거하여 중추원이 개편되면 독립협회는 그대로 봉행하고, 만약 독립협회의 개편안대로 시행되지 않으면 독립협회는 중추원에 참여하지 말자는 동의를 제출하였다. 독립협회 전체회의에서 마침내 이 전규환의 동의가 의결 채택되었으므로, 이날 밤 회장 윤치호는 정부에 들어가서 독립협회의 회의 결과 내용을 전달하였다.[99]

독립협회의 결의에 대하여 정부대신들은 한 마디 반응도 없이 서로 바라보기만 하였다. 황제가 윤치호를 불러 압력을 가하였다. 윤치호는 독립협회 부회장 이상재(당시 의정부 총무국장으로 정부안에 있었음)와 의논한 결과 독립협회의 원안대로 밀고 나가기로 합의한 다음 다시 여러 대신들과 합석해서 독립협회의 확고한 결의를 전달하고, 황국협회 대표도 참석시켜 독립협회는 국민을 대표하여 25석을 일단 위임해 주거나 아니면 중추원 구성에 참여치 않겠으니 황국협회에 25석을 모두 위임하거나 택일을 원하는데 황국협회가 이를 담당하겠다면 어차피 중추원은 수구파 의회가 될 것이니 독립협회는 관계하지 않겠다는 의사를 발표하였다.[100]

황국협회는 독립협회에 대결하기 위하여 친러수구파가 급조한 보부상들의 폭력배단체였기 때문에, 폭력행위는 잘 하지만 의회가 무엇인지, 회의는 어떻게 진행하는지, 의안 설명은 어떻게 하는지, 입법 절차는 어떻게 하는지조

98) 《承政院日記》, 광무 2년 음력 9월 11일, 中樞院副議長尹致昊等疏.
99) *The Independent*, October 27th 1898, The Privy Council.
100) 鄭 喬, 《大韓季年史》 上, 276쪽.

차 모르는 무식꾼들로 구성되어 있었다. 그들이 의관이 되면 전국민 앞에서 웃음거리만 될 형편에 있었다. 마침내 황국협회 회장 李基東은 10월 27일 황국협회의 민선의관 전담은 '不能'이라는 회답을 정부에 보내왔다.[101] 황국협회는 단독으로 의회를 담당할 능력이 실제로 전혀 없었던 것이다.

황국협회에게 완전한 기회를 주어도 당황하여 놀래서 스스로 거절하고 도망해 버렸으니, 독립협회는 그들의 주도하에 오랫동안 숙망하던 의회설립이 가능하게 되었다. 사태를 관찰하고 있던 서양 각국 외교관들도, 이제 한국인들이 언론의 자유를 획득하고 일반보통선거(popular election)에 의한 입법부의 설립(the establishment of legislative body)을 가져올 수 있는 일종의 國民議會(a sort of Popular Assembly)의 설립을 보장받는 데 성공했다고 본국에 보고하였다.

> 이제 나는 그들(독립협회-인용자)이 언론의 자유를 인정하는 조칙을 획득하는 데 성공했고, 또 그들이 행정부의 반대파들을 강제로 해임시키는 성공적 운동 후에 일반보통선거에 의하여 입법부를 설립할 수 있는 일종의 국민의회(Popular Assembly)를 보장받는 데 실질적으로 성공했음을 보고한다. 독립협회는 의원의 반수를 독립협회가 지명하는 사람들로 구성하는 중추원의 개편을 요구했었으며, 이 협회는 중추원의 활동을 결정하는 규칙을 작성하는 일을 주도할 것으로 전망된다(《駐韓美國公使館報告》(Communications to the Secretary of State from U. S. Representatives in Korea : H. N. Allen), 문서번호 154, 1898년 10월 27일, Recent Actions Taken by the Independence Club of Korea).

또한 주한 영국총영사는 독립협회가 중추원을 개편하여 折半國民議會(semi-Popular Assembly)를 설립하고 그 의원의 반수를 획득하는 데 성공했다고 자기 나라에 보고하였다.[102] 영국측이 이를 '절반국민의회'라고 한 것은 '국민의회'는 하원으로서 민선의원으로만 구성되고, 상원은 국왕과 정부의 지명의원으로 구성되는 것이 당시 영국의 의회제도인데, 한국의 개편되는 중추원은 의원의 절반을 민선의원으로 구성하기 때문에 상원보다는 더 국민의회에 가

101) 위와 같음.

102) 《駐韓英國領事館報告》(Reports and Communications from the British Consul in Seoul), 機密報告書 第108號, 1898년 11월 12일.

깝고, 하원의 국민의회체제에서 볼 때는 절반만이 해당하는 국민회의체제의 상원제도라고 보았기 때문이었다.

독립협회는 그들의 역사적인 의회설립운동이 일단 성공 일보전에 도달하여 그들의 구상대로 상원설립이 가능하게 되자, 이것을 전국민적으로 굳히기 위해 官民共同會를 개최하기로 하였다.

5) 관민공동회

독립협회의 의회설립운동과 국정 개혁운동에 대하여 수구파와 황제의 각종 저지활동이 집요했기 때문에, 독립협회는 개혁정부와 의회설립에 합의한 것을 계기로 개혁정부와 독립협회와 일반 시민들이 한 자리에 모여 대회를 개최해서 이를 공개리에 전국민과 세계에 공포 선언함으로써 수구파와 황제의 반격을 사전에 방지하고 의회설립과 국정개혁을 추진하려고 하였다. 즉 독립협회는 官民共同의 대집회를 개최하여 국정개혁의 대강령을 결의하고 정부(官)와 황제의 동의 선서를 전국민과 세계의 주목 속에 얻음으로써 수구파의 반격을 근본적으로 누르고 회의설립과 대개혁 추진을 대로 위에 올려놓기로 한 것이었다.

독립협회는 10월 27일 정부대신들과 각계 각층 국민·단체들에게 청첩장을 발송한 다음,[103] 10월 28일 1시부터 서울 종로에서 官民共同會를 개최하였다.[104] 이 대회에서 '民'의 대표로서는 주로 독립협회 회원들 약 4,000명이 첫날 참석했으며,[105] 황제와 수구파들을 자극하거나 반격 구실을 주지 않기 위해서 세심한 주의를 하였다. 이 때문에 이 대회에서는 그 직전까지의 독립협회의 시위에서 보이던 격렬한 수구파 비판과 황제의 전제권에 대한 비판은 엄금되었다. 독립협회는 관민공동회 개최에 임하여 회중이 대회 진행 중 지켜야 할 4가지 조항을 선언하였다.

---

103) 鄭　喬, 《大韓季年史》 上, 278쪽.
　《독립신문》, 1898년 10월 28일, 잡보 〈종로별회〉.
104) 尹致昊, 《尹致昊日記》 5, 1898년 10월 31일.
105) 《駐韓英國領事館報告》(Reports and Communications from the British Consul in Seoul), 機密報告書 第108號, 1898년 12월 12일.

① 황제와 황실에 대한 불경한 언어를 엄금하며, 민주주의(Democracy)와 공화주의(Republicanism)를 옹호하는 연설을 금한다.
② 우리가 겪는 불행은 우선 우리의 책임이므로 우리와 조약을 맺은 외국을 모독하거나 외교분쟁을 일으킬 수 있는 언행을 금한다.
③ 우리는 양반과 상민이 모두 동포형제로서 이 대회에 모인 것이므로 누구든지 서로 모욕적인 언행은 엄금하며, 우리가 규탄했던 전임 대신들에게도 불쾌한 언행을 금한다.
④ 일부 사람들이 자기 나라보다도 자기의 풍속을 사랑하므로, 상투를 포함한 사회관습 개혁에 대한 논의는 금하며 국가정책에 대한 논의만을 행한다(*The Independent*, November 1th, 1898, An Assembly of All Caste).

위의 결의사항은 독립협회가 평소에 ① 민주주의(Democracy)와 공화주의(Republicanism)를 옹호하는 주장을 했고, ② 외국과 맺은 조약을 비판하고 외국의 침략정책을 비판해 왔으며, ③ 양반과 상민 사이의 갈등과 수구파 대신들에 대한 비판을 감행해 왔고, ④ 구습개혁을 주장해 왔음을 잘 나타내 주고 있다. 그렇기 때문에 독립협회는 수구파를 물리치고 개혁정부를 수립했으며 의회설립이 성공의 문턱에 다다른 시기에 황제와 수구파의 반발을 불러일으킬 수 있는 모든 주장을 적어도 관민공동회가 개최되는 6일간만은 자제할 것을 요청한 것이었다.

정부대신들은 10월 20일자의 황제의 칙령이 독립협회의 離次開會 금지였기 때문에 독립협회 사무소가 아닌 종로에서의 대집회에 감히 참가하지 못하고 있다가, 독립협회가 관민공동회를 강행해 나가자 황제의 허락을 받고 대회 이튿날인 10월 29일에야 이 관민공동회에 참가하였다.[106)]

1898년 10월 29일 오후 2시의 관민공동회에는 '民'측으로서 독립협회뿐만 아니라 皇國中央總商會·贊襄會(順成會)·協成會·광무協會·搢紳會·親睦會·敎育會·國民協會·進明會·一進會·保信社 등 독립협회 계열의 모든 자매단체들이 참석하였다. 뿐만 아니라 친러수구파의 행동대인 皇國協會까지도 초청을 받고 참석하였다. 또한 이 날의 관민공동회에는 시민·신사(지식인)·학생·노동자·시전상인·맹인·승려·백정(재설꾼) 등 각계 각층의 인사들

106) 《輪牒存案》(議政府編), 광무 2년 10월 29일, 通牒.

이 참석하여,[107] 그 수는 1만여 명이 넘었다.[108]

또한 이날 오후 4시에는 정부대신들인 의정부참정 박정양, 찬정 이종건, 법부대신 徐正淳, 농상공부대신 金明圭, 탁지부대신서리 高永喜, 그리고 중추원의장 한규설, 원임대신 金嘉鎭·민영환·민영기·심상훈·이재순·정낙용, 한성판윤 李采淵, 학부협판 李容稙, 장례원경 趙熙一, 의정부찬정 權在衡, 찬무 르젠드르(Charles W. Legendre, 李善得) 등이 참석하였다.[109] 정부대신으로서 이 관민공동회에 불참한 사람은 외부대신 朴齊純과 군부대신서리 유기환뿐이었다. 그 결과 관민공동회는 10월 29일부터는 무려 1만여 명의 민·관이 합석한 그야말로 명실상부한 관민공동대회가 되었다.

이날의 역사적 관민공동회에서는 주최측에서 독립협회 회장 윤치호가 먼저 인사를 한 다음, '官'측에서는 의정부참정 박정양이 등단하여 간단한 개막연설을 하였고, '民'측에서는 새 개혁을 상징하기 위해 종래 사회적으로 천대받던 백정출신 朴成春이 등단하여 다음과 같은 요지의 개막연설을 하였다.

> 나는 대한의 가장 천한 사람이고 무지몰각합니다. 그러나 충군애국의 뜻은 대강 알고 있습니다. 이에 나라에 이롭고 백성을 편케하는 길인즉 관과 민이 합심한 연후에 가능하다고 생각합니다. 저 차일(천막)에 비유하건대 한 개의 장대로 받친즉 역부족이나, 많은 장대를 합한즉 그 힘이 공고합니다. 원컨대 관민합심하여 우리 대황제의 성덕에 보답하고 國祚로 하여금 만만세를 누리게 합시다(鄭 喬,《大韓季年史》上, 282쪽).

이 관민공동회에서는 독립협회가 11개조의 국정개혁 대강령을 제출하여, 이중 6개조는 綱으로 하여 공개 결의하고, 5개조는 目으로 하여 다음에 황제에게 품의하기로 하였다. 보통 '헌의 6조'라고 부르는 바의 이 때 관민공동회가 공개 결의한 조항은 다음과 같다.

> ① 외국인에게 依附하지 아니하고 동심합력하여 전제황권을 견고케 할 사.
> ② 광산·철도·매탄(석탄)·삼림 및 차관·차병과 모든 정부와 외국인과의 條

107) 鄭 喬,《大韓季年史》上, 281~282쪽.
108) 尹致昊, 〈獨立協會의 活動〉(《東光》26, 1931년 10월호), 36쪽.
109)《독립신문》, 1898년 11월 1일, 〈관민공동회 사실〉.

約의 일을 만일 외부대신과 중추원의장이 합동으로 서명 날인한 것이 아니면 시행하지 못할 사.

③ 전국 재정은 어떠한 税를 물론하고 모두 度支部에서 句管하되 다른 府・部와 私會社는 간섭할 수 없고, 예산과 결산은 인민에게 공표할 사.

④ 지금으로부터 시작해서 모든 중죄범은 공개재판을 행하되 피고가 충분히 설명하여 마침내 자복한 후에야 시행할 사.

⑤ 칙임관은 대황제폐하께서 정부에 諮詢하여 그 과반사를 따라서 임명할 사.

⑥ 章程을 실천할 사.

(議政府 編, 《奏本存案》(奎 17704) 제3책, 광무 2년 10월 30일, 奏本 第220號)

이것이 유명한 이른바 1898년 관민공동회의 '헌의 6조'인 것이다.[110] 관민공동회의 이 '헌의 6조'에는 이 공동회에 참석한 정부대신들도 서명하여, 정부수반인 박정양이 10월 30일 황제에게 상주하였다.[111]

이 '헌의 6조'에서 오해를 불러일으킬 소인이 있는 조항이 제1조이다. 일부 문헌고증학자들은 '外國人에게 의부하지 아니하고 동심합력하여 전제황권을 견고케 할 사'의 '전제황권을 견고케'의 글자에 집착하여 독립협회운동이 황권강화운동이라고 오해할 수도 있다. 그러나 이것은 사실이 그렇지 않다. 이 조항은 '외국인에 의부하지 아니하고'에 무게를 실어야 하며, 전체 흐름을 세밀히 관찰하면서 해석할 필요가 있는 것으로서, 당시 전제황권을 갖고 있는 황제 고종의 의회설립에 대한 반대와 의구심을 풀기 위해 독립협회가 전술적으로 사용한 용어에 불과한 것이었다고 볼 수 있다.

독립협회는 이미 의회설립을 위한 만반 준비를 모두 끝내고 이를 다짐하는 관민공동회에 정부대신들과 황국협회까지 참가시키는 데 성공했으므로, 입헌군주국으로 가는 개혁 직전에서 전제군주인 황제 고종의 저항에 부딪혀 의회설립의 대업 성취를 좌절당하지 않으려고 독립강화와 전제황권을 연결시키면서 황제 고종을 안심시키기 위해 세심한 배려를 한 것이었다. 또한 독립협회는 이미 군권을 황제가 대외적으로 세계 열강의 황제들과 어깨를 나란히 하는 부강한 자주독립의 상징으로 정의해 왔다.[112] 관민공동회의 '헌의

110) *The Independent*, 1898년 11월 1일, An Assembly of All Cast.
111) 議政府 編, 《奏本存案》(奎 17704) 제3책, 광무 2년 10월 30일, 奏本 第220號.
112) 《承政院日記》, 광무 2년 음력 9월 9일, 中樞院一等議官尹致旲等疏.

6조' 중 제1조의 전제황권도 마찬가지의 의미였다.

관민공동회의 '헌의 6조' 중에서 의회설립과 직접 관련된 것은 제2조의 '광산·철도·매탄(석탄)·삼림 및 차관·차병과 모든 정부와 외국인과의 조약의 일을 만일 각부대신과 중추원의장이 합동으로 서명 날인한 것이 아니면 시행치 못할 사'이다. 여기서의 중추원은 의회로의 개편을 전제로 한 중추원이었음은 물론이다. 즉 이 조항은 의회의 조약 비준권을 선언한 것이었으며, 그 결과 정부의 각부대신과 의회로서의 중추원의 의장이 공동 서명해야만 효력을 발생할 수 있도록 결의한 것이었다. 이것은 중추원의 의회로의 개편, 즉 의회설립이 비단 민권뿐만 아니라 자주독립 수호의 제도적 장치로서도 추진되고 있었음을 잘 나타내는 것이라고 할 수 있다.

이 밖에도 관민공동회의 '헌의 6조'는 ① 재정의 탁지부에의 통일과 예산·결산제도의 확립, ② 공개재판제도와 증거주의의 확립, ③ 칙임관 임명에 있어서의 정부자문의 의무화와 전제군주권 제한, ④ 章程의 실천 등을 규정하여 나라의 자주적 근대화와 민권신장을 결의하였다. 황제는 독립협회가 주최한 관민공동회가 황제와 황실에 대한 불경을 금하고 전제황권을 견고케 한다는 데에 만족했던 모양으로, 독립협회가 대강령의 目으로 초안을 만들어 두었던 5개조에 약간 수정을 가해 10월 31일 새벽에 30일자로 다음과 같은 '詔勅 5조'를 내려보냄으로써 관민공동회에 대한 지지의 뜻을 표시하였다.

> ① 諫官 폐지 후 言路가 막히어 상하가 권면경려의 뜻이 없기로 中樞院章程을 凾定(개정)하여 실시할 사.
> ② 각 항 규칙은 일정한 것을 말한 것이 있는데 會와 新聞이 역시 防限이 없을 수 없으므로 會規는 의정부와 중추원에 명하여 시의를 참작해서 제정하도록 하고, 新聞條例는 내부와 농상공부에 令하여 각국 예에 依倣하여 제정 시행할 사.
> ③ 관찰사 이하 지방관 및 地方隊 長官 등 현임과 이에 遞한 자를 물론하고 公貨를 乾沒한 자는 장률에 의하여 시행하고, 民財를 騙取한 자 중에서 현저한 것은 本主에게 推給한 후 법률에 의하여 징계할 사.
> ④ 御史와 觀察員 등의 작폐자는 본토 인민이 내부와 법부에 가서 訴할 것을 허락하도록 令하여 조사해서 懲治할 사.
> ⑤ 商工學校를 설립하여 民業을 권장할 사.
>
> (《承政院日記》, 광무 2년 음력 9월 9일, 中樞院一等議官尹致昊等疏)

이 '조칙 5조'는 제1조에서 황제 고종이 중추원장정의 개정을 허락하여 중추원의 의회로의 개편을 사실상 승인하고 있다고 해석되었으므로, 언론·집회의 자유에 대한 황제의 제한 시도에도 불구하고 관민공동회 회중에게 크게 환영받았다.

독립협회는 관민공동회를 6일만인 11월 2일 성공리에 끝내었다. 이제는 황제의 승인과 관민의 합의가 이루어졌으므로 중추원장정을 개정하여 의회설립을 실행하는 일이 남게 되었다.

6) 의회(상원)설립법의 공포

독립협회가 주최한 관민공동회가 독립협회의 의도대로 성공리에 끝나고, 황제 고종도 중추원장정의 개정을 승인했으므로, 박정양 개혁정부는 독립협회가 일찍이 10월 24일 정부에 제출한 의회(상원)설립안(중추원관제개편안)에 기초하여 약간의 字句 수정을 가해서 〈中樞院新官制(의회설립법)〉를 11월 2일자로 만들어서, 11월 3일 황제의 재가를 얻어,[113] 11월 4일 공포하였다.[114] 이것이 19세기말에 한국이 최초로 제정한 의회(상원)설립법이었다. 그 내용은 다음과 같았다.

제1조 중추원은 다음의 사항을 심사 議定하는 처소로 할 사.
① 법률과 칙령의 제정·폐지 혹은 개정에 관한 사항
② 의정부에서 經議 上奏하는 사항
③ 칙령을 因하여 의정부에서 諮詢하는 사항
④ 의정부로서 임시 건의에 대하여 諮詢하는 사항
⑤ 중추원에서 임시 건의하는 사항
⑥ 인민의 獻議하는 사항

제2조 중추원은 다음의 직원으로 합성할 사.
의 장 1인　　부의장 1인　　議 官 50인
참서관 2인　　주 사 4인

제3조 의장은 대황제폐하께옵서 聖簡으로 勅授하시고, 부의장은 중추원 공천

113) 尹致昊, 《尹致昊日記》 5, 1898년 11월 3일.
114) 《官報》, 광무 2년 11월 4일.

을 因하여 勅授하시고, 의관 半數는 정부에서 勞勳가 일찍이 있는 자로 회의하여 추천하고, 반수는 人民協會에서 27세 이상의 사람이 정치·법률·학식에 통달한 자로 투표 선거할 사.

제4조 의장은 勅任 1등이요, 부의장은 칙임 2등이요, 의관은 奏任이니, 叙等은 無하고, 임기는 각 12개월로 정할 사. 단, 의관의 만기전 1개월에 후임 의관을 豫選할 사.

제5조 참서관은 奏任이요 主事는 判任이니 叙等은 일반관리와 同할 사.

제6조 부의장은 중추원 통첩을 侍하여 정부로서 上奏하여 詔勅으로 임명하심을 共竢하고, 의관은 정부에서 상주하여 叙任하고, 참서관은 中樞院薦牒을 侍하여 정부에서 奏任하고, 주사는 의장이 經議하여 專行할 사.

제7조 의장은 중추원의 대소사무를 총괄하고 일체의 公文에 서명할 사.

제8조 부의장은 의장의 직무를 보좌하고 의장이 유고한 시는 그 직을 代辨할 사.

제9조 참서관은 의장 및 부의장의 지휘를 承하여 庶務를 掌할 사.

제10조 주사는 상관의 지휘를 承하여 서무에 종사할 사.

제11조 중추원은 각 항 안건에 대하여 의결하는 權만 유하고 上奏 혹은 發令을 直行하지 못할 사.

제12조 의정부와 중추원이 의견이 不合하는 시는 府와 院이 합석 협의하여 妥當 可決한 후에 시행하고 의정부에서 直行함을 得치 못할 사.

제13조 국무대신이 위원을 명하여 그 주임하는 사항으로 의정부의 위원이라 하여 중추원에 至하여 의안의 理趣를 辨明할 사.

제14조 국무대신 및 각부협판은 중추원에 來會하여 의관이 되어 열석할 수 있으나, 단 그 주임사항으로는 의결하는 員數에 加하지 못할 사.

제15조. 개국 505년 칙령 제40호 中樞院官制는 本官制 반포일로부터 폐지할 사.

제16조. 본 관제 제3조 중 人民協會는 현금간에는 獨立協會로써 행할 사.

제17조. 본령은 반포일로부터 시행할 사.

광무 2년 11월 2일

奉勅 議政府參政 朴定陽

(議政府 編, 《奏議》(奎 17703) 제24책, 광무 2년 11월 2일, 奏本 第234號 및 中樞院官制改正勅令).

정부가 11월 4일 공포한 이 새로운 중추원관제(의회설립법)는 독립협회가 10월 24일 정부에 제출한 중추원 관제개편안과 골격이 거의 같은 것이었다. 독립협회의 의회설립법안은 정부의 이 새로운 중추원관제에 거의 그대로 충분히 반영된 것이었다. 약간 다른 점이 있다면 독립협회의 중추원 관제개편안에는 민선의관 25명을 선출하는 인민협회를 독립협회로 고정시킨 데 비하여, 정부의 새 중추원관제에서는 이것을 '인민협회'라 고쳐서 다른 협회들의 앞으로의 참가의 문을 열어놓고, 제16조에 당분간 독립협회가 이를 담당하도록 한정했으며, 의원의 피선거 자격을 규정해 놓은 정도이다.

개혁정부가 공포한 새 중추원관제에 의거해 개원하는 중추원은 물론 상원이었고 하원은 아니었다. 즉 그것은 상원으로서의 의회였다. 상원으로서의 의회의 기능은 심의의 기능과 대표의 기능으로 나누어 검증해 볼 수 있다.

심의의 기능에서 볼 때, 새 중추원의 기능은 근대민주주의 국가의 의회의 기능을 모두 갖추었다. 즉 새 중추원은 입법권을 모두 갖고 있었다. 제1조에서 볼 수 있는 바와 같이, 새 중추원은 법률의 제정·폐지·개정의 모든 권리를 갖고 있었으며, 군주제하에서 칙령의 제정·폐지·개정의 모든 권리도 갖도록 되어 있었다.

이 밖에도 의정부가 황제에게 상주하는 일체의 사항은 반드시 사전에 중추원의 동의를 얻도록 하였다.

즉 새 중추원은 ① 입법권, ② 조약비준권, ③ 행정부의 정책에 대한 심의권, ④ 심의권을 통한 사실상의 감사권, ⑤ 건의권, ⑥ 행정부 건의에 대한 자문권 등을 갖고 있었다. 이것은 의회만이 갖는 권리이며, 19세기말의 영국·미국·프랑스·독일 등 모든 나라들의 의회의 권리도 이러한 권리들로 성립되어 있었고, 그 이상의 것이 아니었다. 심지어 국정에 대해 행정부와 중추원이 의견이 일치하지 않을 때에는 합석하여 이를 충분히 토의한 후에 반드시 중추원에서 가결하여 실시해야지 중추원의 가결없이 행정부가 단독 의견으로 이를 집행하지 못하도록 만들어 놓았다. 심의의 기능면에서는 새 중추원은 19세기말의 모든 초기 민주주의국가들의 의회와 완전히 동일한 입법부의 기능을 갖춘 것이었다.

한편 대표의 원리에서 볼 때는 새 중추원은 상원체제를 갖추고 있었으며, 하원은 아니었다.[115] 의회를 오늘날의 하원(국민의회)으로 생각하는 관점에서는 상원을 의회로 볼 수 있을까 의문이 나올 수도 있으나, 19세기말에는 상

---

115) *The Independent*, 1898년 10월 27일, The Rrivy Council.

원은 당연히 의회로 간주되고 있었다. 독립협회는 처음부터 중추원의 개편 방향을 상원설립으로 추진했었다.[116] 19세기말의 각국의 상원의 대표성 문제를 보면, 모든 상원은 하원의 일반보통선거의 방법과는 다른 별도의 방법으로 兩院制 의회의 한 부분을 구성하고 있었다. 19세기말 영국의 상원은 모두 귀족으로만 구성되었으며, 모두 국왕 및 정부의 임명제였다. 독일도 마찬가지였다. 일본도 이 시기에 의회를 설립했는데, 상원(참의원)은 국왕이 귀족과 국가공로자 중에서 모두 임명하는 제도였다. 상원의원을 선거하는 경우는 공화국인 프랑스와 미국뿐이었는데, 프랑스는 다수의 상원의원을 국민이 간접선거로 선출하고 소수의 상원의원을 정부가 탁월한 인물 중에서 추천하여 임명하였다. 19세기말에는 미국만 상원도 하원과 마찬가지로 국민의 직접선거에 의거하였다.

이러한 19세기말의 민주주의 발전의 단계를 고찰할 때, 독립협회가 상원으로서의 새 중추원에 국민의 일반보통직접선거에 의한 의원 선출을 하지 않고 국민대표로서 독립협회가 이를 대신 투표 선출한 것은 조금도 이상한 일이 아니었다.

새 중추원의 상원체제는 50명의 의원을, 25명은 정부가 추천하여 황제가 임명하고, 25명은 국민을 대표하여 독립협회가 투표 선출해서 반분했는데, 이것은 적어도 19세기말에는 공화국인 프랑스와 미국의 상원보다는 후진적인 것이었지만 입헌군주국가인 영국·독일·일본 등의 상원보다는 훨씬 더 공화주의적 요소를 도입한 선진적인 것이었다. 적어도 상원의 반수는 국민대표이며 민간단체가 투표로 선출하는 것이었기 때문이다.

이것은 독립협회가 대한제국을 전제군주국가로부터 입헌대의군주국가로 개혁하려 하였고, 그들은 입헌군주제를 君民同治制로 해석하고 있었으므로, 상원도 군과 민이 균등하게 동치하는 원리로, 군권이 임명하는 의원 반수와 민권이 임명하는 의원 반수로 구성할 것을 집요하게 추구한 것이었다. 물론 아직 하원이 설립되지 않은 조건에서 상원 설립을 먼저 추진한 것이므로, 국민대표의 참가를 더 주장할 수밖에 없는 조건도 크게 작용하였다. 상원으로

---

116) 尹致昊, 《尹致昊日記》 5, 1898년 5월 2일.

서의 이 새 중추원을 19세기말 당시의 영국·독일·일본 등 입헌군주국가들의 상원과 비교해 보면 독립협회가 추진한 상원으로서의 새 중추원은 국민대표가 총의원 정원수의 半數에까지 이른 더 진보적이고 훌륭한 상원이었음을 바로 알 수 있게 된다.

당시 외국공사들과 외교관들은 이러한 자기 시대의 상원체제들을 잘 알고 있었으므로, 미국공사는 새 중추원을 '일종의 국민회의(a sort of Popular Assembly)'라고 본국에 보고했고, 영국공사는 상원을 넘어 절반은 하원의 성격까지 있다고 보아 '半下院, 國民議會(Semi-Popular Assmbly)'라고 본국에 보고했던 것이다.

그러므로 독립협회가 추진하고 개혁정부가 공포한 새 중추원관제에 의한 새 중추원은 당시의 어려운 조건 때문에 이름만 중추원으로 남아 있었지 사실은 훌륭한 상원이요, 훌륭한 의회의 일종이다.

박정양정부는 이러한 상원으로서의 새 중추원관제를 공포함과 동시에, 11월 4일 독립협회에 공한을 보내어 중추원관제 제3조와 제16조에 의거하여 독립협회에서 다음날까지 25명의 의관을 선출하여 명단을 보내 달라고 요청하였다.[117] 독립협회는 이에 응하여 11월 5일 독립관에서 투표에 의한 중추원 민선의관 25명 선거 실시를 11월 4일 공고하였다.[118]

그러나 독립협회의 의회설립은 성공 일보 직전에서 좌절되었다. 친러수구파들이 모략전술을 사용하여 이를 붕괴시켜버렸기 때문이었다.

〈愼鏞廈〉

117) 鄭 喬, 《大韓季年史》 上, 289쪽.
118) 《독립신문》, 1898년 11월 5일, 잡보 〈투표특별회〉.

V. 만민공동회의 정치투쟁

1. 만민공동회의 활동
2. 수구파 및 외세의 독립협회세력 탄압
3. 독립협회·만민공동회운동의 역사적 의의

V. 만민공동회의 정치투쟁

1. 만민공동회의 활동

1) 만민공동회의 성립

독립협회가 1898년 11월 5일 독립관에서 上院으로 개편된 중추원의 의관을 선출하고 '의회'가 설립된다는 소식을 들은 서울 시민들과 독립협회 회원들은 한국 최초의 국회의원 선거와 국회 개설에 기쁨을 누르지 못하여 아침부터 구경할 준비를 하고 있었다.

그러나 친러수구파들은 독립협회와 개혁정부의 의회설립에 방관만 하지는 않았다. 친러수구파들은 만일 의회가 설립되고 입헌대의정치가 실시되어 독립협회와 개혁정부가 연합해서 국정 전반에 걸친 대개혁을 단행하면 자기들은 정권에서 영원히 떨어져 나가게 된다고 보고 독립협회의 개혁운동을 파괴하기 위한 음모를 꾸미었다. 《尹致昊日記》에 의하면 친러수구파의 배후에서 러시아측과 일본측이 이권침탈을 목적으로 그들을 조종하고 지원하였다.[1)]

개혁정부가 상원으로서의 새 중추원관제를 공포한 바로 그날인 11월 4일 밤, 황제에 의해 개혁정부에 일부 재진출한 수구파들인 의정부 찬정 趙秉式, 군부대신서리 兪箕煥, 법부협판 李基東 등은 밀모하여, 광화문 밖과 시내 요소 요소에 소위 '匿名書'를 내다 붙이게 하였다.[2)]

익명서의 내용 요지는 조선 왕조가 이미 쇠퇴했으므로 만민공동하여 尹致昊를 '大統領'으로 선출하면 정부와 서민이 모두 승복하고 국민이 각성하여 개명진보를 이룰 것이라는 것이었다.[3)]

---

1) 尹致昊, 《尹致昊日記》 5(國史編纂委員會, 1975), 1898년 11월 3·5일.
2) 鄭 喬, 《大韓季年史》 上(國史編纂委員會, 1957), 289쪽.
3) 尹致昊, 〈獨立協會의 始終〉(《新民》 14, 1926년 6월호), 59쪽.

이 익명서는 수구파들이 예측한 대로 경무청에 발견되어 황제에게 보고되었다. 경악한 황제에게 이날 밤 궁궐에서 일부러 머물고 있던 조병식은 유기환·이기동 등과 밀모한 다음, 독립협회가 11월 5일 독립관에서 대회를 열어 朴定陽을 대통령, 윤치호를 부통령, 李商在를 내부대신, 鄭 喬를 외부대신, 기타 독립협회 간부들을 대신과 협판으로 선출하고 국체를 共和政으로 개변하려 한다고 모함하여 상주하였다.[4)]

황제 고종은 독립협회의 자주·민권·자강의 개혁운동을 두려워하고 상소투쟁을 매우 꺼리고 있는 판국에 자기를 폐위하고 정치체제를 공화정으로 바꾸려 한다는 말을 듣고 격분하여 즉각 독립협회 간부들을 긴급 체포하라고 명령하였다. 조병식 등 수구파들은 경무사를 申泰休로부터 金禎根으로 교체하고, 조병식과 김정근이 밀의하여 20명의 독립협회 체포대상 지도자 명단을 작성하였다.[5)]

경무사 김정근은 경무청 병력을 총동원하여 11월 4일 밤중부터 11월 5일 새벽에 이르기까지 이상재(독립협회 부회장, 의정부 총무국장), 정 교(독립협회 평의원 겸 사법위원), 南宮檍(독립협회 평의원 겸 사법위원, 내부 토목국장), 李建鎬(독립협회 평의원, 중추원 의관), 方漢德(독립협회 평의원, 농상공부 광산국장), 金斗鉉(독립협회 평의원), 尹夏榮(독립협회 평의원, 중추원 의관), 廉仲模(독립협회 평의원, 탁지부 재무관), 韓致愈(독립협회 제소위원, 내부 참서관), 劉 猛(독립협회 평의원), 玄濟昶(독립협회 평의원, 중추원 의관), 鄭恒謨(독립협회 평의원), 洪正厚(독립협회 평의원) 등을 체포하였다.[6)] 윤치호(독립협회 회장, 중추원 부의장), 崔廷德(독립협회 평의원, 관립소학교 교사), 安寧洙(독립협회 평의원) 등은 체포당하기 직전에 도피하였다.[7)]

金永義, 《佐翁尹致昊先生略傳》(京城：基督敎朝鮮監理會總理院, 1934), 121~122쪽의 익명서 사진.

4) *The Independent*, Novermber 10th, 1898, Molayo's Accounts of Recent Events in Seoul.
鄭 喬, 《大韓季年史》 上, 289쪽.

5) 法部 編, 《起案》(奎 17277의 1·2) 제68책, 광무 2년 11월 7일, 訓令高等裁判所 第136號.

6) 鄭 喬, 《大韓季年史》 上, 290쪽.

7) 尹致昊, 《尹致昊日記》 5, 1898년 11월 4·5일.

경무관은 뿐만 아니라 독립협회 사무소를 수색하여 독립협회의 모든 문서들과 도장들을 압수하였다.[8] 또 사무원 崔允根을 체포해 갔으며, 회원이 사무소에 오는 것을 엄금했으나 兪鶴柱가 사무소에 나타나자 체포하였다.[9] 독립협회 지도자들이 대거 체포당했다는 소식을 듣고, 은신했던 趙漢禹(독립협회 평의원)·卞河進(독립협회 평의원) 등은 스스로 나타나 함께 체포당하기를 원했으므로 이들도 체포하였다. 그리하여 이 때 체포된 독립협회 지도자는 17명이요, 미체포자가 3명이 되었다.[10]

조병식 등 수구파들은 원래 독립협회 지도자 20명을 밤중에 일거 체포하여 구명운동을 할 시간을 주지 않고 사형에 처해버릴 계획이었다.[11] 그러나 가장 중요한 인물인 독립협회 회장 윤치호를 체포하지 못하여 계획에 근본적 차질이 생기기 시작했으므로, 조병식 등은 경무청에 다시 특명을 내려서 회장 윤치호의 체포에 혈안이 되었다.[12] 윤치호는 자기 집에서 11월 5일 새벽 5시경에 일어나 새 중추원 의관 선거준비를 하다가 순검들이 자기 집을 포위하고 있음을 알고, 비밀리 만들어 둔 뒷문으로 탈출하여 외국인 집에 은신해 버렸다.[13]

또한 황제는 11월 5일(4일자 명의) 조칙을 발표하여, ① 독립협회가 취당해서 방자하게 조정을 꾸짖고 대신을 핍박했으며, ② 관민공동회를 열어 민중을 동원하고 고관들을 위협하여 참석시켰으니, ③ 독립협회를 비롯한 각종 협회는 모두 혁파하며, ④ 또한 대신들도 '헌의 6조'는 혼자 아뢰거나 상소를 올려도 될 것을 民會에 핍박당하여 '可'字를 썼으니 모두 파면하겠다고 발표하였다.[14] 이 칙령에 의하여 독립협회는 불법화되고 해체당하게 되었다.

황제는 이어서 조칙을 통하여, 관민공동회에 나가서 헌의 6조에 '可'字를

8) 法部 編, 《起案》(奎 17277의 1·2) 제68책, 광무 2년 11월 7일, 訓令高等裁判所 第136號.
9) 法部 編, 《司法稟報(乙)》(奎 17279) 제3책, 광무 2년 11월 7일, 報告書 第58號. 《독립신문》, 1898년 11월 7일, 잡보 <경무사 첫 정사>.
10) 法部 編, 《起案》(奎 17277의 1·2) 제69책, 광무 2년 11월 10일, 訓令高等裁判所 第139號.
11) 尹致昊, 《尹致昊日記》 5, 1898년 11월 12일.
12) 法部 編, 《起案》(奎 17277의 1·2) 제68책, 광무 2년 11월 7일, 訓令警務廳 第40號.
13) 尹致昊, 《尹致昊日記》 5, 1898년 11월 5일.
14) 法部 編, 《起案》(奎 17277의 1·2) 제68책, 광무 2년 11월 5일, 訓令警務廳 第44號. 《承政院日記》, 광무 2년 음력 9월 2일, 詔.

쓰고 서명한 의정부 참정 박정양, 법무대신 徐正淳, 의정부 참정 李鍾健, 농상공부대신 金明圭, 탁지부대신서리 협판 高永喜, 의정부 참찬 權在衡 등을 모두 파면하였다.

황제는 그 대신 친러수구파들인 조병식을 의정부 참정 겸 임시서리 법부대신 사무로, 閔種默을 외부대신 겸 임시서리 내부대신 사무로, 閔泳綺를 탁지부대신으로, 南廷哲을 의정부 참찬으로, 朴齊純을 농상공부대신으로, 李鎬翼을 한성판윤으로, 김정근을 경무사로 정식 임명했으며, 한참 후에 다시 형식상 趙秉世를 의정부 의정으로 임명하였다.[15]

이에 따라 박정양을 행정수반으로 한 개혁파정부는 24일만에 붕괴되고, 조병식을 중심으로 한 친러수구파정부가 수립되었다. 이것은 러시아공사 스페이에르(Alexis de Speyer) 등이 1897년말~1898년초 침략정책을 감행했을 때 야합했던 대한제국정부와 거의 동일한 친러수구파정부가 수립되었음을 의미하는 것이었다.[16] 조병식을 중심으로 한 친러수구파정부는 11월 7일 내각회의에서 독립협회의 혁파를 재확인하는 의결을 하고, 새로운 의회로서의 중추원관제와 헌의 6조를 모두 무효화하기로 결정하였다.[17] 의회를 설립하여 전제군주정체를 立憲代議 군주정체로 개혁하고 국정 전반에 대개혁을 단행하려 한 독립협회와 개혁파들의 사업은 성공 한 발 앞에서 무너지고, 다시 친러수구파 정권이 수립되어 독립협회와 개혁파에 대한 탄압이 시작된 것이었다.[18]

이것은 황제 고종의 큰 배신이었다. 만민공동회의 헌의 6조에 대하여 조칙 5조까지 내린 황제가 의회설립 직전에 친러수구파의 모략에 현혹되어 국정개혁의 대사를 붕괴시켰을 뿐 아니라, 관민공동회의 헌의 6조까지 비난하며 독립협회 해산을 명령하는 것을 보고, 독립협회 회원들뿐만 아니라 일반 시민들까지도 분노를 감추지 못하였다. 황제의 독립협회에 대한 이러한 기습적 탄압의 배후에는 러시아와 일본의 적극적인 지원이 있었다.[19]

---

15) 《承政院日記》, 광무 2년 9월 22일, 詔.
16) 《駐韓英國領事館報告》(Reports and Communications from the British Consul in Seoul), 1898년 11월 12일, 機密報告書 第108號.
17) 議政府 編, 《奏議》(奎 17703), 광무 2년 11월 7일, 奏本 第27號 諸會爲名一切革罷事.
18) 《駐韓日本公使館記錄》 8(國史編纂委員會, 1989), 〈本省往來信〉, 1898년 11월 8일, 發第75號, 獨立協會의 大臣排斥에 關한 詳報.

독립협회 회장 윤치호는 일기에서 그의 배신감과 러시아·일본의 배후세력 흉계를 다음과 같이 기록하였다.

> 오늘의 官報는 독립협회의 해산과 헌의 6조에 서명한 대신들을 면관시킨 칙령을 공포하였다. 이것이 국왕이라니! 거짓말을 능사로 하는 배신적인 어떤 비겁자라도 대한의 대황제보다 더 천박한 일을 하지 못할 것이다.
>
> 이제는 정부가 친일 노예 兪箕煥과 친러 노비 조병식의 수중에 있다. 러시아인들과 일본인들의 양자가 이 사건에 개입해서 의심할 여지없이 모종의 살찐 이권을 위하여 그들의 노예들을 지원하고 있다. 저주받을 왜놈들! 그들이 대한의 마지막 희망인 독립협회를 분쇄시키는 데 러시아인들을 돕고 있는 이유를 알게 될 것을 나는 참으로 희망한다(尹致昊, 《尹致昊日記》 5, 1898년 11월 5일).

실제로 〈주한일본공사관보고〉에서도 일본공사 대리는 대한제국 황제의 독립협회 해산에 사전 동의했다고 본국에 보고하였다.[20]

서울 시민들은 이때, 즉 1898년 11월 5일 독립관에서 실시할 동방 개벽이래 최초의 국회의원 선거를 구경하기 위해 아침 식사 후 독립관으로 갈 채비를 차리고 있었다. 또한 투표권을 가진 독립협회 회원들은 모두 새벽에 일찍 일어나서 25명의 새 중추원(상원) 의관 선거를 위해 독립관으로 향할 준비를 하였다. 이 때 청천벽력과 같이 이상재 이하 17명의 독립협회 지도자들이 경무청에 체포되었으며, 독립협회가 강제 해산되었고, 박정양의 개혁정부가 붕괴되었으며, 조병식의 친러수구파정부가 재수립되었다는 소식을 듣게 되었다.

울분에 북받친 서울 시민들과 독립협회 회원들은 동요하기 시작하였다. 우선 배재학당 학생들이 독립관으로 가려던 발길을 돌려, 경무청 문 앞에 도착해서 항의시위를 시작하였다. 독립협회 회원들과 서울 시민들은 백목전 도매상가에 모여서 萬民共同會를 개최하고 경무청 문 앞으로 달려가기 시작하였다.[21] 뒤이어 영어학교와 일어학교 학생들이 밀려왔다.[22] 뒤이어 황국중앙총상회 회원들과 한국 최초의 여성단체인 贊襄會 회원들도 경무청 문 앞에 도

19) 《駐韓日本公使館記錄》 8, 〈機密本省往信〉, 1898년 11월 16일, 機密 第50號 獨立協會 示威運動에 關한 件.
20) 위와 같음.
21) 鄭 喬, 《大韓季年史》 上, 194쪽.
22) 《皇城新聞》, 1898년 11월 8일, 別報 〈萬民共同會續錄〉.

착하여 합류하였다.[23] 이날(11월 5일) 오전 경무청 문 앞에는 삽시간에 수천 명의 시민이 운집하여 시위를 하게 되었다.[24]

경무청 문 앞에서 서울 시민들은 자연스럽게 만민공동회를 개최하였다. 그리하여 11월 5일 만민공동회가 형성된 것이었다. 경무청 문 앞에서 만민공동회를 형성한 시민들은 林炳吉 등 5명을 총대위원으로 선출하여 경무사 김정근에게 독립협회 지도자 체포를 항의하고 사건 경위의 해명을 요구하였다.[25] 경무사는 황제의 칙령에 따른 것이라고 책임을 회피하면서, 경무사와 한성판윤이 황제 칙령을 회중에게 낭독하였다.

시민들은 분개해서 다투어 연설을 한 다음 自願就囚(체포·투옥을 자원)하기로 결의하고, 체포당한 독립협회 지도자들과 함께 자기들도 체포해 달라고 다투어 요구하였다.[26] 경무사는 당황하여 시민들은 체포대상자 명단에 없으므로 체포할 수 없으니 해산해 줄 것을 종용하였다.[27] 그러나 군중들은 해산하지 않을 뿐 아니라, 오후에는 그 수가 더욱 증가하였다.

이제 새로이 만민공동회가 성립되어 조직적 운동이 시작된 것이었다.

2) 독립협회 지도자 석방운동

1898년 11월 5일 오후 서울의 경무청 문 앞에는 독립협회 지도자 17명을 석방하든지 아니면 스스로 함께 체포당하기를 자원하는 수천 명의 시민들로 들끓게 되었다. 종로의 시전상인들은 철시를 해서 황제와 수구파정부의 처사에 항의하였다.[28]

조병식 등 수구파와 황제는 이 예기치 않은 경무청 문 앞의 대규모 만민

---

23) 《독립신문》, 1898년 11월 7일, 잡보 〈만민충애〉.

24) *The Independent*, November 10th, 1898, Molayo's Accounts of Recent Events in Seoul.

25) 《皇城新聞》, 1898년 11월 7일, 別報.

26) 《駐韓日本公使館記錄》 8, 〈本省往來信〉, 1898년 11월 8일, 發第75號 獨立協會의 大臣排斥에 關한 詳報.

27) 《독립신문》, 1898년 11월 7일, 잡보 〈만민충애〉.

28) 《駐韓日本公使館記錄》 8, 〈本省往來信〉, 1898년 11월 8일, 發第75號 獨立協會의 大臣排斥에 關한 詳報.

공동회에 당황하기 시작하였다. 수구파정부는 경찰 무력으로 위협하여 시민을 해산시킬 수 있는지 시험하려 하였다. 수구파들은 순검을 내보내어 칼을 뽑아서 회원을 위협해 보았으나 회중이 일제히 달려들었으므로 순검들이 놀래서 경무청 안으로 도망하여 들어갔다. 만민공동회는 총대위원을 뽑아서 경무청 안으로 보내어 경무청의 무력사용 시도를 규탄하였다.[29)]

경무청 문 앞에 어둠이 내리기 시작하자, 친러수구파정부는 다급하여 시민들을 효유해서 해산시키려고 하였다. 그러나 시민들은 완강히 해산을 거절하고 모닥불을 피워 놓고 철야농성을 시작하였다.[30)] 밤은 깊어 가는데 곳곳에 핀 모닥불의 화광이 일대를 대낮같이 밝힌속에서, 만민공동회를 연 서울 시민들은 '독립협회 회원 석방' 아니면 '자원취수'해 줄 것을 소리 맞춰 절규하였다.[31)] 서울에 와 있던 다수의 외국인들도 낮부터 나와서 이 광경을 지켜보고 대한제국 국민들의 애국적 의기에 감탄을 금치 못하였다.[32)]

이날 밤 만민공동회에는 각 곳에서 의연금과 의연물이 답지하기 시작하였다. 예컨대, 이름을 밝히지 않은 어떤 사람은 장국밥 3백 그릇을 보내어 추위를 막게 하였고,[33)] 신사 및 상인들이 은화를 보내어 온 것은 다 셀 수 없으며,[34)] 외국인들까지도 성원을 보내어 왔다.[35)] 이날 밤은 만민공동회에 참가한 전 시민이 일치단결하여 경무청 문 앞에서 밤을 밝히었다.

만민공동회 제2일인 11월 6일에는 서울의 시전상인들이 모두 철시를 하고 만민공동회에 참가하였다. 경무청 관리들이 상가를 돌면서 개시를 명령했으나, 시전상인들은 모두 이를 거부하고, "정부가 충애하는 독립협회 회원들을 무단이 체포했으니 우리가 개시하여 장차 무엇할 것인가"고 항의하고 만민공동회에 참가하였다.[36)]

29) 《皇城新聞》, 1898년 11월 8일, 別報 〈萬民共同會續錄〉.
30) 《駐韓英國領事館報告》(Report and Communications from the British Consul in Seoul), 1898년 11월 12일, 機密報告書 第108號.
31) 鄭 喬, 《大韓季年史》 上, 296쪽.
32) 《독립신문》, 1898년 11월 7일, 잡보 〈만민충애〉.
33) 《皇城新聞》, 1898년 11월 8일, 別報 〈萬民共同會續錄〉.
34) 鄭 喬, 《大韓季年史》 上, 296쪽.
35) 《독립신문》, 1898년 11월 8일, 잡보 〈만민수신〉.
36) 尹致昊, 《尹致昊日記》 5, 1898년 12월 6일.

조병식 등 수구파정부는 만민공동회를 해산시키고 독립협회 세력을 탄압할 대책을 수립하기에 부심하였다. 우선 조병식 등은 이날 서울에서 발간되는 《독립신문》·《황성신문》·《제국신문》·《매일신문》 등이 모두 독립협회와 관계있으니 이 기회에 혁파하는 것이 적당하다고 이를 논의하였다. 그러나 수구파 대신 다수가 우선 만민공동회를 무력으로 해산시키는 일이 시급한데 이를 위해서는 각국 공사관의 양해를 구하는 것이 급선무라고 주장했으므로 이 신문폐간 문제는 뒤로 미루어졌다.[37]

수구파들은 군대를 동원하여 만민공동회를 해산시키려고 여러 가지 시도를 해 보았으나 모두 실패하였다.

이날 밤에도 만민공동회를 성립시킨 시민들은 경무청 문 앞에서 대회를 개최하고 철야하였다.

만민공동회 제3일인 11월 7일부터는 시민들의 만민공동회 투쟁을 배경으로 하여 개혁파 관료들이 서서히 반격을 시작하였다.

이날 조병식과 민종묵은 국내의 금광·석탄광·철광 등의 이권을 러시아에 양여하여 그 대가로 러시아공사관의 세력을 얻어 군대를 동원해서 만민공동회를 해산시킬 계획을 세웠다. 그러나 外部 번역관이 이 사실을 만민공동회에 알렸으므로 만민이 크게 놀라 격렬한 반대투쟁을 준비하며 술렁이었기 때문에 이 계획은 저지되었다.[38]

이날 아침 6시경에 경무청은 이상재 등 독립협회 지도자 17명을 고등재판소로 이송하였다. 군대 1개 중대와 순검 80여 명이 이를 경비하였다. 시민들은 이에 따라 경무청 문 앞으로부터 고등재판소로 장소를 옮기어 만민공동회를 개최하였다.

이날 외부대신 민종묵은 군대를 동원하여 만민공동회를 해산시키는 데 양해를 구하기 위해 각국 공사관을 순방하였다. 우선 영국총영사와 미국공사가 군대동원에 회의적 반응을 보였다. 민종묵은 군대를 동원하여 만민공동회를 무력으로 해산시키는 데 각국 공사의 양해를 얻는 것은 불가능함을 알게 되었다.

한편 만민공동회는 梁弘默 등 3인을 총대위원으로 고등재판소장에게 보내

37) 鄭 喬, 《大韓季年史》 上, 298쪽.
38) 鄭 喬, 《大韓季年史》 上, 303쪽.

어 이상재 등 독립협회 지도자 17명의 재판은 반드시 공개재판으로 할 것을 요구하였다.

이날 오후 5시에 경무관이 황제의 조칙을 공포하면서 만민공동회의 해산을 종용하였다. 만민공동회는 "17명과 함께 사생을 같이 하기를 원한다"고 대답하고 물러가지 않았다. 뿐만 아니라 만민공동회는 총대위원 100명을 선정하여 서울 시내 각 처에 보내어 나라의 위급한 형편과 만민의 충군애국의 목적을 설명하고 시민들에게 만민공동회에로의 더 많은 참가와 지지를 요청하였다.39)

이날 고등재판소 문 앞에는 시민들의 참가가 증가함으로써 만민공동회는 더욱 대규모화되었다. 특히 각 학교 학생들은 學部의 만류에도 불구하고 만민공동회에 참가하여 시민들의 독립협회 지도자 17명 석방 요구를 지원하였다.40) 또한 시민들의 의연금 지원도 더욱 증가하였다. 한 인사는 거금 300원을 보내왔으며,41) 심지어 콩나물장수 노파도 콩나물을 판 대금 2원을 보내왔고, 한 영남유생은 의연금 4원을 먼 곳에서 송금해 왔다.42) 이날 밤 시민들은 인화문 앞으로 나아가 대궐을 에워싸고 상소시위를 할 것을 논의했으나, 이것이 수구파들에 의해 '亂民'으로 몰려 탄압할 구실을 줄 위험이 있다고 판단해서 보류키로 하였다.

독립협회 지도자 17명이 체포된 후 민심이 격앙하고 만민공동회에 참가하는 시민이 수만 명에 이르자, 수구파와 황제는 크게 당황하기 시작하였다. 특히 시민들이 추위에도 물러가지 않고 도처에서 철야하며 밤에는 장작불을 피워 추위를 막으면서 불빛이 하늘에 치솟고 구경꾼들까지 산처럼 모이자 조병식 등 수구파들은 두려워하기 시작했으며, 황제도 독립협회 지도자들의 구속을 후회하게 되었다.43) 황제 고종은 사태가 심상치 않게 돌아감을 보고 그의 전형적 정책인 '발뺌'을 시작하였다. 법부협판 겸 고등재판소장 이기동

39) 鄭 喬, 《大韓季年史》 上, 304쪽.

40) 《駐韓日本公使館記錄》 8, 〈本省往來信〉, 1898년 11월 8일, 發第75號 獨立協會의 大臣排斥에 關한 詳報.

41) 尹致昊, 《尹致昊日記》 5, 1898년 11월 7일.

42) 鄭 喬, 《大韓季年史》 上, 305쪽.

43) 鄭 喬, 위와 같음.

은 체포된 독립협회 지도자 중 7명을 골라 처형할 것을 여러 차례 황제에게 밀청했으나, 황제는 만민공동회를 꺼리어 이를 거절하는 한편, 이날 밤 11월 8일자로 한규설을 법부대신 겸 고등재판소장에 임명하여 정책 전환을 준비하였다.[44)]

만민공동회 제4일째인 11월 8일부터는 차가운 겨울비가 내리기 시작하였다. 시민들은 찬비를 맞으면서도 헤어지지 않고 고등재판소 문 앞에서 시위를 계속하였다.

이날 새벽 황제는 한성판윤을 통해 칙유를 만민에게 내리면서, 백성들의 소원을 장차 들여줄 터이니 소요하지 말 것을 당부하였다.[45)] 또한 경무사 신태휴는 황제의 입장을 설명하여, 황제도 회민들의 주장을 통촉하고 있으나 익명서 안에 있는 '大統領'이라는 불온문자 때문에 문제가 생긴 것이라고 하고, 익명서를 회민들에게 보여 주었다.[46)] 이것은 황제가 독립협회 지도자 17명의 구속에 대한 자기의 책임을 회피함과 동시에 대대적인 상소시위를 사전에 방지하기 위해 황제 자신이 후퇴할 뜻을 보이기 시작한 것이었다.

그러나 황제가 수구파의 무력탄압 주장을 완전히 거부한 것은 아니었다. 황제는 아직도 미련을 완전히 버리지 못하여 이기동을 시위대 제1연대 제1대대 대대장으로 임명하여 병권을 주었다.[47)] 또한 조병식은 군부에 명령을 내려 군인들로 하여금 각 방곡을 엄밀하게 파수하도록 하고, 만약 만민이 인화문 길로 향하는 경우에는 즉각 총창으로 도륙하도록 지시하였다. 그러나 군인들까지도 이제 모두 그의 명령을 따르지 않았다. 또한 조병식은 이날 독립협회 지도자 17명을 전원 流配로 판결시키려고 획책했으며, 미리 탁지부에 유배죄인 발부경비 1,000원을 준비하도록 지시하였다. 그러나 탁지부 관리들도 이제는 누구도 그의 명령을 따르려 하지 않았다.[48)]

한편 만민공동회는 이날 밤 柳 瑾이 지은 상소를 올리었다. 그들은 이 상소에서 ① 체포된 17인은 만민과 더불어 공도 일체이고 죄도 일체인데 황제

---

44) 《皇城新聞》, 1898년 11월 9일, 官報.
45) 《皇城新聞》, 1898년 11월 9일, 別報 〈萬民共同會續錄〉.
46) 鄭 喬, 《大韓季年史》 上, 305~306쪽.
47) 鄭 喬, 《大韓季年史》 上, 308쪽.
48) 鄭 喬, 《大韓季年史》 上, 309쪽.

의 벌이 17인에게만 미치고 만민에게는 미치지 않는 것은 의혹이며, ② 경무사가 만민에게 보인 익명서의 대통령 운운은 간세배가 꾸민 모함이고, ③ 만민이 보도 듣도 못한 것을 유독 한사람만 먼저 보아 보고했으니 이 자가 우리를 모함하고 나라를 문란케 하는 자인 바, ④ 신들과 이 무고자를 함께 청천백일하에 재판하여 충신과 역적의 분별을 판단해 줄 것을 요청하였다.[49] 이날 밤도 만민공동회의 시민들은 지도자 17명의 석방을 요구하며 고등재판소 문 앞에서 철야하였다.

만민공동회 제5일째인 11월 9일 오전 9시경 군부대신서리 유기환은 아직도 군대동원에 의한 만민공동회 탄압의 미련을 버리지 못하고, 친위대 제3대대의 2개중대 병력을 대회장에 투입해서 충돌을 유도하며 탄압을 획책했다가 실패하였다.[50] 이날도 아침부터 날이 어둡고 찬비가 소소히 내리어 회민의 옷을 적시었다. 회중들은 찬비를 맞으며 조금도 동요하지 않고 더욱 의기가 분발하였다. 각계 각층의 시민들이 이를 보고 의연금을 계속 보내어 왔다. 예컨대 茶洞에 사는 朴召史는 집 판돈 100원을 내놓아 만민을 감격케 했으며,[51] 한 나무장수는 장작 수십 바리를 실어와서 밤을 지새는 땔감으로 쓰도록 했고, 한 과일장수는 단배 3석을 보내어 회원의 목마름을 축이게 했으며, 술장수는 새로 빚은 술 수십 통을 보내어 추위를 이기는 데 돕도록 했고, 심지어 걸인 한 사람도 1원을 보조했으며 청국상인까지도 감동하여 4원을 보조하였다.[52] 또한 서울의 시전상인들은 이날도 철시를 단행하여 만민공동회를 적극 성원하였다.[53]

이날 찬비속에서의 만민공동회의 시위와 시민의 호응을 보고 구경나온 외국인까지 감탄을 금치 못했으며,[54] 외국공사·영사들도 감동하여 외부를 방문해서 만민공동회에 대한 지지와 동정을 표시하였다.[55]

---

49) 《承政院日記》, 광무 2년 음력 9월 26일, 前承旨尹吉炳等疏.
50) 《독립신문》, 1898년 11월 10일, 잡보 〈군인충돌〉.
51) 尹致昊, 《尹致昊日記》 5, 1898년 11월 11일.
52) 《皇城新聞》, 1898년 11월 11일, 別報 〈萬民共同會續錄〉.
53) 《독립신문》, 1898년 11월 10일, 잡보 〈시민감격〉.
54) 鄭 喬, 《大韓季年史》 上, 311쪽.
55) 《독립신문》, 1898년 11월 11일, 잡보 〈외부전모〉.

뿐만 아니라 만민공동회에 대처하여 파수를 보던 군인들까지도 독립협회를 지지하고 만민공동회에 동정을 표시했으며,[56] 이날 밤 만민공동회를 포위하고 있던 200명의 군인들은 스스로 해산하여 돌아가 버렸다.[57] 심지어 만민공동회를 해산시키라는 명령을 받고 나온 한성부 관리들까지도 친러수구파 정부의 모략을 개탄하고 만민공동회에 동정을 표시하였다.[58]

이날 밤은 찬비가 더욱 세차게 내리고 이튿날 아침까지 짙은 안개가 끼어 지척을 분간하기 어려움에도 불구하고 만민들은 추위와 찬비속에서 여전히 동요하지 않고 철야하였다.[59]

만민공동회 제6일째인 11월 10일에는 대세는 결정적으로 만민공동회에 유리하게 전개되었다. 황제는 이날 오후 5시경 한성판윤을 시켜 회중의 민원이 무엇인지 알아오게 하였다. 만민공동회 회중은 ① 불량배들과 더불어 재판받아 충신과 역적을 밝히고, ② 헌의 6조와 조칙 5조를 즉각 실시하며, ③ 혁파한 독립협회의 복설을 요구한다고 응답하였다.[60]

황제 고종은 마침내 민의의 압력에 굴복하여, 이날 조병식·민종묵 등에게 해직을 요구하는 상소를 올리게 하여 이들을 해임하였다. 황제는 이어서 李鑢永을 의정부 참정으로, 농상공부대신 박제순을 외부대신으로, 학부대신 李道宰를 임시서리 내부대신 사무로 임명했으며, 유기환을 임시서리 군부대신 사무에서 해임하고 군부협판 趙東潤을 그 자리에 임명했고, 경무사 신태휴를 해임하고 그 자리에 閔丙漢을 임명하였다.[61] 이로써 만민공동회가 규탄하는 익명서 조작의 장본인들이 대신직에서 해임되었다. 그러나 다른 수구파들이 기용된 것이지, 개혁정부가 수립된 것은 전혀 아니었다.

황제는 이날 오후 7시에 법부대신 한규설을 불러들여 독립협회 17명의 재판이 어떻게 되었는가 묻고, 재심까지 끝났다는 대답을 듣자, 즉시 돌아가 판결해서 마무리 지으라고 명령하였다. 한규설을 재판장으로 한 고등재판소

---

56) *The Independent*, November 12th, 1898, Molayo's Reports and Reflections.
57) 《독립신문》, 1898년 11월 11일, 잡보 〈관인병정〉.
58) 《독립신문》, 1898년 11월 11일, 잡보 〈관인개탄〉.
59) 尹致昊, 《尹致昊日記》 5, 1898년 11월 9일.
60) 《皇城新聞》, 1898년 11월 11일, 別報 〈萬民共同會續錄〉.
61) 鄭 喬, 《大韓季年史》 上, 312쪽.

재판부는 ① 독립협회 지도자 17명이 칙령을 위반하여 '離次開會' 했으며, ② 대신을 위협하고 재판을 강청한 죄가 있으므로 17명 전원을 笞 40에 처한다고 선고했으며, 17명 중에서 칙임관·주임관으로서 實職이 있는 사람만 贖錢을 물도록 하고 나머지는 속전도 면제한다고 결정하여 17명 전원을 즉각 석방하였다.[62] 이것은 극히 가벼운 벌금형으로서, 거의 무죄선고와 다름없는 것이었다.

만민들은 황제와 수구파의 시위대 및 경무청의 무력 위협과 찬 겨울비속에서도 철야하면서 온갖 고난을 무릅쓰고 만 6일간의 불굴의 투쟁으로 17명의 독립협회 지도자들을 되찾고 감격에 넘쳐 서로 붙들고 울며 서울 장안이 울리도록 만세를 소리쳐 불렀다.[63] 석방된 17명 독립협회 지도자를 대표하여 이상재가 조한우를 대리로 시켜 만민의 투쟁에 감사를 드린다는 인사를 하였다.[64]

만민공동회는 성립과 동시에 찬 비바람속에서 만 6일간의 철야시위의 간구한 투쟁으로 황제와 수구파에 의해 체포 감금된 독립협회의 17명 지도자들을 석방시킨 대승리를 쟁취한 것이었다.

3) 독립협회 복설운동

만민공동회는 독립협회 지도자 17명의 석방에 성공한 후, 이에 물러서지 않고 익명서를 조작하여 독립협회의 애국자들을 함정에 몰아넣으려던 간세배들을 조사 재판하여 충신과 역적을 판별하고 독립협회의 복설을 윤허받은 후에야 물러가기로 결의하고, 만민공동회를 종로로 옮겨 계속하기로 결정하였다.

이것은 석방된 독립협회 지도자의 일원으로 玄濟昶이 회장 윤치호를 방문했을 때, 윤치호가 강력하게 ① 헌의 6조의 실시, ② 조병식 등의 추방, ③ 독립협회의 복설이 달성될 때까지 만민공동회를 계속해야 한다고 주장한 데 따른 것이었다.[65]

---

62) 議政府 編, 《法部來去文》(奎 17795) 제5책, 광무 2년 11월 12일, 判決宣告書.
63) 《독립신문》, 1898년 11월 12일, <선고방청>.
64) 鄭 喬, 《大韓季年史》 上, 315쪽.

서울 시민들과 독립협회·만민공동회 회원들은 종로(운종가)로 장소를 옮기어 만민공동회 제7일째인 11월 11일에도 만민공동회 대회를 계속하였다.

황제와 정부측은 독립협회 지도자 17명을 석방하면 만민공동회가 해산되리라고 예측했다가, 만민공동회가 여전히 시위를 계속하여 익명서 조작에 간여한 수구파 인사들의 처벌을 요구하자 크게 당황하였다. 황제와 정부는 만민공동회 장소에 여러 차례 고관들을 보내어 해산을 종용하였다. 그러나 만민들은 이를 거절하고 철야하면서, 11월 12일 韓致愈가 지은 상소를 尹吉炳을 소수로 하여 올려 ① 간세배의 재판, ② 헌의 6조의 실시, ③ 백성들이 가하다고 생각하는 인물에 의한 정부 재조직, ④ 독립협회 복설, ⑤ 조병식·민종묵 등 2흉의 집권 때의 대외관계문서 공람 등을 요청하였다.[66]

황제 고종은 만민공동회가 해산하지 않고 있는 문제의 초점이 독립협회 복설에 있다고 판단하고, 독립협회 복설을 억제하는 대신 언로를 열어 대체해주는 방안으로 칙령 제37호로서 긴급히 중추원 관제를 개정하였다. 이 재개정된 중추원 관제는 의회의 성격을 완전히 없애고, 인민협회에 의한 민선의관 선출제도도 삭제해서 의관들을 모두 황제가 칙임하도록 만든 것이었다.[67]

또한 이때 황제는 관민공동회에 출석하여 '可'字를 쓴 죄로 해임된 박정양·徐正淳·李鍾健·金明圭 등의 징계를 특면하고, 이종건을 중추원 의장으로 임명하였다.[68] 이것은 모두 만민공동회의 투쟁에 밀리어 황제와 수구파가 타협책으로서 독립협회의 복설을 허락하지 않기 위한 대책을 세운 것이었다.

그러나 만민공동회는 조금도 물러서지 않고 독립협회 복설과 헌의 6조 실시와 간세배 재판이 있을 때까지 만민공동회를 계속하기로 결의하였다. 만민들은 만 9일 동안 연일 철야하면서 종로에서 시위를 계속하다가, 10일째인 11월 14일에는 보부상들의 동태 보고를 듣고 이에 효율적으로 대처하기 위해 高永根을 만민공동회 회장으로 추대하고 조직을 강화하였다. 고영근은 원래 황국협회 부회장직을 맡았다가 황국협회가 보부상으로 구성된 수구파의

---

65) 尹致昊, 《尹致昊日記》 5, 1898년 11월 10일.
66) 《承政院日記》, 광무 2년 음력 9월 29일, 前承旨尹吉炳等疏.
67) 議政府 編, 《奏議》(奎 17703) 제24책, 광무 2년 11월 12일, 奏本 第238號 및 中樞院官制中 改正에 關한 件.
68) 《承政院日記》, 광무 2년 음력 9월 29일, 詔.

폭력단체임을 알고 황국협회를 탈퇴하여 만민공동회에 참가해서 적극 활동하고 있던 인물이었다.

만민공동회는 압력을 가중시키기 위해 11월 15일에는 대회장소를 종로에서 仁化門 앞으로 옮기었다. 인화문 앞에서 다시 金嘉鎭을 소수로 하여 한치유가 지은 상소를 올리었다. 그들은 이 상소에서 ① 독립협회 복설, ② 조병식·민종묵·유기환·이기동·김정근 등 5흉의 처벌, ③ 헌의 6조의 실시, ④ 어질고 능력있는 인물의 대신 임명 등 4개항을 실시하여 나라를 평안히 하고 국민을 안심시킬 것을 강력히 요청하였다.[69] 그 사이 전국 각지에서 민중들의 만민공동회에 대한 지지와 성원은 계속 증가하여 의연금과 의연품이 계속 답지하였다.

황제와 정부는 만민공동회가 11일째인 11월 15일에도 철야하면서 그들의 요구조건을 강경하게 주장하자 독립협회 복설이 불가피함을 알고 독립협회의 활동 범위를 한정하는 '酌定範圍'를 하여 독립협회 복설을 허락하려고 하였다. 그러나 만민공동회는 12일째인 11월 16일에 상소를 올려 독립협회 복설의 조건으로 독립협회 활동에 대해 작정범위하려는 것은 독립협회와 국민의 언론·집회·결사의 자유로운 활동을 제한하려는 것이라고 비판하고, 무조건의 독립협회 복설을 강경하게 요구하였다.[70]

한편 수구파들은 이기동·길영수·유기환 등이 중심이 되어 전국의 보부상들을 서울로 불러 올리면서 황국협회 세력을 강화하여 만민공동회를 공격하려고 준비하고 있었다. 이기동 등은 황제에게 만민공동회가 대궐을 둘러싸고 반드시 불란서혁명과 같은 난을 일으키려 한다고 밤낮으로 모함하여 상주하였다.

만민공동회 제13일째인 11월 18일에도 시민들은 철야시위를 계속하면서 만민공동회 요구조건의 실행을 강경하게 주장하였다. 또한 魚瑢善은, 지금 관민이 합동해서 백성과 나라의 대사를 도모하여 나아가려 하는데 백성(평민)만이 사찰과 사무원을 선정하여 주야로 노고하고 搢紳은 한사람도 참석치 아니하니, 진신으로 도사무장 1인을 정하고 사무장 15인을 정하여 사무장 1인이

69) 《承政院日記》, 광무 2년 음력 10월 2일, 議官金嘉鎭等疏.
70) 《承政院日記》, 광무 2년 음력 10월 4일, 從二品高永根等疏.

사무원 9인씩을 선정하여 사무를 조직하자고 제안하였다.[71] 이에 회중은 金宗漢를 도사무장으로 정하고 그 나머지 여러 사람으로 사무장을 정한 후에 여러 관원과 진신들에게 8백여 장의 청첩을 발송하였다. 이에 응하여 만민공동회에 나온 진신들의 수가 더욱 증가하게 되었다.[72]

이 때 만민공동회에 적극 참가한 진신의 명단을 《獨立協會沿歷略》에 의거해 보면 다음과 같다.

①부회장 또는 회장대리급 : 劉元杓·金敎獻·南宮檍·柳 瑾·金石恒·高永根 등
② 도총무부장·총무장·부총무급 : 劉 猛·玄 采·鄭淳萬·羅 喆 등
③ 편집부장급 : 張志淵·尹孝定·成樂英·方漢德 등
④ 총무부 과장 및 부장급 : 鄭雲復·金在豊·鄭耆朝·尹履炳·安昌浩·呂永祚 등
⑤ 재무부 과장 및 부장급 : 金明濬·李昇薰·徐相大·申奎植·徐相敦·許 蔿·宋秀萬 등
⑥ 선전부 과장 및 부장급 : 梁甸伯·尹益善·金福漢·崔東植·慶光國·吳基鎬·金寅植·李承晩·羅壽淵 등
⑦ 서무부 과장 및 부장급 : 李東輝·元世性·申敬植·奇宇萬·李學淳·池錫永·李晩燾·全德基·崔永年·李學在 등
⑧ 지방부 과장 및 부장급 : 奇山濤·安秉瓚·徐相八·梁在根·鄭應卨·李鍾臺·弘在七·沈日澤·林炳恒·李根雨 등
⑨ 내무부·문서부 서기장 및 과장·부장급 : 李商在·申興雨·金奎植·申采浩·李起賢 등
⑩ 간사부 과장 및 부장급 : 盧伯麟·李東寧·白性基·申斗熙·李熙斗·李 甲·魚 潭·李秉奎·金明煥·朴勝煥·權重錫·柳時南·玄英運·權重洛·尹致誠·李南夏 등
⑪ 조사부·외무부 과장 및 부장급 : 李會臣·趙匡夏·李敏軾·李敏燮·趙悳夏·朴汶圭·閔智鎬·李鎬成·李龍九·李晦九 등
⑫ 교섭 외교부 과장 및 부장급 : 李夏榮·尹致昊·李采淵·李漢應·申能雨·朴容萬 등
⑬ 문교부 과장 및 부장급 : 金允植·朴殷植·呂圭亨·李鍾永·申箕善·李道宰·李建昌 등(《獨立協會沿歷略》 중의 〈獨立協會〉 참조).

---

71) 《皇城新聞》, 1898년 11월 18일, 雜報 〈會上消息〉.
72) 鄭 喬, 《大韓季年史》 上, 331쪽.

만민공동회가 시민들뿐만 아니라 진신들까지 간부급으로 흡수하여 조직을 정비 강화하면서 개혁운동을 전개한 것은 이 시민·민중단체가 점차 독립협회로부터 일단 분리 독립하여 독자적으로 크게 발전되고 있었음을 나타내는 것이라고 할 수 있다. 만민공동회는 이렇게 강화된 조직을 갖고 인화문 앞에서 연 13일에 걸쳐 하루도 빠짐없이 철야 상소시위를 전개하고 있는 동안에 수구파들은 보부상들을 중심으로 조직한 황국협회 세력을 전국에서 서울로 집결시켜 만민공동회에 대한 공격을 준비하고 있었으므로 풍운이 바야흐로 서울 하늘에 들어오고 있었다.

4) 황국협회의 공격 격퇴

원래 황국협회는 1898년 7월 7일 鄭洛鎔을 회장으로 하여 황태자(실제로는 황제)가 보낸 1,000원의 하사금으로 창립된 단체로서, 창립초에는 지방 행상인들인 보부상들의 권익단체의 성격을 표방한 것이었다. 그러나 황국협회는 실제로는 처음부터 수구파들이 의식적으로 독립협회에 대항하기 위해 창립한 단체로서, 황국협회의 보부상들은 황제와 수구파들의 정치적 폭력단체로 전화되고 있었다.

황제 고종이 11월 5일 독립협회를 혁파할 때 모든 협회를 혁파한다는 명분을 내세웠으므로, 황국협회도 인민협회의 하나로 간주되어 함께 혁파되었었다. 그러나 서울 시민들에 의해 만민공동회가 자발적으로 조직되어 독립협회 지도자 17명의 석방과 독립협회 복설을 요구하게 되자, 황국협회는 실제로는 해산하지 않고 수구파의 비호와 조종을 받으면서 만민공동회를 공격하기 위한 본격적 도발행위를 시작하였다.[73]

서울에 모인 보부상들은 11월 16일에는 머리에 패랭이(平凉笠)를 쓰고 그 위에 목화송이를 꽂고 시내를 돌아다니면서 시위를 시도하였고, 총대위원을 농상공부에 보내어 〈商務規則〉의 개정과 인가를 요청하였다.

또한 11월 18일과 19일에는 전국 각도로부터 보부상들이 줄을 이어 서울

---

73) 尹致昊, 〈獨立協會의 活動〉(《東光》 26, 1931년 10월호), 36쪽.

로 들어와서 그 수가 수천이 되었으며, 경향 인심이 크게 소동하고 두려워하였다. 특히 11월 19일 보부상들은 농상공부 문 앞에서 대회를 열고 연좌시위를 하면서 인가장의 발급을 강력히 요구하였다. 황제가 농상공부대신 김명규에게 전화로 칙령을 내리어 황국협회의 〈상무규칙〉 인가장을 발급해 주도록 명령했으므로, 농상공부대신은 부득이하여 이를 발급해 주었다. 이것은 사실상 황제의 특명에 의해 황국협회의 복설과 보부상들의 특권을 허여한 것이므로 이에 보부상들은 사기가 충천하게 되었다.[74]

보부상들은 11월 20일 더욱 의기양양하여 집단행동을 시작해서 그들의 영수 吉永洙를 가운데 놓고 전후 좌우에서 호위하면서 종로를 향하여 시위행진을 감행하였다. 길영수는 마치 친위대 병정을 지휘하는 것과 같이 호령을 했으며, 그 위세가 전장의 군대와 같아서 길가의 사람들이 감히 길을 범하지 못하였다. 행렬이 종로에 도착하자 길영수는 마치 군인들 중의 대장과 같이 정좌하고 보부상들이 燭籠과 목봉(나무몽둥이)을 들고 그 좌우에 나열한 것이 위세 당당하였다. 그들은 황제가 정책상 형식적으로 고등재판소에 구금한 이기동과 연락하여 그의 지령을 받으면서 각 방곡에 고시를 붙이고 시위에 들어갔다.[75] 그리하여 11월 20일 仁化門 앞에서는 시민들의 만민공동회가 연 16일째 벌어지고, 종로에서는 만민공동회에 대항해서 목봉으로 무장한 황국협회의 시위가 벌어져 사태는 매우 험악하게 되었다. 각국 공사관들도 사태가 심상치 않음을 보고 대비하기에 급급하였다.[76]

1898년 11월 21일 마침내 충돌의 날이 밝았다.

만민공동회 제17일째인 이 날에도 만민들은 인화문 앞에서 철야 중에 총대위원을 정부에 보내어 정부 대신들을 초청해서 보부상의 폐해 작란에 대한 대책을 요구하였다. 정부 대신들은 보부상 단체의 혁파와 만민공동회의 피격 방지를 확약하고 돌아갔다.[77] 정부 대신들이 돌아간 얼마 후 이른 아

---

74) *The Independent*, November 22, 1898, Molayo's Reports.

75) 《皇城新聞》, 1898년 11월 19일, 雜報 〈高等公開〉.

76) 《駐韓英國領事館報告》(Reports and Communications from the British Consul in Seoul), 1898년 11월 25일, 機密報告書 第112號.
《駐韓日本公使館記錄》 8, 〈機密本性往信〉, 1898년 12월 10일, 機密 第53號 事變에 對한 一般的 處置 具報의 件.

침, 보부상들은 종로에서 대회를 열고, 洪鍾宇가 등단하여 만민공동회 회장 고영근을 규탄하는 격렬한 선동연설을 한 다음 "일제히 인화문 앞에 진격하여 만민공동회를 쳐부수자"고 외치었다. 보부상들은 일제히 소리를 지르면서 호응한 다음 전원 몽둥이로 무장한 보부상 2,000여 명을 두 대로 나누어 오전 10시쯤 만민공동회를 향하여 진격하였다.

제1대의 약 1천여 명의 보부상들은 길영수의 지휘하에 정동 병문을 향하여 진격하였다. 경운궁 앞에 대로의 양면에 있던 소수의 파수 병정과 순검들이 이를 막다가 곧 물러서 버렸으므로 보부상들은 거의 저지를 받지 않고 만민공동회를 향하여 난입해 들어왔다. 제2대의 다른 1천여 명의 보부상들은 홍종우의 지휘하에 新門 고개를 넘어 들어오다가 병정과 순검들에게 처음에는 약간 저지되었으나 곧 이들이 밀리어 물러서자, 수미협공해서 인화문 앞에서 만민공동회를 습격하였다.

이 때 시위대 대장 金明濟와 경무사는 칙령을 비밀리 받아 병정과 순검들로 하여금 보부상들이 만민공동회를 향해 진격하는 길을 열어주도록 하였다. 보부상들의 만민공동회 습격의 배후에는 고종이 관여되어 있었던 것이다.[78] 의기충천한 보부상들은 일제히 소리를 지르며 만민공동회 대회장을 습격해서 몽둥이를 휘두르며 닥치는 대로 만민들을 난타하였다.

날씨가 흐리고 날이 채 밝지 않은 새벽인데 찬바람까지 불어닥치고 있는 중에, 17일째 연일 철야한 만민들은 애국심뿐이었지 정부의 말만 믿고 황국협회의 습격에 대한 방어대책은 처음부터 세우지 않았으며, 손에는 무기가 될만한 것을 전혀 갖고 있지 못했으므로, 물푸레나무 몽둥이로 잘 무장한 보부상들의 갑작스러운 공격에 도저히 대항할 도리가 없었다. 보부상들의 몽둥이에 난타당한 만민들은 비명을 지르며 쓰러지고, 몽둥이를 피하려고 이러저리 쫓기게 되어 부상자가 부지기수로 나왔으며, 울음소리가 진동하여 만민공동회 대회장은 삽시간에 전쟁마당을 방불케 하는 참담한 수라장이 되었다. 梁弘默 등 청년들이 길영수 등에 대항을 시도하다가 배재학당 안으로 쫓겨

77) *The Independent*, November 22, 1898, Molayo's Reports.
78) 《駐韓日本公使館記錄》 8, 〈機密本省往信〉, 1898년 11월 23일, 機密 第52號 韓國 近來狀況 具報 및 이에 關한 卑見具申의 件.

들어 갔으며, 일부의 만민들은 다급하여 바로 옆인 독일영사관 등 외국공관으로 담을 넘어 피신하였다. 이른 새벽 보부상들의 한바탕 몽둥이 폭력에 만민공동회는 막대한 부상자를 내고 패퇴하였다.[79] 보부상들의 만민공동회 기습이 보부상들의 승리로 끝나자, 궁중에서는 이날 아침 백반과 육탕을 보내어 보부상들을 격려하였다.

황제와 수구파는 이것으로 만민공동회는 완전히 해산된 것으로 생각하였다. 독립협회와 만민공동회 지도자들은 신변의 위협을 느껴 은신상태이고, 회원들은 연 17일째의 철야시위로 지칠 대로 지쳐 있는데다가, 보부상들의 기습 난타로 많은 부상자를 내고 쫓기어 해산되었으므로, 이제는 시위대와 경무청으로 하여금 재집회만 못하도록 경비만 시키면 모든 것은 수구파의 전략대로 들어맞을 것 같이 보였다.

그러나 수구파와 황국협회 보부상들의 승리는 잠깐이었다. 분노한 시민들이 들고 일어났기 때문이었다.

이른 새벽 보부상들이 인화문 앞의 만민공동회를 습격했다는 소식이 성내에 퍼지자 격분한 시민들은 아침부터 정동 병문으로 모여들기 시작하였다. 상인들까지도 모두 철시를 하고 소리를 지르면서 모여들기 시작하여 정동 병문에 모인 시민들은 인산인해를 이루었다. 격분한 시민들은 작은 돌멩이들을 주워다가 성처럼 쌓아놓고 보부상들이 쳐들어오면 타살하려고 기다렸다. 서울 시민들의 분위기는 마치 혁명 전야와 같이 들끓어 올랐다.

서울 시민들의 봉기에 놀란 보부상들이 사태가 완전히 역전되고 있음을 느끼고 오후 2시쯤 병정들의 호위 아래 新門 밖으로 도망치려 하자, 분노한 시민들은 돌을 던지며 추격하여 마침내 신문에까지 이르렀다. 그러나 신문의 파수 병정은 상부의 명령을 받고 보부상들은 통과시켜 주었으나 시민들은 제지하여 통과하지 못하게 막아 버렸다. 보부상들은 돈의문 밖에 있는 전 경기감영 건물에 쫓겨 도착해서 겨우 한숨을 돌리었다.[80]

그러나 분노를 누르지 못한 시민들은 이번에는 다시 종로에 모여서 대규모의 만민공동회를 개최하였다. 이번에 모인 만민들은 인화문 앞에서 철야상

79) 위의 책.
80) 위의 책.

소시위를 할 때 모인 만민보다 몇 배나 더 많은 대규모의 대회였다.

양홍묵 등이 등단하여 정부와 보부상이 야합해서 만민을 습격했다고 보고 연설을 하였다. 다른 시민들도 다투어 올라가 정부와 수구파에 대한 성토연설을 하였다.

이에 더욱 분노한 서울 시민들이 궐기하여 보부상들을 완전히 분쇄해 버리려고 돈의문까지 이르렀으나, 병정들이 그들을 통과시켜 주지 않았다. 만민들의 울분을 이기지 못하는 호곡소리가 장안을 울리었다.

이 때 황제와 수구파들은 서울 시민들이 봉기하여 만민공동회를 지지하면서 보부상들을 몰아내어 보부상들이 쫓겨갔으며, 만민들이 다시 더 큰 규모로 종로에 모였다는 보고를 받고 매우 당황하였다. 황제는 경무사와 한성판윤을 만민공동회에 보내어 시민들을 회유하려 했으나, 시민들은 오히려 경무사를 포위하고 위협했으므로 긴급히 피신하는 형편이었다.[81]

또한 이 때 일찍 서울 시내에 나무를 팔러온 나무장수들이 나무를 팔다가 만민공동회의 피습당한 소식과 이기동 등의 행패 소식을 듣고 분노를 이기지 못하여 이기동·조병식·민종묵·홍종우·길영수·유기환·윤용선·민영기 등의 가옥을 파괴해 버렸으며, 보부상들의 도가인 信義商務所도 파괴해 버렸다.[82]

만민들은 시내의 곳곳에다 친러수구파 대신들과 보부상을 규탄하는 벽보를 붙이었다. 전 서울 시민들이 다투어 의연금과 의연품을 보내어 이날 종로에서 철야하는 만민들을 지지하고 성원하였다.[83]

만민공동회 제18일째인 11월 22일에는 이른 아침부터 더욱 많은 시민들이 자발적으로 종로에 모여들어 수만 명의 대규모 만민공동회가 개최되었다. 수만의 시민들은 각기 성내 5署의 깃발에 따라 나누어 대열을 지어서 기세를 올렸다. 분노한 시민들의 이러한 대규모의 자발적 궐기는 전에 없었던 일이었다. 만일 정부나 수구파가 이들에게 도발행위를 한다면 금방 혁명이 일어날 기세였다.[84] 황제와 정부 대신들은 이 분노한 시민들의 자발적 봉기에 경

---

81) 鄭 喬,《大韓季年史》上, 339쪽.
82)《皇城新聞》, 1898년 11월 22일, 別報.
83) 鄭 喬,《大韓季年史》上, 341쪽.

악과 두려움을 금할 수 없었다.[85]

이 때 마포에 사는 시민 하나가 만민공동회에 달려와서, 마포에 둔을 치고 있는 보부상의 행패가 크다고 보고하였다. 분격한 시민 수만 명은 보부상을 토파하기로 결의하고, 그 중 일부가 신문 밖으로 나가서 마포에 도착하였다. 그러나 이 때 시민들은 손에 목봉을 든 사람은 거의 없고 거의 모두가 빈손이었다. 반면에 보부상들은 폭력 배화한 데다 긴 몽둥이를 들고 군사 편제로 진을 친 채 만일의 공격에 대비하고 있었으므로, 빈손으로서는 보부상들을 이길 수 없었다. 시민들과 보부상들 사이에 1회의 격렬한 전투가 전개되었으나, 시민들은 주먹을 휘두르고 보부상들은 물푸레 몽둥이를 휘둘렀으므로, 결국 회민 金德九가 중상을 입고 사망했으며, 李仁榮 등 10여 인이 모두 큰 부상을 입고, 마침내 시민들이 패퇴하였다.[86]

시민들의 일부가 비록 보부상의 폭력에 패하였으나, 서울 시내 전체가 보부상에 대한 규탄으로 들끓고 있었으며, 절대다수의 시민들이 종로에서 대규모 만민공동회를 개최하고 있었을 뿐 아니라, 학도들이 휴학하면서 계속 종로로 모여들고 있어 의기가 충천했으므로, 대세는 만민공동회의 완전한 승리로 예견되었다. 시민들은 보부상을 몰아내고 독립협회를 반드시 복설할 결의에 충만되어 있는 반면에, 보부상들은 시민들의 봉기에 극도로 위축되어 마포에 둔을 치고 움직이지 못하였다.

뿐만 아니라 군인들도 일부 고급장교를 제외하고는 대부분이 독립협회와 만민공동회를 지지했으므로 사태는 만민들에게 결정적으로 유리하였다. 심지어 경무청의 순검들까지도 독립협회·만민공동회(민회)를 지지하고 정부를 비판하여 사직하려는 움직임마저 벌어졌다.[87] 이 때 황제 고종과 수구파들은 거의 고립무원의 상태에 있었다.

이미 서울 시내는 혁명 전야와 같은 분위기에 들끓고 있었으므로, 지도자

---

84) *The Independent*, November 24, 1898, Molayo's Reports.

85) 《駐韓日本公使館記錄》 9, 〈機密本省往1·2·3〉, 1899년 5월 17일, 機密 第36號 加藤公使在任中 事務經過大要 記述具申의 件 가운데 22번 負褓商과의 衝突.

86) 《駐韓英國領事館報告》(Reports and Communications from the British consul in Seoul), 1898년 11월 25일, 機密報告書 第112號.

87) 《皇城新聞》, 1898년 11월 23일, 雜報 〈不拘小祿〉.

들이 나와서 이 시민들을 조직하고 선동하면 시민혁명이 폭발할 형편이었다.

황제와 수구파정부는 이날 오전에도 만민공동회 탄압을 모색해 보다가 천하민심이 완전히 만민공동회로 돌아감을 보고 이날 오후부터 민의의 압력에 굴복하기 시작하였다. 황제는 태도를 돌변하여 조병식・유기환・이기동・김정근 등을 재판에 부치도록 하고, 홍종우・길영수・朴有鎭 등을 유배시키도록 명령하였다.[88] 또한 황제는 독립협회 회장 윤치호를 불러들여 만민의 해산을 요청했으나, 이미 윤치호로서도 도저히 만민을 해산시킬 수 없는 상태에 있음을 듣고, 11월 22일자로 마침내 독립협회의 복설을 승인하였다.[89]

만민공동회는 17명의 독립협회 지도자가 구속되고, 독립협회가 강제 해산된 후 만 18일간의 불철주야의 완강한 투쟁을 통하여 마침내 독립협회 복설에 성공한 것이었다. 물론 이것은 만민공동회와 시민들이 쟁취한 또 하나의 큰 승리였다.

만민공동회 제19일째인 11월 23일에도 시민들은 아직도 분한을 다 풀지 못하여 다투어 밀려가서 조병식・민종묵・유기환・이기동・홍종우 등의 가택을 수색하여 만민공동회를 모해한 서류들을 증거로 찾아내어 갖고 돌아왔다.[90]

황제는 시위대와 순검들이 궁궐을 잘 호위하지 않고 만민공동회를 지지하여 사직을 원하므로, 11월 22일 밤부터는 각국 공사・영사와 그 가족들을 궁궐로 불러서 황제를 호위토록 하였다. 각국 공사・영사들은 황제 고종을 하룻밤 호위해 주고 나오는 길로 11월 23일 각국 사신회의를 열어 논의해 보았으나 여전히 통일된 대책이나 견해는 나오지 않았다. 오직 일본공사대리는 병력을 동원하여 만민공동회를 무력 탄압하도록 황제에게 권고하자고 영국공사와 미국공사를 설득하려 했으나 실패하였다.[91]

정부는 이날 내부대신서리와 경무사를 만민공동회에 보내어, 독립협회 복설이 승인되었으니 만민공동회를 해산하라고 요청하였다. 만민공동회는 다음

---

88) 法部 編, 《起案》(奎 17277의 1・2) 제69책, 광무 2년 12월 22일, 照會 第81號.
89) 議政府 編, 《奏議》(奎17703) 제24책, 광무 2년 11월 22일, 奏本 第241號.
90) *The Independent*, November 24, 1898, Molayo's Reports.
91) 《駐韓日本公使館記錄》 8, 〈機密本省往信〉, 1898년 12월 13일, 機密 第55號 使臣會議에서의 日置代理公使의 質問一件에 關한 件.

과 같은 3개 조건을 내걸고, 그것이 수락되면 해산하겠다고 응답하였다.

① 조병식 · 민종묵 · 유기환 · 김정근 · 길영수 · 박유진 · 홍종우 등 8逆을 즉시 체포하여 법률에 따라 처벌할 것.
② 보부상들이 강변에 둔취하여 장정을 모집하고 鎗棒을 준비하는데, 이것은 서울을 바로 쳐들어가서 장안 백성들을 도륙하고 가옥을 불지르고 파괴하고자 함이니, 즉각 퇴산시키어 宗社를 편안히 하고 생령을 보호할 것.
③ 정부 대관은 賢良을 택용하여 반드시 나라 사람들이 可하다고 말한 연후에 임명할 것(鄭 喬,《大韓季年史》上, 345~346쪽).

정부는 이에 대하여 3개 조항이 모두 정당한 것이므로 마땅히 실시하겠다고 약속하였다.[92)]

황제와 수구파정부는 만민공동회의 압력에 굴복하여 보부상 혁파를 명령하였다. 물론 비밀리에 궁중의 보호를 받는 보부상들은 이에 복종하지 않고 계속 마포 일대에 둔취하고 있으면서 지방에 통문을 보내어 자기 세력을 서울로 집중시키고 있었다. 그러나 보부상의 공식적 혁파는 일단 만민공동회의 승리라고 볼 수 있는 것이었다.

만민공동회는 보부상들이 정부의 해산명령에 불복하여 아직 퇴산하지 않았음에도 불구하고 만민공동회를 일시 해산하는 것이 현명하다고 판단하고, 윤치호 등이 중심이 되어 해산문제를 5시간이나 논의하였다. 윤치호는 지금까지 정부의 약속을 믿을 수는 없으나, 만민공동회의 불해산이 보부상의 불해산의 구실이 되고 있으니, ① 황제의 해산 조칙을 전혀 불복하기는 어려운 실정이고, ② 지금 단계에서 만민이 해산하지 않으면 각국인들의 오해를 받을 염려가 있으며, ③ 정부에게 무력 탄압을 자행할 구실을 제공해 주는 것이 되고, ④ 정부가 만민의 소원을 다 실시한다고 약속했으니 한 번만 더 속아보아 잘못된 점이 정부에 있음을 알게 함이 좋겠다고 제의하였다.

윤치호는 며칠동안 만민공동회가 해산하여 정부의 조치를 보아서, ① 보부상도 퇴거시키고, ② 보부상들을 일으켜 전국을 망하게 하려고 음모하던 무리도 법률에 따라서 처벌하며, ③ 五凶도 법률에 따라 처단하고, ④ 정부 대관들도

---

92) 鄭 喬,《大韓季年史》上, 346쪽.

현량을 택용하고, ⑤ 무죄한 시민들도 다시 탄압하지 않으면 다행이요, 만일 그렇지 않으면 다시 모여 만민공동회를 계속하자고 제의하였다.[93]

만민공동회는 이 제의를 채택하여 만민들이 사실상 승리했으니, ① 만민공동회를 일시 해산하되, ② 회원 중 300명을 선정하여 독립협회 사무소에 보내서 11월 24일부터 25일 오전 10시까지 대기하여 정부가 약속한 조항을 실시하는가의 여부를 지켜보고 있다가, 약속을 지키지 않는 경우에는 즉시 만민공동회를 다시 소집하기로 하며, ③ 회원 중 200명을 별도로 선정해서 각 署내의 각 방곡에 순행 사찰케 하여, 보부상들이 문 안에 들어오는 것을 정탐하기로 하고, ④ 11월 23일 오후 8시를 기해 2일간 만민공동회를 해산하기로 결정하였다.[94]

지난 11월 5일부터 11월 23일까지 만 19일 동안 찬 겨울비가 뿌려도 하루도 쉬지않고 수구파들의 폭력에 대결하면서 철야시위를 감행한 독립협회·만민공동회는 일단 지도자 17명 석방과 독립협회 복설의 쟁취에 성공하고, 11월 23일 밤 12시를 기해 2일간의 조건으로 일시 해산하여 귀가하였다.[95]

황제와 정부는 만민공동회 해산에 대응하여 대신들을 개편하였다. 황제는 만민공동회의 지지를 받는 박정양을 의정부 참정, 閔泳煥을 내부대신 겸 임시서리 군부대신사무, 김명규를 임시서리 의정사무, 權在衡을 농상공부대신, 李根澔를 경무사로 임명했으며, 문제의 탁지부대신 민영기는 사직케 하고, 협판 고영희를 서리 대신사무로 임명하였고, 한성판윤에는 윤치호를 임명하였다. 그러나 황제와 정부는 보부상의 해산에 대해서는 전혀 적극성을 보이지 아니하였다. 이를 본 참정 박정양과 내부대신 민영환은 모두 취임하지 않았다.

5) 황제 친유와 중추원 의관 임명

만민공동회는 11월 23일 밤 해산하여 정부가 약속한 3개조인 ① 8흉의 체포와 재판, ② 보부상 혁파, ③ 대신의 인재 택용 등의 실행을 기다렸다. 그러

---

93) 《독립신문》, 1898년 11월 25일, 잡보 〈잠시파회〉.
94) *The Independent*, November 24, 1898, Molayo's Reports.
95) 《독립신문》, 1898년 11월 25일, 잡보 〈잠시파회〉.

나 그 시한인 11월 25일까지 정부측의 뚜렷한 실행의 흔적이 보이지 않자, 만민들은 11월 26일 오전 10시를 기하여 다시 종로에 모여들기 시작하였다.

그리하여 11월 26일 오전 10시 서울 종로에서는 수만 명의 시민들이 집결하여 대규모의 만민공동회가 다시 개최되었다.

보부상들은 수구파의 지원을 받으면서 아직도 해산하지 않고 마포에 屯聚하고 있었고, 종로에서는 시민들의 대규모 만민공동회가 다시 개최되었으므로, 만민공동회와 황국협회의 대치는 11월 23일 이전이나 다름없는 상태로 되어 다시 험악한 분위기가 감돌게 되었다.

황제는 사태가 다시 심각하게 됨을 보고 親諭에 나서서 사태를 황제가 의도하는 방향으로 수습해 보려고 하였다.[96] 황제는 만민공동회에 대하여 오후 1시에 200명의 대표를 선정해서 정동의 경운궁 문밖에서 대기하라고 칙령을 내렸다. 황제는 또한 황국협회에 대해서는 오후 3시에 역시 200명의 대표를 선정하여 대기하도록 칙령을 내렸다. 이에 만민들은 만민공동회 장소를 종로로부터 정동으로 옮기어 질서정연하게 대회를 열고 대기하였다.[97]

황제 고종은 수백 명의 시위대로 정동 일대를 엄중히 경비케 하고, 각부대신 및 외국 공사·영사와 그 부인들을 조치하여 좌우에 분립시켰으며, 시위대 군인들을 양편에 정렬시킨 다음, 오후 1시에 작은 가마를 타고 돈례문(경운궁 남문)의 군막에 친림하였다.[98] 외국 공사·영사들은 일종의 증인이 된 셈이었다.[99] 황제가 직접 국민 대표들을 상면하러 대궐밖에 자리를 만든 것은 조선왕조 개창이래 처음 있는 일이었다.

오후 2시 30분이 되자 내부대신서리가 황명을 받고 회중에 와서 만민공동회측 대표를 불렀으므로, 200명의 대표가 그를 따라 인화문 밖 황제가 친림한 탑전으로 들어가 황명을 기다리었다. 황제는 만민공동회 대표 200명에게

---

96) 《駐韓英國領事館報告》(Reports and Communications from the British consul in Seoul), 1898년 11월 28일, 機密報告書 第114號.

97) 《제국신문》, 1898년 11월 28일, 별보 및 잡보.

98) 鄭 喬, 《大韓季年史》 上, 351쪽.

99) 《駐韓美國領事館報告》(Communications from the Secretary of State from U. S. Representatives in Korea : H. N. Allen), 문서번호 162, 1898년 11월 28일, Political Agitation in Korea.

만민들의 요구 사항을 다 들어주겠다고 친히 하교하였다.[100]

황제는 이와 함께 만민공동회에 농상공부대신 權在衡을 통하여 칙어를 전유하였다. 황제는 이 칙어에서 ① 군신 상하가 信과 義를 지키며, ② 현명하고 능력있는 이를 전국 안에서 구하고, ③ 아름다운 진언을 초야의 백성들에게서 캐어 쓰며, ④ 오늘 새벽까지의 일은 유죄·무죄와 경중을 헤아리지 않고 모두 씻어버리고, ⑤ 민회와 보부상의 양민이 모두 짐의 적자이므로 서로 돕고 친해져서 돌아가 각기 그 생업을 편안히 하라고 강조하였다.[101]

이 칙어를 전달한 다음, 권재형은 이제는 회민이 퇴거하겠는가 아니하겠는가 응답을 요구하였다. 만민공동회 회장 고영근은 자기 의견으로서 봉답하기는 어려우므로 회원의 의견을 묻겠다고 대답하였다. 황제가 이를 허락했으므로 만민공동회 회원들은 다음과 같은 5개 조항을 결의하여 상주하였다.

> ① 독립협회를 복설할 것.
> ② 대신들을 잘 선택하여 임명할 것.
> ③ 소위 보부상은 이제 태생적 폐단이 적지 않으니, 비록 칙령으로 혁파했으나 다시 명목을 바꾸어 앞서의 폐단을 답습할 염려가 있으므로 영구히 혁파할 것.
> ④ 법령의 규정을 실시하고 전일 헌의 6조와 조칙 5조를 반드시 실시할 것.
> ⑤ 조병식·유기환·이기동·김정근·민종묵·홍종우·길영수·박유진 등을 처벌할 것(鄭 喬, 《大韓季年史》 上, 352쪽).

황제는 권재형의 상주를 통하여 만민공동회의 5개 조항의 요구 조건을 듣고, 만민공동회 회원 중 3인을 다시 선출하여 직접 면대해서 상주하도록 명령하였다. 만민공동회는 고영근·윤치호·이상재 등을 총대위원으로 선출하여 다시 면대해서 상주하게 하였다. 고영근·윤치호·이상재 등은 ① 5흉의 재판, ② 만민이 신임하는 대신의 임명, ③ 헌의 6조의 실시를 주청하고 물러나왔다.[102]

황제는 이에 법부대신 한규설을 통하여 칙유하기를, ①복설하는 독립협회는 국내의 문명 진보를 토론하는 데 한정하고 정부의 정책 시행에 대한 용훼

100) 《독립신문》, 1898년 11월 28일, 〈국태민안〉.
101) 《皇城新聞》, 1898년 11월 28일, 別報.
102) *The Independent*, November 29, 1898, Molayo's Reports.

는 불허하며, ② 8신 중 5신은 법에 따라 유배하라는 조칙을 이미 내렸으니 그 부처에서 조만간 거행토록 하겠고, ③ 홍종우 등 3신은 商民의 두령이니 어찌 용서하지 않을 수 있겠으며, ④ 보부상 혁파는 조칙을 이미 반포했거니와 농상공부로 하여금 다시 상의해서 민폐가 없도록 조치할 것이요, ⑤ 헌의 6조는 차례로 실시하여 국민에게 신의를 보일 터이니, 국민들은 그리 알라고 하였다.103)

만민공동회는 이에 대하여, ① 칙유하신 가운데 3신은 폐하의 의사가 그러하시니 이것은 황제의 처분에 따르겠으며, ② 5신을 이제 법률과 장정을 실시하는 날을 당하여 재판하지 않고 유배하면, 그 죄를 어디에 근거하며 그 형률을 어디에 따를 것인지 모르게 되니, 반드시 재판하여 법률에 따라 처형케 해달라고 응답하였다.

황제는 이에 탁지부대신을 통하여, 민원이 그렇다면 5신은 마땅히 재판을 받도록 하겠다고 응답하였다. 이것은 황제가 사실상 만민공동회의 요구 조건을 모두 승낙한 것이므로, 만민공동회 회원들은 기쁨에 넘쳐 만세를 세 번 부르고 물러 나와 해산하였다.104)

황제는 이날 오후 4시에 보부상 대표 200명을 불러서 역시 권재형을 통하여 칙어를 전포하였다. 이에 대해 보부상들은 홍종우·길영수·박유진 등을 총대위원으로 선정하여 다음과 같은 3개 조건을 청원하였다.

① 일찍이 商務所의 허가를 얻어서, 충성스러운 분노가 일어나 만민공동회와 쟁투를 야기했다가, 정부 대신들이 신 등의 진의를 오인하여 상무소를 혁파하였으니, 신 등의 충정을 불쌍히 살피시어 商理局과 각 지방의 任房을 복설하여 생업을 편안케 해 줄 것.
② 만민공동회는 그 이름은 다를지라도 독립협회와 일체이니 함께 혁파할 것
③ 조병식 등 8인은 무죄임을 밝히어 모두 석방할 것(鄭 喬,《大韓季年史》上, 354쪽).

황제는 이에 대하여, ① 원래 상리국과 농상공부는 성격이 같은 것이니 결코 허가할 수 없으나, 너희들의 생업은 편안케 하도록 농상공부로 하여금 절

103)《皇城新聞》, 1898년 11월 28일, 別報.
104) 鄭 喬,《大韓季年史》上, 353쪽.

충 조처하도록 할 것이며, ② 독립협회의 성질은 그 전과 다름을 이미 칙교로 내려 알렸고, ③ 8인은 마땅히 재판을 열어 그 죄의 유무에 따라 처분할 것이니, 너희들은 그리 알고 물러가라고 하였다. 이에 보부상들은 정동 병문에 나와서 만세를 삼창하고 물러갔다.[105]

이날 황제 고종의 친유에는 각국의 신사숙녀가 모두 예복을 입고 참관하여 이 광경을 보았으며, 각국 공사·영사들이 모두 정숙히 시위하고 서서 경의를 표하였다.[106] 또한 시민들로서 이 광경을 보려고 모인 사람들이 담을 쌓은 것과 같이 많았다. 이날의 황제 친유는 황제 고종의 입장에서는 크게 성공적으로 끝났다고 볼 수 있다.

황제와 수구파정부는 만민공동회에 대한 약속을 이행하는 뜻으로 중추원 관제를 실시하기 위해 11월 29일 중추원 의관 50명을 선정 지명하였다.[107] 이 때 지명된 중추원 의관은 계파별로 보면, 독립협회 및 만민공동회 계열이 17명, 황국협회 계열이 16명, 황제파 계열이 17명이었다. 즉 황제와 황국협회 등 수구파가 33석으로 3분의 2석을 차지하고, 독립협회·만민공동회의 개혁파가 17석으로 3분의 1석을 차지하도록 한 것이었다.

개혁파(독립협회·만민공동회)와 수구파(황제파·황국협회·도약소 등) 의관의 명단은 다음과 같다.

> 개혁파(독립협회·만민공동회) : 高永根·尹始炳·南宮檍·劉 猛·玄濟昶·尹夏榮·洪在箕·梁弘默·鄭恒謨·崔廷德·申海永·李承晩·卞河璡·孫承鏞 이상 17명
>
> 수구파·왕당파(황제직계파·황국협회·도약소 계열) : 李敎奭·洪鍾宇·李觀濟·沈殷澤·李時宇·元世性·尹履炳·李秉膺·金炳駉·金奎弼·宋達顯·金永祐·尹始永·鄭寅穆·李德夏·崔錫彰·金東植·朴永駱·尹奭榮·兪奭濬·李挨眞·姜相驥·柳渡秀·都鎭三·朴來秉·李秉召·金相範·李圭煥·李南珪·洪鍾億·朴夏成·李琦·宋秀萬 이상 33명
>
> (議政府 編, 《奏本存案》(奎 17704) 제3책, 광무 2년 11월 29일, 奏本 第252號).

105) 《皇城新聞》, 1898년 11월 28일, 別報.

106) 《駐韓日本公使館記錄》 8, 〈機密本省往信〉, 1898년 12월 13일, 機密 第56號 韓帝謁見 始末 및 敎化門 親臨의 件.

107) 議政府 編, 《奏議》(奎17703) 제24책, 광무 2년 11월 29일, 奏本 第252號 中樞院議官會議薦選叙任事.

결국 황제와 수구파의 지지세력이 총 정원의 3분의 2에 달하는 33석이었다. 황제와 수구파들은 자기의 지지세력으로 하여금 중추원의 3분의 2석을 차지하도록 배정하여 중추원을 황제와 정부의 자문기관으로 개편하려고 시도한 것이었다. 정부는 중추원 의관에게 월급을 30원씩 지급하도록 하고, 개원을 준비하기 시작하였다.

독립협회와 만민공동회는 황제와 정부의 이러한 중추원 의관 임명에 만족하지 않았으나, 황제와 수구파를 앞으로 포섭해 나가기 위해 더 이상 이의를 제기하지 않았다.

6) 김덕구 만민장 시위와 만민공동회의 재개

독립협회와 만민공동회는 황제 친유 직후의 시위운동 해산기간을 활용하여 독립협회·만민공동회와 시민들의 공고한 연대를 다지기 위해서, 지난 11월 21일 황국협회와 맨주먹으로 투쟁하다가 죽은 신기료장수(구두 수선공) 金德九의 장례를 12월 1일(음력 10월 8일) 萬民葬으로 성대하게 거행하기로 결정하였다.

독립협회·만민공동회가 김덕구의 만민장을 결정한 것은 김덕구가 독립협회와 만민공동회의 개혁운동을 지지하여 순국했으므로 그의 공적을 기리고, 그 위에 ① 비록 신기료장수인 평민일지라도 애국과 충의를 위해 순국하면 독립협회와 만민공동회는 그를 '義士'로 추대하여 거국적으로 추모하며, ② 독립협회·만민공동회와 일반 시민이 단결했음을 과시함으로써 수구세력·황국협회세력을 위압하고, ③ 시민들에게 애국심을 고취하여 신흥 애국세력을 확대하기 위한 것이었다. 즉 김덕구 만민장은 의식으로서만이 아니라, 독립협회와 만민공동회의운동의 일환으로 준비되고 진행된 것이었다.

만민공동회 회원들은 1898년 12월 1일 오전 9시에 일반 시민과 함께 수만 명이 모여 김덕구의 초빈처인 숭례문(남대문) 밖 10리허에 있는 西署 雙龍井으로 가서 비단옷으로 개렴하고 입관한 다음, 장례식 장소인 숭례문 밖 蓮池로 향하여 운구를 시작하였다.108)

김덕구 만민장은 쌍용정으로부터 연지까지의 운구에서부터 벌써 시위의 성격을 띠어갔다. 상여 앞에는 '大韓帝國義士 金公德九之柩'라고 대서한 명정을 높이 들고, 상여 뒤에는 김씨의 부인이 소교를 타고 뒤따랐으며, 다시 그 뒤로는 각 학교와 각 동리의 기호를 높이 세우고 시민들과 학도들이 뒤를 따랐다. 이미 이 시각부터 수많은 시민들과 청소년들이 구름같이 모여들어 길을 메웠으며, 외국인들도 이 특이한 만민공동회 장례식을 보려고 거리로 나왔다. 일개 평민의 장례식을 보려고 수도 서울 장안의 대규모 시민들이 이렇게 모인 장관은 동양 각국 만고 역사에 처음 있는 일이었다.

김덕구의 운구가 장례식 처소인 숭례문 밖 연지에 당도하자, 천막을 높이 치고 그 밑에 영구를 안치한 다음 오후 1시부터 路祭를 지내기 시작하였다. 먼저 영어학교 학생들이 명문장으로 된 제문을 지어 읽었다.[109]

다음에는 찬양회의 부인회원들이 또한 제물을 성대하게 준비하여 노제를 지내었다.[110] 그 다음에는 私立興化學校 교사들이 제물을 성대하게 준비하고 제문을 지어 노제를 지내었다.[111] 그 다음에는 이화학당 여학생들이 찬미가를 불러서 많은 시민들을 감동케 하였다. 노제를 다 지내고 停柩所에서 떠나 남단 앞 갈월리 山地로 향하는데, 상여 뒤에는 수많은 시민들과 함께 찬양회 부인들이 동행하여 광채가 더욱 찬란하였다.[112]

이날 도로에는 수많은 시민들이 구름같이 모여서 김덕구 만민장의 광경을 지켜보았다. 또한 남대문 밖 이문골에 사는 소년들이 子童義士會라는 어린이 단체를 조직하여 김덕구 만민장에 참석해서 애국연설을 하여 장례식에 모인 만민공동회 회원들과 시민들 수만 명을 감동케 하였다.

하관 시간이 당도하자 예정대로 안장하고, 독립협회와 만민공동회 회원들이 정성껏 성대하게 준비한 제물을 차려 평토제를 지내었다. 평토제의 축문은 만민공동회 회장 고영근이 독립협회·만민공동회·시민들을 대표하여 지어 읽었다.[113]

---

108) 鄭 喬,《大韓季年史》上, 362쪽.
109)《독립신문》, 1898년 12월 3일, 잡보 〈로제축문〉.
110)《제국신문》, 1898년 12월 3일, 잡보.
111) 鄭 喬,《大韓季年史》上, 362~363쪽.
112) *The Independent*, December 3, 1898, A Remarkable Funeral.
113)《獨立新聞》, 1898년 12월 5일, 잡보 〈평토제 축문〉.

고영근이 축문을 읽을 때 여기에 참석한 독립협회·만민공동회 회원들과 시민들이 모두 눈물을 흘렸다. 만민들은 김씨의 묘 앞에다 '大韓帝國義士 金公德九之碑'라고 새긴 묘비를 세우고, 사무위원 5인을 선정하여 山役을 마치도록 위임한 후 돌아왔다.[114]

만민공동회의 김덕구 만민장은 대성공을 거두었다.

김덕구 만민장에 참가한 시민들은 애국심이 고양되고 단결·연대의식이 강화되어 독립협회·만민공동회 회원들이 되었다. 김덕구 만민장을 참관·구경한 시민들은 이 장엄한 장례식을 보고 애국심이 고양되었을 뿐만 아니라 독립협회·만민공동회의 지지세력이 되었다.

또한 김덕구 만민장은 독립협회·만민공동회를 공격하며 행패를 부리던 황국협회의 일부 회원들까지도 감동시켜, 그들로 하여금 민회(독립협회·만민공동회)의 편에 서게 만들었다. 《독립신문》도 김덕구 만민장의 이러한 영향을 사례를 들면서 보도하였다.[115]

실제로 김덕구 만민장 거행 후 황국협회 일반 회원들이 이를 보고 동요하여, 황국협회 임시회장 길영수와 황국협회 회원들 사이에 분규가 일어났으며, 황국협회 출신 중추원 의관들이 사임하려는 움직임도 일어났다.[116]

독립협회는 김덕구 만민장의 성공 여세를 활용하여 황국협회를 무력화시키고 보부상들을 포섭하여 독립협회에 동조시키려고 하였다.

전국 각지방으로부터는 김덕구 만민장의 소식을 듣고 독립협회와 만민공동회에 대한 성원과 의연금이 쇄도하여, 독립협회·만민공동회 회원들의 사기를 더욱 고양시켰다.

그러나 수구파들은 독립협회·만민공동회의 상승하는 기세를 누르고 수구파들을 진출시키기 위해 집요하게 암약하였다.

황제와 수구파들은 의정부 참정 박정양, 외부대신 민영환, 법부대신 한규설, 농상공부대신 권재형 등 개혁파를 비롯하여 대부분의 대신들을 12월 2일자로 해임하였다. 황제는 행정부를 재조직하면서 민영환을 참정으로, 박정양을 농

114) 《독립신문》, 1898년 12월 2일, 잡보 〈의사장례〉.
115) 《독립신문》, 1898년 12월 6일, 잡보 〈의리있는 부상〉.
116) 《독립신문》, 1898년 12월 6일, 잡보 〈의관사직〉.

상공부대신으로 임명함과 동시에 수구파 대신으로서 군부대신에 심상훈, 탁지부대신에 민영기, 외부대신에 박제순, 학부대신에 김명규, 내부대신서리에 李允用 등을 진출시켰다.117)

황제의 독립협회·만민공동회에 대한 친유 약속은 실행되지 않고, 도리어 수구파가 역습의 기회를 노리어 암약하고 있음이 뚜렷이 드러나기 시작하였다.

만민공동회와 독립협회는 11월 26일의 황제 친유 이후 10일간의 기다림을 보니 황제가 약속한 국정개혁의 기미는 보이지 않고, 보부상패들도 완전히 해산시키지 않았으며, 도리어 황제와 수구파가 내밀히 결합하여 만민공동회가 규탄해오던 민영기·심상훈·김명규·박제순·이윤용 등을 재중용한 것을 보고 매우 실망하게 되었다.

만민공동회는 이것이 황제와 수구파의 본격적인 반격의 시작이라고 판단하고, 1898년 12월 6일 오후에 다시 종로에 모여 급진파의 주도하에 만민공동회를 재개하였다.118)

황제 친유로 인하여 11월 26일 일단 해산했다가, 만 10일후인 12월 6일 만민공동회가 재개되어 다시 직접 국정개혁운동을 계속하게 된 것이었다.

7) 국정개혁 요구와 중추원 의관의 인재 투표 선출

만민공동회를 12월 6일 종로에서 재개한 시민들은 고영근을 소두로 하여 긴급히 국정개혁을 요구하는 상소를 올리었다. 그들은 이 상소에서 ① 헌의 6조의 실시, ② 5흉의 재판과 처벌, ③ 보부상 혁파의 즉각 실행을 요구하였다.119)

만민들은 계속 2차 상소와 3차 상소를 올리면서 황제가 친히 약속한 국정개혁의 조속한 실행을 촉구하였다. 시민들이 만민공동회를 재개하여 다시 계속 상소를 올리기 시작하자, 조병식·민영기 등 수구파들은 독립협회가 기어이 共和政治를 실현하려 한다고 모략하였다. 황제는 이 모함을 믿고 길영수·홍종우 등에게 비밀히 명령을 내려 보부상들을 다시 소집케 했으며, 또한 민영

---

117) 《承政院日記》, 광무 2년 음력 10월 21일, 詔.
118) 尹致昊, 《尹致昊日記》 5, 1898년 12월 27일.
119) 《承政院日記》, 광무 2년 음력 10월 23일, 從二品高永根等疏.

기에게는 탁지부의 은으로 보부상들의 경비를 지급하도록 하였다. 또한 황제는 시위대 대대장에게 명하여 경운궁 전후 좌우의 길과 방곡을 더 엄중히 경비하도록 궁궐 호위를 강화하였다.[120]

12월 9일과, 10일에는 기독교도들도 만민공동회에 참가하여 합세하였다. 그러나 황제는 알렌(H. N. Allen)과 선교사 아펜젤러(H. G. Appenzeller)에게 압력을 넣어 기독교도들을 철수시켰다.[121] 알렌도 자기가 기독교들의 소요를 저지시켰다고 본국에 보고하였다.[122] 그러나 만민들은 조금도 굴하지 않고 국정 개혁의 실시를 요구하며 연일 연야 완강한 철야시위를 전개하였다.

만민공동회와 독립협회는 12월 11일에는 관민공동회 때의 헌의 6조와 조칙 5조를 인쇄하여 이튿날 회원들과 일반 시민들에게 널리 반포하였다. 이것은 황제와 정부에 대하여 그 때 이후 관·민간에 합의한 국정개혁의 실시를 더욱 강력히 요구하는 압력을 넣고 그 조속한 실행을 촉구하기 위한 것이었다.

만민공동회는 또한 12월 12일부터는 대회장소를 종로로부터 광화문의 六曹 앞 각부 문전으로 옮기어 정부에 더욱 직접적인 압력을 넣기 시작하였다.[123]

시위대 제2대대장 金明濟는 만약 만민들이 정동 근처에 이르면 처음에는 총개머리판으로 쳐서 이를 저지하다가, 물러가지 아니하면 사살해도 좋다고 발포를 승낙하였다. 그러나 다수의 병정들은 백성과 나라의 일을 성심껏 추진하는 만민들에게는 죄가 없으므로 차라리 병정을 그만두고 만민과 함께 의로움을 지켜 죽을지언정 만민을 총살할 수는 없다고 불복하였다.[124] 만민공동회는 김명제의 병정들에 내린 명령을 듣고, 우리는 마땅히 죽을 땅에서 죽겠다고 일제히 소리를 질러 대응하면서 그들의 결의를 다짐하였다.[125]

---

120) 鄭　喬, 《大韓季年史》 上, 368쪽.

121) 高麗大 亞細亞問題硏究所, 《舊韓國外交文書》 11(高麗大 出版部, 1967~1973), 《美案》 12, 문서번호 1875, 1898년 12월 12일, 負商投書에 따른 基督敎人의 抗議에 關한 解明.

122) 《駐韓美國公使館報告》(Communications to the Secretary of State from U. S. Representatives in Korea : H. N. Allen), 문서번호 167, 1898년 12월 23일, On the Part Taken by Native Christians in Recent Political Agitation in Seoul.

123) 《皇城新聞》, 1898년 12월 13일, 雜報 〈共請部官〉.

124) 《독립신문》, 1898년 12월 15일, 잡보 〈병정의리〉.

125) 鄭　喬, 《大韓季年史》 上, 378쪽.

만민공동회와 독립협회운동이 서울에서 완강하게 지속되면서 점차 가열해짐에 맞추어 지방으로부터의 지원도 더욱 증가되었다. 각 지방에서는 독립협회에 청원하여 독립협회 지회의 설립을 요청하는 사람들이 매우 많았다. 독립협회는 우선 12월 12일경 충청북도 沃川지회의 설립을 인가해 주는 한편, 12월 13일에는 각 군지회 설립 신청자들에게 답장을 냄과 동시에, 지회인가조례(7개조)와 지회세칙(7개조)을 鄭 喬 등 규칙개정 겸 제소위원들로 하여금 제정해서 각 지방에 발송하였다.[126]

전국 각지에서 만민공동회 재개를 지지하는 격려문과 의연금이 계속 답지했으므로, 만민들은 더욱 사기가 앙양되어 수구파 대신들의 해임과 국정개혁의 조속한 실시를 요구하면서 연일 연야 철야시위를 계속하였다.

만민공동회는 12월 14일 광화문 앞에서 만민들을 폭행하여 충돌을 일으키려고 목봉을 감추어 침투한 보부상 간부 4명을 적발하여 침투 목적을 추궁하였다. 그들은 마침내 ① 윤치호・고영근・이상재의 암살을 계획하고 있다는 것, ② 서울시내 주요 보부상 도소 3곳에 보부상 및 몽둥이꾼 수백 명을 매복시켰다는 것, ③ 보부상의 경비 19만 냥이 황제의 내탕금에서 공급되었다는 것, ④ 만민공동회를 공격하기 위해 白民會가 조직되었는데 그 자금 2,000원을 탁지부 대신 민영기가 조달했다는 것 등을 자백하였다.[127]

황제는 만민공동회가 해산하기는커녕 날로 그 지지세력이 증대될 뿐 아니라 자기의 보부상 재정지원까지 공격대상이 되어 가는 것을 보고, 무마책으로서 12월 15일밤 독립협회 회장 윤치호를 한성판윤, 金永準을 경무사로 임명하였다.[128]

만민공동회는 12월 16일 광화문 앞에서 적발한 보부상 간부 4명을 경무관에게 인도하여 그들의 음모를 조사해 줄 것을 요구하였다.[129]

만민공동회는 재개 12일째인 12월 17일에도 경무청 문 앞에서 대회를 개최하였다. 이날 만민공동회는 광화문 앞에서 적발하여 경무청에 인계한 4명의

126) 《독립신문》, 1898년 12월 15일, 잡보 〈본회답장〉.
127) *The Independent*, December 20, 1898, Molayo's Reports.
128) 《承政院日記》, 광무 2년 음력 11월 초3일, 詔.
129) 法部 編, 《起案》(奎 17277의 1・2) 제70책, 광무 2년 12월 17일, 訓令高等裁判所第149號.

보부상 간부들이 자백한 사실을 중심으로 황제께 상소를 올리었다. 그들은 이 상소에서 ① 보부상을 혁파했다고 하지만 皇國商務協會라고 개명하여 황제의 분부를 받아 행동하고 있고, ② 보부상들의 경비는 황제의 하사금과 탁지부의 지출이라 하며, ③ 암살의 순서는 고영근·윤치호·이상재의 순이라 하고, ④ 白民會는 만민공동회를 반대하기 위한 것이며 그 경비는 군부대신 민병석과 권동수가 탁지부에서 입안하여 탁지부대신 민영기가 지출했다 하니 조사해서 재판에 붙일 것이며, ⑤ 민영기·심상훈·김명규 등 3대신의 해임, 조병식·민종묵·김정근 등 3대신의 징계, 유기환·이기동 2흉의 재판 및 보부상들의 엄단을 강력하게 요구하였다.130) 또한 이날 만민공동회는 총대위원 이건호·이승만을 경무사 김영준에게 파견하여 김영준의 사직을 권고하였다.131)

이 때 황제는 만민공동회의운동을 해산시키기 위한 방책의 하나로 중추원을 열어 여기서 만민공동회와 독립협회의 요구 조건을 다루게 하고, 만민공동회는 해산케 할 것을 구상하였다.

황제는 12월 14일 정부에 대하여 중추원 개원 준비를 명했다.132) 중추원 의장 李鍾健은 중추원 의관들을 소집하여 12월 15일 오후 4시에 개원해서 부의장을 선출한 결과 윤치호가 선출되었다.133)

정부자문기관으로 복구된 중추원이 12월 16일 오전 11시에 다시 개원되자, 독립협회 출신 의관들을 비롯하여 다수의 의관들은 헌의 6조와 조칙 5조의 실시를 주장하였다. 또한 독립협회 출신 의관 崔廷德은 만민이 각부 문 앞에서 연일 만민공동회를 열고 있는데 중추원이 정부와 국민 사이에서 보고만 있을 수 없으며, 백성들이 귀가하여 생업을 편안히 해서 살게 할 방책의 하나로 정부 대신에 임명할 만한 인재로서 물망있고 법률과 규칙을 어김없이 꼭 실시할 사람을 11명 선발하여 정부에 천거해서 정부로 하여금 황제에게 주품하여 쓰도록 하자고 동의하였다.134)

---

130) 《承政院日記》, 광무 2년 음력 11월 12일, 從二品高永根等疏.
131) 鄭 喬, 《大韓季年史》 上, 387쪽.
132) 《承政院日記》, 광무 2년 음력 11월 1일, 詔.
133) 議政府 編, 《奏議》(奎 17703) 제24책, 광무 2년 12월 22일, 奏本 第258號 圈點多居人尹致昊依薦任命事.

이 동의가 재청을 얻어 의제로 채택되어 정부 대신급에 임명할 11명의 材器可堪者(재주와 그릇이 대신직책을 담당할 수 있는 자)를 공천하기로 의결되었다. 중추원 의관들의 투표에 의하여 다음의 11명이 재기가담자로 뽑혀 천거되었다.

閔泳駿……18票　閔泳煥……15票　李重夏……15票　朴定陽……14票
韓圭卨……13票　尹致昊……12票　金宗漢……11票　朴泳孝……10票
徐載弼……10票　崔益鉉……10票　尹用求…… 8票

(*The Independent*, December 20, 1898, The Privy Council)

이 중에서 개혁파로는 민영환·이중하·박정양·한규설·윤치호·김종한·박영효·서재필 등 8명이 투표로 천거된 것이었고, 수구파로는 민영준·최익현·윤용구 등 3명이 천거된 것이었다.

11명의 재기가담자 중에 수구파가 3명이나 천거된 것은 수구파 의관들의 추천에 독립협회 출신 의관들도 이 3인에 대해서는 애국적 수구파로 동조해 주었기 때문이었다. 민영준은 약간 친청적 경향은 있었으나 러시아와 일본의 침략에 대해서는 확고하게 반대하는 입장에 있었고, 최익현과 윤용구는 일본의 침략에 극히 비판적인 인물로서, 모두 자주독립 문제에 있어서는 독립협회와 보조를 같이 할 수 있는 인물들이었다.

논란이 일어났던 것은 박영효와 서재필의 경우였다. 박영효는 대역죄인의 죄명을 쓰고 일본에 망명 중이었고, 서재필은 국적이 외국인으로 되어 있었다. 정항모 등 일부 독립협회 출신 의관들은 박영효와 서재필의 천거를 명단에서 제외하자는 수정 동의안을 제출하였고 홍정후가 이를 재청하여 표결에 붙여졌다.[135] 그러나 이미 의결된 것이니, 박영효는 공개재판으로 죄의 유무 판정을 거치도록 하고, 서재필은 국적의 재입적을 거치도록 하여 공천하기로 원안이 확정되었다.[136]

---

134) 議政府 編, 《中樞院來文》(奎 17789) 제3책, 광무 2년 12월 23일, 照覆 第1號.
135) 議政府 編, 《中樞院來文》(奎 17789) 제3책, 광무 2년 12월 26일, 照覆 第2號 鄭恒謨現告書 및 洪正厚現告書.
136) 議政府 編, 《中樞院來文》(奎 17789) 제3책, 광무 2년 12월 26일, 照覆 第2號 魚瑢

독립협회가 중추원에서 재기가담자 11명을 공천한 것은 실제로는 이 11명을 대신들로 한 개혁정부 수립을 요청하는 의미를 가진 것이었다.

공천자 수를 11명으로 한 것은 당시의 정부 조직상의 대신급 직위의 수에 맞춘 것이었다.137) 그리고 당시의 인물들을 고찰해 보면 중추원이 천거한 이 11명이 당시 생존했던 고급관료 중에서 상대적으로 가장 애국적이고 유능한 인물이었다고 볼 수 있다.

독립협회는 이 11명으로 강력하고 개혁적인 신정부를 수립하고, 중추원을 장차 의회로 개편해 나가면서, 사실상 전제군주체제를 입헌대의 군주체제의 방향으로 전환시켜 나감과 동시에 내정개혁을 단행하여 대한제국의 독립의 기초를 공고히 하려고 한 것이었다.

만일 황제 고종이 중추원에서 공천한 11명으로 신정부를 수립해서 개혁정책을 실시한다면 만민공동회는 자발적으로 해산될 뿐 아니라, 독립협회·만민공동회 세력의 확고한 지지를 받고 나라의 자주독립과 대개혁이 추진될 수 있는 것이었다. 따라서 중추원의 11명 대신후보자 천거는 황제 고종에게 중요한 결단을 요청한 것이나 다름이 없었다.

독립협회 출신 중추원 의관들은 11명 재기가담자 투표선출 결과를 만민공동회에 공포하고 그 사후 인준을 구하였다. 이에 만민공동회는 일본에 망명해 있는 박영효를 소환하여 법부에서 그 죄의 유무를 재판해서 죄가 있으면 다스리고 죄가 없으면 징계를 면하여 서용하자고 결의하였다.138)

중추원의 11명 재기가담자 공천 결의안은 곧 정부에 제출되었다. 그러나 그 11명중에 황제가 기피하는 인물이며 대역죄인의 죄명을 지고 있는 박영효가 들어있는 것이 트집을 잡히게 되었다.

중추원에서 재기가담자 11명을 천거하고 있는 동안에도 만민공동회는 여전히 계속되고 있었다.

만민공동회 재개 13일째인 12월 18일은 일요일인데다가 그 동안 만민공동회가 광화문 육조 앞에서 개최되어 행정사무에 지장이 초래될 우려가 있었

善現告書.

137) 議政府 編,《奏議》(奎 17703) 제2책, 광무 2년 12월 9일, 議政府會議錄.

138)《皇城新聞》, 1898년 12월 20일, 雜報 <請餘裁判>.

고, 또 관리들이 사무를 게을리 하면서 허물을 만민공동회에 돌릴 우려가 있었으므로, 이날부터는 만민공동회를 종로에서 개최하였다.[139]

황제 고종은 그간의 만민공동회의 자주 민권 자강운동과 중추원의 재기 가담자 11인의 천거에 의한 개혁정부 수립 요구에 부딪혀 대책 수립에 부심하고 있었다. 특히 중추원 천거의 11명 속에 일본에 망명해 있는 박영효가 들어 있는 사실은 황제로 하여금 결단을 요구하게 하는 상황을 조성하였다.

뿐만 아니라 內部 주사 李錫烈 등 33인이 연명 상소하여 박영효의 소환과 서용을 주장하였다.[140] 이 때 또한 독립협회내의 소장급진파들인 이건호·玄公廉·宋寧洙·崔廷德·魚瑢善·이승만 등이 중심이 되어 박영효의 귀국운동을 맹렬하게 전개하고 있었다.[141]

황제 고종은 이 때 독립협회와 만민공동회를 탄압하고 개혁정책에 반대한 것이 만민공동회운동을 불러온 것이라 생각하여 후회하는 마음이 있어서, 장차 박영효를 소환하여 우선 만민공동회를 진무하고 시정개혁을 도모할 뜻이 있었다.[142] 즉 황제는 독립협회·만민공동회의 건의를 받아들여 신정부 수립과 개혁정책의 실시를 고려하였다. 그러나 민영기 등이 황제를 오도하여 군대로써 만민공동회를 해산시킬 것을 권고하고 주장하였다.[143] 황제는 우선 이 두 가지 중에서 어떤 방책을 선택해야 할 것인가를 스스로 판단하여 결정하지 못하였다.

〈愼鏞廈〉

139) 《皇城新聞》, 1898년 12월 19일, 雜報 〈開會鍾街〉.
140) 《駐韓日本公使館記錄》 8, 〈本省往來信〉, 1898년 12월 27일, 發第88號 朴泳孝召喚의 建議에 關한 件.
141) 尹致昊, 《尹致昊日記》 5, 1898년 12월 27일.
142) 鄭 喬, 《大韓季年史》 上, 392쪽.
143) 鄭 喬, 《大韓季年史》 上, 392~393쪽.

2. 수구파 및 외세의 독립협회세력 탄압

1) 수구파 및 외세의 독립협회·만민공동회 탄압

황제 고종은 수구파의 진언에 따라 군대를 동원하여 독립협회·만민공동회를 해산·탄압할 경우, 외국인들의 반응은 어떨 가를 알아보기 위해 영국·독일·러시아·미국의 공사와 영사들을 불러 의견을 타진하였다.

이때 외국의 공사·영사들은 순검(경찰)을 사용하여 만민공동회를 해산시키도록 권고하였다. 황제가 순검의 힘이 약하니 군대로써 만민공동회를 해산시킴이 어떠한가를 물었을 때, 그들은 "이것은 外臣들이 알지 못하는 바이다"라고 하면서 찬의를 나타내지 않았다.[1]

이때 일본의 특명전권공사 가토 마스오(加藤增雄)가 12월 13일(1898) 일본으로부터 본국의 훈령을 갖고 귀임하여 15일과 18일에 陛見을 하게 되었다. 수구파와 궁중은 비밀리에 20만 원의 뇌물을 하사하고, 폐현 때에 "군대로 민회를 해산하는 것이 어떠한가"를 물었다. 이에 대해 가토는 "외신의 나라에서도 유신의 초기에 군대의 용맹(兵勇)으로써 민회를 제압한 일이 있다"[2]고 응답하고, "군대를 동원하여 만민공동회를 해산시킬 것"을 권고하였다.[3] 일본공사 가토는 무려 3시간의 폐현을 하면서 민회가 처음에는 충군애국에서 출발했지만 이제는 난민의 부류에 빠져있다고 만민공동회와 독립협회를 규탄하였다.[4]

일본공사 가토가 노린 것은 독립협회의 해체였다. 일본측은 한국에 대한 일본의 침략 지배에 대항할 한국내의 저항세력이 궁극적으로 독립협회세력

---

1) 鄭　喬, 《大韓季年史》 上(國史編纂委員會, 1957), 390쪽.

2) 위와 같음.

3) 《駐韓日本公使館記錄》 8(國史編纂委員會, 1989), 〈機密本省往信〉, 1898년 12월 20일, 機密 第54號 事變에 關한 第一次 謁見의 件 및 別紙 一八九八年 十一月 十日 右件 謁見 始末.

4) 《駐韓日本公使館記錄》 9, 〈機密本省往〉, 1899년 2월 27일, 機密 第5號 加藤公使 歸任後의 政況 및 民會 解散의 件.

이라고 보고,[5] 11월 5일의 독립협회 해산과 17명 독립협회 지도자 구속 때에도 배후에서 이를 지원하고 조종했으며,[6] 이번에도 이 기회에 독립협회세력을 붕괴시킬 공작을 전개한 것이었다.

일본측은 한편으로 이미 12월 12일부터 독립협회 회장 윤치호를 방문하여 독립협회측에서 박영효를 소환하여 서용할 것을 권고했다가 윤치호에 의해 거절되자,[7] 이번에는 일본유학생 출신인 독립협회 소장 신진파들에게 박영효의 소환과 서용을 권고하여 박영효 문제를 부각시키려고 노력하였다.[8] 그리고 다른 한편으로 일본공사 가토는 박영효의 소환 요구에 분격하고 있는 고종에게 군대 동원에 의한 만민공동회 해산과 독립협회 탄압을 적극 권고한 것이었다.[9]

고종은 일본공사 가토의 진언을 듣고 매우 기뻐하였다.[10] 황제는 이미 군대 사용에 대해 러시아의 지원을 받고 있었으므로,[11] 일본측의 이 같은 진언을 받고 군대 사용을 확실하게 결심한 것으로 보인다.

만민공동회는 12월 18일에도 수구파 관료들의 추방과 '재기가담자'에 의한 개혁정부 수립을 요구하면서 대회를 계속하였다. 황제는 閔泳綺를 평안남도 관찰사로, 경무사 金永準을 강원도 관찰사로 임명하여 독립협회의 규탄을 받고 있는 수구파 대신들을 지방을 내보내는 한편, 신임 경무사에는 贊政 尹雄烈을 겸임시켰다. 황제는 독립협회·만민공동회의 의구심을 풀기 위하여 독립협회 회장 윤치호의 부친 윤웅렬을 특히 경무사에 임명했으나, 모두 형식에 불과하였고, 만민공동회 회원들도 역시 이를 믿지 아니 하였다.[12]

---

5) 《駐韓日本公使館記錄》 9, 〈機密本省往1·2·3〉, 1899년 5월 17일, 機密 第36號 加藤公使在任中 事務經過大要 記述具申의 件 가운데 21번 獨立協會의 運動.
6) 尹致昊, 《尹致昊日記》 5(國史編纂委員會, 1975), 1898년 11월 5·12일.
7) 尹致昊, 《尹致昊日記》 5, 1898년 12월 27일.
8) 《駐韓日本公使館記錄》 8, 〈本省往來信〉, 1898년 12월 27일, 發第88號 朴泳孝 召還의 建議에 關한 件.
9) 《駐韓日本公使館記錄》 7, 〈加藤公使時代極秘書類〉, 1897년 日字不明, 朴泳孝 逮捕 問題에 關한 件.
10) 鄭 喬, 《大韓季年史》 上, 390쪽.
11) 《駐韓英國領事館報告》(Reports and Communications from the British Consul in Seoul), 1898년 12월 22일, 機密報告書 第123號.
12) 《駐韓日本公使館記錄》 8, 〈本省往來信〉, 1898년 12월 28일, 發第89號 閣員 交

만민공동회 재개 14일째인 12월 19일, 종로에서 개최된 만민공동회는 총대위원 12인을 정부에 보내어 閔丙奭의 군부대신 임명과 金明奎의 찬정 임명의 이유를 질문했으며, 총대위원을 內部에 보내어 서면으로 민영기와 김영준의 관찰사 임명을 상주하여 해임해 주도록 요구하였다.[13]

황제는 이날 오후 3시에 漢城 소윤과 경무사를 만민공동회에 보내어, 만민공동회가 해산하지 않으면 매우 엄중히 처벌할 것이므로 후회하는 일이 없도록 하라고 경고적인 칙어를 내리었다.

만민공동회는 이에 대하여, ① 우리들이 누차 상소한 조목을 아직도 실시하지 아니한 고로 감히 물러가지 못하며, ② 臣 등이 탄핵한 3대신이 비록 대신의 직책에서는 해임되었으나 沈相薰은 특진관이요 김명규는 찬정이며 민영기는 관찰사의 직임을 맡기니 이것은 옛 것을 갖고 壅蔽하는 것이어서 민심이 복종하기 어렵고, ③ 보부상배는 비록 혁파했다고는 하나 동에 번쩍 서에 번쩍 암약하는 흔적이 역력하니 깊이 들어가서 뿌리를 뽑고 그 폐단을 제거하지 않으면 백성의 정서가 더욱 의구하는 쪽으로 돌아서고 유언비어를 종식시키지 못할 것이며, ④ 일전에 소명을 받고 감히 대령하지 못한 것은 간세배들의 살해 음모가 있다는 설이 낭자한 고로 두렵고 의심스러운 마음이 가득차서 대령하지 못했다고 응답하였다.[14]

만민공동회 재개 15일째인 12월 20일에도 시민들은 종로에서 만민공동회를 계속하였다. 이날 이승만은 會衆에게 보부상의 주모자는 민영기이니 누구든지 그를 체포하면 은 1,000원을 지급하기로 현상금을 걸자고 동의하였다. 이 동의가 채택되어 민영기에게는 만민공동회로부터 1,000원의 상금이 걸렸다.[15] 또한 朴勝穆을 총대위원으로 선정해서 고등재판소에 보내어, 보부상들의 심문과정에서 밝혀진 보부상 배후 조종자인 전 탁지부대신 민영기와 군부대신 민병석 등 4인을 체포하여 공개재판에 부칠 것을 요구하였다.[16]

만민공동회 재개 16일째인 12월 21일에도 시민들은 고등재판소 문 앞에서

送의 件.

13) 《독립신문》, 1898년 12월 20일, 잡보.

14) 《皇城新聞》, 1898년 12월 20일, 雜報 〈奉答勅語〉.

15) 鄭 喬, 《大韓季年史》 上, 396~397쪽.

16) 法務 編, 《司法稟報(乙)》(奎 17279) 제13책, 광무 2년 12월 21일, 報告書 第88號.

만민공동회를 개최하고 민영기 등의 체포와 재판을 계속 강경하게 요구하였다. 이날 만민공동회에는 子童義士會도 합세하여 이를 지원하였다.17) 그리고 시민들은 각부 관료들이 만민공동회를 빙자하여 사무를 게을리 할 것을 염려해서 만민공동회 장소를 고등재판소 문 앞으로부터 종로로 다시 돌아와 개최하기로 결의하였다.18)

만민공동회는 이와 같이 자체의 움직임을 보였으나, 황제와 수구파정부는 군대 동원을 내면으로 결정한 후 태도가 더욱 강경해졌다. 이날 황제는 조칙을 내려 말하기를 ① 죄인 박영효를 임용하라고 상소한 소두 李錫烈 등 범죄자들을 조사하여 법에 따라 처벌토록 하고, ② 근래 기강이 해이해져서 국사범들이 문득 망명하는 것을 능사로 삼고 국체가 훼손되는 것은 돌아보지 아니하니, 국외로 도망한 자는 본죄의 경중과 주범·종범을 불문하고 난신적자가 되기는 한 가지이므로 영원히 사면은 없을 것이며, ③ 만일 상소를 자탁하고 관청 사무를 방해하는 자가 있으면 엄금하라고 하였다.19) 이것은 황제가 '박영효 천거'를 범법행위로 보고 응징할 뜻을 나타낸 불길한 것이었다.

만민공동회 17일째인 12월 22일 마침내 황제와 수구파정부는 군대를 동원하기 시작하였다. 우선 황제는 정동의 대궐 근처 4곳에 대포를 수레에 실어 벌여 놓아 시민들을 공포분위기 속에 몰아넣고 위압케 하였다.20) 또한 각부와 고등재판소 문 앞에는 군인들을 다수 배치하여 시민의 접근을 엄금하고 삼엄하게 경비토록 하였다.21)

만민공동회는 이날 종로에서 대회를 열었으나 만민공동회에서 '박영효 소환 임용'에 찬성한 사실이 알려져 시민의 지지가 크게 약화되었으므로, 이날 모인 만민의 숫자는 이전과 같이 많지 않았다.22) 이날도 일부 회원들은 민영기·민병석의 재판을 청원하기 위해 고등재판소 문 앞으로 몰려갔다. 그들이 재판소 안으로 들어가려고 하자, 군인들의 저지로 부상자가 3명이나 발생하

17) 《독립신문》, 1898년 12월 22일, 잡보 〈아동의리〉.
18) 《독립신문》, 1898년 12월 22일, 잡보 〈옳은 의론〉.
19) 《東亞日報》, 1930년 1월 13일, 〈韓末政客의 回顧談－獨立協會長 尹致昊氏－〉 3.
20) 《독립신문》, 1898년 12월 24일, 잡보 〈인심안녕〉.
21) 《독립신문》, 1898년 12월 23일, 잡보 〈각부계엄〉.
22) 尹致昊, 《尹致昊日記》 5, 1898년 12월 27일.

였다. 崔廷德 등이 마침내 재판소 정원 앞에 뛰어 들어가 만민공동회의 청원들을 속결해 줄 것을 요청하였다.[23]

한편 종로의 만민공동회는 개혁정부 수립을 요청하면서 전임 만민공동회에 도발행위를 한 보부상들을 잡아 경무청에 넘겼다. 그러나 수구파의 보부상들에 대한 배후 지원이 증가했으므로, 유배 죄인 兪箕煥·李基東 등은 유배지로 가지 않고 인천에 숨어 머물다가 법을 완전히 무시하고 서울에 잠입해서 보부상들을 지휘하며 비밀리에 기회를 노렸다.[24]

또한 보부상 단체의 별칭인 白民會는 만민공동회에서 장정을 모집한다고 사칭하고 1인당 100냥씩으로 100명의 장정을 모집했다가, 이것이 백민회에서 모집한 것임이 탄로되어 장정들이 분개해서 돌아가는 일도 발생하였다.[25] 이러한 상황과 분위기 속에서 황제와 수구파의 군대 동원에 의한 만민공동회·독립협회의 탄압·강제 해산의 날이 급박하게 다가오고 있었다.

2) 독립협회·만민공동회의 강제 해산

만민공동회 재개 18일째인 12월 23일 드디어 군대 동원에 의한 독립협회·만민공동회의 무력 탄압의 날이 왔다. 만민들은 이날 민영기의 재판을 청원하기 위해 오후 1시에 고등재판소 문 앞에 모였으나 시위대 제2대대 군인들이 一字 모양으로 총을 잡고 만민들을 포위하였다. 시민들 사이에서는 박영효의 소환 기용에 반대의견을 가진 사람들도 많았고,[26] 이미 군대 동원의 소문이 시중에 파다하게 퍼져서 시위대와의 충돌을 꺼린 사람들도 많았으므로, 이날 모인 만민들은 그 이전처럼 많지 않았다.

이날 시위대 제2대대 대대장 金明濟는 부하 병정들에게 각 3원씩 분급해주고 술을 마시게 한 다음 만민공동회 해산에 동원하였다.[27] 술취한 병정 2명이 만민공동회 會衆에 돌입해서 임시회장 尹始炳을 부르면서 나는 일개

23) 鄭 喬,《大韓季年史》上, 399~400쪽.
24) 鄭 喬,《大韓季年史》上, 400쪽.
25)《皇城新聞》, 1898년 12월 24일, 雜報 〈忠不可欺〉.
26) 尹致昊,《尹致昊日記》5, 1898년 12월 27일.
27) 위와 같음.

병졸이라도 민회의 목적을 안다고 연설하려 하자, 만민공동회·독립협회 회원인 前육군정위 林炳吉이 나서서 그 풍색의 아름답지 못함을 보고 "군인 복장을 하고 민회에서 연설하는 것은 章程에 없는 바다"라고 외치니, 그 병정과 함께 시위대 병정들이 일제히 회민을 포위하고 총검으로 위협하면서 들어왔다. 시위대가 마침내 무력 탄압 작전을 개시한 것이었다.[28)]

시위대의 작전이 개시되자 만민공동회 회민들은 위험을 느껴 일제히 기립해서 종로로 회중을 옮기려고 움직이기 시작하였다. 시위대 군인들이 종로로 향하는 만민공동회 회민들의 후미를 포위하여 공격했으므로 상당수가 부상을 입었다. 시위대 군인들은 발포 준비를 완료한 채 계속 만민들을 총검으로 위협하며 추격하였고, 그 뒤에는 보부상들이 뒤따라오면서 "민회를 밟아라" "회원 연설자를 잡아라" "쳐라" "쫓아라" 등 고함소리를 내어 그 위협 기세가 살벌하였다. 전세는 완전히 역전되어 만민공동회 회민들은 시위대 군인들의 총검과 보부상들의 몽둥이에 쫓기면서 종로를 향하여 밀려오다가, 비무장의 소수 만민들로는 날이 이미 어두워진 어둠속에서 시위대 군인들의 총검과 보부상들의 몽둥이에 희생이 너무 커 도저히 대항할 수 없다고 판단하고 철야시위를 하지 않기로 하여 분함을 억누르면서 일단 모두 해산하여 귀가하였다.[29)]

황제는 12월 24일 서울 시내를 완전히 군대의 계엄상태하에 두었다. 시위대의 주력은 종로를 엄밀하게 파수 경계케 했으며, 서울 시내 요소요소에는 총검을 든 군인들이 배치되어 만민공동회를 개최하러 나오는 것 같은 시민이 모이면 즉각 총검으로 위협하고 힐난하면서 귀가시켜 버렸다. 이에 시민들은 도저히 만민공동회를 개최할 수가 없었다. 뿐만 아니라 이날 아침부터 경무청과 군대에 의한 독립협회·만민공동회 간부들에 대한 체포 구금이 시작되었으므로, 회원 중 저명한 사람은 모두 도피하지 않을 수 없게 되었다.

한편 수구파정부는 이에 발 맞추어 박영효를 천거하고 '可'표를 던진 중추원 의관을 색출하려고 중추원에 대하여 11인의 '재기가담자' 천거의 통첩을 반송함과 동시에 12월 16일 재기가담자 천거 때 최초의 동의자가 누구이며,

---

28) 《皇城新聞》, 1898년 12월 26일, 別報 〈民會續登〉.

29) *The Independent*, December 27, 1898, Molayo's Reports.

박영효 천거 때 '가'표·'부'표를 던진 의관들이 누구인지 구분하여 성명을 기재해 보내줄 것을 요구하였다.[30] 중추원은 이에 대해 12월 16일 재기가담자를 투표 천거하자는 동의자는 최정덕이며, '가'·'부' 투표자 구별은 어렵다고 회답하였다.[31]

황제는 이에 12월 23일자로 당일 동의한 의관 최정덕과 정부에 통첩한 의장대리 윤시병을 免本官하고, 당일의 임시의장 李時雨를 1개월 감봉 처분했으며, 중추원 의장 李鍾健을 궁내부 특진관으로 전직시켰다.

1898년 12월 25일, 마침내 공식적인 독립협회·만민공동회의 불법단체화와 강제 해산의 날이 왔다. 황제는 계엄상태하에서 칙어로써 만민공동회의 11개 죄목을 다음과 같이 들고, 만민공동회·독립협회를 불법화하여 강제 해산케 하였다.[32]

① 離次開會은 이미 금지령이 있음에도 불구하고 집단 취회하여 만연히 그칠 줄을 모르니 그 죄가 하나요,
② 독립협회를 이미 준허함이 있는데 '만민공동'이라 하여 천단히 명목을 세웠으니 그 죄가 둘이요,
③ 칙어와 비지로써 퇴거하라고 유시했거늘 오로지 항명하여 갈수록 더욱 심하니 그 죄가 셋이요,
④ 쥐 잡으려고 그릇 깨는 것은 고인의 경계한 바이거늘 대관을 능욕함을 다반사와 같이 하니 그 죄가 넷이요,
⑤ 임금의 과오를 들어내는 것은 사람이 감히 못할 바이거늘 외국공사관에 투서하여 스스로 잘못 말하기를 도모하니 그 죄가 다섯이요,
⑥ 民이 官과 더불어 체모가 스스로 다르거늘 官人을 위협하여 억지로 會에 나오게 하니 그 죄가 여섯이요,
⑦ 府와 部의 행정은 비우는 것이 불가한 데 관청에 난입하여 喝命해서 사무를 못보게 했으니 그 죄가 일곱이요,
⑧ 재판은 힘으로 하는 것이 아니거늘 호소할 것이 있다 칭탁하고 무리를 이루어 끝을 붓게 하니 그 죄가 여덟이요,

30) 議政府 編,《各部去照存案》(奎 17242) 제2책, 광무 2년 12월 22일, 照會中樞院.
31) 議政府 編,《各部去照存案》(奎 17242) 제3책, 광무 2년 12월 23일, 照覆 第1號.
32)《駐韓日本公使館記錄》8, 〈本省往來信〉, 1898년 12월 27일, 發第87號 萬民共同會에의 勅語.

⑨ 군대를 파견하여 문을 막는 것은 명령에 따라 하는 것이거늘 분을 이기지 못해 투석해서 중상을 입히기에 이르렀으니 그 죄가 아홉이요,
⑩ 누가 부름에 즉각 와서 대령할 것이거늘 妖言을 선동하여 한결같이 거역하였으니 그 죄가 열이요,
⑪ 역적은 용서치 않고 사람사람이 得誅할 것이거늘 무리 가운데 말을 열어 임용할 것을 도모하니 그 죄가 열 하나이다(《承政院日記》, 광무 2년 음력 11월 13일, 勅語).

황제는 이 밖에 세세한 위반은 다 지적할 수도 없다고 하면서, "처음에는 가로되 충군한다, 가로되 애국한다 한 것이 일찍이 不善한 것이 아니로되, 끝에 가서는 가로되 悖라 하고, 가로되 亂이라 해도 그 이름을 도피할 바가 없으니 疑懼之心이 이로 말미암아 난 바이라"[33]고 하였다.

또한 황제는 詔書를 내려, ① 혹 벌레같은 무리가 두려움을 알지 못하고 다시 이런 습관에 따라 열씩 다섯씩 길거리에서 모여 會를 이루고자 하는 자는 파수 순검과 병정들이 철저히 규찰하여 엄금할 것이며, ② 閭巷에 한산한 백성들이 방청이라 일컫고 거리에서 구경하는 자도 역시 금단하도록 하였다.[34] 이것은 재차 만민공동회의 집회 시도와 그 구경까지도 엄금한 조치였다.

또한 경무청은 내부훈령을 각 방곡에 고시하였다. 그 내용은 ① 근일 民會가 충애한다고 거리에서 개최한 것이 처음에는 폐단을 개혁하려는 데서 나왔으나, 끝에는 외국 공관에 투서하여 본국을 비난하고 부호를 토색하며 정부 관인들을 협박 능욕하니 이것은 이미 충순이 아니며, ② 중추원에서는 역적수괴 등용을 당연한 일로 동의하고 화응한 자가 있으니 이것은 반드시 박영효의 무리와 安駉壽의 당이 그 중에 혼재하여 화란을 도모한 것이므로 이 무리의 수괴는 반드시 다스릴 것이며, ③ 시민이 會에 참가하거나 방청하는 것을 금지하니 어기면 엄벌에 처할 것이라고 포고하였다.[35]

계엄상태 아래에서 황제와 수구파정부의 연이은 강경 조치가 취해지고, 뒤이어 만민공동회와 독립협회의 중견간부들에 대한 체포구금이 시작되었다.

---

33) 鄭 喬, 《大韓季年史》 上, 403쪽.
34) 《承政院日記》, 광무 2년 음력 11월 13일, 詔.
35) 《皇城新聞》, 1898년 12월 26일, 雜報 〈警廳告示〉.

만민공동회 회장 高永根은 12월 28일 鄭 喬가 지은 상소를 회원 金忠燮으로 하여금 呈納시켜 황제의 폭압을 만류하려 했으나 비서원이 이를 접수하지 않았다.36)

《독립신문》은 12월 28일 〈공동회에 대한 문답〉이라는 논설을 게재해서 만민공동회와 독립협회를 적극 옹호하였다.37) 《황성신문》은 독립협회가 발간한 만민공동회의 '헌의 6조'와 '조칙 5조'를 게재하여 만민공동회와 독립협회를 옹호하고 황제와 정부의 각성을 촉구하려고 하였다.38)

독립협회는 독립관내에서 모임을 가지려 했으나 이것도 황제와 정부의 탄압으로 이룰 수 없었다.39) 만민공동회뿐만 아니라 독립협회도 1898년 12월 25일 황제의 군대와 경찰의 탄압을 받고 사실상 해산 상태에 들어갔으며, 지방에서도 1월초부터 칙령에 의하여 지방관이 독립협회 지회를 해산시키기 시작했고,40) 황제 고종은 다시 1899년 1월 15일 조칙으로서 지방관과 진위대로 하여금 독립협회 지방지회를 엄금하도록 재차 명령하였다.41)

그리하여 19세기말 열강의 침략의 소용돌이속에서 자주부강한 근대국민국가를 건설하고 국민의 민권을 신장하여 열강의 침략으로부터 나라의 자주독립을 지키려고 강렬한 자주민권 자강운동을 전개했던 독립협회와 만민공동회는 1898년 12월말 황제 고종 및 친러 수구파와 외세의 야합에 의해 무력 탄압을 받고 강제 해산당하고 말았다.

독립협회·만민공동회 강제 해산 후 황제와 수구파정부의 민회 간부들에 대한 박해는 계속되었다. 황제는 1899년 1월 2일자로 중추원 의관 申海永·魚瑢善·卞河進·李承晩·洪在箕 등을 면관시켰으며, 劉 猛·鄭恒謨·洪正厚 등을 1개월 감봉에 처하였다.42) 또한 1월 21일에는 高永根을 파면했으며, 정항모·玄濟昶·梁弘默·李建鎬 등은 의원면직되어 독립협회 세력은 중추원

36) 鄭 喬, 《大韓季年史》 上, 405~407쪽.
37) 《독립신문》, 1898년 12월 28일, 〈공동회에 대한 문답〉.
38) 《皇城新聞》, 1898년 12월 29일, 附錄.
39) 《독립신문》, 1898년 12월 29일, 잡보 〈통상회〉.
40) 《皇城新聞》, 1899년 1월 6일, 雜報 〈支會有電〉.
41) 鄭 喬, 《大韓季年史》 下, 5쪽.
42) 《官報》, 광무 3년 1월 6일.

에서 완전히 배제되었다.[43]

황제와 수구파정부가 민회 지도자들을 투옥하려 했으므로 고영근·林炳吉 등은 일본인 집에, 윤치호·윤시병·이승만 등은 미국인 집에 은신하였다.[44] 수구파들은 독립협회·만민공동회 간부들을 체포·처단하기 위해 30여 명의 자객단을 편성하는 형편이었다.[45] 《獨立協會沿革略》에 의하면, 이 무렵에 약 430여 명의 독립협회·만민공동회 중견간부들이 한 때 체포당하였다.[46]

수구파들은 여기에 그치지 않고 각종 음모를 꾸며 민회 지도자들의 대량 투옥을 획책하였다. 윤치호는 그의 부친 윤웅렬이 황제에게 청탁하여 元山監理로 임명해서 보호차 지방으로 쫓아 보내었다.[47] 수구파들은 박영효와 내통해서 황제 폐위와 共和制 시행 음모를 기도했다는 혐의로 독립협회와 만민공동회의 소장신진파인 이승만·延弘植·延弘基·林晩容·金鳳九·趙文植을 체포 투옥했으며, 놓친 崔廷德·정항모 등에게 긴급 체포령을 내렸다.[48]

그러나 한편으로 황제와 수구파정부는 수구파·보부상패들에게는 사면을 시행하였다. 백령도 유배 7년 죄인 兪箕煥과 李基東에게는 특사령을 내렸고,[49] 李容翊의 체포령을 사면했으며,[50] 趙秉式·閔種默 등의 체포령을 사면하고 金禎根을 특별 석방하였다.[51]

황제와 수구파는 또한 정부내의 개혁적 관료들인 박정양·민영환·한규설·李學均·李鍾健·이상재 등을 모두 파면하고, 완전히 수구파 중심의 정부를 편성하였다.[52] 1899년 1월말까지 구성된 정부대신과 요직들을 보면, 沈相薰이 의정부 참정, 유기환이 법부대신, 閔泳綺가 탁지부대신, 申箕善이 학부대신, 閔丙漢이 내부대신서리, 閔丙奭이 군부대신, 洪鍾宇가 의정부 총무국

43) 鄭 喬, 《大韓季年史》 下, 15쪽.
44) 鄭 喬, 《大韓季年史》 下, 2쪽.
45) 鄭 喬, 《大韓季年史》 下, 5·12쪽.
46) 《獨立協會年歷略》 중의 〈獨立協會〉.
47) 尹致昊, 《尹致昊日記》 5. 1899년 1월 5일.
48) 法部 編, 《司法稟報(乙)》(奎17279) 제14책, 광무 3년 1월 11·21일, 報告書 第2·7號.
49) 《承政院日記》, 광무 2년 음력 11월 19일, 詔.
50) 鄭 喬, 《大韓季年史》 下, 6~7쪽.
51) 《承政院日記》, 광무 2년 음력 12월 9일, 詔.
52) 尹致昊, 《尹致昊日記》 5. 1899년 1월 23일.

장, 이기동이 시위대 제1연대 제1대대장, 李根鎔이 경무사, 李漢應이 한성판윤, 이기동이 참령, 吉泳洙가 참위에 임명되었다.[53] 이용익은 궁내부소관 삼정 및 광무감독에 임명되었다가 결국 典圜局長으로 복귀하였다.[54] 만민공동회와 독립협회에 의해 규탄받던 가장 부패 무능한 사람들이 모두 권력의 자리에 복귀한 것이었다.

이 중에서 가장 현저한 변화는 보부상들의 진출이었다. 보부상 단체 간부 46명이 모두 정부의 중견 관직을 차지했으며, 길영수는 곧 농상공부 상공국장으로 영전하였고, 전국 각 군의 보부상들이 집권에 참가했다고 속속 상경하여 백성들에게 큰 고통을 주었다.[55]

황제와 수구파정부는 뿐만 아니라, 1899년 3월 16일 칙령을 발표하여 보부상단체의 복설을 특별하고, 商務所를 商務會社라고 개칭하여 처음에는 심상훈을 都社長, 민병석을 사장, 이기동을 부사장, 길영수를 都司務, 朴有鎭·金光熙를 부사무로 임명했다가, 5월 18일에는 申箕善을 도사장, 민영기를 句管사장, 李根鎔을 도사무장에 신임하고, 칙령 제19호로써 〈商務社規則〉을 반포하여 각종 특권을 허여하였다.[56] 이제는 명실상부하게 수구파와 보부상들이 결탁하여 권력과 금권을 장악한 것이었다.

황제와 수구파·보부상 정부는 뿐만 아니라 1899년 5월 22일에는 중추원 관제까지 완전히 개정하여 의관을 6등으로 대폭 격하하고 전원 칙임·주임으로 하여 대기케 했으며, 조병식을 의장으로 임명하였고, 주로 수구파 퇴임 관료들과 보부상들을 의관으로 임명하여 중추원을 정부 자문도 제대로 못하는 유명무실한 기구로 만들어 버리고 말았다.[57]

그리하여 열강의 침략으로부터 나라의 자주독립을 지키기 위해 독립의 기초를 공고히 하기 위한 민족역사상 대개혁이 요청되었던 1899년은 도리어 大反作用의 시대가 되어버렸다.

〈愼鏞廈〉

---

53) 《承政院日記》, 광무 2년 음력 12월 1일 및 19일, 詔.
54) 尹致昊, 《尹致昊日記》 5. 1899년 2월 10일.
55) 鄭 喬, 《大韓季年史》 下, 15쪽.
56) 鄭 喬, 《大韓季年史》 下, 15~19쪽.
57) 鄭 喬, 《大韓季年史》 下, 19쪽.

3. 독립협회·만민공동회운동의 역사적 의의

1) 독립협회·만민공동회운동의 실패 원인

19세기말 열강의 침략이 강화되어 가는 추세속에서 대한제국의 국정 전반을 대대적으로 개혁하고 자주 부강한 立憲代議國家를 건설하여 자주독립의 기초를 공고히 만들려던 독립협회·만민공동회운동은, 장기적으로는 한국사에 많은 영향을 끼친 역사적 의의가 큰 운동이 되었지만, 단기적으로는 독립협회·만민공동회가 강제 해산당함으로써 실패로 돌아갔다.[1)]

독립협회·만민공동회운동의 실패 원인으로서는 다음과 같은 점이 특히 지적될 수 있다.

첫째, 황제 및 수구파세력과 러시아 및 일본 등 외세의 야합에 의한 무력탄압을 들 수 있다.

독립협회·만민공동회운동은 국정 전반의 대개혁을 추구했기 때문에 수구파세력과는 정치적으로 대립될 수밖에 없었다. 또한 독립협회·만민공동회의 정치체제 개혁운동은 전제군주제를 立憲代議君主制로 개혁하는 것이었기 때문에 전제군주인 고종황제의 이해에는 일치하지 않았다. 이 때문에 황제 고종은 전제군주권을 잃지 않기 위해 독립협회 개혁파보다는 친러 수구파에 의존하려 하였다. 그러나 개항 후 수많은 격변을 겪는 동안에 언제나 승세나

---

1) 姜萬吉, 〈大韓帝國의 性格〉(《創作과 批評》 48, 創作과批評社, 1978).
姜在彦, 〈獨立新聞·獨立協會·萬民共同會〉(《朝鮮史研究會論文集》 9, 1972).
宋炳基, 〈光武改革研究〉(《史學志》 10, 檀國大史學會, 1976).
愼鏞廈, 〈獨立協會의 社會思想〉(《韓國史研究》 9, 1973).
———, 〈獨立協會의 自主民權自强運動〉(《獨立協會의 民族運動研究》, 서울大韓國文化研究院, 1974).
———, 〈光武改革論의 問題點〉(《創作과 批評》 49, 創作과批評社, 1978).
———, 〈獨立協會의 議會主義思想과 議會設立運動〉(《李海英敎授追念論文集》, 서울大 社會科學研究所, 1985).
柳永烈, 〈獨立協會의 民權思想研究〉(《史學研究》 22, 1973).
千寬宇, 〈獨立協會의 國會開設運動〉(《韓國史의 再發見》, 一潮閣, 1975).

대세에 편승하는 것이 안전함을 터득한 고종은 입헌대의군주제로의 개혁이 대세가 되면 그것까지도 받아들일 상태가 되어 있었다. 이 점은 황제 고종이 만민공동회의 강력한 운동에 부딪혀 그가 가장 싫어하는 박영효가 추천되었을 때에도 만민공동회를 무마하기 위해 박영효를 소환 기용해서 개혁정책 채택을 생각한 사실에서도 알 수 있다.[2] 따라서 당시 수구파를 압도할 수 있는 실력을 갖고 있던 독립협회·만민공동회로서는 수구파와 외세가 결탁하여 독립협회·만민공동회에 대항하지 않으면 승리하여 대개혁을 추진할 수 있는 것이었다.

그러나 외세가 황제 및 수구파와 결탁하여 적대 행동을 한다면 문제는 다른 것이었다. 러시아는 대한제국내에 뿌리가 약했고 이미 '아관파천' 후에 수구파와 결탁하여 '친러수구파'를 형성한 것을 독립협회가 압도했으므로 예견된 것이었지만, 새로이 일본세력이 수구파와 결탁하여 독립협회·만민공동회에 적대 행동을 한다면 이것은 힘겨운 것이었다.

그런데 일본은 독립협회가 궁극적으로 일본의 한국 침략에 대항할 독립세력이며 저항세력이라고 보고 적절한 기회를 포착하여 이를 붕괴시키려고 기도하였다. 특히 만민공동회가 대두하여 독립협회가 큰 대중적 기반을 갖게 되자 일본은 독립협회·만민공동회를 내심 매우 두려워해서 이들의 와해 기회를 노리었다.[3] 일본공사 가토 마스오(加藤增雄)가 1898년 12월 초 일본에 휴가 중일 때 *The Japan Daily Mail*紙가 가토의 주장을 보도했는데, 그는 "한국의 독립은 이름뿐이니, 서구열강이 간여하기 전에, 그리고 보부상과 독립파와 왕당파들이 서로 목을 자르는 것을 그치고 독립파에 의해 한국이 부강해지기 전에, 일본은 너무 늦기 전에 어떤 목적을 달성해야 할 것이다"라고 주장하였다.[4]

일본 전권공사 가토는 이러한 입장에서 비밀훈령을 받고 서울에 귀임하자 1898년 12월 15일과 18일에 두 차례나 고종을 알현해서 군대 동원에 의한

2) 鄭 喬,《大韓季年史》上(國史編纂委員會, 1957), 392쪽.
3) 朴殷植,《韓國痛史》(《朴殷植全書》上, 檀國大 東洋學硏究所, 1975), 182쪽.
4) *The Japan Daily Mail,* December 6, 1898, Japan and Korea.
《駐韓美國公使館報告》(Communications to the Secretary of State from U.S. Represeutative in Korea : H. N. Allen), 문서번호 167, 1898년 12월 23일.

만민공동회 탄압을 적극 권고한 것이었다.[5] 또한 일본 전권공사는 1898년 12월 하순 가장 결정적인 시기에 독립협회 일부 급진파에게는 황제가 가장 싫어하는 박영효를 소환 기용하도록 공작적인 차원에서 적극 권고하고, 고종에게는 군대 동원에 의한 무력 탄압을 적극 권고하여, 황제 및 수구파와 결탁해서 독립협회·만민공동회운동을 실패케 하는 데 크게 작용한 것이었다.[6]

둘째, 독립협회·만민공동회 지도자들의 지도력의 부족을 실패 원인으로 들 수 있다.

이들의 지도력의 빈곤은 가장 박력있는 선각적 개화파 인사들이 갑신정변 때 전멸하다시피 된 사실과 관련된 것이었다. 독립협회·만민공동회 지도자들은 교육자적 자질이 더 많은 사람들이었으며, 상대적으로 나약했고, 또 갑신정변 때의 교훈에 집착하여 민중보다 앞서서 권력에 파고들거나 정권을 장악하려는 적극적 노력을 잘하지 않는 경향이 있었다. 그리하여 만민공동회운동의 영향으로 11월 하순~12월 중순까지에는 정권을 장악할 수 있는 절호의 기회가 몇 번 있었음에도 불구하고 그냥 흘려 보냈다. 독립협회·만민공동회운동이 고조되었을 때에는 민중이 앞장서고 지도자들이 이에 끌려 다니는 형편이었다.

셋째, 독립협회·만민공동회내의 소수 과격파·급진파의 사려 깊지 못한 행동이 그 운동의 실패를 촉진하는 하나의 요인을 조성하였다.

주로 1898년 11월부터의 만민공동회 투쟁과정에서 뚜렷하게 두각을 나타낸 과격파·급진파 청년들은 독립협회 지도자들에게 복종하지 않고 자주 독자행동을 전개했으며, 마침내는 중추원에서 박영효를 천거하고 만민공동회에서 이를 추인받는 모험적 행동도 서슴지 않았다.[7] 그러나 당시의 조건에서 박영효 천거는 너무 당돌하고 모험적 행동이었다. 결국 이것 때문에 만민공동회에 대한 시민들의 지지가 크게 약화되고, 황제와 수구파에게 탄압당하는

---

5) 《駐韓日本公使館記錄》 8(國史編纂委員會, 1989), 〈機密本省往信〉, 1898년 12월 10일, 機密 第54號 事變에 關한 一次謁見의 件 및 1898년 12월 13일, 機密 第56號 韓帝 謁見始末 및 敎化門 親臨의 件.
鄭　喬, 《大韓季年史》 上, 390쪽.

6) 鄭　喬, 《大韓季年史》 上, 390·393쪽.

7) *The Independent*, December 27, 1898, Molayo's Reports.

구실을 제공하게 되었다.[8] 특히 '박영효 천거'에는 박영효 추종자들뿐만 아니라 독립협회·만민공동회 붕괴를 목적으로 한 일본측 공작이 개입되어 있었음을 고려하면, 급진파들이 매우 경솔했음을 알 수 있다.[9]

뿐만 아니라 급진파들은 독립협회의 궁극적 목표였으나 당시 시기상조라고 판단되어 공식 논의를 삼가하게 되어있던 '共和制'를 너무 자주 논의함으로써 수구파들의 모함과 황제의 의혹을 사게 했으며, 황제 고종의 독립협회·만민공동회에 대한 탄압에 구실을 제공하였다. 일찍이 朴殷植은 독립협회·만민공동회 실패의 주요 원인의 하나를 너무 급진적인 곳에서 찾았다.[10] 또한 급진파의 일원이었던 《獨立協會沿歷略》의 저자도 "너무 과격하던 余 등 13인으로 하여 우리 청년동지가 일반에게 많은 피해를 당하게 한 죄과를 지금와서 느끼는 바이다"[11]라고 하여 급진파의 잘못을 시인하였다.

넷째, 운동을 '도시' 중심으로 전개하고, 농민층 속으로 파고들려는 활동 부족이 실패의 또 하나의 요인으로 작용했다고 볼 수 있다.

독립협회·만민공동회는 주로 대도시에서 도시민들의 자발적 참가에 의존했을 뿐, 적극적으로 지방 민중 속으로 파고드는 노력이 부족하였다. 특히 지방에서 강대한 잠재적 세력을 갖고 있던 농민층을 독립협회·만민공동회에 참가시키고 농민층의 지지를 획득하려는 노력이 부족하였다. 이 사실은 독립협회가 지방지회를 조직하는 문제에 부딪쳤을 때, 적극적으로 앞장서서 지방지회를 조직하려 하지 않고 지방 도시에서 자발적으로 지회 조직의 청원이 있을 때라야 비교적 까다로운 조건을 붙여서 이를 허가한 사실이라든지, 인구가 3,000명 이상의 지방 '소도시'에만 이를 허가한 사실에서도 이를 잘 알 수 있다.[12] 이 때문에 독립협회·만민공동회운동은 서울과 지방의 소도시 중심이 되고, 주로 시민층과 도시지식인 중심의 운동이 되어버리고 말았으며, 농민층은 독립협회·만민공동회를 지지하는 '지지층'이 되었을 뿐이지 적극적인 '참가층'이 되지 못하고 말았다.

---

8) 尹致昊, 《尹致昊日記》 5(國史編纂委員會, 1975), 1898년 12월 29일.
9) 尹致昊, 위의 책, 1898년 12월 27일.
10) 朴殷植, 《韓國痛史》, 182~183쪽.
11) 《獨立協會沿歷略》 중의 〈獨立協會〉.
12) 《독립신문》, 1898년 12월 15일, 잡보 〈본회답장·지회인가조례·지회세칙〉 참조.

독립협회가 전국에 걸쳐서 적극성을 띠고 체계적으로 지방지회를 조직하기 시작한 것은 12월 13일부터인데, 이것은 독립협회·만민공동회가 강제해산 당하기 12일 전이어서 너무 늦은 것이었다. 만일 독립협회가 적극적으로 1898년 봄이나 늦어도 여름에 지방지회 조직을 체계적으로 완료하고 강화하여 지방에서의 독립협회 참가층을 확대했더라면 사태의 양상은 상당히 달라졌을 것이라고 내다볼 수 있다.

수구파들이 지방에서의 독립협회·만민공동회 세력을 걱정하지 않고 서둘러 전국 지방의 보부상들과 수구세력을 서울로 일거에 불러 올릴 수 있었던 것은 지방 농민층에 독립협회·만민공동회 세력을 양성해 놓지 못했기 때문이었다고도 볼 수 있다. 독립협회·만민공동회운동은 지나치게 도시에 편향되어 있었던 것이다.

2) 독립협회·만민공동회운동의 역사적 의의

독립협회·만민공동회운동은 앞에서 열거한 몇 가지 요인들의 복합으로 당장은 실패했지만, 그것은 중장기적으로 그 후 한국근대사에 큰 영향을 끼치고 한국 민족의 발전에 크게 공헌한 역사적 의의가 큰 운동이 되었다.

첫째, 독립협회·만민공동회운동은 19세기말 열강이 이권침탈과 식민지화 정책을 본격화한 위험한 해인 1898년에 만민공동회 투쟁을 통하여 이를 역전시켜서 러시아와 일본 등 외세를 일단 한반도에서 후퇴시키고, 마침내 한반도를 둘러싼 '국제세력균형'을 획득하는 데 성공하였다. 이 세력균형이 1904년 2월 러·일전쟁이 발발할 때까지 만 6년간 지속되어 독립 강화와 자주 개혁을 위한 시간을 번 것이었다. 독립협회는 집권하여 이 기간에 독립의 기초를 공고히 하는 대개혁을 단행하고 정치체제도 전제군주제를 입헌대의군주제로 개혁하여 국민을 참정시켜 민권을 가진 국민의 실력으로 나라의 자주독립을 지키게 하려고 하였다.

특히 1898년 4월~1904년 2월까지의 한반도를 둘러싼 국제세력균형은 독립협회·만민공동회운동의 성과로 쟁취한 것임을 주목할 필요가 있다.

둘째, 독립협회·만민공동회운동에 의하여 개화독립사상과 국민 대중이 결합하는 데 성공하였다.

열강의 침략 앞에서 나라의 독립을 지키고 나라를 구하려면, 당시의 시대적 문제를 가장 과학적으로 적절하게 해결할 수 있는 사상과 나라를 구할 수 있는 거대한 힘을 가진 국민 대중의 결합이 매우 중요하였다. 19세기 한국에서는 그러한 사상은 상대적 의미에서 개화독립사상이었다. 독립협회·만민공동회는 이러한 개화독립사상을 민중과 결합시키는 데 크게 성공하였다. 이 때의 민중은 도시 시민층과 지식인층과 청소년층이 중심이 되었지만, 독립협회·만민공동회에 의해 개화독립사상과 민중이 결합했기 때문에, 장기 동태적으로 볼 때에 이 시대 이후에는 민중에 의해 자주근대화운동이 전개되고, 민족운동의 주체와 추진력이 문제를 해결할 수 있는 방향과 정책을 갖고 역사 발전의 대세에 합치되어 전개된 것이었다.

셋째, 독립협회·만민공동회운동은 자주독립사상을 전국민에게 널리 확산 보급시켰으며, 또한 열강의 이권침탈을 민회 존속기간에는 강력히 저지하고 독립을 강화하는 데 실제로 크게 공헌하였다.

독립협회가 민족운동을 시작하기 이전에는 '事大'를 온건한 좋은 사상으로 생각하고 '독립'은 불온한 사상으로 교육받은 낡은 사고가 유생들과 국민들 사이에 많이 침전되어 있었다. 독립협회·만민공동회는 맹렬한 민족운동을 통하여 '독립'을 용어마다 강조하면서, '사대'가 망국의 길이며 자주독립만이 나라와 백성을 살리는 올바른 사상임을 계몽하여, 전국민에게 자주독립사상을 널리 보급하는 데 크게 성공하였다.

또한 독립협회·만민공동회는 열강의 이권침탈 정책을 맹렬히 비판하면서, 황제의 이권양여를 반대하여 비판하고 열강의 이권침탈에는 강렬한 시위운동을 전개하여 이를 저지하였다. 그 결과 적어도 독립협회·만민공동회가 이권침탈 반대운동을 전개하다가 1898년 12월 말 해산당할 때까지 그 존속기간에는 새로이 열강이 이권을 침탈하는 것은 실제로 막아내었다. 열강은 독립협회·만민공동회 존속기간에는 그들의 이권침탈 야망을 실현시키지 못했다. 독립협회·만민공동회가 이 시기 열강의 이권침탈을 반대하여 저지시키고 열강의 부당한 간섭정책을 비판하여 물리친 것은 대한제국의 자주독립 강화에 크게 공헌한 것이었다.

넷째, 독립협회 · 만민공동회운동은 당시와 그 후의 한국의 개혁정책에 부분적으로 반영되어, 구한말 일부의 사회문화 개혁에 큰 영향을 끼쳤다.

위에서 지적한 바와 같이 단기적으로 독립협회 · 만민공동회운동은 우선 열강의 이권침탈을 저지시키고 독립을 강화하는 데 일시 성공하기도 했지만, 중장기적으로는 특히 교육과 문화와 산업정책 부문에서 독립협회 · 만민공동회의 개혁안이 일부 반영되고 채택되었다. 신식학교 설립과 신교육 실시, 서양식 의학교의 설립, 상공학교의 설립, 국사와 국문의 교육과 보급, 민족문화 · 예술의 존중과 연구 개발, 자본주의 경제조직 해설과 회사 · 은행 · 자유 상업의 발전정책 등은 독립협회의 사상 · 정책 · 개혁안에 큰 영향을 받은 것이었다.

다섯째, 독립협회 · 만민공동회운동에 의하여 한국 역사에서 처음으로 '민주주의와 공화주의사상'이 한국인의 사상으로 확립 발전하게 되었다.

독립협회 · 만민공동회는 '자유민권사상' '민권론' 등의 이름으로 민주주의 사상을 널리 보급시켰다. 또한 군주제의 결함을 지적하고 한국에서 처음으로 공화주의사상을 신진청년들 사이에 널리 보급하기 시작한 것도 독립협회와 만민공동회였다. 즉 한국 역사에서 근대 민주주의 사상과 공화주의 사상이 정립 보급되기 시작한 것은 독립협회 · 만민공동회에서 본격적으로 비롯된 것이었다. 한국의 민족주의와 자주독립 사상은 독립협회 · 만민공동회에 이르러 민주주의사상과 결합함으로써 '근대적' 성격을 더욱 강화하여 큰 발전을 이루게 된 것이었다.

여섯째, 독립협회 · 만민공동회운동은 청년층을 중심으로 하여 수많은 애국자들과 애국세력을 양성해 내는 데 크게 성공하였다.

한국근대사에서 독립협회 이후의 애국운동의 주체세력을 실증적으로 고찰해 보면, 그들의 거의 모두가 독립협회 · 만민공동회의 계몽을 받고 독립협회 · 만민공동회운동에 참가해서 애국자 · 애국세력으로 형성 발전되었음을 바로 알 수 있게 된다. 독립협회 · 만민공동회운동은 동시에 애국세력 양성운동의 내용을 결과적으로 갖추게 된 것이었다.

일곱째, 독립협회 · 만민공동회운동은 그 뒤를 이은 한말 애국계몽운동, 여성해방운동, 민족문화운동, 일부 측면의 의병운동, 항일 독립운동, 3 · 1운동의 원류를 이룬 것이었다.

특히 한말 애국계몽운동은 독립협회·만민공동회운동을 직접 계승한 민족운동이었다. 뿐만 아니라 독립협회가 자매단체로서 창립을 지원한 贊襄會(順成會)는 바로 한국 근대여성운동의 효시가 되었으며, 독립협회가 강조한 국사 연구와 교육, 국어국문 연구와 교육, 민족문화·예술의 창조와 연구와 교육 등의 운동은 직접 민족문화운동으로 발전되기에 이르렀다.

또한 항일 독립운동으로서의 3·1운동의 비폭력시위 방법, 만세시위 방법 등은 독립협회·만민공동회의 민족운동을 계승 발전시킨 것이었다. 그리고 한말의 각종 국권회복운동과 일제하 3·1운동이 민중에 의한 애국운동으로 전개된 전통의 가장 가까운 원형도 독립협회·만민공동회운동에 있었음을 주목할 필요가 있다.

아직도 일부 일본인 학자 등 다수의 외국학자들은 개항 후 한국인의 사상과 운동에는 외세에 저항하는 강렬한 저항민족주의(예컨대 동학농민혁명운동)는 있었으나 새로운 근대 국민국가와 시민사회를 건설하는 근대 시민적 민족주의와 자주 근대화사상·자유민권사상과 운동이 결여했기 때문에 스스로의 힘으로는 근대 국민국가를 건설하지 못한 채 언젠가 서구 제국주의 열강의 식민지로 되지 않을 수 없었는데 그렇게 되기 전에 일본 제국주의가 선점한 것에 불과하다는 역사해석을 자주 해오고 있다.

그러나 독립협회·만민공동회의 사상과 운동은 이미 19세기말에 한국인들이 스스로 근대 국민국가와 시민사회를 수립 발전시킬 수 있는 근대 시민적 민족주의와 그 구체적 방안을 만들어 제시했을 뿐만 아니라 그 실천을 위한 강렬한 민족운동까지 전개했음을 증명해 주고 있다. 독립협회·만민공동회는 이미 19세기말에 중추원을 개편하여 '의회' 설립까지 추진했었다. 그러므로 러시아와 일본 등 외세가 야합하여 황제 고종과 수구파를 지원해서 독립협회·만민공동회의 구국개혁운동을 탄압하고 침략을 감행하지 않았더라면, 한국민족은 이미 19세기말에 자기의 힘으로 자유롭고 독립된 자주 부강한 근대 국민국가와 시민사회를 수립할 수 있었음을 독립협회·만민공동회의 사상과 운동이 잘 증명해 주고 있음을 주목할 필요가 있는 것이다.

〈愼鏞廈〉

집 필 자

개 요 .... 신용하

I. 러·일간의 각축

1. 삼국간섭과 을미사변 .... 강창일
2. 아관파천 .... 이민원
3. 러·일의 한반도 분할 획책 .... 신승권

II. 열강의 이권침탈 개시

1. 열강의 이권침탈상 .... 이배용
2. 독립협회 전후 일제의 이권강점 .... 이배용
3. 이권수호운동 .... 이배용

III. 독립협회의 조직과 사상

1. 서재필의 귀국활동과 독립협회 창립 .... 한홍수
2. 독립협회의 조직과 운영 .... 한홍수
3. 독립협회의 기본사상 .... 유영렬

Ⅳ. 독립협회의 활동

Ⅴ. 만민공동회의 정치투쟁

한국사 41

열강의 이권 침탈과 독립협회

편찬간행 **국사편찬위원회**

초판1쇄 2003년 11월 30일
2쇄 2013년 6월 4일

번각발행 **탐구당**

등록일 1950년 11월 1일
등록번호 서울 제 03-00993 호

주소 서울특별시 용산구 한강대로 62 나길 6
전화 (02) 3785-2211(대표)
팩스 (02) 3785-2272
홈페이지 www.tamgudang.co.kr
전자우편 tamgudang@paran.com

ISBN 978-89-8236-607-9
978-89-8236-566-9(세트)

값 18,000 원